U0485198

国家社科基金项目
西藏民族大学中国史博士点建设文库

明朝对西藏及周边地区经略研究

陈武强 著

甘肃人民出版社

甘肃·兰州

图书在版编目（CIP）数据

明朝对西藏及周边地区经略研究 / 陈武强著.
兰州：甘肃人民出版社，2025.4. -- ISBN 978-7-226-06009-4

Ⅰ．D691.2

中国国家版本馆CIP数据核字第20241WV950号

责任编辑：张　菁
封面设计：雷们起

明朝对西藏及周边地区经略研究
MINGCHAO DUI XIZANG JI ZHOUBIAN DIQU JINGLUE YANJIU
陈武强　著
甘肃人民出版社出版发行
（730030　兰州市读者大道568号）
兰州万易印务有限责任公司印刷
开本 787毫米×1092毫米　1/16　印张 31.25　插页 3　字数 530千
2025年4月第1版　2025年4月第1次印刷
印数：1~1 000
978-7-226-06009-4　　　　定价：108.00元

序

在明代边疆史研究中，学界对明朝治理西藏及周边涉藏地区的关注较多，但从使者往来角度进行研究的成果较为薄弱。在14至17世纪的近三百年间，明朝加强了对西藏及周边涉藏地区的管控，其中使者往来、"多封众建"、朝贡贸易、茶马贸易等，都是重要举措。

《明朝对西藏及周边地区经略研究》是陈武强教授完成的国家社科基金项目最终成果中的一部分内容。该成果以明朝建立后所面临的北部边疆形势为背景，围绕明廷与西藏及周边涉藏地区互派使者展开讨论。与之配套的成果还有《明朝对西藏及周边地区经略史料辑录》。这部分史料整理主要以《明实录》《明史》《国榷》《皇明大政记》及元明清史料笔记、地方志、金石碑铭等大量汉文资料为依据，并以《新红史》《贤者喜宴》《汉藏史集》等藏文史籍为补充，较为全面、系统地梳理了明朝与西藏及周边涉藏地区使者往来史料。

《明朝对西藏及周边地区经略研究》是目前该领域具有较高价值的最新研究成果。该成果从微观上对明代使者往来，即明朝使者赴藏、涉藏使者赴京活动的具体过程和结果进行研究；从宏观上对明代中央与地方关系进行研究，即通过使者派遣的时代性、战略性和有效性，探讨了明朝对西藏的有效治理。

该成果在考察明朝治藏政策动态变化的基础上，诠释了明朝对西藏及周边涉藏地区经略的基本政策特点，有助于加深对有明一代中央政府治藏经验的重新认识和思考，并对铸牢中华民族共同体意识和现阶段我国西藏及四省涉藏地区社会治理、政策完善、边疆安全等起到重要的历史借鉴作用。

陈武强教授曾在甘肃民族师范学院任教，于 2011 年考入西北师范大学，攻读西部边疆史方向的博士学位。入学后，他以明代西部边疆治理作为学位论文选题的方向。2014 年博士毕业后，到西藏民族大学工作，继续专注于明代西部边疆史的研究。《明朝对西藏及周边地区经略研究》是陈武强教授阶段性研究成果的汇报，值得庆贺。

希望陈武强教授以此为起点，持续思考，不断拓展，取得更多的研究成果。

是为序。

田澍

2023 年 4 月 20 日于兰州

目 录

绪 论 ·· 001

第一章 明朝与西藏及周边涉藏地区使者往来之初建 ·· 010

一、西藏及周边涉藏地区纳入明朝统一管辖之下 ·· 011

（一）明朝在西藏统属权的确立 ·· 011

（二）明朝在西北涉藏地区统治的建立 ·· 022

二、西藏及周边涉藏地区政教首领遣使者来京 ·· 034

（一）萨迦派遣使者来京 ··· 035

（二）帕竹派遣使者来京 ··· 037

（三）噶玛噶举派遣使者来京 ··· 039

（四）止贡派遣使者来京 ··· 040

（五）甘、青、川涉藏地区遣使者来京 ·· 042

第二章 明朝派往西藏及周边涉藏地区的使者 ·· 049

一、册封使者 ·· 050

（一）册封使者的选派 ·· 051

（二）册封方式变通及遣使册封的停止 ·· 054

（三）册封使者的作用 ·· 061

二、招谕使者 ·· 077

（一）招谕使者的派出 ·· 077

001

（二）招谕使者的身份 083
　　（三）招谕使者的特点和作用 087
 三、迎送使者 090
　　（一）迎请 090
　　（二）伴送 101
　　（三）迎请使者的特点 105
 四、赏赐使者 107
　　（一）赏赐使者的类型 107
　　（二）赏赐的规定 111
 五、其他"公干"使者 120
　　（一）修路使者 122
　　（二）互市使者 123
　　（三）巡视使者 125

第三章　西藏及周边涉藏地区赴京使者 129
 一、朝贡使者 130
　　（一）使命 130
　　（二）朝贡使者的派出 134
 二、朝觐使者 142
　　（一）类型 142
　　（二）朝觐礼仪和意义 148
 三、求请使者 151
　　（一）使命 151
　　（二）求请使者的类型 156
 四、谢恩、庆贺使者 159
　　（一）谢恩使者 159
　　（二）庆贺使者 160

第四章　使者选派、使行人员组成与使者个案分析 165
 一、明朝赴藏使者的选派和使行人员组成 165
　　（一）使者选任与身份 165
　　（二）使行人员组成 179

二、西藏及周边涉藏地区赴京使者的选派和使行人员组成 ……… 181
（一）使者选任与身份 ……… 181
（二）使行人员组成 ……… 186
（三）贡使起送及其法律规范 ……… 190
（四）贡使在京活动规范 ……… 205

三、明朝与西藏及周边涉藏地区来往使者个案分析 ……… 207
（一）许允德 ……… 208
（二）克新 ……… 209
（三）巩哥锁南 ……… 210
（四）宗泐 ……… 211
（五）智光 ……… 213
（六）何锁南普 ……… 216
（七）侯显 ……… 217

第五章 使者来往的路线 ……… 220
一、内地到西藏及周边涉藏地区驿道的疏通 ……… 220
（一）洪武时期 ……… 221
（二）永乐时期 ……… 225

二、甘青道 ……… 227
（一）甘青道的具体线路 ……… 228
（二）甘青道的使行情况 ……… 230

三、川藏道 ……… 233
（一）川藏道的具体线路 ……… 233
（二）川藏道的使行情况 ……… 235

第六章 使者来往的接待礼仪 ……… 246
一、赴京贡使的住支供给 ……… 246
（一）沿途的住支供给 ……… 246
（二）京城的住支供给 ……… 250

二、来京贡使的接待礼制 ……… 254
（一）会同馆接待 ……… 254
（二）皇帝接待 ……… 258

三、来京贡使宴请礼仪 ································· 262
　（一）贡使的宴请 ································· 262
　（二）"洪武二十六年例"及宴请规定 ······················· 263
四、明臣赴藏与涉藏地区接待的礼仪 ························ 267

第七章　使者往来在明代边疆治理中的作用和意义 ················ 271
一、加强中央与地方关系，不断铸牢中华民族共同体意识 ············· 271
　（一）从赴藏使者看 ······························ 271
　（二）从赴京使者看 ······························ 276
二、密切经济交往，推动边疆社会发展 ····················· 283
　（一）朝贡贸易 ······························· 283
　（二）茶马贸易 ······························· 290
三、促进文化交流，增强中华文化认同 ····················· 318
　（一）茶叶丝绸的交流 ···························· 318
　（二）金融产品的交流 ···························· 324
　（三）寺院文化用品的交流 ·························· 326
　（四）学校教育与语言文化、音乐器具的交流 ·················· 329

总　结 ································· 335

参考资料 ································ 340
一、古籍 ··································· 340
　（一）汉文古籍 ······························· 340
　（二）藏文古籍 ······························· 343
二、研究专著 ································· 344
三、研究论文 ································· 346
　（一）期刊论文及文集 ···························· 346
　（二）硕博学位论文 ····························· 351
四、碑刻文献 ································· 352

附录　明朝与西藏及周边涉藏地区使者往来大事年表 ············· 353

专用名词汉藏对照 ····························· 375

附表1　洪武—天启年间赴藏使者统计表 ··················· 379
　（一）明代前期的赴藏使者表 ························· 379

（二）明代中后期的赴藏使者表 ································· 388

附表2 洪武—崇祯年间西藏及周边地区朝贡使者统计表 ············· 391

（一）明代前期西藏及周边地区赴京贡使表 ····················· 391

（二）明代中期西藏及周边地区赴京贡使表 ····················· 429

（三）明代后期西藏及周边地区赴京贡使表 ····················· 472

后　记 ··· 489

绪 论

长期以来,明朝治理边疆问题受到学术关注。就西部边疆而言,明朝经略西藏及周边涉藏地区问题一直备受重视。新形势下,特别是中央第七次西藏工作会议以来,西藏地方与祖国关系史的研究如雨后春笋般涌现,相关课题更具有理论和现实价值,对于不断铸牢中华民族共同体意识具有重大的现实意义。

明朝建立后,积极加强与朵甘、乌思藏及其他涉藏地区联系,及时派遣使者进藏。与此同时,藏族政教首领奉诏前往明京沟通。在中央与地方关系的建立和联络中,使者扮演了极其重要的角色。由于他们的卓越工作,明朝与西藏及周边涉藏地区之间的联系逐渐恢复和发展起来。

本书依托《明实录》《明史》《国榷》、元明清史料笔记及各种地方志、金石碑铭等为主要史料,借助《新红史》《贤者喜宴》《汉藏史集》等藏文史籍补充,系统整理明朝与西藏及周边涉藏地区使者互往文献资料和基本线索,梳理各个阶段使者往来人员身份、使命、阶段特点,分析使者的历史地位与作用,深刻理解和诠释使者互往视角下明朝对西藏及周边涉藏地区的经略,充分论证明朝时期西藏是祖国领土不可分割的一部分之历史事实,充分认识铸牢中华民族共同体意识的历史意义。

从中华民族共同体意识的战略理论研究明中央政府与西藏地方关系,即在新视角下研究中国古代封建王朝时期中央政府与地方关系,将对相关课题研究提供一种崭新视域。

事实上,明朝与西藏及周边涉藏地区之间的使者往来,以内地和涉藏地区间使者交往的方式，生动地反映了14世纪中期至17世纪中期中央与地方关系，呈现了汉藏等各民族和谐关系的新动态。相关问题已有很多学者做过探讨。

较早的研究成果有于道泉、谭英华等前辈学者所做的引领性探讨。如于道泉《释注明成祖遣使召宗喀巴纪事及宗喀巴复成祖书》、[①]谭英华《明乌思藏初通中国考》[②]等。中华人民共和国成立以来，明代中央与地方关系研究得到了学界日益重视，取得了丰硕成果，学者们从不同角度进行了广泛研究。目前的研究成果主要集中在三个方面：一是从交通史视角进行的研究，进而分析中原与西藏交通道路情况对明廷与涉藏地区使者往来产生的影响；二是从人物史视角进行的研究，即通过对汉藏使者往来人员和事件的考察，分析汉藏等民族间友好往来的历史事实；三是从政策史视角进行的研究，即透过明代汉藏使者来往信息分析和考察明代经略政策。研究现状归类整目如下：

（1）从道路交通史视角进行的研究

对中原与西藏间道路交通状况的考察，是探究明朝与涉藏地区使者往来的关键性问题之一。西藏自治区交通厅和西藏社会科学院编《西藏古近代交通史》[③]、王开主编《陕西古代道路交通史》[④]、李世华《陕西古代道路交通史》[⑤]、蓝勇《四川古代交通路线史》[⑥]等著作，对明代西藏、四川、甘肃、青海等涉藏地区道路交通状况进行了详细的介绍和叙述。王开队《康区藏传佛教历史地理研究》[⑦]以寺院为中心，对历史时期康区藏传佛教地理进行了宏观探讨。黎宗华、李延恺著《安多藏族史略》[⑧]记叙了安多藏族之来源及从远古到封建农奴社会末期安多藏族地方史。

论文方面：郭凤霞、周元刚和刘永文等人从交通、使者互往等视角探讨了内地与涉藏地区的往来。郭凤霞的《明前期对入藏交通的经营与防护》[⑨]认为，明

[①] 参见于道泉：《释注明成祖遣使召宗喀巴纪事及宗喀巴复成祖书》，台湾中研所历史语言研究所集刊外编：《蔡元培先生六十五岁庆祝论文集》，引自中国藏学研究中心、中国第一历史档案馆等编：《元以来西藏地方与中央政府关系档案史料汇编》，中国藏学出版社，1994年，第112—113页。
[②] 谭英华：《明乌思藏初通中国考》，《史学杂志》1945年第1期。
[③] 西藏自治区交通厅、西藏社会科学院编：《西藏古近代交通史》，人民交通出版社，2001年。
[④] 王开主编：《陕西古代道路交通史》，人民交通出版社，1989年。
[⑤] 李世华：《陕西古代道路交通史》，人民交通出版社，1989年。
[⑥] 蓝勇：《四川古代交通路线史》，西南师范大学出版社，1989年。
[⑦] 王开队：《康区藏传佛教历史地理研究》，暨南大学博士学位论文，2009年。
[⑧] 黎宗华、李延恺著：《安多藏族史略》，青海民族出版社，1992年。
[⑨] 郭凤霞：《明前期对入藏交通的经营与防护》，《青海社会科学》2007年第4期。

朝通过恢复和重建旧有驿站体系、打击道路沿线对往来使者的劫掠活动等，为内地与西藏之间交通和往来提供了保障；周元刚的《明代河洮岷地区交通研究》[①]认为，明朝在河洮岷地区建立了东连内地、西通藏地、北达甘凉、南至四川的交通网络，加强了对河洮岷地区的控制。韩殿栋、刘永文《明代笔记中的西藏》[②]从史料出发，对明代笔记中记载的西藏进行了探讨。王继光《明代安多藏族地方部族志》[③]依据《明实录》《天下郡国利病书》等明代重要文献资料，对安多藏族部落及其地理分布状况进行了探索。武沐的《明代吐蕃十八族考》[④]对明代甘青川吐蕃大族作了考述。

（2）从人物史视角进行的研究

通过对使者往来人物和事件的考察，进而分析明朝对西藏及其他涉藏地区的治理，也是明代使者往来的关键性问题之一。刘永文、韩殿栋、李军的《明代进藏人员论析》[⑤]认为，明朝派出的进藏人员中包括政府官员、宦官、僧人及藏族地方首领等，他们或宣布诏谕或设置驿站，充分反映出明朝的主权意识和使者频繁往来的情况。杨士钰的《试述明代汉藏人民友好往来的信使侯显的历史功绩》[⑥]对侯显三次进藏的成就和历史影响作了概括和评价。陈改玲《侯显使藏简论》[⑦]也论述了明代太监侯显多次使藏的过程及意义，认为侯显赴藏加强了明朝对涉藏地区的统治，促进了中央与地方间的经济文化交流。卢亮华的《明代中央政府赴藏地使臣辑考》[⑧]一文，分五章概述了明臣赴藏的活动、阶段性特点。

在明廷与涉藏地区的人员往来中，僧人承担着至关重要而特殊的作用。陈楠的《藏史新考》[⑨]一书中详尽阐述了明代大慈法王释迦的生平事迹和贡献。他的论文《关于明成祖遣使召宗喀巴史事补证》[⑩]重新核对了于道泉先生的藏文文献译作《明成祖遣使召宗喀巴纪事》《宗喀巴复明成祖书》和《宗喀巴与关大人书》

---

① 周元刚：《明代河洮岷地区交通研究》，陕西师范大学硕士学位论文，2012年。
② 韩殿栋、刘永文：《明代笔记中的西藏》，《西北民族大学学报》2011年第2期。
③ 王继光：《明代安多藏族地方部族志》，《西北民族研究》1997年第1、2期，2002年第4期，2003年第2期。
④ 武沐：《明代吐蕃十八族考》，《西藏研究》2010年第2期。
⑤ 刘永文、韩殿栋、李军著：《明代进藏人员论析》，《西藏大学学报》2010年第1期。
⑥ 杨士钰：《试述明代汉藏人民友好往来的信使侯显的历史功绩》，《甘肃高师学报》2009年第4期。
⑦ 陈改玲：《侯显使藏简论》，《青海师专学报》2007年第6期。
⑧ 卢亮华：《明代中央政府赴藏地使臣辑考》，中央民族大学硕士学位论文，2010年。（为尊重原文，本著作中所引论文、书籍、文献原文中的"使臣"一词保留原貌不做改动。——作者）
⑨ 陈楠：《藏史新考》，中央民族大学出版社，2009年。
⑩ 陈楠：《关于明成祖遣使召宗喀巴史事补证》，《中国藏学》2005年第1期。

的藏文原文，并对明成祖遣使召宗喀巴的相关史实作了进一步考证。陈楠和杜常顺等学者还对明代留京藏僧作了专门研究，如陈楠的《论明代留京藏僧的社会功用》①考察了留京藏僧的人数、待遇和时间等，杜常顺的《明代留住京师的藏传佛教僧人》②考察了留京藏僧的活动、特征及作用。两篇文章都认为，明代京师留住的大批藏传佛教僧人受朝廷供养、待遇优厚，它对于维护明朝在西藏的有效管辖及西藏地方稳定具有积极作用。另有桑扎、琼措《从宗喀巴弟子释迦益西两次应召进京受封看明代治藏政策和汉藏关系》③一文，对格鲁派著名高僧、宗喀巴大师的弟子之一释迦益西在明永乐六年和永乐十一年两次入京的情况进行了介绍。索文清《明初哈立麻晋京朝觐与"荐福图"的诞生》④认为，"荐福图"反映了明初中央政府与西藏地方宗教领袖之间建立的臣属关系和私人友情。沈卫荣《元明两代朵甘思灵藏王族历史考证》⑤对明代灵藏赞善王王族的兴起和发展作了考证。洲塔、何威《河州土司何锁南考辨》⑥对河州土司何锁南及其家族进行了考证。

（3）从政策史角度进行的研究

分析和考察明朝治理西藏及周边涉藏地区的政策，是把握明朝管辖涉藏地区的重要内容。通过使者来往信息，即可多层次、多角度认识和理解这一问题。这方面的研究成果极为丰富。

中国藏学研究中心与西藏自治区档案馆等合作编辑的《元以来西藏地方与中央政府关系档案史料汇编》⑦，分七册辑录了元代至民国时期西藏地方与中央政府关系的历史文献资料，内容极为丰富，是研究汉藏关系弥足珍贵的资料。黄玉生、顾祖成、祝启源等著《西藏地方与中央政府关系史》⑧和邓锐龄《元明两代中央与西藏地方关系》⑨对元明等朝治藏政策进行了系统研究，全面反映了元代以来西藏地方与中央政府的政治、经济、文化关系。罗广武、何宗英所著《西藏地方

---

① 陈楠：《论明代留京藏僧的社会功用》，《中央民族大学学报》2008年第5期。
② 杜常顺：《明代留住京师的藏传佛教僧人》，《中国藏学》2005年第2期。
③ 桑扎、琼措：《从宗喀巴弟子释迦益西两次应召进京受封看明代治藏政策和汉藏关系》，《西南民族大学学报》2009年第2期。
④ 索文清：《明初哈立麻晋京朝觐与"荐福图"的诞生》，《西藏民族学院学报》2009年第1期。
⑤ 沈卫荣：《元明两代朵甘思灵藏王族历史考证》，《中国藏学》2006年第2期。
⑥ 洲塔、何威：《河州土司何锁南考辨》，《西藏大学学报》2010年第2期。
⑦ 中国藏学研究中心、中国第一历史档案馆等编：《元以来西藏地方与中央政府关系档案史料汇编》，中国藏学出版社，1994年。
⑧ 黄玉生、顾祖成、祝启源等：《西藏地方与中央政府关系史》，西藏人民出版社，1995年。
⑨ 邓锐龄：《元明两代中央与西藏地方关系》，中国藏学出版社，1989年。

史通述》①一书中涉及唐宋以来至元明清、民国时期西藏与中央政府关系史的内容占了很大比重。才让的《信仰与扶持——明成祖与藏传佛教》②认为，明成祖推崇藏传佛教领袖、扶持藏传佛教文化，加强了内地与西藏之间的互动。贾霄锋、张艳丽《冲击与回应：藏族地方土司和明中央政府的政治关系研究——以董卜韩胡土司为例》③考察了明代藏族地方土司和中央政府的政治关系，认为土司和中央政府处于一种"冲击与回应"的政治博弈状态。邹立波《从土司封号看嘉绒藏族土司与宗教的关系》④指出，明代大多数嘉绒藏族土司在受封之初兼有宗教与政治首领的双重身份，这与嘉绒藏族所在地方的宗教文化氛围和明代治藏政策有关。

在明朝对西藏及周边涉藏地区经略中，茶马政策及其互市贸易尤为重要。敏政《从明代汉藏间的茶马互市看明代的治藏政策》⑤阐述了明代河洮岷茶马贸易兴起、发展的原因及作用。张权武《明代内地同藏族地方的茶马贸易》⑥对明代内地与涉藏地区茶马贸易的方式、制度和内容等进行了探讨。吴明娣《明代丝绸对藏族地方的输入及其影响》⑦认为，明代内地输藏丝绸在数量上仅次于茶叶，故而对藏族百姓的宗教社会生活产生了较大影响。贾大泉《浅谈茶马贸易古道》⑧认为，明代川藏茶道并不是唐宋时期的青藏道，是内地通往西藏的商道、贡道和官道。王丽萍、秦树才《论历史上滇藏茶马古道文化交融及其发展途径》⑨探讨了包括明代在内的滇藏茶马古道的形成及其在民族文化交流中的作用。喜富裕《论宦官在明初参与西北茶马贸易活动中的作用》⑩叙述了明朝初期宦官在汉藏茶马贸易中的作用。

除了茶马互市，明朝对西藏及周边涉藏地区经略中的另一个关键问题是朝贡及其贸易问题。关于朝贡贸易，大多数研究者把视线放在政治角度，主要讨论了政治主导理念下的涉藏地区朝贡与朝贡贸易。明朝建立后，根据涉藏地区实际

---

① 罗广武、何宗英：《西藏地方史通述》，西藏人民出版社，2007年。
② 才让：《信仰与扶持——明成祖与藏传佛教》，《西藏研究》005年第4期。
③ 贾霄锋、张艳丽：《冲击与回应：藏族地方土司和明中央政府的政治关系研究——以董卜韩胡土司为例》，《重庆工学院学报》（社会科学版）2009年第12期。
④ 邹立波：《从土司封号看嘉绒藏族土司与宗教的关系》，《西南民族大学学报》2010年第2期。
⑤ 敏政：《从明代汉藏间的茶马互市看明代的治藏政策》，《青海民族研究》2011年第4期。
⑥ 张权武：《明代内地同藏族地方的茶马贸易》，《西藏研究》1985年第4期。
⑦ 吴明娣：《明代丝绸对藏族地方的输入及其影响》，《中国藏学》2007年第1期。
⑧ 贾大泉：《浅谈茶马贸易古道》，《中华文化论坛》2008年第12期。
⑨ 王丽萍、秦树才：《论历史上滇藏茶马古道文化交融及其发展途径》，《学术探索》2010年第4期。
⑩ 喜富裕：《论宦官在明初参与西北茶马贸易活动中的作用》，《西昌学院学报》2014年第3期。

情况不断调整朝贡制度，以强化对涉藏地区的有效治理。洲塔、贾霄锋《试析明代藏族地方土司的朝贡制度》[①]一文对明代涉藏地区土司朝贡制度的内涵和涉藏地区土司朝贡的类型、贡道贡期、朝贡人数、贡品赏赐等问题进行了论述。杜长风《明代乌思藏朝贡述略》[②]论述了明代乌思藏朝贡类型、贡道、贡品及朝贡性质诸问题。武沐《论明代与藏族地方的朝贡贸易》[③]认为，用朝贡贸易的方式管理涉藏地区是明代的创举。喜富裕《关于明朝成化年间"洮岷寺僧诡名冒贡"问题探讨》[④]对成化年间"寺僧诡名冒贡"现象产生的根源进行了分析。但朝贡与朝贡贸易并不相同，将朝贡发展为朝贡贸易始于明成祖时期。明朝中后期还出台了一系列严厉的限制性规范。张向耀《明代关于藏族地区朝贡定例的原因与过程》[⑤]，对明初修订涉藏地区朝觐礼节、朝贡规模与周期、回赐物品种类等问题进行了探讨。

从本质上看，朝贡贸易既是一种经济制度，也是一项重要的政治制度，是明朝管理涉藏地区、处理边疆民族关系的特定手段和方式。曹群勇《厚赏与羁縻：论明代藏族地方与中央王朝的贡赐关系》[⑥]认为，明代贡赐关系兼具政治和经济功能，明朝通过经济贡赐关系彰显政治隶属关系，以确立对边疆这些地区的统治。邓前程《藏族地方僧俗首领朝贡与明朝对藏主权问题辨析》[⑦]认为，明朝通过藏族地方僧俗首领进京朝贡来维持对藏族地区的统治，因此朝贡是明朝行使涉藏地区治理权的一种表现形式。陈波《贡马：明代汉藏关系的一种历史人类学阐释》[⑧]一文考察了明代"番僧"[⑨]贡马的起源、兴盛和衰亡的过程，认为马之所以被选择成为汉藏交往之中介，根本原因在于汉藏不同宇宙观在与对方衔接时的并接结构，而贡马之衰落正是该并接结构基于心态转变而导致的转型所致。

不管怎样，朝贡贸易是汉藏等各民族联系的重要渠道，在明朝对涉藏地区经

---

① 洲塔、贾霄锋：《试析明代藏族地方土司的朝贡制度》，《西藏大学学报》（汉文版）2006年第3期。
② 杜长风：《明代乌思藏朝贡述略》，《西藏研究》1990年第3期。
③ 武沐：《论明代与藏族地方的朝贡贸易》，《青海民族研究》2013年第4期。
④ 喜富裕：《关于明朝成化年间"洮岷寺僧诡名冒贡"问题探讨》，《西藏研究》2011年第4期。
⑤ 张向耀：《明代关于藏族地区朝贡定例的原因与过程》，《四川民族学院学报》2011年第6期。
⑥ 曹群勇：《厚赏与羁縻：论明代藏族地方与中央王朝的贡赐关系》，《西北民族大学学报》2014年第1期。
⑦ 邓前程：《藏族地方僧俗首领朝贡与明朝对藏主权问题辨析》，《四川师范大学学报》2008年第5期。
⑧ 陈波：《贡马：明代汉藏关系的一种历史人类学阐释》，《中国农业大学学报》（社会科学版），2009年第2期。
⑨ 番僧：古籍或文献中指非汉族的僧人。这些僧人中有藏族，也有蒙古族等其他民族，故当时统称为"番僧"。本书为尊重原文及阐述不引起歧义，保留并使用此说法，特此说明。

略中起着至关重要的作用，同时也是促进涉藏地区经济繁荣的措施之一。彭陟焱、周毓华《明代朝贡对藏族地方经济发展的影响》[1]认为，明代朝贡制度加强了明朝与涉藏地区的政治关系，客观上促进了涉藏地区经济的发展。格桑卓玛、陈改玲《明代甘南藏族地方贡赐贸易述论》[2]认为，明代甘南藏族地方部落的入京朝贡有利于当地社会稳定，加强了甘南与内地的经济联系。刘凯的《明朝汉藏经济交流——以西藏地方对明中央贡赐贸易为例》[3]一文指出，明代"茶马互市"发展了中央货币在西藏的使用和流通，使朝贡这种方式的汉藏经济文化往来更加密切。

关于明朝对西藏及周边涉藏地区经略问题的研究，所涉范围极广。学者还就明代藏族部落分布、藏传佛教、都司卫所制度等进行了研究。尹伟先的《明代藏族史研究》[4]是研究明代藏族历史的专著，该书对明代藏族史的诸多问题均有介绍和讨论。陈庆英《论明朝对藏传佛教的管理》[5]认为，明朝在涉藏地区积极封授各派宗教势力首领，大力推行僧纲制度，通过宗教实现对涉藏地区的有效管理；他的另一文章《明代甘青川藏族地区的政治述略》[6]对明朝在涉藏地区封授官职、茶马贸易、贡赐关系等进行了分析。陈楠《明代西藏地方政教体制及职官制度考述》[7]以汉藏文文献为根据对明代政教职官体系及其职能作了考证。顾祖成《明清治藏史要》[8]系统地阐述了明清王朝对西藏地方的治理。武沐、王素英的《明代藏族僧官不属于土官考》[9]对明代藏族僧官和土官的实体概念和不同隶属体系作了研究。邓前程的《明代藏地施政的特殊性：古代中央王朝治理藏族地方的一种范式研究》[10]对明朝治藏政策的背景及政治、经济、宗教与文化等有关举措进行了深入系统的分析研究。邓前程、邹建达《明朝借助藏传佛教治藏策略研究——与元、清两朝相比较》[11]认为，明朝采用了与藏传佛教各派等距离交往策略。

---

[1] 彭陟焱、周毓华：《明代朝贡对藏族地方经济发展的影响》，《中国藏学》1998年第4期。
[2] 格桑卓玛、陈改玲：《明代甘南藏族地方贡赐贸易述论》，《西北第二民族学院学报》2007年第5期。
[3] 刘凯：《明朝汉藏经济交流——以西藏地方对明中央贡赐贸易为例》，《黑龙江史志》2015年第1期。
[4] 尹伟先：《明代藏族史研究》，民族出版社，2000年。
[5] 陈庆英：《论明朝对藏传佛教的管理》，《中国藏学》2000年第3期。
[6] 陈庆英：《明代甘青川藏族地区的政治述略》，《西藏研究》1999年第2期。
[7] 陈楠：《明代西藏地方政教体制及职官制度考述》，《中央民族大学学报》2009年第6期。
[8] 顾祖成：《明清治藏史要》，西藏人民出版社，1999年。
[9] 武沐、王素英：《明代藏族僧官不属于土官考》，《中南民族大学学报》2014年第1期。
[10] 邓前程：《明代藏地施政的特殊性：古代中央王朝治理藏族地方的一种范式研究》，四川大学，2003年（博士）。
[11] 邓前程、邹建达：《明朝借助藏传佛教治藏策略研究——与元、清两朝相比较》，《思想战线》，2008年第6期。

贾霄锋《藏族地方土司制度研究》[①]一书对藏族地方土司制度的渊源、形成过程、发展及特征等作了全面考察和研究。谢重光、白固文《中国僧官制度史》[②]对僧纲司制度的形成、演变进行了研究。班班多杰《佛教在藏地与汉地本土化历史之再考察》[③]认为，藏传佛教强调佛教的出世关切，汉传佛教则注重佛教的现实关怀，分别经历了不同阶段转换过程。周拉《试析汉、藏两地佛教的互动关系》[④]叙述了中原、西藏两地佛教关系史的三个阶段和互动关系模式。沈卫荣、安海燕《明代汉译藏传密教文献和西域僧团——兼谈汉藏佛教史研究的语文学方法》[⑤]认为，《吉祥喜金刚集轮甘露泉》和《如来顶髻尊胜佛母现证仪》这两部原本以为是元代译本的藏密仪轨实际上出自明代，译者莎南屹啰当是明代的一位大译师。这是研究元明两代藏传佛教于内地传播历史的新发现。李东曲才让《瞿昙寺历史文化研究》[⑥]论述了瞿昙寺的建筑风格、渊源及产生原因。周天策、龙计兵的《宗喀巴的中观思想初探》[⑦]一文追溯宗喀巴思想的历史渊源，从三个侧面解说了宗喀巴的中观思想与理论贡献。蒲文成《东科尔活佛系统与藏传佛教格鲁派北渐蒙古地区》[⑧]对青海藏族地方格鲁派东科尔历辈活佛的传教活动作了探讨。苏航《大智法王班丹扎释的家族与世系——以《西天佛子源流录·佛子本生姓族品》为中心》[⑨]对岷州后氏家族来源及世系进行了考察。

另有大量研究成果，对明代藏族分布、迁移、人口和民族关系等诸多问题进行了一定的研究。如黄奋生《藏族史略》[⑩]、赵萍等著《简明西藏地方史》[⑪]、陈光国《青海藏族史》[⑫]、杨绍猷、莫俊卿《明代民族史》[⑬]等著作，均有关于明代涉藏

[①] 贾霄锋：《藏族地方土司制度研究》，青海人民出版社，2010年。
[②] 谢重光、白固文著：《中国僧官制度史》，青海人民出版社，1990年。
[③] 班班多杰：《佛教在藏地与汉地本土化历史之再考察》，《中国社会科学》2012年第12期。
[④] 周拉：《试析汉、藏两地佛教的互动关系》，《西北民族大学学报》2007年第5期。
[⑤] 沈卫荣、安海燕：《明代汉译藏传密教文献和西域僧团——兼谈汉藏佛教史研究的语文学方法》，《清华大学学报》2011年第2期。
[⑥] 李东曲才让：《瞿昙寺历史文化研究》，西藏大学硕士学位论文，2014年。
[⑦] 周天策、龙计兵：《宗喀巴的中观思想初探》，《学术探讨》2010年第4期。
[⑧] 蒲文成：《东科尔活佛系统与藏传佛教格鲁派北渐蒙古地区》，《青海民族大学学报》2011年第1期。
[⑨] 苏航：《大智法王班丹扎释的家族与世系——以"西天佛子源流录·佛子本生姓族品"为中心》，《民族研究》2011年第2期。
[⑩] 黄奋生：《藏族史略》，民族出版社，1989年。
[⑪] 赵萍等著：《简明西藏地方史》，民族出版社，2000年。
[⑫] 陈光国：《青海藏族史》，青海民族出版社，1997年。
[⑬] 杨绍猷、莫俊卿著：《明代民族史》，四川民族出版社，1996年。

地区卫所制的介绍和讨论。特别是陈燮章、索文清和陈乃文辑《藏族史料集》，顾祖成等编《明实录藏族史料》，张羽新《中国西藏及甘青川滇藏族地方方志汇编》，西藏自治区社会科学院、中央民族学院藏族研究所编《中国西藏地方历史资料选辑》《西藏地方是中国不可分割的一部分》，青海民族学院民族研究所编《明实录青海民族史料摘抄》等，对相关藏族史料做了较翔实的整理，为本书的进一步研究奠定了坚实的基础。

可以肯定，以上研究对讨论和探究明朝与西藏及周边涉藏地区使者往来问题具有重要价值。然而，回顾现有成果，明显发现学界对这一课题的了解和研究仍然有诸多欠缺与不足。自陈庆英、陈楠、黄玉生等大师们的明代藏族史研究取得建树以来，至今仍未有新的重大突破。另外，迄今为止，仍然没有一部专门研究明朝与西藏及周边涉藏地区使者往来的著作问世，这不得不说是一缺憾。

鉴于此，基于使者往来视角对明朝经略西藏及周边涉藏地区的研究，特别是对使者赴藏或来京次数、线路、接待礼仪、沿途供给等问题进行详尽统计、考校、对比、分析和总结很有必要，且以往厘定的概念、范围、框架、观点和方法、认识等亦有重新探讨之必要。

必须强调的是，明朝与西藏及周边涉藏地区来往的使者是国家中央政府与民族地区地方沟通性质的。这是理解本研究中使者一词的关键。当然，同一时期各类史籍文献中还有"使臣"之称，其为不同称呼。另外，明朝和西藏及周边涉藏地区互派的各类使者人员中，既有中央政府派遣到西藏及周边涉藏地区的，也有西藏及周边涉藏地区派往明京的，他们肩负交往交流、通达信息、处理政务等重要使命，是明朝治理西藏及周边涉藏地区不可或缺的重要角色。

第一章　明朝与西藏及周边涉藏地区使者往来之初建

　　元末统治腐朽，民失安养，天下骚动，反元声浪此起彼伏。至正十一年（1351），红巾军农民大起义爆发，一时红巾军遍布南北各地，队伍发展迅速。濠州（今安徽凤阳东北）人朱元璋，以一介布衣加入濠州农民起义军并逐渐形成势力。至正十六年（1356），朱元璋率部攻占江南重镇集庆（今江苏南京），将其更名为应天府，之后朱元璋的队伍已发展到十万人。从元至正二十年（1360）年起，朱元璋以集庆为根据地，与群雄展开了逐鹿中原的战争，渐次消灭了陈友谅、张士诚和方国珍割据势力。元至正二十八年（1368）正月，朱元璋在应天正式登上帝位，建国号大明，建元洪武，建立了新的封建地主政权。同年八月初二日，徐达等率军进占大都。元顺帝妥欢帖木儿放弃大都，北走上都开平（今内蒙古多伦县西北），元朝在中原的统治宣告结束。

　　明朝建立后，从洪武二年起在东北、西北、西南边疆进行了大规模的招降和统一战争，各地割据势力先后被攻灭，明朝的统治逐步稳固。对涉藏地区，明廷也采取了灵活有效而富有创新的措施，将其逐次纳入了明朝的统一管辖之下。西藏及周边涉藏地区藏族人口多、政教情形错综复杂，建国后应该采取什么样的治理政策，是当时统治上层必须思考的治国理政的一个重大问题。鉴于元朝统治西藏地方的经验，明朝对其加以继承和改革，形成了治理西藏及周边涉藏地区的明代模式。首先，明王朝通过招抚政策和平解决了西藏地方统治权从故元向新王朝过渡的问题。紧接着，明朝在西藏及周边涉藏地区建立都司卫所的军政管理机构。

一、西藏及周边涉藏地区纳入明朝统一管辖之下

明代地方置十三布政使司，分领天下府州县及羁縻诸司，而管理边疆少数民族事务的地方军政机构既有布政使司、府、州、县，又有都司卫所和土官。在西藏和其他涉藏地区，明朝取消元代建立的乌思藏宣慰司等机构，建立都司卫所。随着一系列都卫机构设置的完成，标志着明朝对西藏及周边涉藏地区统辖权的完全确立。

明朝在西藏及周边涉藏地区的行政机构建置是在洪武、永乐时期实施和完成的。在今西藏，明朝设置的军政管理机构主要有乌思藏都司、朵甘都司和俄力思军民元帅府等，实现了对西藏的管辖。

（一）明朝在西藏统属权的确立

1. 元末明初的西藏政教形势

藏族是一个历史悠久的古老民族，究其渊源，可追溯至我国西部古老的部族——羌族。明代藏族主要分布于今西藏和甘肃、青海、四川和云南等省的部分地区[①]，最初称吐蕃，明朝时称"西番"。《明史·西域传》谓："西番，即西羌，族种最多，自陕西历四川、云南西徼外皆是。其散处河、湟、洮、岷间者，为中国患尤剧。汉赵充国、张奂、段颎，唐哥舒翰，宋王韶之所经营，皆此地也。元封驸马章古为宁濮郡王，镇西宁，于河州设吐番宣慰司，以洮、岷、黎、雅诸州隶之，统治番众。"[②] 从这段史料可以获知："西番"渊源于西羌，其族种甚多，并

[①] 元代时期，西藏人口有100万左右，到了清朝时人口超过100万，"但在没有民主改革前西藏人口还在100万左右。长达1000多年的历史发展中，人口数量一直在100万左右徘徊。直至1964年全国第二次人口普查时，西藏人口仍为125.1万。"（黄祖宏、高向东著：《西藏人口分布变动及人口功能区规划研究》，第59页）也就是说，元明清时期，西藏人口数量基本维持在100万左右。笔者认为，由于元末战争并未影响到西藏地区，故明代初期的西藏人口数量应于元朝时期相差不大。基于此认识，可以推断，明代西藏藏族人口数量是100万左右。除了西藏，明代川陕地区的藏族分布广泛，他们主要居住于川西、陇右汉藏交汇地带。10—12世纪时四川藏族是20万，元代四川藏族为23万，明代四川藏族人口为30万（四川省人口普查办公室编：《四川藏族人口》，第19页）。明代河州、洮州、岷州、西宁卫所属藏族部落人口，在《边政记》等文献中有明确记载，总计13.2万人。史载："番之环洮岷而居者，生熟不下六七百族，其纳马入贡者财（才）十之二三。"（顾炎武、黄珅等撰：《天下郡国利病书》"陕西备录下"，上海古籍出版社，2012年，第2101页）依此估算，明代甘青川地区藏族人口应该有40万左右。综上可知，明代西藏、四川、甘肃、青海等藏族地方藏族人口总数大概是160万。笔者注。

[②] [清]张廷玉等撰：《明史》卷三百三十《西番诸卫传》，中华书局，1974年，第8539页。

非仅指藏族。羌族是河、洮、岷、湟地区最早的主人，世居于黄河西南的河湟之地游牧。"从远古传说时代起，在我国西部就居住着被称为'戎'的以狩猎为业的部族。羌族是西戎牧羊人的一支，繁衍于洮、岷、河、湟。"[①]除了河、湟、洮、岷地区，即今之青海东部、甘肃临夏、临潭、卓尼、岷县、岩昌、舟曲等地，明代藏族最主要的居住地区，为乌思藏全部及朵甘部分地区，即今西藏全部、四川西北一部分地区。

公元9—11世纪时，吐蕃分崩离析。至元代初期，西藏为大大小小的封建割据势力所占据。元朝统一中国后，因其政教势力之现状，将西藏划分为乌思藏十三万户，设乌思藏纳里速古鲁孙等三路宣慰使司都元帅府（简称乌思藏宣慰司）管理。乌思藏纳里速古鲁孙等三路宣慰使司设于1280年[②]，其后又设朵甘思宣慰使司都元帅府，吐蕃等处宣慰使司都元帅府，这就是传统的吐蕃三大地理区域：即乌思藏、朵甘思和朵（脱）思麻。其中，乌思指前藏，包括今拉萨和山南地区；藏指后藏，为今日喀则地区；纳里速古鲁孙大体相当于今阿里三围。

1260年忽必烈继蒙古大汗位，同年底即封八思巴为国师，赐予玉印，总领全国佛教事务。并封八思八之弟恰那多吉为"白兰王"，管理西藏行政事务。1262年，忽必烈遣使者入藏，对西藏各教派寺院布施恩惠，举行法会，宣读八思巴在中都（今北京）写的一封致乌思藏高僧大德的信，即《1262年八思巴致乌思藏诸大德的信》，这是继"萨迦班智达·贡噶坚赞致乌思藏纳里速各地善知识大德及诸施主的信"之后，萨迦派首领第二封致西藏各教派僧人的重要文书，它的意义非凡，产生了巨大影响。

1264年，忽必烈派八思巴和恰那多吉返回西藏，建立元朝在西藏的行政体制。以八思巴为首的西藏政教势力代表，竭诚建立与蒙古统治上层的政治关系，积极担任元朝中央政权的重要官职，推动西藏地方纳入中央统治之下。八思巴在回到萨迦以后，划分俗人民户和寺属民户，藏文史籍中称之为"米德"和"拉德"。[③]八思巴还主持划分了十三万户，调整和确定了各个万户的辖区，委任万

[①]《中国民族问题资料·档案集成》（第36卷），中央民族大学出版社，2005年，第501页。
[②]关于设置时间，学界还有不同的看法：如1272年（翁独健）、1279至1281年之间（陈得芝）等。
[③]米德是世俗领主所占有的农奴，世代依附于自己的领主。他们不仅要承担自己领主的劳役和贡赋等封建义务，还要为元朝政府承担维持驿站等劳役和缴纳税赋。因此，国家对米德也有一定的管辖权。拉德是佛教寺院和宗教领袖所占有的农奴，依附于佛教寺院或宗教领袖，世代向寺院和宗教领袖承担封建义务。元代，佛教寺院和僧侣拥有免除兵役、劳役和赋税的特权，寺院的寺属民户和寺院的佃户也往往可以免除差税。

户长和千户长，建立万户和千户的管理机构。在划分拉德和米德、十三万户的基础上，八思巴依照忽必烈的授权，在萨迦建立了管理西藏的萨迦政权。这些千户、万户长及其管理机构都合法地纳入了元朝管辖下的萨迦政权统治之下，从而结束了西藏在吐蕃王朝崩溃后近四百年的分裂局面。

萨迦政权（1365—1354），亦称萨迦地方政权、旧时也称为萨迦王朝，是西藏地区受元朝支持和管辖，由萨迦派建立的政教合一的地方政权，驻地在后藏萨迦（今萨迦县）。萨迦地方政权的最高首领是八思巴及其以后的历任帝师。帝师不在时，由萨迦寺的住持（萨迦法王）负责。行政事务由萨迦本钦（意为"大官"）掌管，内务管理由朗钦（内务官员）掌管。萨迦政权的显著特点是其首领为佛教僧人，他依元朝皇帝的授权，作为藏传佛教的最高首领对各教派的寺院、僧人、拉德行使管理权，负责带领僧众为元朝皇帝祝祷，举行法事。帝师颁布的法旨与皇帝的诏旨并行于涉藏地区。八思巴秉承忽必烈旨意，于1265—1267年间建立西藏行政体制，这种行政体制基本上沿袭到元朝灭亡，对后来西藏地方的行政制度产生了十分重大的影响。由于元朝中央政府大力支持和萨迦地方政权的建立，萨迦势力得到前所未有的发展，声名远播。

元末西藏各派地方实力集团之间政治力量发生消长变化，新兴的帕竹政权凭借自身的实力取代了萨迦政权在乌思藏的统治。明初，今西藏地区已处于帕竹地方政权的统治之下。帕竹是元朝在卫藏地区划分的十三万户之一，第一任万户长为丹玛官尊，"丹玛官尊在春堆扎喀修建了赤康（似为万户府衙署）归降了东部蒙古，得到万户长的名号。"[1]第三任万户长是多吉贝，藏文史籍记载：多吉贝曾受丹萨替寺京俄指派，"到汉地[2]去办事，得到皇帝和上师的喜爱，因而赐给他世代管领帕竹万户的诏书和印信等。他返回乌思藏后即于阳木虎年（甲寅）修建了雅隆南杰和乃赤康，担任万户长十三年。"[3]多吉贝任万户长时，受到了人们的尊重，《朗氏家族史》称："在长官多吉贝之时帕木竹巴的权势发迹。"[4]第八任万户长是扎巴仁钦，任万户长的十二年间，使帕竹势力得到了振兴。到了第十一任万户长绛曲坚赞时，帕竹势力最终取代了萨迦政权。

---

[1]［明］达仓宗巴·班觉桑布著，陈庆英译：《汉藏史集》，第308页。
[2] 汉地，即今广义上的中原地区，为便于阐述及尊重原文，未作修改。
[3]［明］达仓宗巴·班觉桑布著，陈庆英译：《汉藏史集》，第309页。
[4] 大司徒·绛求坚赞著，赞拉·阿旺、佘万治译：《朗氏家族史》，西藏人民出版社，2002年，第72页。

绛曲坚赞（1302—1364），出身于朗氏家族，于萨迦寺学法，才华出众。绛曲坚赞任万户长后，发展农牧业生产，减免属民苛捐杂税，奖励垦荒，保护庄园，扩建乃东宫，极大地增强了帕竹万户的经济实力。之后，绛曲坚赞寻求向外扩张，经过多次交锋，绛曲坚赞控制了前后藏大部分地方，1354年（元顺帝至正十四年），绛曲坚赞兵围萨迦寺，萨迦本钦兵败被擒，绛曲坚赞收缴了元朝赐予萨迦世代管理乌思藏的封敕，并兼并了后藏大部分地区，对萨迦大寺也派军队驻扎管制，萨迦政权至此崩溃。绛曲坚赞又派出使者向元顺帝请封，元顺帝封绛曲坚赞为"大司徒"，命他掌管乌思藏故政务并赐印，令其子孙世袭。《西藏王臣记》记载，绛曲坚赞从元朝皇帝手中获得永久任书之后，"直至西方水神边境，威严号令，重如金轭，悉皆纳于法令之下。边地诸邦王侯，亦皆各依方俗，献呈财物贡赋"①。自此，帕竹政权正式取代萨迦政权并确立了对乌思藏大部分地区的统治。元末西藏地方政权所发生的这种更替，就西藏社会内部而言，乃是各派地方实力集团之间政治力量发生消长变化的一个结果。

明代初期，明太祖朱元璋于洪武五年（1372）遣使入藏，敕封当时的帕竹派首领释迦坚赞灌顶国师名号，赐玉印，给予破格优待。次年，释迦坚赞遣使入贡。在绛曲坚赞、释迦坚赞、札巴强曲、索南扎巴等几代执政者的经营下，帕竹实力持续增强，到第五代执政者、阐化王札巴坚赞统治时代，帕竹地方政权的势力趋于全盛。《新红史》载：恰值此时，大明皇帝燕王诏赐金印及王之封诰。同时亦赐封止贡巴、孜东巴及灵三者以王之职务，因之遂称彼等为"西藏四王"。复次，皇帝又自京都派来众多之金字使者，并赐玉印及各种丰厚的财宝。于是，所谓旺查巴杰岑之名声犹如夏季之江河倾泻奔流。汉地自有佛教以来，除此次赐予西藏水晶印之外别人则无有此者。②

通过和平招谕，敕封当地政教领袖各种官职，委任他们治理西藏，明朝中央政府较好地实现了对西藏地方的统辖。永乐四年（1406），明成祖敕封札巴坚赞为灌顶国师、阐化王，赐玉印、白金、巴茶等。在札巴坚赞执政的47年中，由于措施得当，实施教派民主，给其辖区内带来了社会的稳定和经济的空前繁荣。第九代执政者（第悉）阿旺札西札巴1499年即位后，因年幼不能执政，由仁蚌

---

① 五世达赖喇嘛著，刘立千译：《西藏王臣记》，民族出版社，2000年，第92页。
② 班钦索南查巴著，黄颢译：《新红史》，西藏人民出版社，1984年，第87页。

巴·错结多吉喜代理执政8年。阿旺札西札巴是帕竹地方政权执政时间最长的执政者，共执政53年。新兴的帕竹地方政权与萨迦地方政权相比有一个显著的不同：萨迦地方政权是由元朝扶持起来的政权，并依靠元朝的政治力量加以支撑，因此萨迦地方政权的建立及其对卫藏的统治并非以自身的实力为基础。而帕竹地方政权则是由西藏人自己经过努力建立起来的政权，它推翻萨迦地方政权，取得对乌思藏大部分地区的统治权，一方面是凭借自身的实力实现的，另一方面则是得到元明两朝中央政府的认可和封赏。所以，帕竹地方政权的建立，实际上反映了西藏地方政治力量的壮大和发展。永乐年间，青海藏族僧侣宗喀巴在西藏另创格鲁派。格鲁派兴起以后，噶举派就逐渐衰落下去，至明代中后期，格鲁派后来居上。

2. 明朝在西藏的行政建置

（1）在今藏族聚居区，明朝设朵甘、乌思藏指挥使司，又设宣慰司、招讨司、元帅府、万户府、千户所等机构，任命当地藏族首领为指挥使、万户、千户等官具体负责该地区事务。《四夷考》记载：明洪武间在西藏等地置乌思藏、朵甘，"其后亦时有增设，及族种甚繁，不胜纪焉……"①

洪武时期设置的乌思藏都司，全称乌思藏行都指挥使司，管辖范围为今西藏地区之大部（除昌都地区之外）。其设置过程是：洪武六年，置乌思藏卫，治今西藏拉萨。洪武七年七月，置西安行都指挥使司（治河州），升乌思藏、朵甘二卫为行都指挥使司（治今拉萨），第一任西安行都指挥使是韦正，第一任乌思藏都指挥同知是管拓兀即尔。《四夷考》载："（洪武七年）升乌思藏、朵甘为（行）都指挥使司，置西安行都指挥使于河州，以韦正为使，统二番司。"②洪武十八年（1385）时，乌思藏都指挥使变为班竹儿藏卜。

俺不罗行都指挥使司，"俺不罗"即为"羊卓"，辖地在今西藏浪卡子一带。明初设置俺不罗卫，后升为行都指挥使司，置于乌思藏之下，由乌思藏都指挥使监管事务。1385年，古鲁监藏被任命为行都指挥使司都指挥佥事，机构官员之任职由其后人或家族成员担任。乌思藏宣慰司：1373年二月置，隶属于乌思藏行都指挥使司。

---

① [明]叶向高著：《四夷考》卷四《西番考》，中华书局，1991年，第45页。
② [明]叶向高著：《四夷考》卷四《西番考》，第41页。

永乐时期，明朝在乌思藏设置的都司卫所有：永乐十一年（1413），置牛儿宗寨行都指挥使司（辖地在今西藏拉萨市西南之堆龙德庆县境内），喃葛监藏被任命为行都指挥佥事；永乐十四年（1416），置领思奔寨行都指挥使司（辖地位于后藏），以喃葛加尔卜为行都指挥佥事，并封"昭勇将军"。

除了都司卫所之外，明朝还在西藏设置了诸多万户府的地方机构。明朝在西藏地区设立万户府始于1373年（洪武六年）。先后设置有帕木竹巴万户府，1375年置；加麻万户府，1379年置，辖地位于盆域，以端竹监藏为万户府万户，并封"信武将军"。仰思多万户府，1382年置，辖地在今西藏江孜一带。必力工瓦万户府，1385年正月置。必力公，《明史》里作必力公瓦，都是止贡的别译。止贡的势力范围在今拉萨以东的达孜和墨竹工卡一带。元朝划分西藏地区为十三万户，时止贡即为十三万户之一"[①]。永乐七年（1409），置着由万户府（辖地在今西藏隆子县境内），以搠巴星吉卫阿儿的占为万户府万户。除此之外，还有巴者万户府，辖地在西藏昂仁以西；沙鲁万户府，辖地在今西藏日喀则东南。详见下表：

表1 明代乌思藏都司设置表

下辖名称	设置时间	所在位置
阐教王	永乐十一年	墨竹工卡县止贡替寺
辅教王	永乐十一年	吉隆县宗嘎镇
阐化王	永乐五年	乃东县乃东寺
大慈法王	宣德九年	拉萨市色拉寺
大宝法王	永乐五年	堆龙德庆县西粗卜寺
大乘法王	永乐十一年	萨迦县萨迦寺
怕木竹巴万户府	洪武八年正月庚午	乃东县
必力工瓦万户府	洪武六年二月癸酉	墨竹工卡县直孔区
俄力思军民元帅府	洪武八年正月庚午	阿里地区
俺不罗行都司	洪武十八年正月壬午	浪卡子县
牛儿宗寨行都司	永乐十一年二月己未	拉萨市西乃乌溪

[①] 西藏自治区文物管理委员会编：《拉萨文物志》，陕西咸阳印刷厂，1985年，第161页。

续表

下辖名称	设置时间	所在位置
领思奔寨行都司	永乐十一年二月丁巳	仁布县
仰思多万户府	洪武十五年二月丙寅	江孜县
沙鲁万户府	洪武十八年正月丁卯	日喀则市东南沙鲁寺
着由万户府	永乐七年二月甲戌	隆子县颇章羊孜寺
笼答千户所	洪武八年正月庚午	林国县北打龙寺
葛剌汤千户所	洪武十八年正月丁卯	扎囊县

说明：此表引自郭红、靳润成《中国行政区划通史·明代卷》（第二版）[1]

（2）元朝时，曾于今西藏昌都东部、四川甘孜和阿坝一带设有朵甘思宣慰司（亦称吐蕃等路宣慰使司都元帅府）。至明代，明朝先后派许允德、克新、巩哥锁南等前往朵甘、乌思藏招抚。洪武三年（1370），康巴藏族地方的故元镇西府武靖王主动向明朝左副将军邓愈请降，后入觐。洪武六年（1273），故元摄帝师喃加巴藏卜带领大批故元旧官来朝进贡，乞授职名，分别被授予了朵甘卫的指挥同知、佥事及其下属机构的宣慰使、同知、副使、元帅、招讨、万户等官职。其中，锁南兀即尔被任命为朵甘卫指挥佥事。同年十月，在送交故元司徒印后，明朝在康巴设置朵甘卫指挥使司，以锁南兀即尔为卫指挥同知。洪武六年，明朝设陇答卫指挥使司，辖地为今西藏自治区江达县西北陇塔一带。洪武七年朵甘卫、乌思藏卫升格为行都指挥使司后，朵甘卫所辖范围延伸至今青海玉树、果洛和黄南州部分地区。同年十二月，明政府增置朵甘思宣慰司及诸招讨司、万户府、千户所，以赏竺监藏等七人为朵甘都指挥同知。朵甘行都指挥使司是羁縻性质都司，无流官，不过它由西安行都指挥使司（驻河州）兼领，后归陕西都指挥使司管辖，下辖朵甘思宣慰司、6招讨司、4万户府、17个千户所。史载：

洪武七年十二月，炽盛佛宝国师喃加巴藏卜及朵甘行都指挥同知锁南兀即尔等遣使来朝，奏举土官赏竺监藏等56人。明太祖朱元璋下诏："增置朵甘思宣慰司及招讨等司。招讨司六：曰朵甘思、曰朵甘笼答、曰朵甘丹、曰朵甘仓溏、曰朵甘川、曰磨儿勘。万户府四：曰沙儿可、曰乃竹、曰罗思端、曰刊思麻。千户

---

[1] 郭红、靳润成著：《中国行政区划通史·明代卷》（第二版），复旦大学出版社，2017年，第703页。

所十七：曰朵甘思、曰剌宗、曰孛里加、曰长河西、曰朵甘思多八参孙等处、曰加巴、曰兆日、曰纳竹、曰伦答、曰沙里可哈思的、曰孛里加思东、曰果由、曰参卜郎、曰剌错牙、曰泄里坝、曰阔侧鲁孙、曰撒里土儿干。改故元伦卜卒曰四族，达鲁花赤为都管，朵甘捕盗司为巡检司。"①一宣慰司、六招讨司、十七千户所的新设立机构，涉及了今西藏的广阔范围，且随着朝廷对喃加巴藏卜举荐的五十六名故元旧官的封官授爵，"以赏竺监藏等七人为朵甘都指挥司同知，南哥思丹八亦监藏等三人为乌思藏都指挥司同知，星吉监藏等十一人为朵甘宣慰司使，川挪藏卜等八人为朵甘思等六招讨司官，管者藏卜等五人为沙儿可等万户府万户，管卜儿监藏等十八人为朵甘思等一十七千户所千户，速令一人为伦卜卒曰四族都管，监藏令占等三人为朵甘巡检司巡检。"②明朝基本完成了在西藏的行政建置。

明朝册封西藏地方政教领袖的根本目的是稳定统治，这完全可以从明太祖的一段话中得到佐证："喃加巴藏卜以所举故元国公南哥思丹八亦监藏等来朝贡，乞授职名。省台臣言：来朝者宜与官职，未来者宜勿与。上曰：'我以诚心待人，彼若不诚，曲在彼矣！况此人万里来朝，若俟其再请，岂不负远人归向之心。'遂皆授职，各赐衣帽、钞锭，仍遣诏谕朵甘、乌思藏等处曰：我国家受天明命，统御万方，恩抚善良，武威不服，凡在幅员之内，咸推一视之仁。近者，摄帝师喃加巴藏卜以所举乌思藏、朵甘思地面故元国公、司徒、各宣慰司、招讨司、元帅府、万户、千户等官，自远来朝，陈请职名，以安各族。朕嘉其诚，达天命，慕义来庭，宜从所请，以绥远人。以摄帝师喃加巴藏卜为炽盛佛宝国师，给赐玉印，南哥思丹八亦监藏等朵甘、乌思藏武卫诸司等官，镇抚军民，皆给印。自今为官者务遵朝廷之法，抚安一方，为僧者务敦化导之诚，率民为善，以共乐太平。"③因此，此次封职的完成，意味着明朝在西藏的行政建制已基本完成。

另外，明朝在今四川阿坝州草地及松潘地区、甘孜等地区设有松潘安抚司、天全六番招讨司、朵甘思都指挥使司、长河西鱼通宁远宣抚司，下辖若干招讨司、万户府、千户所。《明史·四川土司传》载：明洪武年间，在今甘孜藏族地方设置"宣慰司者三：曰朵甘、曰董卜韩胡、曰长河西鱼通宁远。为诏讨司者六、

---

① 《明太祖实录》卷九五，洪武七年十二月壬辰，第1641—1642页。
② 《明太祖实录》卷九五，洪武七年十二月壬辰，第1641—1642页。
③ [明]朱国祯辑：《皇明大事记》卷十三《诸夷朝贡》，明崇祯刻本《皇明史概》，第1065页。

为万户府者四、为千户所者十七"①。仅在阿坝州草地，先后有藏族八百九十二寨相率朝贡，悉赐物遣归。如果"每寨以23户计算，每户平均以4.5人计算，应为9万人口"②。明臣王廷和说："考之洪武六年以来平蜀之后即定'西番'，北路置松潘等处军民指挥使司，南路设叠溪守御军民千户所，附近'番族'皆设衙门隶之。安抚司五、长官司二十二，各降印信，立酋长为土官，以世掌之。每寨复设牌头寨首一人，使督纳各卫所青稞差役，所以羁縻制驭，实中国之藩篱也。"③

除了安抚司、长官司、寨堡及以上地区都司卫所，明朝在川西北涉藏地区设置的管理机构还有：长河西鱼通宁远宣慰使司、朵甘思招讨司、朵甘陇答招讨司、天全六番招讨司以及沙儿可万户府、乃竹万户等府。如永乐年间，明朝在今四川涉藏地区设置陇卜卫指挥使司、董卜韩胡宣慰使司等军政机构。永乐十一年（1413）置陇卜卫指挥使司（辖地位于今玉树地区以东），以锁南斡些儿为指挥使；永乐十三年（1415）置董卜韩胡宣慰使司（辖地为今四川宝兴一带），以南葛为首任宣慰使。宣慰使司是明朝在边疆民族地区设立的一种民族自治机构，目的是实现"以夷制夷"。

表2　明代朵甘都司设置表

下辖名称	设置时间	所在位置
赞善王	永乐五年	四川甘孜州德格县俄支寺
护教王	永乐五年	西藏贡觉县东南贡觉
陇答卫	洪武六年	西藏江达县西北隆塔一带
朵甘思宣慰使司	洪武七年十二月壬辰	四川甘孜县以西
董卜韩胡宣慰使司	永乐十三年六月己丑	四川天全县西北小金、丹巴县一带
长河西、鱼通、宁远宣慰使司	洪武十六年四月戊寅	四川康定县一带
朵甘思招讨司	洪武七年十二月壬辰	甘孜县境
朵甘陇答招讨司	洪武七年十二月壬辰	江达县西北隆塔一带

---

① ［清］张廷玉等撰：《明史》卷三百一十一《四川土司传》，第8033页。
② 四川省人口普查办公室编：《四川藏族人口》，第19页。
③ ［明］王廷和：《靖番议》，《明代基本史料丛刊·边疆卷》第53册《王氏家藏文集》，线装书局，2005年，第239页。

续表

下辖名称	设置时间	所在位置
朵甘丹招讨司	洪武七年十二月壬辰	四川石渠县一带
朵甘仓溏招讨司	洪武七年十二月壬辰	四川壤塘县一带
朵甘川招讨司	洪武七年十二月壬辰	
磨儿勘招讨司	洪武七年十二月壬辰	西藏芒康县
沙儿可万户府	洪武七年十二月壬辰	四川新龙县
乃竹万户府	洪武七年十二月壬辰	贡觉县一带
罗思端万户府	洪武七年十二月壬辰	
答思麻万户府	洪武七年十二月壬辰	甘肃湟中县一带
朵甘思千户所	洪武七年十二月壬辰	
剌宗千户所	洪武七年十二月壬辰	
孛里加千户所	洪武七年十二月壬辰	
长河西千户所	洪武七年十二月壬辰	
多八参孙千户所	洪武七年十二月壬辰	
加巴千户所	洪武七年十二月壬辰	
兆日千户所	洪武七年十二月壬辰	
纳竹千户所	洪武七年十二月壬辰	
伦答千户所	洪武七年十二月壬辰	
果由千户所	洪武七年十二月壬辰	
沙里可哈思的千户所	洪武七年十二月壬辰	
索里加思千户所	洪武七年十二月壬辰	
撒里土儿千户所	洪武七年十二月壬辰	
参卜郎千户所	洪武七年十二月壬辰	
剌错牙千户所	洪武七年十二月壬辰	
泄里坝千户所	洪武七年十二月壬辰	
阔侧鲁孙千户所	洪武七年十二月壬辰	

说明：此表引自郭红、靳润成《中国行政区划通史·明代卷》（第二版）[1]

---

[1] 郭红、靳润成：《中国行政区划通史·明代卷》（第二版），第703—704页。

（3）在阿里地区。洪武时期，明朝设置了俄力思军民元帅府。"俄力思"即"阿里"，1375年（洪武八年）置，辖地为今西藏阿里地区及其以西的拉达克地区。

综上，明朝建立后，一方面实行积极的边疆民族政策，广行招谕。另一方面，大力加强在西藏及周边涉藏地区的行政机构建设，努力实现对其统属权的确立。特别是洪武八年，明朝在藏北阿里地区设置俄力思军民元帅府，它的设置意义重大，使西藏所有地方处于明朝的统辖之下，标志着"明朝对遥远的阿里三围地方拥有无可争议的主权"[1]，也标志着"全西藏招抚任务的顺利完成。明朝取元而代之，继承了元朝对西藏和其他藏族地方的行政管辖权"[2]。

关于这点，我们可以从《明太祖封俄力思军民元帅府元帅诏书》中可以管窥一二：

> 奉天承运皇帝圣旨：朕君天下，凡四方慕义来归者，皆待之以礼，授之以官。尔搠思公失监，久居西土，闻我声教，能委心效顺，保安境土，朕用嘉之。今设俄力思军民元帅府，命尔以元帅之职，而尚思尽乃心，谨遵纪律，抚其部众，使疆土靖安，庶副朕委任之意。可怀远将军俄力思军民元帅府元帅，宜令搠思公失监。准此。
>
> 洪武六年（1373）二月　月（原件，见本书图版）[3]

此"明太祖封俄力思军民元帅府元帅诏书"之内容，见《西藏地方是中国不可分割的一部分》，且记载时间为洪武六年。但据《明太祖实录》载：洪武八年，"正月庚午（1375年2月10日），"诏置俄力思军民元帅府、怕木竹巴万户府、乌斯藏笼答千户所，设官一十三人。"[4]又据《明史》卷三百三十一《朵甘传》："（洪武）八年，置俄力思军民元帅府，寻置陇答卫指挥使司。"[5]由此推断，《西藏地方是中国不可分割的一部分》中明太祖敕封俄力思军民元帅府元帅的时间记录或许有误。

其次，明朝任命当地政教首领行使官府职能的同时，还掌握对当地官员任

---

[1] 熊文彬、陈楠主编：《西藏通史》（明代卷），中国藏学出版社，2016年，第39页。
[2] 熊文彬、陈楠主编：《西藏通史》（明代卷），第16页。说明：藏族地方，今规范称为涉藏地区，为尊重原文，不作改动。作者。
[3] 西藏社会科学院、中国社会科学院民族研究所等辑：《西藏地方是中国不可分割的一部分》，西藏人民出版社，1986年，第93页。
[4] 《明太祖实录》卷九六，洪武八年正月庚午，第1650页。乌斯藏，今多写作乌思藏。为尊重史实，本书两种写法均使用，特此说明。
[5] ［清］张廷玉等撰：《明史》卷三百三十一《朵甘传》，第8588页。

免、升黜、承袭过程中的审批、允准权。如永乐四年（1406）三月，巴鲁被明朝中央任命为陇答卫指挥使（辖地在今西藏江达县境内），此后陇答卫多次受朝廷之命与乌思藏的帕木竹巴阐化王、阐教王、护教王、赞善王等，"所辖地方驿站有未复旧者，悉如旧设置，以通使命"。永乐七年（1409）二月，掤巴星吉卫阿儿的占被明朝中央任命为著由万户府（辖地在今西藏隆子县境内）万户。西藏及周边地区的官员大多为世袭或由当地土酋担任，宣德五年（1430）五月，朵甘都司都指挥使撒力加监藏上奏朝廷，称年老乞致仕，请求以其子星吉儿监藏代职，明廷批准其请求，任命星吉儿监藏为朵甘都司都指挥使。正统六年（1441）四月，朵甘都司大小首领遣使入朝，上奏都司内部的人事变更事宜等。明廷应允，并强调承袭需根据袭替条例执行。

总之，明朝在今西藏设有两个都指挥使司，即乌思藏都指挥使司和朵甘都指挥使司，另在西藏及周边涉藏地区还设立了诸多指挥使司、宣慰使司、招讨使司、万户府、千户所等机构综管军民事务，完全实现了对西藏及周边涉藏地区的有效统治，明朝统治者在很短的时间内，不劳师旅之征，就使涉藏地区纳入新的封建王朝统治之下，这是难能可贵的。[①]

（二）明朝在西北涉藏地区统治的建立

有明一代对西北边疆地区的经略，采取防御为主、逐层建立藩屏之举措。纵观明代西北边疆政策，"隔绝羌胡"、隔断蒙藏联系是其政策的核心，为什么明朝要处心积虑地实施这一政策？这与明朝北部和蒙古对峙的严峻形势是分不开的。

明朝立国伊始，北部边防局势不容乐观。元顺帝虽北逃，却仍以正统王朝自居，"元亡而实未始亡耳"[②]。蒙古汗廷仍然拥有强大的军事实力，所谓"忽答一军驻云州，王保保一军驻沈儿峪，纳哈出一军驻金山，失喇罕一军驻西凉，引弓之士，不下百万众也"[③]，对明朝构成了极大威胁。因此，明朝建立后，倾全国兵力对包括元大汗、东北纳哈出、西北扩廓帖木儿和云南梁王等元朝蒙古及其残余势力进行重点清剿。明太祖朱元璋先后对元及其残余势力进行五次大规模的远征，至14世纪80年代时，元主力已基本被明军渐次消灭，残元力量大为衰弱，其控

---

① 熊文彬、陈楠主编：《西藏通史》（明代卷），第24页。
② [清]谷应泰：《明史纪事本末》卷十《故元遗兵》，中华书局，1977年，第149页。
③ [清]谷应泰：《明史纪事本末》卷十《故元遗兵》，第149页。

制范围也因此退出陕、甘、宁一线北撤,而明朝实际控制区迅速扩大至长城一线。尽管如此,残元势力仍然控制着蒙古地区,明朝"永清沙漠"①、彻底剿灭蒙古的愿望未能实现。

为此,明朝加大了招降、分化、瓦解蒙古各势力的工作,采取招抚蒙古部众归顺明朝的措施,以减少北部边境压力。并制定和调整与之相适应的边疆民族政策,大力笼络西部藏族政教各势力,防止蒙藏势力联合导致明朝遭遇腹背夹击之险境,即实施"隔绝羌胡"政策,隔断蒙藏联系。其次,明朝在西北涉藏地区及时建立都司卫所的军政机构,加强对该地区的统治和管理。

1. 设置关西七卫,作为西陲屏障。

明代西北撒里畏兀儿地区设置的安定卫、曲先卫等地,藏族部众也较多。吴均指出:"从《明史·曲先卫》中记载的'甘州西南尽皆番族'之说,从曲先卫人活动在长江源头藏族地区以及其人名等因素考虑,曲先卫人之为藏族,似无庸置疑。"②沙州卫的主体民族是蒙古,藏族、撒里畏兀儿杂居其中,均信仰佛教。关于沙州卫的民族成分,高自厚认为"以蒙古人为主,也有部分撒里畏兀儿"③。赖家度也指出:"沙州境内系蒙古族、畏兀儿族、'西番'各族杂居之地,明朝联结蒙古贵族辖治沙州一带。"④刘国防的观点是:在沙州卫、赤斤蒙古卫、罕东卫、罕东左卫中,"蒙古人的成分多,撒里畏兀儿人和吐蕃人杂居其中"⑤;高自厚也认为,在罕东左卫、罕东、沙州、赤斤四卫中,"多为蒙古人,只有少量畏兀儿。"⑥而吴均认为:"明代罕东卫人是藏族,其中是否有极个别的撒里畏兀儿人等,虽史料无据,但也有可能,难以绝对排除。"⑦

可以肯定的是,藏族的确是关外诸卫中主要的民族成分之一,明朝在安定、阿端、曲先、罕东、赤斤、沙州诸卫仍然以征马赋的形式对其进行统辖,"给之金牌,令岁以马易茶"⑧。明中叶以后,蒙古人逐渐控制了青海。正德初,亦卜剌带领的蒙古人前往西海驻牧,此后蒙古诸部陆续进入青海地区各地游牧,青海原

---

① 《明太祖实录》卷七一,洪武五年正月庚午,第1321页。
② 吴均:《安定、曲先、罕东、必里等卫地望及民族琐议》,《青海师范大学学报》1988年第3期,第118页。
③ 高自厚:《撒里畏兀儿东迁和裕固族的形成》,《西北民族研究》1986年试刊号,第116页。
④ 赖家度:《明代初期西北七卫的设置》,《历史教学》1957年第8期,第31页。
⑤ 刘国防:《明朝初期对西域的管辖及往来关系》,《西域研究》1992年第1期,第37页。
⑥ 高自厚:《元末明初蒙维关系变化及其对撒里畏兀儿的影响》,《中央民族学院学报》1986年第3期,第18页。
⑦ 吴均:《安定、曲先、罕东、必里等卫地望及民族琐议》,《青海师范大学学报》1988年第3期,第125页。
⑧ [清]张廷玉等撰:《明史》卷三百三十《西番诸卫传》,第8555页。

藏族聚居地区逐渐成为蒙古人的统治地，给明朝在甘青地区的统治造成了极大的困境。"时甘州西南尽皆番族，受边臣羁络，惟北面防寇。后诸卫尽亡，亦不剌据青海，土鲁番复据哈密，逼处关外。诸卫迁徙之众又环列甘肃肘腋，犷悍难驯。于是河西外防大寇，内防诸番，兵事日亟。"① 直至明末，明朝与蒙古人在青海地区对藏族及其这一地区的控制权争夺异常激烈。

明代初期，政府在嘉峪关以西、哈密以东，包括青海湖、柴达木盆地在内的广大地区设立羁縻卫所，采用特殊方式对该地区实施统治。朝廷既不派设汉官，也不屯驻军队，只以任命各族首领官职的方式，任命各部族首领为卫所指挥、千户、百户等官，一应事务由其自行处理。主要的羁縻卫所有安定、阿端、曲先、赤斤蒙古、罕东、沙州和哈密等七卫。其中，赤斤卫和沙州卫在今甘肃境内，安定、阿端、曲先和罕东四卫在今青海境内，哈密卫在今新疆境内。因为七卫地处嘉峪关以西，故称"关西七卫"。

安定、阿端二卫由元安定王部转化而来，洪武七年（1374）故元撒里畏兀儿安定王卜烟帖木儿归附明朝，"遣其府尉麻答儿、千户所剌儿来朝，贡铠甲刀剑等物"②。次年，明太祖敕封卜烟帖木儿为安定王，领二卫之事，以其部人沙剌为指挥，设置安定、阿端二卫。后因朵儿只巴之乱，二卫遭到沉重打击。安定卫部众在流离二十余年之后，于永乐四年（1406）徙居苦儿丁，阿端卫也于同年重建。后因二卫参与曲先卫劫杀明使的活动，在明军的讨伐中远遁不敢复还。在明廷的扶持下，二卫实际上分别只剩阿真部和真只罕部活动于故地。

曲先卫，洪武四年置。是年，世居西北的蒙古与畏兀儿等民族纷纷归附，明太祖以"土人散西思为指挥同知"③，置曲先卫。史载："洪武初置西宁卫、西宁茶马司，曲先、阿端、罕东、安定四卫。"④ 后来，曲先卫指挥散即思多次劫掠明廷使者，明廷对之进行多次讨伐。成化年间，曲先被土鲁番侵掠。正德七年（1512），"蒙古酋阿尔秃斯亦不剌窜居青海，曲先为所蹂躏，部族窜徙，其卫遂

---

① [清]张廷玉等撰：《明史》卷三百三十《西番诸卫传》，第8555页。
② 《明太祖实录》卷九〇，洪武七年六月壬子。另见《明史》卷三百三十《安定卫传》:洪武七年，故元宁王"卜烟帖木儿使其府尉麻答儿等来朝，贡铠甲刀剑诸物。太祖喜，宴赉其使者，遣官厚赉其王，而分其地为阿端、阿真、苦先、帖里四部，各锡以印。"
③ [明]严从简、余思黎点校：《殊域周咨录》卷十四《曲先》，中华书局，1993年，第470页。胡小鹏认为：曲先卫的设置应在"洪武八年左右"。（参见胡小鹏《察合台系蒙古诸王集团与明初关西诸卫的成立》，《兰州大学学报》2005年第5期）
④ [明]王琼撰：《西番事迹》，《西北史地文献》第二十七卷，中国西北文献丛书编委会1990年，第35页。

亡。"①

赤斤蒙古卫，地处嘉峪关以西，与肃州相接，该卫首领属察合台系出伯后王集团一支。永乐二年（1404），该部首领塔力尼率部归附明朝，设赤斤蒙古所。永乐八年（1410）改千户所为卫，赤斤蒙古卫正式建立。该卫建立后多次在抵御瓦剌、土鲁番的斗争中建立奇功，是甘肃镇的一支有力拱卫力量。其后，哈密危机日益严重，关外诸卫相继内徙，赤斤蒙古孤悬关外，受到了更为直接的打击。正德八年（1513），"土鲁番遣将据哈密，遂大掠赤斤，夺其印而去"②。之后土鲁番又多次内侵，甘肃镇发生严重危机，赤斤蒙古卫首当其冲受到了更为严重的摧残，其"部众不能自存，尽内徙肃州之南山，其城遂空"③。嘉靖七年（1528），王琼抚安其众，赤斤蒙古与明朝形成了更为密切的关系。

沙州，先后为故元豳王和西宁王之辖地。明初，此地为察合台系出伯后王集团西宁王的一支所领。洪武二十四年（1391），阿鲁哥失里即遣使朝贡，以示归顺。永乐三年（1405），明朝设置沙州卫。沙州卫在明代西北边防体系中也起到过突出的作用，但随着土鲁番势力的强盛和瓦剌的不断内侵，沙州卫也深受其害，先后内徙苦峪、甘州等地，沙州故地遂空。后来，明朝又于沙州卫故地安置罕东蒙古一支，设置了罕东左卫。

罕东卫，关西七卫中惟一个与察合台后王集团没有明显关系的卫所，该卫设于洪武三十年（1397）。罕东卫设置以后较为稳定，并多次协助明军维护西域稳定，帮助哈密抵御土鲁番的侵袭。成化、弘治年间，土鲁番强盛，罕东卫大为削弱。正德中，西海蒙古为患，罕东亦遭蹂躏。后土鲁番兵犯肃州，罕东卫进一步受到侵害，其部相率请求内徙。嘉靖时，王琼移罕东都指挥枝丹部于甘州。

哈密卫，关西七卫之中地位最为重要的一个，其首领为察合台系出伯后王集团中威武西宁王和肃王两支转化而来。明初，统治者不断用兵西北，希冀打通西域商路。安定等六卫设立以后，明朝势力渐逼哈密。面对这种压力，永乐初，安克帖木儿多次向明朝遣使纳贡。永乐四年（1406），明朝设哈密卫，"给印章，以其头目马哈麻火者等为指挥、千百户、镇抚，辜思诚、哈只、马哈麻为经历，周安为忠顺王长史，刘行为纪善，以辅脱脱"④。哈密卫在甘肃镇的外部拱卫体系

---

① ［清］张廷玉等撰：《明史》卷三百三十《曲先卫传》，第8555页。
② ［清］张廷玉等撰：《明史》卷三百三十《赤斤蒙古卫传》，第8559页。
③ ［清］张廷玉等撰：《明史》卷三百三十《赤斤蒙古卫传》，第8559页。
④ 《明太宗实录》卷五二，永乐四年三月丁巳，第787页。

之中居于核心地位,不仅在军事上可以起到抵御土鲁番和瓦剌内侵的作用,而且还起到了领导西域各地方政权,维持正常的朝贡贸易的作用。正如明臣马文升《兴复哈密记》中所言:明初,为招徕四夷,"乃即哈密地封元之遗孽脱脱为忠顺王,赐金印,令为西域之襟喉,以通诸番之消息。凡有入贡夷使方物,悉令此国译文具闻"。①

哈密建卫后,长期与明廷保持着十分密切的关系,在朝贡贸易中取得了十分丰厚的利益。从某种程度上说,哈密之所以为土鲁番不断侵袭,以致出现"三立三绝"的严重危机,与土鲁番强大后谋求西域朝贡贸易领导权,最大限度地谋取朝贡利益是不无关系的。但可惜的是,由于哈密王室的无能和部众的离散,到明代中后期其地位已经不复存在。

表3 明代关西七卫设置表

卫所	设置时间	所在位置
安定卫	洪武八年(1375)正月置,洪武十年废,洪武二十九年三月壬午复立	在今甘肃敦煌西南阿克塞苏干湖盆地,正德中散亡
曲先卫(库森卫、察逊卫)	洪武十年置	永乐四年(1406)后治地在今青海格尔木西北油泉子附近。正德七年(1512)散亡
罕东卫(罕都卫)	洪武三十年置	治在今敦煌,正德中内徙
沙州卫	永乐三年十月癸酉置	原治在今敦煌西,宣德十年(1435)移居苦峪,正统十一年(1446)内徙、卫废
赤斤蒙古卫(齐勤蒙古卫)	永乐二年冬十月设赤斤蒙古千户所,永乐八年八月升为卫	治在今甘肃玉门市西北赤金,正德中徙肃州南山
罕东左卫	成化十五年(1479)九月	治在今敦煌西,正德中徙废
阿端卫(鄂端卫、阿敦卫)	洪武八年正月置,洪武十年废,永乐四年十一月复置	治在帖儿谷,在今青海格尔木西北茫崖镇附近。正统以后散亡
哈密卫	永乐四年二月设	治本在今新疆哈密市。成化十年移至苦峪城,在今甘肃瓜州县东南。成化十八年移回哈密

说明:此表引自郭红、靳润成《中国行政区划通史·明代卷》(第二版)②

---

① [明]马文升:《兴复哈密记》,续修四库全书本,上海古籍出版社,1992年影印。
② 郭红、靳润成:《中国行政区划通史·明代卷》(第二版),第705页。

关西七卫是明朝在嘉峪关以西设立的七个羁縻卫所，其体制与内地不同，明廷对之采取的是统而不治的策略。明人郑晓说："四夷何以首安南也，我郡县也。次兀良哈何，我武卫也。哈密、女直非欤？羁縻之虏，非我官长也。"①关西七卫中，哈密、沙州、赤斤三卫隶属于肃州，是甘肃镇的西部藩篱；安定、阿端、曲先、罕东四卫则隶属于西宁卫，亦称"塞外四卫"，是西宁卫的重要保障，它们"内附甘肃，外捍达贼"，是甘肃镇的"屏藩"。明代甘肃守臣说："我朝创设哈密、赤斤、罕东诸卫，授官赐敕，犬牙相制，不惟断匈奴右臂，亦以壮西北藩篱。"

由此可见，明朝设立关西七卫的目的是：（1）七卫作为甘肃镇的外部拱卫力量，使其成为明朝西陲地区的"屏藩"，维护西域政治格局，保证朝贡体系的正常运转；（2）使诸卫犬牙相制，难以形成统一力量与明朝相对抗。

明朝在嘉峪关以西地区实行羁縻卫所的统治方式，有着深刻的历史和现实原因。由于西北残元势力俱出察合台后王集团，分为哈密为中心的出伯后王集团和沙州西南撒里畏兀儿地区的安定王集团两支，而关西七卫的辖区与察合台后王集团的活动区域基本上一致。七卫中除罕东卫和后置的罕东左卫以外，其余诸卫均系察合台后王集团转化而来。另外，关西七卫主要官员都有察合台系诸王担任，因此，创制"羁縻卫所"统治该地区应是明朝统治高层明智和现实的选择。

关西七卫的设置保证了西域商道的畅通，不但是明朝控制西域各地方政权的重要手段，也是管理关外各族、巩固西北边防的有效途径。更为重要的是，七卫之设置对甘肃镇的外部安全起到了十分重要的拱卫作用，使明朝在对付北方蒙古的同时不必有西顾之忧。然而，明中期以后对七卫间的互相进攻，却以"番人相攻，于我何预"②的态度不予管理，是明朝西域政策失误的表现。大约是正德初，亦卜剌带领的蒙古人前往西海驻牧，此后蒙古诸部陆续进入青海各地游牧，青海逐渐成为蒙古人的统治地，给明朝在甘、青涉藏地区统治造成了极大的困境。直至明末，明朝与蒙古人在青海地区对藏族及其这一地区的控制权争夺异常激烈。

2. 设置河洮岷诸州，加强甘青涉藏地区统治。

明代西北边疆地区，主要居住有汉族、畏兀儿、撒里畏兀儿、哈萨克、布

---

① [明]郑晓著：《今言》卷四，中华书局，1984年，第194页。
② [清]张廷玉等撰：《明史》卷三百三十《罕东左卫传》，第8566页。

鲁特、回回、哈剌灰、蒙古、藏族等，民族成分众多、关系复杂。据史料记载，甘青河湟地区分布的藏族部落达650多族，如西宁十三族、岷州十八族、洮州十八族，河州十八族、剌答川一百七十九族等。清康熙四十一年抄本的《岷州志》卷六《典礼·番贡》称"洮岷番人三百八十余族"①，分别隶属于不同的卫所管辖。他们属于明人文献中的"纳马番"，其首领一般都定期到明朝廷朝贡，服从朝廷约束，认可明廷管制，与明朝之间的关系较为密切。除此之外，尚有卫所隶属关系不明者近百族，他们基本上属于自由散漫状态，与明廷的关系比较疏远。

由于河、洮、岷、湟地区先后有羌、吐谷浑、吐蕃、回、汉等各民族活动和居住，民族情势异常复杂。自古以来，河、洮、岷、湟地区是中原通往西藏的门户。明代河、洮、岷地区主要指今甘肃临夏、临潭、卓尼、岷县、漳县、礼县、宕昌、迭部等地，地理位置极为重要，历来是中原通向青海、四川、西藏等地的交通咽喉。一方面，河洮岷西可达湟南安多藏族地区进入乌思藏，东可达巩昌、秦州等陇右之地，是汉、回、藏各族商业贸易往来的商埠。另一方面，它是明朝控制西藏及周边涉藏地区的桥头堡，是明代汉藏使者往来的通道，承担着明朝与西藏及周边涉藏地区皇命敕送、使者来往、茶马贸易等特殊使命。因此，为了实现对河、洮、岷、湟地区的控制，明朝建国后采取了羁縻统治政策，并设置都司卫所，实行土流参治方式进行管理。

（1）明初，对河、洮、岷、湟等地藏族部落实行羁縻政策。洪武三年六月，明朝派遣陕西行省员外朗许允德诏谕吐蕃十八族、铁城、大石门、洮州、岷州一带藏族归顺明朝。在明朝的招降政策影响下，当地藏族部落首领纷纷归附明朝。与此同时，明朝在河洮岷地区建立了都司卫所的军事机构，派驻军队，筑城戍守，逐步建立起较为完整的西北防御体系。据史料记载，明朝在西北涉藏地区设置的都司卫所主要有陕西行都指挥使司、河州卫和洮州卫等。

陕西行都指挥使司。1374年七月，明朝设西安行都指挥使司，治所位于河州，宁正为都指挥，统辖河州、朵甘、乌思藏三卫。1375年十月更名为陕西行都指挥使司，治所今西安，次年停置。1379年正月重置，治庄浪，1393年迁至甘州。

---

① [清]田而穟等纂：《岷州志》卷六《典礼·番贡》，清康熙四十一年抄本。

河州卫，为明朝在西北涉藏地区最早设立的军政机构[1]，设置于洪武四年（1371）正月辛卯（公历1月23日），治今甘肃临夏市，初管故元吐蕃等处宣慰使司都元帅府辖地，包括河、洮、岷州在内的甘青涉藏地区大部。《明太祖实录》载：河州卫"置所属千户所八：曰铁城、曰岷州、曰十八族、曰常阳、曰积石州、曰蒙古军、曰灭乞军、曰招藏军；军民千户所一：曰洮州；百户所七：曰上寨、曰李家五族、曰七族、曰番客、曰化州等处、曰常家族、曰爪黎族；汉番军民百户所二：曰阶文扶州、曰阳呱等处"[2]，共九个千户所、九个百户所。其后，河州卫管辖范围和领属权不断变化，至洪武中期时河州卫领所一：归德千户所。归德千户所距河州卫七百余里，"东距川卜千户所，西距必里卫番族，南距朵土川藏，北距黄河罕东卫界"[3]。显然，河州卫及所属归德"番族"主要居于今甘肃、青海等地。

河州建卫之初地域非常广阔，包括了河、洮、岷地区。洪武十年（1377），析河州卫为左右两卫。河州左卫于洪武十二年（1379）迁于原洮州军民千户所，并升为洮州卫军民指挥使司。右卫则升为河州军民指挥使司，成化九年（1473）复改为卫。河州卫的管辖范围不断推进，建卫之后，除了从中析出洮州、岷州二卫之外，先后又设置了必里（后亦析出为卫，但仍归河州卫节制）、归德、喃加巴、失保赤、川卜族等五个千户所，使明朝对甘青涉藏地区的统治进一步得以强化。与此同时，还沿白石山—太子山—小积石山一线择险扼要，设置积石等二十四座关隘，[4]形成了一条防御体系，起到了震慑和防御的双重作用。

岷州卫，洪武十一年（1378）由岷州千户所改置，洪武十五年（1382）改为岷州军民指挥使司。[5]至嘉靖二十四年（1545）时，岷州军民指挥使司被改为岷州卫，隶属巩昌府。其改设原因，陕西督抚上疏有陈："岷西临极边，番汉杂处。

---

[1] 元代吐蕃等处宣慰司都元帅府，又称朵思麻宣慰司（亦称朵思麻宣慰使司都元帅府）或脱思麻宣慰司，治河州，掌军民之务，辖区包括青藏高原藏族地区，辖区就大致上相当于安多藏族地方。是元朝设于藏族地方的地方行政机构。吐蕃等处宣慰司都元帅府受宣政院管辖，秩从二品，设宣慰使五员，经历二员，都事二员，照磨一员，捕盗官二员，儒学教授一员，镇抚二员。下辖：脱思麻路军民万户府，秩正三品。西夏中兴河州等处军民总管府，秩正三品。

[2]《明太祖实录》卷六〇，洪武四年正月辛卯，第1173页。

[3] 黄彰健校勘，中研院历史语言研究所校印：《明太宗实录》卷一二〇，永乐九年十月辛卯，中华书局，2016年，第1513页。

[4] 陈世明：《明代甘肃境内二十四关考略》，《西北民族学院学报》（哲学社会科学版），1990年第1期。

[5] 但《西番事迹》记载："洪武十一年，置岷州卫军民指挥司"。参见《西番事迹》，《西北史地文献》第二十七卷第35页。

洪武时，改土番十六族为十六里，设卫治之，俾稍供徭役。自设州之后，徵发繁重，人日困敝。且番人恋世官，而流官又不乐居，遥寄治他所。"①故十余年后，陕西督抚合疏言其不便，"乃设卫如故"②。岷州卫，加上之前设置的河州卫、洮州卫和西宁卫，合称"西番四卫"。

洮州卫（治今甘肃临潭），元属吐蕃宣慰司都元帅府的河州路辖地，"本朝洪武四年置洮州卫军民指挥使司"③，其地"西控番戎，东蔽湟、陇，汉唐以来备边要地"，④历来为秦陇藩篱，西北边陲重镇之一，是中原通往青海、西藏等地的交通孔道，也是藏回汉各民族商业贸易往来的商埠，地理位置特别重要。明初，统治者便十分重视这一地区在军事上的重要战略地位。针对洮州的弃守问题之讨论，朱元璋曾经给曹国公李文忠说："今羌虏既斥，若弃之不守，数年之后，……将复为边患矣。"⑤

为了更好地经营甘青涉藏地区，明朝于洪武四年设置了河州卫，下辖千户所八、军民千户所一、百户所七、"汉番"军民百户所二，⑥管辖河、湟、洮、岷甘青藏族大部，其中军民千户所就是指洮州军民千户所。洪武六年二月，明廷在洮州常阳十八族等处设置六个千户所、九个百户所，加之"各族都管十七，俱以故元旧官为之"⑦。到洪武十二年（1379）二月，洮州军民千户所升格为洮州卫（治今甘肃临潭县），朱元璋任命指挥聂纬、陈晖等六人守之。关于洮州卫的设置时间及原因，《国朝典汇》中非常清楚地记载：洪武十二年，发生了洮州十八族番酋三副使汪舒朵儿瘿嗉子阿卜商等人叛乱事件，朱元璋命沐英率军平叛。叛乱平定后，明朝即筑洮州城并屯兵戍守之。对其战略意义，明太祖朱元璋说："洮州为'西番'门户，城之是扼其喉矣，命置洮州卫。"⑧洮州卫是明朝西北边疆地区的战略要地，不仅肩负着西北防务重任，而且还具有镇服甘、青涉藏地区各族的重要作用，洮州卫的设立不但进一步表明了其军事地位的重要性，而且基本消除了"西番"对西北边防的威胁，强化了明朝对洮州地区的直接统治，构成了明朝

---

① ［清］张廷玉等撰：《明史》卷三百三十《西番诸卫传》，第8545—8546页。
② ［清］张廷玉等撰：《明史》卷三百三十《西番诸卫传》，第8546页。
③ ［明］王琼撰：《西番事迹》，《西北史地文献》第二十七卷第35页。
④ ［清］张廷玉等撰：《明史》卷三百三十《西番诸卫传》，第8540页。
⑤ 《明太祖实录》卷一二三，洪武十二年三月丁亥，第1986页。
⑥ 《明太祖实录》卷六〇，洪武四年正月辛卯，第1173页。
⑦ ［明］朱国桢辑：《皇明大事记》卷十三《诸夷朝贡》，明崇祯刻本《皇明史概》，第1065页。
⑧ ［明］徐学聚编撰：《国朝典汇》卷一百七十五《兵部·西番》，书目文献出版社，1996年，第2204页。

经略西北边疆的重要基地，正如明太祖朱元璋谈到洮州的战略地位时所说："洮州，'西番'门户，筑城戍守，扼其咽喉。"①

西宁卫，由元代西宁州改置而来。西宁"路通曲先、安定、乌思藏等处"，战略位置尤其显要。②西宁卫，设于洪武六年（1373）正月③，设置后明朝任命故元甘肃行省右丞朵儿只失结为西宁卫指挥佥事，隶甘肃镇，辖西宁、碾伯、镇海、北川、南川、古鄯六千户所。洪武十九年（1386），明政府派长兴侯耿炳文驻防西宁，专管西宁卫军政事务，他督率陕西诸卫兵士，修筑西宁城。城为方形，周九里一百八十步三尺，城墙高五丈，厚五丈，月城高四丈，城壕深一丈八尺，宽二丈五尺，城门和角楼各四座，城池之固足见西宁军事地位之突出。因西宁孤悬番域，不仅襟带河、湟、洮、岷及河西诸地，且又控制罕东、阿端、曲先等卫夷虏，故而明朝十分重视，于宣德七年（1432）升为军民指挥使司。实际上，西宁卫不仅肩负着河湟一线的驭番重任，而且与甘肃镇互为犄角，共同担负着甘肃镇的防御任务。而安定、阿端、曲先、罕东等"关外四卫"与后来设于原沙州卫地方的罕东左卫都隶属于西宁卫，除对这些羁縻卫进行必要的弹压之外，还要密切与他们的关系，使之有效地协助抵御外部侵扰。明朝除在西宁地区驻扎重兵、移民屯田外，还在西宁地区封授了十几家土司，笼络"番族"上层，对之进行了较为有效的统治。正统后，今青海省海西州东部、海北州北部地区划归朵甘行都司管辖。正德之后，辖域渐小，明末被废除。

必里卫，永乐元年（1403）由必里千户所改置。该卫未设指挥使，仅有掌牌指挥二员、掌牌千户五员、掌牌文户十四员、镇抚一员。

（2）明朝在甘青地区设置的都司卫所，采取土流参治的方式进行管理。一方面承认世居其地的土官酋豪的世系特权，一方面派遣汉族流官，"以流管土"，"以土治番"。土司分文职和武职两种。文职土司有土知府、土知州，甘青地区的土司都为武职土司。武职土司归兵部管辖。按明朝官制，武职分九等：都指挥使（正二品）、都指挥同知（从二品）、指挥使（正三品）、指挥同知（从三品）、指挥佥事（正四品）、千户（正五品）、副千户（从五品）、百户（正六品）、副百

---

① ［清］张廷玉等撰：《明史》卷三百三十《西番诸卫传》，第8540页。
② 黄彰健校勘，中研院历史语言研究所校印：《明宣宗实录》卷二七，宣德二年四月辛巳，中华书局，2016年，第719页。
③ ［明］朱国祯辑：《皇明大事记》卷十三《诸夷朝贡》，明崇祯刻《皇明史概》本，第1064页。

户（正七品）；明朝规定：自都督府、都指挥司以下各司，包括土司，必须严格执行命令，"各统其官兵及其部落，以听征调、守卫、朝贡、保塞之令"。可见，定期朝贡是土司职责之一，是否按照明朝的要求定期入贡，也是衡量土司忠顺的标准。① 永乐十六年正月，"西宁卫隆奔等簇扎省吉省、吉儿迦等及洮州卫著藏簇头目失加谛等来朝贡马，命扎省吉省、吉儿迦二人为指挥佥事，可鲁窝、失加谛等六人为正千户，你麻儿迦等十四人为副千户，赐诰敕、冠带衣、币有差"②。这是杨土司入京朝贡的最早记载，大明皇帝十分重视，给予了丰厚的赏赐。终明世，杨土司经八代，除了第八代土司杨国龙生活在明末乱世未进贡外，"其他各代土司都曾经进京朝贡，而且有的还多次入朝"③。

另外，为了协调甘青涉藏地区藏传佛教与朝廷的关系，明朝在河、洮、岷、湟州地区设置番僧纲司，较重要的有西宁、河州、洮州僧纲司等。洪武二十六年三月，立西宁僧纲司，以僧三剌为都纲。④ 同月，立河州卫汉僧纲司，以故元国师魏失剌监藏为都纲，河州卫番僧纲司，以僧月监藏为为都纲。⑤ 洮州僧纲司，下辖垂巴寺赵僧纲、著洛杨僧纲、麻儿司马僧纲、圆成寺侯僧正、阎家寺阎僧正。《碑铭·重兴寺碑》载："洮，古边地也，出州之域西二十步许，有司寺焉，曰竹当哈，盖番名也。寺创于唐，自唐而宋千有余年，其名不替，循故事也。迄至国朝洪武十六年，寺重修，改名重兴，敕赐也。时主是寺者尚未得人，宣德庚戌，都督李达来镇是州，事闻于上，可之，立番汉僧纲司以主其事，凡朝夕焚修祝□者得有所依归也。"⑥ 可见，洮州、河州都属于各民族杂聚区，因此均设有"汉番僧纲司"两个体系。除此之外，还有岷州崇教寺僧纲司，成化年间置，班丹扎释世袭都纲之职。庄浪卫僧纲司，由阎姓喇嘛世袭都纲之职。禅定寺僧纲司，由洮州卫指挥佥事杨土司兼任僧纲。

除了河州、洮州、岷州和西宁等西北涉藏地区，在今川、滇、藏交界区的迪庆涉藏地区，明朝建立土司、任命土知府进行统治。迪庆藏族自治州，明朝时分

---

① 土司之官有如佥事、镇抚、千户、百户等皆无岁禄。各卫所的统辖大权一般都由汉族流官掌握，土官只是"为之佐"。但这一情况在1437年二月发生改变，明朝开始给陕西河州、洮州、西宁等八卫土官发放俸禄。笔者注。
② 《明太宗实录》卷一九六，永乐十六年正月己未，第2054—2055页。
③ 格桑卓玛、陈改玲：《明代甘南藏族地方贡赐贸易述论》，《西北第二民族学院学报》2007年第5期，第38页。
④ 《明太祖实录》卷二五〇，洪武三十年二月丙寅，第3627页。
⑤ 《明太祖实录》卷二五〇，洪武三十年二月丙寅，第3627页。
⑥ 《重兴寺碑》现存临潭城西，参见（民国）张维纂：《陇右金石录》卷六，甘肃省文献征集委员会1943年，第16190页。

属丽江府、永昌府管辖。丽江，位居青藏高原东南，由滇入藏之门户，也是古代"茶马古道"的重要通道，"丽江自太祖令木氏世官，守石门以绝西域，守铁桥以断吐蕃，滇南藉为屏籓"①，战略位置显要。唐时，南诏蒙氏曾置丽水节度，元代时丽江行政建制多次变化，先设茶罕章宣慰司，后改为丽江路军民总管府、宣抚司。②

洪武十五年（1382），丽江土酋阿甲阿德归附明朝，明太祖赐其汉姓"木"，并置丽江府，授木德为第一任丽江土知府，统辖境内及部分周边地区。《明史·云南土司传》载："洪武十五年置丽江府。十六年，蛮长木德来朝贡马，以木德为知府，罗克为兰州知州。"③洪武二十四年（1391），木德死后，其子木初袭职丽江土知府，而木初弟木亏为千夫长。史载，洪武二十四年（1391）二月，西平侯沐英奏："土官知府木德已死，其子初当袭，而初守巨津州石门关，与'西番'接境，既袭职，无守之者。请以其弟亏为千夫长戍守。从之。"④木初袭职成为第二代丽江土司土知府。洪武三十年（1397），根据西平侯沐春的建议，明朝将丽江府改名为"丽江军民府"⑤。

永乐四年（1406）十月，明政府"设剌和庄长官司，隶云南都司"⑥，剌和庄长官司治今云南维西县，当时境内有三千余户民，明朝任命土酋阿奴弟为长官，赐印及冠带、袭衣统辖。⑦这也表明今迪庆藏族自治州，明代时有部分地区是隶属于云南都司管辖的。自洪武十五年起直至明末，丽江土司历代土知府世袭统治迪庆涉藏地区。嘉靖三十四年（1555）四月，"诏云南丽江军民府故土官知府木公男高袭职"⑧，木男继任丽江土知府。从任职时间看，木初和木公都在任28年，时间最长。从职级看，丽江土知府正四品，但万历二十六年—天启三年间（1598—1623），木增任丽江土知府，因对明有功而被升为布政使⑨，从二品，成为历代丽江土知府中官职最高的。历代丽江土司土知府遣使朝贡，忠于朝廷，屏

---

① ［清］张廷玉撰：《明史》卷三百十四《云南土司传二·丽江》，第8099页。
② ［清］张廷玉撰：《明史》卷三百十四《云南土司传二·丽江》，第8098页。
③ ［清］张廷玉撰：《明史》卷三百十四《云南土司传二·丽江》，第8098页。
④ 《明太祖实录》卷二〇七，洪武二十四年二月癸酉，第3090页。
⑤ ［清］张廷玉撰：《明史》卷三百十四《云南土司传二·丽江》，第8099页。
⑥ 《明太宗实录》卷六〇，永乐四年十月癸卯，第874页。
⑦ 《明太宗实录》卷六〇，永乐四年十月癸卯，第874页。
⑧ 《明世宗实录》卷四二一，嘉靖三十四年四月壬午，第7299页。
⑨ 《明世宗实录》卷四二一，嘉靖三十四年四月壬午，第7299页。

保西南，对于西南边疆的稳定起到了积极作用。

综上，明朝建立后效行汉武帝"断匈奴右臂"治边之策，筹划西北防务体系，巩固西部边疆安全。为了防止蒙藏势力联合而构成对朝廷强大之威胁，明代沿承元代治藏策略，积极与西藏地方政教势力联系，及时派遣使者进藏，建立中央与西藏地方及周边涉藏地区的往来。

其次，明朝通过广行招抚、建立都卫、设置僧官等制度，即通过和平招谕，敕封当地政教领袖官职，委任他们治理，逐渐确立了中央政府在西藏及周边涉藏地区的统治。特别是明朝在任命当地政教首领行使官府职能的同时，还掌握对当地官员选任、袭职、升迁、罢黜过程中的审批、允准权，充分体现着中央政府的统辖权。到了永乐时期，明朝对西藏及周边涉藏地区的管辖范围进一步深入和扩大，加之以经济手段，明朝全面确立了对西藏及周边涉藏地区的合法有效统治。

二、西藏及周边涉藏地区政教首领遣使者来京

众所周知，唐代文成公主和金城公主先后入藏，唐王朝与吐蕃建立起"甥舅"关系，双方人员往来频繁，关系密切。《贤者喜宴》载："墀松德赞下令，派遣使者前往内地，（其命令说）如果完成赞普的愿望，则在（官职告身级别方面），即在大银告身之上再赐以贵子名号。赞普为了推行佛法，向所有舅臣宣布了命令。对此王臣决定：任命禅臧谢为使者之长官，桑希为副官，拔赛囊为佛法监察官。于是，官仆三十人起程（前往汉地）。"① 此史料明确反映，吐蕃墀松德赞时期西藏地方曾派使臣赴内地之事实。《拔协》中也有这样的记载：任命使臣的卡本为昌臧谢、拨桑希为副官和拨塞囊为佛法监察官。可见，当时吐蕃官方所派前往中原有三位吐蕃使臣。

元朝时期，中央政府与西藏地方之间的使者往来更加频繁。《汉藏史籍》称：在北方蒙古地方，"从人主皇帝之宫廷到上师住锡的萨迦寺之间，施主与福田的黄金道路上"，来往使者犹如从玛法木湖中流出的四条大河奔流入海一般……为了安定乌斯藏及纳里速古鲁孙等地方，也为了使此转大力法轮皇帝之上师驻锡之具吉祥萨迦寺之下的各个万户为大皇帝效力，在皇帝迎请上师之后的十年，即阳土龙年年初，由朝廷派来的金字使者阿衮与迷林二人，对俗民、土地以及冠以

---

① ［明］巴卧·祖拉陈瓦著，黄颢、周润年译注：《贤者喜宴·吐蕃史》，青海人民出版社，2017年，第251—252页。

大蒙古之名的根本户数进行了清查。①此处"来往使者"犹如大河奔流入海句虽然有夸大之嫌，但也不失其体现元朝与西藏地方之间使者往来之基本史实，且从"朝廷派来的金字使者"完全可以得知元朝派出使者前往西藏的历史事实。

有明一代，中央政府沿承元朝治藏方略并对其改革。首先，基于自13世纪西藏地方归属元朝，从此西藏正式成为中央政府统一管理下的一个行政区域而存在之史实，"取元而代之的明朝，取代对西藏的统治，自然是合乎法理逻辑"②。其次，明朝建立之初，视妥善治理西藏地方和其他涉藏地区为边政之要务，以和平羁縻政策作为基本治藏方略，'西番'自古以来不能为中国大患，亦未尝不为中国患，要在羁縻而已"③，明朝先后派遣大批次使者前往西藏及周边涉藏地区招抚、封赏当地政教首领，积极与西藏地方和其他涉藏地区政教势力取得联系。与此同时，藏族宗教和地方头目也相继遣使入京朝贡或请职、谢恩，西藏地方和其他涉藏地区与中原腹地间的联系便在这种使者往来互动中实现了最直接的衔接，日益密切。

（一）萨迦派遣使者来京

基于明朝在西藏确立了统属权，西藏地方政教首领纷纷顺应大局，上缴元印，弃元封职，或亲自入朝觐见或遣使来京朝贡、请职，表达了对新的中央政府的认可。值得关注的是，明初西藏政教各派均与明廷建立了往来关系，其一就是萨迦派。元末明初，萨迦派已衰弱。不过，历经有元以来百年发展，帝师制度及其萨迦派的政治影响仍然很大。明朝统治阶级对此颇为清楚，对故元摄帝师喃加巴藏卜等宗教势力实行政治招抚政策。当时，在甘青藏族故元官员归附明朝后，西藏地方政教上层也作出了积极反应，他们陆续遣使来京朝贡、朝觐、请封。洪武五年（1372）十二月，乌思藏摄帝师、萨迦派领袖喃加巴藏卜等"遣使来贡方物，诏赐红绮禅衣及靴帽、钱物有差"④。这是萨迦派最早遣使入京的史料记载，也是明朝与萨迦派最早来往的历史记载。

---

① [明]达仓宗巴·班觉桑布著，陈庆英译：《汉藏史籍》，青海人民出版社，2017年，第155、156页。
② 熊文彬、陈楠主编：《西藏通史》（明代卷），第9页。
③ [明]陆深：《四川与何总兵论西番用兵公移》，《明代基本史料丛刊·边疆卷》第53册《陆文裕公文集》，线装书局，2005年，第243页。
④ 《明太祖实录》卷七七，洪武五年十二月庚子，第1416页。

洪武六年二月，喃加巴藏卜亲自抵南京觐见明太祖，被封为炽盛佛宝国师，"明兴，洪武中令诸酋举故官授职，以摄帝师喃加巴藏卜为炽盛佛宝国师，余为都指挥、同知、宣慰使、元帅、招讨等官，自是番僧各有封号……"① 洪武七年四月，喃加巴藏卜再次派遣僧人辇真藏卜赴京朝贡方物。同年十二月，喃加巴藏卜及朵甘行都指挥同知锁南兀即尔遣使者哈石监藏等人来朝，奏举土官赏竺监藏等五十六人。明太祖对喃加巴藏卜举荐的五十六名故元旧官，皆予以封授、赐诰印，并设置了宣慰司、招讨司等行政机构加强对西藏的管辖：

> 诏增置朵甘思宣慰司及招讨等司，招讨司六：曰朵甘思、曰朵甘笼答、曰朵甘丹、曰朵甘仓溏、曰朵甘川、曰磨儿勘。万户府四：曰沙儿可、曰乃竹、曰罗思端、曰刊思麻。千户所十七：曰朵甘思、曰剌宗、曰孛里加、曰长河西、曰朵甘思多八参孙等处、曰加巴、曰兆日、曰纳竹、曰伦答、曰沙里可哈思的、曰孛里加思东、曰果由、曰参卜郎、曰剌错牙、曰泄里坝、曰阔侧鲁孙、曰撒里土儿干。改故元伦卜卒曰四族，达鲁花赤为都管，朵甘捕盗司为巡检司。以赏竺监藏等七人为朵甘都指挥司同知，南哥思丹八亦监藏等三人为乌思藏都指挥司同知，星吉监藏等十一人为朵甘宣慰司使，川掤藏卜等八人为朵甘思等六招讨司，官管者藏卜等五人为沙儿可等万户府万户，管卜儿监藏等十八人为朵甘思等一十七千户所千户，速令一人为伦卜卒曰四族都管，监藏令占等三人为朵甘巡检司巡检。②

这次封职，实现了"恪修厥职，绥镇一方，安辑众庶"③ 的政治目的，其意义远远超过了本身封官授爵的含义，完成了西藏地方官吏由元朝向明朝身份的转变，标志着西藏地区已纳入明政府统一管辖之下。

其次，这条史料还有两个重要信息值得关注：（1）洪武七年，明政府在四川、西藏地区设立了宣慰司、招讨司等都司管理机构，这对于维护明朝与西藏地方间的使者互往提供了政治上的保障；（2）最迟于洪武七年时，明朝与乌思藏已实现了人员往来。也就是说，明朝积极遣使者主动与西藏沟通，西藏萨迦派领袖亦遣使者积极联络，明朝与萨迦派互往机制就这样建立起来了。

---

① [明] 张瀚著，盛冬铃点校：《松窗梦语》卷三《西番纪》，第61—62页。
②《明太祖实录》卷九五，洪武七年十二月壬辰，第1641—1642页。
③《明太祖实录》卷九五，洪武七年十二月壬辰，第1642页。

永乐年间，萨迦款氏家族的贡噶扎西亲自来京觐见明成祖朱棣，被封为大乘法王。贡噶扎西圆寂后，大乘法王之职由萨迦款氏家族成员继袭，其后历代大乘法王不断遣使入贡，明朝与萨迦上层的往来关系极其频繁，联系几乎从未间断。永乐十一年五月丙戌（1413年6月6日）："命哲尊巴为灌顶圆通慈济大国师，必力工瓦端竹监藏为灌顶慧慈净戒大国师，日托巴罗葛啰监粲为西天佛子灌顶净慈弘智广慧大国师，赐以诰、印。封领真巴儿吉监藏为必力工瓦阐教王，南渴烈思巴为思达藏辅教王，俱赐印、诰、彩币。"①辅教王系与明朝之间的往来十分频繁，较大地促进了后藏经济文化发展。但到明朝中晚期，"萨迦派僧人在明廷中的活动愈来愈少"②。

（二）帕竹派遣使者来京

元末，西藏各派地方实力集团之间政治力量发生消长变化，曾控制整个卫藏地区的萨迦派及其政权，由于"萨迦派僧俗上层自身的变化"和"萨迦内部的矛盾斗争日趋激烈"两个因素而衰落，最终被新兴的帕竹政权取代。至明代初期时，今西藏地区已处于帕竹地方政权的统治之下。

帕竹是元朝在卫藏地区划分的十三万户之一，其第一任万户长为丹玛官尊，《汉藏史集》记载："丹玛官尊在春堆扎喀修建了赤康（似为万户府衙署）归降了东部蒙古，得到万户长的名号。"③到第三任万户长多吉贝（多吉杰波）时，帕竹万户得到较大发展。第十一任万户长绛曲坚赞（1302—1364）时，帕竹势力最终取代萨迦政权。1354年（元顺帝至正十四年），绛曲坚赞发兵包围萨迦寺，萨迦本钦兵败被擒，绛曲坚赞收缴了元朝赐予萨迦世代管理乌思藏的封敕，并兼并了后藏大部分地区。元顺帝封绛曲坚赞为"大司徒"，命他掌管乌思藏政务，并赐印，令其子孙世袭。自此，帕竹政权正式取代萨迦政权并确立了对乌思藏大部分地区的统治。

明初，朝廷承认帕竹政权的统治权力和元朝的分封，重新任命绛曲坚赞管理西藏地方政教事务。洪武五年四月，河州卫奏，"乌思藏怕木竹巴故元灌顶国师

---

① 《明太宗实录》卷一四〇，永乐十一年五月丙戌，第1681页。
② 克珠群佩：《西藏佛教史》，宗教文化出版社，2009年，第232页。
③ ［明］达仓宗巴·班觉桑布著，陈庆英译：《汉藏史集》，第316页。

章阳沙加，人所信服"，[1]若招抚之，则朵甘藏族部落也必内附。中书省将河州卫此建议上报朝廷，朱元璋下诏"以章阳沙加仍灌顶国师之号"，并遣使赐玉印，使其"化导其民"[2]，这是明朝首次对乌思藏首领册封。

这次册封是明朝加强与西藏地方政教上层之间关系的理论和实践探索，开启了明政府册封西藏地方首领之先河，为以后的大规模分封拉开了序幕。"明初招抚藏族地方各部的僧俗首领来朝并封官授职，其政治意义及战略意义远大于实际管理意义。"[3]洪武六年正月，章阳沙加遣锁南藏卜为使者向明朝进贡。史载："乌思藏怕木竹巴灌顶国师章阳沙加监藏遣酋长锁南藏卜以佛象、佛书、舍利来贡。诏置佛寺，赐使臣文绮、袭衣有差。"[4]章阳沙加遣使者朝贡，揭开了西藏帕竹地方与中央政府关系的新篇章。

洪武七年十二月，乌思藏怕木竹巴辇卜者吉剌思巴赏竺监藏巴卜遣使者进表及方物[5]，此后明朝与帕竹地方政教势力的来往进入一个稳定时期。史载，洪武二十三年十二月，"西番"灌顶国师吉剌思巴监藏巴藏卜、乌思藏卫俺不罗行都指挥使司等遣使"来贡马及方物，诏赐使臣文绮衣各一袭、钞二十五锭"[6]。洪武二十七年正月，乌思藏灌顶国师吉剌思巴监藏巴藏卜，"遣使来朝，献甲青、厨缨等物"[7]。吉剌思巴监藏卜，藏传佛教帕竹噶举派僧人，又称扎巴坚赞贝桑波，帕竹政权建立者绛曲坚赞之孙，曾任泽当寺主，乃邬栋孜万户长。1388年明太祖诏准担任帕竹第五代第司，封他为灌顶国师，永乐时期封为灌顶国师阐化王，世代承袭。

其后，从永乐初直至万历四十六年（1618）的200多年中，阐化王系与明廷频繁联系，帕竹政权也利用明王朝的册封名号和重视，巩固其在乌思藏的统治。阐化王位列五大政教王之首，地位崇高，一旦是阐化王承袭，明政府必然遣使封授，对册封十分之重视。阐化王也频繁遣使者向明朝朝贡，履行其应尽臣属之义务。15世纪30年代之后，帕竹内部不稳，时有内乱发生，但明中央与帕竹地方

---

[1]《明太祖实录》卷七三，洪武五年四月丁酉，第1342页。
[2]《明太祖实录》卷七三，洪武五年四月丁酉，第1342页。
[3] 熊文彬、陈楠主编：《西藏通史》（明代卷），第24页。
[4]《明太祖实录》卷七八，洪武六年正月己巳，第1433页。
[5]《明太祖实录》卷九五，洪武七年十二月甲寅，第1645页。
[6]《明太祖实录》卷二〇七，洪武二十四年正月己丑，第3081页。
[7]《明太祖实录》卷三一一，洪武二十七年二月己亥，第3383页。

的政治联系依然没有间断。万历四十六年,帕竹政权被藏巴汗推翻,阐化王从此徒有虚名,这种状况一直延续到清朝初年。

(三) 噶玛噶举派遣使者来京

元朝时期,噶玛噶举黑帽系与萨迦派实力不相上下。明朝时期,萨迦实力衰落,但噶玛噶举派却有了一定发展,并逐渐成为明代重要的实力派藏传佛教教派之一。而且噶玛噶举派最早实行藏传佛教活佛转世制度,对于明代藏传佛教的发展产生了很大影响。

与明代萨迦派、止贡派等藏传佛教教派所不同的是,历代噶玛噶举派的继承者并不追求政治权力,没有形成一个地方政权,故明廷也未曾对该教派进行册封。然而,历代噶玛巴(噶玛噶举法系的继承人)与明朝的联系仍然十分密切。洪武七年七月,朵甘、乌思藏僧答力麻八剌及故元帝师八思巴之后公哥坚藏卜"遣使来朝,请师号……"①答力麻巴剌可能是噶玛噶举派黑帽系活佛,他按期派贡使往返朝廷,深得明廷器重。洪武八年(1375)正月,明太祖朱元璋颁给楚布寺喇嘛乳必多吉一封圣旨。②圣旨原文为:"皇帝圣旨:中书省官我根前题奏,西安行都卫文书里呈来,说乌思藏哈尔麻剌麻卒尔普寺在那里住坐修行,诸色人等休教骚扰,说与那地面里官人每(们)知道者。"③末行为"洪武八年正月　日"(圣旨藏西藏博物馆)。圣旨质地为白棉纸。方形,边长76厘米,行文88字。墨笔楷书,字体秀劲工整。文后钤"制诰之宝"朱印一方。④楚布寺,在今拉萨市西堆龙德庆县境。明太祖洪武八年正月下达宣谕诏书的时候,楚布寺的寺主为黑帽系第四世转世活佛乳必多吉(1340—1383)。乳必多吉是噶玛噶举黑帽系的第四世活佛,颇有名望,曾应元顺帝诏于1360年至1364年住元大都5年,自明洪武七年之后,噶玛噶举黑帽系一直与明朝保持密切关系。

洪武九年五月,朵甘、乌思藏灌顶国师答力麻巴剌遣僧藏卜巴"进表贡方

---

① 《明太祖实录》卷九一,洪武七年七月己卯,第1595页。
② 西藏社会科学院、中国社会科学院民族研究所等辑:《西藏地方是中国不可分割的一部分》,第124页;西藏自治区文物管理委员会编《拉萨文物志》,第164页。剌麻,今规范写作喇嘛,后不再一一标明。
③ 西藏自治区文物管理委员会编:《拉萨文物志》,第164页。剌麻,文献中有时也写作喇麻,今规范写作喇嘛,特此说明,不再一一注明。
④ 西藏自治区·文物志编纂委员会编撰:《西藏自治区文物志》(下册),中国藏学出版社,2012年,第907页。

物，谢颁印及赏赐恩也"①。洪武十一年十二月："朵甘、乌思藏灌顶国师答力麻巴剌遣使进表，贡方物，诏赐文绮、缯帛。"②洪武十二年正月，朵甘、乌思藏灌顶国师答力麻巴剌遣酋长汝奴藏卜"表贡方物，赐衣服、绮帛有差"③。同月，答力麻巴剌和朵甘都指挥同知赏竺监藏"遣使奏举"西番"故官十六人为宣慰、招讨等官。从之。"④洪武十二年二月，答力麻巴剌及帕木竹巴万户府等官遣使者贡方物。⑤

永乐年间，第五世噶玛巴得银协巴（哈立麻）进京觐见明成祖，是明朝与西藏地方政教上层关系的重大事件。永乐五年（1407）三月，明成祖封哈立麻为大宝法王，领天下释教，赐印诰及金银无数。"大宝法王"的册封，使噶玛巴黑帽系在西藏地方的势力和影响剧增。

得银协巴32岁圆寂后，明宣宗派遣专使班丹扎失前往西藏验视第五世噶玛巴的转世灵童。此后，明朝确立了中央政府对转世灵童的认定制度，开创了明代藏传佛教活佛转世制度之始。最有名的噶玛噶举派黑帽系有噶玛巴通瓦顿丹、米觉多杰噶玛巴等，他们遣使朝贡，尽臣属义务，与明朝往来密切。

（四）止贡派遣使者来京

止贡势力范围在今拉萨以东的达孜和墨竹工卡一带，其地处于藏东农牧交界带，且位居康藏交通孔道，为明朝经制西藏地方重要地区之一。元末明初，止贡派在与帕竹派的斗争中实力受到明显削弱。《明史》中称"必力公瓦"，乃止贡的别译。元朝时划分西藏地区为十三万户，止贡即为十三万户之一。但明朝对于止贡派仍然比较重视，因为在"多封众建"的政策下，止贡和其他西藏地方势力都在明朝的关注之下，"洪武十八年增设必力公万户府，并且规定了必力公万户府的万户官秩为正四品"⑥。现存"必力公万户府印"即这一年设置该万户府时颁赐的："必力公万户府印，铜质、直纽、印面方形，边长8.3厘米，阳刻九叠篆文

---

① 《明太祖实录》卷一〇六，洪武九年五月己卯，第1795页。
② 《明太祖实录》卷一二一，洪武十一年十二月丁巳，第1965页。
③ 《明太祖实录》卷一二二，洪武十二年正月丙申，第1974页。
④ 《明太祖实录》卷一二二，洪武十二年正月甲申，第1972页。
⑤ 《明太祖实录》卷一二二，洪武十二年二月丁巳，第1978页。
⑥ 西藏自治区文物管理委员会编：《拉萨文物志》，第161页。

7字，印背阴刻'洪武十八年（1385）正月礼部造'10字。"①《明实录》载：洪武十八年正月，"定朵甘思宣慰使秩正三品，朵甘万户府、朵甘招讨司、朵甘东道万户府、乌思藏必力公瓦万户府秩皆正四品，朵甘塔尔千户所、乌思藏葛剌汤千户所秩皆正五品"②《明史》载："阐教王者，必力工瓦僧也"③，亦即止贡活佛、止贡噶举派首领，自洪武十八年设置"必力公万户府"以后，止贡巴势力集团与明朝的联系日益加强。洪武二十四年（1391）正月，乌思藏必力公尚师辇卜阇搠思吉结卜遣使者坚敦真，"以所获故元云南行省银印来献，及黑胜等寺僧吉剌思巴星吉等遣喃哥等来贡马及方物"，明太祖诏赐使者文绮各一袭、钞二十五锭④。此后，明朝遣使诏谕，赏赐了包括止贡派在内的西藏地方政教头目。

明成祖朱棣继位后，遣使者智光前往馆觉、灵藏、乌思藏、必力工瓦、思达藏、朵思、尼八剌等处诏谕，并以白金、彩币赏赐灌顶国师等政教首领，所用白银二千二百两、彩币一百一十表里。⑤永乐元年（1403）正月，乌思藏必力工瓦国师并土官遣人来贡马及方物⑥，明成祖赐乌思藏必力瓦使者，"宴于天禧寺"⑦，反映出明廷对止贡派比较重视。永乐十一年五月，明册封"必力工瓦端竹监藏为灌顶慧慈净戒大国师，日托巴罗葛啰监粲为西天佛子灌顶净慈弘智广慧大国师，赐以诰、印。封领真巴儿吉监藏为必力工瓦阐教王，南渴烈思巴为思达藏辅教王，俱赐印、诰、彩币。"⑧阐教王印"金质、驼纽，与明清诸王使用金印之制相合，即面长10.4米、宽约10.3厘米，阳刻九叠篆书'阐教王印'四字"⑨。随着永乐皇帝册封领真巴儿吉监藏为必力工瓦阐教王，在明朝的扶植下，止贡势力进入了一个比较好的发展时期，成为前藏地区能够与帕竹地方政权相抗衡的影响较大的宗教集团。

除了以上西藏地方政教首领遣使者来京朝贡，乌思藏、朵甘土酋及明设于其地方的都卫长官也来京朝贡。洪武七年十一月，乌思藏土酋思纳儿党瓦勘卜遣僧

---

① 西藏自治区文物管理委员会编：《拉萨文物志》，第161页。
②《明太祖实录》卷一七〇，洪武十八年正月丁卯，第2582页。
③［清］张廷玉等撰：《明史》卷三百三十一《阐教王传》，第8584页。
④《明太祖实录》卷二〇七，洪武二十四年正月己丑，第3081页。
⑤《明太宗实录》卷一一，洪武三十五年八月戊午，第177页。
⑥《明太宗实录》卷一六，永乐元年正月庚辰，第291—292页。
⑦《明太宗实录》卷一六，永乐元年二月壬子，第303页。
⑧《明太宗实录》卷一四〇，永乐十一年五月丙戌，第1681页。
⑨ 西藏自治区文物管理委员会编：《拉萨文物志》，第162页。

搠南巴尔加瓦等七人来朝,"贡方物,诏赐钞及文绮、禅衣"[①];洪武十九年十二月,乌思藏卫镇抚班竹儿藏卜贡方物[②];洪武二十一年十二月,朵甘都指挥搠斡尔监藏遣酋长监藏卜"来贡马,诏赐衣服、钞锭有差"[③];洪武二十五年十二月,朵甘都指挥使司遣指挥锁南监藏卜"奉表笺来贡马"[④]。西藏各地方政教势力遣使者来京人数多,范围广,充分表达了对明朝的认可认同,是明中央与西藏地方使者往来联系的政治和思想基础。

(五)甘、青、川涉藏地区遣使者来京

除了西藏地方政教首领遣使者来京,甘、青、川涉藏地区藏族首领亦纷纷派遣人员来京进贡。从洪武三年起至洪武末期,陕西辖内藏族首领、头目前往明京朝贡、请职者较多。如洪武三年冬,故元吐蕃院使马梅遣使者管不失结等来降,贡马及方物[⑤]。次年,他亲自率孛罗孛等人至南京,"复贡马及铁甲、刀、箭……"[⑥]明朝授以马梅河州指挥佥事,使者管不失结为百户。[⑦]洪武四年六月,故元陕西行省吐蕃宣慰使何锁南普等人,"以元所授金银牌印宣敕诣左副将邓愈军门降,及镇西武靖王卜纳剌亦以吐蕃诸部来降"[⑧],他是最先归附明朝的甘青藏族首领。洪武六年十二月,土官朵儿只巴遣儿子、知院僧吉加督、左丞管著等来朝贡方物,明太祖下诏任命以僧吉加督、管著俱为镇抚,"赐织金罗绮、衣服、帽靴,仍赐第居于京师"[⑨]。洪武十二年七月,何锁南普还前往明京朝贡,受到朱元璋的褒奖和厚待,"赐何锁南普米、麦各三十石"[⑩]。

在四川,雅州、天全、黎州土司土官也派遣使者来京,或朝贡或请职。洪武十四年正月,黎州安抚使芍德"遣使贡马,诏赐芍德钞五十锭、文绮七匹"[⑪]。洪武二十三年五月,天全六番招讨使杨藏卜遣使者贡马,明朝赐予使者钞锭、帛及

---

① 《明太祖实录》卷九四,洪武七年十一月乙丑,第1636页。
② 《明太祖实录》卷一七九,洪武十九年十二月己酉,第2718页。
③ 《明太祖实录》卷一九四,洪武二十一年十二月庚午,第2920页。
④ 《明太祖实录》卷二二三,洪武二十五年十二月甲寅,第3260页。
⑤ [明]朱国祯辑:《皇明大事记》卷十三《诸夷朝贡》,明崇祯刻本《皇明史概》,第1063页。
⑥ 《明太祖实录》卷六六,洪武四年六月戊子,第1237页。
⑦ [明]朱国祯辑:《皇明大事记》卷十三《诸夷朝贡》,明崇祯刻本《皇明史概》,第1063页。
⑧ 《明太祖实录》卷五三,洪武三年六月乙酉,第1056—1057页。
⑨ 《明太祖实录》卷八六,洪武六年十二月丙寅,第1541页。
⑩ 《明太祖实录》卷一二五,洪武十二年七月戊申,第2004—2005页。
⑪ 《明太祖实录》卷一三五,洪武十四年正月丙申,第2204页。

30匹文绮。同年十二月,"四川松潘军民指挥司所属十长官司各遣子贡马"①。洪武二十七年二月,天全六番招讨使高敬严遣使者"贡马,诏赐以文绮、钞锭"②。

关于洪武年间甘、青、川涉藏地区藏族首领派遣贡使和明朝回赐情况,详见以下《明太祖实录》各卷记载:

表4　洪武年间甘、青、川涉藏地区藏族朝贡和明朝回赐表

朝贡时间	朝贡首领	贡物	明朝回赐	资料出处
洪武五年二月	河州卫指挥使司金事朵儿只、汪家奴	贡名马、蕃犬	诏赐文绮袭衣	卷七二,洪武五年二月壬辰
	十八族千户包完卜札等	贡马	诏赐文绮、衣服、靴袜有差	卷七二,洪武五年二月壬寅
洪武六年十月	番僧卒力加瓦率其徒朵只巴等	——	诏赐文绮有差	卷八五,洪武六年十月己卯
洪武七年四月	龙州宣慰司同知薛文胜等	贡方物	命赐文绮、袭衣	卷八八,洪武七年四月戊戌
洪武七年五月	四川茂州陇木头、静州、岳希蓬、汶山汶川及寒水巡检司、威州宝宁等县土官	贡马	——	卷八九,洪武七年五月壬午
洪武十三年四月	红堤峪族酋长亦卜藏卜等	——	赐文绮有差	卷一三一,洪武十三年四月乙酉
洪武十四年正月	龙州知州薛文胜等六十四人	——	赐文绮、钞锭有差	卷一三五,洪武十四年正月己丑
洪武十五年二月	松潘安抚司酋长占藏先结等	贡马一百三匹	诏赐文绮、钞锭有差	卷一四二,洪武十五年二月戊午
洪武十六年三月、四月	三月,打煎炉长河西僧答儿八坚千	——	赐僧衣一袭	卷一四二,洪武十六年三月壬戌
	四月,长河西安抚司土官油笼思卜	——	赐袭衣、冠带	卷一四二,洪武十六年四月己卯
洪武十七年四月	长河西军民安抚使剌瓦蒙等	贡方物	诏赐冠带、袭衣及钞锭、绮帛有差	卷一六一,洪武十七年四月乙酉
洪武十九年五月	长河西军民安抚司土官油笼思卜等	贡马	诏赐文绮六匹、钞十五锭、衣一袭	卷一七八,洪武十九年五月甲申

---

① 《明太祖实录》卷二〇六,洪武二十三年十二月己巳,第3074页。
② 《明太祖实录》卷二三一,洪武二十七年二月癸未,第3380页。

续表

朝贡时间	朝贡首领	贡物	明朝回赐	资料出处
洪武十九年十二月	四川松潘安抚司土官薛继贤	贡马二十二匹	——	卷一七九,洪武十九年十二月戊申
洪武二十一年二月	四川天全六番招讨司副招讨杨藏卜	进马	诏赐文绮、钞锭	卷一八八,洪武二十一年二月己未
洪武二十四年二月	天全六番招讨使高敬严等	贡马及方物	各赐绮帛、钞锭	卷二〇七,洪武二十四年二月庚申
洪武二十六年十二月	龙州土官同知李昭、松潘军民指挥使司指挥牟力结、陕西河州卫番僧纲擎占班	各贡马	俱赐以绮帛及钞	卷三二〇,洪武二十六年十二月己亥

说明：此表根据《明太祖实录》制作。

上表显示，从洪武五年起，甘、青、川涉藏地区藏族头目及土官亲自或遣使者进京朝贡者较多，他们贡马及他物，获得明廷赏赐。一般情况下，对于各地所贡物，明朝均以"优待远人"的羁縻姿态给予厚赏，往往是数倍于其值。

必须说明的是，西藏及周边涉藏地区与明朝的来往并不是单方面的，而是互往互动的。在西藏地方和其他涉藏地区藏族首领遣使者来京前后，明政府也在不断地派遣使者前往西藏及其他涉藏地区。事实上，明朝建立后，制定了灵活有效的治藏方针："既要力求其政治上的稳定，但又不可能像蒙元统治者那样有很雄厚的军事力量进入。因此，明朝统治者便充分利用蒙元王朝对西藏地方近百年的扎实统治这一政治基础为自己服务。"①在具体做法上，明朝及时派遣使者赴西藏，积极沟通、联络西藏政教势力代表，为元明政权嬗变后顺利建立新王朝在西藏的统治取得了先机、赢得了主动。从效果看，这一治藏方略比元代更加进步、务实和有效，有力地加强了中央政府与西藏地方之间的关系。

早在洪武二年（1369）五月，明太祖就曾遣使者诏谕吐蕃，其诏曰："昔我帝王之治中国，以至德要道民用和睦推及四夷，莫不安靖。向者胡人窃据华夏百有余年，冠履倒置，凡百有余年孰不兴愤。比岁以来，胡君失政，四方云扰，群

---

① 熊文彬、陈楠主编：《西藏通史》（明代卷），第9、10页。

雄分争，生灵涂炭，朕乃命将率师悉平海内，臣民推戴为天下主，国号大明，建元洪武。式我前王之道，用康黎庶。惟尔吐蕃，邦居西土，今中国一统，恐尚未闻，故兹诏示使臣至吐蕃。"①此诏书向吐蕃宣达了中原元亡明兴的时政变迁，并敕谕西藏地方各政教首领归附明朝，以完成中国"大一统"。对于明朝的这次诏谕，吐蕃酋长采取了观望态度。从文献资料看，这次诏谕吐蕃未获成功，故有了再次派遣陕西行省员外郎许允德等人前往藏族地方诏谕之史实。洪武三年（1370）六月，明太祖朱元璋诏命汉僧克新等三人往西域"招谕吐蕃，仍命图其所过山川地形以归"②。克新往西域事，《皇明大政记》中也有记载：洪武三年六月，"僧克新三人往西域吐蕃，仍图山川地形以归"③。同年八月，明太祖又遣通事舍人巩哥锁南"往西域招谕吐蕃"④。遗憾的是，他在完成使命返朝途中被杀害："通事舍人巩哥锁南等招谕吐番还，至川藏朵工之地，皆遇害。"⑤

洪武十一年（1378），朱元璋命僧人宗泐奉旨往西域，他于洪武十五年返回。《全室外集·原序》："佛有遗书，在西域中印土。有旨，命公（宗泐）往取，既衔命而西，出没无人之境，往返数万里，五年而还，艰难险阻备尝之矣。"⑥洪武十七年（1384），明太祖遣智光出使西天尼八剌国⑦，"尼八剌"即今尼泊尔加德满都河谷一带⑧，曾到达西藏等地。

除了派遣前往西藏的使者，明朝还派遣使者到四川、陕西辖内涉藏地区。洪武年间，明朝派遣使者赴陕西、四川辖内涉藏地区的事例很多。《明实录》载：洪武十五年七月，行人钟顺"送故元来朝理问高惟善还"⑨，洪武十七年六月，遣使者赐长河西千户若剌等九十七人"绵布各二匹"⑩。洪武二十五年三月，"遣尚膳（监）太监而聂、司礼太监庆童赍敕往谕陕西河州等卫所属番族，令其输马，以茶给之"⑪。洪武三十年三月，明太祖敕兵部曰："巴茶自国初征收，累年与'西

---

① 《明太祖实录》卷四二，洪武二年五月甲午，第827页。
② 《明太祖实录》卷五三，洪武三年六月癸亥，第1036页。
③ [明]朱国祯辑：《皇明大政记》卷二，明崇祯刻皇明史概本，《中国野史集成》第7册第41页。
④ 《明太祖实录》卷五五，洪武三年八月庚申，第1077页。
⑤ 《明太祖实录》卷一〇七，洪武九年七月丁丑，第1795页。
⑥ [明]释宗泐著：《全室外集·原序》，《四库全书》集部六"别集类五"，影印文渊阁四库全书本，页2下。
⑦ [清]张廷玉等撰：《明史》卷二百九十九，《方伎传》，第7657页。
⑧ 熊文彬、陈楠主编：《西藏通史》（明代卷），第16页。
⑨ 《明太祖实录》卷一四六，洪武十五年七月辛酉，第2291页。
⑩ 《明太祖实录》卷一六二，洪武十七年六月戊子，第2519页。
⑪ 《明太祖实录》卷二一七，洪武二十五年三月己丑，第3189页。

番'易马。近因私茶出境，致茶贱马贵，不独国课有亏……于是，兵部具禁约事宜，遣人赍谕川陕守边卫所，仍遣僧管著藏卜等往'西番'申谕之。"① 另有史书中未载姓名之使者，于洪武三年、洪武十七年、洪武二十六年先后到达河、洮、岷地方，人数不详。《明太祖实录》云：洪武三年五月："左副将军邓愈自临洮进克河州，遣人招谕吐蕃诸酋。"② 洪武二十六年二月："遣使往西凉、永昌、甘肃山丹、西宁、临洮、河州、洮州、岷州、巩昌缘边诸番，颁给金铜信符。"③ 由上可见，洪武年间行人钟顺、尚膳监太监而聂、司礼太监庆童、僧人管著藏卜等人都曾奉诏前往河、湟、洮、岷等地。

综上，在明朝派遣使者赴西藏地方和其他涉藏地区的同时，西藏及周边涉藏地区首领纷纷弃元封职、上缴元印，或亲自入朝觐见，或遣使者来京朝贡。从洪武二年五月明朝第一次派出使者诏谕吐蕃，到洪武三十年正月乌思藏都指挥司灌顶国师遣贡使来京，明朝与西藏及周边涉藏地区逐步构建起以使者往返沟通和互往为模式的联系形态，这种中央与地方往来关系及其建构，具有以下鲜明特点：

第一，在西藏及周边涉藏地区与明朝使者往来关系的建立过程中，起主导作用的首先是明政府。洪武一朝，明政府对西藏地方事务至为关切，坚定不移地实施了"广行招谕""和平治藏"的策略，对来京归附、朝觐、请职的西藏地方僧俗首领均予以关怀、优待及封职，顺利地推进了西藏的和平过渡，对明朝有效统治西藏及周边涉藏地区起到了至关重要的作用，也对后世治边治藏产生了深远的历史影响。

第二，明朝和西藏及周边涉藏地区互派使者的目的性明确。明朝方面，派遣使者主要是入藏招抚、招谕、分封，以确立元亡之后明朝在西藏及周边涉藏地区的统治。西藏及周边涉藏地区各政教上层派遣使者，则主要是上交故元旧印、入京觐见明皇或朝贡方物等，表明他们接受明朝统治的政治立场。与此同时，他们通过朝贡也在经济上得到明廷大量赏赐。

第三，西藏及周边涉藏地区与明朝的使者往来，保持了人数和次数上的一定规模，特别是洪武中后期的人员往来、经济交流活动更加频繁。相比之下，西藏及周边涉藏地区赴京使者在人数和次数上均多于明朝派遣赴藏使者。这是因为，西藏及

---

① 《明太祖实录》卷二五一，洪武三十年三月壬午，第3635—3636页。
② 《明太祖实录》卷五二，洪武三年五月辛亥，第1027页。
③ 《明太祖实录》卷二二五，洪武二十六年二月癸未，第3295页。

周边涉藏地区政教势力、寺院分布极其广泛复杂，其首领、头目、土酋等都有与明朝建立联系的意愿和行动，故在使者派遣人数、次数上更多。

这种以人员互动为主渠道、经济文化交流为辅的频繁往来，对明朝与西藏及周边涉藏地区之间政策传达、信息互往和经济文化交流起到了积极作用，具有重要的政治意义。

到了永乐年间，明朝与西藏及周边涉藏地区的往来交流比洪武时期更加频繁。明成祖朱棣即位后，十分重视与西藏和其他涉藏地区的联系。"先是，上（明成祖）在藩邸。闻乌思藏有尚师哈立麻者，异僧也。及即位，遣中官侯显赍书币往迎。"①继侯显往乌思藏后，中官杨三保、番僧丹竹领占等人先后奉命到馆觉、灵藏、思达藏等处，当地政教首领也不断遣贡使入京。《汉藏史集》载："蒙古最后一个皇帝妥欢帖睦尔被汉人大明皇帝在阳土猴年（戊申，1368年）夺去帝位。大明皇帝（明太祖朱元璋）在位执政三十二年，其后永乐皇帝在位二十二年，他与大乘法王结为施主与福田的关系。"②于是，伴随着明朝在西藏及周边涉藏地区统治秩序恢复与确立的基础上，中央与地方关系不断得以发展。

终明之世，明朝赴西藏及周边涉藏地区的使者和涉藏地区进京使者非常活跃。一方面，明廷不断遣使者入藏宣办西藏及周边涉藏地区地方事务。另一方面，西藏及周边涉藏地区政教首领也先后派出使者入京朝觐进贡。根据文献资料统计，从洪武初期与乌思藏使者往来关系的建立起至明代末期崇祯时期，明朝与西藏及周边涉藏地区间互派使者活动不断发展，几乎从未间断，贯穿于整个明代。《明史·本纪》中记载有"是年，……乌斯藏入贡"字样，可从一个侧面反映明代各个时期乌思藏向明廷朝贡的大体变化情况。《明史》中"乌斯（思）藏入贡"记录如下：

---

① ［明］陈建著、钱茂伟点校：《皇明通纪》卷五，永乐四年十二月，中华书局，2008年，第430页。
② ［明］达仓宗巴·班觉桑布著，陈庆英译：《汉藏史集》，第61页。

表5 《明史》中西藏入贡年份统计表

时期		记录年份	合计	增减
明代初期	洪武时期	（洪武）五年、七年、九年、十一年、十四年、十五年、二十年、二十七年、二十九年、三十年	10	20
	永乐时期	永乐十二年	1	
	洪熙时期	洪熙元年	1	
	宣德时期	宣德元年	1	
	正统时期	（正统）元年、五年、七年、九年、十年、十一年、十四年	7	
明代中期	景泰时期	（景泰）三年、七年	2	（44）+24
	天顺时期	（天顺）元年、二年、四年、六年、七年、八年	6	
	成化时期	（成化）元年、二年、三年、四年、五年、六年、十年、十二年、十三年、十四年、十五年、十七年、十八年、二十一年、二十三年	15	
	弘治时期	（弘治）元年、五年、六年、八年、九年、十年、十一年、十二年、十三年、十七年	10	
	正德时期	（正德）元年、三年、五年、九年、十二年	5	
	嘉靖时期	（嘉靖）十四年、十五年、二十二年、二十四年、三十三年、四十年	6	
明代后期	隆庆时期	——		（21）-23
	万历时期	（万历）四年、六年、七年、九年、十年、十二年、十三年、十五年、十六年、十七年、二十一年、二十二年、二十六年、三十二年、三十八年、四十一年、四十五年	17	
	天启时期	（天启）元年、五年、六年	3	
	崇祯时期	崇祯三年	1	

说明：此表根据《明史》制作。

在洪武至崇祯长达277年中，西藏及周边涉藏地区的朝贡使者保持了人数和次数上的一定规模。在朝贡往来中，明朝与西藏及周边涉藏地区间逐渐建立起以人员互动为主渠道的往来联系，其中最有影响、作用最大的就是使者人员群体。

第二章　明朝派往西藏及周边涉藏地区的使者

唐朝时即与吐蕃建立了联系："唐太宗于阳木马年（甲午，634年）与吐蕃王互相聘问赠礼，这是汉藏之间最早建立的联系。"[①]元朝时期，蒙古与萨迦派结为"施主与福田的关系，众生依怙法王八思巴曾三次前往汉地的大都宫廷，向薛禅皇帝及后妃、皇子等三次传授萨迦派特有的三密宗大灌顶"[②]，西藏正式成为中央政府统一管辖之下的一级地方政权。

明建国伊始，即派遣使者入藏招抚、招谕，实施"广行招谕""和平治藏"政策。明廷第一次派使者入藏，是在洪武二年五月甲午日（即1369年6月5日），此后接连有多人多次赴西藏及周边涉藏地区，洪武朝有陕西行省员外郎许允德、通事舍人巩哥锁南、工部主事王伯彦、中原高僧克新、宗泐和智光等；永乐朝有侯显、刘昭、杨三宝等。根据现有文献史料统计，明廷向西藏及周边涉藏地区遣使者次数频繁，计277年间派遣官员约240人次（其中确有姓名使者90人次）。从洪武二年（1369）到天启五年（1625），僧人智光、丹竹领占，宦官侯显、杨三保，朝官刘昭、何铭等很多汉族及少数民族人士先后受明廷派遣，奉诏前往乌思藏、朵甘、馆觉、灵藏、思达藏、朵思及甘、青、川的河州、洮州、岷州、西宁卫、安定卫、长河西等地。

这些使者，有些是进藏宣达皇帝旨意，招谕、敕封当地政教首领，有些是奉

[①]［明］达仓宗巴·班觉桑布著，陈庆英译：《汉藏史集》，第56页。
[②]［明］达仓宗巴·班觉桑布著，陈庆英译：《汉藏史集》，第146页。

旨赏赐西藏及周边涉藏地区法王、国师、政教王、头目及僧职人员。故从任务看，明朝派出的入藏使者，其使命主要有五个方面：一是册封藏族政教首领；二是诏谕藏族各部归附朝廷；三是迎请西藏及周边涉藏地区高德大僧来京；四是入藏赏赐僧俗头目；五是奉敕入藏办理交通驿路等"公干"事宜。兹对册封使者、招谕使者及其他使者详述如下。

一、册封使者

明朝建立后，基于"多封众建，因俗以治"的治藏方略，一方面，朝廷对于西藏及周边涉藏地区来京觐见朝贡的政教头目、"番僧""番簇"①等给予册封赏赐；另一方面，对影响较大的寺院高僧或势力较大的世俗地方首领则派遣使者亲往册封，使其在各自辖区合法行使管理权，抚治民众、忠勤朝廷。

册封，也称"册立""册命""策命"等，始于周代，后世沿承。其内涵有多种：一为中国古代皇帝封立太子、皇后、王侯、公主郡主等，宣读册授圣旨，正式授予名号的礼仪。举行仪式时，由天子派遣相应的大臣为使者，向受封者及有关人等宣读册文，并授以印玺，受封者的地位由此即得到承认。②《新唐书·百官志二》："凡王言之制有七：一曰册书。立皇后、皇太子，封诸王，临轩册命，则用之。"③二为宗主国对藩属国的册封，由此形成一种册封体制。册封体制形成于商周分封制："册封体制也可以称为朝贡关系，是以宗主国和属国两方面构成的相互关系制度。"④三为中央政府对边疆民族首领的册官封爵，所谓"加以侯王之号，申之封拜之宠，备物典册以极其名"⑤，以定"君臣"之位。如唐朝试图通过册封，"来确定其对边疆民族的统治地位"，而接受唐王朝册封的民族政权，也就意味着"其承认唐王朝的最高统治"⑥。

明朝时期，朝廷对边疆民族地区首领进行了大量的册封。有对藏族僧俗首领的册封，对蒙古首领的册封，对西北边疆少数民族首领的册封等。承担册封使命的大臣，称为册封使者或册封使臣，简称册封使。

---

① "番簇"：即古文献中的"番族"，有时亦写作"番簇"。
② 钱玉林、黄丽丽主编：《中华传统文化辞典》，上海大学出版社，2009年，第583页。
③ 钱玉林、黄丽丽主编：《中华传统文化辞典》，第583页。
④ 孙林、黄日涵：《政治学核心概念与理论》，天津人民出版社，2017年，第288页。
⑤ [北宋]王钦若编：《册府元龟》卷九百六十三《外臣部·封册一》，中华书局，1960年，第11326页。
⑥ 范香立著：《唐代和亲研究》，陕西人民出版社，2017年，第123页。

明代册封使问题已有大量的研究成果[1]，但对于边疆首领的册封研究成果并不多。关于明朝册封西藏及周边涉藏地区政教首领问题，如册封方式、过程、作用、册封使的派遣诸问题，目前尚缺乏专文进行研究。本节拟就此问题进行全面系统地梳理和考证。

（一）册封使者的选派

为了加强与西藏及周边涉藏地区之间的联系，确保治藏政策的顺利落实，对影响较大的寺院高僧或势力较大的世俗地方官员，朝廷均主动派遣京城寺僧为使者前往册封，这是从明初至嘉靖四十二年（1563）之前实行的册封"旧例"，即册封基本制度。

此外，当明朝所封藏族政教首领年老不能处理政教事务时，即奏请中央由其子侄、徒弟袭职，明中央得到奏请便会派出使者前往涉藏地区册封新首领。如天顺元年九月，乌思藏辅教王喃葛列思巴罗竹坚粲巴藏卜奏陈：自己已年老不能理事，请其子袭职。明英宗诏命灌顶国师葛藏为正使、右觉义桑加巴为副使，率其他人员到乌思藏封其子答苍喃葛坚粲巴藏卜袭职辅教王。[2] 如果乌思藏、朵甘等地首领去世或圆寂，朝廷便遣使吊祭，同时册封新的首领。如弘治十年十二月，乌思藏阐化王去世，其子班阿吉汪束札巴乞袭封，明孝宗立即诏令番僧剌麻参曼答实哩为正使，锁南窝资尔为副使，前往乌思藏封其子班阿吉汪束札巴袭职阐化王。

考终明一世，明廷派往西藏及周边涉藏地区的册封使，见于文献确切记载者如下：

---

[1] 主要有：米庆余《明代中琉之间的册封关系》，《日本学刊》1997年第4期；于默颖《明代蒙古顺义王的册封与嗣封》，《内蒙古社会科学》（汉文版），2008年第5期；侯甬坚《由沧水入黑水——明代册封船往返琉球国的海上经历》，《中国边疆史地研究》，2016年第1期；赵连赏《明代赐赴琉球册封使及赐琉球国王礼服辨析》，《故宫博物院院刊》，2011年第1期；朱淑媛《新发现的明代册封琉球国王诏书原件》，《历史档案》1995年第2期；连晨曦《明代册封琉球使臣的福州行迹》，《三明学院学报》2016年第1期；陈沛杉《明朝对西藏地方政教首领的册封及其演变》，《西藏研究》2018年第4期；另有一些学位论文，刘月《明清两代册封琉球使及其从客海洋诗研究》，福建师范大学硕士学位论文，2019年；郑月《明代闽籍册封琉球使及其著作考证》，福建师范大学硕士学位论文，2013年，等等，都从不同角度对明代册封问题作了讨论和研究。

[2]《明英宗实录》卷二八二，天顺元年九月辛巳，第6064页。

表6 明朝派往西藏及周边涉藏地区的册封使表

时间	姓名	身份	简要经过	出处
宣德五年十月	沈羽	镇抚	遣镇抚沈羽等赍敕往赐四川董卜韩胡宣慰使喃葛,授其长子班丹也失为剌麻、次子克罗俄监粲代为宣慰使	明宣宗实录卷七一,1655页
宣德九年三月	刘浩	西宁卫百户	遣西宁卫百户刘浩赍敕往罕东卫,授剌麻葛剌卓儿为禅师,头目赏思巴的思阿失加等为千、百户等官	明宣宗实录卷一〇九,2454页
宣德九年六月	朱勇 胡濙	成国公 礼部尚书	遣成国公朱勇、礼部尚书胡濙持节封释迦也失为大慈法王	明宣宗实录卷一一一,2491页
正统五年四月	葛藏 昆令	禅师 禅师	遣禅师葛藏、昆令为正副使,封怕木竹巴灌顶国师吉剌思己永耐监藏巴藏卜嗣其世父为阐化王,赐之诰命、锦绮、梵器、僧服等物	明英宗实录卷六六,1267、1268页
正统十年六月	锁南藏卜 札什班丹 斡些儿藏卜	禅师 剌麻 指挥	命正使禅师锁南藏卜、副使剌麻札什班丹等同指挥斡些儿藏卜赍捧敕谕、诰命封班丹监铿为灵藏灌顶国师赞善王,并颁赐锦段表里、僧帽、袈裟、法器等件	明英宗实录卷一三〇,2588页
天顺元年九月	葛藏 桑加巴	灌顶国师 右觉义	遣正使灌顶国师葛藏、副使右觉义桑加巴等赍敕诰并彩币、僧俗衣帽、铃杵等物,封答苍喃葛坚粲巴藏卜袭为辅教王	明英宗实录卷二八二,6064页
弘治十二年十二月	参曼答实哩 锁南窝资尔 札失坚参	剌麻 剌麻 剌麻	上命番僧剌麻参曼答实哩为正使,锁南窝资尔副之,同剌麻札失坚参等十八人共赍诰敕并赏赐彩缎、衣服、食茶等物往封乌思藏班阿吉汪束札巴为阐化王	明孝宗实录卷一三二,2334页
正德二年八月	札巴也失 锁南短竹	大慈恩寺都纲 大能仁寺都纲	遣大慈恩寺都纲札巴也失充正使,大能仁寺都纲锁南短竹充副使赍诰敕、赏物往封灵藏赞善王端竹坚昝,以其徒剌麻十人与俱	明武宗实录卷二九,736页

注:①此表只列出《明实录》中有明确姓名记录的册封使。②嘉靖四十二年,朝廷曾遣使西藏拟封乌思藏阐化王,使者是番僧远丹班麻、通事序班朱廷对等22人,但中途停罢未往,故不计入。

从上表可知，从永乐四年（1406）至正德二年（1507），奉诏赴西藏及周边涉藏地区的使者有：宣德五年的沈羽；宣德九年的刘浩、朱勇、胡濙；正统五年，葛藏、昆令；正统十年，锁南藏卜、札什班丹、斡些儿藏卜；天顺元年，葛藏、桑加巴等；弘治十年，参曼答实哩、锁南窝资尔、札失坚参等十八人；正德二年，札巴也失、锁南短竹。这些册封使中，国师、禅师、喇嘛等僧职使者人数达到68.7%。由于册封对明朝统辖西藏及周边涉藏地区具有极其重要的政治意义，所以朝廷在派遣册封使时充分考虑其地域性、民族性及能力、官职大小等身份因素，使派遣的册封使能够代表朝廷、具有话语权，并能处理好与西藏地方和其他涉藏地区之间的关系。由于僧人在西藏和其他涉藏地区社会中具有特殊的地位，且有语言、身份之便利，所以，以僧职人员充任册封使者最多。这是其一。

其二，此表中的使者身份是指初使时的身份。使者任务完成后，因功升职的情况很常见，所以身份发生变化者多。从表中所列册封使的身份考察，明朝派遣的西藏及周边涉藏地区册封使者中，官职最大的是成国公朱勇和礼部尚书胡濙，使者官职为正二品大员甚至王公亲往，无疑反映了明廷对西藏及周边涉藏地区册封的高度重视。

其三，上表所列并非全部赴藏册封使，考之明清时期文献，还有诸多无姓名使者。《明太宗实录》卷五二：

（永乐四年三月壬辰）遣使赍诏封乌思藏巴里藏卜为灌顶国师阐化王，赐螭纽王印、诰命，仍赐白金五百两、绮衣三袭、锦绮五十四、彩绢百匹，茶二百斤。其所隶头目并必力工瓦国师大板的达律师锁南藏卜，颁赐彩币、衣服有差。①

（永乐四年三月壬寅）遣使命灵藏著思巴儿监藏为灵藏灌顶国师，授札思木头目撒力加监藏为朵甘卫行都司都指挥使，切禄奔、薛儿加俱为都指挥同知，各赐诰命、袭衣、锦绮。命馆觉宗巴斡即南哥巴藏卜为馆觉灌顶国师，陇答头目结失古加之子巴鲁为陇答卫指挥使，赐诰命、银、币。②

此二例史料，除了册封使是何人并不知晓外，其他册封时间、地点、目的等

---

① 《明太宗实录》卷五二，永乐四年三月壬辰，第775—776页。
② 《明太宗实录》卷五二，永乐四年三月壬寅，第780、781页。

皆十分清晰。

像这种无姓名记录的册封使者还有许多。《明实录》载：明廷于永乐四年三月、正统三年正月、正统五年三月、正统十二年二月、景泰三年十月、景泰七年六月、景泰七年七月、成化四年四月等分别遣使册封西藏及周边涉藏地区首领，但使者名未记载。如永乐四年三月，明成祖"遣使赍诏封乌思藏巴里藏卜为灌顶国师阐化王"；① 正统十二年二月，明英宗"遣官赍诰敕封故安定王亦班丹子领占斡些儿袭安定王，赐织金、衣服、彩币表里"②。景泰七年六月，明代宗"遣官封答苍地面王子喃噶坚粲巴藏卜袭为辅教王，赐诰敕、金印、彩币、僧帽、袈裟、法器等物。命番僧葛藏为灌顶广善慈济国师，烈藏为静觉持正国师，领占巴丹为静觉佑善国师等"③。他们之中，可能仍然以国师、禅师、喇嘛、都纲等僧职人员作为册封使主要对象。

（二）册封方式变通及遣使册封的停止④

综观明代册封西藏及周边涉藏地区首领，主要有两种方式：（1）对朝贡来京或迎请的涉藏地区政教首领、头目、番僧等直接册封。（2）朝廷派出使者前往涉藏地区奉敕册封。这两种册封方式中，第一种即明朝对来京的西藏及周边涉藏地区首领、头目、僧侣等人直接册封者最多，且册封时间、地点、形式等灵活多样。

按明朝册封藏族政教首领的数量，永乐年间是明代西藏册封比较频繁的一个时期。从1402至1424年的22年间，明成祖朱棣先后册封吉剌思巴监藏、著思巴儿监藏、释迦也失等人为政教王、法王、大国师、禅师等大小不等封号封爵，"番僧之号凡数等，最贵曰大慈法王，曰西天佛子，次曰大国师，曰国师，曰禅师，曰都纲，曰剌麻"⑤。其数量，仅永乐一朝，计有"西天佛子者二，灌顶大国师者九，灌顶国师十有八，其他禅师、僧官不可悉数"⑥。其册封方式，极其灵活，而最重要的册封就是五大政教王和两大法王。

---

① 《明太宗实录》卷五二，永乐四年三月壬辰，第775页。
② 《明英宗实录》卷一五〇，正统十二年二月壬子，第2947页。
③ 《明英宗实录》卷二六七，景泰七年六月癸丑，第5672页。
④ 参见拙作：《明代对藏册封问题研究》，《西藏研究》2021年第5期。
⑤ ［明］沈德符著：《万历野获编》卷二十七，中华书局，1997年，第684页。
⑥ ［清］张廷玉等撰：《明史》卷三百三十一《大慈法王传》，第8577页。

西藏五大政教王的册封是在永乐四年（1406）至永乐十一年（1413）间完成的。其中，阐化王为永乐四年敕封帕木竹巴第四任教主吉喇思巴监藏卜的爵号；[①] 赞善王者："灵藏僧也，其地在四川徼外，视乌斯藏为近。成祖践阼，命僧智光往使。永乐四年，其僧著思巴儿监藏遣使入贡，命为灌顶国师。明年封赞善王，国师如故，赐金印、诰命。"[②] 护教王者："名宗巴斡即南哥巴藏卜，馆觉僧也。成祖初，僧智光使其地。永乐四年遣使入贡，诏授灌顶国师，赐之诰。明年遣使入谢，封为护教王，赐金印、诰命，国师如故。"[③] 阐教王者："必力工瓦僧也，成祖初，僧智光赍敕入番，其国师端竹监藏遣使入贡。永乐元年至京，帝喜，宴赉遣还。四年又贡，帝优赐，并赐其国师大板的达、律师锁南藏卜衣币。十一年乃加号灌顶慈慧净戒大国师，又封其僧领真巴儿吉监藏为阐教王，赐印诰、彩币。"[④] 辅教王："思达藏僧也，其地视乌斯藏尤远。成祖即位，命僧智光持诏招谕，赐以银币。永乐十一年封其僧南渴烈思巴为辅教王，赐诰印、彩币，数通贡使。"[⑤]

两大法王中，大宝法王哈立麻（即却贝桑波）为永乐四年十二月抵达南京后次年（1407）封，"（其间）却贝桑波为皇家讲经、灌顶、并为太祖高皇帝、孝慈高皇后资福。皇帝所赐礼品无数。皇帝亲赐却贝桑波以'如来大宝法王西天大善自在佛'封号。"[⑥] 大乘法王昆泽思巴（即贡噶扎西），为永乐十一年二月来南京后被封。[⑦] 永乐十三年年二月，明成祖还敕封格鲁派宗喀巴的首席弟子释迦也失（又译作释迦益西）为西天佛子大国师。次年，释迦也失返藏，明朝赐予他金银、绸缎、佛像等大量财物。《新红史》称："燕王皇帝掌政二十二年。此皇帝最初也曾派人迎请宗喀巴，但是未去。因此，迎请了噶玛巴法王却贝桑波、萨迦巴衮嘎扎西及塞热哇释迦益西等三人。遂后他们依次被赐以封号：如来大宝法王、大乘法王及大慈法王。（此皇帝）又向尊者佛像献了衣服供物等，他崇敬汉藏僧人，据说其所赐器物（之丰）不可思议。"[⑧] 显然，较之洪武时期，永乐年间在西藏及周

[①] 西藏自治区文物管理委员会编：《拉萨文物志》，第161页。
[②] ［清］张廷玉等撰：《明史》卷三百三十一《赞善王传》，第8582页。
[③] ［清］张廷玉等撰：《明史》卷三百三十一《赞善王传》，第8583页。
[④] ［清］张廷玉等撰：《明史》卷三百三十一《阐教王传》，第8584页。
[⑤] ［清］张廷玉等撰：《明史》卷三百三十一《辅教王传》，第8585页。
[⑥] 班钦索南查巴著，黄颢译：《新红史》，第210页。
[⑦] 1425年，大乘法王贡噶扎西贝桑布在萨迦大殿去世，大乘法王一职由萨迦昆氏家族成员世袭。参见《汉藏史集》第152页。
[⑧] 班钦索南查巴著，黄颢译：《新红史》，第50、51页。

边涉藏地区的册封规模更大、数量更多、体制更加完善。五大政教王、二大法王的封授，在明初边疆治理史上是一件重大的事件，明人郑晓的《今言》道：外夷封王者，只有琉球三王、北虏四王、西域二王，而'西番'七人，"正觉大乘法王、如来大宝法王、阐化王、阐教王、辅教王、赞善王、赞化王"①，足见涉藏地区封王最多、地位极高，也从另一个侧面反映了涉藏事务在明朝国家政治生活中的重要性。

继永乐朝之后，宣德九年（1434）宗喀巴弟子释迦也失来京觐见明宣宗皇帝，被封为"大慈法王"。明宣宗敕封大慈法王事，《新红史》中说：宣德九年，释迦也失再次抵达北京，明宣宗封"万行妙明真如上胜清净般若弘昭普慧辅国显教至善大慈法王西天正觉如来自在大圆通佛"，即大慈法王。②《明史·大慈法王传》记载："大慈法王，名释迦也失，亦乌斯藏僧称为尚师者也。永乐中，既封二法王，其徒争欲见天子邀恩宠，于是来者趾相接……宣德九年入朝，帝留之京师，命成国公朱勇、礼部尚书胡濙持节，册封为万行妙明真如上胜清净般若弘照普慧辅国显教至善大慈法王西天正觉如来自在大圆通佛。"③《万历野获编》亦载："宣德九年六月，遣礼部尚书胡濙同成国公朱勇，持节封释迦巴失为万行妙明真如上胜清净般若宏照普应辅国显教至善大慈法王、西天正觉如来自在大圆通佛。"④各文献中记载基本相同，即释迦也失来京觐见宣宗朱瞻基后被封为"大慈法王"。至宣德年间"大慈法王"册封完成，明代共计封授了西藏五大政教王、三大法王，他们地位最高、最受尊崇。研究者认为，明朝册封三大法王和五大政教王的过程有所不同："封授五王仅用了10年时间就告完成，而大法王的封授过程颇为复杂曲折，直至宣德九年才最终完成，历时几达30年。"⑤除五大政教王、三大法王之外，明朝还对涉藏地区僧俗首领封以大国师、国师、禅师等封号以及大大小小的僧官，"不可胜纪"⑥。

由此可见，明朝前期适时册封西藏及周边涉藏地区政教首领，根本目的是要使所授官员"统束各番"、确保中央在西藏及周边涉藏地区的统治。因此，得到

---

① ［明］郑晓著：《今言》卷一，第31、32页。
② 班钦索南查巴著，黄颢译：《新红史》，第51页。
③ ［清］张廷玉等撰：《明史》卷三百三十一《大慈法王传》，第8577页。
④ ［明］沈德符著：《万历野获编》补遗卷四《番僧封爵》，中华书局，1997年，第914页。
⑤ 熊文彬、陈楠主编：《西藏通史》（明代卷），第47页。
⑥ ［清］张廷玉等撰：《明史》卷三百三十一《大慈法王传》，第8578页。

明朝册封者，或者是藏族部落中势力强大，或者是在当地具有威信者，特别是高德大僧："我朝洪武六年，因其故俗，以摄帝师喃加巴藏卜为炽盛佛宝国师……后分封为大宝、大乘、赞化、阐化、阐教、辅教等六王，皆僧也。"①

明代中期，中央对西藏及周边涉藏地区政教首领的册封制度照例进行。景泰三年十月，明代宗封西天佛子大国师班丹札释为大智法王，赐以诰命。景泰七年六月，明代宗听从礼部尚书胡濙的奏请，敕封答苍地面王子喃噶坚粲巴藏卜袭为辅教王，赐诰敕、金印、彩币、僧帽、袈裟、法器等物，并敕封番僧葛藏为灌顶广善慈济国师、烈藏为静觉持正国师、领占巴丹为静觉佑善国师，班卓儿坚参为戒行禅师、桑结远丹为慈化禅师、罗竹聪密为翊善禅师、坚参烈为妙觉禅师、远丹绰为静范禅师、领占三竹为清修禅师、罗竹札失为崇善禅师，"各赐印及诰命"②。同年七月，明代宗册封净修弘智灌顶大国师锁南舍剌为净修弘智灌顶大国师西天佛子、广通精修妙慧阐教西天佛子大国师沙加为广通精修妙慧阐教弘慈大善法王、剌麻（喇嘛）占巴失念为崇修善道国师、加弘善妙济国师舍剌巴为灌顶弘善妙智国师；③十月，明代宗封番僧札失尾则儿、班竹儿星吉俱为左觉义，桑儿结巴为右觉义，锁南班卓儿、锁南坚粲、锁南舍剌、远丹罗竹、锁南札、南葛藏卜俱为都纲，给印并诰敕，一年之内敕封的僧官达二三十人。

然而，自明中叶以来，朝廷对西藏及周边涉藏地区政教首领的册封已不再节制，"尤其是对寺院番僧的无限制地封赐，导致了进京冒贡人数剧增"④。明宪宗时，朝廷对乌思藏僧俗首领"分封赏赐泛滥"⑤，带来了一系列边疆和社会治理新问题。于是，朝廷内部出现了限制册封的声音。六科给事中魏元、十三道监察御史康永韶、翰林院编修陈音等人分别向明宪宗提出在西藏册封问题上的建议。尽管建议的具体内容不尽相同，但都认为朝廷应当限制册封，减少负担，根本解决朝贡无度带来的财政危机状况。如魏元在成化四年（1468）九月提出："革去番僧法王、国师等名号"⑥，发回西藏，追回赏赐，以赈饥民。同年，康永韶也指出，"今朝廷宠遇番僧，有佛子、国师、法王名号，仪卫过于王侯，服玩拟于供御，

---

① [明]黄瑜著：《双槐岁钞》卷八，中华书局，1999年，第152页。
② 黄彰健校勘，中研院历史语言研究所校印：《明英宗实录》卷二六七，景泰七年六月癸丑，第5672页。
③《明英宗实录》卷二六八，景泰七年七月辛巳，第5683页。
④ 喜富裕：《关于明朝成化年间"洮岷寺僧诡名冒贡"问题探讨》，《西藏研究》2011年第4期，第54页。
⑤ 喜富裕：《试论明成祖时期宦官出使乌思藏的活动》，《西藏研究》2015年第6期，第25页。
⑥《明宪宗实录》卷五八，成化四年九月己巳，第1176页。

锦衣玉食"①，应当对此进行甄别查审，遣回本地。陈音在成化六年（1470）三月提出："当今号佛子、法王、真人者，无片善寸长可采，名位尊隆，赏与滥谥。伏愿降其位号，杜其恩赏。"②

对于朝廷内外各种反对西藏及周边涉藏地区册封的奏疏甚至批评，明宪宗搪塞说，"此事累有人言，俱已处置矣。"③此后，经过一段时间的摇摆不定，明宪宗最终以"祖宗旧制"、④不能辄变为理由否决了封建士大夫们指出的"限封"主张。故明宪宗统治时期，西藏册封事宜照旧实行。在巨大的政治和经济利益趋动下，西藏及周边涉藏地区僧俗首领不时违制朝贡⑤，进京朝贡人数更多、次数更频，故册封数量更多，"冒贡""滥贡""滥赏""滥封"已经成为普遍现象。

明孝宗朱祐堂即位后，一改宪宗时期的政策，对西藏各级僧官的册封制度迎来了较大的转变。明孝宗是成化二十三年九月即位的，十月丁卯（公历1487年10月17日），礼部即颁定一项册封番僧法案：自法王、佛子、国师、禅师各降职一级，自讲经一下革职为僧，"各遣回本土、本寺或边境居住，仍追夺诰敕、印信、仪仗，并应还官物件"⑥。经明孝宗改革，弘治时期西藏及周边涉藏地区册封数量大为缩减，册封得以控制，"虽然明孝宗对于番僧的态度在弘治中后期略有变化，但在整个弘治时期，中央政府对西藏地方的册封数量仍得到有效限制"⑦。

明武宗时期，虽有太监刘允进藏迎请活佛之盛举，但朝野上下对中央政府的西藏册封一片反对之声，"中央政府对西藏地方的限封和降封已经逐渐成为全朝野的共识"⑧。到了嘉靖时，明世宗即位后诏令："正德元年以来，传升、乞升法王、佛子、国师、禅师等项，礼部尽行查革，各牢固枷钉，押发两广烟瘴地面卫分充军，遇赦不宥。"⑨此诏以最严厉的法律从理论上宣告了明朝初期以来实行的西藏册封制度的全面停止。册封停滞后，明朝与西藏地方和其他涉藏地区的关系有了一定的疏远。

---

① 《明宪宗实录》卷五八，成化四年九月己巳，第1176页。
② 《明宪宗实录》卷七七，成化六年三月辛巳，第1482页。
③ 《明宪宗实录》卷七七，成化六年三月辛巳，第1482页。
④ 《明宪宗实录》卷七七，成化六年三月辛巳，第1482页。
⑤ 喜富裕：《明中后期乌思藏朝贡使进京朝贡改道原因探析》，《西藏研究》2010年第4期，第7页。
⑥ 《明孝宗实录》卷四，成化二十三年十月丁卯，第57页。
⑦ 陈沛杉：《明朝对西藏地方政教首领的册封及其演变》，《西藏研究》，2018年第4期，第31页。
⑧ 陈沛杉：《明朝对西藏地方政教首领的册封及其演变》，《西藏研究》，2018年第4期，第31页。
⑨ 《明世宗实录》卷一，正德十六年四月壬寅，第10页。

分析明臣反对西藏册封的根本原因，皆因明代中后期的滥封无度偏离了册封制度的初衷，给国家治理造成了危害。适时停止已然具有消极影响的无限制册封，"因时而易"地治理边疆民族地区，真正维护西藏及周边涉藏地区社会安定应该是明智之举，也是与时俱进之策。当然，明朝的一些封建官僚、士大夫们强调册封"无益于治道"①，即它对于国家治理涉藏地区没有任何好处，这也难免有些偏颇。因为，从特点和效果上看，明朝对西藏及周边涉藏地区的册封，前期与后期并不相同。总体而言，前期册封少而精，后期册封杂而乱，因此它们对边疆治理的作用和意义是不相同的，并不是所有阶段的册封都"无益于治道"，要理性地分析。值得肯定的是，明代前期的册封在政治上无疑意义重大，只不过中后期的滥赏滥封才使其大打折扣。

在这种大环境下，景泰之后遣使册封西藏及周边涉藏地区首领的次数和频率明显下降。成化三年（1467）七月，明宪宗朱见深诏命灵藏僧塔儿巴坚粲袭封为赞善王。按照明代"旧例"：

> 番僧封王者，赐诰敕并锦绮、衣帽诸物甚备，又遣官护送至彼给授。礼部以今西事未宁，事宜从省。乞降敕一道，惟赐袈裟、禅衣、僧帽各一，顺付来朝番僧赍回灵藏给授。从之。②

这条史料明确反映了一个重要信息：按明朝规定，凡是番僧封王，不论是新册立还是袭职，中央政府必须派遣使者到西藏或周边涉藏地区给授。可是，景泰、成化年间，大批蒙古部落开始进入青海一带活动，西宁边事变得异常复杂，故礼部建议简化诸藏册封形式，暂停遣使册封旧规。明宪宗认为，礼部所奏合理合情，遂降敕一道："顺付来朝番僧赍回灵藏给授。"③此敕表明，这次册封西藏赞善王，明中央不再遣使前往而是交于西藏地方来京贡使返藏后给授。此敕也预示着遣使册封西藏及周边涉藏地区首领的制度正在悄然出现变通。

成化三年册封方式的变通，为以后册封制度的改变留下了伏笔。嘉靖四十二年十月，乌思藏阐化等王请封，明世宗朱厚熜和礼部的回应是：

> 上以故事，遣番僧远丹班麻等二十二人为正、副使，以通事序班朱廷对监之。比至中途，班麻等肆为骚扰，不受廷对约束。廷对还白其

---

① 《明宪宗实录》卷五八，成化四年九月己巳，第1176页。
② 《明宪宗实录》卷四四，成化三年七月丁亥，第918页。
③ 《明宪宗实录》卷四四，成化三年七月丁亥，第918页。

状。礼部因请自后诸藏请封，即以诰敕付来人赍还，罢番僧勿遣。无已，则下附近藩司，选近边僧人赍赐之。上以为然，令著为例。[①]

从礼部的处置可以看出，礼部是要把原来遣使册封西藏制度进行改革，即废除"封诸藏遣京寺番僧例"。对此，明世宗表示赞同，批准颁行，这就是嘉靖四十二年的《封诸藏不遣京寺番僧例》。新"例"明确规定：自今后西藏及周边涉藏地区请封，即以诰敕交于贡使返藏时给授。不久，又调整为由临近西藏及周边涉藏地区的地方政府派遣边地僧人赍敕给授，并"著为例"，[②]这是今后西藏及周边涉藏地区册封之新法。

关于此例，《典故纪闻》卷十七亦有载："旧例，乌思藏请封，皆遣番僧为正副使，而以通事监之。嘉靖四十二年，遣番僧远丹班麻等封阐化等王，比至中途，肆为骚扰，不受通事约束。礼部因请：自后诸藏请封，即以诰敕付来人赍还，罢番僧勿遣。封诸藏之不遣京寺番僧，自此始。"[③]也就是说，自嘉靖四十二年"定乌斯藏等寺领封免遣番僧"[④]，此后明朝册封西藏首领，不再派遣使者入藏册封。

综上，明代遣使册封西藏及周边涉藏地区经历了三大阶段：第一阶段是洪武至景泰年间，遣使册封比较频繁；第二阶段是成化年间的变通，第三阶段是嘉靖年间《封诸藏不遣京寺番僧例》的颁行，遣京寺使者册封诸藏停止。第二、第三阶段，即成化、嘉靖时期，明朝对西藏册封制度进行了改革。对于来京册封，依然执行过去的旧政策。成化四年四月，明宪宗册封西僧札巴坚参为万行庄严功德最胜智慧圆明能仁感应显国光教弘妙大悟法王、西天至善金刚普济大智慧佛；札实巴为清修正觉妙慈普济护国衍教灌顶弘善西天佛子大国师；锁南坚参为静修弘善国师、端竹也失为净慈普济国师。俱赐诰命。但对于遣使册封，朝廷探索实行"领封"政策，依照新的《封诸藏不遣京寺番僧例》实施。新"例"的颁行，标志着嘉靖四十二年之后中央使者册封西藏地区的停止。

---

① 《明世宗实录》卷五二六，嘉靖四十二年十月癸丑，第8576页。
② 《明世宗实录》卷五二六，嘉靖四十二年十月癸丑，第8576页。
③ [明]余继登撰：《典故纪闻》卷十七，中华书局，1981年，第321页。《国朝典汇》：嘉靖四十二年，"诏封乌思藏阐化诸王。时阐化诸王请封。上以故事遣番僧远丹班麻等二十二人为正副使，以通事序班朱廷对还白其事。礼部因请：自后诸藏请封，即以诰敕付来人赍还，罢番僧勿遣。或附近藩司，选近边僧人赍赐。上从之。封诸藏之不遣京寺番僧自此始。"[明]徐学聚编撰《国朝典汇》卷一百七十五《兵部·西番》，第2208页。
④ [明]朱国祯辑：《皇明大政记》卷三十四，嘉靖四十二年十月丙午，《中国野史集成续编》第7册第511页。

需要说明的是，新"例"的实施只是停止了派遣京城寺僧入藏册封的惯例，并不是说西藏及周边涉藏地区册封完全停止了。实际上，在此"例"颁行前后，尽管朝野内部"册"与"废"的争论激烈，但明朝官方对藏族头目来京或遣使来京请职、请袭等要求依然予以应允，并基本按其要求封授：

如新"例"颁布前，刺旺藏卜于成化四年四月遣使入贡请职，明廷升刺旺藏卜为都指挥佥事①。正德十年二月，"番僧完卜锁南坚参巴尔藏卜遣人朝贡，乞袭封大乘法王，许之"②。正德十一年四月，"僧短竹叫等四人、桑呆叫等十人来贡方物，请袭国师、禅师职，从之"③。当然，对藏族首领的请职，朝廷有时也会酌情考虑。如成化十五年十二月，乌思藏阐化王遣剌麻锁南领占请求升（锁南领占）为国师，"命升为禅师，不为例"④。必须说明的是：藏族头目请职，有时朝廷需要派出考察官员前往考察实情，方可授予。成化四年十月，管民万户舍人阿哈来朝贡方物，请袭职。"自称其祖合丹思叭所辖地方十七，其印犹元至正间所授。乞换印袭职，开设衙门。"事下礼部会议认为，"宜移文四川镇守等官，遣官出境，勘其端由"⑤，之后方可册封，这体现了明朝对边地册封的谨慎态度。

新"例"颁布后，乌思藏阐化王男札释藏卜于万历六年二月："差番僧来西海，见其师（番）僧活佛在西海与顺义王子孙等说法，劝化众达子为善，因托顺义王俺答代贡方物，请敕封。"⑥经礼部复议，明神宗"各授大觉禅师及都纲等职，赐僧帽、袈裟及表里、食茶、彩缎有差"⑦。可见，即便是嘉靖朝颁行了新的《封诸藏不遣京寺番僧例》，但西藏及周边涉藏地区册封制度并未完全停止。当然，此时的册封已与过去的无序分封大相径庭，并在某种情形下发挥着其特殊的历史作用。

（三）册封使者的作用

明朝册封西藏及周边涉藏地区政教首领，根本目的是加强和巩固明朝在西

---

①《明宪宗实录》卷五三，成化四年四月庚戌，第1077页。
②《明武宗实录》卷一二一，正德十年二月甲午，第2434页。
③《明武宗实录》卷一三六，正德十一年四月丙寅，第2692页。
④《明宪宗实录》卷一九八，成化十五年十二月辛酉，第3478页。
⑤《明宪宗实录》卷五九，成化四年十月壬寅，第1205页。
⑥《明神宗实录》卷七二，万历六年二月甲辰，第1558页。
⑦《明神宗实录》卷七二，万历六年二月甲辰，第1558页。

藏及周边涉藏地区的统治。因此，遣使册封在国家治藏治边中具有举足轻重的作用。

第一，基于"多封众建，因俗以治"的治藏方略，一方面朝廷对于涉藏地区来京觐见或朝贡的政教头目、大小僧人等均予以分封；另一方面，对居于西藏及川陕涉藏地区的政教领袖遣使赍敕册封，使其在各自辖区合法行使管理权，抚治民众、忠勤朝廷。换句话说，正如明太祖"授端竹监藏信武将军加麻世袭万户府万户的制诰"中如是说："今授尔信武将军，加麻万户府万户，俾尔子孙世袭。尔其招徕远人，绥端边疆，永为捍御之臣。"①

第二，事实证明，明朝遣使册封西藏及周边涉藏地区首领的政策十分有效和成功，如"大慈法王"册封后不久返藏，在西藏修建了色拉寺，并向格鲁派僧众积极宣扬明朝的形象，增加了藏族对明朝的认同。册封的历代大乘法王，"都按明朝的规定定期向朝廷朝贡，为维护西藏地方的安定和加强与朝廷的联系发挥了重要作用"②。

由此可见，经过遣使册封，明朝在西藏及周边涉藏地区的统治确立，藏族政教领袖也获得了中央政府颁赐的管理各自地域的合法权力。更为重要的是，经过册封的西藏及周边涉藏地区政教首领，按照中央政府的规定和要求定期朝贡，积极宣扬和维护明朝的形象，必然加强了（王朝）国家认同和中华民族共同体意识，客观上加强了西藏地方与祖国之间的亲密关系。

第三，明代遣使册封有一整套严密的制度，包括册封仪式、受封者的爵号、对受封者诏书的宣读及印玺的授给等方面，"举行仪式时，由天子派遣相应的大臣为使臣，向受封者及有关人等宣读册文，并授以印玺，受封者的地位由此即得到承认"③，其颁赐的仪式是在册封总礼仪框架下进行的。基本的程序是：册封使受朝命出发，沿途所经各地派官兵护送使行人员到达目的地。使者到达后，奉皇命宣读封号爵位，赐予他们相应的封诰、印章凭证及价值不菲的彩币表里诸物。之所以使者受到官兵护送，目的是防止沿途遭遇抢劫、抢夺物资事件。如天顺元年九月，明英宗派遣葛藏、桑加巴等人封辅教王时，仍命葛藏等顺赍敕并彩币、宝石、伞幢等物，赐所经乌思藏等处阐化王昆葛列思巴中耐坚参巴藏卜等，俾其

---

① 宿白：《藏传佛教寺院考古》，文物出版社，1996年，第211页。
② 熊文彬、陈楠主编：《西藏通史》（明代卷），第171页。
③ 钱玉林、黄丽丽主编：《中华传统文化辞典》，第583页。

护送使者,不许下人生事阻滞。①

凡是明政府册封的西藏地方和其他涉藏地区政教王、法王、国师等大小官员,均有册封诰敕文书。《松窗梦语》卷三:经明初封官授职,于是涉藏地区"番僧"各有封号,"凡诸王嗣封,皆有赐诰"②。封诰文书还十分讲究诏书、诏敕、诏诰等不同类型和不同金银丝织质地,以此显示藏族高僧的不同地位及其明廷对他们的尊崇。《南村辍耕录》卷二曰:"累朝皇帝于践祚之始,必布告天下,使咸知之。惟诏'西番'者,以粉书诏文于青绘,而绣以白绒,网以真珠,至御宝处,则用珊瑚,遣使赍至彼国,张于帝师所居处。"③也就是说,明朝对西藏和其他涉藏地区的分封授职按相关要求执行,授予官职,皆赐予诰敕,"自是(洪武六年),番僧有封灌顶国师及赞善王、阐化王、正觉大乘法王、如来大宝法王者,俱赐印诰,令比岁或间岁朝贡。"④成化三年十二月,"番僧法王札巴坚参、西天佛子札实巴、国师锁南坚参、端竹也失、禅师班竹星吉、礼奴班丹以升职奏乞诰敕、印章,与之"⑤。成化四年四月,"封西僧为大宝法王及国师二人赐诰命"⑥。但同时规定,诸番僧不得随意求请诰敕,如成化十八年四月,明廷发布条令,"禁番僧不得妄请诰敕"⑦。

因诰敕、文书及印章等乃明中央颁给藏族政教首领任官的主要凭证,各官员的品级不同,诰命敕书封赠的范围及丝织质地、轴数、图案也各有不同,以彰显其等级性。永乐十一年,"西域乌思藏大宝法王来朝,上命玉工以全璞制印畀之。(黄)淮曰:朝廷赐诸番制敕所用广运二宝亦有限制,今此璞大于玺书,恐非所以示诸夷也。上嘉纳之"⑧。而且,在诰敕文书的送达方式上,要么是任官时当面赐予,也有在任官后遣使赐予的。一般情况下,普通政教首领在来京时颁予,或由贡使返藏时转赐,但地位至高者,必须经明朝中央政府遣使颁赐诰敕印章。兹就明朝对西藏及周边涉藏地区头目颁发的诏命、敕命详列如下:

---

① 《明英宗实录》卷二八二,天顺元年九月辛巳,第6064页。
② [明]张瀚著,盛冬铃点校:《松窗梦语》卷三《西番纪》,中华书局,1997年,第61页。
③ [元]陶宗仪:《南村辍耕录》卷二,上海古籍出版社,2012年,第24页。
④ [明]朱国祯辑:《皇明大事记》卷十三《诸夷朝贡》,明崇祯刻本《皇明史概》,第1065页。
⑤ 《明宪宗实录》卷四九,成化三年十二月辛丑,第1001页。
⑥ [明]朱国祯辑:《皇明大政记》卷十七,成化四年四月丙午,《中国野史集成续编》第7册第265页。
⑦ [明]朱国祯辑:《皇明大政记》卷十九,成化十八年四月己亥,《中国野史集成续编》第7册第291页。
⑧ [明]黄佐:《殿阁词林记》卷一,影印四库全书本,第452册,第135页。

正统四年五月，明廷加封国师亚蒙葛为西天佛子大国师，赐以诰命。①

正统十四年十月，明廷命"番僧"恭葛坚粲为崇教禅师，赏初朵儿只为妙悟禅师，班竹领占朵儿只为妙应禅师，观卜星吉为弘智禅师。俱赐诰命、银印。②

景泰二年六月，命"番僧"班丹领真为广济妙净国师，"赐以诰命"③。

景泰三年十月，封西天佛子大国师班丹札释为大智法王，赐以诰命。④

景泰四年四月，命灌顶大国师沙加为西天佛子大国师，灌顶国师锁南释剌为灌顶大国师，赐之诰命。⑤

景泰四年六月，加封国师班卓儿藏卜为灌顶清心戒行大国师，赐以诰命。⑥

景泰五年三月，封班竹儿藏卜为灌顶广智弘善国师，札思巴藏卜为灌顶弘教翊善国师，锁南领占为灌顶净修妙觉大国师，俱赐诰命。⑦

景泰五年八月，命"番僧"领占罗竹绰巴藏卜为禅师，剌麻坚粲领占为都纲俱赐敕命。⑧

景泰六年三月，命净戒寺国师弟札思巴藏卜袭灌顶弘教翊善国师，瞿昙寺完卜班竹儿藏卜袭灌顶广智弘善国师，皆赐之诰命。⑨

景泰七年六月，根据礼部尚书胡濙的奏请建议，明朝封答苍地面王子喃噶坚粲巴藏卜袭为辅教王，赐诰敕、金印和彩币等物。命"番僧"葛藏为灌顶广善慈济国师，烈藏为静觉持正国师，领占巴丹为静觉佑善国师，班卓儿坚参为戒行禅师，桑结远丹为慈化禅师，罗竹聪密为翊善禅师，坚参烈为妙觉禅师，远丹绰为静范禅师，领占三竹为清修禅师，罗竹札失为崇善禅师，各赐印及诰命。⑩

景泰七年七月，命净修弘智灌顶大国师锁南舍剌为"净修弘智灌顶大国师西天佛子，广通精修妙慧阐教西天佛子大国师沙加为广通精修妙慧阐教弘慈大喜法王，剌麻占巴失念为崇修善道国师。加弘善妙济国师舍剌巴为灌顶弘善妙智国

---

① 《明英宗实录》卷五五，正统四年五月己巳，第1060页。
② 《明英宗实录》卷一八四，正统十四年十月己巳，第3647页。
③ 《明英宗实录》卷二〇五，景泰二年六月乙酉，第4405页。
④ 《明英宗实录》卷二二二，景泰三年十月壬子，第4811页。
⑤ 《明英宗实录》卷二二八，景泰四年四月庚戌，第4994页。
⑥ 《明英宗实录》卷二三〇，景泰四年六月壬辰，第5025页。
⑦ 《明英宗实录》卷二三九，景泰五年三月丙子，第5221页。
⑧ 《明英宗实录》卷二四四，景泰五年八月庚子，第5311页。
⑨ 《明英宗实录》卷二五一，景泰六年三月丙午，第5427页。
⑩ 《明英宗实录》卷二六七，景泰七年六月癸丑，第5672页。

师。俱赐诰命"①。十月，命"番僧"札失尾则儿、班竹儿星吉俱为左觉义，桑儿结巴为右觉义，锁南班卓儿、锁南坚粲、锁南舍剌、远丹罗竹、锁南札、南葛藏卜俱为都纲。给印并诰敕。②

天顺四年七月，命乌答寺住持"番僧"朵儿只领占为灌顶国师，赐敕诰、银印、衣帽，温卜叱失言簇袭为国师。从礼部奏请也。③

成化四年四月，"封西僧札巴坚参为大悟法王等、封西僧札巴坚参为万行庄严功德最胜智慧圆明能仁感应显国光教弘妙大悟法王西天至善金刚普济大智慧佛，札实巴为清修正觉妙慈普济护国衍教灌顶弘善西天佛子大国师，锁南坚参为静修弘善国师，端竹也失为净慈普济国师，俱赐诰命"④。

成化五年正月，赐西僧清心戒行国师桑节远丹等七人诰敕。⑤

成化五年二月，赐西僧阐教王领占坚参巴儿藏卜诰命。⑥

成化六年七月，命造镀金银印给赐大慈恩寺妙胜惠济灌顶国师班著尔藏卜。⑦

成化八年四月，赐清修翊善大国师帕思巴领巴藏卜等诰敕。⑧

成化九年正月，赐大慈恩等寺法王札实巴、灌顶大国师端竹也失、班著尔藏卜、国师乳奴班丹、加纳失哩诰敕、金印等物。⑨

成化十一年十一月，赐妙觉净范戒慧精修翊国崇教灌顶广善西天佛子大国师端竹也失等诰敕。⑩

成化十四年三月，赐妙悟弘觉静修宗智阐范翊教灌顶善济西天佛子大国师锁南坚参等诰敕。⑪

成化十五年闰十月，僧录司觉义绰吉坚参往赐乌思藏辅教王、阐化王并牛儿寨行都司指挥佥事班卓儿坚参等，"乌思藏辅教王、阐化王并牛儿寨行都司指挥佥事班卓儿坚参等，以朝廷遣僧录司觉义绰吉坚参往赐诰敕、礼物，各备佛像等

---

① 《明英宗实录》卷二六八，景泰七年七月辛巳，第5683页。
② 《明英宗实录》卷二七一，景泰七年十月己亥，第5737页。
③ 《明英宗实录》卷三一七，天顺四年七月壬寅，第6623页。
④ 《明宪宗实录》卷五三，成化四年四月庚戌，第1077页。
⑤ 《明宪宗实录》卷六二，成化五年正月庚辰，第1274页。
⑥ 《明宪宗实录》卷六三，成化五年二月癸卯，第1287页。
⑦ 《明宪宗实录》卷八一，成化六年七月癸巳，第1588页。
⑧ 《明宪宗实录》卷一〇三，成化八年四月甲午，第2025页。
⑨ 《明宪宗实录》卷一一二，成化九年正月庚戌，第2174页。
⑩ 《明宪宗实录》卷一四七，成化十一年十一月庚午，第2706页。
⑪ 《明宪宗实录》卷一七六，成化十四年三月甲申，第3182页。

物,遣剌麻掌结等附绰吉坚参入贡赐衣服、彩缎、钞有差"①。

成化十六年正月,赐弘修净戒悟法辅教阐范善应灌顶圆妙西天佛子大国师班卓儿藏卜等八人诰敕。②三月,命西宁圆觉寺弘慈慧应国师锁南坚参侄舍剌坚参、隆化寺通悟妙济国师锁南领占侄孙坚敦尔坚参、觉华寺广化禅师锁南坚参侄锁南领真各袭其叔父、叔祖原职,赐之诰命。③

成化十七年六月,赐西僧弘修妙悟国师札思巴坚刿诰命。④十二月,赐"番僧"万行清修真如自在广善普慧弘度妙应掌教翊国正觉大济法王西天圆智大慈悲佛领占竹等十四人诰命。⑤

成化十八年五月,赐"番僧"妙智通悟国师永隆坚参巴藏卜诰命。⑥八月,命给乌思藏灌顶国师桑而结卜藏诰并镀金印等物。⑦同月,赐西僧悟法宗化灌顶国师桑而结藏卜诰命。⑧

成化十九年正月,"赐大隆善护国寺国师锁南坚刿诰命。"⑨六月,"赐净觉弘济顶大国班竹儿藏卜诰命"⑩。十二月,赐净修正觉定戒妙应辅国阐教灌顶庆善西天佛子大国师札实坚刿等七人诰敕。⑪

成化二十年七月,赐"番僧"清心戒行灌顶国师锁南坚刿诰命。⑫

成化二十一年五月,赐西僧证觉凤慧清修妙悟翊国演教灌顶普善西天佛子大国师舍剌星吉、净修广善灌顶大国师喃喝领占等八人诰敕。⑬

成化二十二年六月,赐西僧广智通慧崇法普济辅国演教灌顶弘善西天佛子大国师班丹汪出、弘觉慈慧悟法妙应翊化显教灌顶隆善西天佛子大国师卜剌加等九人诰命,"并智慧禅师扎失短竹等八人敕命"⑭;十一月,给赐西天佛子大国师班卓

---

① 《明宪宗实录》卷一九六,成化十五年闰十月庚午,第3455—3456页。
② 《明宪宗实录》卷一九九,成化十六年正月戊申,第3497页。
③ 《明宪宗实录》卷二〇一,成化十六年三月庚寅,第3527页。
④ 《明宪宗实录》卷二一六,成化十七年六月癸丑,第3753页。
⑤ 《明宪宗实录》卷二二二,成化十七年十二月壬戌,第3829页。
⑥ 《明宪宗实录》卷二二七,成化十八年五月甲申,第3891页。
⑦ 《明宪宗实录》卷二三〇,成化十八年八月甲辰,第3932页。
⑧ 《明宪宗实录》卷二三〇,成化十八年八月庚戌,第3935页。
⑨ 《明宪宗实录》卷二三六,成化十九年正月辛酉,第4022页。
⑩ 《明宪宗实录》卷二四一,成化十九年六月戊辰,第4072页。
⑪ 《明宪宗实录》卷二四七,成化十九年十二月庚辰,第4183页。
⑫ 《明宪宗实录》卷二五四,成化二十年七月庚寅,第4289页。
⑬ 《明宪宗实录》卷二六六,成化二十一年五月壬戌,第4503页。
⑭ 《明宪宗实录》卷二七九,成化二十二年六月丙申,第4708—4709页。

儿藏卜镀金银印"①；十二月，赐崇修悟法广慧觉善光梵显教灌顶妙应西天佛子大国师扎巴藏播等诰敕八道②。

成化二十三年五月，赐西僧圆明通慧普慈真乘弘觉利教灌顶崇善西天佛子大国师剌瓦札等十二人诰敕。③

正德三年二月，给诰敕于董卜韩胡宣慰使司灌顶圆通妙济国师札失短竹等共六道。④

嘉靖三年九月，给"番僧"通慧净觉国师完卜锁南列思巴诰命。⑤

隆庆元年正月，董卜韩胡宣慰使司加渴瓦寺崇教翊善国师贾思八领占姪南伽儿贾思八袭职，赐诰命、敕谕。⑥

万历十一年五月，陕西河州弘化寺"番僧"锁南坚挫袭替大国师职事换给诰命。⑦

万历十五年十月，"番僧"答赖准升朵儿只唱名号，仍给敕命、图书；僧徒把汉忽同兔等三名各量授都纲，仍各给敕命一道。⑧

以上明朝给赐西藏及周边涉藏地区僧俗首领196人次封诰文书，仅仅是其中一小部分代表。从中可以看出，颁赐诰敕的方式，或来朝来贡时即时赐予，或延后进行，延后一两个月甚至更长时间都属于正常情况。其次，这些文书本身十分讲究诏书、诏敕、诏诰等的不同类型和诰命敕书的轴数、图案、质地之不同，以此彰显西藏及周边涉藏地区政教领袖的不同地位及其中央政府对他们的尊崇。兹录有明一代中央政府授予西藏及周边涉藏地区僧俗首领的诰敕文书之内容，以观其中体现之丰富的礼仪内涵。

第一封敕书：明太祖赐噶玛噶举教派楚布寺⑨

---

①《明宪宗实录》卷二八四，成化二十二年十一月丁卯，第4811—4812页。
②《明宪宗实录》卷二八五，成化二十二年十二月丁亥，第4821—4822页。
③《明宪宗实录》卷二九〇，成化二十三年五月庚戌，第4900—4901页。
④《明武宗实录》卷三五，正德三年二月戊子，第849页。
⑤《明世宗实录》卷四三，嘉靖三年九月甲子，第1110页。
⑥《明穆宗实录》卷三，隆庆元年正月壬午，第87页。
⑦《明神宗实录》卷一三七，万历十一年五月丁酉，第2556页。
⑧《明神宗实录》卷一九一，万历十五年十月丁卯，第3584页。
⑨楚布寺（卒尔普寺），在今拉萨市西堆龙德庆县境。明太祖洪武八年（1375年）正月下达宣谕诏书的时候，楚布寺的寺主为黑帽系第四世转世活佛乳必多吉（1340—1383年）（《西藏地方是中国不可分割的一部分》，第124页；《拉萨文物志》，第164页）。

圣旨原文：

皇帝圣旨：中书省官我根前题奏，西安行都卫文书里呈来，说乌思藏哈尔麻剌麻卒尔普寺在那里住坐修行，诸色人等休教骚扰，说与那地面里官人每知道者。

洪武八年正月　日①

此为明洪武八年正月圣旨，明太祖朱元璋颁发给楚布寺喇嘛乳必多吉②。圣旨藏西藏博物馆。圣旨质地为白棉纸。方形，边长76厘米，行文88字。墨笔楷书，字体遒劲工整。文后钤"制诰之宝"朱印一方。

第二封敕书：《授挫失吉明威将军乌思藏卫都指挥使司指挥佥事制诰》（明永乐十一年五月初十日封诰）

封诰全文：

> 奉天承运皇帝制曰：帝王以天下为家，故一视同仁，无间远迩。尔乌思藏久遵王化，昔我皇考太祖高皇帝临御之时，设卫建官，于兹有年。尔父指挥佥事冷真监藏既殁，尔挫失吉能继承其业，效力摅忠，有加无替，宜锡宠荣，俾袭厥职，特授尔明威将军乌思藏卫都指司指挥佥事。尔尚益顺天心，永坚臣节，抚安尔众，各遂其生，俾尔子孙世享无穷之福。钦哉！③

封诰质地为彩色云绫纹锦，幅宽32厘米，广390厘米。封诰用汉藏两种文字墨写。汉文居右，直行；藏文居左，横书。封诰右织二龙及篆书"奉天诰命"四字。明永乐十一年（1413年，藏历第七饶迥水蛇年），朝廷封挫失吉袭父职为乌思藏卫都指挥使司都指挥佥事时颁赐。所封官职为正三品。④

第三封敕书《永乐帝敕封慧善禅师之诰书》

---

① 西藏自治区·文物志编纂委员会编撰：《西藏自治区文物志》（下册），第907页。
② 乳必多吉是噶举派的一个支系——噶玛噶举黑帽系的第四世活佛，时颇有名望，曾应元顺帝召于1360年至1364年住元大都5年。洪武七年（1374年，藏历第六饶迥木虎年），又按期派贡使往返朝廷，深得明廷器重。西藏自治区文物管理委员会编：《拉萨文物志》，第164—165页。
③ 西藏自治区·文物志编纂委员会编撰：《西藏自治区文物志》（下册），第908页。
④ 西藏自治区·文物志编纂委员会编撰：《西藏自治区文物志》（下册），第908页。西藏自治区文物管理委员会编：《拉萨文物志》，第166页。宿白指出：永乐十一年五月初十日（此行上钤'制诰之宝'），"制诰汉文后列藏文，俱墨书。挫失吉父端竹坚藏，洪武十二年二月准授信武将军，加麻万户府万户。后明以万户"名不称实，遂罢万户府而设指挥使"，端竹坚藏因改任指挥佥事，及卒，子挫失吉袭职。挫失吉初授之明威将军（正四品），阶较其父初授之信武将军（从四品）为高。"参见宿白《藏传佛教寺院考古》，第215页。

诰书内容为:

> 奉天承运,皇帝敕曰:朕惟佛氏之教以寂静为宗,以慈悲为用,上足以阴翊皇度,下足以开导群迷。自昔有国者,莫不崇奖维持,兴隆其教,尔高日斡锁南观,精明了悟,愿力弘深,恪守毗尼,心存清净,化诱善类,普劝有情,眷兹纯诚,良足嘉尚。今特封尔为慧善禅师。尔尚弘宣法教,庶阐扬于宗风,永笃忠诚,式丕承于宠命。钦哉。
>
> 永乐十三年二月十一日。①

诰书是明永乐皇帝敕封高日斡锁南观为"慧善禅师"的诰书。明代,长181厘米、宽31厘米。

第四封敕书《授公哥儿寨官忍眷巴、刭葛尔卜寨官领占巴为昭勇将军乌思藏都指挥佥事制诰》

制诰原文:

> 奉天承运,皇帝制曰:帝王以天下为家,故一视同仁,无问远迩。尔刭葛尔卜寨官领占巴,世处西陲,恪遵王化,既克敬承,于天道,尤能诚达于事,机修职奉。贡久益虔,眷兹诚悃,良足褒嘉。今特命尔为昭勇将军、乌思藏都指挥佥事。尔尚益顺天心,永坚臣节,抚安尔众,各遂其生,俾尔子孙世享无穷之福。钦哉。
>
> 宣德元年十一月初二日(此行上钤"制诰之宝")

两制诰俱丝质,并织出翔云。两制诰汉文之后列藏文,俱墨书。①

第五封敕书《明宪宗敕封辅教王封诰》

封诰全文:

> 奉天承运,皇帝制曰:佛氏之道,以清净为宗,以慈悲为用。上以翊赞皇度,下以开悟群迷。其徒有能承其教者,必有褒嘉之命。尔南葛扎失坚参叭藏卜,乃已故辅教王南葛坚参巴藏卜之子,夙承梵教,恪守毗尼,化诱善类,良足嘉尚。尔父既没,今特命尔代辅教王之职,尔尚宣扬佛法,丕阐宗风,永笃忠诚,式副宠命。钦哉。
>
> 成化五年四月十一日。②

---

① 西藏自治区·文物志编纂委员会编撰:《西藏自治区文物志》(下册),第908页。
② 西藏自治区·文物志编纂委员会编撰:《西藏自治区文物志》(下册),第909页。

封诰纵25厘米、横411厘米。辅教王本名叫南喀列思巴。永乐十一年，明成祖封其为辅教王。明宪宗时，皇帝于成化五年（1469）赐命南喀扎西坚参袭辅教王封诰。诰书为红、蓝、灰、白、黄五色综合苎丝团龙云纹地，装裱成卷。卷首织篆字"奉天诰命"四字，封文为汉、藏两体，汉文在前，墨笔楷书竖行，末行落款"成化五年四月十一日"，上钤有"制诰之宝"。藏文在后，横行行书，末行左端钤骑缝印"之宝"二字，另有汉文小字半边。卷尾织有"宣德二年月日造"，表明此五色丝乃明宣德二年（1427年，藏历第七饶迥火羊年）制造。封诰编号为"字玖佰伍拾伍号"。藏西藏博物馆。③

第六封敕书《明宪宗著公哈领占着即坚参巴藏卜袭封阐教王敕谕》

敕谕全文：

皇帝敕谕乌思藏阐教王领占坚参叭儿藏卜男公哈领占着即坚参巴藏卜：朕承祖宗大位，主宰天下。凡四方万国，必因俗择人，以抚其众。其能忠事朝廷，众心悦服者，必命继承其爵，以光厥世，所以推仁恩而安远人也。乌思藏地方，邈在西域。尔父在朕先朝临御之时袭封王爵，化导一方，恭修职贡，于兹有年。今既云亡，尔公哈领占着即坚参巴藏卜，乃其亲男，克承梵教，恪守毗尼，多人信服，请袭其职。朕今特允其请，命正使右觉义藏卜坚参、副使都纲领占藏卜，资捧敕谕、诰命前去，封尔公哈领占着即坚参巴藏卜为乌思藏阐教王，代尔父掌管印章，抚治番人。并颁赐尔锦缎表里、僧帽、袈裟、法器等件。尔尚益坚乃心，益懋乃行，忠事朝廷，恪修职贡，广扬佛教，化导群迷，俾尔一方之人，咸起为善之心，永享太平之福，庶克振尔宗风，亦不负朝廷宠命，尔惟敬哉。故谕。

颁赐：绒锦三段，纻丝、青织金胸背麒麟一匹。①

成化五年（1469）正月辛巳

第七封敕书《皇帝敕谕乌斯藏大宝法王葛哩麻巴等》

敕谕原文：

皇帝敕谕乌思藏大宝法王葛哩麻巴等：尔等世居西域，能够顺天道，尊事朝廷，恪修职贡，愈久愈虔。兹复遣使，以方物来进，诚意可

---

① 现存藏西藏博物馆。参见熊文彬、陈楠主编：《西藏通史》（明代卷），第71页。

嘉。今使回，特赐尔等彩币表里等物，以示褒答。至可领之，故谕。大宝法王葛哩麻巴给赐纻丝表一匹、红一匹、黑绿一匹，彩绢蓝四匹。回赐纻丝表十匹、绿五匹、黑绿十匹，钞九千锭。国师班着端竹给赐纻丝表一匹、绿一匹、彩绢蓝二匹。

此敕谕为黄棉纸地，长115.3厘米，宽44.5厘米；敕谕边框四周绘黑色云龙纹图案；墨笔楷书，汉藏两体款，上钤珠印"广运之宝"。

此敕谕保存在中国国家博物馆。②

成化七年敕谕，黄麻纸，四周边框刷印走龙，汉文敕谕之后横列藏文，俱墨书。

第八封敕书：宪宗皇帝赐大宝法王谕

敕谕全文：

皇帝圣旨

谕乌思藏大宝法王噶玛巴为首之人众。

你等世代居住西土，顺合天意，恭敬朝廷，谨守职司，献纳贡品、历时已久，今更勤谨。此次复遣使臣来，贡献方物。如是忠顺之心，殊堪嘉奖。今值使臣返回，赏赐你等绸缎等物，以表朕回报之心，使到之日，可自领受。

大宝法王礼品：青色缎一匹，红色缎一匹，深绿缎两匹，诸色绸缎四匹。回赐大宝法王物品：青色缎十匹，大绿缎五匹，深绿缎十匹，钞币四万五千锭。

赐国师班觉顿珠礼品：青色缎一匹，大绿缎一匹，诸色缎两匹。①

同诰命一起给赐玉印也是给予西藏地方和其他涉藏地区领袖权力凭证的另一个重要环节，如景泰三年九月，灌顶国师赞善王班丹坚刭请求赐印，明代宗赐予"朵甘地面宣慰使绰吉札巴银印"；②成化十八年八月，明宪宗诏命给乌思藏灌顶国师桑而结卜藏"诰并镀金印等物"；③万历二十四年八月，明神宗命礼部"与做

---

① 诏书见西藏自治区社会科学院、中央民族学院藏族研究所编著《中国西藏地方历史资料选辑》，译文见陈庆英、高淑芬主编《西藏通史》，中州古籍出版社，2003年，第316页。熊文彬、陈楠主编《西藏通史》（明代卷），第270页。
② 《明英宗实录》卷二二〇，景泰三年九月己亥，第4757页。
③ 《明宪宗实录》卷二三〇，成化十八年八月甲辰，第3932页。

番国师印,给国师剌卜尔"[1]。

赐印的方式有三种:一种是藏族头目、首领来京朝贡时赐予,二是遣使者赴藏赐予,三是由涉藏地区来京贡使转赐。永乐十一年,安定王孙亦攀丹"来朝,赐印诰,复故封"[2]。所有由朝廷赐予藏族政教首领的玉印也是有区别的,印有金印、银印之分,依各级官员的职位品级不同而定。兹将有明一代赐予藏族首领的印章付于下:

(1) 灌顶国师之印

洪武五年,明太祖赐予灌顶国师章阳沙加坚参之印的形状、质地、大小等是这样的:

> 灌顶国师之印,螭纽玉印,阳刻九叠篆文'灌顶国师之印'六字。印面长12.8厘米、宽12.7厘米。该印系明洪武五年(1372年)太祖封赐给帕莫竹巴地方政权第二代第悉章阳沙加坚参的。章阳沙加坚参元末就被封、质地、大小等是这样的:"象牙质地,圆雕双龙盘纽,方形。边长4.5厘米为'灌顶国师',明初一仍其旧。[3]

(2) 灌顶国师阐化王印

永乐四年(1406),明成祖敕封帕木竹巴第四任教主吉喇思巴监藏卜为阐化王,此为明封"八王"之一的爵号,其王印:"象牙质地,圆雕双龙盘纽,方形。边长4.5厘米,通高8厘米。印文2行,行4字,阳刻,为九叠篆体'灌顶国师阐化王印'8字。"[4]也就是王印形状、长短、印字都十分讲究。

(3) 朵甘卫都指挥使司印

永乐五年(1407),明成祖任命馆觉(即今贡觉)头人南噶监藏为朵甘卫都指挥使,赐给他"朵甘卫都指挥使司印"。朵甘卫都指挥使司官秩官印。明朝管理西藏的机构是卫所,明初在西藏设置了朵甘卫和乌思藏卫指挥使司,下设若干招讨司,万户府,千户所等。《拉萨文物志》:

> 印为银质。直纽。印面长9.6厘、宽9.5厘米、通高9.4厘米。与

---

[1]《明神宗实录》卷三〇〇,万历二十四年八月丁酉,第5614页。
[2] [明]何乔远撰,张德信、商传、王熹点校:《名山藏》卷一百九《西戎上》,福建人民出版社,2009年,第3093—3094页。
[3] 西藏自治区文物管理委员会编:《拉萨文物志》,第161页。
[4] 西藏自治区文物管理委员会编:《拉萨文物志》,第161页。

礼部铸印局所铸"诸司印信"中二品官印的规制相合。印面是阳文九叠篆书"朵甘卫都指挥使司印"9字，印背右刻阴文"朵甘卫都指挥使司印"和"赐南噶监藏"两行，左刻阴文"礼部造""永乐五年二月日"，印左侧刻"智字三十七号"。①

（4）灌顶净慈通慧国师印

镀金银印，二台如意纽，方形，边长9.5厘米、高7.4厘米，印右上刻有"灌顶净慈通慧国师印"的款识；左上刻有"永乐九年二月日礼部造"的款识；边沿刻有"智字九十四号"字样，印面为九叠汉字篆刻，3行，每行3字。

灌顶净慈通慧国师名端竹斡薛儿巴里藏卜，楚布寺的掌寺僧人。与他同时受封的楚布寺僧人还有绰思吉监藏。《明成祖实录》载称：永乐十一年二月己末"命哈立麻寺（楚布寺）绰思吉监藏为灌顶圆通妙济国师，簇尔卜掌寺端竹斡薛儿巴里藏卜为灌顶净慈通慧国师。俱赐诰、印及彩币表里"。《明成祖实录》记载是永乐十一年二月封，与印上所刻造印时间相差两年。先造封印，而使臣往返，到正式封时已过了两年。藏西藏博物馆。②

（5）阐教王印

永乐十一年，明成祖封止活佛领真己儿吉监藏为"阐教王"，赐印彩币。《拉萨文物志》：阐教王印，"金质、驼纽，与明清诸王使用金印之制相合，即面长10.4米、宽约10.3厘米，阳刻九叠篆书'阐教王印'4字。"③

（6）灌顶广善慈济国师印

镀金银印，如意纽，方形，边长9厘米、高9厘米，现藏西藏博物馆。该印左右均有款识，右侧为"灌顶广善慈济国师印"；左侧为"景泰七年六月　日　礼部造　泰字九百四十二号"，印面为九叠汉字篆刻，竖写，共3行，每行3字。④

---

① 西藏自治区文物管理委员会编：《拉萨文物志》，第162页。
② 西藏自治区·文物志编纂委员会编撰：《西藏自治区文物志》（下册），第927页。
③ 西藏自治区文物管理委员会编：《拉萨文物志》，第162页。
④ 藏西藏博物馆。西藏自治区·文物志编纂委员会编撰：《西藏自治区文物志》（下册），第927—928页。

（7）灌顶广善慈济国师印

景泰七年，明代宗赐予灌顶广善慈济国师印：

镀金银印，如意纽，方形，边长9厘米、高9厘米，现藏西藏博物馆。该印左右均有款识，右侧为"灌顶广善慈济国师印"；左侧为"景泰七年六月　日　礼部造　泰字九百四十二号"，印面为九叠汉字篆刻，竖写，共3行，每行3字。藏西藏博物馆。①

（8）戒定善悟灌顶国师印

镀金银印，如意纽，方形，边长9.6厘米、高9.1厘米。印面右上款识为"戒定善悟灌顶国师印"，左侧款识为"成化二十一年九月　日礼部造"。印文为汉字篆刻，竖写3行，每行3字，共9字。原为萨迦寺藏印，现藏西藏博物馆。②

（9）都纲之印

铜质、直纽，印面长5.97厘米，宽5.9厘米，刻阳文九叠篆书"都纲之印"4字。

梳理上录所有封诰、印章，可以得到以下基本认识：

第一，明使到达西藏及周边涉藏地区时，奉皇命宣读封号爵位，赐予他们相应的封诰、印章凭证及价值不菲的彩币表里诸物。诰命又称诰书，是明朝皇帝任命官员的证书，是明朝帝王的封赠命令。宋代开始，凡文武官员的迁改职秩、贬罚有罪都用诰命。元代封赠一至五品官用宣命，六至九品官用敕牒。明清沿宋制，五品以上授诰命，六品以下授敕命。诰命中具封赠人的姓名、职务及任命文字。由于各官员的品级不同，诰命封赠的范围及丝织质地、轴数、图案也各有不同，此规定仍然适应于涉藏地区官员的任命。见下表：

表7　明代皇帝敕封西藏地方教俗首领的诰书

时间	诰敕文书
洪武时期	明太祖赐噶玛噶举教派楚布寺圣旨
永乐时期	明成祖授挫失吉明威将军乌思藏卫都指挥使司指挥佥事制诰

---

① 西藏自治区·文物志编纂委员会编撰：《西藏自治区文物志》（下册），第927—928页。
② 西藏自治区·文物志编纂委员会编撰：《西藏自治区文物志》（下册），第928页。

续表

时间	诰敕文书
永乐时期	永乐帝敕封慧善禅师之诰书
宣德时期	宣德帝授公哥儿寨官忍昝巴、刭葛尔卜寨官领占巴为昭勇将军乌思藏都指挥佥事制诰
成化时期	明宪宗敕封辅教王封诰
成化时期	明宪宗封著公哈领占着即坚参巴藏卜袭封阐教王敕谕
成化时期	明宪宗敕谕乌斯藏大宝法王葛哩麻巴等
成化时期	明宪宗皇帝赐大宝法王谕

第二，凡是受到朝廷册封者，均赐以诰命（或敕命）、玉册及银器衣物等。上文已述，明初继承了元代在西藏实行的政教合一的体制，明太祖先后在西藏敕封了一些国师，明成祖更进一步制定了西藏的僧官制度，把僧官分为法王、西天佛子、大国师、国师、禅师、都纲、喇嘛各种等级，给各级僧官予以不同的品级和职位，因此也就有不同的印章。比如都纲这一职位，它的品级和地位很低微。[①] 从明朝百官印信的规制来看，"都纲之印与从九品的都纲的身份是符合的"[②]。相比之下，政教王、法王、国师等印章质地品极都无不彰显其高贵尊崇之地位。

表8　明代皇帝敕封西藏地方教俗首领的印章

印章		质地	形状
灌顶国师之印	明太祖赐予灌顶国师章阳沙加坚参之印	螭纽玉印。象牙质地，圆雕双龙盘纽	方形

[①] 洪武三十年二月，明朝立西宁僧纲司，任命僧人三剌为都纲；立河州卫番僧纲司，任命故元国师魏失剌监藏为都纲。立河州卫汉僧纲司，任命僧月监藏为都纲。从职能看，明朝在西藏地区任命的都纲职务与内地管理佛教事务的都纲不同。都纲这一职位，品级和地位低微。笔者注。

[②] 明朝在西藏地区任命的都纲很普遍。在西藏一个寺就任命有都纲，如正统十三年（1448）任命桑儿结巴为南嘉寺的都纲就是一例（西藏自治区文物管理委员会编《拉萨文物志》，第162页）。明初，继承了元代在西藏实行的政教合一的体制，明太祖先后在西藏敕封了一些国师，明成祖更进一步制定了西藏的僧官制度，把僧官分为法王、西天佛子、大国师、国师、禅师、都纲、喇嘛各种等级，给各级僧官予以不同的品级和职位。

续表

印章		质地	形状
灌顶国师阐化王印	明成祖敕封帕木竹巴第四任教主吉喇思巴监藏卜之印	象牙质地，圆雕双龙盘纽	方形
朵甘卫都指挥使司印	永乐五年，明成祖授馆觉头人南噶监藏为朵甘卫都指挥使的官印	印为银质，直纽	方形
灌顶净慈通慧国师印	永乐十一年，明成成祖赐予楚布寺绰思吉监藏为灌顶圆通妙济国师之印	镀金银印，二台如意纽	方形
阐教王印	永乐十一年，明成祖封止活佛领真己儿吉监藏为"阐教王"之印	金质，驼纽	方形
灌顶广善慈济国师印	——	金银印，如意纽	方形
灌顶广善慈济国师印	景泰七年，明代宗赐予灌顶广善慈济国师印	镀金银印，如意纽	方形
戒定善悟灌顶国师印	——	镀金银印，如意纽	方形
都纲之印	——	铜质，直纽	方形

第三，明朝通过不断册封藏族首领、头目以各种等级不同的教俗官爵，根本目的是要达到所授官员"统束各番"、确保西藏及周边涉藏地区统治稳定。因此，得到明廷册封者，或者是西藏地方和其他涉藏地区中有势力者，或者是有威信者，特别是高德大僧。"我朝洪武六年，因其故俗，以摄帝师喃加巴藏卜为炽盛佛宝国师，分设乌思藏、朵甘卫二都指挥使司，自指挥、宣慰、招讨等司及万户府千户所凡三十三处，以官其酋长。后分封为大宝、大乘、赞化、阐化、阐教、辅教等六王，皆僧也"[1]。万历二十四年六月，兵部题："加剌卜尔国师名号，给与敕印。于番俗中择其威信服众者，量加一、二名千百户名色，令其统束各番，坚心侦御。从之。"[2]

第四，封诰、印章是西藏及周边涉藏地区首领管理各自地方的权力凭证，它一方面明确了教俗首领的合法管辖权，加强了中央政府对西藏地方和其他涉藏地区的统治和管理。另一方面，通过受册封的政教首领入京谢恩、朝觐、进贡等活动，尤其是后续承袭、再次册封、朝贡等程序，极大地加强了中央与西藏及周边

---

[1] [明]黄瑜著：《双槐岁钞》卷八《西番遏狄》，第152页。
[2]《明神宗实录》卷二九八，万历二十四年六月甲辰，第5581页。

涉藏地区间的联系，更为重要的是，明朝颁封诰、印章给西藏及周边涉藏地区领袖，西藏及周边涉藏地区领袖受封诰、印章，通过这个过程，不断增强了中华民族共同体的政治认同。

二、招谕使者

为了将西藏及周边涉藏地区纳入明朝的统一管辖之下，明初确立了"多封众建""广行招谕"的治藏政策，积极同西藏地方和其他涉藏地区政教上层联系，劝谕他们归附明朝统治。因此，许多大臣被朝廷派遣前往乌思藏、朵甘、河湟洮岷等地执行招谕使命，遂成为招谕使者。

招谕，指古代皇帝或帝王招抚敌对势力的谕旨，也指以诏书形式发布对敌对势力的招抚。它与诏谕不完全一致，诏谕是指"以诏书指示臣民"①。本文中的招谕是指明元更替的时代大背景下，明政府对尚不知中原地区发生王朝变革的边疆少数民族地方势力进行的招抚。②

（一）招谕使者的派出

明初，北部边疆形势严峻，新朝廷的安边稳固工作迫在眉睫。如果蒙藏势力联合，则将会对明朝构成腹背受敌之威胁。鉴此，明太祖朱元璋审时度势，"遣使"招谕吐蕃③，着意对西藏和其他涉藏地区政教首领政治招抚，许多大臣先后被

---

① 李伟民主编：《法学辞海》第二册，蓝天出版社，1998年，第1584页。
② 关于招谕使的研究，陈楠《明初"广行招谕"治藏方策探究》（《中央民族大学学报》2006年第4期）一文，对明代"广行招谕"政策的实施及其招谕中对归附藏族僧俗领袖的封授、招谕的意义和作用等进行了研究。杨士钰《试述明代汉藏人民友好往来的信使侯显的历史功绩》（《甘肃高师学报》2009年第4期）、陈改玲《侯显使藏简论》（《青海师专学报》2007年第6期）等对太监侯显等明代使者多次前往藏族地方的过程、意义等问题进行了研究。王继光《明代中央政府赴藏地使臣事辑》（上）（下）（《西藏研究》1986年第1、2期）对明代赴藏使者事迹做了整理和研究。桑扎、琼措《从宗喀巴弟子释迦益西两次应召进京受封看明代治藏政策和汉藏关系》（《西南民族大学学报》2009年第2期）以明代藏僧入京为研究视角，对明朝治藏政策及其意义进行了研究。黄玉生、顾祖成、祝启源等著《西藏地方与中央政府关系史》（西藏人民出版社，1995年版）和邓锐龄《元明两代中央与西藏地方关系》（中国藏学出版社，1989年）等著作中涉及招谕问题的探讨。另有很多硕博学位论文，如卢亮华《明代中央政府赴藏地使臣辑考》（中央民族大学，2010年硕士学位论文）、李淮东《明代使藏使臣研究》（西北民族大学，2013年硕士学位论文）对明代派遣使者使命、类型、交通情况等进行了探讨，其中有对招谕使的讨论。桑扎、琼措《从宗喀巴弟子释迦益西两次应召进京受封看明代治藏政策和汉藏关系》（《西南民族大学学报》2009年第2期）以明代藏僧入京为研究视角，对明朝治藏政策及其意义进行了研究。黄玉生、顾祖成、祝启源等著《西藏地方与中央政府关系史》（西藏人民出版社，1995年）和邓锐龄《元明两代中央与西藏地方关系》（中国藏学出版社，1989年）等著作中涉及招谕问题的探讨。
③ [明]叶向高著：《四夷考》卷之四《西番考》，第41页。

派往西藏及周边涉藏地区担负劝谕藏族政教首领归附明朝的工作。《皇明大事记》载：洪武二年五月，明太祖遣使者招谕吐蕃。其诏曰："昔我帝王以道德治中国，以至德要道，民用和睦，推及四夷，莫不安静。向者，胡人窃据华夏百有余年，冠履倒置，凡百有心，孰不兴愤。比岁以来，胡君失政，四方云扰，群雄分争，生灵涂炭。朕乃命将率师悉平海内，臣民推戴为天下主，国号大明，建元洪武。式我前王之道，用匡黎庶。惟尔吐蕃，未即归命，自外生成，上违天道，后悔无及。寻复遣陕西行省员外郎许允德往招谕之。"①该诏书向藏族地方政教首领昭示了明朝的建立，希望吐蕃各部归顺明朝统治的愿望。但首次招谕未获成功，故又派遣陕西行省员外郎许允德再次前往招谕。可是，《国榷》卷三载：洪武二年五月甲午朔，"遣陕西行省员外郎许允德招谕吐蕃"②。这就表明，洪武二年五月甲午日（公历1369年6月5日），明朝第一次派往西藏的招谕使者应该是许允德。

此后，明朝不断派遣使者到西藏和周边涉藏地区进行政治招抚，坚持不移地实施和平治藏方略。一方面，明太祖诏命陕西行省员外郎许允德前往吐蕃十八族、大石门、铁城、洮州、岷州等地招谕。另一方面，西北边疆地方官吏也遵照中央政府的决策积极派遣使者前往涉藏地区进行招谕招抚。洪武三年（1370）五月，"徐达遣左副副将军邓愈招谕吐蕃"③，这是在明将邓愈攻取西北重要门户河州后的一次招谕。《皇明大政记》亦称：洪武三年五月，"己丑朔，"大将军分邓愈招谕吐蕃，自将取兴元。"④同年六月，明太祖"命僧克新等三人往'西番'，仍图山川地形以归。"⑤就在本月，故元陕西行省吐蕃宣慰使何锁南普等人归附了明朝。⑥除了何锁南普外，还有镇西武靖王卜纳剌等藏族首领纳印请求归附，洪武三年六月，"故元陕西行省吐蕃宣慰使何锁南普等、镇西武靖王卜纳剌并降于邓愈"⑦，十二月"吐蕃宣慰使何锁南普等一十三人来朝进马及方物"⑧，藏族首领第一次来京朝贡，同时原吐蕃院使马梅也遣官不失结等人来京贡马及方物。此后，

---

① [明]朱国祯辑：《皇明大事记》卷十三《诸夷朝贡》，明崇祯刻本《皇明史概》，第1061页。
② [明]谈迁著，张宗祥点校：《国榷》卷三，中华书局，1958年，第390页。
③ [明]谈迁著，张宗祥点校：《国榷》卷四，第414页。
④ [明]朱国祯辑：《皇明大政记》卷二，明崇祯刻皇明史概本，《中国野史集成》第7册第41页。
⑤ [明]朱国祯辑：《皇明大事记》卷十三《诸夷朝贡》，明崇祯刻本《皇明史概》，第1063页。
⑥ [明]朱国祯辑：《皇明大政记》卷二，明崇祯刻皇明史概本，《中国野史集成》第7册第41页。
⑦ [明]谈迁著，张宗祥点校：《国榷》卷四，第421页。
⑧《明太祖实录》卷五十九，洪武三年十二月辛巳，第1163页。

"河州以西朵甘、乌斯藏诸部藩归附"①：

洪武五年（1372）二月，河州卫指挥使司佥事朵儿只、汪家奴来朝贡名马、蕃犬；②十八族千户包完卜札等来朝贡马，诏赐文绮、衣服、靴袜有差③。同年十二月，乌思藏摄帝师喃加巴藏卜等遣使来贡方物④。随着各地藏族首领陆续归附，明朝在甘、青、川、西藏等地陆续建立军卫管理机构，确立了在西藏及周边地区的统治。

可见，明建立伊始，朝廷在西藏及周边涉藏地区的统治尚未完全确立。为了将西藏及其他涉藏地区纳入明朝统辖之下，明廷确立了和平统一的基本政策，频繁派出使者招谕西藏及周边涉藏地区首领，劝谕他们归附明朝。而这些招谕使者成为明朝建国初期最早接触西藏事务的群体，成为明廷与西藏及周边涉藏地区联系的第一批人。

史载：永乐元年（1403）五月，明成祖派遣河州卫千户康寿前往安定等卫抚谕诸部族；⑤永乐二年八月，遣番僧丹竹领占、格敦增吉等赍敕谕八郎、马儿咂、懒藏等族。⑥永乐四年四月，永宁府土官知府各吉八合等奉敕往河洮岷州等地，抚谕其土酋人等；⑦同年九月，鸡鸣寺番僧端竹领占、洮州卫千户赵诚奉命往八郎等簇招谕眼即多咂簇、马儿咂簇、思囊日簇、潘官簇、哈伦等簇。⑧永乐十二年正月，明成祖派遣中官杨三保赍敕往谕乌思藏怕木竹巴灌顶国师阐化王吉剌思巴监藏巴里藏卜、必力工瓦阐教王领真巴儿吉监藏、管觉灌顶国师护教王宗巴斡即南哥巴藏卜、灵藏（灌）顶国师赞善王著思巴儿监藏巴藏卜及川卜、川藏、陇答、朵甘、答笼、上下邛部、陇卜诸处大小头目。⑨永乐十八年三月，鸿胪寺丞李本、凌友谅等奉敕抚谕勒白等百余寨寨首。⑩

在康寿、赵诚、杨三保等进藏使者的招抚、劝慰乃至戒饬下，乌思藏、朵甘、

---

① [清]张廷玉等撰：《明史》卷一百二十六《邓愈传》，第3750—3751页。
② 《明太祖实录》卷七二，洪武五年二月壬辰，第1328页。
③ 《明太祖实录》卷七二，洪武五年二月壬寅，第1330页。
④ 《明太祖实录》卷七七，洪武五年十二月庚子，第1416页。
⑤ 《明太宗实录》卷二〇上，永乐元年五月戊子，第364页。
⑥ 《明太宗实录》卷三三，永乐二年八月癸巳，第591页。
⑦ 《明太宗实录》卷五三，永乐四年四月戊子，第799页。
⑧ 《明太宗实录》卷五九，永乐四年九月壬戌，第858页。
⑨ 《明太宗实录》卷一四七，永乐十二年正月己卯，第1725页。
⑩ 《明太宗实录》卷二二三，永乐十八年三月癸未，第2199页。

陇答及河洮岷州等地八郎、马儿顺、懒藏各簇部落土酋、大小头目相继遣使者或亲自进京朝贡，表达了遵顺朝廷的意愿。招谕使者以招谕、抚安藏族首领及族众为己任，将明朝的和平治藏政策传达到西藏及周边涉藏地区，对明朝边疆治理产生了积极作用。

永乐朝之后的宣德时期、正统时期，明廷派出的招谕使者有增无减，十分活跃。笔者据《明实录》统计得知，宣德至成化时期，明朝派往西藏及周边涉藏地区的招谕使者，确有姓名记载者32人次。其中，宣德时期15人次，招谕使者主要有刘昭、陈通、祈贤、侯显、何敏、蒋贵等人。如宣德元年（1426）六月，刘昭招谕陕西洮州思囊日簇；同年十月，陈通、祈贤招抚罕东、安定"番族"；宣德二年四月，侯显赍敕往谕乌思藏阐化王、阐教王、赞善王、辅教王；宣德二年五月，何敏、蒋贵、吴玮抚谕松潘等处番寇；七月，失剌藏卜招谕陕西洮州诸簇寨；十一月，陈通招抚曲先卫指挥散即思等人；宣德三年二月，刘瑛抚谕马儿、潘关等簇；宣德六年六月，印铎、李文招抚阿吉簇七百余帐还居野马川。①

正统时期10人次，招谕使者主要是也失班丹、鲁明、祁全等人。正统元年（1436）六月，洮州卫剌麻僧人也失班丹赍敕往谕九簇内宗塔儿、锁南肖回本处居住；正统四年闰二月，鲁明往谕四川随渠等八百二十九寨；正统九年正月，鸿胪寺通事序班祁全赍敕往谕四川松潘地方黑虎寨头目、番簇；同年五月，指挥使徐贵同国师商巴往谕四川番寇著少各寨；正统十年三月，祁全又往四川黑虎诸寨招谕；同年四月，御史赵敬与三司官亲诣四川威州抚谕土官巡检董敏；正统十一年五月，山西副使寇深和鸿胪寺署丞祁全往谕歪地等寨。②

景泰时期只有1人次，为四川松潘卫指挥佥事周刚招抚阿思贡"番人"，但具体来朝时间不详，只知景泰四年二月抚谕回还。③

成化时期6人次，招谕使者主要是岷州卫指挥后泰、番僧锁南奔等人。如成化四年（1468）三月，西宁游僧板尖恭尼麻、绰失吉藏卜赍敕往乌思藏阐教王等

---

① 以上分别见《明宣宗实录》卷一八，第489页；卷二三，第574—575页；卷二七，第702页；卷二八，第733—734页；卷三一，第809—810页；卷三三，第847—848页；卷三六，第902页；卷八〇，第1849—1850页。
② 以上分别见《明英宗实录》卷一八，第356—357页；卷五二，第1003页；卷一一二，第2261—2262页；卷一一六，第2342—2343页；卷一二七，第2537—2538页；卷一二八，第2562—2563页；卷一四一，第2797页。正统四年，"随渠等八百二十九寨寨首曲吾巴等各遣僧入贡"，参见《国朝典汇》卷一百七十五《兵部·西番》，第2205页。
③ 《明英宗实录》卷二二六，景泰四年二月庚子，第4933页。

处开谕；成化五年（1469）正月，岷州卫指挥后泰与其弟后通、副使李玘招谕赏劳岷州"番寇"，谕以朝廷恩威；成化二十年（1484）六月，西宁靖宁寺妙胜慧济灌顶大国师锁南领占遣僧徒锁南奔等赍敕往谕灵藏赞善王。[①]

综上可知，宣德年间的赴藏招谕使者为15人次，正统年间10人次，景泰至成化年间7人次，加上洪武时期招谕使者7人次，永乐时期招谕使者9人次，明朝共计派出乌思藏、朵甘及河洮岷州、西宁等涉藏地区使者48人次。具体而言，宣德朝10年间派出15人次，平均约半年派遣一次招谕使者；而景泰朝7年间才派遣招谕使者1人次，招谕使者的派出疏密已然十分清晰。

现将明代所有涉藏招谕使者的派出频率列表示意如下：

表9　明代涉藏招谕使者派出频率表

时期	洪武	永乐	宣德	正统	景泰	天顺	成化	弘治
人次	7	9	15	10	1	——	6	——
平均每次招谕使者派出间隔（年）	4.4	2.4	0.6	1.4	7		3.8	

说明：平均每次使藏招谕使者派出间隔（年）是指各时期皇帝在位年数除以该时期的派遣人次。

表中平均每次涉藏招谕使者派出间隔（年）数越小，说明该时期招谕使者的派遣越频繁，反之则越稀。显然，明代赴藏诏谕使者的派出主要是在明前期。明中期以后，赴藏诏谕使者的派出大幅度减少，成化之后基本停止派遣。

为什么西藏及周边涉藏地区招谕使者的派出主要在明前期的洪武至正统时期，而明中期以后大幅减少，甚至在成化之后基本停止？原因主要是：明建立之初，新政权还未得到巩固，边疆各地少数民族地方势力及区域政权尚未纳入统一。从国家统一大局出发，劝谕西藏及周边涉藏地区政教上层归附明朝，进而实现对西藏及周边涉藏地区有效管辖是治国治边的首要任务。为此，从洪武二年开始，明朝不断派遣大臣前往涉藏地区进行和平招谕。至正统十四年（1449），经过前期七八十年时间的招谕工作，涉藏地区已纳入明朝统属之内，招谕使命基本完成，故明代中期成化朝以后，赴藏招谕使者的派出大为减少并基本停止。

---

① 以上分别见《明宪宗实录》卷五二，第1057页；卷六四，第1298—1299页；卷二五三，第4283—4284页。

补充说明一下，成化之后明朝可能还没有完全停止向涉藏地区派遣招谕使者，《明孝宗实录》记载了这样一条文献史料：

> 甘肃镇守等官奏：罕东等卫头目刺麻朵儿只等劫"西番"哑呵[阿]族部落，掠其头畜以归。事下兵部，复奏谓：罕东劫掠"西番"，越我边境，不知畏忌，渐不可长，请敕镇巡等官，遣人往谕罕东等从违利害，并以此意，偏告"西番"诸族，自今更不得构怨启衅。上曰：罕东劫掠"西番"，越我边境，不可不为之制，其如议行之。①

仅从这条史料无法得知，明朝究竟是否派遣了使者前往罕东招谕，但从"如议行之"可以推断，朝廷应该在弘治四年（1491）七月以后派遣使者前往罕东招谕。

其次，从招谕使者派出的空间分布看，招谕使者的派出范围涉及西藏及周边涉藏地区。上述有明确姓名记载的48人次招谕使者，计派往乌思藏、朵甘12人次，河洮岷、西宁等地23人次，四川松潘、威州等地13人次。

需要说明的是，以上使者并不是朝廷派往西藏及周边涉藏地区的全部招谕使者。因为，《明实录》中还记载有诸多"遣人招谕""赍敕往谕""遣人往谕"等字样的史料，明确反映着朝廷派遣招谕使者的信息，只不过未记载具体姓名而已。这样的信息如下：

> 宣德二年三月，遣人招谕麻儿匝安抚司安抚著八让卜，赐文绮表里。②

> 宣德八年三月，遣人招抚松潘近邻黑水"西番"及阿容等族。③

> 宣德九年十月，四川总兵官都督佥事方政遣人招抚杂谷安抚司。④

> 正统元年二月，遣使敕谕沙州卫都督佥事困即来、罕东卫指挥佥事可儿即等还所掠"西番"贡物。⑤

> 正统元年十月，命河州指挥佥事刘震遣人赍敕抚治陕西河州卫属番双奔簇。⑥

---

① 《明孝宗实录》卷五三，弘治四年七月壬寅，第1048页。
② 《明宣宗实录》卷二六，宣德二年三月庚寅，第673—674页。
③ 《明宣宗实录》卷一〇〇，宣德八年三月癸酉，第2248页。
④ 《明宣宗实录》卷一一三，宣德九年十月己未，第2551—2552页。
⑤ 《明英宗实录》卷一四，正统元年二月戊戌，第248—249页。
⑥ 《明英宗实录》卷二三，正统元年十月壬申，第461页。

正统四年闰二月，镇守西宁卫署都指挥佥事金玉奉命遣人赍敕往谕罕东、安定、阿端三卫，俾其谨守法度，各安生业。①

正统六年六月，遣敕谕罕东卫都指挥班麻思结等，"令其迁善改过，戒约部属，悉还所掠。"②

正统七年十二月，敕甘肃总兵官宁远们伭礼：遣人往谕"西番"、赤斤蒙古、罕东等卫。③

正统十二年六月，遣敕晓谕安定王领占斡些儿、安定卫都指挥那南奔板麻阿延拜子剌朵儿只巴、指挥土墨秃卜鲁等。④

景泰六年正月，降敕提督松潘兵备左侍郎罗绮、镇守都指挥周贵二道：尔等即择老成谙晓番情通事赍往晓谕商巴、黎巴两家，"令其释怨通和，各安本分，遵守法度"⑤。

镇守洮州指挥汪钊选游僧三人赍敕往谕灵藏赞善王禁约诈冒，成化三年二月，己亥回还。⑥

由于史料中未明确遣使者的人，所以难以做详细的统计，但这样的使者应该有很多。

（二）招谕使者的身份

明代招谕使者的派出机构一般为中央的鸿胪寺⑦、司隶监和御史机构，地方上有地方知府、都司卫所，另外就是京城或地方寺院受朝廷委派派出僧人。对明朝

---

① 《明英宗实录》卷五二，正统四年闰二月丁酉，第1003页。
② 《明英宗实录》卷八〇，正统六年六月丙寅，第1581页。
③ 《明英宗实录》卷九九，正统七年十二月乙卯，第2006页。
④ 《明英宗实录》卷一五五，正统十二年六月甲子，第3024—3025页。
⑤ 《明英宗实录》卷二四九，景泰六年正月乙丑，第5392—5393页。
⑥ 《明宪宗实录》卷三九，成化三年二月己亥，第775页
⑦ 鸿胪寺，唐代主管民族、外交事务的机构，渊于西周时的大行人、秦代的典客、汉武帝时的大鸿胪。下设礼宾院，处理款待、翻译等事务，"卿一员，从三品。少卿二人，从四品上。"（《旧唐书》卷四十四《职官志三》）鸿胪寺的日常职责是凡外国或少数民族的皇帝、使者，到长安朝见皇帝或进贡事宜，"凡四方夷狄君长朝见者，辨其等位，以宾待之。凡二王后及夷狄君长之子袭官爵者，皆辨其嫡庶，详其可否。若诸蕃人首渠有封礼命，则受册而往其国。凡天下寺观三纲，及京都大德，皆取其道德高妙、为众所推者补充，申尚书祠部。"（《旧唐书》卷四十四《职官志三》）宋代鸿胪寺下设往来国信所、都亭西驿及管干所和同文馆及管勾所等四大机构，各有分工。鸿胪寺置卿一人，少卿一人，丞、主簿各一人。（《宋史》卷一百六十五《职官志五》）明代鸿胪寺，置于洪武三十年，始设官六十二员，又设外夷通事，隶鸿护寺。负责边疆少数民族首领在京师活动的各种仪礼，"掌朝会、宾客、吉凶仪礼之事。凡国家大典礼、郊庙、祭祀、朝会、宴飨、经筵、册封、进历、进春、传制、奏捷，各供其事。外吏朝觐，诸蕃入贡，与夫百官使臣之复命、谢恩，若见若辞者，并鸿胪引奏。"（《明史》卷七十四《职官志三》）

派往西藏及周边涉藏地区招谕使者的身份作一考察，会发现他们主要为僧侣、宦官和朝官。其中：

（1）僧侣使者有：克新，汉僧；端竹领占：鸡鸣寺番僧；也失班丹：洮州卫剌麻僧人；板尖恭尼麻、绰失吉藏卜：西宁游僧。丹竹领占、格敦增吉、夫剌藏卜、温卜监参于容、锁南奔，俱为番僧。

（2）宦官使者有：而聂、庆童、杨三保、侯显。

（3）朝官使者主要有：许允德，陕西行省员外郎；康寿，河州卫千户；各吉八合，永宁府土官知府；赵诚，洮州卫千户；李本、凌友谅，鸿胪寺丞；刘昭，都督；陈通，西宁卫指挥使；祈贤，西宁卫指挥同知（正统时期时为陕西指挥）何敏，行在锦衣卫指挥佥事；蒋贵，都指挥佥事；吴玮，松潘卫指挥；陈通，西宁卫都指挥同知；指挥；印铎，都指挥同知；李文，西宁卫土官都指挥佥事；那那罕，曲先卫指挥；白帖木儿，曲先卫指挥佥事；鲁明，松潘千户；祁全，行在鸿胪寺通事序班（后因功升陕西指挥、鸿胪寺署丞等职）；哈剌卜花，陕西都指挥佥事；徐贵，指挥使；赵敬，御史；寇深，山西副使；周刚，四川松潘卫指挥佥事；后泰，岷州卫指挥；李玘，副使。刘瑛，不详（文县守御千户所指挥遣）。

另有未知名三司官员、游僧参与招谕任务。诸招谕使者及其具体身份、品级详见下表：

表10 明代招谕使者身份表

时间	使者名	使者身份	品级
洪武朝	许允德	陕西行省员外郎（后升为礼部员外郎）	正六品（升后为从五品）
	克新	汉僧	—
	巩哥锁南	通事舍人	从九品
	韩里加麻	河南卫镇抚	从五品
	南加巴藏卜	国师	—
	而聂	尚膳监	正四品
	庆童	司礼太监	正四品
永乐朝	康寿	河州卫千户	正五品
	丹竹领占	番僧	—

续表

时间	使者名	使者身份	品级
永乐朝	格敦增吉	番僧	—
	各吉八合	永宁府土官知府	正五品
	端竹领占	鸡鸣寺番僧	—
	赵诚	洮州卫千户	正五品
	杨三保	中官	—
	李本	鸿胪寺丞	正五品
	凌友谅	鸿胪寺丞	正五品
宣德朝	刘昭	都督	正一品
	陈通	西宁卫指挥使	正三品
	祈贤	西宁卫指挥同知（正统时升为陕西指挥）	从三品（升后为正二品）
	侯显	太监	正四品
	何敏	行在锦衣卫指挥佥事	正四品
	蒋贵	都指挥佥事	正三品
	吴玮	松潘卫指挥	正三品
	夫剌藏卜	番僧	—
	结弟	麦匝寨番人	—
	陈通	西宁卫指挥同知	从三品
	刘瑛	不详	—
	印铎	都指挥同知	从二品
	李文	西宁卫土官都指挥佥事	正三品
	那那罕	曲先卫指挥	正三品
	白帖木儿	曲先卫指挥佥事	正四品
正统朝	也失班丹	洮州卫剌麻僧人	—
	鲁明	松潘千户	正五品
	祁全	行在鸿胪寺通事序班（正统十一年升鸿胪寺署丞）	从九品（升后为正九品）
	哈剌卜花	陕西都指挥佥事	正三品
	徐贵	指挥使	正二品

续表

时间	使者名	使者身份	品级
正统朝	商巴	国师	—
	摄剌藏卜	西宁禅师	—
	温卜监参于容	番僧	—
	赵敬	御史	正七品
	寇深	山西副使	—
景泰朝	周刚	四川松潘卫指挥佥事	正四品
成化朝	板尖恭尼麻	西宁游僧	—
	绰失吉藏卜	西宁游僧	—
	后泰	岷州卫指挥	正三品
	后通	岷州卫"番族"	—
	李玘	副使	—
	锁南奔	番僧	—

表中各招谕使者的级别、官职身份，具体为：

其一，官职。

都督1人；副使2人；都指挥佥事3人，都指挥同知1人；卫指挥使5人，卫指挥同知2人，卫指挥佥事3人，卫千户3人，卫镇抚1人；鸿胪寺丞2人；中官4人。陕西行省员外郎、永宁府土官知府、行在鸿胪寺通事序班、御史、通事舍人各1人。除此之外，"番汉僧"13人，"番族"2人。另有1人身份不详。可见，这些招谕使者中，有的使者一人拥有多个身份，而且前后官职变化较大，如祁全初以行在鸿胪寺通事序班赴涉藏地区三次，后于正统十一年时升职为鸿胪寺署丞。

其二，品级及人数。

表中各级别官员（初使职品）及其人数，从低到高依次分布为：从九品，2人；正七品，1人；正六品，1人；从五品，1人；正五品，6人；正四品，6人；从三品，2人；正三品，7人；从二品，1人；正二品，1人；正一品，1人。共29人。其他无品或品级不详。

特别要指出的是，除了明朝派出使者前往西藏及周边涉藏地区招谕，部分涉藏地区派往京城的朝贡人员被明廷指定为"特殊"招谕者，返回时招抚当地首领，间接承担了"招谕"任务。如罕东卫使者阿儿吉于景泰七年（1456）五月来京朝贡，返回时宣达了明代宗对罕东卫都指挥阿黑巴、赤斤蒙古卫都督阿速并各大小头目人等的敕谕，并由阿儿吉等赍明廷赏赐的织金文绮表里赐予各头目。①又，天顺二年（1458）五月，明英宗曾发布一条敕谕，其内容是：敕谕罕东卫都指挥阿黑巴，并赐彩币表里等物，"命原来使臣阿东（束）等赍与之"②。这条资料表明，明朝利用边疆首领派遣的贡使宣达招谕之令，属于朝廷灵活招谕的范例。

（三）招谕使者的特点和作用

派遣招谕使者是明朝实现对西藏和周边涉藏地区稳定统治的重要一环，对于明朝治理西藏地方和其他涉藏地区起着至关重要的作用。招谕使者既是明朝对藏政策的有力执行者，又是纠正、制止涉藏地区各方势力之间矛盾的协调者，在中央政府管理、调整与藏族地方势力关系中起着不可替代的作用。有明一代，许多招谕使者来往于内地与西藏及周边涉藏地区之间的交通线上，成为中央与地方联系的关键力量。综观明代招谕使者的派出，具有以下特点：

第一，招谕使者的派遣，前期以招抚各地藏族政教领袖归顺明朝为重心。明中叶以后，以宣扬朝廷恩威、禁约各种寇扰事件为重点。这是因为，明代前期，西藏及周边涉藏地区头目陆续接受明朝统治后，明朝在涉藏地区的统治秩序确立。然而，有些地区藏族头目反叛、滋事者仍然不少，不稳定因素间有出现。及时派遣招谕使者入藏安抚、劝谕他们守法十分重要。"宣德元年，帝遣官招谕之（指曲先卫指挥哈三等），复业者七百余人。帝并赐彩币表里，以安其反侧……初，大军之讨贼也，安定指挥桑哥与罕东卫军同奉调从征，罕东违令不至，其所辖板纳族瞰桑哥军远出，尽掠其部内庐帐畜产。"③所以，朝廷适时派遣招谕使者，劝谕向他们遵顺朝廷，勿再在寻衅闹事，安心从事生产生活。这种情况在明中期以后更为严重。因此，加强对这类民众的恩德教育，劝诫禁止其掠寇事件的发生，成为招谕使者的主要使命。

种种招谕、招抚体现明朝对西藏及周边涉藏地区之优待，也体现明朝对涉藏地区民众的关怀和温情。明政府正是通过这种招谕方式，加之敕封西藏及周边涉

---

① 《明英宗实录》卷二六六，景泰七年五月戊子，第5653页。
② 《明英宗实录》卷二九一，天顺二年五月，第6213页。
③ ［清］张廷玉等撰：《明史》卷三百三十《安定卫传》，第8552页。

藏地区政教领袖各种官职治理其地，非常有效地实现了对西藏及周边涉藏地区的管理和统治。

第二，招谕使者是明朝的和平使者，他们将和平治藏政策传达至西藏和其他涉藏地区，成为维护这些地区社会稳定不可或缺的重要力量。正因为如此之功绩，招谕使者群体受到了明廷嘉奖升迁。

根据史料记录，因功受明廷嘉奖的招谕使者有：宣德四年三月，行在锦衣卫指挥佥事何敏及将蒋贵、吴玮等人因招谕有功，明政府赐钞奖赏之；宣德五年二月，都督佥事赵安等7人、指挥同知丁黻等75人因招谕乌思藏功，赐予钞、彩币表里、金织岩丝等物。①正统五年八月，行在鸿胪寺通事序班祁全因招谕董卜韩胡及杂谷等番功，赐钞500贯；②正统十年四月，"以入番招谕功"，赐予行在鸿胪寺通事序班祁全、千户李荣等一百五十五人彩币、绢布等物。③景泰四年二月，赐于四川松潘卫指挥佥事周刚并千、百户等人彩币、布、钞。因功升职的使者还有：宣德元年十二月，陈通因招谕之功从西宁卫指挥使升为都指挥同知。与陈通一起升职的还有祁贤，他从西宁卫指挥同知升为指挥使。正统十五年，番僧温卜监参于容因招谕之功被授予都纲。成化五年闰二月，沈琮因招谕之功从四川按察司佥事晋升为副使。

第三，招谕使者的政治使命并非仅仅招谕。明代针对涉藏地区的招谕，往往伴随着朝廷对藏族宗教派别及地方势力头目的赏赐，这也彰显了朝廷的恩惠。宣德二年（1427）四月，太监侯显于赍敕往谕乌思藏阐化王、阐教王、赞善王、辅教王等，"各赐之绒绵、纻丝等"。④通过赏赐，促进了西藏政教首领对明朝中央的认同感，"乌斯藏阐化王差来使臣远丹坚参奏：臣等三百人赴京进贡，蒙天皇帝给与赏赐，臣等感戴不尽……"⑤这在一定程度上拉近了明中央与西藏及周边涉藏地区的关系，增强了（王朝）国家认同，夯实了中华民族共同体意识。

总之，通过招谕使者的派出，各地藏族首领陆续归附明朝，中央政府在西藏及今甘、青、川、滇等地陆续建立军卫管理机构，将西藏及周边涉藏地区统一纳

---

① 《明宣宗实录》卷六三，宣德五年二月丁亥，第1484页。
② 《明英宗实录》卷七〇，正统五年八月己卯，第1354页。
③ 《明英宗实录》卷一二八，正统十年四月丁未，第2554页。
④ 《明宣宗实录》卷二七，宣德二年四月，第702页。
⑤ 《西番馆译语》来文六，见《西藏地方是中国不可分割的一部分》，第165页。

入明朝管辖之下，逐渐确立对西藏及周边涉藏地区的统治。

其次，当出现边疆冲突或不稳定因素时，除非冥顽不悛者派军队予以殄灭外，一般情况下明朝实行遣使者招谕、使其顺服的方略。招谕使者至其地，及时处理藏族地方事务、解决地方纠纷、矛盾，促使更多当地民众归化朝廷，为明代和平统一和管辖藏族地方安宁作出了重要贡献。招谕使者到达涉藏地区，晓以朝廷恩威，劝谕当地民众遵守朝廷法度，积极开展生产活动。严令当地头领"严束部落，毋作非为"①，不与朝廷为敌。从这个角度看，招谕使者是明朝及时化解、制止这些地方矛盾、反叛、寇扰等棘手问题的一把利剑。许多边疆矛盾和民族冲突争端问题，在招谕使安抚、戒约下，得以及时妥善解决。这在明代文献资料中有很多记载：正统六年（1441），罕东、安定二卫泪申藏族相互仇杀，总兵官宁远侯任礼立即派陕西都指挥金事哈剌卜花和指挥祁贤前往调停制约，使事件得以安宁。弘治四年（1491）七月，甘肃镇守等官奏报：罕东等卫头目剌麻朵儿只等劫咂呵族部落，掠其牲畜。兵部请敕镇巡等官遣人往谕，告诫诸族"自今更不得构怨启衅"②。由此看来，凡这些地方出现风吹草动，明朝立即派出使者前往处置，抚安各地头目和民众，将朝廷的恩德撒于这些地方，必然有利于这些地方和平安宁。

这就表明，招谕使者及时处理涉藏地区事务、解决地方纠纷、矛盾。由于他们的不懈努力，许多藏族民众归附明朝，成为明朝国家统治下的一员。如宣德初年，安定卫就有716人因受到朝使招抚而归顺了明朝，他们受到了明廷的赏赐。③又，从宣德二年行在锦衣卫指挥何敏的奏章"松潘所属生熟番一十簇，计户万余，已从招抚"④句得知，招得松潘番族达万户，计4万余人，这是多么大的成就。正统四年（1439）闰二月，在松潘千户鲁明等人的招抚下，四川随之渠等829寨归附朝；成化五年（1469）闰二月，在岷州卫指挥后泰和弟后通的劝谕下，忍藏、占藏、札工等30余簇头目，栗林等14簇，共计250多人归附明朝。

再次，招谕使者还动员四处逃散的"番族"回归家园，恢复原来的生产生活，如宣德二年，招谕使陈通招得曲先卫"番族"4.2万帐复业，人口计有20万，

---

① 《明英宗实录》卷一一二，正统九年正月丁丑，第2261—2262页。
② 《明孝宗实录》卷五三，弘治四年七月壬寅，第1048页。
③ 《明宣宗实录》卷二六，宣德二年三月癸巳，第675页。
④ 《明宣宗实录》卷三一，宣德二年九月乙巳，第809—810页。

"西宁卫都指挥同知陈通等招抚曲先卫指挥散即思等四万二千余帐，皆复业。以其指挥佥事失剌罕等入朝贡驼、马谢恩"①。另据文献记载，宣德六年（1431）六月，在招谕使者、都指挥同知印铎等人的招抚下，阿吉簇逃往外地的800余帐，4000余人返回原居住地野马川生活②，对于边疆民族地区的社会稳定产生了积极作用。

三、迎送使者

迎送使者是明朝派遣的迎接和护送涉藏地区僧俗首领或贡使等人员的使者。在明代文献中，迎请和护送的记载非常之多。《萨迦世系史》："住在北方大国转动大力法轮的国王大明皇帝，从心里产生大敬仰，两次专门遣金字使臣前来迎请（大乘法王·贡噶扎西坚赞贝桑波）。（大师）虑及在先世即与此皇帝有誓愿，如去该地，对佛教和众生皆有大利益。于是大师于六十岁的龙年（公元1412年）的四月离开萨迦大寺。"③《明太宗实录》："永乐六年四月庚子，如来大宝法王哈立麻辞归，赐白金、彩币、佛像等物，仍遣中官护送。"④不管是迎请还是护送，都从一个侧面清楚地反映着明朝对乌思藏法王或贡使优加礼待的诚意。

（一）迎请

在藏族社会中，僧人具有显赫而特殊的宗教政治地位。为了联络中央与西藏地方宗教上层的感情，明成祖先后派遣使者前往西藏迎请藏传佛教高僧来京，加强民族关系。

第一，迎请尚师哈立麻。

永乐元年（1403）二月，明成祖派遣太监侯显赴西藏邀请哈立麻来京。⑤明成祖在《邀请哈立麻诏》中说：

> 尚师卿通达如来深奥教法，使西方一切有情均沾利益，一切生灵均皈依敬奉，犹如世尊现身世间。若尚师未得方便智慧功德之殊胜成就，

---

① 《明宣宗实录》卷三三，宣德二年十一月辛丑，第847页。
② 《明宣宗实录》卷八〇，宣德六年六月己亥，第1849页。
③ 阿旺贡嘎索南著：《萨迦世系史》，西藏人民出版社，1989年，第237页。
④ 《明太宗实录》卷七八，永乐六年四月庚子，第1057页。
⑤ ［清］张廷玉等撰：《明史》载：明成祖诏命侯显出使乌思藏、迎接哈立麻是永乐元年（1403）四月。可能是二月奉诏，四月动身。见《明史》卷三百三十一，第8572页。

焉能为一切群生作如是之广大利益？朕往日居北方时，即闻尚师令名，亟思一晤。今即大位，中土宇内，悉已绥定。久怀愿念，若涤去翳障，顿得朗悟，俾功德利益，溥及凡庶。昔我释迦牟尼佛以大慈悲心，利益一切有情。卿以修得佛法甚深成就故，与佛心无二，望秉此慈心，来此中土以弘扬世尊教法；朕当轸念邦国利乐，依从往昔心愿，随奉尚师。尚师务必莅临。先帝安邦经国于中土，于世尊教法，先前即怀敬信。

皇考太（祖）皇帝及笃信佛法，皇妣高皇后薨逝已久，朕思报恩，罔得其方，尚师卿于方便智慧功德等，修得无上之成就，即具佛之本性矣，切望速来为已薨逝者修成解脱仪轨，故此即遣司礼监少监侯显等赍信物来请，愿尚师以慈悯喜乐为怀，尽速前来为要。

压函信物：银大锭三，共百五十两；诸色表里缎绢各十匹；枬檀木一段；白香十斤；苏和香一斤；白茶一百五十斤等共六种。

永乐元年二月十八日书于大宫殿。①

哈立麻，西藏本地人，本名却贝桑波，法名得银协巴（藏文如来的译音），《明史》称哈立麻。却贝桑波抵达南京后，受到了永乐皇帝、大臣及南京百姓的盛大欢迎和隆重礼遇，②永乐帝还在奉天殿谒见尚师，赐予他大量金银、彩币、宝钞等物。永乐五年（1407）二月，明成祖在灵谷寺设普渡大斋为高帝、高后荐福，据说当时云露雨鸟、舍利祥光自空而下，盛为奇异。"（成祖）命尚师建法坛，荐福皇考妣。于是庆云、天花、甘雨、甘露、舍利祥光，青鸾、青狮、白象、白鹤，连日毕见。又闻梵呗空乐自天而下，群臣上表称贺。"③明成祖甚悦，封哈立麻为大宝法王，总领天下佛教。史载：

永乐间，我太宗文皇帝，遣使西土迎之（指葛哩麻），至金陵道，启圣衷诰，封如来大宝法王西天大善自在佛，领天下释教。④

（其间）却贝桑波为皇家讲经、灌顶、并为太祖高皇帝、孝慈高皇

---

① 马俄·祖拉陈瓦著：《智者喜宴》下册，民族出版社，1986年，第1001—1002页。
② 班钦索南查巴著，黄颢译：《新红史》，第209页。
③ ［明］严从简、余思黎点校：《殊域周咨录》卷十《西戎·吐蕃》，第365页。又《钦定续文献通考》卷一百二十："五年二月，建普度大斋于灵谷寺，为高帝高后荐福，闻梵呗天乐自空而下，帝大喜，廷臣表贺……"见［清］嵇璜撰《钦定续文献通考》卷一百二十《乐考·夷部乐》，页三上，清浙江书局本。
④ ［梁］慧皎等撰：《高僧传合集·补续高僧传》卷十九《明乌斯法王传》，上海古籍出版社，1991年，第735页。

后资福。皇帝所赐礼品无数。皇帝亲赐却贝桑波以'如来大宝法王西天大善自在佛'封号。①

噶玛巴法王却贝桑波，即得银协巴。此人系噶玛噶举派黑帽系之第五世活佛（1384—1415）。他7岁出家，取法名为却贝桑波，18岁受近圆戒，19岁开始游历并讲法。永乐四年受明永乐皇帝的邀请，赴南京。明皇帝邀请诏书译之如下，供参考：

> 兹悉法王（得银协巴）之名，令人夺魂动心，随数次遣使往迎。尤其上师为将如来之深奥佛法传来，并使所利益之西方众生均皈依和敬奉（释教），此犹如佛之降世。②

> 上师若不获最佳之智慧功德事业等成就，如是又何以广利一切众生？！往昔朕居北方之际，业已闻上师之美名，向欲一见。今朕登极，中华普均安乐。朕久思者是：当做与清除黑暗等同之恩德。前者，释迦佛以慈悲之心利益众生。今为获得佛法之深邃成果，而上师因与佛同心无二，来此中原，宏扬佛教，利益国朝，此则踵随朕昔日之所思也！上师务必前来！先王创此中华乐土，亦已皈依释佛。朕皇考洪武太祖并崇佛者皇太后、洪武皇太子（似指明惠帝）久逝，应报其恩，然未得其法。汝上师当自方便事业中获取最高成就之益，惟此佛之本性者也。上师务必速来，以为完成对诸逝者之（荐福）仪规。现派（司）礼监少监侯显等赍书往迎。请尚师慈悲体念，速来！

> 压书礼物：三大升白银一百五十两，各色绸缎十匹，杂彩内地丝绸十匹，栴檀一段，素香十秤，苏杭香一秤，白茶一百五十秤，共六种。

> 永乐年（原文未写具体年数）二月十八日写于皇宫。③

上述迎请却贝桑波之诏书，据《明太宗实录》载，其时间是永乐元年（1403）二月乙丑。④ 文中之哈立麻即噶玛巴，亦即却贝桑波。1406年却贝桑波抵南京，受到皇帝、皇后、皇太子、大臣及南京百姓的盛大欢迎。特在灵谷寺内为却贝桑波建造了营盘式住地，"以利藏（族）人居住习俗"，使却贝桑波住此如

---

① 班钦索南查巴著，黄颢译：《新红史》，第210页。
② 班钦索南查巴著，黄颢译：《新红史》，第208页。
③ 班钦索南查巴著，黄颢译：《新红史》，第209页。
④ （明成祖朱棣）"遣司礼监少监侯显赍书币往乌思藏，徵尚师哈立麻。"《明太宗实录》卷一七，永乐元年十月乙丑，第310页。

同在他的西藏住地孜拉冈一样。经常是皇帝亲迎，皇子亲送（皇子曾在薛木兴地方迎接过却贝桑波，该地在临洮的东面两站之地）。其间却贝桑波为皇家讲经、灌顶、并为"太祖高皇帝、孝慈高皇后"资福，皇帝所赐礼品无数。[1]

平时宴会、歌舞音乐均设于皇宫，用以款待却贝桑波。特别是皇帝亲赐却贝桑波"如来大宝法王西天大善自在佛"封号[2]，并命却桑贝波"领天下释教"，赐印、诰。《明太宗实录》所载封号全称是"万行具足十方最胜圆觉妙智慧善普应佑国演教如来大宝法王西天自在佛"，此封号在黑帽系中袭至明末。根据藏文史书载，明成祖所赐之印为水晶印，所赐之诰，系"由一百两黄金捶合而成的金册诰敕"。此外，还赐却贝桑波之随行三位高僧以"大国师"称号，均赐金印。却贝桑波还建议西藏各教派各行其是，并每年在拉萨召开由多康、热甫冈及卫藏僧人参加的大法会，皇帝均诏准。他1408年返藏。[3]

《补续高僧传》卷第十九《明乌斯法王传》：

> 葛哩麻，乌斯藏人也，道怀冲漠，神用叵测，声闻于中国。永乐间，我太宗文皇帝，遣使西土迎之，至金陵道启圣衷，诰封如来大宝法王西天大善自在佛，领天下释教。[4]

永乐皇帝还赐予哈立麻金百两、银千两、彩币宝钞无数，"仪仗与郡王同"[5]。哈立麻在南京坐住传教两年后，于永乐六年（1408）四月辞归，明成祖命中官"护送"[6]"厚赐遣归"[7]，返回西藏。

关于哈立麻受邀前往京城事，藏文史籍《贤者喜宴·噶玛岗仓史》中记载道：明太祖执政不久便统一了汉、蒙古、西夏，社稷安定。皇帝闻悉法王之美誉，甚为喜悦，故再三邀请，尤其（在诏书中）称：

> 兹悉上师汝精通如来之深奥佛法，且利益西方众生之事，使众生皆皈依和敬奉佛法，此乃犹如佛祖降临人间。汝若未获殊胜功德事业之成就，岂能如此广利众生。昔日朕居北方之时，闻知汝之美名，欲得一

---

[1] 班钦索南查巴著，黄颢译：《新红史》，第209页。
[2] 班钦索南查巴著，黄颢译：《新红史》，第209页。
[3] 班钦索南查巴著，黄颢译：《新红史》，第210页。
[4] [梁]慧皎等撰：《高僧传合集·补续高僧传》卷十九《明乌斯法王传》，第735页。
[5] [明]陈建著，钱茂伟点校：《皇明通纪》卷五，第431页。
[6] [明]王世贞撰，魏连科点校：《弇山堂别集》卷七十七《释道之赏》，第1479页。
[7] [明]徐学聚编撰：《国朝典汇》卷一百七十五《兵部·西番》，第2205页。

见。今朕即位，国家普度安乐，朕久思之，须开创犹如消除黑暗之共同业绩。昔日，释迦牟尼佛以慈悲之心利益众生。今汝弘扬深奥之佛法，此举与佛祖同心无二。故迎请汝至中原，弘扬佛法，利益国家，此乃朕昔日之所思也，请上师务必前来。先王开创中华乐土，亦已皈依佛法。朕之皇父洪武太祖及信奉者皇太后久逝，欲报其恩，然未得其法。上师汝以智慧之业绩获得殊胜之成就，唯此乃佛法之本性也。故务请汝速来，完成对诸善逝者之荐福仪轨。现遣司礼少监侯显等人赍书迎请，敬请上师慈悲体念，速来为荷！随诏书之礼品有三锭银子记一百五十两、十四不同颜色的丝绸、十四不同颜色的缎子、檀香木一块、乳香十斤、乳黄香一斤，白茶一百五十斤。

永乐□年二月十八日写于皇宫。①

此敕书中，"永乐□年"究竟指哪一年？《贤者喜宴·噶玛岗仓史》中认为，"此诏应是于永乐元年拟订"②。其实，哈立麻来京前后及其在京城的活动，前文已述，明成祖遣使侯显往西藏迎请哈立麻为永乐元年事。另据《明史·侯显传》载："侯显者，司礼少监。帝闻乌思藏僧尚师哈立麻有道术，善幻化，欲致一见，因通迤西诸番。乃命显赍书币往迓，选壮士健马护行。元年四月奉使，陆行数万里，至四年十二月始与其僧偕来，诏驸马都尉沐昕迎之……"③这就是说，尚师哈立麻抵京为永乐四年底。

第二，迎请萨迦派高僧昆泽思巴。

---

① [明] 巴卧·祖拉陈瓦著，周润年译：《贤者喜宴·噶玛岗仓史》，第201—202页。
② 原因如下："依据国立北平图书馆红格抄本《明实录》，其中关于哈立麻的记述共有约八处，时间依次为：永乐四年五月辛卯、永乐四年十二月戊子、永乐五年春正月甲戌、永乐五年二月庚寅、永乐五年丁巳、永乐五年秋七月癸酉、永乐五年十一月月丙辰、永乐六年夏四月庚子。虽然《明实录》中并未详载译文所述之诏旨，但从译文中的"永乐年二月"这一时间概念来推断，此诏应当不是在永乐四年二月，而是在此之前。因为据《明太宗实录》卷五四"永乐四年五月辛卯条"所载：赐尚师哈立麻使臣及爪哇国、琉球国使臣、辽东不林河来朝野人女直头目宴。"可见截止永乐四年五月，法王仍未到京，仅使节已达。再据《明实录·太宗至孝文皇帝实录》卷六二永乐四年十二月戊子所载："遣驸马都尉沐昕迎尚师哈立麻，是命中官侯显等往乌斯藏征哈立麻至是，显遣人驰奏已入境，故遣昕迎之。"由此可知，法王抵京畿至乌斯半年间来回显然是不可能的。再据 [清] 张廷玉等撰：《明史》所载："侯显者，司礼少监。帝闻乌思藏僧尚师哈立麻有道术，善幻化，欲致一见，因通迤西诸番。乃命显赍书币往迓，选壮士健马护行。元年四月奉使，陆行数万里，至四年十二月始与其僧偕来，诏驸马都尉沐昕迎之。"综上可见，译文中的诏旨应是在永乐元年二月拟定，而后侯显等人则是于此年四月奉旨出行。而且在译文中朱棣自述即位不久且驻跸于北方，时间与情势皆合于汉载记载。参见 [明] 巴卧·祖拉陈瓦著，周润年译：《贤者喜宴·噶玛岗仓史》，第228—229页。
③ [清] 张廷玉等撰：《明史》卷三百四《侯显传》，第7768—7769页。

哈立麻返回西藏后的第三年，即永乐八年（1410），明成祖又闻乌思藏僧昆泽思巴有道术，命内官关僧赍书及白金、彩币前往乌思藏迎请。①昆泽思巴，汉文史籍译称，本名贡噶扎西，生于公元1349年，元代帝师之后，属萨迦昆氏家族。萨迦势力在藏中失势之后，迁至达仓宗，明成祖曾"两次专门遣金字使者"迎请他进京②。《汉藏史集》载，贡噶扎西坚赞贝桑布，生于阴土牛年（1349），具足学识、尊贵、良善三方面的功德。在他64岁的阳水龙年（1412），大明皇帝派遣金字使者大达云和阿努指挥等人专门前往迎请，"他去南京皇宫以及汉地五台山，担任皇帝的喇嘛帝师，皇帝封他为'正觉大乘法王西天上善金刚大光明佛'，译成藏文的意思是：'广建各种功业，佛法最为殊胜，具有正智慧，大慈悲，广利众生，护持国土，讲说佛法，有正学识，大乘法王，西方尊胜，遍入金刚，具大光明的佛陀。'赐给五印、诏书，以及黄金千辐法轮为首的无数供养布施。"③

永乐十一年（1413）二月，贡噶扎西抵达南京，受到明成祖恩待，封他为大乘法王④。贡噶扎西在南京期间，讲佛说法，护持国土，为明中央与西藏地方关系作出了重要贡献。永乐十二年（1414）正月，贡噶扎西离开南京，十二月回到了萨迦寺。"大乘法王者，乌斯藏僧昆泽思巴也，其徒亦称为尚师。永乐时，成祖既封哈立麻，又闻昆泽思巴有道术，命中官赍玺书银币徵之。其僧先遣人贡舍利、佛像，遂偕使臣入朝。十一年二月至京，帝即延见，赐藏经、银钞、彩币、鞍马、茶果诸物，封为万行圆融妙法最胜真如慧智弘慈广济护国演教正觉大乘法王西天上善金刚普应大光明佛，领天下释教，赐印诰、袈裟、幡幢、鞍马、伞器诸物，礼之亚于大宝法王。明年辞归，赐加于前，命中官护行。后数入贡，帝亦先后命中官乔来喜、杨三保赍赐佛像、法器、袈裟、禅衣、绒锦、彩币诸物。洪熙、宣德间并来贡……然终明世，奉贡不绝云。"⑤

第三，迎请格鲁派高僧释迦也失。

贡噶扎西返回萨迦寺后仅一年，格鲁派高僧释迦也失又应邀来南京觐见永乐

---

① 《明太宗实录》卷一〇八，永乐八年九月壬辰，第1400页。
② 阿旺贡嘎索南著：《萨迦世系史》，第237页。
③ ［明］达仓宗巴·班觉桑布著，陈庆英译：《汉藏史集》，第209—210页。
④ ［明］达仓宗巴·班觉桑布著，陈庆英译：《汉藏史集》，第152页。
⑤ ［清］张廷玉等撰：《明史》卷三百三十一《大乘法王传》，第8575—8576页。

皇帝，成为明中央政府与地方关系中的又一件大事。永乐年间，格鲁派的兴起引起了明朝的重视，在永乐六年、永乐十二年，明成祖朱棣两次遣专使延请宗喀巴大师进京，宗喀巴因事未能成行。但宗喀巴于永乐十二年派遣首席弟子释迦也失为代表前往南京觐见永乐皇帝。

首先，关于明永乐时迎宗喀巴赴内地事，据楚杰王曲吉所著之《宗喀巴传》载："东方佛主大明皇帝特生敬仰之心，欲迎（宗喀巴）赴汉地，智宝大人（似是人名，今音译"智宝"）及金字使臣等，携诸种礼品，往日虽经多次极力迎请，然而均未能前往（内地）。"[1] 又据该书载，宗喀巴曾于永乐六年（1408）禀奏明成祖，申述未奉诏赴京之原委，今将该奏书节译如下：

> ……承大皇帝圣意，诏我一往彼处（指京都），此圣谕之原委，已由诸金字使臣及王予以详述，其意已明。大皇帝关怀释教之御旨，对此吾非不知，对诏书吾非不敬，亦非怠慢，唯因久与众人相触而染重疾之故也。遂未能如命（赴阙），伏望（圣上）勿以广若苍天之心而不悦。
>
> 诚如御旨所云，往昔诸大法王（皇帝）均极关怀今世法规及后世佛教。吾亦常闻，当今大皇帝心意笃诚，行为奇异，故使天上人间普皆悦意。由是我等多数高僧，在此一再虔诚祈祷，祝大皇帝圣寿万安、国朝永固。特将此情呈奏。至于如何护卫大皇帝之事业，因皇帝自可亲知，对此，如我等之辈则不宜详述也。
>
> 谨呈。（以下记宗喀巴献礼名目，略）
>
> 时在鼠年（1408年）六月十六日，奏于卫地。[2]

再者，永乐十一年，明成祖又派以明太监候显为首的所谓"四大人"赴藏迎请宗喀巴[3]。今据《宗喀巴传》将明成祖迎宗喀巴诏书译之如下：

> 大明皇帝谕：
>
> 诏上师罗桑扎巴。汝道德甚为高深，纯净广博。以慈悲利益众生，使导入于大乘之道。故朕对汝真诚体念，为时久矣。今特遣以太监候显为首（之大臣），代表政教前往迎汝，如汝念及弘扬佛教，当来内地，以偿朕意，钦此。

---

[1] 班钦索南查巴著，黄颢译：《新红史》，第207页。
[2] 班钦索南查巴著，黄颢译：《新红史》，第207页。
[3] 班钦索南查巴著，黄颢译：《新红史》，第208页。

（以下为明成祖赐宗喀巴礼品，略）

时在永乐十一年（1413年）二月十一日。

（大昭寺内有候显入藏记事碑一通，今存）①

因宗喀巴年迈（57岁）久病，未能奉旨赴京，遂派其高徒大慈法王释迦益西（即释迦也失）代表宗喀巴赴内地。②

释迦也失觐见永乐皇帝是在永乐十二年（1414）。释迦也失，1354年（藏历木马年）出生于拉萨东郊蔡公堂地方，自幼出家，刻苦研习佛法，后来当了宗喀巴大师的司膳，随即拜宗喀巴为师，在大师的指导下，研读大量佛学经典，学识渊博，成绩优异，成为宗喀巴的得意门生。永乐六年和十二年，明成祖先后两次遣使进藏迎请宗喀巴进京，宗喀巴考虑到格鲁派正值创教初期，自己作为教主不便离开，但为了争取中央政权对格鲁派的支持，扩大格鲁派的影响，永乐十二年特派弟子释迦也失代表他前往南京觐见永乐帝。次年四月，明成祖敕封释迦也失为"妙觉圆通慧慈普应辅国显教灌顶弘善西天佛子大国师"，赐给印诰。永乐十四年释迦也失辞归，明成祖不仅赐给他佛经、佛像、法丈、僧衣、绮帛和金银器，还亲自做了赞词送给他。释迦也失回到西藏后，遵照宗喀巴的意旨，1419年主持修建了色拉寺。色拉寺是格鲁派六大名寺之一，坐落于拉萨市北郊约五公里的色拉乌孜山南麓。③也就是说，永乐十三年（1415）二月二日，释迦也失到达南京，受到明朝廷的盛大欢迎，明成祖封释迦也失为西天佛子大国师。《明史》中的释迦也失，即释迦益西（1352—1435），系宗喀巴弟子，他于1413年（永乐十一年）代表患病的宗喀巴赴南京，1414年抵达，1415年受封为"妙觉圆通慧慈普应辅国显教灌顶弘善西天佛子大国师"④，1416年释迦也失辞归。

1434年（宣德九年），释迦也失赴北京，受封"万行妙明真如上胜清净般若弘照普慧辅国显教至善大慈法王西天正觉如来自在大圆通佛"⑤。《贤者喜宴》说：释迦益西曾任帝师，还被皇帝称赞为"如同一位精通医术的人一样，使朕之病得以痊愈，以致皇位长达三十三年"⑥。《隆多喇嘛全集》说："释迦益西是蔡公塘人，

---

① 班钦索南查巴著，黄颢译：《新红史》，第208页。
② 班钦索南查巴著，黄颢译：《新红史》，第208页。
③ 西藏自治区文物管理委员会编：《拉萨文物志》，第34页。
④ 班钦索南查巴著，黄颢译：《新红史》，第210页。
⑤ 班钦索南查巴著，黄颢译：《新红史》，第210页。
⑥ 班钦索南查巴著，黄颢译：《新红史》，第210页。

曾任宗喀巴的司膳堪布。又，释迦益西是色拉寺的创建者，他从内地回来，携带大量财物，遂以建寺。当时乃乌宗本南喀桑布亦以土地、属民及资金大力支持。寺于1419年（永乐十七年）竣工。"①

三大高僧相继来京，极大地促进了明中央与西藏地方及周边涉藏地区关系的发展。此后在16世纪初期，明朝历史进入明武宗朱厚照统治时期。明武宗当政期间，崇信藏传佛教达到了登峰造极的地步，连皇帝本人都自号大庆法王。"是时，上诵习番经，崇尚其教，常被服如番僧，演法内厂。"②《名山藏》卷一百九《西戎下》亦称："正德中，武宗习僧门，自号大庆法王，被服如番僧，建僧寺于西华门内。悉封诸国师，予诰命。于是法王、佛子、禅师、国师之号充满京师，上给番僧度牒至三万。"③以上说明明武宗修习佛法，自号"大庆法王"，穿戴如同僧人。他还下令广建寺院，广封僧职。一时间，法王、佛子、禅师、国师之号充满京师。

正德十年（1515）十一月，明武宗听闻"西域有能知三生者，土人谓之活佛"，④于是，派遣亲信太监刘允往乌思藏迎请活佛来京。明武宗下旨："查永乐、宣德间邓成、侯显奉使例，遣允乘传往迎之。"⑤是谓赴西藏迎请藏传佛教高僧来京城早有先例——"邓成、侯显奉使例"，合理合法。"明武宗正德皇帝按照永乐皇帝迎请法王德新协巴那样，下令迎请法王米觉多杰到皇宫，遂派赴藏金字使者陀察佛子和宫中太监刘允等人前往迎请。"⑥《明史·大宝法王传》载："（正德）时帝惑近习言，谓乌斯藏僧有能知三生者，国人称之为活佛，欣然欲见之。考永、宣间陈诚、侯显入番故事，命中官刘允乘传往迎。"⑦

此次刘允前往西藏迎活佛之规模空前，声势浩大，"舳舻船相连二百余里"⑧。使行队伍浩浩荡荡，官员、军士、船员等达千人之众，计有太监刘宗等八人、锦

---

① 班钦索南查巴著，黄颢译：《新红史》，第210页。
② 《明武宗实录》卷一二一，正德十年二月戊戌，第2435页。
③ [明]何乔远撰，张德信、商传、王熹点校：《名山藏》，福建人民出版社，第3112页。
④ 《明武宗实录》卷一三一，正德十年十一月己酉，第2611页。
⑤ 《明武宗实录》卷一三一，正德十年十一月己酉，第2611页。
⑥ 明武宗时派遣太监刘允到西藏迎请第八世噶玛巴一事，当时令朝野震动。刘允此行声势浩大，史载："以珠琲为幡幢，黄金为七供，赐法王金印、袈裟及其徒馈赐以钜万计，内库黄金为之一匮。敕允往返以十年为期，得便宜行事。"刘允一行飞扬跋扈，耗费巨资，以致物议沸腾，众臣都予反对，但明武宗并不理会执意派遣刘允出使乌思藏。
⑦ [清]张廷玉等撰：《明史》卷三百三十一《大宝法王传》，第8574—8575页。
⑧ 《明武宗实录》卷一三一，正德十年十一月己酉，第2611页。

衣等卫官舍指挥同知韦禄等一百三十三人。①使行人员到达四川后，补充了由四川指挥、千户十人率领的兵士千人的护卫军队一起出发。②使者所带礼物（供物），"以珠琲为旛幢，黄金为七供，赐法王金印、袈裟及其徒馈赐以钜万计，内库黄金为之一匮"③。并令沿途置办，"应付廪给口粮、马匹、车辆、马快船只及应用过番物件，令四川镇巡三司听其便宜措置"④。甚至将国家盐引十万引交给刘允，任其挥霍。"给长芦现盐一万引、两淮正课盐六万引，变卖应用"⑤，仅沿途所携茶盐以数十万计，另有赐僧金印、犒赏钜万。⑥

明武宗给予刘允"便宜行事"的权力，"敕允往返以十年为期，得便宜行事"⑦《西园见闻录》云："正德十六年，中贵人有言于上：谓番僧有知三生及未来事者，西人谓之活佛，遂传旨察永乐间太监侯显迎尚师哈立麻事例，遣司礼监刘允迎之。以珠琲为幡幢，黄金杂宝为法供，赐法王金印珠沿绣襕及其徒馈遗以钜万，计内库黄金为之一空。敕允往返以十年为期，得便宜行事，所经路茶盐引亦数万计。"⑧"便宜行事"权力，无疑助长了他活作非为的气焰。自正德十年十一月太监刘允"往乌斯藏赍送番供等物"⑨，使行人员"日支官廪百石，蔬菜银一百两。锦官驿不足，傍取近城数十驿供之。又，治入番物料。估直银二十万。镇巡争之，减为十三万。取百工杂造，遍于公署，日夜不休"⑩，所经沿途各州县供献财物、珠宝玉器，劳民伤财到了令人发指的地步。

《贤者喜宴——噶玛岗仓史》中有这样一段记载，形象在描述了刘允一行的腐败：

> 太监刘允往乌思藏，"大库等用五层或三层的帐篷覆盖，在诸营帐中间的黑铁布幔围绕之中有他（指太监刘允）的大营帐以及皇宫赐予的供奉礼品等箱子，在依次排列的箱子中有宽大的金制宝座和上等的铺垫。他（指太监刘允）仰卧着，身旁有五十余名孩童不断奏乐、伴舞；

---

① 《明武宗实录》卷一三一，正德十年十一月辛亥，第2613页。
② 《明武宗实录》卷一三一，正德十年十一月己酉，第2611页。
③ 《明武宗实录》卷一三一，正德十年十一月己酉，第2611页。
④ 《明武宗实录》卷一三一，正德十年十一月辛亥，第2613页。
⑤ 《明武宗实录》卷一三一，正德十年十一月己酉，第2611页。
⑥ [清]张廷玉等撰：《明史》卷三百三十一《大宝法王传》，第8574页。
⑦ 《明武宗实录》卷一三一，正德十年十一月己酉，第2611页。
⑧ [明]张萱撰：《西园闻见录》卷一百五，周骏富辑《明代传记丛刊·综录类30》，台湾明文书局，1940年，第124册，第771、772页。
⑨ [明]朱国祯辑：《皇明大政记》卷二十四，正德十年十一月癸未，《中国野史集成续编》第7册，第367页。
⑩ 《明武宗实录》卷一三一，正德十年十一月己酉，第2611—2612页。

许多儿童在他（指太监刘允）的十几个用珍宝制成的小碗中不断填加饮品和干粮；在他（指太监刘允）周围和营帐外部有千余名士兵轮流守护，在他（指太监刘允）面前站立着诸多大臣，处理着大小事务。"①

太监刘允倚仗明武宗之支持，赴乌思藏时沿途搜刮民脂民膏，放荡不羁，无比奢华，激怒群臣。朝中一些开明官员纷纷上奏明武宗，请求武宗下诏停止此次迎佛活动。当时劝谏官员中有礼部尚书毛纪、刘春，监察御史徐文华等人。毛纪，正德十年时由吏部左侍郎官拜礼部尚书，激愤上奏："自京师至乌思藏二万余里，公私烦费，不可胜言。且自四川雅州出境，过长河西行数月而后至。无有邮驿、村市。一切资费，取办四川。四川连岁用兵，流贼甫平，蛮寇复起。困竭之余，重加此累，恐生意外变。"②毛纪反对遣使者往乌思藏有两个理由：一是京城至乌思藏路途遥远，二是花费巨大，有害无利。同时劝谏的还有内阁大臣梁储、靳贵和杨一清等人，"中官刘允迎佛乌思藏，赍赏至百余万，储等皆极谏"③，但均无任何结果。户部官员还指出：开中盐引本为供边，北方边境蒙古进犯之患未宁，岂可坏盐法。如果允许刘允携带盐引七万"变卖应用"④，则边方何以仰给？建议皇上慎重国体，悯恤人穷，收回成命。⑤并尖锐指出，允许"刘允携茶盐数十万"⑥之敕令损坏了国家盐引资边大计。有明臣还提出将刘允等人法办治罪，"论乌思藏取佛中官刘允蛊惑先帝，荼毒远方，请置之重典"⑦。

可是，对于各部内阁大臣及台谏官"连章谏止"，明武宗"俱不听"⑧，不予理睬。于是，刘允从京城出发，一路颐指气使搜刮到四川成都。早在未到达成都前，"有司先期除新馆，督造旬日而成"⑨。"及抵成都，日支官廪百石，蔬菜银百两，锦官驿不足，取傍近数十驿供之。治入番器物，估直二十万。守臣力争，减至十三万。工人杂造，夜以继日。居岁余，始率将校十人、士千人以行，越两月入其地。"⑩在四川，使行人员又待了一年才慢悠悠前往西藏。"西踰两月至其

---

① 巴卧·祖拉陈瓦著，周润年译注：《贤者喜宴——噶玛岗仓史》，第523页。
② ［清］张廷玉等撰：《明史》卷一百九十《毛纪传》，第5045—5046页。
③ ［清］万斯同编著：（天一阁藏）《明史稿》第四册《梁储传》，宁波出版社，2008年，第58页。
④ 《明武宗实录》卷一三一，正德十年十一月辛亥，第2613页。
⑤ 《明武宗实录》卷一三一，正德十年十一月辛亥，第2613页。
⑥ ［清］张廷玉等撰：《明史》卷三百三十一《大宝法王传》，第8574页。
⑦ ［清］万斯同编著：（天一阁藏）《明史稿》第二册《高瑶传》，第11页。
⑧ ［明］叶向高著：《四夷考》卷四《西番考》，第44页。
⑨ 《明武宗实录》卷一三一，正德十年十一月己酉，第2611页。
⑩ ［清］张廷玉等撰：《明史》卷三百三十一《大宝法王传》，第8574—8575页。

地",①走了两个多月后才到了西藏。可是,使者到达西藏后,乌思藏高僧不知其身份来历,不肯进京。结果刘允部下发怒,发生了使者与当地人员的冲突,"夺其宝货、器械以去,军职死者二人,士卒数百人,伤者半之"②。刘允逃跑到了成都,告诫部下不得散布此次消息,并上奏谎称没有找到活佛,请求回京,但此时明武宗也已驾崩。

崇佛是明朝经略西藏及周边涉藏地区的政策定位,"我太祖崇奉释教,观宋文宪《蒋山佛会记》以及诸跋,可谓至隆极重。至永乐,而帝师哈立麻'西天佛子'之号而极矣。历朝因之不替。惟成化间,宠方士李孜省、邓常恩等。颇于灵济、显灵诸宫加奖饰。又妖僧继晓用事,而佛教亦盛,所加帝师名号,与永乐年等,其尊道教亦名耳。武宗极喜佛教,自列'西番'僧呗唱无异,至托名'大庆法王',铸印赐诰命。"③有乌思藏使绰吉我些儿,"上悦之,以为保安寺大德法王,出入豹房,杂处貂瑞中"④。但明世宗即位后崇信道教,焚佛毁佛,大兴道教。不过,这只是一个短暂的时期。万历年间明代的佛教活动仍然十分活跃。这样来看,虽然整个明朝迎请使者并不多,但影响却很大。

(二)伴送

明朝规定,涉藏地区僧俗首领或贡使来京返藏时,由政府派出官员伴送,同时令沿途州县调拨军士护送,史书中称作"护送"或"伴送",所谓"夷使往返,皆有伴送":⑤

> 有比年贡者,有三年贡者,从其便。不贡,不责也。诸所贡物,惟朝鲜之国,设为庭实文物之邦也,勘合、号簿以给。海外诸夷也,诰命、敕命、敕谕,所以赐诸番夷之等也。有以数千人入贡,有以数百人入贡。留之边外,量与其人入京师,无使扰民也。夷使往返,皆有伴送。病亡者,有棺敛而祭葬之。所以柔远人也。⑥

察有明一代,因中央与地方往来频繁,故负责护送使命的明朝官员一茬又一

---

① 《明武宗实录》卷一三一,正德十年十一月己酉,第2611页。
② 《明武宗实录》卷一三一,正德十年十一月己酉,第2612页。
③ [明]沈德符著:《万历野获编》卷二十七《释道·释教盛衰》,第679页。
④ [明]何乔远撰,张德信、商传、王熹点校:《名山藏》卷一百九《西戎下》,第3112页。
⑤ [明]何乔远撰,张德信、商传、王熹点校:《名山藏》卷一百九《西戎下》,第3123页。
⑥ [明]何乔远撰,张德信、商传、王熹点校:《名山藏》卷一百九《西戎下》,第3122—3123页。

茬，络绎于道。不过，《典故纪闻》卷十七这样说："先年，夷人入贡，无遣官伴送之例，嘉靖三十八年，以驿递殴伤贡夷，始议遣通事序班伴送。其后伴送序班，往往导诱诸夷，百般需索，因而乾没，恣为奸利。嘉靖四十三年秋，序班陶贵伴送海西夷人至三河，侵暴特甚，为驿丞杨枌所奏。乃诏：'自后三卫海西诸夷入贡，蓟辽督抚选委官舍押送，革伴送通事序班，以兵部听差指挥千、百户一员代之。'"① 根据这条史料，嘉靖朝才有了伴送夷人之"例"，这可能仅仅是明朝对女真使者的伴送规定，对西藏及周边涉藏地区使者的伴送早在明初就已有了。

涉藏地区高僧来京后，受到了明政府的高规格礼待。这些高德大僧在内地也适时宣扬佛法，传播教义，得到许多民众的支持。当他们返回时，朝廷专门派出官员、军队护送，给予全程保护。现以时间为序，略举如下：

洪武十五年七月，行人钟顺护送故元来朝理问高惟善还"西番"。②

永乐六年四月，中官（不知名）护送大宝法王哈立麻返回乌思藏。③

永乐十二年正月，中官护送大乘法王昆泽思巴回乌思藏。④

宣德十年七月，指挥把台等护送哈密瓦剌顺宁王脱欢等处使臣返回。⑤

正统五年三月，遣人护送乌思藏等处"番使"回还……⑥

正统十年三月，甘肃总兵镇守官遣人护送阿端地面使臣舍黑哈兀丁等朝贡使臣回还。⑦

正统十二年正月，量拨人马护送滞留在西宁丹的寺等处的宣德年间贡使回还。⑧

护送涉藏地区首领或使者返回时，经常会遇到沿途的劫掠。这种情形在宣德十年七月甘肃总兵都督同知刘广的一封奏折中可以清楚看出。宣德十年七月，甘肃总兵都督同知刘广奏："近近差指挥把台等赍敕往赐沙州卫都督困即来等礼币，

---

① [明] 余继登撰：《典故纪闻》卷十七，第321页。
② 《明太祖实录》卷一四六，洪武十五年七月辛酉，第2291页。
③ 《明太宗实录》卷七八，永乐元年四月庚子，第1057页。
④ 《明太宗实录》卷一四七，永乐十二年正月己卯，第1725页。
⑤ 《明英宗实录》卷七，宣德十年七月庚午，第127—128页。
⑥ 明英宗颁给河州卫都指挥同知刘永一道敕令，内容是："得奏言乌思藏等处番使已遣人护送回还……"，表明乌思藏使者受到护送的事实。《明英宗实录》卷六五，正统五年三月乙卯，第1245—1246页。
⑦ 《明英宗实录》卷一二七，正统十年三月乙酉，第2534—2535页。
⑧ 明政府得到乌思藏答隆地面剌麻赏初坚到巴藏卜使者的奏请，由政府派军马护送滞留在西宁丹的寺等处的宣德年间贡使回还，见《明英宗实录》卷一四九，正统十二年正月己卯，第2925—2926页。

并送阿哈密瓦剌顺宁王脱欢等处使臣，遭经赤斤、罕东等卫，被番达贼寇劫掠彩币、马驼、器械，请发兵征剿。上以戒狄宜涵容之，但敕谕其头目，令追获原掳诸物给与使臣，护送出境。其劫掠之罪，悉宥不问。"①可见，由于内地到涉藏地区的道路十分艰险，途中又多遭劫掠，只有军队护卫才能安全返藏。也就是说，护送的目的是保证使者和朝贡物资的安全。

其次，护送也是体现明中央对涉藏地区首领、使者的重视和关怀，是一种礼待的表现，也是怀柔远人的一种政策。明朝规定，凡是来京"番僧封王者"，朝廷必须派遣官兵护送至其所在的寺院进行和完成册封仪式，这无疑体现了封王的严肃性和中央政府对封王的高度重视："旧例番僧封王者，赐诰敕并锦绮、衣帽诸物甚备，又遣官护送至彼给授。"②此处"旧例"是指《京寺番僧赴诸藏例》，它是一条法律规定。不过，成化三年七月，朝廷对这一条例进行了新的解释，即遇到特殊情形的时候，可以变通实施。

在护送过程中，护送的官兵可根据情况适时调整护送方案。在护送的方式上，主要采用拉力式护送，或者是分段负责制。具体而言，护送分两个方面：一是内地官兵护送使者出境，食宿费用由所经地方州县提供，护送主力是邻近这些地区的明朝官兵；二是涉藏地区卫所官兵的护送。涉藏地区的卫所也需提供食宿，遣人护送。天顺元年九月，明廷遣灌顶国师葛藏、右觉义桑加巴等，赍敕诰并彩币、僧俗衣帽、铃杵等物，往乌思藏封答苍喃葛坚粲巴藏卜袭为辅教王，"仍命葛藏等顺赍敕并彩币、宝石、伞幢等物，赐所经乌思藏等处阐化王昆葛列思巴中耐坚参巴藏卜等，俾其护送使臣，不许下人生事阻滞"③。

当然，护送的方式并不是一成不变的，护送可根据道路交通状况和途经地边疆民族地区情形等客观因素，选择两种方式：一种是一站式直接护送至目的地；另一种是各地接力式护送。如正统十年三月："敕谕沙州卫都督佥事哺哥、都指挥使克罗俄领占、赤斤蒙古卫都督佥事阿速、指挥佥事薛令及头目人等曰：'今阿端地面使臣舍黑把啥兀丁等朝贡回还，朕念其道里遥远，已敕甘肃总兵镇守官遣人护送至尔处。尔等宜各令人马护送至哈密地面，然后听其自去，毋致疏虞，用副朝廷优待远人之意。如尔等不严切钤束部属，致强横之徒于路有所侵扰，尔

---

① 《明英宗实录》卷七，宣德十年七月庚午，第127—128页。
② 《明宪宗实录》卷四四，成化三年七月丁亥，第918页。
③ 《明英宗实录》卷二八二，天顺元年九月辛巳，第6064页。

等之罪并治不宥。'"① 此次护送采取了接力式护送。

对于少部分不愿意返回的使者，明政府允许其居住内地，但以不生事为原则。否则，即遣送回去。正统五年三月，明英宗"敕镇守河州卫都指挥同知刘永曰：得奏言乌思藏等处番使已遣人护送回还，至西宁札木地方散于丹的寺等簇寄住。内灵藏指挥软奴巴先居河州时尝娶妻本卫，因怀眷恋，窥黄河冰冻，复潜逃来。又诱温速里民王搔儿言往陕西都司告给俸粮，虑其纠合诸番，将为边患，敕至，尔等即用心体覆。若番使仍在彼处安分守己，听其暂住，俟道通即遣之回，并审软奴巴。若止因恋妻逃来，亦可就彼安插。彼处不可，即同其妻差人送京。如有窒碍，亦量度事情计议停当，具奏处置。"② 正统十二年正月，乌思藏答隆地面剌麻赏初坚刬巴藏卜等遣番僧奏称："宣德年间，遣来使臣国师哈力麻、指挥必力工等三百余人；分住于丹的寺等处，被达贼阻杀，至今未回，乞遣军马，开通道路护送。上从之。仍谕礼部：宣德年间，乌思藏来朝使臣亦有在河州居住年久，家业已成，不愿回者。今若一概逼迫出境，恐致失所。其领镇守西宁都指挥佥事汪清同该卫官体勘现在人数并各人实情。其愿回者量拨人马护送出境，听其自回。仍严戒饬护送人在途不许生事扰害，有失远人之心。"③

除了派遣官军护送涉藏地区首领、使者外，明廷派出使者进藏也由官兵护送，护送官兵有时多至一两千人，如宣德九年三月都督赵安率兵1500人护送中官宋成等人前往乌思藏，以保障使者和物资安全进藏。这样的史料很多：

（宣德二年四月）明政府遣太监侯显赴乌思藏、尼八剌等处抚谕给赐，命都督佥事刘昭、指挥后广等调洮州六卫官军护送出境。并敕令川卜、川藏、陇答、罕东，灵藏、上笼卜、下笼卜、管牒、上邛部、下邛部，乌思藏怕木竹巴、必力工瓦等处及万户、寨官、大小头目、军民人等给道里费，且遣人防护。④

（宣德九年）命中官宋成等赍玺书、赐物使其地，敕都督赵安率兵送之毕力术江。⑤

---

① 《明英宗实录》卷一二七，正统十年三月乙酉，第2534—2535页。
② 《明英宗实录》卷六五，正统五年三月乙卯，第1245—1246页。
③ 《明英宗实录》卷一四九，正统十二年正月己卯，第2925—2926页。
④ 《明宣宗实录》卷二七，宣德二年四月甲子，第703—704页。
⑤ [清]张廷玉等撰：《明史》卷三百三十一《朵甘传》，第8589页。

（景泰七年）灌顶国师葛藏率领桑加巴、沙加星吉等往封辅教王，光禄寺署丞祁全护送到四川。①

（正德十年十一月）太监刘允往乌思藏迎请活佛、赍送番供，由锦衣卫官军133人；连同四川都司调拔官军千人护送。②

护送的目的是保证使者人员和物资的安全。由于赴藏使者往往携带大量的黄金珠宝、瓷器玉器、茶叶面绢等贵重物品，加之内地到西藏的道路十分艰险，途中又多遭遇劫掠，必须军队武装护卫才能安全到达目的地。而护送使者颇具危险，为此献出了生命的护送者也不乏其人。宣德九年四月，安定卫镇抚拜不花，因护送使者往毕力术汀遇寇被害。③

（三）迎请使者的特点

迎请、护送是保障明朝与涉藏地区来往人员生命和财产安全，进而推动西藏及周边涉藏地区朝贡有序的重要举措。担任迎送使者的人员主要是中官、行人及边地卫所职官，见下表：

表11 明代赴藏迎送使者身份表

时间	使者名	使者身份	品级
洪武朝	钟顺	行人	正八品
永乐朝	侯显	中官	—
	关僧	内官	—
宣德朝	把台	都指挥	正二品
正德朝	刘允	太监	正四品

明初洪武朝规定，中官不得干预朝政。洪武十七年铸铁牌，文曰："内臣不得干预政事，犯者斩，置宫门中。又敕诸司毋得与内官监文移往来。"④可是，洪

---

①景泰七年派遣，天顺元年回还。见《明英宗实录》卷二七八，天顺元年五月癸未条，第5929页。
②《明武宗实录》卷一三一，正德十年十一月己酉，第2611页。
③《明宣宗实录》卷一〇九，宣德九年四月己酉，第2461页。
④［清］张廷玉等撰：《明史》卷七十四《职官志三》，第1826页。

武二十五年时，明太祖命聂庆童往河州敕谕茶马，"中官奉使行事已自此始"①。明代中官能够四处出使"实始永乐时"。②《明史·职官志》载："永乐元年，李兴等赍敕劳暹罗国王，此奉使外国之始也。三年，命郑和等率兵二万，行赏西洋古里、满剌诸国，此将兵之始也。"③行人之职，设置于洪武十三年。其官署"行人司，司正一人，正七品；左、右司副各一人，从七品；行人三十七人，正八品。职专捧节、奉使之事。凡颁行诏敕，册封宗室，抚谕诸蕃，征聘贤才，与夫赏赐、慰问、赈济、军旅、祭祀……""建文中，罢行人司，而以行人隶鸿胪寺，成祖复旧制"④，意味着行人司和行人在对外关系和边疆治理中愈来愈重要。

另外，明朝于永乐六年、永乐十二年、正统五年、正统十年分别遣使者送迎藏族首领，但使者名未记载。按每次至少使者一人，则至少4人次执行送迎使者使命。

适时的起送、护送，对于来往于内地与西藏及周边涉藏地区的使者人员不仅是一种生命财产的保护，同时也是一种信心支持。这种支持对于中央与地方间的人员往来具有极其重要的意义。明代迎请、护送的特点是：

（1）明政府一再强调，对于乌思藏、朵甘、洮州、河州、岷州及长河西、鱼通、宁远等处朝贡，既要按照审核制度，在审有印信文凭者方许存留、起送，又要防止违例朝贡的情况，令其务限期、额数，决不允许边官徇情滥收滥送，否则依法严惩。不过，明政府同时又强调：要注意处置的方式方法，"务在抚驭开谕得宜，勿得因而激变生患"⑤，以免引起边患。这似乎是一个矛盾体的两方面，反映着明代边疆民族地区形势的复杂性。

（2）在"厚往薄来"⑥的朝贡政策下，贡使的地位极高。送迎使者与贡使存在着密切的关系。送迎使者一方面起送保护贡使人员安全的责任，一方面还对贡使负有约束的责任。当然，不论是起送或护送，皆需要道路交通的保障，这是护送迎往成功的另一要素。正统七年七月："四川董卜韩胡宣慰使克罗俄监粲奏请开通杂谷瓦等处道路，求伴送军人，谙晓通事及起站马脚力文书。上敕四川三司勘

---

① [清] 张廷玉等撰：《明史》卷七十四《职官志三》，第1826页。
② [清] 张廷玉等撰：《明史》卷七十四《职官志三》，第1826页。
③ [清] 张廷玉等撰：《明史》卷七十四《职官志三》，第1826页。
④ [清] 张廷玉等撰：《明史》卷七十四《职官志三》，第1809—1810页。
⑤ 《明宪宗实录》卷五二，成化四年三月戊辰，第1053页。
⑥ [明] 朱国祯辑：《皇明大事记》卷十三《诸夷朝贡》，明崇祯刻本《皇明史概》，第1064页。

实所言，回奏定夺。遂赐克罗俄监粲及其父、其妻、其头目禳结儿等绒锦、彩币表里有差。"[1]

（3）起送、护送，国库花费巨大。成化二十一年十一月，礼部奏："四川起送乌思藏如来大宝法王、国师并牛耳寨寨官进贡、谢恩、招抚、袭替各项共一千四百七十员名。除回赐国（法）王等官并到京番僧外，其存留在边者，若一例赏之，共该彩缎一千四百七十表里，纻丝僧衣二千九百二十二袭件，折绢一万一百六十四匹、钞一十四万七千锭、食茶八万八千二百斤，其数太滥。除法王、国师及正贡来京者照例给赏，其余在边一千八名，欲量以该赏衣二件共折彩缎一表里与之。食茶令四川茶马司照数给散。从之。"[2] 从中可见，成化二十一年乌思藏超大规模的进京朝贡人员，若按例全赏则将花费 14.7 万锭钞、8.82 万斤茶叶及众多他物，这无疑是一笔较大开支。

四、赏赐使者

赏赐西藏及周边涉藏地区政教领袖是明朝既定的治藏政策，赏赐的标准按照藏族首领的身份和地位而不同。赏赐的物品极其丰富，不仅有金银珠宝，还有服饰、袈裟、禅衣、法器等，应有尽有。

（一）赏赐使者的类型

赏赐边远地方势力首领或头目是历代中央政府治边政策的重要组成部分，元朝对藏族高僧的赏赐就非常频繁、规格很高。1253 年，忽必烈赐给八思巴上师：黄金及珍珠镶嵌之袈裟、珠宝装饰之佛塔、法衣、僧帽、靴子、坐垫等，器具有黄金伞盖、金杵、银爵、珍宝镶嵌刀柄之腰刀等，还有黄金一大锭、白银四大锭、乘驼、骡子，俱带黄金鞍、鞯缰绳等。复于虎年为法缘赐白银五十六大锭、茶二百包、锦缎一百一十匹。[3] 元代以降，明中央对藏族教俗首领进行经常性的赏赐，并成为加强与西藏及周边涉藏地区关系不可或缺的重要举措。

赏赐的对象主要是西藏地方和其他涉藏地区高德大僧、朝贡使者、"番族"头目等，范围极广，基本是凡朝贡者俱赏。洪武四年二月，河州卫指挥同知何锁

---

[1]《明英宗实录》卷九四，正统七年七月癸亥，第1898页。
[2]《明宪宗实录》卷二七二，成化二十一年十一月甲戌，第4595页。
[3]［清］张廷玉等撰：《明史》卷三百三十一《阐化王传》，第8580页。

南普等辞归,"诏赐何锁南普文绮二十匹,汪家奴一十五匹,以下官属各一十五匹。既而上复以何锁南普等识达天命自远来朝,加赐何锁南普文绮十匹,汪家奴八匹、官属人一匹"①。永乐元年正月,朵甘、乌思藏必力工瓦等国师并土官遣人来朝,贡马及方物,赐赉有差。②同年十二月,西宁卫土官指挥李南哥率把沙等十簇"番酋"却约思等,及河州番酋米卜等来朝贡马,"赐银、钞、彩币有差"③。明朝不仅对涉藏地区首领或派遣的使者来京朝觐时进行赏赐,而且随时派出大臣前往西藏及周边涉藏地区进行赏赐。赏赐分两种类型:一种是专门性赏赐,另一种是兼带性赏赐。

专门赏赐就是明朝派出使者进行赏赐,主要是赏赐藏族地方教俗首领及大小僧职人员。永乐年间,明成祖派遣太监乔来喜、杨瑛(明史称杨三宝)等人赴西藏赏赐:永乐元年(1403)八月,明成祖遣智光以白金、彩币颁赐馆觉、灵藏、乌思藏、思达藏灌顶国师等高级僧侣,"计白银二千二百两,彩币百一十表里"④。《西域传·阐化王》记载,明成祖即位后遣僧智光往赐灌顶国师吉剌思巴监藏巴藏卜,⑤并令他持诏招谕辅教王,"赐以银币"⑥。永乐十五年二月,明成祖派遣内官乔来喜等赍佛像、佛经、金银法器、彩币等物往乌思藏,"赐正觉大乘法王昆泽思巴";⑦永乐十七年十月,又命中官杨三保等"赍敕往赐"乌思藏正觉大乘法王昆泽思巴、怕木竹巴灌顶国师阐化王吉剌思巴监藏巴里藏卜、必力工瓦阐教王领真巴儿吉藏、思达藏辅教王喃渴烈思巴、灵藏灌顶国师赞善王著思巴儿监藏、灌顶弘善西天佛子大国师释迦也失等佛像、法器、袭装、禅衣及绒锦、彩币表里有差。以答乌思藏法王、政教王遣使朝贡之诚。⑧太监杨瑛(《明实录》作杨三保)是永乐年间联系明中央与西藏地方的重要人物。《明实录》中明确记载他曾三次赴藏,代表明廷,赍赐封赏。坐落在大昭寺神殿正中的杨瑛碑,系明永乐年间太监杨瑛奉旨赴封赐西藏宗教领袖人物时所立。"从立碑位置分析,杨瑛一行赴藏后,曾到大昭寺朝拜,此碑应为朝拜期间所立。该碑身高1.68米,宽0.97米,

---

① 《明太祖实录》卷六一,洪武四年二月辛未,第1189页。
② 《明太宗实录》卷一六,永乐元年正月庚辰,第291—292页。
③ 《明太宗实录》卷二六,永乐元年十二月庚寅,第483页。
④ 《明太宗实录》卷一一,洪武三十五年八月戊午,第177页。
⑤ [清]张廷玉等撰:《明史》卷三百三十一《阐化王传》,第8580页。
⑥ [清]张廷玉等撰:《明史》卷三百三十一《辅教王传》,第8585页。
⑦ 《明太宗实录》卷一八五,永乐十五年二月戊午,第1981页。
⑧ 《明太宗实录》卷二一七,永乐十七年十月癸未,第2162页。

厚0.21米；碑帽高0.36米，宽处1.05米，厚0.26米；碑座方形，前后出碑身0.11米，左右出碑身0.06米，其绝大部分已埋入地中，故厚度不明。碑额方形，不见文字，碑身阳面亦不见文字，碑阴则刻有10排126人名姓，连同指挥、百户、丹书、石匠等，共134人。人名上部，则横行阴刻'微的纳牙尼'5字。碑面四边，刻有蔓草纹饰。"[1]

宣德年间，都指挥同知陈通两次受命往赐安定卫头目。宣德二年三月，陈通奉诏赐安定卫归顺指挥使哈三等，及招抚回还官军等七百一十六人；[2]同年，明宣宗"命中官侯显往赐（阐化王吉剌思巴监藏巴藏卜）绒锦、彩币"[3]。宣德三年二月，陈通等又奉敕赐"西番"弘妙广济大国师吒思巴儿监藏、安定王亦攀丹等金织袈裟、禅衣、白金等。[4]宣德九年二月，肃州卫指挥同知韦文奉诏赐曲先卫指挥使那那罕彩币表里[5]，同年三月，中官宋成赍敕往乌思藏等处给赐[6]；四月，西宁卫千户吉祥赍敕往赐毕力术江指挥佥事管着儿监藏等彩币表里[7]。

正统年间，明英宗遣使者赏赐涉藏地区都卫头目及其属下一应大小官员如下：正统元年七月，中官阮至赍敕往赐净觉慈济大国师绰竹藏卜金印、诰命，弘慈广善国师锁南巴藏卜银印、诰命及袈裟等物。[8]正统三年正月，明英宗遣使者敕赐董卜韩胡宣慰使司致仕宣慰使哺葛文锦、彩币表里，及其子宣慰精一克罗俄坚粲诰命、冠带。[9]正统四年正月，明英宗遣指挥祁贤赍敕并衣服、彩缎赐安定王亦攀丹、安定卫都指挥桑哥阿廷拜子剌阿剌乞巴、指挥把麻、罕东卫大国师吒思巴坚藏、都指挥绰儿加、头目葛剌失盼等，"俱赏赐有差"[10]。

兼带赏赐就是赴藏使者在完成迎请、招谕、册封等使命的同时，对藏族上层进行赏赐。永乐四年三月，明成祖遣使诏封札思木头目撒力加监藏为朵甘卫行都司都指挥使，切禄奔、薛儿加俱为都指挥同知，陇答头目结失古加之子巴鲁为陇

---

[1] 西藏自治区文物管理委员会编：《拉萨文物志》，第114页。
[2]《明宣宗实录》卷二六，宣德二年三月癸巳，第675页。
[3] [清]张廷玉等撰：《明史》卷三百三十一《阐化王传》，第8581页。
[4]《明宣宗实录》卷三七，宣德三年二月丁丑，第919页。
[5]《明宣宗实录》卷一〇八，宣德九年二月乙卯，第2422页。
[6]《明宣宗实录》卷一〇九，宣德九年三月戊寅，第2440页。
[7]《明宣宗实录》卷一一〇，宣德九年四月癸丑，第2463页。
[8]《明英宗实录》卷二〇，正统元年七月甲寅，第395页。
[9]《明英宗实录》卷三八，正统三年正月丙申，第735页。
[10]《明英宗实录》卷五〇，正统四年正月乙巳，第971页。

答卫指挥使。①永乐十二年正月，使者至朵甘卫奉诏升卫指挥同知阿奴、头目隆布班丹领占为朵甘卫行都司都指挥使。②在这两次册封时，明朝派出的使者还赐予这些首领、头目封诰、印章及价值不菲的彩币，命他们管理各自地方。也就是说，册封使者兼负了赏赐任务，布施朝廷之惠。这样的事例还有许多：

永乐十六年，尼八剌国遣使来贡，明成祖命中官邓诚赍玺书、锦绮、纱罗往报之，"所经罕东、灵藏、必力工瓦、乌斯藏及野蓝卜纳皆有赐"③。正统十一年六月，桑儿结监藏巴藏卜借袭阐化王，"命礼部遣官赍敕及彩币等物，同来使绰思恭巴等往阐化王给赐"④。成化元年四月，因需要处置哈密忠顺王嗣立之大事，明廷遣锦衣卫带俸都指挥佥事李珍往哈密，"赐珍银八两，彩缎二表里；并赐（罕东）赤斤蒙古、沙州三卫敕书各一道、彩缎各二表里，付珍等赍给之"⑤。成化十六年，"封阐化王，厚赐之"⑥。以上均反映了赴藏使者对西藏及周边涉藏地区的兼带性赏赐。

从赏赐的对象和物品看，赏赐对象是法王、政教王等，赏赐的物品主要是金币、佛像、法器等。《明史·阐教王传》载：杨三保、戴兴、侯显之使，"皆赍金币、佛像、法器赐焉"⑦。《明史·西天尼八剌国传》：宣德二年，"又遣中官侯显赐其王绒锦、纻丝，地涌塔王如之"⑧。

从赏赐使者的身份看，他们既有位居二品之高官，也有八品的低职人员，还有僧人、太监等。详见下表：

---

① 《明太宗实录》卷五二，永乐四年三月壬寅，第780—781页。
② 《明太宗实录》卷一四七，永乐十二年正月己卯，第1725页。
③ 尼八剌国在"诸藏之西，去中国绝远。其王皆僧为之。"《明史》卷三百三十一《尼八剌国传》，第8586页。
④ 《明英宗实录》卷一四二，正统十一年六月庚子，第2808—2809页。
⑤ 《明宪宗实录》卷一六，成化元年四月戊子，第346页。
⑥ [明] 徐学聚编撰：《国朝典汇》卷一百七十五《兵部·西番》，第2206页。
⑦ [清] 张廷玉等撰：《明史》卷三百三十一《阐教王传》，第8584页。
⑧ [清] 张廷玉等撰：《明史》卷三百三十一《西天尼八剌国传》，第8586页。

表12 明代赴藏赏赐使者身份表

时间	使者名	使者身份	品级
洪武朝	钟顺	行人	正八品
	王伯彦	工部主事	正六品
	智光	汉僧	—
	乔来喜	内官	—
	杨三宝	中官	—
	邓诚	中官	—
宣德朝	陈通（宣德二年三月）	都指挥同知	从二品
	陈通（宣德三年二月）	都指挥	正二品
	韦文	肃州卫指挥同知	从三品
	宋成	中官	—
	吉祥	西宁卫千户	正五品
正统朝	祁贤	都指挥	正二品
	阮至	中官	—
成化朝	李珍	锦衣卫带俸指挥佥事	正四品

注：①明朝于永洪武十七年、正统三年、正统十一年等遣使赏赐甘、青、川涉藏地区首领，但使者名未记载，属不知名使者。按每次至少使者一人，则至少3人次执行赏赐使者使命。②本处所计赏赐使者是指专门赐物给藏族地方政教首领的使者。明朝的治藏政策是"多封众建"、"和平诏谕"，凡是册封使者、招谕使者，一般情况下都会赏赐物品给藏族地方首领，所以这类赏赐非常多，由于他们承担的主要使命并不是赏赐，故这类使者不计入。

上表显示，13名赏赐使者中，官职级别及人数为：二品官员2人；三品、四品、五品、六品、八品官员各1人；其他5人为宦官，1人为汉僧。

（二）赏赐的规定

明朝对西藏及周边涉藏地区政教上层和大小头目的赏赐，其根本目的是要结其欢心，维护边疆地区统治秩序。因此，有时赏赐的数量和价值是十分惊人的。如永乐四年三月，明成祖封乌思藏（怕木竹巴吉剌思巴监藏）巴里藏卜为灌顶国师阐化王时，"赐乌思藏阐化王螭纽玉印、诰命，白金五百两，绮衣三袭，绮绣五十匹，彩绢百匹，茶二百斤"①《贤者喜宴·噶玛岗仓史》中有这样一段记载："因汉地之金字使臣近日到达，故法王又前往工布地方，琼托地方的杂辛堆瓦和绛堆瓦喇嘛札杰将上中部寺院等所属的土地、领空等全部敬献于法王，并将仓库管理者和煮茶者献于法王。（法王）为明代已逝世的皇帝诵经祈愿，为当今皇帝祈福。此后，皇帝的金字使臣大国师西桑波仁钦和灌顶国师洛追桑波等人奉旨前来，为法王送来皇帝赐的一百五十块茶、一百匹彩缎表里、三十余根旃檀木、两个大银饰器具等；皇太后赐予的六个金柱幡以及诸多特制佛器；顿法王、杨法王、色拉法王等宫廷中的法王以及王太监等宫廷中的所有大人们各自都奉献有无数礼品。（为谢皇恩）法王组织僧人诵经祈祷，祝赞皇帝长寿。"②此次明朝皇帝为法王所赐茶、金银器皿之种类颇为丰富，且数量很多。这些举措，一定程度上加强了西藏及周边涉藏地区地方首领对明朝的心理向导和认同意识，产生了深远的影响。

值得说明的是，在赏赐过程中，明朝逐渐订立了一些赏赐法规，使赏赐有了法律规范，即把赏赐纳入法制的范围内。明代制定和颁行的朝贡赏赐法规，主要有：

1.《四夷朝贡给赐例》

洪武二十六年（1393）订立，内容是："凡诸番四夷朝贡人员及公侯官员人等一切给赐，如往年有例者，止照其例。无例者，斟酌高下等第，题请定夺。然后礼部官具本奉闻，关领给赐。"③这就是洪武二十六年的"四夷朝贡给赐例"，即凡朝贡，均需予以赏赐。

2.《河州洮州"番族"朝贡赏例》

永乐元年（1403）议定。《明太宗实录》卷一十九曰：

> 永乐元年四月，河州、洮州"番族"朝贡，命礼部定赏例。礼部议奏：河州卫必里千户所千户，每员银六十两、彩币六表里、钞百锭，曾授金符头目亲来朝贡者，银五十两、彩币五表里、钞七十锭、给丝衣一袭；遣人朝贡者，银四十两、彩币四表里、钞五十锭；中途死者，官归其丧，赏赐付抚安官给之，所遣使每人银十两、彩币二表里、钞三十

---

① ［明］王世贞撰，魏连科点校：《弇山堂别集》卷七十七《东西南夷之赏》，第1485页。
② ［明］巴卧·祖拉陈瓦著，周润年译：《贤者喜宴·噶玛岗仓史》，第326页。
③ ［明］李东阳等撰，申时行等重修：《大明会典》卷一百十一《礼部六十九》，第1643页。

锭；未授金符头口亲来朝贡者，银四十两、彩币四表里、钞五十锭、红丝衣一袭；附贡者，银三十两、彩币三表里、钞四十锭，付抚安官给赏。其抚安千户每员赏钞七十锭、彩币四表里，旗军人等，人赏钞五十锭、彩币二表里。①

从这段史料可以清楚得知，永乐元年四月，明朝正式订立边疆少数民族头领来朝进贡给赏条格，而且此次订立的朝贡法规名为《河州洮州"番族"朝贡赏例》。关于永乐初制定"番族"朝贡赏赐条例的史实，明人文献中都有记录。《四夷考》载："永乐元年，遣使赐番酋及诸国师白金钞币，定番族来朝赏格。"②《国榷》卷十三亦载："（永乐元年四月）丁卯，河州洮州番族入贡，定赏格。"③《国朝典汇》卷一百七十五载：（永乐元年）"遣使赐番酋及诸国师白金钞币，定番族来朝赏格。"④可以看出，永乐元年四月新订朝贡法律规范，即《河州洮州"番族"朝贡赏例》，也可以称为《河州洮州"番族"朝贡赏格》。新朝贡条例有三项主要规定：

（1）对来京朝贡和遣使朝贡者实行不同数量的赏赐，意味着首次区分来京朝贡和遣使朝贡；

（2）对职务不同者按等级进行不同数量的赏赐；⑤

（3）对朝贡使者中途死者，规定则国家为其治丧，而随行使者人等仍如规定赏赐。

3.《"蛮夷"来朝赏例》

永乐十九年（1421）订立。永乐十九年正月，礼部尚书吕震上奏朝廷颁行"蛮夷来朝赏例"，内容是：四夷来朝者，"三品、四品人（赏）钞百五十锭，锦一段，纻丝三表里。五品钞百二十锭，纻丝三表里。六品、七品钞九十锭，纻丝二表里。八品、九品钞八十锭，纻丝一表里。未入流，钞六十锭，纻丝一表里。"⑥从这段史料可以清楚得知，永乐十九年的《"蛮夷"来朝赏例》是根据来京

---

① 《明太宗实录》卷一九，永乐元年四月丁卯，第346—347页。
② ［明］叶向高著：《四夷考》卷四《西番考》，第42页。
③ ［明］谈迁著，张宗祥点校：《国榷》卷十三，第901页。
④ ［明］徐学聚编撰：《国朝典汇》卷一百七十五《兵部·西番》，第2205页。
⑤ 《明太宗实录》卷一九，永乐元年四月丁卯，第346—347页。
⑥ 《明太宗实录》卷二三三，永乐十九年正月丙子，第2249页。

使者的不同职务进行不同赏赐的。①相比洪武时期赏赐例，永乐年间新"例"之条款更加具体细致，它对西藏及周边涉藏地区朝贡给赏做了更加详细的规定，主要反映在赏赐物品类型、赏赐物数量和质量等方面，并就无职贡使来京朝贡之赏赐也做了具体规定。明成祖认为："朝廷驭四夷，当怀之以恩，今后朝贡者，悉以品给赐赍，虽加厚，不为过也。"②这大概就是明朝统治者所谓恩怀之心吧。

4.《分等赏赐法》

宣德元年（1426）由礼部议定。宣德元年十一月，明宣宗御右顺门，谕行在礼部尚书胡濙曰："昨日御马监言，'番国师、剌麻所进马各有高下，赏赐亦宜分等第'，此言亦可采。若高下同价，则被将谓朝廷混然无别，所进下者固喜，高者心必不平。卿等宜斟酌适中。"于是礼部定议："中马一，给钞二百五十锭、纻丝一匹；下马一，钞二百锭、纻丝一匹；下下马一，钞八十锭、纻丝一匹。有疾瘦小不堪者，每一马钞六十锭、绢二匹。"③这是针对"番夷"贡马制定的赏赐法。该法规定："番族"进贡马匹，依马之优势进行赏赐。"分等第"赏赐其实就是按马品质之高下，"计价赏赐"的政策，适用于边疆各族贡马后得到的回赐物品及数量。

5.《国师赏例》

成化十三年（1477）由礼部议定。成化十三年十二月，"礼部奏：'大能仁寺都纲舍剌藏卜并静修弘善大国师镇（锁）南坚参等奉命往临洮等处回，各献马、驼等物，都纲等如讲经例给赏。其国师查无赏例，今议拟加赏彩缎一表里。上等马每匹加赏纻丝一匹，驼只如回回例，每只彩缎三表里。'从之。"④这段史料的主要信息有三：

（1）静修弘善大国师镇（锁）南坚参等人往西部边疆临洮有功，故朝廷给予赏赐；

（2）都纲赏赐依据原"讲经例"赏，但"讲经例"具体内容已无可查知；

（3）截至成化十三年，朝廷并无国师赏赐条例，故赏赐无例可引。

鉴此，本次国师锁南坚参等人进献马有功，给赏彩缎一表里（上等马加

---

① 《明太宗实录》卷一九，永乐元年四月丁卯，第346—347页。
② 《明太宗实录》卷二三三，永乐十九年正月丙子，第2249页。
③ 《明宣宗实录》卷二二，宣德元年十一月庚子，第595—596页。
④ 《明宪宗实录》卷一七三，成化十三年十二月癸卯，第3123页。

赏)。进献驼者依"回回例"赏,至于"回回例"具体内容也无可查知,但从史料可以推知,应该是给进献者赏赐三表里彩缎。进而可以得知,礼部议定新国师赏赐条例的原则是:依贡使贡马、驼等数量和质量不同分别给予"彩缎""纻丝"等物赏赐,体现出明朝对"番族"朝贡赏赐,因时因事,订立了相应法律法规给赏,赏赐逐渐走向制度化。

不过,总体上来看,明代朝贡赏赐的随意性大,赏赐范围广,赏赐物品多。内阁首辅张居正还主张扩大增加各类"番功之赏",提高赏赐标准,"至于番功之赏,不过数金,诚为太薄。今宜比照倭功例,稍厚其赏,庶人肯用命也。"①

总体来看,明廷对西藏及周边涉藏地区使者的赏赐是根据使者本人政治地位的高低或所派遣者地位的高低来定的。明朝对涉藏地区政教上层及大小部族头目的赏赐,其根本目的是要结其欢心,维护朝廷在涉藏地区的统治秩序,故赏赐的数量多、价值高,有时达到十分惊人的程度。如永乐四年三月,明成祖遣使者赍诏封乌思藏(怕木竹巴吉剌思巴监藏)巴里藏卜为灌顶国师阐化王时,"赐白金五百两、绮衣三袭、锦绮五十四、彩绢百匹,茶二百斤。"②永乐五年(1407),明成祖赏赐大宝法王的清单如下:

> 檀香一炷,重四十一斤;纯红蜡烛二枝,共重六十斤;茶芽二十斤;巴茶九十斤;圆眼二篓;荔枝二篓;蜜浸荔枝五坛;榛子一石;松子一石;核桃一石;银一十八锭,计五千钱,共重五百两;钞一万贯;纻丝三十六匹;③暗花一十四匹,骨朵云八匹(绿四匹,红二匹,青二匹),细花六匹(绿二匹,红二匹,青二匹),素二十二匹(红一十二匹,绿六匹,青四匹);彩绢三十六匹。④

> 永乐五年(1407年)八月十七日

永乐六年(1408),明成祖又"遣使赐礼事致大宝法王",其敕书与赏赐清单如下:

> 大明皇帝致书如来大宝法王西天大善自在佛:

---

① [明]张居正:《答三边总制论番情书》,《明代基本史料丛刊·边疆卷》第53册《张江陵集》,线装书局,2005年,第147—148页。
② 《明太宗实录》卷五二,永乐四年三月壬辰,第775页。
③ 据暗花、骨朵云、细花、素等四项数字,三十六匹似误,应为五十匹。作者注。
④ 中国藏学研究中心、中国第一历史档案馆等编:《元以来西藏地方与中央政府关系档案史料汇编》,第102页。

惟如来智慧弘深，圆融无碍，道妙超乎万有，功德被于幽显。比者来游中土，大转法轮，丕扬宗旨，开明利益，莫罄名言。兹者西归在途，适临示现之日，特遣使致书并香币，以伸朕意。如来其亮之。①

檀香一炷，计重二十一斤八两；

优钵罗花蜡烛一对；

吉祥御罗手帕一条，长一丈，阔三尺；

珠翠宝相花一朵；

纻丝九匹（暗细花四匹：大红一匹；翠蓝一匹，柳青一匹，深桃红一匹；素五匹：深桃红一匹，黑绿一匹，浅桃红一匹，福青一匹，蓝青一匹）；

彩绢九匹（大红三匹，蓝青二匹，深桃红二匹，白二匹）；

钞一万贯；

巴茶九十斤，酥油一百五十斤，胡桃二十斤，荔枝二十斤，圆眼二十斤，莲肉三十斤，红枣三十斤，柿饼三十斤，银杏三十斤，李煎三十五斤，杏煎三十五斤。②

永乐六年（1408年）五月十八日

《贤者喜宴——噶玛岗仓史》记载了永乐皇帝对仲普国师、规范师噶西瓦仁钦贝和大堪布贡伦巴三人的赏赐：

（皇帝赐给）仲普国师、规范师噶西瓦仁钦贝、大堪布贡伦巴等三人每人银子三锭半、精美之金供器一个、飘幡一条、放置多玛之供器一个、衣服两套、食品盘一个、内用外用绸缎十二匹、钞两千、石铃杵四个、白念珠一副；（皇帝）赐给全部僧人中的上等僧侣每人一大锭银子、钞八百、绸缎六匹、丝织品六匹；（皇帝）赐给中等僧侣每人两三锭银子、六匹绸缎、钞四百；（皇帝赐给）下等僧侣每人半锭银子、绸缎四匹、钞三百；（皇帝赐给）所有的僧人每人白念珠一副，衣服两套、两对石铃杵。③

成化七年（1471），明宪宗对大宝法王的赏赐物除了金银绸缎，一次赏赐

---

① 中国藏学研究中心、中国第一历史档案馆等编：《元以来西藏地方与中央政府关系档案史料汇编》，第105页。
② 中国藏学研究中心、中国第一历史档案馆等编：《元以来西藏地方与中央政府关系档案史料汇编》，第105页。
③ 巴卧·祖拉陈瓦著，周润年译注：《贤者喜宴——噶玛岗仓史》，第205页。

钞币四万五千锭。"大宝法王礼品：青色缎一匹，红色缎一匹，深绿缎两匹，诸色绸缎四匹。回赐大宝法王物品：青色缎十匹，大绿缎五匹，深绿缎十匹，钞币四万五千锭。"

赐国师班觉顿珠礼品："青色缎一匹，大绿缎一匹，诸色缎两匹。"①

敕谕·皇帝敕谕乌思藏大宝法王葛哩麻巴等：

> 皇帝敕谕乌思藏大宝法王葛哩麻巴等：尔等世居西域，能敬顺天道，尊事朝廷，恪修职贡，愈久愈虔。兹复遣使，以方物来进，诚意可嘉。今使回，特赐尔等彩币表里等物，以示褒答。至可领之，故谕。大宝法王葛哩麻巴给赐纻丝青一匹、红一匹、黑绿一匹，彩绢蓝四匹，回赐纻丝青十匹、绿五匹、黑绿十匹，钞九千锭。国师班着端竹给赐纻丝青一匹、绿一匹、彩绢蓝二匹。成化七年正月二十九日。

此敕谕为黄棉纸，长115.3厘米，宽44.5厘米；敕谕边框四周绘黑色云龙纹图案；墨笔楷书，汉藏两体款，上钤珠印"广运之宝"。此敕谕保存在中国国家博物馆。③

综上，明朝赏赐西藏地方政教首领的物品数量惊人。藏文史料《贤者喜宴——噶玛岗仓史》还记载：

> 此后，皇帝的金字使臣大国师扎西桑波仁钦和灌顶国师洛追桑波等人奉旨前来，为法王（即第七世大宝法王却扎嘉措）送来皇帝赏赐的一百五十块茶、一百匹彩锻表里、三十余根旃檀木、二个大银饰器具等。②

由于路途遥远，明朝派出的使者入藏赏赐受到一定限制，赏赐的数量在可控范围之内。可是，"番族"来京进贡时，朝廷的赏赐更加随意，赏赐物十分惊人，有一次赏赐上等名茶200斤者。洪武十五年（1382）二月，乌思藏指挥同知监藏巴藏卜、宣慰司官朵儿只令真、前都元帅锁南藏卜赏巴、前司徒罗古监藏、仰思多万户公哥怕遣镇抚汝奴藏卜、僧哈麻剌来朝，贡兜罗帽、铁骊绵等物。朱元璋诏赐汝奴藏卜等文绮、袭衣、钞有差及"乌茶二百斤"，僧哈麻剌等文绮及禅衣

---

① 陈庆英、高淑芬主编：《西藏通史》，中州古籍出版社，2003年，第316页。又见熊文彬、陈楠主编：《西藏通史》（明代卷），第270页。
② 巴卧·祖拉陈瓦著，周润年译注：《贤者喜宴·噶玛岗仓史》，第326页。

各一袭。①

有一次赏赐人数四五百人乃至数千人。宣德元年二月，明宣宗赏赐天全六番招讨司招讨杨钦、直龙等簇番僧出思吉监藏、乌思藏国师班丹札思巴、净觉慈济大国师班丹札失等四百四十一人钞、文绮、袭衣有差。②每年常赐的绢帛或超过五六千匹，嘉靖六年（1527）十月礼部言"番僧及女直夷人例应一岁及三岁入贡者，不下五千四百人，赏赐彩币不下五千五百余匹"③，以至于给地方织造局带来了供应困难。《萨迦世系史》中有这样一段记载：1413年二月，大乘法王（贡噶札西坚赞贝桑波）来到南京觐见皇帝，皇帝封上师为"（西天万行圆融妙法最胜真如慧智弘慈广济护国演教）正觉大乘法王西天上善金刚普应大光明佛"，"并锡管领僧众，护持释迦牟尼教法之金册、金印及用各种珍宝镶嵌之千幅金轮等难以计数瑰宝"④。超额的赏赐致使国库入不敷出，修订赏赐条例、减少赏额势在必行，"宣德中封大宝、大乘、阐教、阐化、赞善五王，阐化王贡使乩藏等还，以赐物易茶，至临洮没入官，并留藏等。上命释之，赐茶而还。自后咸、弘以来，数人贡马或贡舍利。贡使渐多，赏赉亦渐减"⑤。于是，成化元年（1465）九月，明中央政府"定乌思藏番僧三年一贡例"⑥，并强调"今后仍照洪武旧例，三年一贡，自成化三年为始"⑦。

实行此制的原委："初番僧入贡，不过三四十人，景泰初渐增，至天顺遂至二三千人，前后络绎，赏赐不赀，所至骚动。至是，礼臣以为言，诏谕阐化王，令遵贡期，三岁一至。毋多人，毋杂用国师、禅师等印。"⑧成化元年的"三年一贡例"还要求朝贡时所遣使者必须为本地僧众，不许过多，如果对三年之限有所违犯，则贡使经过关隘官司必须盘诘辨验，伪冒者缉拿惩办。对此，《四夷考》卷之四可佐证之："成化元年，礼臣以为言诏谕阐化王，令遵贡期，三岁一至，毋多人，毋杂用国师禅师等印。未几，番僧札巴坚参等以秘密法进天子，爱幸之，法王封号，至累数十字，道从用执金吾仗，赐予骈蕃，其徒锦衣玉食至数千

---

① 《明太祖实录》卷一四二，洪武十五年二月丙寅，第2237—2238页。
② 《明宣宗实录》卷一四，宣德元年二月戊辰，第374页。
③ 《明世宗实录》卷八一，嘉靖六年十月丙辰，第1799—1800页。
④ 阿旺贡噶索南著：《萨迦世系史》，第238页。
⑤ ［明］张瀚著，盛冬铃点校：《松窗梦语》卷三《西番纪》，第61—62页。
⑥ ［明］徐学聚编撰：《国朝典汇》卷一百七十五《兵部·西番》，第2205页。
⑦ 《明宪宗实录》卷二一，成化元年九月戊辰，第420—421页。
⑧ ［明］徐学聚编撰：《国朝典汇》卷一百七十五《兵部·西番》，第2205页。

人矣。"①

成化六年（1470）五月，陕西岷州卫憨班等簇"番人"坚的肖等、龙都卜等簇"番人"勇竹官等、洮州卫禄光等簇番僧领占三竹等各来朝，贡马及盔甲、佛像等物，赐彩缎、钞锭有差。礼部言："乌思藏等处番僧进贡至者数多，赏赐彩缎动数千计，官库所贮不敷关用。今议得乌思藏等处进贡人员，其赴京者，如例给与，其存留者，人该给一表里，宜折与生绢四匹，仍将数内二匹折与茶三十斤。四川松潘、杂谷等处安抚司进贡人等，其赴京者，如例给与，其存留者该三表里，宜给与本色一表里，内一表里折与生绢四匹，一表里折茶一百斤。如……，事有窒碍，归期另行斟酌具奏。从之。"②此例对乌思藏等处贡使的赏赐进行了分类管理，按赴京与留边给予不同赏赐，使朝贡和赏赐有了一定的合法管理和折减理念。成化十年（1474）二月，乌思藏答都寺佑善禅师锁南坚粲以朝廷颁赐诰印升职事，欲遣其徒诣阙谢恩并贡方物。事下礼部，尚书邹干等言："旧有敕乌思藏三年一朝贡，而禅师不得径遣，但夷人之情亦宜俯顺，取旨裁决。诏令五、七人来，不为例。"③同年四月，乌思藏如来大宝法王葛哩麻巴奏称，"成化五年遣使朝贡，蒙回赐彩缎表里等物过厚，欲遣其徒进贡谢恩。礼部议拟取旨，诏许遣四、五人来京。"④表明此时明朝对涉藏地区的朝贡进行了限制，并采取减少贡使赏赐的措施进行处置。成化十二年（1476），"番僧入贡，至九百人，赏少减"⑤。弘治二年（1489），"番僧贡使千三百人，减其赏"⑥。

除此之外，明朝不仅具体规定乌思藏贡道，令阐教、阐化、辅教三王使者朝贡从四川入境，赞善王使者从陕西入境朝贡；而且还对其他涉藏地区在贡道、贡期和朝贡人数、进京留边等方面都作了规定："四川威、茂、松潘诸番僧三岁一贡，限三十人，岷、洮番僧每岁入贡，限四五人，令至京师，余留塞上。"⑦

除了洮岷"番僧"，洮岷"番族"也按照四五人的进京名额朝贡："洮岷番寺岁一贡，贡一寺四五人；番族二年一贡，大族四五人、小族二人至京，余留塞

---

① [明]叶向高著:《四夷考》卷四《西番考》，第43页。
② 《明宪宗实录》卷七九，成化六年五月乙未，第1542—1543页。
③ 《明宪宗实录》卷一二五，成化十年二月甲戌，第2392页。
④ 《明宪宗实录》卷一二七，成化十年四月庚午，第2422页。
⑤ [明]徐学聚编撰:《国朝典汇》卷一百七十五《兵部·西番》，第2206页。
⑥ [明]徐学聚编撰:《国朝典汇》卷一百七十五《兵部·西番》，第2206页。
⑦ [明]张瀚著，盛冬铃点校:《松窗梦语》卷三《西番纪》，第61—62页。

上。"①可是，不论是西藏还是其他涉藏地区，违例朝贡者非常之多。如成化五年四月，乌思藏答藏王南渴坚粲遣番僧南伦竹等由陕西洮州入贡，但却接二连三奏请"如四川入贡例赏赐"②，礼部议："乌思藏经陕西入者赐例从轻，若从所请，恐乖禁例，失信外夷。合量加到京番僧衣一袭、钞五十锭、茶五十斤；存留番僧有马者，纻丝一匹、茶二十斤。移文彼处镇守等官，省令各夷今后务遵敕书榜例，不得仍前故违。从之。"③可见，明廷对乌思藏违例朝贡的处置以"今后需遵敕""勿犯"之类冠冕堂皇之语了了之，以体现"宽待"之原则。

不过，对于一些贡使的无理赏赐要求，朝廷方面则给予免除赏赐的处置，以示惩戒。正统十三年（1448）十一月，"部奏：四川杂谷安抚司番僧南哥藏等来朝，贡刀剑、铁甲。稽旧例：番僧入贡，人赐钞六十锭、彩缎二表里、折衣彩缎四表里、靴袜各一双。今南哥藏系近边番僧，刀剑、铁甲又非贵重之物，前例赏赐过厚，宜赐南哥藏等钞人四十锭、彩缎一表里、折衣彩缎一表里、靴袜各一双。南葛藏以旧例为言，不肯拜赐。上命罢其赏赐及下程，令住会同馆，毋擅出。"④此次四川杂谷安抚司番僧南哥藏不接受明廷赏赐，本来是基于明朝减少了赏赐之事实，但结果却被明朝制裁，充分反映出在朝贡活动中，掌握话语权的始终是明朝中央政府。

五、其他"公干"使者

明代文献中记录有诸多"公干"使者奉诏前往西藏及周边涉藏地区的事实："大慈恩寺灌顶净修弘治国师结列领占蒙遣剌麻著旦领占等乌思藏公干回，各贡氇氆等物，以彩缎、钞贯等物给赐之。"⑤可是，文献中这类"公干"使者，究竟使命是什么，尚无明确指向。

笔者根据相关文献资料分析后发现，如果说在天顺朝（具体为天顺八年）以前"公干"具体指什么还不甚清楚的话，到了天顺八年之后却有了较为明晰的指向。先看一下天顺八年之前的"公干"记载：

---

① [明]徐学聚编撰：《国朝典汇》卷一百七十五《兵部·西番》，第2203页。
② 《明宪宗实录》卷六六，成化五年四月庚午，第1332页。
③ 《明宪宗实录》卷六六，成化五年四月庚午，第1332页。
④ 《明英宗实录》卷一七二，正统十三年十一月丙午，第3316页。
⑤ 《明宪宗实录》卷三九，成化三年二月壬子，第788页。

宣德八年十二月，"金吾等卫百户刘祥率官军五十一人公干"。①

景泰三年十月，"净修禅师葛藏往乌思藏公干回还，升葛藏为国师，赐彩币、僧衣等物有差。"②十一月，升"番僧"禅师葛藏为广善慈济国师，赐诰命、僧帽、僧衣、银印，"以奉使乌思藏有功也。"③

再看天顺八年（1464）时，"公干"指什么。《明宪宗实录》卷五：

> （天顺八年五月丁丑）哈密地面使臣苦儿鲁海牙奏：先因本国王死无嗣，乜加思兰欲侵据其地。访得"西番"阿儿察安定王与国王同出一祖，现有兄弟七人；乞选取一人来主国事，已奏蒙敕遣都指挥贺玉等同臣往安定选取。行至西宁，距安定城仅十日程，玉等称奉诏不行，亦不容臣等自往。臣于西宁适闻安定灌顶国师舍剌藏卜等二人言：如有圣旨，我二人即当引领使臣往安定王处。仍乞敕罕东、安定二卫令其护送。事下礼部，复奏：玉等既受敕往彼公干，又蒙赏赐银段，所干者乃封国安边之事，非寻常和番之比，却乃畏避艰难，假称诏旨，擅自回京，狡猾不忠，方命误事，合逮玉等付法司问罪，及追原赏银段还官。仍请敕一道，将原赍彩缎表里付苦儿鲁海牙等赍捧。再请敕三：一赐舍剌藏卜等二人；俾同苦儿鲁海牙往哈密；一赐罕东；一赐安定。令护送各使往还，如果成功，更加赏赐。上命执玉等于狱治罪，仍降敕俾苦儿鲁海牙等赍原给彩缎往哈密，并敕罕东、安定二卫护送。④

据此史料，天顺八年五月，明英宗敕令哈密地面使者苦儿鲁海牙等赍敕前往哈密，使命为选取哈密国王。⑤可结果是：贺玉行至距安定城仅十日路程的西宁时畏避艰难，假称诏旨，擅自回京。明英宗下旨苦儿鲁海牙，继续往哈密完成使命，并令罕东卫和安定卫派军队护送，并治贺玉假旨和擅回京之罪。⑥

在这里可以清楚看出，贺玉等人奉敕"往彼公干"中的"公干"就是指贺玉和哈密使者苦儿鲁海牙前往安定选取"一人来主国事"，即身负册选哈密"国王"的使命。而这一使命，"所干者乃封国安边之事，非寻常和番之比"，说明它是明

---

① 《明宣宗实录》卷一〇七，宣德八年十二月癸亥，2397页。
② 《明英宗实录》卷二二二，景泰三年十月丙申，第4799页。
③ 《明英宗实录》卷二二三，景泰三年十一月乙亥，第4831—4832页。
④ 《明宪宗实录》卷五，天顺八年五月丁丑，第148页。
⑤ 阿儿察安定王与哈密国王同出一祖，有兄弟七人，明政府拟从中选取一人来主持国事。笔者注。
⑥ 《明宪宗实录》卷五，天顺八年五月丁丑，第148页。

国家之边疆大事。由此可知，此处"公干"有着较为明确的界定，即选任边疆民族地区首领之事。

然而，此后在成化三年二月，"大慈恩寺灌顶净修弘治国师结列领占蒙遣剌麻著旦领占等乌思藏公干回，各贡氆氇等物。以彩缎、钞贯等物给赐之。"①这里的公干，明显不属于册封这类大事，应该是赐物、联络关系诸事。上文"河州都督佥事刘昭奉命往乌思藏"②"金吾等卫百户刘祥率官军五十一人公干"③等也应该属于此类。故此，笔者认为，以上明人文献中的"公干"，是前往涉藏地区执行种种使命的概称，相当于我们现在的出差办公务事宜。

鉴于此种考虑，为了论述的方便，笔者将除了前述册封使者、招谕使者、迎送使者、赏赐使者之外的其他赴藏使者，均归于"公干"类使者做一简述。根据文献资料记载，"公干"类使者主要有修路、巡视、送勘合等各种。

（一）修路使者

除了迎送、招谕、敕封西藏及周边涉藏地区政教上层的使命之外，一些赴藏使者被委以修缮、疏通驿路等使命。永乐五年（1407）三月："敕都指挥同知刘昭、何铭等往朵甘、乌思藏等处设立站赤，抚安军民。"④也就是说，明成祖派遣刘昭等人赴藏，目的是"设驿通使"兼"抚谕军民"⑤。

刘昭，全椒人（今安徽全椒县），曾镇守西宁达二十年，为边疆各族民众所畏服。《明史·刘昭传》记载："永乐五年以都指挥同知使朵甘、乌思藏，建驿站。还至灵藏，番贼邀劫，昭败之。进都指挥使，镇河州。宣德二年，副陈怀讨平松潘寇。累进都督同知，移西宁。复镇河州，兼辖西宁。罕东酋札儿加邀杀中官使西域者，夺玺书金币去。命昭副甘肃总兵官刘广讨之。札儿加请还所掠书币，贡马赎罪。帝以穷寇不足深治，命昭等还。"⑥此次由刘昭率领的七十余人修路团队完成使命后于永乐七年返回明京，受到朝廷嘉奖，赐钞币、衣服等物。

刘昭率团修路之事，在明代史籍中都有记载，如《四夷考》曰："明年（永

---

① 《明宪宗实录》卷三九，成化三年二月壬子，第788页。
② 《明宣宗实录》卷二八，宣德二年五月辛丑，第730页。
③ 《明宣宗实录》卷一〇七，宣德八年十二月癸亥，第2397页。
④ ［明］谈迁著，张宗祥校点：《国榷》卷十四，成祖永乐五年三月辛未，第987页。
⑤ ［明］徐学聚编撰：《国朝典汇》卷一百七十五《兵部·西番》，第2205页。
⑥ ［清］张廷玉等撰：《明史》卷一百七十四《刘昭传》，第4632—4633页。

乐五年），遣指挥刘昭等往'西番'设驿通使，仍抚谕军民。昭还，遇番贼劫掠，率众攻败之。"①表明永乐五年，刘昭等官兵奉旨开始疏通中原通往西藏等地道路。《国榷》曰：永乐五年三月："辛未，敕陕西都指挥佥事刘昭、何铭等往'西番'朵甘、乌思藏等处设立站，抚安军民。"②永乐五年至永乐七年刘昭修路为第一次修路，第二次修路是在永乐十二年。永乐十二年（1414）正月，明朝再次派遣中官杨三保奉敕至乌思藏、管觉、灵藏各地，"令所辖地方骚站有未复旧者，悉如旧设置，以通使命"③。至此，西藏道路驿站的恢复修缮工作完成，极大地改善了中原通往西藏及周边涉藏地区的道路交通面貌。永乐十三年，刘昭因功被擢升为陕西都指挥使河州卫指挥同知。④

宣德年间，刘昭再次赴乌思藏。《明宣宗实录》记载："宣德二年五月辛丑，命备御甘州都指挥刘永守河州。初，都督佥事刘昭守河州，至是，昭奉命往乌思藏，请以永代守，故命之。"⑤此处虽未明确具体使命，但从表述也可以推断，刘昭于宣德二年（1427）五月奉旨往乌思藏，亦为上述"公干"事宜。

（二）互市使者

洪武八年（1375）五月，明太祖朱元璋命赵成前往河州市马，这是内官担任互市使者的最早记载。"遣内使赵成往河州市马。初，上以'西番'素产马，其所用货泉与中国异，自更钱币，马之至者益少。至是，乃命成以罗绮绫帛并巴茶往市之。仍命河州守将善加抚循，以通互市。马稍来集，率厚其直偿之。成又宣谕德意。自是番酋感悦，相率诣阙谢恩，而山后归德等州'西番'诸部落皆以马来售矣。"⑥《明史·宦官传》亦云："有赵成者，洪武八年以内侍使河州市马。其后以市马出者，又有司礼监庆童等，然皆不敢有所干窃。"⑦此史料还明确反映，继赵成后，太监庆童也出任了市马使者。洪武十九年（1386）九月时，行人冀忠往陕西市马还，"得马二千八百七匹"⑧。

---

① [明] 叶向高著：《四夷考》卷四《西番考》，第42页。
② [明] 谈迁著，张宗祥点校：《国榷》卷十四，成祖永乐五年，第987页。
③《明太宗实录》卷一四七，永乐十二年正月己卯，第1725—1726页。
④《明太宗实录》卷一六一，永乐十三年二月丁亥，第1825页。
⑤《明宣宗实录》卷二八，宣德二年五月辛丑，第730页。
⑥《明太祖实录》卷一〇〇，洪武八年五月戊辰，第1694页。
⑦ [清] 张廷玉等撰：《明史》卷三百四《宦官传》，第7756页。
⑧《明太祖实录》卷一七九，洪武十九年九月癸亥，第2710页。

为什么要市马？"当是时，帝（明太祖）绸缪边防，用茶易马，固番人心，且以强中国"①，此为明初驭番之策。市马通道有二："一出河州，一出碉门，运茶五十余万斤，获马万三千八百匹。太祖之如此。"②洪武二十六年（1393）二月，朱元璋遣使前往西凉缘边诸番颁给金铜信符。敕谕各族部落曰："往者朝廷或有所需于尔，必以茶货酬之，未尝暴有征也。近闻边将无状，多假朝命扰害尔等，使不获宁居。今特制金铜信符，族颁一符。遇有使臣征发，比对相合，始许承命。否者械至京师，罪之。"③《四夷考》卷之四：明年（洪武二十六年），制金牌信符，遣使颁给"诸番"，谕之曰：

> 往者朝廷有需于尔，必以茶货偿之，未尝暴有征也，近闻边将多假朝命渔猎尔等，朕甚恶之，今后遇有差发，必合符乃应，不者械至京罪之。随立茶马司于洮河二州，听"番人"以马易茶。民毋得私市，违者死。遣曹国公李景隆至番市马，以茶五千余斤，得马一万三千五百余匹，分给卫士。复令礼部檄长河西打煎炉番酋，责以纳马修贡，"诸番"咸稽首奉约，茶法大行。④

正统十四年（1449）六月，明廷遣通政司右通政汤鼎、光禄寺寺丞张如宗往陕西、四川运茶买马。明英宗赐敕谕之曰："今陕西西宁等卫所属番簇番民该纳马，特命尔等往四川与都布按三司巡按监察御史公同计议，就于保宁等府约量运茶八十四万三千六十斤至陕西界官司收贮……尔等务要公廉详慎，同心协力，酌量人情，抚恤攒运。或有不便之事，奏闻区处。"⑤景泰元年（1450）闰正月，召通政使司右通政汤鼎、光禄寺寺丞张如宗等奉敕往四川收茶于西（宁）市马还京⑥，先前他二人"以万金市马陕西"⑦，此时因边报未宁，民多馈运，故被召回。此处通政使司，简称通政司，明洪武十年（1377）始设，长官为通政使、一员，另有"左右通政二员，左右参议二员，首领官经历一员，知事一员"⑧。通政使职掌出纳帝命、通达下情、关防诸司出入公文、奏报四方臣民建言、申诉冤滞

---

① [清] 张廷玉等撰：《明史》卷八十《食货志四》，第1949页。
② [清] 张廷玉等撰：《明史》卷八十《食货志四》，第1949页。
③ [明] 朱国祯辑：《皇明大事记》卷十三《诸夷朝贡》，明崇祯刻《皇明史概》本，第1073页。
④ [明] 叶向高著：《四夷考》卷四《西番考》，第42页。
⑤ 《明英宗实录》卷一七九，正统十四年六月庚戌，第3451—3452.
⑥ [明] 谈迁著，张宗祥点校：《国榷》卷二十九，代宗景泰元年，第1837页。
⑦ [明] 谈迁著，张宗祥点校：《国榷》卷二十九，代宗景泰元年，第1836页。
⑧ 杨一凡点校：《皇明制书》第二册《诸司职掌·吏部》，社会科学文献出版社，2013年，第359页。

或告不法等事。通政使还参与国家大政、大狱及会推文武大臣等朝廷大事。洪武十二年，进一步加强了该司的权力。建文时，改通政使司为通政寺，通政使为通政卿，永乐时复旧制（永乐迁都后，南京仍设通政司，称南通政使司）。可见，明代中期，收茶易马制度逐渐规范，成化七年五月时，明廷"定陕西收茶易马事例"①，进一步加强对茶马交易的管理。

（三）巡视使者

明代建立了完善的地方和边疆巡视制度，尤其是在北部边疆与蒙古对峙的九边地带，巡视和监察边防实现了常态化。明代巡视类型有常规行人巡视、御史巡按和临时钦差巡视等多种，担任巡视的官员既有临时派遣又有专门监察官员。据文献资料记载，明代御史巡察建立于宣德朝时期，当时明朝在辽东、宣大、甘肃边镇设巡按御史，其职责是代天子巡狩，所按藩服大臣、府州县官诸考察，弹劾不法官吏，且具有大事奏裁，小事立断的大权。这也是明朝在北部边疆派遣的专门巡视军政事务的御史。

巡视之根本目的是通过巡视不法，维护北部边疆社会秩序稳定。因此，巡视官员的巡视范围极广，举凡屯田、兵马钱粮、刑狱司法、边官贪腐、茶马贸易诸事宜均为巡视职责。巡视不仅在北部边疆制度化，在西北边疆地区，朝廷也经常派遣使者前往巡视、巡察。有这样几种情况：

（1）巡视解决边疆民族地区矛盾。宣德八年（1433）闰八月，西安前卫指挥使周寿受命按察阶州西固城番簇及秦月作簇仇杀事，即前往边地调解"番族"之间矛盾。②这说明巡视使者的使命是解决边疆民族地区矛盾。

（2）视察地方各府州县灾情。正统三年（1438）七月，陕西平凉、巩昌、临洮诸府、秦州、河州、岷州、金州诸卫所属各奏："自夏迨秋，雨雹大作，霜降不时，伤害禾稼。"③明英宗随即诏命户部遣官巡视陕西行省辖下各州县受灾情况，上报朝廷以闻。巡视使者此次的使命是视察陕西地方各府州县灾情。

（3）巡视川陕茶马。为了更好地市马，明政府在洪武中期于川、陕地区建

---

① [明]朱国祯辑：《皇明大政记》卷十八，成化七年五月癸酉，《中国野史集成续编》第7册第272页。
②《明宣宗实录》卷一〇五，宣德八年闰八月癸丑，第2343页。
③《明英宗实录》卷四四，正统三年七月甲申，第851页。

立了茶马司,"听'西番'纳马易茶"①,并赐金牌信符,"以防诈伪"②,具体办法是"每三岁,遣廷臣召诸番合符交易,上马茶百二十斤,中马七十斤,下马五十斤"③,严禁私茶,如果贩卖私茶则处死。永乐年间,严边关茶禁,"遣御史巡督"④。关于巡视茶马的原因,《松窗梦语》中讲得很清楚:"洪武中置洮州卫军民指挥使司,复置洮卫早民挥挥州茶马司,令岁纳马三千五十匹。又置河州卫军民指挥使司,更置西宁茶马司,令岁纳马三千五百匹。市法:上马茶百二十斤,中马七十斤,下马五十斤。夫北虏有马市,东夷有市舶,而西夷亦有茶市,皆所以通华夷之情,贸迁有无,收商贾之利,减戍守之费。以夷所欲售,易中国所欲得,法无良于此者。但法久弊生,边防日弛,五王番族,散在川、陕边境者,渐启戒心,构衅中国。赖宋将军晟、丁大夫玉久镇西川,恩威并著,羌人迄今戴之。"⑤可见,茶马交易的过程中,私茶之弊丛生,以致"番人"得利,边防日弛,必须对其严格管理,尤其重视对边官失察的巡视督查。

正统十四年,明朝"停'西番'金牌"⑥,之后"岁遣行人四人视政"⑦,行人巡视川陕茶马是明朝极为重要的制度。可是,自正统末罢金牌后,虽岁遣行人巡察,边民冒禁私贩者却甚多。于是,景泰三年二月,明朝又暂停陕西、四川"巡茶行人"⑧,此后明朝改遣行人巡察为御史巡察,并成为永久法律。"景泰中,罢遣行人。成化三年命御史巡茶陕西,"番人"不乐御史,马至日少。乃取回御史,仍遣行人,且令按察司巡察。已而巡察不专,兵部言其害,乃复遣御史,岁一更,著为令。"⑨成化间"定差御史一员,领敕专理"⑩,此为巡茶专史。

可见,西北各地"番族"纳马进贡是巡视的核心内容。弘治间,杨一清督理茶马事务时,将盐、茶并理,"申旧制,禁私贩,种官茶。四年间易马九千余匹,而茶尚积四十余万斤。灵州盐池增课五万九千,贮庆阳、固原库,以买马给

---

① [清]张廷玉等撰:《明史》卷九十二《兵志四》,第2276页。
② [清]张廷玉等撰:《明史》卷九十二《兵志四》,第2276页。
③ [清]张廷玉等撰:《明史》卷九十二《兵志四》,第2276页。
④ [清]张廷玉等撰:《明史》卷九十二《兵志四》,第2276页。
⑤ [明]张瀚著,盛冬铃点校:《松窗梦语》卷三《西番纪》,第61—62页。
⑥ [明]徐学聚编撰:《国朝典汇》卷一百七十五《兵部·西番》,第2205页。
⑦ [明]叶向高著:《四夷考》卷四《西番考》,第43页。
⑧ [明]谈迁著,张宗祥点校:《国榷》卷三十,代宗景泰三年二月戊辰,第1919页。
⑨ [清]张廷玉等撰:《明史》卷八十《食货志四》,第1950页。
⑩ [清]张廷玉等撰:《明史》卷九十二《兵志四》,第2276页。

边"①。正德初，巡茶御史"兼理马政，行太仆、苑马寺官听其提调"②。正德年间，御史翟唐每年收茶78万余斤，易马9000有奇。③

巡视为明朝治理边疆的重大措施之一，同时巡察西北边疆边情政情，能为朝廷制定相应边疆政策提供正确依据。所以，为了及时处置边疆问题及其高级别贪腐枉法之边官，明朝派遣的巡视官员级别愈来愈高。隆庆和议后，首辅高拱建议以八项考核为巡视边防的纠察内容，之后的阅视钦差即以此标准展开巡视工作，巡视质量明显有了提升，边官的腐败等问题有所解决。

除了以上"公干"使者，还有吊祭使者、送传勘合文书使者。前者如正统十二年二月，明英宗派遣官员册封安定王亦班丹子领占斡些儿为安定王，谕祭前安定王亦班丹，使者承担册封和吊唁两重使命，其曰："复念尔为长子，仍遣官赍诰敕、织金衣服，彩币表里，封尔袭安定王，管治人民，并回赐尔父进马彩币表里，至可收领。遂敕那南奔及大小头目人等各守名分，听受斡些儿约束。"④后者如成化年间的番僧都纲锁南奔等人，就曾给乌思藏赞善王送达勘合。以至于成化二十年七月锁南奔回朝后，被升为禅师，同时受到赏赐的还有剌麻桑尔加藏卜、锁南札藏卜坚粲等人："时近边番簇多诡称乌思藏各番王进贡，赐予不赀，真伪莫办。礼部奏请给番王勘合各二十道，贡时慎为左验，以革其弊。且请委西宁、河州、洮州分遣番僧赍送勘合，归日与升赏。至日，锁南奔等以送赞善王勘合回，礼部谓其涉历险阻，除边人冒贡之奸，省府库无穷之费，宜申前升赏之命。从之。"⑤勘合，乃明政府颁发给西藏和其他涉藏地区来京朝贡的官方凭证，目的是防止一些边官边臣无限摊派贡马及其河洮岷等地冒贡滥贡的现象。明朝规定，只有持政府颁发的勘合者，才具有合法通境和贸易资格。在勘合制度下，藏族贡使进入明朝，边关必须查验勘合，辨识勘合真伪和时效。既然勘合如此重要，自然需要派遣使者前往西藏及周边涉藏地区颁发，于是就有了此类使者。

受明廷派遣进藏，担负招谕、册封、赏赐、迎送、筑路、巡视等使命的使者不仅仅有以上这些，只不过在文献资料中没有明确体现或者记载太过于简略而

---

① [清]张廷玉等撰：《明史》卷九十二《兵志四》，第2276页。
② [清]张廷玉等撰：《明史》卷九十二《兵志四》，第2276页。
③ [清]张廷玉等撰：《明史》卷九十二《兵志四》，第2276页。
④ 《明英宗实录》卷一五〇，正统十二年二月壬子，第2947页。
⑤ 《明宪宗实录》卷二五四，成化二十年七月乙巳，第4297页。

已,如在《明实录》中就有许多没有记载姓名的使者。永乐四年三月,明成祖遣使命灵藏著思巴儿监藏为灵藏灌顶国师,授札思木头目撒力加监藏为朵甘卫行都司都指挥使、切禄奔、薛儿加俱为都指挥同知……①明成祖所派遣使者是谁,在这条史料中难考其详,但使者往灵藏的事实是非常清楚的。

综上可知,有明一代,入藏"公干"使者很多。其中,有姓名可考者为刘昭、何铭、杨三宝、赵安、丁黻、刘祥、葛藏等十二人,另有不知姓名使者,粗略估计不少于一百五十人。

表13 明代"公干"使者身份表

时间	使者名	使者身份	品级
永乐朝	刘昭	都指挥同知	从二品
	何铭	都指挥同知	从二品
	杨三宝	中官	—
宣德朝	刘昭	河州都督佥事	正四品
	赵安(等7人)	都督佥事	正二品
	丁黻(等75人)	指挥同知	从二品
	刘祥(等51人)	金吾卫百户	正六品
景泰朝	葛藏	净修禅师	—
正统朝	汤鼎	通政司右通政	正四品
	张如宗	光禄寺寺丞	从六品
成化朝	著旦领占	剌麻	—
	锁南奔	番僧都纲	—

这些"公干"使者,职务最高的是军卫体系中的正二品,最低是从六品。其中,二品官员4人;四品官员2人;六品官员2人;其他4人为剌麻或宦官。他们奉敕入藏,或进藏办理交通驿路,或巡察边情、督查茶马互市等,为明代治理西藏及周边涉藏地区作出了切实贡献。

①《明太宗实录》卷五二,永乐四年三月壬寅,第780页。

第三章　西藏及周边涉藏地区赴京使者

　　终明一世，西藏及周边涉藏地区藏族首领不断派遣使者入京朝贡，加强与明廷的政治经济联系，故赴京朝贡、请职、贺节、谢恩等使者颇众。如永乐五年，馆觉灌顶国师宗巴斡即南哥巴藏卜等遣贡使61人；永乐二十年，正觉大乘法王等贡使314人；宣德四年，乌思藏大国师释迦也失及大乘法王、阐化王遣贡使542人。①成化十五年，四川、乌思藏辅教王遣贡使363人；成化十八年，乌思藏赞善王派遣的请封、请袭使者达1557人；成化二十一年，乌思藏阐化王的贡使462人；弘治十二年，乌思藏及长河西宣慰使司的贡使多达2800余人；正德十年，乌思藏大乘法王贡使800人；嘉靖十二年，四川、乌思藏、朵甘等遣贡使番僧七领札失等1000余人。

　　开国伊始，太祖盼藉"四夷来朝"，巩固政权合法性，故积极向外宣谕、鼓励占城、安南等国王遣使朝贡，"'朝贡制度'的方向、规模大体自始奠定"②。至明末崇祯朝，近三百年的历史长河中，朝贡始终是明朝治理边疆的基石和核心也是乌思藏、朵甘、河、洮、岷、西宁、松潘等涉藏地区与明廷联系的主渠道。明代西藏及周边涉藏地区派往京城的使者，他们的主要任务是朝贡、请职、荐举官员、贺节等。按此，入京使者可以分为五类：朝贡使者、朝觐使者、求请使者、谢恩使者、庆贺使者。以下分别详述之。

---

① 从当年明朝对使者的赏赐人数看，当年西藏使者达到了1050人。笔者注。
② 郭嘉辉：《明洪武时期"朝贡制度"之研究（1368—1398）》，香港浸会大学博士学位论文，2015年，第32页。

一、朝贡使者

（一）使命

朝贡是涉藏地区政教领袖、土官酋长遣使来京的主要使命，通过"上表贡方物"，表达对明朝的归附，同时得到封赏。有学者指出："维护传统的朝贡通道是明朝历代的政策。外国朝贡不仅能满足封建皇帝对奢侈品的需求，而且更主要的是它能满足封建皇帝所希望的政治清明、万邦来朝这种政治上的虚荣心。"[①]不仅外国如此，对于边疆各族更是如此。西藏及周边涉藏地区的安宁与稳定对明朝是非常重要。因此，明廷鼓励涉藏地区来京朝贡。

按照贡使的具体使命，朝贡可分为例贡、请职、谢恩和庆贺等类型。例贡，就是涉藏地区官员、政教首领以及其他僧俗势力按照明朝规定，定期向朝廷进贡方物。这种朝贡实际上是西藏及周边涉藏地区对中央政府承担的一种必须履行的政治义务，表明其政治上对明朝的隶属关系。例贡通常三年一次，但在永乐和宣德年间，也出现了一年一贡或二年一贡，甚至一年两贡的情况，因此又称岁贡。

不仅遣使者向明廷进贡，很多涉藏地区首领、头目还亲往明京朝贡。洪武十三年四月，"西番"红隈埒族酋长亦上（卜）藏卜等来朝，别酋占藏献马三十匹。[②]洪武十五年二月，松潘安抚司酋长占藏先结等贡马一百三匹，诏赐文绮、钞有差。[③]洪武二十一年二月，"四川天全六番招讨司副招讨杨藏卜进马，诏赐文绮、钞锭。"[④]三段文献资料说明，洪武时期川陕涉藏地区政教首领亲往明京进贡。

永乐时期，乌思藏、朵甘等地政教首领频繁遣使者赴京朝贡。从永乐元年（1403）正月朵甘、乌思藏必力工瓦等国师并土官遣使贡马及方物，一直到永乐二十二年（1424）三月乌思藏僧加必什络、陕西文县千户所番僧尹巴贡马，乌思藏、朵甘及周边涉藏地区政教上层、部族头目、土司土官均有遣使者入明朝贡之史实。按统计数字分析，在永乐年间涉藏地区派往京城的使者中，绝大多数是向明廷贡献方物的朝贡使，占进京使的95%以上，这是其一。

其二，涉藏地区进京朝贡的次数和人数不断增加、规模渐长：

[①] 张文德：《朝贡与入附——明代西域人来华研究》，兰州大学出版社，2013年，第52页。
[②] ［明］朱国祯辑：《皇明大事记》卷十三《诸夷朝贡》，明崇祯刻本《皇明史概》，第1070页。
[③] 《明太祖实录》卷一四二，洪武十五年二月戊午，第2234页。
[④] 《明太祖实录》卷一八八，洪武二十一年二月己未，第2822页。

如乌思藏，永乐五年札思巴儿监藏朝贡的人数是61人；但到永乐二十年国师班丹札朝贡时，朝贡的人数达314人。在川陕地区，永乐三年，安定卫头目撒力加藏卜朝贡的人数是39人；但到永乐二十一年陕西秦州卫土官"番僧"囊吉占钻朝贡时，人数增至57人。粗略统计，永乐年间涉藏地区派往明京的使者在五百人以上。

永乐之后，朝贡活动更加频繁，来自涉藏地区的赴京朝贡者络绎于道。如天顺元年，乌思藏白当寺、南连查寺等寺禅师喇麻（喇嘛）、怕木竹巴灌顶国师阐化王使者班竹领占、桑尔结坚、昝巴藏卜、庵配、木牙、温卜言粲、也律、温卜圆全、罗落旺平、坚昝绰竹等人来京朝贡；西宁卫、净宁寺等剌麻僧人班竹儿藏卜、扎思巴藏卜等人来京朝贡，松潘卫思曩儿族土官"番人"著儿者进京朝贡，董卜韩胡宣慰使司业镇寺"番僧"剌麻拾纳坚迁、沙加阿些儿、也失等人朝贡，天全六番招讨副招讨杨恺等人进京朝贡。总计有姓名可查者达17人。又如成化十二年，乌思藏藏日寺"番僧"头人目失劳端竹族成等人来京朝贡，朵甘思宣慰使司遣都指挥阿叱、"番僧"温卜官竹星吉等人来京朝贡；四川董卜韩胡宣慰使司抹坡等寨"番僧"阿儿结、桑儿结星吉等，长河西、鱼通、宁远等处军民宣慰使司"番僧"让达等人来京朝贡；陕西洮州卫札来奔古簇"番人"札答、米纳秀，秦州孔提谷、北林簇"番人"札肖、柒肖喃剌节等，西宁瞿昙寺禅师桑尔加端竹等人来京朝贡。总计有姓名可查者达29人。其他各时期的情况类似。

一般情况下，贡使携带贡物主要为藏族土特产，有佛像、佛书、舍利以及明朝最喜爱的马等物，如永乐年间：

永乐五年三月，馆觉头目南葛监藏遣人贡马；永乐十一年正月，净修三藏国师耳亦赤之子耳亦奴贡马；永乐十二年十二月，占藏先结簇、山洞簇、思曩儿簇、白马路簇等十五长官司遣人来朝贡马；永乐十三年正月，正觉大乘法王昆泽思巴遣使贡马；永乐十五年二月，乌思藏大国师释迦也失遣人贡马；永乐二十一年七月和永乐二十二年正月，洮州卫、岷州卫"番僧""番族"遣人贡马。[①]

永乐之后的宣德至崇祯朝，西藏及周边涉藏地区一直延续着贡马的传统。马是藏族首领进贡给明朝的最主要物品之一，在西藏及周边涉藏地区贡使进贡物品中所占比例最大，也最受欢迎。如永乐五年正月十八日，明成祖在答谢尚师哈立

[①] 以上见《明太宗实录》卷六五、卷一三六、卷一五九、卷一六〇、卷一八五、卷二六一和卷二六七：永乐五年三月丁卯条，永乐十一年正月癸卯、永乐十二年十二月丙子、永乐十三年正月丙午、永乐十五年二月戊午、永乐二十一年七月戊子和永乐二十二年正月辛卯条。

麻来京贡马的敕书中说，"朕劳尚师远来，已慰所望。尚师又以马进，厚意深至，朕领受之，不胜欣喜。用致书酬答，以申朕意，尚师其亮之"①，表达了对大师来京之崇敬和献马之欢愉。

明朝时期，涉藏地区的贡物品种很多，如画佛、铜佛、铜塔、氆氇、左髻毛缨、足力麻、铁力麻、刀剑、明甲胄、珊瑚、犀角之属等，可谓应有尽有。事实上，边疆各地贡物各式各样，蒙古迤北小王子瓦剌三王贡马、驼貂、鼠皮、海青等，哈密畏兀儿贡马、驼等物凡十种。罕东卫、赤斤蒙古贡马、驼梧、梧桐鑛，凡三种。土鲁番、火州、柳陈城贡马、驼、玉石、镔铁刀等，凡十五种②。显然，马是边疆民族地区首领进贡明朝的最重要物品之一。

即使西藏及周边涉藏地区贡物，也有所不同：

> 乌思藏贡画佛、铜佛、铜塔、舍利、各色足力麻、各色铁力麻、各色氆氇、珊瑚、犀角、左髻、毛缨、酥油、明盔、明甲、刀、剑，凡十六种。③

> 长河西、鱼通、宁远等处、杂道长官司贡画佛、舍利、各色足力麻、各色铁力麻、各色氆氇、珊瑚、犀角、左髻、明盔、刀、毛缨，凡十一种。④

> 朵甘思、朵甘直管招讨司，贡各色足力麻、各色铁力麻、各色氆氇左髻、明盔长刀凡六种。⑤

> 董卜韩胡、别寨安抚司、加渴歹寺贡各色氆氇、各色足力麻、各色铁力麻、珊瑚、明盔、铁甲、遮甲麻衣、白毛缨、红毛缨、黑毛缨、黄左髻，凡十一种。⑥

> 金川寺番僧贡珊瑚、胡黄连、木香、氆氇、足力麻、左髻、毛衣，凡七种。⑦

> 杂谷安抚司贡珊瑚、胡黄连、木香、茜草、海螺、左髻、毛衣、氆

---

① 《西藏馆藏》，《元以来西藏地方与中央政府关系档案史料汇编》，中国藏学出版社，第96—97页。
② ［明］何乔远撰，张德信、商传、王熹点校：《名山藏》卷一百九《西戎下》，福建人民出版社，第3120页。
③ ［明］何乔远撰，张德信、商传、王熹点校：《名山藏》卷一百九《西戎下》，第3121页。
④ ［明］何乔远撰，张德信、商传、王熹点校：《名山藏》卷一百九《西戎下》，第3121页。
⑤ ［明］何乔远撰，张德信、商传、王熹点校：《名山藏》卷一百九《西戎下》，第3121页。
⑥ ［明］何乔远撰，张德信、商传、王熹点校：《名山藏》卷一百九《西戎下》，第3121页。
⑦ ［明］何乔远撰，张德信、商传、王熹点校：《名山藏》卷一百九《西戎下》，第3121页。

毯、足力麻，凡九种。"① 打剌儿寨贡珊瑚、毪氆，凡二种。②

达思蛮长官司贡珊瑚、犀牛角、硼砂、木香，凡四种。③

长宁安抚司、韩胡碉怯列寺贡珊瑚、明盔、明甲、刀、乾松、毪氆，凡六种。"④

洮岷等处番僧族贡铜佛、画佛、舍利子、马、驼、酥油、青盐、青木香、足力麻、铁力麻、毪氆、左髻、毛缨、明盔、明甲、腰刀，凡十六种。⑤

此"西戎"之贡也。

对于所有贡物，明朝本着厚往薄来、"抚待远人"的政策，数倍于其价值回赐。回赐物主要有文绮、袭衣、丝棉织品、生活用品、医药用品、农产品、书籍纸张、货币等，有黄金、白金、钱币、钞锭、茶、米、香果、绒锦、纻丝、禅衣、鞋帽等。

回赐是明廷赏赐贡使、法王、政教领袖的物品，从文献记载来看，明廷对涉藏地区的赏赐较为随意，形式多样。永乐十六年八月，尼八剌国王沙的新葛遣人贡方物，"上遣中官邓诚赍敕往赐之锦绮、纱罗，与其贡使偕行"⑥。凡所经罕东、灵藏、必力工瓦、乌思藏等处头目皆有赐赉。

赏赐物的多少主要依据涉藏地区教俗首领和大小僧官的政治地位和官职大小。永乐元年八月，明成祖遣智光以白金、彩币颁赐馆觉、灵藏、乌思藏、思达藏灌顶国师等高级僧侣，"计白银二千二百两，彩币百一十表里"⑦。《西域传·阐化王》谓：明成祖嗣位后遣僧智光往赐灌顶国师吉剌思巴监藏巴藏卜。于是，吉剌思巴监藏巴藏卜于永乐元年"遣使入贡"⑧。《西域传·辅教王》："辅教王者，思达藏僧也。其地视乌斯藏尤远。成祖即位，命僧智光持诏招谕，赐以银币。"⑨ 永乐十五年二月，内官乔来喜等赍佛像、佛经、金银法器、彩币等物往乌思藏，

---

① ［明］何乔远撰，张德信、商传、王熹点校：《名山藏》卷一百九《西戎下》，第3121页。
② ［明］何乔远撰，张德信、商传、王熹点校：《名山藏》卷一百九《西戎下》，第3121页。
③ ［明］何乔远撰，张德信、商传、王熹点校：《名山藏》卷一百九《西戎下》，第3121页。
④ ［明］何乔远撰，张德信、商传、王熹点校：《名山藏》卷一百九《西戎下》，第3121页。
⑤ ［明］何乔远撰，张德信、商传、王熹点校：《名山藏》卷一百九《西戎下》，第3122页。
⑥ 《明太宗实录》卷二〇三，永乐十六年八月戊寅，第2097页。
⑦ 《明太宗实录》卷一一，洪武三十五年八月戊午，第177页。
⑧ ［清］张廷玉等撰：《明史》卷三百三十一《阐化王传》，第8580页。
⑨ ［清］张廷玉等撰：《明史》卷三百三十一《辅教王传》，第8585页。

赐正觉大乘法王昆泽思巴;①永乐十七年十月,中官杨三保等赍敕往赐乌思藏正觉大乘法王昆泽思巴、怕木竹巴灌顶国师阐化王吉剌思巴监藏巴里藏卜、必力工瓦阐教王领真巴儿吉藏、思(达藏)辅教王喃渴烈思巴、灵藏灌顶国师赞善王著思巴儿监藏、灌顶弘善西天佛子大国师释迦也失等佛像、法器、袭装、禅衣及绒锦、彩币表里有差。盖答其遣使朝贡之诚也。②

为了规范赏赐,永乐元年四月礼部议定了"河州、洮州'番族'朝贡赏例",规定:"河州卫必里千户所千户,每员银六十两、彩币六表里、钞百锭,曾授金符头目亲来朝贡者,银五十两、彩币五表里、钞七十锭、给丝衣一袭;遣人朝贡者,银四十两、彩币四表里、钞五十锭;中途死者,官归其丧,赏赐付抚安官给之,所遣使每人银十两、彩币二表里、钞三十锭;未授金符头目亲来朝贡者,银四十两、彩币四表里、钞五十锭、红丝衣一袭;附贡者,银三十两、彩币三表里、钞四十锭,付抚安官给赏。其抚安千户每员赏钞七十锭、彩币四表里,旗军人等,人赏钞五十锭、彩币二表里。"③自此,赏赐才有了具体的法律规定。依此"例"规定,对"番族"头目的赏赐分两种:亲自来京朝贡者赏赐银50两,遣人朝贡者赏赐银为40两。其他按是否来京,从赏银40两至十两不等。

总之,基于朝贡对明朝统治西藏及周边涉藏地区的政治意义,明廷对西藏地方和其他涉藏地区政教首领遣使朝贡者倍加优赏,朝贡人数和次数也没有做硬性要求。洪武时,乌思藏朝贡一般为三年一次,但两年一贡或一年一贡、一年两贡者也较多,朝廷均予以鼓励,不加限制。频繁的朝贡与回赐,使明朝与西藏及周边涉藏地区建立了广泛的政治互动及经济文化往来,不仅加强了西藏地方和其他涉藏地区与明中央的关系,而且发展了当地经济文化事业。

(二)朝贡使者的派出

明代涉藏地区最早派遣贡使进京是洪武三年(1370),此后一直至崇祯四年(1631),乌思藏、朵甘、川、陕、滇涉藏地区派往明京的贡使一直延续,终明之世不曾间断。笔者据《明实录》等文献资料统计,明代涉藏地区派遣的入京贡使,有姓名可考者1923人次。另有大量未载姓名之贡使。对照明清时期文献资

---

① 《明太宗实录》卷一八五,永乐十五年二月戊午,第1981页。
② 《明太宗实录》卷二一七,永乐十七年十月癸未,第2162页。
③ 《明太宗实录》卷一九,永乐元年四月丁卯,第346—347页。

料考证可知，各时期确有姓名贡使大致如下：

洪武时期，确有姓名贡使 52 人次；

永乐时期，确有姓名贡使 39 人次；

洪熙时期，确有姓名贡使 8 人次；

宣德时期，确有姓名贡使 314 人次；

正统时期，确有姓名贡使 330 人次；

景泰时期，确有姓名贡使 61 人次；

天顺时期，确有姓名贡使 120 人次；

成化时期，确有姓名贡使 336 人次；

弘治时期，确有姓名贡使 137 人次；

正德时期，确有姓名贡使 125 人次；

嘉靖时期，确有姓名贡使 160 人次；

隆庆时期，确有姓名贡使 32 人次；

万历时期，确有姓名贡使 196 人次；

天启时期，确有姓名贡使 12 人次；

崇祯时期，确有姓名贡使 1 人次。

贡使主要来自乌思藏、朵甘、馆觉和河、洮、岷、西宁、松潘等地，范围极其广泛，几乎包括今西藏、甘肃、青海、四川、云南等涉藏地区之全部。

依此，明代西藏地方和其他涉藏地区赴京贡使的频次如下表所示：

表14　明代各时期西藏及周边涉藏地区来京贡使频率表

（单位：人次）

时间段	总次数	平均每年来京次数
洪武元年（1368）至洪武三十一年（1398）	52	1.68
永乐元年（1403）至永乐二十二年（1424）	39	1.77
洪熙时期（1425）	8	8
宣德元年（1426）至宣德十年（1435）	314	31.4
正统元年（1436）至正统十四年（1449）	330	23.57
景泰元年（1450）至景泰七年（1456）	61	8.71

续表

时间段	总次数	平均每年来京次数
天顺元年（1457）至天顺八年（1464）	120	15
成化元年（1465）至成化二十三年（1487）	336	14.61
弘治元年（1488）至弘治十八年（1505）	137	7.61
正德元年（1506）至正德十六年（1521）	125	7.81
嘉靖元年（1522）至嘉靖四十五年（1566）	160	3.56
隆庆元年（1567）至隆庆六年（1572）	32	5.33
万历元年（1573）至万历四十七年（1619）	196	4.17
天启元年（1620）至天启七年（1627）	12	1.71
崇祯元年（1628）至崇祯十七年（1644）	1	0.05
总计	1923 人次	

注：此表根据《明实录》统计

此表显示，宣德、正统、天顺及成化年间，西藏及周边涉藏地区贡使来京者最多。宣德时期，有姓名贡使每年来京达到31.4次，正统时期达到每年23.57次，如此高的贡使频率，只能说明西藏和其他涉藏地区频频派遣贡使进京。明中后期，以天顺、成化年间赴京贡使最多，平均每年分别达15人次、14.61人次。

需要说明的是，尽管天启时期确有姓名贡使才十二人次，但天启五年十月，陕西法藏寺等六寺喇嘛"番僧"速南路丹等十九人赴京朝贡，故另有无姓名记载贡使至少十八人；崇祯时期确有姓名贡使只有1人次，但崇祯三年四月，乌思藏僧三旦多只等十五人赴京朝贡，故另有无姓名记载贡使至少十四人。

此类文献中尚无姓名记载的贡使数不胜数，各时期人数较多、规模较大的有：

洪武十四年正月，龙州知州薛文胜等64人来京朝贡。

永乐二十年闰十二月，正觉大乘法王昆泽思巴遣国师班丹札等314人赴京朝贡。

洪熙元年二月，洮州卫火把簇国师班丹星吉等22人赴京朝贡。

宣德四年十二月，乌思藏国师领占端竹、阿木葛、大国师释迎也失并大乘法王、阐化王使者锁南领占等542人赴京朝贡。

正统四年正月，陇卜簇副千户南葛坚藏招致叠州相的等一十七簇羌民烟丹监藏等52人来京朝贡；正统九年三月，陕西新招抚各簇管著藏卜等237名来京朝贡。

弘治二年二月，长河西宣慰司番僧绰思吉领占把藏卜等700人赴京朝贡。

正德五年三月，乌思藏大乘法王差剌麻绰吉我些儿等率800人赴京朝贡；正德十六年四月，四川威州、保县、金川寺剌麻僧曾称藏卜等率新旧招抚"番僧"共510赴京朝贡。

嘉靖二年闰四月，四川董卜韩胡宣慰司起送番僧舍利卜等率1700余人赴京朝贡；嘉靖十二年八月，四川乌思藏、朵甘"番僧"七领札夫等率1000余人赴京朝贡；嘉靖十五年正月，乌思藏辅教、阐教、大乘各王差国师短竹札失、长河西、鱼通、宁远等处军民宣慰使司差寨官桑呆短竹等率4170余人进京朝贡；嘉靖十五年十月，四川杂谷安抚司遣都纲"番僧"叶儿监藏等1264人赴京朝贡。

隆庆五年八月，陕西多杓等二十七族"番人"板官等337人赴京朝贡；隆庆六年九月，四川达思蛮长官司差都纲头目及"番僧"赴京朝贡，凡到京及留边共434人；隆庆六年十月，灵藏赞善王差你麻坚昝等135人赴京朝贡；

万历七年十一月，四川杂谷安抚司差都纲头目1274人赴京朝贡；万历三十六年正月，陕西奔古、他笼等族"番人"竹节恼秀等425人赴京朝贡；万历四十二年十一月，达思蛮长官司进贡"番僧"阿豆坚藏等438人赴京朝贡；万历十五年十二月，乌思藏阐化王差"番僧"领真等600人赴京朝贡；万历十六年正月，乌思藏阐化王遣使真朵尔只等1000人赴京朝贡；万历四十五年四月，乌思藏阐化王差国师锁南坚参等1000人赴京朝贡。

笔者据《明实录》中此类记载，不完全统计可知：所有无姓名贡使总数高达26483人次，详见下表：

表15 明代各时期涉藏地区无姓名赴京贡使统计表

时期	人数	时期	人数
洪武时期	100	永乐时期	429
洪熙时期	81	宣德时期	543
正统时期	316	景泰时期	8

续表

时期	人数	时期	人数
天顺时期	1	成化时期	2301
弘治时期	707	正德时期	1311
嘉靖时期	6742	隆庆时期	1845
万历时期	12061	天启时期	23
崇祯时期	15		
总计	26483		

需要说明的是，以上两万六千四百多无姓名贡使人员中，有很大部分并非西藏和其他涉藏地区所派，往往是沿途百姓、商人、流民等受利益驱使混入贡使队伍中赴京城朝贡，其成员、身份情况极其复杂，但他们的目的性基本一致，即为了获得明朝"赏赐"而来，由此形成了令明政府颇为头痛的"冒贡""滥贡"现象。

第四，值得关注的是，西藏及周边涉藏地区往明京朝贡者既有寺僧、法王、国师，也有藏族领袖、头人、卫所军官等；既有地位很高者，也有普通的"番族"。而地位最高者当属明永乐、宣德年间所封的三大法王、五大政教王了。如永乐年间乌思藏二大法王遣使进京：永乐七年二月，如来大宝法王哈立麻遣其徒辍藏贡方物；永乐十年五月，如来大宝法王哈立麻遣其徒杨班丹贡方物；永乐十三年正月，正觉大乘法王昆泽思巴遣使贡马。

除了法王，五大政教王也遣使者进京朝贡：阐化王于永乐六年遣使贡马及方物，赞善王于永乐八年遣使贡马及方物，护教王于永乐九年遣使贡马及方物。在永乐十四年五月，阐化王、护教王、阐教王三王俱遣使贡马及方物，这是永乐时期五大政教王遣使者进京。

三大法王和五大政教王是永乐明朝西藏分封中地位最高的，他们频繁遣使者入京朝贡，反映出西藏教俗上层积极加强与明廷联系接受明朝统治的坚定决心和愿望。

第五，明代中后期，特别是成化十六年（1480）之后明朝对涉藏地区开始严格限贡，西藏及周边涉藏地区赴京次数有所减少。但在巨大的经济诱惑刺激下，西藏及周边涉藏地区朝贡仍然保持着一定规模，其人数尚为可观。正德十六年（1521），四川威州、保县等地新旧招抚番僧510人往明京朝贡。嘉靖十五年，完卜锁南坚参巴尔藏卜偕辅教、阐教诸王赴京朝贡，朝贡人员竟达到4000余人。①

这种朝贡规模在百人、千人以上者实属常见，直到万历朝之后才有所改变。在亲往明京或遣使人员中，明朝所封授的大国师、国师、寺院主持及大小僧官一直是最为活跃的人员。

除了乌思藏、朵甘、河洮岷、西宁等地，位于川滇藏三省交界地带的今迪庆藏族自治州，自从洪武十五年明政府设置丽江木氏土司起，历代土知府遣使朝贡，与明廷密切往来。以下是丽江木氏土司朝贡的文献记载：

> 洪武二十五年二月甲寅，云南前卫指挥佥事董赐、丽江府知府木初……来朝贡马，赐绮帛、钞锭有差。②

> 永乐四年十月丙申，"西番"剌和庄摩些土酋阿奴弟来朝贡马。时云南右卫镇抚朱成等往"西番"招谕。行次剌和庄，摩些土酋阿奴弟随之入贡，赐钞币表里。③

> 永乐九年九月庚午，云南丽江军民府及镇道安抚司土官知府木初等遣人贡马。赐之钞币。④

> 洪熙元年四月壬戌，……云南丽江军民府等处土官木初等，四川盐井卫马剌长官司土官阿你等、永宁九姓长官司土官任福，各遣人贡马，剌（赐）钞、衣、币有差。⑤

> 宣德九年正月庚子，云南丽江军民府故土官知府木土子森及把事杨

---

① ［清］张廷玉等撰：《明史》卷三百三十一《大乘法王传》，第8576页。
② 《明太祖实录》卷二一六，洪武二十五年二月甲寅，第3177—3178页。
③ 《明太宗实录》卷六〇，永乐四年十月丙申，第871—872页。
④ 《明太宗实录》卷一一九，永乐九年九月庚午，第1506页。
⑤ 《明仁宗实录》卷九下，洪熙元年四月壬戌，第296页。

实、曲靖军民府沾益州土官知州斗南遣把事李英等来朝贡马。①二月壬申，赐云南丽江军民府土官舍人木森及把事杨实、曲靖军民府沾益州把事李英……钞币及纻丝袭衣有差。②

正统五年十二月甲申，云南丽江军民府土官知府木森，嵋峨县土官巡检易买……俱来朝贡马。赐宴并赐彩币等物有差。③

万历十三年十二月辛巳，云南丽江军民府知府木旺贡马，求旌额。礼部以无故事，乃赐之敕书。④

上引史料说明，洪武至正统年间丽江土司⑤向明朝进贡至少6次，明政府每次都给予赐物厚赏。明代中后期⑥，虽说丽江土知府遣使进贡次数较少，但丽江土司与明朝的关系依然十分密切，他们多次捐银助明征蛮：

万历三十八年（1610），云南丽江军民府土官知府木增以征蛮军兴，助饷银二万余两⑦；万历四十七年（1619），木增又输银一万助辽饷。⑧天启五年（1625）九月，明政府颁给云南丽江军民府知府木增（加布政使司右参政职衔致仕）诰命，"以捐赀助饷也"⑨。木氏木司还捐助明廷殿工银、木植银，如嘉靖三十九年（1560），"知府木高进助殿工银二千八百两，诏加文职三品服色，给诰命。四十年又进木植银二千八百两，诏进一级，授亚中大夫，给诰命"⑩。

此外，木氏土司还积极向明朝输赋纳马，并且派兵助战，确保明西南边疆稳定。

其一，输赋纳马。洪武二十六年十月，西平侯沐春奏："丽江土民每岁输

---

① 《明宣宗实录》卷一〇八，宣德九年正月庚子，第2414页。
② 《明宣宗实录》卷一〇八，宣德九年二月壬申，第2431页。
③ 《明英宗实录》卷七四，正统五年十二月甲申，第1437页。
④ 《明神宗实录》卷一六九，万历十三年十二月辛巳，第3055页。
⑤ 洪武十五年—洪武二十三年（1382—1390），木德（阿甲阿德）任丽江土知府，洪武二十四年—永乐十七年（1391—1419），木初（阿德阿初）任丽江土知府；其后，永乐十八年—宣德八年间（1420—1433），木土为丽江土知府。
⑥ 嘉靖六年—嘉靖三十三年间（1527—1554），木公为丽江土知府；万历二十六年—天启三年间（1598—1623），木增袭职丽江土知府。
⑦ [清]张廷玉撰：《明史》卷三百十四《云南土司传二·丽江》，第8099页。
⑧ [清]张廷玉撰：《明史》卷三百十四《云南土司传二·丽江》，第8099页。
⑨ 《明熹宗实录》卷六三，天启五年九月甲子，第2979页。
⑩ [清]张廷玉撰：《明史》卷三百十四《云南土司传二·丽江》，第8099页。

白金七百六十两，皆么些洞所产，民以马易金，不谙真伪，请令以马代输。从之。"①洪武二十四年——永乐十七年（1391—1419）间，木初（阿德阿初）任丽江土知府，他在任期间以土民纳马作为其赋。

其二，派兵助战。《明实录》载：正统五年（1440）九月，"赐云南丽江军民府知府木森诰民（命），加授太（大）中大夫赞（资）治少尹。以杀获麓川蛮寇功也"②。宣德九年至正统六年间（1434—1441），木森任丽江土知府，可以看出，此期丽江土司曾派兵助明平麓川寇扰。

由此说明，木氏土司为明朝西南边疆的社会安定作出了贡献。洪武十八年（1385）时，巨津土酋阿奴聪叛明，劫石门关，明将千户浦泉战死，"……时木德从征，又从西平侯沐英征景东、定边，皆有功，予世袭"③。洪武十五年——二十三年（1382—1390）间，木德（阿甲阿德）任丽江土知府，他派兵与明将沐英平定了边疆叛乱，明王朝准许丽江土知府世袭其职，以示优待。

与此同时，历代丽江土司因镇守迪庆地区，稳定西南边陲而受到明廷之嘉奖。正统五年（1440），明英宗赐丽江土知府木森"诰命，加授大中大夫资治少尹，以征麓川功也"④。万历三十八年（1610）六月，明神宗赐丽江府土知府木增加三品服色，"从其请也"⑤；泰昌元年（1620）八月，巡抚云南沈儆炌题："滇省介在西南，而丽江又在滇西北，境接番达，频年为患。该府土官木增父子奋勇斩获黄毛达子五十二颗，收降男子一千有奇，并收卜花村鲁台寨，安插降民。认纳每年耗银八十一两零，黑大麦二千二百梆，具题入额。请于知府上量加三品服色，以旌其劳。部覆，从之。"⑥同年十二月，明朝以丽江土知府木增御寇拓土之功，"赏银二十两、纻丝二表里。其子懿及舍目等各赏银有差"⑦，并且昭告其功："（木）增尝捐万金助饷，不独功在滇南也"⑧，给予极高的评价和肯定。天启二年（1622）八月，云南丽江土知府木增因御房致疾，明政府允准加以本省本政使司左参政职衔告老辞官，"以旌其忠"⑨。

---

① ［清］张廷玉撰：《明史》卷三百十四《云南土司传二·丽江》，第8098—8099页。
② 《明英宗实录》卷七一，正统五年九月丙辰，第1381页。
③ ［清］张廷玉撰：《明史》卷三百十四《云南土司传二·丽江》，第8098页。
④ ［清］张廷玉撰：《明史》卷三百十四《云南土司传二·丽江》，第8099页。
⑤ 《明神宗实录》卷四七二，万历三十八年六月甲申，第8909页。
⑥ 《明光宗实录》卷八，泰昌元年八月癸酉，第209页。
⑦ 《明熹宗实录》卷四，泰昌元年十二月壬戌，第201页。
⑧ 《明熹宗实录》卷四，泰昌元年十二月壬戌，第201页。
⑨ ［清］张廷玉撰：《明史》卷三百十四《云南土司传二·丽江》，第8100页。

二、朝觐使者

朝觐，古代宾礼之一，指诸侯藩国朝见天子的礼仪。周代始制礼，诸侯春季拜见天子曰"朝"，夏季曰"宗"，秋季曰"觐"，冬季曰"遇"，亦以朝觐借称朝见天子。①《周礼·春官·大宗伯》："以宾礼亲邦国，春见曰朝，夏见曰宗，秋见曰觐，冬见曰遇，时见曰会，殷见曰同。"②《孟子·万章上》："天下诸侯朝觐者，不之尧之子而之舜"③，是谓臣子朝见君主也。《礼记·乐记》："朝觐，然后诸侯知所以臣；耕藉，然后诸侯知所以敬。"④明代朝觐之礼，大体以"例""令"等形式发布，其制严格。

（一）类型

严格地说，朝觐和朝贡并不相同。朝觐一般是边疆地区土司土官、首领亲自来京，觐见明朝皇帝。而朝贡可以是随便一个部族成员，或头目、僧职人员来京进贡朝觐使者可以分为以下几种：

1. 来京归附的涉藏地区首领

明初，涉藏地区藏族首领进京朝觐是表示接受明朝统治，是对明朝的一种认可。明廷非常欢迎藏族首领"上故元所授银印"，正式放弃故元官职，归顺明朝统治。因此，每当藏族首领、头目朝觐时，朝廷予以厚待和赏赐，并授以官职。"朵甘、乌思藏各族部属，闻我声教，委身纳款，已尝颁赏授职，建立武卫，俾安军民。"⑤洪武三年（1370）十二月，吐蕃宣慰使何锁南普等13人来南京觐见朱元璋并进贡马匹及方物，明太祖甚为高兴，赐予何锁南普及知院汪家奴袭衣等物。⑥《明史》亦载："（洪武三年）冬，何锁南普等入朝贡马及方物。帝喜，赐袭衣。"⑦何锁南普等人成为明朝最早一批来京觐见明皇的涉藏地区领袖。

此后，一大批藏族首领来南京朝觐明皇。洪武四年（1371）正月，"西番"十八族元帅包完卜乩、七汪肖遣侄打蛮及各族都管哈只藏卜、前军民元帅府达

---

① 钱玉林，黄丽丽主编：《中华传统文化辞典》，第583页。
② 杨天宇撰：《周礼译注》"春官宗伯第三"，上海古籍出版社，2004年，第277页。
③ 万丽华、蓝旭译注：《孟子》卷九《万章上》，中华书局，2006年，第206页。
④ 李学勤主编：《十三经注疏·礼记正义》卷第三十九，北京大学出版社，1999年，第1137页。
⑤ 《明太祖实录》卷九一，洪武七年七月己卯，第1595页。
⑥ 《明太祖实录》卷五九，洪武三年十二月辛巳、壬午，第1163、1165页。
⑦ ［清］张廷玉等撰：《明史》卷三百三十《西番传》，第8539页。

鲁花赤坚敦肖等来朝，诏以包完卜乱为十八族千户所正千户，七汪肖为副千户，坚敦肖为岷州府千户所副千户，哈只藏卜等为各族都管，各赐袭衣、靴袜。①同年二月，河州卫指挥同知何锁南普等辞归，诏赐何锁南普文绮二十匹，汪家奴一十五匹，以下官属各一十五匹。既而上复以何锁南普等识达天命自远来朝，加赐何锁南普文绮十匹，汪家奴八匹、官属人一匹。②洪武六年十月，"番僧"卒力加瓦率其徒朵只巴等来朝，"诏赐文绮有差，升朵甘卫指挥金事锁南兀即尔为指挥同知"。③洪武十二年七月，河州卫指挥同知何锁南普、镇抚刘温各携其家属来朝，"敕中书省臣曰：君子贵守信而行义。今何锁南普自归附以来，信义甚坚，前遣使乌思藏宣布朕命，远涉万里，不惮勤劳。及归，所言皆称朕意。今与刘温各以家属来朝，宜加礼待，其赐何锁南普米、麦各三十石，刘温米十石，麦如之"④。洪武十三年四月，红堤峪族酋长亦卜藏卜等来朝，明政府赐文绮有差。⑤洪武十四年正月，龙州知州薛文胜等六十四人来朝，朱元璋下诏赐文绮、钞锭有差。⑥

洪武十五年（1382）七月，故元四川分省左丞瓦剌蒙遣理问高惟善等自打煎炉长河西来朝，"上故元所授银印"，朱元璋诏赐文绮四匹，帛如之，钞二十锭，衣一袭。⑦理问，官名。元各行中书省所属有理问所理问与副理问。明、清承宣布政使司沿置，为布政使司直属官员之一，掌勘核刑名诉讼。《诸司职掌·吏部职掌》曰：各布政使司，"正官：左、右布政使各一员，左、右参政各一员，左、右参议各一员。首领官：经历各一员，都事各一员；照磨所：照磨一员；理问所：理问各一员、副理问各一员，提控案牍各一员。"⑧

洪武十六年（1383）三月，打煎炉长河西僧答儿八坚千来朝，"赐僧衣一袭"⑨。打箭炉，现名康定，今四川省甘孜藏族自治州东部，大渡河流域。为甘孜藏族自治州州府和康定县所在地，距成都366公里。康定历史久远，汉武帝时康定属牦牛县管辖。唐时置土司统治，元时归属青海。明永乐五年（1407），康定土司阿旺坚赞因随征有功。被册封为"明正长河西鱼通宁远军宣慰使司"，康

---

① 《明太祖实录》卷六〇，洪武四年正月癸卯，第1178—1179页。
② 《明太祖实录》卷六一，洪武四年二月辛未，第1189页。
③ 《明太祖实录》卷八五，洪武六年十月己卯，第1517—1518页。
④ 《明太祖实录》卷一二五，洪武十二年七月戊申，第2004—2005页。
⑤ 《明太祖实录》卷一三一，洪武十三年四月乙酉，第2078页。
⑥ 《明太祖实录》卷一三五，洪武十四年正月己丑，第2138页。
⑦ 《明太祖实录》卷一四六，洪武十五年七月乙卯，第2291。
⑧ 杨一凡点校：《皇明制书》第二册《诸司职掌·吏部》，第368页。
⑨ 《明太祖实录》卷一五三，洪武十六年三月壬戌，第2394页。

定一举复归明正土司统治。清雍正十一年（1733）设打箭炉厅，清光绪三十年（1904）升为直隶厅，光绪三十四年（1908）改打箭炉厅为康定府。①同年四月，长河西安抚司土官油笼思卜来朝，明政府赐袭衣、冠带②。洪武三十一年（1398）正月，"长河西军民安抚司土官千户油笼思卜等来朝"③，明廷赐予文绮、袭衣、钞锭等物。

天顺四年（1460）正月，陕西甘州隆教寺剌麻朵儿只罗古罗、西宁西域（城）寺"番僧"领占班竹儿、岷州法藏寺"番僧"锁南领占、四川松潘等处"番人"川科来京朝觐，"并贡马及方物，赐宴并赐彩币表里等物有差"④。正德六年（1511）正月，陕西趱哈等族"番人"圭哈、永宁寺番僧札石烟丹来京朝觐，"赐宴，并赏彩缎、宝钞等物有差"⑤。嘉靖七年（1528）正月，西夷答牙答族"番人"纳麻肖等二十六人来京朝觐，并"贡方物、马匹，给赏如例"⑥。嘉靖二十一年（1542）七月，董卜韩胡宣慰使司加渴瓦差都纲"番僧"懒革儿坚灿等来京朝觐，"宴赉如例"⑦。

由此可见，明承元制，与西藏地方和其他涉藏地区建立了广泛而紧密的往来关系。《汉藏史集》载："蒙古最后一个皇帝妥懽帖睦尔被汉（族）人大明皇帝在阳土猴年（戊申，1368）夺去帝位。大明皇帝（明太祖朱元璋）在位执政三十二年，其后永乐皇帝在位二十二年，他与大乘法王结为施主与福田的关系。此后洪熙皇帝在位七个月，宣宗皇帝在位十二年，英宗皇帝执政十四年。英宗皇帝于阳铁马年（庚午，1450）八月十六日被蒙古之大臣也先太师俘虏并带走。就在此阳铁马年，景泰皇帝登上帝位，到今年狗年（戌年，1454）已经过了五年。据说这位景泰皇帝也是上师的弟子，精通喜金刚、怖畏等密宗教法，信仰佛法，此为日辛巴之上师细顿去汉地献马并朝见皇帝后所说的史实。这以前过了三十六年，由阳土龙年（戊辰）以前过了十二年。将这些加到一起，汉地最后的王朝明朝建立

---

① 1913年改康定县，1939年设立西康省，省会设于康定。1955年撤销，原属区分别并入四川省和西藏自治区。[明]巴卧·祖拉陈瓦著，周润年译：《贤者喜宴·噶玛岗仓史》，第360页。
② 《明太祖实录》卷一五三，洪武十六年四月己卯，第2396页。
③ 《明太祖实录》卷二五六，洪武三十一年正月丙子，第3698页。
④ 《明英宗实录》卷三一一，天顺四年正月丁未，第6539—6540页。
⑤ 《明武宗实录》卷七一，正德六年正月庚申，第1565页。
⑥ 《明世宗实录》卷八四，嘉靖七年正月丁酉，第1907—1908页。
⑦ 《明世宗实录》卷二六四，嘉靖二十一年七月丁巳，第5236页。

已经八十一年，传了五位皇帝。"①这就是说，从洪武到景泰时期，大明王朝始终与西藏政教上层有着密切的高层往来。

2. 来京接受封职或定期来京的政教首领及头目

明初很多朝觐使者是来明京接受封职的，这部分人员在所有进京使者中占有一定比例。对西藏及周边涉藏地区政教头目封官授职是明朝治藏政策的重要内容："（洪武）六年，令诸酋举故官授职，以摄帝师喃加巴藏卜为炽盛佛宝国师，给玉印，置乌思藏、朵甘二指挥使司，及宣慰司、招讨司、元帅府、万户府官，故国公南哥思丹八亦监藏等为指挥宣慰招讨元帅万户等官领之。"②封授官爵的形式可以是遣使者前往，也可以是对来京者封赐。洪武七年（1374）七月："朵甘、乌思藏僧答力麻八剌及故元帝师八思巴之后公哥坚藏卜遣使来朝，请师号。诏以答力麻八剌为灌顶国师，赐玉印海兽纽，俾居峇多桑古鲁寺，给护持十五道，公哥坚藏巴藏卜为圆智妙觉弘教大国师，玉印狮纽。"③同年十二月，炽盛佛宝国师喃加巴藏卜及朵甘行都指挥同知锁南兀即尔等遣使来朝，奏举土官赏竺监藏等56人，明太祖下诏设置朵甘思宣慰司及招讨等司，并以赏竺监藏等七人为朵甘都指挥司同知，南哥思丹八亦监藏等三人为乌思藏都指挥司同知，星吉监藏等11人为朵甘宣慰司使，川挪藏卜等八人为朵甘思等六招讨司，官管者藏卜等五人为沙儿可等万户府万户，管卜儿监藏等十八人为朵甘思等一十七千户所千户，速令一人为伦卜卒曰四族都管，监藏令占等三人为朵甘巡检司巡检。④

明太祖颁给赏竺监藏的诰文曰：

> 朕受天明命，君主华夷。凡诸施设，期在安民。是以四夷之长，有能抚其众而悦天心者，莫不因其慕义，与之爵赏，以福斯民。曩者，西蕃效顺，为置乌思藏行都指挥使司，以官其长，使绥镇一方，安辑众庶。今复遣使修贡请官。朕如其请，特以赏竺监藏等为某官。尔其恪修厥职，毋怠。⑤

永乐二年（1404）三月，安定卫千户三即来朝觐见永乐皇帝，永乐帝即封三

---

① [明] 达仓宗巴·班觉桑布著，陈庆英译：《汉藏史集》，第61页。
② [明] 叶向高著：《四夷考》卷四《西番考》，第41页。
③ 《明太祖实录》卷九一，洪武七年七月己卯，第1596页。
④ [明] 何乔远撰，张德信、商传、王熹点校：《名山藏》卷一百九《西戎下》，第3110—3111页。
⑤ 《明太祖实录》卷九五，洪武七年十二月壬辰，第1641—1642页。

即为指挥佥事,"余为千户、镇抚等官,仍赐本卫指挥同知哈三及三即等白金、彩币有差",并敕安定卫指挥、千、百户年老及亡没者"悉听子弟代袭"。①永乐四年正月,丽江府通事禾节等往谕镇道、杨塘地界回还,其土酋阿密末吉等来朝觐见永乐皇帝,②明政府即设镇道、杨塘二安抚司,并以阿密末吉等为安抚,给以印章。正统十三年(1448)五月,妙胜禅师锁南藏卜及剌麻札失班丹往灵藏等处地面还,以灵藏赞善王班丹坚到所遣南嘉寺剌麻桑儿结巴等朝见,贡马及氆氇、佛像等物。"诏升锁南藏卜为国师,札失班丹为都纲,给诰命、敕谕、银印,赐宴并钞、彩缎表里、僧衣、靴袜有差。以桑儿结巴为本寺都纲,给敕谕、印信。"③

另外,按照明朝制度,边疆民族地区首领必须定期来京朝见皇帝,这是涉藏地区政教首领的义务,也是其他边地官员的义务。永乐三年,僧道深撰《敕赐崇恩寺西天大剌麻桑渴巴辣实行碑》,碑文内容是:

"西天大剌麻梵名桑渴巴辣,乃中天竺国之人。(永乐三年,来南京朝觐太宗皇帝,命居西天寺。)其后驾幸北京,越十一年,被召而来,居崇恩寺。(下略)天顺二年,岁次戊寅,九月九日,崇恩当代住持巴辣些纳立石。"④

前述《汉藏史集》记载了一段景泰五年上师细顿进京朝见景泰皇帝事:"就在此阳铁马年,景泰皇帝登上帝位,到今年狗年(戌年,公元1454年)已经过了五年。据说这位景泰皇帝也是上师的弟子,精通喜金刚、布畏等密宗教法,信仰佛法,此为日辛巴之上师细顿去汉地献马并朝见皇帝后所说的史实。"⑤证明了上师细顿朝见景泰皇帝的史实。弘治十五年三月,四川天全六番招讨使司等处土官"各遣人来朝觐,赐彩缎、锭钞等物如命(例)。"⑥

3. 来京奏事的使者

洪武二十一年(1388)二月,天全六番招讨高敬严、副招讨杨藏卜来朝朝觐,"因奏其事,仍命改为武职,令戍守边界,控制'西番'。仍命景川侯曹震

---

① 《明太宗实录》卷二九,永乐二年三月壬寅,第516页。
② 《明太宗实录》卷五〇,永乐四年正月乙未,第746页。
③ 《明英宗实录》卷一六六,正统十三年五月丁未,第3218—3219页。
④ 北京图书馆金石组编:《北京图书馆藏中国历代石刻拓本汇编》第52册,中州古籍出版社,1989年,第10页。
⑤ [明]达仓宗巴·班觉桑布著,陈庆英译:《汉藏史集》,第73—74页。
⑥ 《明孝宗实录》卷一八五,弘治十五年三月庚辰,第3406页。

阅其士马部伍之数"①。永乐二年三月，安定卫指挥朵儿只束来朝觐见永乐皇帝，"自陈愿纳差发马五百匹，命河州卫指挥佥事康寿往受之。康寿上疏称必里、罕东等卫所纳马，其直皆河州军民运茶与之。今安定卫遥远，运茶甚艰，请给布绢为便"。明成祖说："诸番市马皆用茶，给（已）著为令。今安定卫来朝之初，自愿纳马，其意可嘉。姑以布给之，后仍以茶为直。"②宣德八年（1433）八月，灵藏赞善王遣"番人"札失监藏来朝觐见明宣宗，并奏愿居京自效，"命为副千户镇抚等官，赐金织袭衣、彩币、银、钞、绵布、鞍马。仍命有司给房屋、器物如例"③。正统三年（1438）二月，陕西西宁瞿昙等寺刺麻桑里结肖来朝觐见，"累请赐救护持，又求职事封一号、寺额。不从"④。正统十四年（1449）四月，罕东卫都指挥班麻思结遣指挥脱脱等来京觐见并奏事，四川乌思藏麦思奔"番僧"刺麻倚什藏等人也来朝觐见，并贡马方物。⑤天顺元年（1457）三月，乌思藏怕木竹巴灌顶国师阐化王桑尔结坚昝巴藏卜等人来京朝觐，"赐宴并赐彩币表里等物有差。"⑥正德二年九月，韩胡碉寨恰列寺"番僧"领占朵儿只遣其弟小和尚来京朝见，"因请令袭其职事，许之"⑦。

朝觐使者，一般同时要贡献方物，故与朝贡使者、贺节使者等有交叉的地方。洪武二十年（1387）十二月，乌思藏、朵甘二都指挥使司都指挥撒干尔坚藏遣使阿迦耶来朝，上表贡方物、马匹及佛经，"贺明年正旦"⑧。此处阿迦耶既是朝贡，又是贺节使、朝觐使。正旦节为正月初一日，《酌中志》卷二十："正月初一日正旦节，自年前腊月廿四日祭灶之后，宫眷内臣即穿葫芦景补子及蟒衣。各家皆蒸点心，储肉，将为一二十日之费。三十日岁暮，即互相拜祝，名曰辞旧岁也。大饮大嚼，鼓乐喧阗为庆贺焉。门旁植桃符板，将军炭，贴门神。室内悬挂福神、鬼判、锺馗等画。床上悬挂金银八宝，'西番'经轮，或编结黄钱如龙。檐楹插芝麻秸，院中焚柏枝柴，名曰煴岁。正月初一五更起，焚香放纸炮。"⑨详

---

① 《明太祖实录》卷一八八，洪武二十一年二月庚午，第2827—2828页。
② 《明太宗实录》卷二九，永乐二年三月丙寅，第522—523页。
③ 《明宣宗实录》卷一〇四，宣德八年八月己酉，第2338页。
④ 《明英宗实录》卷三九，正统年二月壬戌，第752页。
⑤ 《明英宗实录》卷一七七，正统十四年四月己未，第3414页。
⑥ 《明孝宗实录》卷二七六，天顺元年三月癸未，第5886页。
⑦ 《明武宗实录》卷三〇，正德二年九月丙午，第754页。
⑧ 《明太祖实录》卷一八七，洪武二十年十二月庚午，第2807页。
⑨ ［明］刘若愚著：《酌中志》卷二十《饮食好尚纪略》，北京古籍出版社，2001年，第177页。

细描绘了正旦节日的喜庆场面和氛围。

（二）朝觐礼仪和意义

洪武十八年（1385），为了规范"四夷"朝贡行为，明政府制定了《蕃使朝贡例》，其主要内容是：洪武十八年定，"蕃国初附，遣使奉表，进贡方物，先于会同馆安歇。礼部以表副本奏知，仪礼司引蕃使习仪，择日朝见。其日，锦衣卫陈设仪仗，和声郎设大乐于丹陛，如常仪，仪礼司设表案于奉天殿东门外丹陛上，方物案于丹陛中道之左右，设文武百官侍立位于文武楼南，东西相向。蕃使服其服，捧表及方物状，至丹墀跪授，礼部官受之，诣丹墀，置于案，执事者各陈方物于案，毕。典仪、内赞、外赞、宣表、展表官、宣方物状官各具朝服，其余文武官常服就位。仪礼司官奏请升殿，皇帝常服出，乐作，升座，乐止。鸣鞭讫，文武官入班叩头礼毕，分东西侍立。引礼引蕃使就丹墀拜位，赞四拜。典仪唱'进表'，序班举表案由东门入，至于殿中。内赞赞宣表，外赞令蕃使跪，宣表，宣方物状，讫，蕃使俯伏，兴，四拜，礼毕。驾兴，乐作，还宫，乐止。百官及蕃使以次出。其蕃国常朝及为国事、谢恩、遣使进表、贡方物皆如前仪，唯不宣表。"①此例之最大特点是，内容复杂琐碎，礼仪极其严格、详细，叹为观止。因此，在洪武十八年《蕃使朝贡例》颁行后又对其进行了修改。洪武二十七年（1394）四月，"上以旧仪颇烦"，故命"更定蕃国朝贡仪"，即修定西天泥八刺国、朵甘、沙州、乌思藏、撒立、畏兀儿、撒来、撒马儿罕等处朝贡条例。修改后的《蕃国朝贡仪》的主要内容是：

> ……凡蕃国王来朝，先遣礼部官劳于会同馆，明日各服其国服，如尝赐朝服者，则服朝服，于奉天殿朝见，行八拜礼毕，即诣文华殿朝皇太子，行四拜礼。见亲王亦如之，亲王立受后答二拜。其从官随蕃王班后行礼。凡遇宴会，蕃王班次居侯伯之下。其蕃国使臣及土官朝贡，皆如常朝仪。②

《明史·蕃王朝贡礼》亦载：洪武二十七年四月，"以旧仪烦，命更定蕃王朝贡礼：……凡蕃国来朝，先遣礼部官劳于会同馆。明日，各具其国服，如尝赐朝

---

① [明]李东阳等撰，申时行等重修：《大明会典》卷五十八，第1005—1006页。
② 《明太祖实录》卷二三二，洪武二十七年四月庚辰，第3395页。

服者，则服朝服，于奉天殿朝见"①。会同馆，为兵部所属衙门。《诸司职掌·兵部》云：兵部所属衙门，"典牧所：提领一员，大使一员，副使一员，典史一员。会同馆：大使一员，副使一员。大胜关：大使一员，副使一员。故此"②。《蕃国朝贡仪》极为详细地规定了各国使臣来京朝贡的礼仪章程、程序和规格等。从"其蕃国使臣及土官朝贡，皆如常仪"句可知，边疆地区赴京朝贡的礼仪同此"例"。

可见，明代朝觐之礼，大体以"例""仪"等法律形式发布，其礼制早在洪武中期即已制定。除了上述洪武十八年"蕃使朝贡例"和洪武二十七年"蕃国朝贡仪"中的朝觐仪礼，还有"赐宴礼仪"，如洪武三十一年正月，四川长河西安抚等司土官僧吉藏卜等来朝，"赐宴于东角门"③。同月，长河西军民安抚司土官千户油笼思卜等来朝，"赐文绮、袭衣、钞锭"④。更有诸多与朝觐相关的礼制规定，如《礼仪定式》的"五拜礼"规定：

> 凡朝见，稽首顿首五拜，乃臣下见君上之礼。先稽首顿首四拜，后一拜叩头成礼。稽首四拜者，百官见东宫、亲王之礼。其见父母，亦行四拜礼。其余官长及亲戚朋友相见，止许行两拜礼。⑤

《大明会典》的"朝见和辞行礼"（洪武二十六年定）规定："上卓：茶食五般，按酒五般，果子五般，汤饭一分，酒三钟。中卓：茶食，按酒果子各四般，汤饭一分，酒三钟。"⑥又载："上卓，按酒用牛羊等肉共五楪，每楪生肉一斤八两。茶食五楪，每楪一斤。果五楪，核桃红枣榛子每楪一斤，胶枣柿饼每楪一斤八两。中卓：按酒用羊牛肉四楪，每楪生肉一斤。茶食四楪，每楪十两。果四楪，核桃榛子红枣每楪十两。胶枣十二两，酒三钟，汤饭各一碗。"⑦

考察朝觐之礼是否真正得到贯彻落实，各地向来不尽相同。正统七年（1442）正月，明英宗敕谕四川都司、布政司、按察司道："得镇守松潘都指挥王杲等奏，近遣通事人等催八郎等十八簇土官阿性等赴京朝贡，行间被麦匝、山洞、阿用三簇土官兰济等所辖番人掠去人马及杀伤通事段银，请加惩治。"⑧可是，

---

① [清]张廷玉等撰：《明史》卷五十六《礼志十》，第1423页。
② 杨一凡点校：《皇明制书》第二册《诸司职掌·吏部职掌》，第357页。
③ 《明太祖实录》卷二五六，洪武三十一年正月癸酉，第3697页。
④ 《明太祖实录》卷二五六，洪武三十一年正月丙子，第3698。
⑤ 杨一凡点校：《皇明制书》第二册《礼仪定式》，第710页。
⑥ [明]李东阳等撰，申时行等重修：《大明会典》卷一百十四《礼部七十二》，广陵书社，2007年，第1674页。
⑦ [明]李东阳等撰，申时行等重修：《大明会典》卷一百十四《礼部七十二》，第1677页。
⑧ 《明英宗实录》卷八八，正统七年正月己巳，第1760页。

麦匝、山洞、阿用三簇土官兰济等狡辩说，"自永乐以来，未尝有番簇土官朝觐之例"，故不知所犯。明英宗诏令王果、丘义等查考"番簇朝觐事例"，详成制度以闻，并严敕"自今严饬下人，遵守法度，毋得聚众为非，以自取居戮"①。至少说明，尽管有严格的朝觐规制，但在一些边疆地区执行并不彻底。

嘉靖元年（1522）十一月，礼部条奏"议处土官朝觐五事"，明世宗诏令实施朝觐新条例，即嘉靖元年的《土官朝觐条例》。新条例的内容涉及面很广，法条详备，主要内容有五个方面：②

（1）自今土官遣人至京，若弟侄及男进马四匹以上及方物重者，赏钞币以衙门品级高下为差。其进马一、二匹及方物轻者，与杂职同赏。若通事、把事、头目等，止以马匹、方物多寡为差。凡进香、茶、白蜡每杠五十五斤由布政司传送者，所赏生绢照数递加，违例者罢其赏。

（2）自今请申明故事，凡违例者，所在有司遏使勿入。其非布政司真印批文，沿途不得资给。即越赴京师，皆还其贡物，罢其赏赐廪饩。或奇民附和为奸者，以重论。

（3）先朝土官进马就所在布政司辨验，易银贮库，以备买马，今容美宣抚等司贡马至京，往来骚扰，亦非旧制。自今有犯者，言皆罢绝之。

（4）自今土官遣人至京，鸿胪寺既引见上其奏，仍赴本部验进方物，庶有所稽考。

（5）各土官职事原有等级，"间或诈伪得赏赐，归则以恐喝夷众。中国自有纪纲，不可堕其欺伪。自今令吏、兵二部将已袭授土官职名查报本部，未袭者行巡抚亟为奏补，以安夷民。"③

嘉靖元年订立的《土官朝觐条例》，是明代中期又一全面系统的朝觐法规，新例重点强调了对违规朝贡者的处罚，是一部较为完善的朝觐法，对于落实朝觐制度具有积极作用。

由于来京朝觐者，明朝往往会提供种种赏赐物及其各种优待，甚至连朝觐路费也由官府支给，所以很多边疆民族地区首领愿意前来朝觐。从原则上说，涉藏地区首领必须按规定定期来京朝见皇帝，因为朝觐是明朝与西藏及周边涉藏地

---

①《明英宗实录》卷八八，正统七年正月己巳，第1760页。
②《明世宗实录》卷二〇，嘉靖元年十一月戊申，第577页。
③《明世宗实录》卷二〇，嘉靖元年十一月戊申，第577页。

区往来的重要内容之一，具有重要的政治意义。如果边疆首领不来朝觐，则意味着不遵从中央。可见，藏族首领遣使或亲自来京朝觐并接受明朝所封官职，一方面起到了"以官其长，使绥镇一方，安辑众庶"[①]的重要作用。另一方面，通过朝觐，确立和规范了中央与地方的关系，确保中央对西藏地方和其他涉藏地区的统治秩序。永乐十年十二月，大乘法王、乌思藏尚师昆泽思巴来明京朝觐，按《汉藏史集》记载：大乘法王乘船由南京去北京，又到五台山，于马年（1412年）离开朝廷，当年十二月月回到萨迦。"他在汉地住了三年，于阳木马年（甲午，1414年）返回吐蕃，继续广利佛法和众生，于七十七年的阴木蛇年（乙巳，1425年）七月十日在萨迦大殿的楼上圆寂。"[②]此次大乘法王来京具有积极的政治意义，是西藏地方加强与中央关系的大事，通过大乘法王的朝觐，明中央与西藏地方宗教高层的关系更加密切，中华民族共同体意识不断推进。

三、求请使者

（一）使命

求请使者有多种，或请求朝廷封新职，或请求袭职、请求护持、请求赐寺院名等。请职是其中最常见的一种，指西藏及周边涉藏地区教俗首领遣使来京，请求明朝皇帝赐爵封职，这也是明代管理西藏及周边涉藏地区僧俗官员任职、承袭、替代的一种主要手段和方式。因此，请职使者的使命就是表达这一诉求，得到中央政府的认可和同意并对其封职。请职又可分为请封、请袭、请替、请升职等四种。

笔者现梳理见于《明实录》记载的各种求请使者，列表如下：

---

① 《明太祖实录》卷九五，洪武七年十二月壬辰，第1642页。
② ［明］达仓宗巴·班觉桑布著，陈庆英译：《汉藏史集》，第210页。萨迦大殿：西藏历史上著名的萨迦大殿，是国家重点文物保护单位之一，该殿系藏历第四饶迥木牛年（公元1265年），八思巴从元朝都城第一次返回西藏时，命萨迦本钦释迦桑波集中西藏十三万户的民工动工兴建的。过了六年，木料运来还未上底层房梁时，本钦释迦桑波去世了。贡噶桑波继任本钦，他任本钦的六年间继续修建了大殿的上层楼房、侧房、屋顶房檐、大殿围墙的壁画等。其后，由第九任本钦阿迦仑修建了屋顶女墙和外围墙。其后，夏尔巴绛漾仁钦坚赞在任萨迦住持的三十年中，修缮各佛殿，并在任住持的最后一年，即第五饶迥木蛇年（公元1305年），从五月开始，用三个月修建了大殿露台的八根柱子和走廊周围的密宗四部的瑜伽部以下的一百四十八个坛城，密集部的六百三十九个坛城，总计七百八十七个坛城，每个坛城的图案都是由他画的，留存至今。这些坛城和殿中的三座塔是从八思巴开始，历任萨迦住持修建的。他们修造了无数佛经、佛像、佛塔，详见达钦阿美夏阿旺贡噶索南所著《萨迦世系史》。

表16 《明实录》中记载的求请使者表

使者名	使者身份	来京时间	使命	求请结果	史料出处
撒力加藏卜（等三十九人）	安定卫头目	永乐三年二月	来朝进马，奏举撒力加藏卜等为指挥、千、百户等官	——	《明太宗实录》卷三九，657—658页
喃葛	董卜韩胡头目	永乐十三年六月	喃葛特来朝贡，请授职	设董卜韩胡宣慰使司，命头目喃葛为宣慰使。给银印赐冠带	《明太宗实录》卷一六五，1856页
哈卜等	叠州升朵等九簇头目	永乐十八年正月	来归，请授职	——	《明太宗实录》卷二二〇，2186页
完卜	麻儿匝簇著八让卜侄	宣德二年三月	至京贡献，请置宣抚司	上不许，命置安抚司，以著八让卜为安抚	《明宣宗实录》卷二六，673—674页
南葛也夫	叠州剌麻	宣德四年正月	来朝奏请于岷、叠二州界忙渴儿之地创建佛寺且乞职名	勿听（不准）。"赐赉而遣之。"	《明宣宗实录》卷五〇，1205页
桑里结肖等	陕西西宁瞿昙等寺剌麻	正统三年二月	来朝，累请赐敕护持，又求职事、封一号、寺额	——	《明英宗实录》卷三九，752页
永隆监藏、锁南端竹	不详（灵藏灌顶国师赞善王喃葛监藏遣）	正统六年四月	前来朝贡，并奏现今年老，欲令长子班丹监判嗣封赞善王，次子巴思恭藏卜为都指挥	——	《明英宗实录》卷七八，1545—1546页
——（姓名不详）	不详（哲兀窝寺耶拾朵儿只巴藏卜遣）	正统九年十月	入朝求职	——	《明英宗实录》卷一二二，2445—2446页
绰思恭巴	不详（阐化王来使）	正统十一年六月	请袭职	——	《明英宗实录》卷一四二，2808页
辍思恭巴	不详（安定王遣）	正统十二年十月	来朝贡，因附奏请升之	——	《明英宗实录》卷一五九，3100页

续表

使者名	使者身份	来京时间	使命	求请结果	史料出处
——（姓名不详）	不详（乌思藏灌顶国师赞善王遣）	正统十三年五月	奏保"番僧"绰吉坚粲为灌顶弘慈妙觉大国师，及求大藏经并护持敕	——	《明英宗实录》卷一六六，3211页
——（姓名不详）	不详（灌顶国师赞善王班丹坚刬遣）	景泰三年九月	请职	从灌顶国师赞善王班丹坚刬请也。赐朵甘地面宣慰使绰吉札巴银印	《明英宗实录》卷二二〇，4757页
——（姓名不详）	不详（剌旺藏卜遣）	成化四年四月	入贡求请（职）	升剌旺藏卜为都指挥佥事，因其遣使入贡求请也	《明宪宗实录》卷五三，1077页
舍人阿哈	管民万户舍人	成化四年十月	来朝贡方物，请袭职	礼部会议，移文四川镇守等官遣人勘其端由	《明宪宗实录》卷五九，1205页
——（姓名不详）	辅教王乞升沙加星吉等职	成化十五年正月	辅教王乞升沙加星吉等职	不允	《明宪宗实录》卷一八六，3335页
锁南领占	乌思藏剌麻	成化十五年十二月	乞升（锁南领占）国师	命升为禅师，不为例	《明宪宗实录》卷一九八，3478页
朵尔只领真	安定国师	弘治三年四月	贡马、驼，乞袭封父爵	许之。赐敕书、诰命、金织袭衣、彩缎及马驼之直	《明孝宗实录》卷三七，790页
足都	——	弘治二年八月	四川董卜韩胡土官日墨札思卜旺丹巴藏卜遣使进珊瑚树盔甲、氆氇等物，奏请袭职	从之。赐诰命、敕书并给赏彩缎表里等物有差	《明孝宗实录》卷二九，651—652页
完卜沙加坚参	大慈恩寺番僧国师乳奴班丹侄都纲	弘治五年十一月	奏乞袭职，并建塔祭葬	上特赠乳奴班丹为法王，余不允	《明孝宗实录》卷六九，1314页
札失藏卜	四川董卜韩胡宣慰使司"番僧"	弘治七年六月	请袭其师切旺坚参禅师都纲之职	从之	《明孝宗实录》卷八九，1647页

续表

使者名	使者身份	来京时间	使命	求请结果	史料出处
札失藏卜、领占	乌思藏国师	弘治八年十二月	为桑儿结俄些儿等六人请袭其师原职	许之。回赐法王及宴赐札失藏卜领占等如例	《明孝宗实录》卷一〇七，1965页
沙刺藏等	四川董卜韩胡宣慰使司"番僧"国师	弘治九年十二月	（四川董卜韩胡宣慰使司署事舍人喃呆遣）来贡，乞袭职	从之。回赐喃呆锦段等物，赐沙刺藏等宴并彩缎、衣服有差	《明孝宗实录》卷一二〇，2156页
禄竹领占巴藏卜	四川长河西等处灌顶弘慈妙济大国师绰丹剌卓儿巴藏卜的徒弟	弘治十一年六月	来贡，请袭职	从之。赐宴并彩缎（等）物如例	《明孝宗实录》卷一三八，2398页
秤伯等六人	长河西纳龙等寺"番僧"	弘治十二年十一月	各具方物来贡，请袭其师禅师、都纲等职	从之。赐宴并衣服、彩缎等物如例	《明孝宗实录》卷一五六，2793页
桑儿结吒巴	乌思藏禅师	弘治十二年十二月	等来贡，并为日莫等寺"番僧"喃哈星吉藏卜等五人请各袭其师禅师、都纲等职	从之	《明孝宗实录》卷一五七，2816页
崑各藏卜、三蓝等	四川董卜韩胡宣慰使司"番僧"、汶川县加渴瓦等寺"番僧"	弘治十三年二月	各来贡，乞袭职。从之	赐宴并衣服、彩缎等物有差	《明孝宗实录》卷一五九，2851页
桑呆禄	长河西剌思岗地方"番僧"	弘治十四年八月	来贡，请袭其故师清修翊善大国师怕思巴领占巴藏卜之职	从之。赐宴并彩缎等物如例	《明孝宗实录》卷一七八，3278页
桑呆禄竹等五人	长河西剌思岗地方"番僧"	弘治十五年三月	各来贡，请袭其师大国师及禅师、都纲等职	从之。仍赐宴并彩缎、衣服等物如例	《明孝宗实录》卷一八五，3408页
完卜工葛藏卜、喃尔加	瞿昙寺"番僧"、弘觉寺"番僧"	弘治十五年四月	各来贡，因请袭其师大国师等职	从之。仍赐宴并彩缎、衣服等物如例	《明孝宗实录》卷一八六，3434页

续表

使者名	使者身份	来京时间	使命	求请结果	史料出处
沙剌藏卜、容弄儿言千等	四川董卜韩胡宣慰使司国师、"番僧"	弘治十六年八月	来贡，请袭职诰命	从之。命赐沙剌藏卜等宴并彩缎、衣服等物有差	《明孝宗实录》卷二〇二，3758—3759页
阿完等	"番僧"（故灵藏寺赞善王之弟端竹坚昝遣）	弘治十六年九月	来贡，因请袭职	从之。回赐端竹坚昝彩缎等物。赐阿完等宴并彩缎表里衣服	《明孝宗实录》卷二〇三，3785页
班蓝端竹、列思巴	不详	正德九年正月	（大乘法王洛竹坚参巴藏卜侄完卜锁南坚参巴尔藏卜遣使）求袭职	赐彩缎等物有差。	《明武宗实录》卷一〇八，2220页
——（姓名不详）	不详	正德十年二月	番僧完卜锁南坚参巴尔藏卜遣使朝贡，乞袭封大乘法王	许之	《明武宗实录》卷一二一，2434页
短竹叫等四人、桑呆叫等十人	"番僧"	正德十一年四月	来贡方物，请袭国师、禅师职	从之	《明武宗实录》卷一三六，2692页
——（姓名不详）	不详（乌思藏阐化等王遣）	嘉靖四十二年十月	请封	明世宗令番僧远丹班麻等二十二人往封。比至中途，回	《明世宗实录》卷五二六，8576页

注：此表根据《明实录》制作。

从上表看：

其一，来京请封在明初洪武、永乐年间最多，而请袭、请替、请求升职者在宣德之后最多。明朝对西藏诸王等重要人物的承袭，朝廷还要派遣专使往封。明朝规定，除三大法王的名号可由师徒或转世者继承，其余五大教王和灌顶国师等职号的承袭、替代都必须由承袭者遣使或亲自入朝申请，上缴原颁印信、诰敕，旨准后方颁赐新的印信、诰敕，完成袭职手续。

其二，对于涉藏地区政教首领的请职要求，明朝一般均应允，赐其封号、文书、诰印，让他们管理各自地方。永乐三年二月，安定卫指挥哈三等遣头目撒力加藏卜等三十九人来朝进马，"且奏举撒力加藏卜等为指挥、千、百户等官……"①永乐十八年正月，叠州升朵等九簇头目哈卜等来归，"请授职"。②面对请职，礼部·吏部等部门还制定有一系列请职、封职的相关程序，并进行授诰敕、印章等必须完成的规定制度。成化三年十二月，番僧法王札巴坚参、西天佛子札实巴、国师锁南坚参、端竹也失、禅师班竹星吉、礼奴班丹以升职奏乞诰敕、印章。与之。③

（二）求请使者的类型

从上表中所列求请使者看，求请使者主要有请求封职、请求袭职、请求护持、请求诰命、请求赐寺院名等，种类比较多。请职也分两种情形：一种是涉藏地区头目亲自进京请求明朝给自己封官职。如永乐十三年六月，董卜韩胡头目喃葛喃葛特来朝贡请授职。明廷应允，并设董卜韩胡宣慰使司，命头目喃葛为宣慰使，给银印，赐冠带袭衣。另一种情形是涉藏地区政教首领举荐属下，请求明中央赐封官职，给予其政治地位。洪武七年十二月，喃加巴藏卜和朵甘行都指挥同知锁南兀即尔遣使进京，奏举土官赏竺监藏等56人，明太祖当即册封这56名故元旧官分别为都指挥同知、宣慰司使、万户府万户、千户所千户、都管等官，并遣员外郎许允德赉诏及诰印往赐之。④永乐三年二月，安定卫指挥哈三遣安定卫头目撒力加藏卜等39人来朝进马，奏举撒力加藏卜等为指挥、千、百户等官，明成祖诏准如请授职。宣德二年（1427）三月，麻儿匝簇著八让卜遣侄儿完卜入京朝贡，请求设置宣抚司。明宣宗虽没有同意宣抚司的设置，但仍然设置安抚司，并令著八让卜为安抚。⑤

这些求请使者中，请求袭职者最多，大部分是在宣德之后派出的。正统十一年（1446）六月，阐化王使者绰思恭巴请袭职；成化四年（1468）十月，管民万户舍人阿哈来朝贡方物，请袭职。弘治三年（1490）四月，迤西安定卫安定王领真斡即儿之子千奔遣国师朵尔只领真等贡马、驼，乞袭封父爵，"许之，赐敕书、诰命、金织袭衣、彩缎及马驼之直。并赐其贡使彩缎等物有差。仍别赐斋粮、麻

---

① 《明太宗实录》卷三九，永乐三年二月丙戌，第657页。
② 《明太宗实录》卷二二〇，永乐十八年正月乙巳，第2186页。
③ 《明宪宗实录》卷四九，成化三年十二月辛丑，第1001页。
④ 《明太祖实录》卷九五，洪武七年十二月壬辰，第1641—1642页。
⑤ 《明宣宗实录》卷二六，宣德二年三月庚寅，第673—674页。

布谕祭其父，及敕谕本卫头目人等如例"①。弘治七年六月，四川董卜韩胡宣慰使司"番僧"札失藏卜等请袭其师切旺坚参禅师都纲之职，从之。弘治八年十二月，乌思藏大宝法王葛哩麻巴遣国师札失藏卜领占等来贡，为桑儿结俄些儿等六人请袭其师原职，许之。弘治十二年十二月，乌思藏遣禅师桑儿结吒巴等来贡，并为日莫等寺番僧喃哈星吉藏卜等五人请各袭其师禅师、都纲等职，从之。正德九年（1514）正月，乌思藏萨释迦巴故大乘法王洛竹坚参巴藏卜侄完卜锁南坚参巴尔藏卜差使者班蓝端竹列思巴求袭职，赐彩缎等物有差。正德十年二月，"番僧"完卜锁南坚参巴尔藏卜遣人朝贡，乞袭封大乘法王，许之。

请求升职的情形也有许多，如正统十二年十月，安定王遣辍思恭巴来朝贡，附请升职。成化十五年（1479）十二月，乌思藏阐化王遣剌麻锁南领占乞升（锁南领占）国师，命升为禅师。嘉靖四十二年（1563），乌思藏阐化等王请封，"上以故事遣京寺番僧远丹班麻等为正副使，以通事序班朱廷对监之，班麻在途骚扰，廷对归白其状，礼部议：'自后请封，即以敕付其使，毋别有所遣。'从之。封诸藏之不遣番僧，自此始也。"②万历七年（1579），"贡使言阐化王长子札释藏卜乞嗣职，如其请。久之卒，其子请袭。神宗许之，而制书但称阐化王。用阁臣沈一贯言，加称乌斯藏怕木竹巴灌顶国师阐化王。其后奉贡不替。"③

除此之外，还有诸多求请使者，他们中有：

请求给赏的：弘治八年（1495）五月，著落族"番僧"领占札石来贡，奏乞如"诸番'番人'例"给赏。④

请求礼葬的：弘治十四年（1501）十二月，大慈思寺灌顶国师班丹远丹死，"其徒为乞祭葬，礼部执不可，命如著乩领占锡（赐）葬例，减半给与工价，不为例"⑤。

请求赐印的：景泰三年（1452）九月，从灌顶国师赞善王班丹坚剉请也，赐朵甘地面宣慰使绰吉札巴银印。成化三年（1467）十二月，"番僧"法王札巴坚参、西天佛子札实巴、国师锁南坚参、端竹也失、禅师班竹星吉、礼奴班丹以升职奏乞诰敕、印章，与之。成化十年十二月，大慈恩寺佛子端竹也失、都纲者著

---

① 《明孝宗实录》卷三七，弘治三年四月丁亥，第790页。
② [明]叶向高著：《四夷考》卷四《西番考》，第45页。
③ [清]张廷玉等撰：《明史》卷三百三十一《阐化王传》，第8582页。
④ 《明孝宗实录》卷一〇〇，弘治八年五月己酉，第1844页。
⑤ 《明孝宗实录》卷一八二，弘治十四年十二月丁未，第3346页。

坚参等请诰敕及印"赐大慈恩寺佛子端竹也失、都纲者著坚参等诰敕及印,从所请也"①。

请求护持的:正统三年(1438)二月,陕西西宁瞿昙等寺剌麻桑里结肖来朝,累请赐敕护持,又求职事、封一号、寺额。正统十三年五月,礼部奏:"乌思藏灌顶国师赞善王遣人奏保'番僧'绰吉坚粲为灌顶弘慈妙觉大国师,及求大藏经并护持敕。"②

请求赐寺院名的:宣德四年(1429)三月,松潘土僧剌麻绰领拾利藏奏"乞创寺,赐名",明宣宗以"创寺劳民"没有准请。③

求请诰命的:《"西番"馆译语》来文二十三载,"灌顶弘慈广善大国师臣领占藏,谨为乞请诰命事:蒙天皇帝开臣前职,臣感戴不尽,今差徒弟锁南领占赴京,奏请诰命。望朝廷可怜见,作急给与还便益。"④《"西番"馆译语》来文二十七载,"灵藏赞善王下剌麻臣端竹也舍谨奏,为乞请诰命事:因臣赞善王旧诰命损坏,敬差臣赴京进贡,并换新诰命,望朝廷可怜见,作急换与便益"⑤。

除了这些求请使者,请求茶叶、贸易等的使者也较多。《"西番"馆译语》来文十九载:"乌思藏辅教王差来使臣沙加星吉等奏:为乞讨食茶事,臣乌思藏地方,僧众数多,食茶甚少,今来进贡,专讨食茶。望朝廷可怜见,给与食茶勘合,前去湖广等处支茶应用,并乞与官船脚力等项回还便益。"⑥此事发生于成化十五年正月,此处乌思藏使者沙加星吉充当了求茶使者的角色。他的请求是"将赐赉物于湖广荆州境内市茶,人六十斤"⑦,尽管茶叶属于明朝限禁的范围,这种要求并不合理,但为了礼待乌思藏贡使,明廷还是答应了他的要求。此类求茶使者的事例还有:

正统五年(1440)八月,乌思藏剌麻三竹藏卜等奏:"求布施大寺院食茶五万斤,刊印板的达语录、祖师秘诀及于番、汉地面往来避方修行并勘合护持。"⑧正德十三年(1518)五月,西域阐化王遣使者端竹札失火儿奏请例外茶斤,

---

①《明宪宗实录》卷一三六,成化十年十二月丙午,第2564页。
②《明英宗实录》卷一六六,正统十三年五月丁酉,第3211页。
③《明宣宗实录》卷五一,宣德四年三月庚午,第1255—1256页。
④《西番馆译语》来文二十三,见《西藏地方是中国不可分割的一部分》,第144页。
⑤《西番馆译语》来文二十七,见《西藏地方是中国不可分割的一部分》,第124页。
⑥《西番馆译语》来文十九,见《西藏地方是中国不可分割的一部分》,第165页。
⑦《明宪宗实录》卷一八六,成化十五年正月甲戌,第3335页。
⑧《明英宗实录》卷七〇,正统五年八月乙亥,第1352—1353页。

"赐西域来朝剌麻及存留（番僧）食茶八万九千九百斤。每（人）许带六十斤为下番利，不为例"①。嘉靖五年（1526）四月，进贡夷人四川加渴瓦寺"番僧"都纲七揩等，乞将应赏衣段折给银两。"上初不许，已而请之至再，部臣以闻。得旨：今次暂准折银，后来者但照先例给赏。通事人员敢有通同乞请无厌者，奏来重治。"②从朝旨可以得知，对于涉藏地区茶叶、贸易等方面的要求，明朝能给予满足的必定允准，但有时也得根据时情边情需要，也可能不予批准。

四、谢恩、庆贺使者

（一）谢恩使者

通常情况下，西藏及周边涉藏地区首领获得封职后都要择机前往明京"谢恩"，此即为谢恩使者，如永乐十六年（1418）九月，董卜韩胡宣慰使喃葛遣头目镶儿结等"贡方物，谢恩，且请佛像、藏经"③，悉以赐之，仍赐锦绮、彩帛。宣德二年（1427）十月，陕西西宁卫净觉弘济大国师三丹藏卜以修完寺宇，"差剌麻完卜捕黑般等进马谢恩"④；同年十一月，西宁卫都指挥同知陈通"招抚曲先卫指挥散即思等四万二千余帐，皆复业。以其指挥金事失剌罕等入朝贡驼、马谢恩"⑤；宣德九年（1434）二月，明宣宗遣肃州卫指挥同知韦文赍敕往曲先等卫赏赐指挥使那那罕彩币表里等物，抚定其业，那那罕即"遣人贡马谢恩"。⑥

弘治元年（1488）正月，乌思藏西天桑加瓦如来大乘法王遣禅师蛇纳藏并各寺寨番僧、瞿昙寺西天佛子大国师班卓儿藏卜遣禅师桑尔加端竹等、灵藏赞善王遣"番僧"远丹陆竹等"来朝谢恩，并贡佛像、马、驼、方物。赐衣服、彩缎、钞锭有差，仍命领赐法王、佛子彩缎归给之"⑦。弘治七年二月，灵藏赞善王喃葛坚参巴藏卜、赞善王下都指挥公哈坚参巴藏卜各遣"番僧"远丹等、加渴瓦寺国师容中罗落思及达思蛮长官司剌麻僧册肯，"各来朝谢恩，进贡方物。赐宴并衣

---

① 《明武宗实录》卷一六二，正德十三年五月乙丑，第3124页。
② 《明世宗实录》卷六三，嘉靖五年四月壬申，第1457页。
③ 《明太宗实录》卷二〇四，永乐十六年九月己巳，第2104—2105页。
④ 《明宣宗实录》卷三二，宣德二年十月丁丑，第827页。
⑤ 《明宣宗实录》卷三三，宣德二年十一月辛丑，第847—848页。
⑥ 《明宣宗实录》卷一〇八，宣德九年二月乙卯，第2422页。
⑦ 《明孝宗实录》卷九，弘治元年正月癸卯，第187页。

服、彩缎等物有差,仍回赐赞善王及都指挥彩缎如例"①。弘治八年十月,"乌思藏大乘法王陆竹坚参巴藏卜遣番僧札乢藏卜等来贡,及灌顶国师藏卜领占遣番僧绰哲教等谢恩袭职。赐宴并彩缎、衣服有差"②。十二月乙卯,"四川长河西、鱼通、宁远宣慰使司土官宣慰使观卜巴以袭职遣使贡方物谢恩,赐彩缎、衣服如例"。

据史料记载,西藏及周边涉藏地区来京朝贡或谢恩的人数很多。成化二十一年(1485)十一月,礼部奏:"四川起送乌思藏如来大宝法王、国师并牛耳寨寨官进贡、谢恩、招抚、袭替各项共一千四百七十员名。除回赐国(法)王等官并到京番僧外,其存留在边者,若一例赏之,共该彩缎一千四百七十表里,纻丝僧衣二千九百二十二袭件,折绢一万一百六十四匹、钞一十四万七千绽、食茶八万八千二百斤,其数太滥。除法王、国师及正贡来京者照例给赏,其余在边一千八名,欲量以该赏衣二件共折彩缎一表里与之。食茶令四川茶马司照数给散。从之。"③

从程序上看,依照洪武十八年(1385)的《蕃使朝贡例》:"其蕃使常朝及为国事谢恩遣使进表贡方物,皆如前仪,唯不宣表"④知,谢恩使不宣表,这是与其他类使者不同的地方。

(二)庆贺使者

庆贺使者是西藏及周边涉藏地区首领派遣的入京庆贺人员,一般每逢明朝内地的汉族节日特别是皇家重大政治活动时派遣。有各种类型的庆贺使者:

1. 贺正旦节

洪武二十年(1387)十二月:"西天尼八剌国王马达纳啰摩、乌思藏、朵甘二都指挥使司都指挥搠干尔坚藏等、各遣使阿迦耶等来朝,上表,贡方物、马匹镔铁剑及金塔、佛经之属,贺明年正旦。"⑤正旦节为正月初一日,即现在的汉族春节。界时,人们张灯结彩,欢庆春节,气氛异常高兴。《酌中志》卷之二十:"正月初一日正旦节。自年前腊月廿四日祭灶之后,宫眷内臣即穿葫芦景补子及

---

① 《明孝宗实录》卷八五,弘治七年二月癸亥,第1586—1587页。
② 《明孝宗实录》卷一〇五,弘治八年十月戊辰,第1919页。
③ 《明宪宗实录》卷二七二,成化二十一年十一月甲戌,第4595页。
④ [明]李东阳等撰,申时行等重修:《大明会典》卷五十八《礼部十六》,第1005—1006页。
⑤ 《明太祖实录》卷一八七,洪武二十年十二月庚午,第2807页。

蟒衣。各家皆蒸点心，储肉，将为一二十日之费。三十日岁暮，即互相拜祝，名曰辞旧岁也。大饮大嚼，鼓乐喧阗为庆贺焉。门旁植桃符板，将军炭，贴门神。室内悬挂福神、鬼判、锺馗等画。床上悬挂金银八宝，'西番'经轮，或编结黄钱如龙。檐楹插芝麻秸，院中焚柏枝柴，名曰熰岁。正月初一五更起，焚香放纸炮。"①洪武二十三年十二月，灌顶国师吉剌思巴监藏巴藏卜、乌思藏卫俺不罗行都指挥使司、乌思藏卫都指挥使司佥事班竹儿藏卜、乌思藏卫镇抚朵儿只藏卜等遣使札撒巴鲁等人"表贡方物，贺明年正旦。"②永乐三年（1405）十二月，"西番"马儿藏等簇、四川、贵州诸土官各遣人贡方物，"贺明年正旦"③。

2. 贺万寿节

万寿节，也叫万寿圣节、圣节，万寿无疆之义，是为皇帝祝寿的重大节日，古代宫廷中特别重要的礼仪活动。万寿节当日，皇帝御殿接受王公百官的朝贺及贡献的礼物。万寿节期间禁止杀生，文武百官和普通民众都需穿着得体绚丽、大方，一片太平景象，为皇帝庆生。宣德元年（1426）正月，乌思藏大乘法王昆泽思巴遣国师班丹札思巴、净觉慈济大国师班丹扎失、四川直龙等簇"番僧"出思吉监藏、天全六番招讨司招讨杨钦等贡马及方物，"贺万寿圣节"④。宣德六年（1431）二月，陕西巩昌府剌麻高僧工葛坚赞等进马及方物，"贺万寿圣节"⑤。嘉靖四十四年（1565）九月，笼纳郎等族"番人"剌卜失来京朝贡，"贺圣节"，宴赏如例。⑥

3. 贺新皇帝即位或贺新立皇太子

明世宗朱厚熜是正德十六年（1521）四月继位的。在得知嘉靖皇帝继位的消息后，西藏及周边涉藏地区头目专门遣使者赴京庆贺新帝登基。礼部奏议："达思蛮长官司差来进贡并庆贺登极，人员多至四百余名，乞行限制禁约，每贡限百人，（多）者革去赏赐，并究起送官治罪。报可"⑦，这是嘉靖二年（1523）十一月之事。来贺嘉靖帝登基的还有杂谷安抚司土司。史载，嘉靖三年六月："杂谷安

---

① [明]刘若愚著：《酌中志》卷二十《饮食好尚纪略》，第177页。
② 《明太祖实录》卷二〇六，洪武二十三年十二月庚辰，第3076页。
③ 《明太宗实录》卷四九，永乐三年十二月戊子，第743页。
④ 《明宣宗实录》卷十三，宣德元年正月癸亥，第368页。
⑤ 《明宣宗实录》卷七六，宣德六年二月己亥，第1756页。
⑥ 《明世宗实录》卷五五〇，嘉靖四十四年九月戊申，第8857页。
⑦ 《明世宗实录》卷三三，嘉靖二年十一月丙申，第860页。

抚司等处起送都纲剌麻头目番僧引旦藏等贡贺，抵京者一百六十七人，其存留境上者一千二百五十六人。礼部言：其人数比先朝时多至十五，其中必有诡增之弊。当裁其赏以示戒。上从之。仍命行各处镇巡官，凡起送番僧、番人，必会审验实，从与名数，不得过多。"①嘉靖四年十二月，四川打喇儿寨头目用中蓬差"番僧"伽革儿藏卜"来贺即位，贡方物，赐宴赏如例"②。其他各朝也有这类贺新皇帝即位的使者。这是其一。

其二，祝贺新立皇太子。永乐二年十二月，四川天全六番招讨使高敬让赴京贡方物，"贺立皇太子"③。不但祝贺皇太子，与其有关的事也值得遣使者庆贺。宣德六年十一月，陕西西宁卫妙善通慧国师伊儿吉遣剌麻坚都昝卜贡马及方物，"贺皇太子千秋节"④。

明朝规定，凡来贺节者均以礼厚待，赐于物货，"宴赉如例"⑤。贺节使者还会奉上贺节表文。关于表文，下录一篇《大宝法王臣端竹差大国师领占奏贺表文》以佐之。

  大宝法王臣端竹差大国师领占谨奏：为庆贺事，嘉靖三十五年（1556）十一月初十日冬至令节，恭惟皇帝四时顺序，天下大（太）平，臣等不胜欢忭之至。为此，谨具番字表文，赴京庆贺，以闻。⑥

关于贺节礼仪，洪武二十六年定："凡遇正旦、圣节、冬至或吉庆筵宴所用诸品膳羞酒醴，并须提调光禄寺供办。若管待诸番国朝贡等使客并外国来降土官人等茶饭物料，礼部自行备办。其宴之日，赴会同馆管待，令教坊司供应。若奉旨管待之人，俱于本部筵宴，正官主席。土官使客至会同馆，除柴米铺陈本馆应付外。本部照依正从名数，每五日一次支送下程，管待物料。先期一日，本部札委膳部，照依时价收买，仍令物户亲赍赴部对物给价。其合用羊只，主事厅具手本，赴光禄寺关领原编羊只字号勘合，于司牧局照号关取造办。管待毕日，仍回呈本部开具买过物件，同支过价钞数目。主事厅回呈关过羊只字号毛色斤重，本部判送立案，通类开销。买办管待物料钞贯，若支销尽绝，本部照例具奏依数关

---

① 《明世宗实录》卷四〇，嘉靖三年六月己亥，第1008页。
② 《明世宗实录》卷五八，嘉靖四年十二月辛卯，第1387页。
③ 《明太宗实录》卷三七，永乐二年十二月庚辰，第633页。
④ 《明宣宗实录》卷八四，宣德六年十一月癸亥，第1942页。
⑤ 《明世宗实录》卷四五九，嘉靖三十七年五月乙卯，第7761页。
⑥ 《西番馆译语》来文三十，见《西藏地方是中国不可分割的一部分》，第129页。

领钞锭回部，收贮在库，听候买办。如支销已尽，依上关用。"①可见，各种节日举办之筵宴，其程序、规格、仪礼各不相同且特别复杂，大到官员座次，小到筵宴酒食配备等极其详细。繁杂的筵宴礼节到洪熙朝时有所变化。洪熙元年十二月，四川松潘祈命族"番僧"勺失结林证，及乌思藏大乘法王昆泽思巴遣使臣桑结巴等贡马及方物。明仁宗谕礼部："正旦朝会，远夷俱集。凡宴赐皆宜丰厚，毋简于礼。"②表明洪熙年间的正旦节当日，筵宴礼仪有所简化。

综上所述，涉藏地区入京使者，以当地颇受尊崇的各级僧职人员为主体，还有地方头目、卫所职官。他们既是明朝管理甘、青、川、滇、藏的基柱，又作为西藏及周边涉藏地区不同地域的政治代表，充任了涉藏地区派往明京的使者，其身份之高、范围之广，史所罕见。

不论是朝贡使者，还是求请使者、谢恩使者，明朝均给予厚赏，赏赐物主要有金银彩币、器皿袭衣、图书法器、佛经佛像诸物。永乐元年正月，明成祖赐朵甘、乌思藏必力工瓦国师及其土官"白金三百七十五两、钞千二百五十五锭、彩币四十二表里"③。同年八月，又赐馆觉、灵藏、乌思藏等处灌顶国师白金、彩币等物，"计白银二千二百两，彩币百一十表里"④。永乐四年三月，明成祖遣使诏封乌思藏怕木竹巴吉剌思巴监藏巴里藏卜为灌顶国师阐化王时，"赐白金五百两、绮衣三袭、锦绮五十匹、彩绢百匹，茶二百斤"⑤。

此类赏赐随处可见：

> 永乐五年二月，明廷赏赐馆觉贡使札思巴儿监藏等钞一千二百锭、白金五百两、彩币九十五表里及贮丝、细绢衣等物。⑥

> 永乐六年四月，明廷赏赐馆觉来京使者端竹巴白金三十两、钞八十锭、彩币三表里、茶三十斤。⑦

---

① [明]李东阳等撰，申时行等重修：《大明会典》卷一百十四《礼部七十二》，第1669页。
② 《明仁宗实录》卷一二，洪熙元年十二月甲午，第341页。
③ 《明太宗实录》卷一六，永乐元年正月己丑，第293页。
④ 《明太宗实录》卷一一，洪武三十五年八月戊午，第177页。
⑤ 《明太宗实录》卷五二，永乐四年三月壬辰，第775页。
⑥ 《明太宗实录》卷六四，永乐五年二月壬子，第912—913页。
⑦ 《明太宗实录》卷七八，永乐六年四月丁未，第1058页。

永乐二十一年二月，明廷赏赐陕西秦州卫土官番僧囊吉占钻等五十七名贡使钞千六百五十锭、彩币三十五表里及经丝番僧衣九袭、经丝衣十袭、绢衣十四袭。①

永乐二十二年正月，明廷赏赐陕西麻藏等簇朝贡使多只札等一百二十人；每人钞五十锭、彩币一表里、经丝衣一袭。②

明朝赏赐涉藏地区政教上层、大小部族头目的根本目的是要"结其欢心"，以维护和巩固朝廷在这些地方的统属权，故赏赐数目及价值极其丰厚，史所罕见。

另外，优待藏传佛教僧人是明朝既定的政策。朝廷视藏族贡使为上宾，礼待有加。有时举行盛大的官方宴请接待来京高僧，"宴尚师哈立麻于华盖殿"③，"赐'西番'等处净修三藏国师所遣朝贡使臣思思南土官田仁凯等宴于会同馆"④。而且，明廷还给僧人提供月粮，有下为证：正统四年十一月，陕西布政司右参政年富奏："陕西临洮府狄道县剌麻僧人绰吉斡则儿等四十余人月给赍粮六斗，即今临洮连岁荒歉，边饷不敷、各僧皆有民人施田送米供给，请将前粮减省，以助军储。从之。"⑤月粮加上寺院周边民众的日常供奉，寺院僧侣的生活素有保障。

当然，朝廷优礼佛教高僧也是"驭夷"之策。《菽园杂记》卷四："胡僧有名法王若国师者，朝廷优礼供给甚盛。言官每及之，盖'西番'之俗，一有叛乱仇杀，一时未能遥制，彼以其法戒谕之，则磨金話剑，顶经说誓，守信惟谨。盖以驭夷之机在此，故供给虽云过侈，然不烦兵甲刍粮之费，而阴屈群丑，所得多矣。新进多不知此，而朝廷又不欲明言其事，故言辄不报。此盖先朝制驭远夷之术耳……"⑥这则史料还反映，法王、国师在内地圆寂后，由有关人员营造墓塔安葬，"凡法王国师死中国者，例得营造墓塔"⑦，这是明朝给予藏传佛教僧人极大的优待。

---

① 《明太宗实录》卷二五六，永乐二十一年二月庚辰，第2371—2372页。
② 《明太宗实录》卷二六七，永乐二十二年正月辛丑，第2426页。
③ 《明太宗实录》卷六二，永乐四年十二月庚戌，第896页。
④ 《明太宗实录》卷七四，永乐五年十二月己丑，第1024页。
⑤ 《明英宗实录》卷六一，正统四年十一月甲子，第1166页。
⑥ [明]陆容撰：《菽园杂记》卷四，中华书局，1985年，第42页。
⑦ 同上。

第四章　使者选派、使行人员组成与使者个案分析

一、明朝赴藏使者的选派和使行人员组成

明朝赴西藏及周边涉藏地区的使者，主要来自哪些机构，官品如何，诸使者的选任标准及其身份如何？本节通过对使者赴藏情况及前后职务、身份变化的考察，探析明朝派遣入藏使者的一些规律。

（一）使者选任与身份

明朝对于前往西藏及甘、青、川、滇等涉藏地区的使者任选，在文献资料中并没有详细记载。不过从多次派遣使者的实际情况看，明朝对入藏使者人员是有一定的选派标准与原则的，这是不难理解的。赴藏使者身系中央与西藏及周边地区之间传达、沟通、联系之大计，选派工作牵涉国家治藏方针乃至边疆治理的大事，因此必须审慎进行。使者代表的是明朝中央政府，所派人员首先必须堪任其使命，具有良好的个人形象，且能根据不同形势、不同任务等实际情况作出随机反应，灵活处理涉藏地区事务。

1. 使者选任

综合明朝选派使者前往西藏及周边涉藏地区的做法，可以看出，在选派过程中逐渐形成了一些不成文的惯例和标准，主要体现在以下三个方面：一是在涉藏地区具有较高的威信和社会影响，二是皇帝的心腹或近臣，三是邻藏边界地带卫所的军政人员。兹逐一说明之。

（1）在西藏和其他涉藏地区具有较高的威信和社会影响

在西藏地方社会中，各宗教首领和僧人地位极高。明太祖朱元璋对此有着清醒的认识，洪武六年（1373）十月"敕曰：'佛教始于西域，流传至于中华，今千余年矣。盖为时有智僧出世谈天人妙果，智慧者闻之益加崇信，愚痴者闻之莫不豁然警悟。呜呼！佛之愿力有若是乎。"①基于此，派遣僧人入藏则更有利于加强双方联络。

洪武三十五年（1402）六月，朱棣"靖难之役"获胜后继帝位，两个月后即派遣僧人智光往乌思藏、馆觉、灵藏、思达藏等地，赐予当地宗教上层大量金银布币。②智光，汉僧，武定州人（今山东惠民县），"通番国诸经"，③15岁出家，早在洪武年间就曾两次奉诏赴西域及乌思藏等地。关于智光生平和身份等信息，明人释明河的《补续高僧传》记录甚详：

> 智光，字无隐，山东武定州王氏子也，父全母董氏，幼而聪慧，阅读辄不忘。十五辞父母出家，寻礼西天……师凡两往西域，太宗文皇帝念其往返劳勤，复与论三藏之说，领会深奥，大悦之，乙酉，擢僧录右阐教。明年，俾迎大宝法王。及还敷对，多所毗赞，赐图书奥服法供，诏居西天寺，升右善世。④

汉僧智光使藏事，《明史·阐化王传》中谓："成祖嗣位，遣僧智光往赐（灌顶国师吉剌思巴监藏巴藏卜），永乐元年遣使入贡。"⑤《明史·辅教王传》谓："辅教王者，思达藏僧也。其地视乌斯藏传尤远。成祖即位，命僧智光持诏招谕，赐以银币。"⑥显然，智光以中央使者身份曾到达灵藏、必力工瓦、思达藏等地是毋庸置疑的。后因其功绩，在宣德十年（1435）明英宗继位后加封"西天佛子"，赐予玉印宝冠、金织袈裟、仪仗法器诸物，成为汉僧中无人所及之至尊封号。

永乐二年（1404）八月："（明成祖）遣番僧丹竹领占、格敦增吉等赍敕谕西

---

① 《明太祖实录》卷八五，洪武六年十月己卯，第1517页。
② 《明太宗实录》卷一一，洪武三十五年八月戊午，第177页。
③ ［清］张廷玉等撰：《明史》卷二百九十九《刘渊然传》，第7657页。
④ ［梁］慧皎等撰：《高僧传合集·补续高僧传》卷一《明西天国师传附桑渴巴辣》，第612页。
⑤ ［清］张廷玉等撰：《明史》卷三百三十一《阐化王传》，第8580页。
⑥ ［清］张廷玉等撰：《明史》卷三百三十一《辅教王传》，第8585页。

番八郎、马儿哑、懒藏等族。"①又，永乐四年九月："鸡鸣寺番僧端竹领占……奉命往八郎等簇招谕眼即多哑簇、马儿哑簇、思囊日簇、潘官簇、哈伦簇，头目桑耳结巴、阿思巴等来朝贡马，赐钞币有差。"②比照《明太宗实录》记载的这两则史料可知：番僧丹竹领占（或译端竹领占）永乐二年与格敦增吉奉敕同往招谕八郎族、马儿哑等族，顺利完成出使任务。

除了僧侣使者，一些归附明朝的故元官员、国师等，他们原本是元朝在涉藏地区的政教领袖，其中有不少人归附后担负了入藏使者，他们不辞辛劳，跋山涉水，代表明廷招谕西藏及周边地区部落首领顺化明朝统治。正是由于他们在这些地方的崇高威望和影响，故其招谕取得了事半功倍的效果，使明朝建立后能较为迅速地完成对西藏及周边涉藏地区的接管和社会秩序的恢复。这也是明朝建立后，在实现对涉藏地区的统一接管中最值得称道的措施之一。

然而，由于内地通往西藏的道路是艰难崎岖的，加之藏汉边地尚有不少藏族部落并未完全纳入明朝有效统治之下。因此，不论是明中央所遣入藏使者，还是涉藏地区所遣来京使者，都曾不同程度遭到潜遁山谷间"不惧法度"的"番汉顽民"③的不断骚扰袭击，如"吐蕃诸部川藏邀阻乌思藏贡使"④，他们"阻官道，杀人民"⑤，严重威胁了汉藏使者的生命安全。对此，明朝给予严厉打击，《国榷》卷五："洪武五年十二月庚子，吐蕃诸部川藏邀阻乌思藏贡使，命卫国公邓愈为征西将军，率兵讨之。"⑥但遥远的进藏路上，危险和困难时时存在。尽管如此，汉藏使者们依然不辞辛劳，跋山涉水，顺利完成了任务。特别是洪武中后期朝廷派官员疏通修缮驿路后，内地与西藏之间的住驿停歇及通行条件等都明显有了改善，方便了使者往来活动。

（2）皇帝心腹或内官近臣

宦官又称中官、内官，明太祖朱元璋并不信任宦官，规定宦官不得干预政事，《廿二史札记》卷三十五如是云："初，明祖著令内官不得与政事，秩不得过

---

① 《明太宗实录》卷三三，永乐二年八月癸巳，第591页。
② 《明太宗实录》卷五九，永乐四年九月壬戌，第858页。
③ 《明太祖实录》卷二五二，洪武三十年四月辛卯，第3641页。
④ [明]谈迁著，张宗祥点校：《国榷》卷五，第477页。
⑤ 《明太祖实录》卷二五二，洪武三十年四月辛卯，第3641页。
⑥ [明]谈迁著，张宗祥点校：《国榷》卷五，第477页。

四品。"①然而，明成祖通过"靖难之役"夺得皇位后，为了防范诸王及军将专权，在锦衣卫之外又设东厂，以检查百官之动静、监视军将之动态，宦官日渐成为永乐帝的耳目和心腹，故出使外国及前往西域、西藏等重大事务开始多用宦官担任，"当成祖时，锐意通四夷，奉使多用中贵"②。至永乐中期，明成祖"遣郑和下西洋，侯显使'西番'"③，中官使者日益显贵。

在永乐年间赴藏使者中，中官侯显、杨三保是其佼佼者，尤其是侯显。侯显，岷州人，司礼监少监，曾奉诏多次赴藏，是永乐年间第一个入藏的中官使者。永乐元年（1403）二月十八日，侯显奉诏往乌思藏迎请高僧哈立麻。④"先是，上在藩邸。闻乌思藏有尚师哈立麻者，异僧也。及即位，遣中官侯显赍书币往迎。"⑤

> 葛哩麻，乌斯藏人也，道怀冲漠，神用叵测，声闻于中国。永乐间，我太宗文皇帝，遣使西土迎之，至金陵道启圣衷，诰封如来大宝法王西天大善自在佛，领天下释教。⑥

> （其间）却贝桑波为皇家讲经、灌顶、并为太祖高皇帝、孝慈高皇后资福。皇帝所赐礼品无数。皇帝亲赐却贝桑波以'如来大宝法王西天大善自在佛'封号。⑦

此次侯显往乌思藏，行程数万里，历时四年有余，直到永乐四年（1406）十二月携尚师哈立麻返回明京。哈立麻（又译作葛哩麻），本名却贝桑波，法名得银协巴，"乌斯藏人也"⑧，噶玛噶举派黑帽系活佛。哈立麻抵达南京后，受到永乐皇帝、皇后及皇太子、大臣及南京百姓的盛大欢迎，明成祖命驸马都尉沐昕迎接，并"躬往视之"⑨，在奉天殿专门谒见宴请，对其尊宠有加。永乐皇帝还赐予

---

① [清]赵翼：《廿二史劄记》卷三十五《明史·明代宦官》，清嘉庆五年湛贻堂刻本，第1673页。
② [清]张廷玉等撰：《明史》卷三百四《侯显传》，第7768页。
③ [清]赵翼：《廿二史劄记》卷三十五《明史·明代宦官》，清嘉庆五年湛贻堂刻本，第1673页。
④ 《明史》载：明成祖诏命侯显出使乌思藏迎接哈立麻是永乐元年四月，可能是二月奉诏，四月动身。笔者注。
⑤ [明]陈建著、钱茂伟点校：《皇明通纪》卷五，第430页。
⑥ [梁]慧皎等撰：《高僧传合集·补续高僧传》卷十九《明乌斯法王传》，第735页。
⑦ 班钦索南查巴著，黄颢译：《新红史》，第210页。
⑧ [明]释明河：《补续高僧传》卷第十九《感通篇》，卍字续藏本影印，第562页。
⑨ [明]陈建著、钱茂伟点校：《皇明通纪》卷五，第430页。

哈立麻金百两、银千两、彩币宝钞无数，"仪仗与郡王同"①，诰封大宝法王。其实，侯显一生曾前后五次出使西域及尼八剌等国。宣德元年，明廷遣太监侯显"使诸番，更三岁方归"②，他到过乌思藏、必力工瓦、灵藏、思达藏及尼八剌、地涌塔等地。侯显能言善辩，每次都能出色完成明皇交予之使命，《明史》中说"(侯显)劳绩与郑和亚"③，言其功劳仅次于郑和，可见其功劳颇著。

继侯显往西藏等地后，中官关僧、杨三保、乔来喜、戴兴四人先后赴乌思藏、朵甘及川陕藏族地方。据文献记载：永乐八年，内官关僧往乌思藏；永乐十二年和永乐十七年，中官杨三保两次赴乌思藏、必力工瓦、管觉、灵藏及川卜、川藏、陇答、朵甘、上下邛部诸处；永乐十五年二月，内官乔来喜赴乌思藏；永乐二十一年，中官戴兴往乌思藏。④关于中官杨三保、乔来喜、戴兴入藏事，《明史·西域传》中亦有载：永乐十一年，中官杨三保使乌思藏还，"其王遣从子刹结等随之入贡。明年复命三保使其地，令与阐教、护教、赞善三王及川卜、川藏等共修驿站，诸未复者尽复之。自是道路毕通，使者往还数万里，无虞寇盗矣。其后贡益频数。帝嘉其诚，复命三保赍佛像、法器、袈裟、禅衣及绒锦、彩币往劳之。已，又命中官戴兴往赐彩币。"⑤显然，杨三保、戴兴等人是永乐中后期前往川藏、朵甘等地的赴藏使者。

（3）邻藏边界地带的卫所军官

近藏边臣、军职人员进藏具有得天独厚的有利条件，首先是交通快捷，其次是"暗熟边情"，熟知这些地方民情风俗，利于沟通。明政府规定，各边疆官员的职责之一就是督查边区、洞悉民情，其中就包括奉诏前往西域、西藏等边疆地区抚安军民。如河州卫千户康寿、洮州卫千户赵诚、鸿胪寺丞李本和凌友谅、永宁府土官知府各吉八合、陕西都指挥同知刘昭和何铭，他们曾先后多次被派遣入藏。永乐元年五月，河州卫千户康寿奉诏往撒里畏吾儿、安定卫诸部。⑥这样的事例有很多：永乐四年四月，永宁府土官知府各吉八合往八郎等族⑦；同年九月，

---

① [明]陈建著、钱茂伟点校：《皇明通纪》卷五，第431页。
② [明]徐学聚编撰：《国朝典汇》卷一百七十五《兵部·西番》，第2205页。
③ [清]张廷玉等撰：《明史》卷三百四《侯显传》，第7768页。
④ 以上见《明太宗实录》卷一〇八、卷一四七和卷二一七、卷一八五、卷二五八：永乐八年九月壬辰、永乐十二年正月己卯、永乐十七年十月癸未、永乐十五年二月戊午、永乐二十一年四月己巳各条。
⑤ [清]张廷玉等撰：《明史》卷三百三十一《阐化王传》，第8580页。
⑥ 《明太宗实录》卷二〇上，永乐元年五月戊子，第364页。
⑦ 《明太宗实录》卷五三，永乐四年四月戊子，第799页。

洮州卫千户赵诚再次前往该地①；永乐五年三月，都指挥同知刘昭、何铭率团赴乌思藏等地；永乐十二年正月，中官杨三保再次奉敕往乌思藏诸地；永乐十八年三月，鸿胪寺丞李本、凌友谅赴藏南②。

以上朝官使者中，值得强调的是刘昭、何铭、杨三保等人奉敕进藏修路事。永乐五年三月，都指挥同知刘昭、何铭率七十余人前往朵甘、乌思藏"设立站赤，抚安军民"③。刘昭镇守西宁达20年，为当地民众等所畏服，此次由他率领的修路团于永乐七年完成使命返京，受到朝廷嘉奖。永乐十二年正月，中官杨三保再次奉敕至乌思藏、管觉、灵藏各地，"令所辖地方骚站有未复旧者，悉如旧设置，以通使命"④。永乐年间明朝官方的这两次驿道疏通工作取得了重大成果，到永乐十三年（1415）时元朝时期西藏境内的驿路基本全部打通，明朝内地通往西藏及周边涉藏地区的道路交通状况得到根本改观，修路使者刘昭等人因此也受到了朝廷嘉奖，被擢升为陕西都指挥使河州卫指挥同知等官职。⑤

2. 使者身份

基于以上认识，使者之身份较易确认。笔者据《明实录》等文献资料统计，终明之世，明中央派往西藏和其他涉藏地区的使者，有姓名可考者90人，另有无姓名记载的使者至少150名以上。所有赴藏使者的身份，主要分为五类：一是僧侣人员；二是以礼部官员为主的中央直属职官；三是明朝地方行政职官及卫所军官；四是皇帝身边的近侍宦官（或称中官、内官）；五是归附人，即归附明朝的原元朝涉藏地区官员。

（1）僧侣使者

僧侣使者包括两部分，一部分是明朝中央敕封的各族僧侣，主要有国师、禅师、剌麻（喇嘛）等，明人文献中以"番僧"、"番僧剌麻"称。明廷派遣的赴藏僧侣使者人数颇众，他们主要执行招谕、册封、赏赐等使命。僧侣使者返京后，明廷均赏赐以大量钞、彩币表里及罗绢、袭衣、靴袜等物，而且因功升职者

---

① 《明太宗实录》卷五九，永乐四年九月壬戌，第858页。
② 《明太宗实录》卷二二三，永乐十八年三月癸未，第2199页。
③ [明]谈迁著，张宗祥校点：《国榷》卷十四，成祖永乐五年三月辛未，第987页。
④ 《明太宗实录》卷一四七，永乐十二年正月己卯，第1725页。
⑤ "上嘉其功，以昭为陕西都指挥使河州卫指挥同知，朱蒂为本卫指挥使，洮州卫指挥佥事，丁敝为本卫指挥同知，羽林前卫正千户吕敬、洮州卫正千户房旺各为本卫指挥佥事，其千户张健、百户旗军李雄等七十余人升授有差。"《明太宗实录》卷一六一，永乐十三年二月丁亥，第1825—1826页。

很多。另一部分就是明代僧职机构中的各族僧侣，如右觉义、都纲等。这些人其实为明朝在涉藏地区分封的官员，在进藏使者中有一定的比例。笔者根据《明实录》，对僧侣使者统计如下：

表17 僧侣使者表

时期	使者名	使者身份	使者使命
洪武朝	克新	汉僧	招谕
	宗泐	汉僧	招谕
	南加巴藏卜	国师	招谕
永乐朝	丹竹领占	番僧	招谕
	格敦增吉	番僧	招谕
	端竹领占	鸡鸣寺番僧	招谕
	智光	汉僧	赏赐
宣德朝	夫剌藏卜	番僧	招谕
正统朝	也失班丹	洮州卫剌麻僧	招谕
	商巴	国师	招谕
	温卜监参于容	番僧	招谕
	葛藏	禅师	册封
	昆令	禅师	册封
	锁南藏卜	禅师	册封
	札什班丹	剌麻	册封
景泰朝	葛藏	净修禅师	公干
天顺朝	桑加巴等	右觉义	册封
	葛藏	灌顶国师	册封
成化朝	板尖恭尼麻	西宁游僧	招谕
	绰失吉藏卜	西宁游僧	招谕
	锁南奔	番僧	招谕
	著旦领占	剌麻	公干
	锁南奔等	番僧都纲	公务

续表

时期	使者名	使者身份	使者使命
弘治朝	参曼答实哩	番僧剌麻	册封
	锁南窝资尔	番僧剌麻	册封
	札失坚参	剌麻	册封
正德朝	札巴也失	大慈恩寺都纲	册封
	锁南短竹	大能仁寺都纲	册封

注：①使者身份，指初使时的身份。使者完成任务后，身份可能变化，主要是因功升职，如陕西行省员外郎许允德升为礼部员外郎。②嘉靖四十二年，朝廷曾遣使者拟封乌思藏阐化王，使者是番僧远丹班麻、通事序班朱廷对等22人。但使行中途停罢未往，故不计入。

上表中，各朝赴藏僧侣使者的具体情况为：洪武朝3人次，永乐朝4人次，宣德朝1人次，正统朝7人次，景泰朝1人次，天顺朝2人次，成化朝5人次，弘治朝3人次，正德朝2人次。共28人次。

（2）中央直属部门使者

从中央各部门抽选的赴藏使者，主要来自礼部、鸿胪寺、光禄寺、司礼监及锦衣卫等部门，以礼部官员人数最多。他们主要承担招谕、册封、赏赐等使命。

表18 中央官员使者表

时期	使者名	使者身份	使者品级	使者使命
洪武朝	钟顺	行人	正八品	赏赐、送迎
	巩哥锁南	通事舍人	从九品	招谕
永乐朝	王伯彦	工部主事	正六品	赏赐
	李本	鸿胪寺丞	从六品	招谕
	凌友谅	鸿胪寺丞	从六品	招谕
宣德朝	朱勇	成国公	正一品	册封
	胡濙	礼部尚书	正二品	册封
	何敏	行在锦衣卫指挥佥事	正四品	招谕

续表

时期	使者名	使者身份	使者品级	使者使命
正统朝	祁全	行在鸿胪寺通事序班（后升鸿胪寺署丞）	从九品（正九品）	招谕
	赵敬	御史	正七品	招谕
景泰朝	汤鼎	通政司右通政	正四品	互市
	张如宗	光禄寺寺丞	从六品	互市
成化朝	李珍	锦衣卫带俸指挥佥事	正四品	赏赐

上表中，各朝赴藏使者的具体情况为：洪武朝、正统朝、景泰朝各2人次；永乐朝、宣德朝各3人次；成化朝1人次。共13人次。

（3）地方行政官员和都卫军官使者

地方官员、卫所军官是明朝治理涉藏地区事务的中坚力量，这些官员以近藏边地为主，他们熟悉涉藏地区民俗、风土人情，人数颇众，肩负招谕、册封、赏赐等使命，在明朝中央与地方关系中起着重要而积极的作用。笔者根据《明实录》，对明廷派遣的地方官员、卫所军官使者梳理统计如下：

表19　地方官员使者表

时间	使者名	使者身份	使者品级	使者使命
洪武朝	许允德	陕西行省员外郎（后升礼部员外郎）	正六品（从五品）	册封招谕
	何锁南普	河州卫指挥同知	从三品	册封
	韩里加麻	河南卫镇抚	从五品	招谕
永乐朝	康寿	河州卫千户	正五品	招谕
	各吉八合	永宁府土官知府	正五品	招谕
	赵诚	洮州卫千户	正五品	招谕
	刘昭	都指挥同知	从二品	修路
	何铭	都指挥同知	从二品	修路

续表

时间	使者名	使者身份	使者品级	使者使命
宣德朝	沈羽	镇抚	从五品	册封
	刘浩	西宁卫百户	正六品	册封
	刘昭	都督	正一品	招谕
	陈通	西宁卫指挥使	正三品	招谕
	祈贤	西宁卫指挥同知	从三品	招谕
	蒋贵	都指挥佥事	正三品	招谕
	吴玮	松潘卫指挥	正三品	招谕
	陈通	西宁卫都指挥同知	从三品	招谕
	刘瑛	不详	—	招谕
	印铎	都指挥同知	从二品	招谕
	李文	西宁卫土官都指挥佥事	正三品	招谕
	那那罕	曲先卫指挥	正三品	招谕
	白帖木儿	曲先卫指挥佥事	正四品	招谕
	陈通	都指挥同知（后升都指挥）	从二品（正二品）	赏赐
	韦文	肃州卫指挥同知	正五品	赏赐
	吉祥	西宁卫千户	正五品	赏赐
	把台	都指挥	正二品	送迎
	刘昭	河州都督佥事	正三品	公干
	赵安	都督佥事	正二品	公干
	丁黻	指挥同知	从二品	公干
	刘祥	金吾卫百户	正六品	公干
正统朝	斡些儿藏卜	指挥	正三品	册封
	鲁明	松潘千户	正五品	招谕
	哈刺卜花	陕西都指挥佥事	正三品	招谕
	祁贤	陕西指挥	正二品	招谕
	徐贵	指挥使	正二品	招谕
	寇深	山西副使	—	招谕
	祁贤	指挥	正二品	赏赐

续表

时间	使者名	使者身份	使者品级	使者使命
景泰朝	周刚	四川松潘卫指挥佥事	正四品	招谕
成化朝	后泰	岷州卫指挥	正三品	招谕
	李玘	副使	—	招谕

上表中，各朝赴藏地方官员使者的具体情况为：洪武朝3人次，永乐朝5人次，宣德朝21人次，正统朝7人次，景泰朝1人次，成化朝2人次。共39人次。可见，宣德年间赴藏使者最多，其次是正统年间。使者品秩从正一品到正六品不等，三品以上官员多达17人次，充分反映出明中央对遣使者往西藏及周边涉藏地区的高度重视。

（4）中官使者

明朝派遣进藏的中官使者人数也较多，来自司礼监等宦官机构。他们肩负了重要使命，多次进藏迎请、护送藏族地方首领，或招谕、册封、赏赐当地政教领袖、头目。中官，又称内官、宦官，洪武时期"明祖著令内官不得与政事，秩不得过四品"[1]，因此，中官并不受重用。但永乐年间，由于宦官助明成祖朱棣夺位有功，逐渐得以重用，日益显贵，"奉使多用中贵"[2]。笔者根据《明实录》，对明廷派遣的中官使者统计如下：

表20 中官使者表

时间	使者名	使者身份	使者品级	使者使命
洪武朝	而聂	尚膳监	正四品	招谕
	庆童	司礼太监	正四品	招谕
永乐朝	杨三保	中官	—	招谕、赏赐
	侯显	中官	—	送迎
	关僧	内官	—	送迎

---

[1]［清］赵翼：《廿二史札记》卷三十五《明史·明代宦官》，清嘉庆五年湛贻堂刻本，第1673页。
[2]［清］张廷玉等撰：《明史》卷三〇四《侯显传》，第7768页。

续表

时间	使者名	使者身份	使者品级	使者使命
永乐朝	乔来喜	内官	—	赏赐
	邓诚	中官	—	赏赐
宣德朝	宋成	中官	—	赏赐
	侯显	太监	正四品	招谕
正德朝	刘允	太监	正四品	送迎

注：明廷于永乐六年、永乐十二年遣中官，正统五年、正统十年遣使者入藏，但使者名未记载，为不知名使者。故未统计。

上表中，各朝赴藏中官使者的具体人次数为：洪武朝、宣德朝各2人次，永乐朝5人次，正德朝1人次。共10人次。

除了以上僧侣、地方官员、中官外，一些归附明朝的涉藏地区官员、国师等，不少人归附后担任了赴藏使者，代表明廷招谕西藏及其他涉藏地区。如河州卫指挥同知何锁南普归附明朝后奉诏往乌思藏"宣布朕命"。洪武十二年（1379），明太祖朱元璋在给中书省臣的敕书中称赞他："君子贵守信而行义，今何锁南普自归附以来，信义甚坚，前遣使乌思藏宣布朕命，远涉万里，不惮勤劳。及归，所言皆称朕意。今与刘温各以家属来朝，宜加礼待……"①能得到明朝皇帝褒奖，当属较高荣誉。

另有《明实录》未载姓名之使者，他们也先后进藏，担负招谕、册封、赏赐等使命。但因文献缺乏记载，或者记载太过简略，以致于这些使者的具体情况难以考证。如永乐四年三月，明成祖遣使命灵藏著思巴儿监藏为灵藏灌顶国师，授札思木头目撒力加监藏为朵甘卫行都司都指挥使、切禄奔、薛儿加等人为都指挥同知……②此类"遣人招谕""赍敕往谕""遣人往谕"明确反映出朝廷派出了使者。然而，具体使者名并未记载，因此不详。这样的情况很多：

永乐四年三月二十一日、三十一日，正统三年二月五日，正统五年四月七日，正统十二年三月六日，景泰三年十二月四日，景泰七年七月十七日，景泰七

---

① 《明太祖实录》卷一二五，洪武十二年七月戊申，第2004—2005页。
② 《明太宗实录》卷五二，永乐四年三月壬寅，第780页。

年八月十四日，成化四年五月十二日，明廷分别遣使者进藏，但由于文献资料中未记载使者姓名，故具体使者不详。又如，明朝于洪武十七年、正统三年、正统十一年遣使者赏赐甘青川涉藏地区首领，使者姓名也未有记载。

对于如此多的使者，目前并未有学者统计。尽管统计比较困难，但《明实录》记载：弘治年间，叁曼答实哩率领18人前往西藏册封；正德年间，札巴也失率领喇嘛20人往封灵藏赞善王端竹坚参。又有遣使者51人、遣使者75人等信息，从中明显可以推知无姓名使者人数较多。笔者据《明实录》等文献资料统计，这部分使者至少在150人以上。由此，明代赴藏使者人数总计是：确有姓名使者90人，未知名使者150人以上，共240人左右。其中，确有姓名使者为：

使者身份	僧侣	中央官员	地方官员	中官
人数	28	13	39	10

如果以各朝为周期，明代赴藏使者的次数、频率呈现如下变化：

表21　明朝派出的各类使者入藏频率表（单位：人次）

起止时间	入藏次数	入藏频率
洪武元年（1368）至洪武三十一年（1398）	10	平均约每3年1次
永乐元年（1403）至永乐二十二年（1424）	17	平均每1.18年1次
宣德元年（1426）至宣德十年（1435）	27	平均每年2.7次
正统元年（1436）至正统十四年（1449）	16	平均每1.14年1次
景泰元年（1450）至景泰七年（1456）	4	平均每1.75年1次
天顺元年（1457）至天顺八年（1464）	2	平均每4年1次
成化元年（1465）至成化二十三年（1487）	8	平均每2.88年1次
弘治元年（1488）至弘治十八年（1505）	3	平均每6年1次
正德元年（1506）至正德十六年（1521）	3	平均每5.33年1次
嘉靖元年（1522）至嘉靖四十五年（1566）	—	—
隆庆元年（1567）至隆庆六年（1572）	—	—
万历元年（1573）—万历四十七年（1619）	—	—

续表

起止时间	入藏次数	入藏频率
天启元年（1620）—天启七年（1627）	—	—
崇祯元年（1628）—崇祯十七年（1644）	—	—

注：此表根据《明实录》统计。表中未出现朝代，则说明此期没有使者进藏。

从中可以看出，入藏最为频繁的时期是宣德年间，平均每年出使多达2.7次；其次是正统年间，平均每1.14年入藏1次。而且，入藏次数频繁的时期基本都在明初洪武至正统朝。明代中叶以后，入藏次数明显减少，景泰年间还能达到约2年一次。但到了弘治年间时，6年才入藏一次。明代后期的隆庆、万历朝基本停止。

从使者身份看，明代赴藏使者既有朝廷官员，也有国师、寺院汉番僧人等。朝廷官员中有一部分人供职于中央主管外夷事务机构或地方军卫机构，有一部分人为地方或边镇官员。诸赴藏使者的官职系统，有宦官系统、有锦衣卫系统，有中央和地方职官体系，有边镇卫所体系，反映了其广泛性之特征。

从具体官职看，他们中有从九品的通事舍人，有正五品的鸿胪寺丞、河州卫千户、洮州卫千户、永宁府土官知府，也有正三品的卫指挥同知、正二品的都指挥同知等。在所有中央和地方官员的进藏使者中，各品级具体分布是：一品2人次，二品11人次，三品12人次，四品5人次，五品8人次，六品7人次，七品1人次，八品1人次，九品2人次。另有3人次，品秩不详。

可见，二品到五品官员占朝官使者人数的69.2%，表明赴藏使者身份总体品级呈高扬态势，甚至最高至正一品大员担任进藏使者，无疑反映出明中央对治理西藏及周边涉藏地区的高度重视。特别说明的是，这些赴藏使者，一人前后多次入藏或一人前后多职入藏者有好几人，如祁贤、刘昭等。[①] 为了更加清楚地呈现明代各个时期使者入藏的动态频率变化、身份变化、职官变化，本文不将一人前后多次赴藏或一人前后多职赴藏合并统计。

从地域看，赴藏使者到达范围主要是乌思藏、朵甘、河州、洮州、岷州，西

---

① 为了更加清楚地呈现明代各个时期使者入藏的动态频率变化、身份变化、职官变化，不将一人前后多次出使者或一人前后多职出使者合并统辑。笔者注。

宁、四川松潘、威州等地，涉及今西藏和四省涉藏地区大部，甚至更为边远的地方也能见到他们的往来足迹。这是明代赴藏使者派出的空间分布特征。

（二）使行人员组成

明朝建立后，高度重视对西藏及周边涉藏地区的管辖和治理。洪武二年，建国伊始，即派出官员前往西藏。永乐元年二月十八日，明成祖即位后遣中官侯显赍书币往乌思藏迎请尚师哈立麻。① 洪武、永乐两朝之后，明朝派遣使者进藏的活动未曾间断，大批使者先后奉诏赴乌思藏、朵甘及川陕涉藏地区。

前往西藏及周边涉藏地区的使行人员，主要由正使、副使、监督官、兵士等人组成，随行人员较多。如嘉靖四十二年，乌思藏阐化王请封，明神宗遣番僧远丹班麻等二十二人为正、副使，"以通事序班朱廷对监之"②。正使是主要负责人，负责赴藏之行的全面任务，赴藏的成功与否与正使有直接的关系。副使是辅佐正使的官员，是另一重要角色。相比而言，副使的责任比正使要轻。正德二年八月，明武宗朱厚照派遣大慈恩寺的都纲札巴也失担任正使、大能仁寺都纲锁南短竹任副使，赍诰敕赏物前往乌思藏册封灵藏赞善王端竹坚昝③；正德十一年四月，明武宗令太监刘允为正使，前往乌思藏赍送佛供④。弘治十年十二月，乌思藏阐化王圆寂，其子班阿吉汪束札巴乞求袭封。明朝接到请求，随即派遣"番僧"剌麻参曼答实哩为正使、锁南窝资尔为副使赍诰敕并彩缎、衣服、食茶等物前往乌思藏册封班阿吉汪束札巴为阐化王。然而，由于道路等艰难，"行三年至其地，时新王亦已死"⑤，即一行人走了足足三年才到西藏，但班阿吉汪束札巴已死，他的儿子阿汪札失札巴坚参巴班藏卜即"请求袭封，并领所赍诰敕诸物"⑥。于是，参曼答实哩等不得已授之，"遂具谢恩方物并其父原领礼部勘合、印信，图书番本付参曼答实哩等赍回为左验"⑦。此次给授，使者没有得到朝廷明旨，故犯了"擅封之罪"，被巡抚官弹劾而发配至陕西平凉卫充军，但副使以下全部宥

---

① [明]陈建著、钱茂伟点校：《皇明通纪》卷五，第430页。
② 《明世宗实录》卷五二六，嘉靖四十二年十月癸丑，第8576页。
③ 《明武宗实录》卷二九，正德二年八月乙亥，第736页。
④ 《明武宗实录》卷一三六，正德十一年四月丁丑，第2694页。
⑤ 《明孝宗实录》卷一三二，弘治十年十二月壬午，第2334页。
⑥ 《明孝宗实录》卷一三二，弘治十年十二月壬午，第2334页。
⑦ 《明孝宗实录》卷一三二，弘治十年十二月壬午，第2334页。

免其罪。

不过，此事足见从内地到西藏之艰难。从内地往西藏和其他涉藏地区，道路险远，劳费重大，要顺利完成使命有着很大困难。这种情况在弘治年间也出现过。弘治六年（1493），明孝宗授予金俄阿吉旺波王位，但在送诏书和赏物的使者尚未抵藏之前，京俄阿吉旺波已经去世，因其子阿旺扎西札巴年幼，暂由红帽系四世活佛却扎益西和仁蚌巴诺尔布桑波之子措结多吉代理执政。①

随行人员负责生活、护卫、船只的抢修、维修等，是赴藏之行不可缺少的，人数一般较多。在于道泉的《释注明成祖遣使召宗喀巴纪事及宗喀巴复明成祖书》中有这样的一段译文：

> 在那时候，这位大师名闻四方。大明皇帝从前虽几次征召，因为大师只在深山中打坐修习，不入凡世，所以未去。这一次听说他正向大众说法.（大明皇帝）乃修了一封金书，预备了几件礼物，打发王哲保等四位大人带了几百随员来请他到中国去。他们按程前进，到了潘余的时候趁着夜色赶向前去，在黎明时赶到了色拉曲顶。因为他们听说大师曾接见众人；就先通知了一声说：我们的皇帝（打发我们）献礼物来了。通知了以后就一拥而至。……

王哲保这次竟然带了几百随行人员前往西藏，其规模和人数十分罕见。

类似情况还出现在宣德朝。宣德五年正月，太监侯显上奏，臣往乌思藏至邛部遇贼劫掠，阵亡官兵达"四百六十余人"②，此次随侯显往乌思藏的人数究竟是多少人？肯定不会仅有四五百人；那样的话，意味着几乎全部阵亡。因此，笔者推测，此次使行人员人数应在千人左右，至少七八百人。同年（宣德五年）二月，明朝赐予从乌思藏回朝的使者都督佥事赵安等7人、指挥同知丁黻等75人钞、彩币表里、金织纻丝、袭衣等物，说明此次使行人员人数至少也有七八十人。③赵安等人是什么时间前往乌思藏的，具体不详，可能是宣德二年，因为《明史·赵安传》这样记载："赵安，狄道人。从兄琦，土指挥同知，坐罪死，安谪戍甘州。永乐元年进马，除临洮百户，使西域。从北征有功，累进都指挥同知。

---

① ［明］巴卧·祖拉陈瓦著，周润年译：《贤者喜宴·噶玛岗仓史》，第160页。
② 《明宣宗实录》卷六二，宣德五年正月辛未，第1474页。
③ "都督佥事赵安等七人，指挥同知丁黻等七十五人还自乌思藏。"《明宣宗实录》卷六三，宣德五年三月丁亥，第1484页。

宣德二年，松潘番叛。充左参将，从总兵陈怀讨平之，进都督佥事。时议讨兀良哈，诏安与史昭统所部赴京师。兀良哈旋来朝，命回原卫。使乌思藏，四年还。明年复以左参将从史昭讨曲先，斩获多。九年，中官宋成等使乌思藏，命安帅兵千五百人送之毕力术江……"①而根据《明史·陈怀传》知，陈怀为合肥人，袭父职为真定副千户。宣德元年，代梁铭为总兵官，镇宁夏，后留镇四川。②又，宣德八年十二月，金吾卫百户刘祥前往乌思藏，随行官军多达51人。③

明代中期的弘治、正德年间，赴藏使者的同行人员仍然多达几十人。弘治十年十二月，"番僧"喇嘛参曼答实哩率官员赴乌思藏，一同前往的人员就有剌麻札失坚参等18人。正德二年八月，都纲札巴也失率官员往灵藏赞善王地时，随行人员就达二十多人，"以其徒剌麻十人与俱，而差来使臣剌麻星吉等复奏，'远赍赏赐，徒从稀少，不便防护，乞更容徒二十人以行'。礼部复奏。上以其累请，仍添与十人。"④正德十年十一月，太监刘允率官员往乌思藏赍送佛供时，同行人员有太监刘宗等8人、锦衣卫指挥同知韦禄等官员130人、喇嘛锁南坚参巴藏卜等10人，而整个使行人员中的官兵、后勤人员等竟多达千人，⑤"乌思藏入贡，其使言有活佛能前知祸福。帝遣中官刘允迎之，携锦衣官百三十，卫卒及私仆隶数千人，刍粮、舟车费以百万计"⑥。不难看出，明朝派遣西藏及周边涉藏地区的使者规模之大、随行人员数量之众以及物资之巨。

二、西藏及周边涉藏地区赴京使者的选派和使行人员组成

（一）使者选任与身份

有明一代，西藏及周边涉藏地区一直保持与明廷的联络、沟通，频繁遣使者入京朝觐、朝贡，并就涉藏地区管理、僧官任袭等事务请旨、请封，其遣使者活

---

① [清]张廷玉等撰：《明史》卷一百五十五《赵安传》，第4262—4263页。
② [清]张廷玉等撰：《明史》卷一百五十五《陈怀传》，第4256页。
③ 《明宣宗实录》卷一〇七，宣德八年十二月癸亥，第2397页。
④ 《明武宗实录》卷二九，正德二年八月乙亥，第736页。
⑤ 《明武宗实录》卷一三六，正德十一年四月丁丑，第2694页。
⑥ [清]张廷玉等撰：《明史》卷190《毛纪传》，第5045—5046页。但《明武宗实录》载"133人"："户部复本内谓，允奏带太监刘宗等八员、锦衣等卫官舍指挥同知韦禄等一百三十三员，应付廪给口粮、马匹、车辆、马快船只及应用过番物件，令四川镇巡三司听其便宜措置，及选差骁勇官二员往回护送。"《明武宗实录》卷一三一，正德十年十一月辛亥，第2613页。

动几乎从未间断。然而，对此问题的专门研究却十分薄弱①，相关研究成果很少。

在明初时间段中，使者往来最为活跃的是永乐年间，原因是西藏及周边涉藏地区与明朝的联系比洪武时期有了更加推进。洪武三十五年（1402）六月，朱棣"靖难之役"获胜后继帝位，两个月后（同年八月）即派遣僧人智光往西藏等地，赐予当地宗教上层大量金银布绢诸物。永乐元年正月，"朵甘、乌思藏必力工瓦等国师并土官遣人来朝，贡马及方物"②。从永乐元年正月始，一直到永乐二十二年三月乌思藏僧加必什络、陕西文县千户所"番僧"尹巴等贡马，③乌思藏、朵甘等政教上层、部族头目、土官等不断遣使入京觐见明皇。

从《明实录》文献记载的史料分析，乌思藏入京使者人数颇众。"馆觉灌顶国师宗巴斡即南哥巴藏卜及札思木都指挥使撒力加监藏等，遣札思巴儿监藏等六十一人贡马……"④"赐怕木竹巴灌顶国师阐化王吉剌思巴监藏巴里藏卜使臣果失结等六十一人钞币有差。"⑤"正觉大乘法王昆泽思巴等遣国师班丹札等三百十四人朝贡，命礼部赐宴……"⑥从这些史料不难看出，永乐年间西藏宗教领袖派往明京的使者至少在500人以上。

这些使者，其身份概约四类：一为涉藏地区教俗势力头目和部族酋长，二为明廷任命的卫所镇抚、指挥等涉藏地区官员，三是涉藏地区土官，四是僧人。

据前述文献可知，洪武间西藏及周边涉藏地区来京使者有炽盛佛宝国师喃加巴藏卜等派遣的锁南藏卜、汝奴藏卜、监藏卜等人，还有朵甘、乌思藏都指挥使班竹儿藏卜、卫镇抚班竹儿藏卜等。永乐年间，涉藏政教上层最早派遣使者进京是在永乐元年正月。其时，"朵甘、乌思藏必力工瓦等国师并土官遣人来朝，贡马及方物"⑦此后使者不断入京朝贡，或请封施恩。据《明实录》记载：

---

① 截至目前，仅有陈楠的《关于明成祖遣使召宗喀巴史事补证》（《中国藏学》2005年第1期）、李淮东的《明代汉藏交通的兴衰演变——以明朝使臣入藏活动为中心的探讨》（《中国边疆史地研究》2017年第2期）、杨洁的《明朝中央与乌思藏使臣往来的史实及特点》（《西北民族论丛》2020年第2辑）、郭凤霞《明前期对入藏交通的经营与防护》（《青海社会科学》2007年第4期）、刘永文，韩殿栋，李军《明代进藏人员论析》（《西藏大学学报》2010年第1期）、陈改玲的《侯显使藏简论》（《青海师专学报》2007年第6期）、杨士钰的《试述明代汉藏人民友好往来的信使侯显的历史功绩》（《甘肃高师学报》2009年第4期），以及卢亮华的硕士论文《明代中央政府赴藏地使臣辑考》（中央民族大学硕士学位论文，2010年）等少数几篇论文探讨了明代赴藏使者的相关问题。
② 《明太宗实录》卷一六，永乐元年正月庚辰，第291—292页。
③ 《明太宗实录》卷二六九，永乐二十二年三月戊戌，第2440页。
④ 《明太宗实录》卷六四，永乐五年二月壬子，第912—913页。
⑤ 《明太宗实录》卷八八，永乐七年二月乙亥，第1163页。
⑥ 《明太宗实录》卷二五四下，永乐二十年闰十二月癸酉，第2363页。
⑦ 《明太宗实录》卷一六，永乐元年正月庚辰，第291—292页。

永乐二十二年中，西藏及周边涉藏地区派遣的入京使者有姓名可考者为札思巴儿监藏、果失结、杨班丹等二十二人。关于这些使者的身份，现有文献资料的记载均极为简略，无从详细考证，但我们也可从寥寥数句的资料文本中探知其身份信息。

永乐五年十月，灌顶圆通善慧大国师哈剌思巴啰葛萝思遣其徒著失夹来朝，献舍利、佛像及马。① 永乐六年四月，馆觉灌顶国师护教王宗巴斡即南哥藏卜遣其徒端竹巴等贡方物。② 永乐七年二月，陕西必里等卫剌麻失剌查遣其徒革失令真札等贡马。同月，"如来大宝法王哈立麻遣其徒辍藏等来朝。③ 永乐十年五月，如来大宝法王哈立麻遣其徒杨班丹等贡方物。④"从以上文献资料可以看出，永乐朝入京使者，或为明廷委任的法王、国师等政教首领及其门徒，或为涉藏地区头目土司，以包括各级僧职人员在内的宗教人士为主体。

洪武、永乐朝之后，明中央的治藏政策一直沿袭"众建多封"政策，即朝廷分封法王、国师及其卫所镇抚、指挥等各级僧官，推尊僧人，使其"率修善道，阴助王化"，进而巩固和稳定朝廷在西藏及周边涉藏地区的统治。而涉藏地区遣使来京的主要目的是进贡、请职、袭职诸公干，在明朝尊崇僧人的大环境下，任用僧侣作为进京使者，这是西藏和川陕涉藏地区首领遣使者进京首先考虑到的问题。"诸番来贡，多至千余，亦惟僧人是遣，朝廷赏赐彩缎表里有差。"⑤ 此处"惟僧人是遣"明确表明了入京使多以"僧人"为主。这也就是西藏及周边涉藏地区遣使赴京，多以法王、国师及其门徒等各级僧侣人士的内在动因。

当然，明代西藏及周边涉藏地区来京使者中既有僧人，又有卫所职官，还有地方头目，他们既是明朝管理乌思藏、朵甘、河洮岷等地区事务的基柱，又作为西藏地方和其他涉藏地区不同势力的政治代表，无可争议地充当了西藏及周边涉藏地区派往明京的使者，其地位之高、范围之广，实乃史所属罕见。举例如下：

（1）国师。永乐二十年闰十二月，正觉大乘法王昆泽思巴遣国师班丹札等三百十四人朝贡⑥，班丹札即国师。"国师"本是历代帝王对于宗教徒中一些学德

---

① 《明太宗实录》卷七二，永乐五年十月乙巳，第1010页。
② 《明太宗实录》卷七八，永乐六年四月丁未，第1058页。
③ 《明太宗实录》卷八八，永乐七年二月戊寅；永乐七年二月庚辰。第1169—1170页。
④ 《明太宗实录》卷一二八，永乐十年五月丙戌，第1592页。
⑤ ［明］何乔远撰，张德信、商传、王熹点校：《名山藏》卷一百九《西戎下》，第3112页。
⑥ 《明太宗实录》卷二五四下，永乐二十年闰十二月癸酉，第2363页。

兼备的高人所给予的称号，但明代以前各朝中的国师封号出自道教。明代国师则出自佛教，是朝廷对藏传佛教僧侣的封号，始于洪武初，永乐时期尤盛。由于在明朝与西藏及周边涉藏地区事务中，法王、国师等具有举足轻重的地位，故众多国师或亲自来京或频繁遣使者入京朝贡。如永乐七年十二月，乌思藏必力工瓦国师端竹监藏及尼八剌国遣使者锁南监藏贡马①；净修三藏国师、净戒三藏国师于永乐五年十二月遣使者贡马②；乌思藏大国师渴尊巴、完卜汪束监藏、结失查巴于永乐十三年十二月遣使者贡马③；永乐十五年二月，格鲁派乌思藏大国师释迦也失遣使者贡马④；灌顶净觉弘济大国师班丹藏卜于永乐二十一年十一月遣使者贡马⑤；另有许多不知其名的国师、喇嘛等奉尚师哈立麻、昆泽思巴等高僧委托，前来明京朝贡进献。尚师哈立麻分别于永乐四年二月、永乐八年正月、永乐九年四月、永乐十六年正月遣使者献佛象、贡马⑥；尚师昆泽思巴于永乐十年十二月、永乐十三年正月遣使者贡舍利、佛像、马及方物⑦。

宣德年间，"番僧"贡使来京者更多。按地域分，从宣德元年（1426）到宣德十年（1435）：

乌思藏来京"番僧"有：拾加札思巴、拾加札思巴、着竹、着由、盏宗、监藏、札章、章结、汝奴星吉、散节星吉、答哩麻星古、巴节、朵儿只藏卜、札宗、着即坚藏、桑竹阿些儿、星吉领占、容奴儿坚等。

洮州卫来京"番僧"有：班丹坚咎、札失坚昝、沙则落、亦什星吉、福景、札巴星吉、拾那藏卜、藏卜领占等人；岷州卫来京"番僧"有：领占藏、哺啥监藏、南哈谷中、领占星吉、丹卜监藏、沙加、各各乩、恭各藏等、锁南钻竹、札藏、牟乐干、班官藏卜；西宁卫来京"番僧"有绰思吉领占、领占星吉等人；河州卫来京"番僧"有加瓦藏卜等。

四川天全六番、长河西、威州等地来京"番僧"有：四川天全六番招讨司土僧印中；长河西、鱼通、宁远等处桑者朵儿只、阿松界、精客引占、僧计纳藏

---

① 《明太宗实录》卷九九，永乐七年十二月辛亥，第1296页。
② 《明太宗实录》卷七四，永乐五年十二月辛巳，第1023页。
③ 《明太宗实录》卷一七一，永乐十三年十二月丁寅，第1906页。
④ 《明太宗实录》卷一八五，永乐十五年二月戊午，第1981页。
⑤ 《明太宗实录》卷二六五，永乐二十一年十一月己亥，第2414页。
⑥ 《明太宗实录》卷五一，永乐四年二月丁卯条；卷一〇〇，永乐八年正月甲午条；卷一一五；永乐九年四月乙未条；卷一九六，永乐十六年正月戊午条。
⑦ 《明太宗实录》卷一三五，永乐十年十二月丙寅条；卷一六〇，永乐十三年正月丙午条。

汝、温不容但监藏、出知星吉、班丹葛剌等；威州罗如藏、鲁客、引占；茂州汝奉川寨燕旦儿监藏；杂谷安抚司失剌江藏；汶川县娑南令正、温卜燕旦监藏等；杂道长官司偏那朵儿；伽木隆温卜索南外息等；直龙等簇出思吉监藏等。

其他时期的来京"番僧"使者，人数太多，不再赘述。

（2）西藏及周边涉藏地区卫所职官。充任使者进京朝贡的涉藏地区卫所职官主要有指挥、镇抚、千户等。永乐五年二月，馆觉灌顶国师宗巴斡即南哥巴藏卜及札思木都指挥使撒力加监藏遣札思巴儿监藏等61人贡马；① 永乐七年十二月，陇答卫指挥巴禄遣镇抚端竹监藏、必里等卫千户朵儿只及川卜等千户完旦加思等贡马。② 永乐二十一年二月，乌思藏怕木竹巴灌顶国师阐化王吉剌思巴监藏巴里藏卜遣指挥端岳竹巴……贡方物。③ 史料表明的使者身份，当属卫所职官。

按明朝官制，军职流官分八等，即都督及同知、佥事，都指挥使、同知、佥事，正、副留守；而土官则分九等，即指挥使及同知、佥事，卫、所镇抚，正、副千户，百户，试百户。自都督府、都指挥司以下各司，包括土司，必须严格执行命令，各统其官兵及其部落，以听征调、守卫、朝贡、保塞之令。土司之官如佥事、镇抚、千户、百户等，皆无岁禄。但正统二年（1437），明廷开始给陕西河州、洮州、西宁等八卫土官发放俸禄。

由此可见，西藏及周边涉藏地区国师、法王及其卫所镇抚、指挥等各级僧官，受其上层派遣赴京朝贡。为了表达对朝廷的遵顺，加强与中央的联系，他们还派出自己的弟子门徒入京进贡。关于这点，可从五大政教王遣使入京中清楚看到：永乐十五年十二月，乌思藏怕木竹巴灌顶国师阐化王吉剌思巴监藏巴里藏卜、必力工瓦阐教王领真巴儿吉监藏及正觉大乘法王昆泽思巴、净慈弘智广慧大国师日托巴、灌顶慧慈净戒大国师端竹监藏遣使者公哥乩等贡佛像、舍利并方物。④ 永乐十六年三月，必力工瓦阐教王领真巴儿吉监藏遣使者汪速他贡方物。⑤ 永乐二十年三月，灵藏赞善王吉剌思巴监藏巴藏卜遣使者汝奴星吉贡马。⑥ 永乐二十一年二月，必力工瓦阐教王领真巴儿吉监藏遣使者汪束监集、思达藏辅教王

---

① 《明太宗实录》卷六四，永乐五年二月壬子，第912—913页。
② 《明太宗实录》卷九九，永乐七年十二月癸卯，第1295页。
③ 《明太宗实录》卷二五六，永乐二十一年二月乙卯，第2369页。
④ 《明太宗实录》卷一八五，永乐十五年十二月甲辰，第2050页。
⑤ 《明太宗实录》卷一九八，永乐十六年三月丁巳，第2069—2070页。
⑥ 《明太宗实录》卷二四七，永乐二十年三月辛酉，第2311—2312页。

喃渴烈思巴遣使者结摄端竹监藏、灵藏赞善王吉剌思巴监藏巴藏卜遣使者汝奴星吉等及灌顶弘善大国师释迦也失并各部大小头目皆遣人贡方物。①

上述史料中提到的使者：汪束监集、结摄端竹监藏、汝奴星、果失结、锁南监藏、公哥乱、汪速他、汝奴星吉等八人的身份虽然文献中没有明确显示，但从相关历史资料中分析得知，他们亦为西藏各级僧职人员。总之，法王、大国师、国师、剌麻及其僧官群体、卫所镇抚、指挥等各级边官是来京使者中的主体人员。

（二）使行人员组成

西藏及周边涉藏地区赴京使者一行一般由主使、副使及其随行人员组成。使者由涉藏地区头目、酋长、卫所镇抚、指挥等担任，另有大批土官亲属特别是僧人使者，人数少则几人、几十人，大则有数千人之众。因朝贡规模越来越大，尤其是明代中后期，在明朝优待贡使给予其巨大赏赐的经济诱惑，西藏及周边涉藏地区朝贡规模与年剧增。笔者对洪武三年（1370）至崇祯三年（1630）间西藏和其他涉藏地区较大规模的赴京朝贡使者及其人数，辑录之如下：

洪武三年十二月，吐蕃宣慰使何锁南普等一十三人赴京。

洪武十四年正月，龙州知州薛文胜等64人赴京。

永乐三年二月，安定卫指挥哈三遣头目撒力加藏卜等39人赴京。

永乐五年二月，馆觉灌顶国师宗巴斡即南哥巴藏卜及札思木都指挥使撒力加监藏等遣札思巴儿监藏等61人赴京。

永乐二十年闰十二月，正觉大乘法王昆泽思巴遣国师班丹札等三百十四人赴京。

洪熙元年二月，洮州等卫火把等簇国师班丹星吉等22人赴京。

宣德四年十二月，乌思藏国师领占端竹、阿木葛、大国师释迎也失并大乘法王、阐化王使者锁南领占等542人赴京。

正统九年三月，镇守陕西都督同知郑铭、右都御史陈镒奏：送孔提峪、西吴等簇清修禅师宗诸识宜招抚各簇来降"番人"赴京，管著藏卜等237人赴京。

弘治二年二月，长河西宣慰司"番僧"绰思吉领占把藏卜等700人赴京；正

---

①《明太宗实录》卷二五六，永乐二十一年二月乙卯，第2369页。

德五年三月，乌思藏大乘法王差剌麻绰吉我些儿等800人赴京。

正德十六年四月，四川威州、保县、金川寺剌麻僧曾称藏卜等人，并新旧招抚番僧共510人赴京。

嘉靖二年闰四月，四川董卜韩胡宣慰司起送"番僧"舍利卜等1700余人赴京；十二月，达思蛮长官司差来都纲"番僧"贾舍监藏等312人赴京。

嘉靖四年八月，陕西外夷博峪等十七族"番人"、哈班等197人、上巴篱等族"番人"阿鹅等130人赴京。

嘉靖五年七月，撒藏等寺剌麻"番人"禄竹速南等15人、敖儿等族"番人"石落肖等260人各以画佛、马匹、甲胄等物；达思蛮长官司遣都纲"番僧"沙加藏等438人赴京；上笆篱、笕哑等二十二族"番人"喒班等286人赴京。

嘉靖十二年八月，四川乌思藏、朵甘（思）"番僧"七领札夫等千余人赴京。

嘉靖十三年六月，陕西榆树"番人"郭乩等151人赴京。

嘉靖十五年正月，乌思藏辅教、阐教、大乘各王差国师短竹札失等，长河西、鱼通、宁远等处军民宣慰使司差寨官桑呆短竹等进贡，凡4170余人赴京；十月，四川杂谷安抚司遣都纲"番僧"叶儿监藏等人进贡，多至1264人赴京。

嘉靖二十九年正月，陕西苟家平、锋铁城等族"番人"七巴等300余人赴京。

嘉靖四十年四月，四川威州保县金川寺演化禅师遣都纲"番僧"郎哈等550人赴京。

嘉靖四十三年十二月，"番僧"蛇牙藏等1100余人赴京。

隆庆二年三月，陕西崇隆等六寺剌麻"番僧"共卜尖昝等30余人赴京；七月，陕西鹞子坪等族"番人"盔列等200余人赴京。

隆庆五年八月，陕西多杓等二十七族"番人"板官等337人赴京。

隆庆六年三月，陕西亦辖等族"番人"木竹等182人赴京；四月，陕西各卜等族"番人"曾巴等177人赴京；九月，四川达思蛮长官司差都纲头目及"番僧"等赴京，凡到京及留边共434人；陕西外夷灵藏赞善王端岳坚昝差使者并"番僧"等赴京，凡到京及留边兵共135人；十月，灵藏赞善王差你麻坚昝等135人赴京；四川达思蛮长官司、陕西灵藏赞善等七寺，各差都纲头目"番僧"共54人赴京。

万历元年二月，四川金川寺渲化禅师差都纲头目275人赴京；九月，四川长宁安抚司差"番僧"被只等300人赴京。

万历四年正月，陕西大崇教等七寺剌麻"番僧"札挂那节等35人赴京；陕西肃州卫寄住正副使阿纳的约等一十二员人及大崇教等七寺剌麻"番僧"札挂那节35人赴京；二月，陕西河州卫弘化寺"番僧"占羊管著等5人、岷州卫大崇教等七寺剌麻"番僧"札挂那节等35人赴京。

万历六年十一月，陕西苟家平"番人"七巴等共182人赴京。

万历七年七月，陕西好地平等族"番人"共243人赴京；八月，陕西苤哑等族"番人"242人赴京；十一月，四川杂谷安抚司差都纲头目1274人赴京。

万历十四年正月，"番僧"马你完卜等共910人赴京。

万历十五年十二月，乌思藏阐化王差"番僧"领真等600人赴京。

万历十六年正月，乌思藏阐化王遣使真朵尔只等千人赴京；三月，陕西起送法藏等六寺"番僧"相竹领占等30人、好地坪等族"番人"郝百等247人、寨坪等族"番人"羊加保等127人赴京；闰六月，礼部奏：四川起送韩胡碉哈列寺僧目多惹等至京及存留在边共438人。

万历三十二年二月，驼笼、奔古、阿著等族"番人"竹节永肖等431人赴京。

万历三十三年五月，长宁安抚司进贡"番僧"被只等300人赴京。

万历三十六年正月，陕西奔古、他笼等族"番人"竹节恼秀等425人赴京；二月，上笆篱、寨平等族"番人"漳中等244人赴京；五月，陕西柏林、七占等族"番人"剌卜板的肖等230人赴京；七月，陕西驼笼、纳郎等族"番人"永肖等156人赴京。

万历三十九年六月，陕西柏林、七占等族"番人"板的肖等230人赴京。

万历四十年正月，四川达思蛮"番僧"甲杀坚藏等438人赴京。

万历四十一年十一月，四川打喇儿寨"番僧"差头目雨木六等250人赴京。

万历四十二年八月，他笼、哈古等族"番人"恼秀等150人赴京；十一月，达思蛮长官司进贡"番僧"阿豆坚藏等438人赴京。

万历四十五年四月，乌思藏阐化王差国师锁南坚参等1000人赴京；五月，陕西山峒峪、答利等族"番人"纳麻节等143人赴京。

万历四十八年三月，博峪等族"番人"多尺肖等174人赴京。

天启五年十月，陕西法藏等六寺喇麻"番僧"速南路丹等19人赴京。

崇祯三年四月，乌思藏僧三旦多只等15人赴京。

将以上主使、副使及使行人员略做统计即可得知，仅仅上述文献资料所涉及的赴京朝贡人员，其总人数达到了22824人，这与前文已述"无姓名记载使者达二万六千多人"的情况是完全吻合的。当然，这些贡使并非全部为西藏和其他涉藏地区遣京使者，他们中有大部分人员为"冒贡"者，尤其是五六百人、千人以上规模的朝贡队伍中，大量商人、贫民、无业流民杂混其中，给地方财政和军民带来了困扰和经济负担。

这种情况不仅存在于西藏及周边涉藏地区来京人员中，在西域朝贡使、蒙古朝贡使中也较为显著。正如洪熙年间礼科给事中黄骥上奏所述："西域使客，多是贾胡，假进贡之名，藉有司之力，以营其私。其中又有贫无依者，往往投为从人；或贷他人马来贡，既名贡使，得给驿传，所贡之物，劳人运致，自甘肃抵京师，每驿所给酒食刍豆之费不少，比至京师，又给赏及予物直，其获利数倍。以此，胡人慕利，往来道路，贡无虚月。缘路军民递送，一里不下三四十人伺候于官，累月经时，防废农务，莫斯为甚。比其使回，悉以所得贸易货物以归，缘路有司出车载运，多者至百余辆，男丁不足，役及女妇，所至之处，势如风火，叱辱驿官，鞭挞民夫。官民以朝廷方招怀远人；无敢与较，其为骚扰，不可胜言。"[1]可见，在通贡贸易中，明朝廷得花费大量经费用以宴赏、迎驿，以及供应车辆、袜料及贡使的顿宿宣给，除京城专门设有会同馆，供贡使居住外，沿途也须供给。正统期间，大同左参将都督金事石亨上奏说："比年瓦剌朝贡使臣动二千余，往来接送及延住弥月，供牛羊三千余只、酒三千余坛、米麦一百余石、鸡鹅花果诸物，莫计其数。"[2]仅仅大同一地供给就如此之高，何况还有很多其他各地来京贡使人员。

景泰以后，许多朝贡队伍中掺杂着内地商人、流民，其谋取经济利益的目的性日益凸显，且远远超越了政治联系之范畴。朝贡频仍，规模宏大，各族朝贡无序，迫切需要制定一定的法律规范其朝贡行为。于是，明朝对朝贡次数、人数和规模进行了规限。换句话说，明朝对于涉藏地区朝贡的限制，也是出于朝贡无限制增加过程中存在的许多客观问题，如朝廷在朝贡管理、疏通和保障通贡畅通的人力、物力和财力负担越来越多，边防情报泄漏隐患，贸易纠纷等。为了减轻

---

[1] [明]余继登撰：《典故纪闻》卷八，第144页。
[2]《明英宗实录》卷一三六，正统十年十二月丙寅，第2712页。

政府负担及沿途驿递军民的压力，明政府不得不对朝贡次数、贡使人数、入京人数、朝贡期限等都进行了严格的限制。成化后，明廷更加严格在制定法令，限制朝贡人数、朝贡次数，然而"屡申约束，而来者日众"①，规限措施的作用仍然有限。直到万历朝之后限制政策才真正有了成效。

除去"冒贡"这个因素，综合明清时期文献资料记载，非常肯定的是，在长达277年的历史长河中，西藏及周边涉藏地区赴京朝贡活动保持着次数和人数上的相当规模，其赴京之频繁，规模之大，为史所罕有。

（三）贡使起送及其法律规范

明代初期，乌思藏、朵甘及河洮岷等处藏族首领纷纷遣使者进京朝贡。明廷规定，乌思藏等地使者进入内地后，由四川、陕西邻藏沿线边地州县或都司卫所安排专门官员负责验证、申报、通关事宜，之后起送贡使赴京朝贡。

1. 依"例"起送贡使

明初海外诸国及边疆各族陆续遣使朝贡，尤其是永乐年间（1403—1424）明朝放宽了对外贸易政策，各国使节及边疆各族使者纷纷来京，络绎于道。明政府规定，"四夷"贡使或头目、土官等人亲自来朝进贡、朝觐，在"番夷"地面由经过各驿站负责接送。进入内地后，由边地州县或都司卫所安排专门官员负责验证、申报事宜，之后方可通关。验证环节包括查验贡使公文、印信、勘合等是否合规合法，申报环节指经审核后符合进京朝贡者，将其"年貌、簇分及所贡物一一审核"②，上报朝廷。然后边关允准放行，贡使即赴京朝贡，史书中称为"起送"。

到了明中叶，途经河、洮、岷、黎、雅等州的各类赴京贡使与日俱增，边臣起送贡使任务愈来愈繁重。为了对贡使入关、起送、赴京进行规范约束，明政府订立了关于四川、陕西邻藏沿线边地边臣起送贡使的法律法规——起送例，加强从法制层面管理。史载："查西番贡例，每千人止起送八人……"③ "诏准土番照例

---

① [清]张廷玉等撰：《明史》卷三三一《西域三》，第8588页。
② 黄彰健校勘，中研院历史语言研究所校印：《明宪宗实录》卷四四，成化三年七月辛巳，中华书局，2016年，第911页。
③ 明代《"西番"贡例·起送》的相关法律规定，乃万历四十年（1612）五月礼部主事高继元之奏疏。《明神宗实录》卷四九五，万历四十年五月壬寅，第9320页。

给文起送入贡"①等等。这些与起送贡使相关的"例""事例"等属于明代朝贡的重要大法,具有珍贵的研究价值,它既可以管窥明代边疆治理之策,还可以对已有朝贡制度带来新的认识。然而,迄今为止,学界对此问题的研究十分欠缺。②本文拟就此深入探讨,以补其不足。

明代西藏,在四川打箭炉西北3000余里,东自穆鲁乌苏西岸青海部落界,西至噶木巴拉岭藏界1533里。《皇朝文献通考》载,"拉萨城,在打箭炉西北三千四百八十里,即唐吐蕃建牙之所,今为达赖喇嘛所居。"③从西藏到京师④,或从京师到西藏,多以成都为中界,走川藏道往返。《广志绎》曰:"乌思藏所重在僧,官亦僧为之,其贡道自川人,俗称喇嘛僧,动辄数百为群,联络道途,骚扰驿递,颇为西土之累。"⑤"贡道自川人"就是最为明确的表述,佐证了西藏朝贡使者一般是从四川进京的,或从四川天全或从四川黎州至雅州一线进京朝贡。

除了四川,乌思藏使者入京城朝贡,也有转道西宁一线走甘青道的情况,尤其是明初汉藏使者来往京城大多选此线路。具体而言,乌思藏等入京朝贡,可选择经今西宁或丹巴,后东北行经茂州、松潘至甘肃南部的洮州、岷州一线转道进京。⑥总之,乌思藏入京朝贡,或从乌思藏经四川天全或黎州至雅州一线,或至西宁经茂州、松潘至洮岷转道进京。《大明会典》称:乌思藏"阐化、阐教、辅教三王差来人,从四川布政司(比号);赞善王差来人,从陕西布政司"⑦。可见,明代乌思藏、朵甘等地赴京贡使一般途经四川、陕西前往明京朝贡。

---

① 黄彰健校勘,中研院历史语言研究所校印:《明神宗实录》卷三〇〇,万历二十四年八月乙巳,中华书局,2016年,第5625页。
② 关于明代"朝贡"例及其朝贡法律制度的研究,目前基本还是空白。不过,张向耀《明代关于藏族地区朝贡定例的原因与过程》(《四川民族学院学报》2011年第6期)对明代藏族地方首领入京朝贡朝觐制度、礼节和贡物诸问题做了粗略叙述;牛绿花《元明两朝对藏传佛教宗教事务的法律调整及其历史启示》(《青海社会科学》2010年第4期)从法律视角探讨了元明时期对藏宗教事务的管理。当然,对明代朝贡和贡使问题的研究成果还是相当丰硕,主要有陈庆英《明代甘青川藏族地区的政治述略》(《西藏研究》1999年第2期)、杜长凤《明代乌思藏朝贡述略》(《西藏研究》1990年第3期)、武沐《论明代与藏区的朝贡贸易》(《青海民族研究》2013年第4期)、洲塔、贾霄锋《试析明代藏区土司的朝贡制度》(《西藏大学学报(汉文版)》2006年第3期)、喜富裕《关于明朝成化年间"洮岷寺僧诡名冒贡"问题探讨》(《西藏研究》2011年第4期)、邓前程《藏区僧俗首领朝贡与明朝对藏主权问题辨析》(《四川师范大学学报》2008年第5期)等文,围绕明代涉藏地区赴京朝贡类型、线路、贡期、贡品、朝贡人数诸问题进行了研究。但这些成果基本从朝贡制度、贡使本身进行讨论,很少关注贡使"起送"及其"例"的法律问题。
③《皇朝文献通考》卷二百九十二《舆地考》二十四,第11774页,四库全书本。
④ 永乐迁都前,京师是南京,之后京师指北京。笔者注。
⑤〔明〕王士性著,吕景琳点校:《广志绎》卷五,中华书局,1981年,第111页。
⑥ 如洪武七年四月,僧人辇真藏卜等来明京时就走甘青道。《明太祖实录》卷八八,洪武七年四月丁酉,第1566页。
⑦〔明〕李东阳等撰,申时行等重修:《大明会典》卷一〇八《朝贡四·西戎下》,第1611页。

如此一来，起送西藏贡使的任务必然由川陕两省交界地带、比邻西藏的河洮岷、西宁、松潘、雅州、天全、黎州等边地州县及都卫承担。与此同时，四川、陕西境内也分布有许多藏传佛教寺院，本地寺僧及土司土官、部落头领也在明朝建国后相断遣使者进贡或亲自赴京朝贡。于是，河、洮、岷、黎、雅等邻藏沿线地区不仅需要起送西藏贡使，还要起送本地贡使赴京朝贡。明初实行"羁縻西番"政策，鼓励涉藏地区藏族首领来京或遣使来京朝贡，返回时赐予他们大量金银、丝绸、茶叶等物品。这种"厚往薄来"的贡赐制度极大地刺激了各地进京朝贡的积极性，愈来愈多的乌思藏、朵甘贡使从遥远的西藏入京朝贡，随之沿途州县需要起送的贡使也越来越多，起送任务更加繁重，给四川、陕西邻藏沿线边地带来了较大困扰。因此，加强对贡使"起送"管理迫在眉睫。由于"例"具有"因时救弊"之法律特征，更加灵活、变通，故诸多起送例随之订立并颁行。

事实上，早在洪武、永乐时期，明朝就曾对边疆各地起送贡使作出过规定。就四川、陕西地区起送贡使而言，基本规定有三个方面：一是贡使必须携带朝贡公文、勘合等且合法合理；二是贡使贡道、贡期合法合规，不能随意变道；三是贡使人数符合规定，不能超过限额。不过，由于当时明朝对涉藏地区贡使不加刻意限制，所以这些规定也基本处于搁置状态。然而，正统年间（1436—1449），各地来京的藏族朝贡使人数大量增加，且有不明身份人众混入朝贡队伍，明廷已察觉到这一问题的突出性，积极探索订立"起送"立法对其限制。

正统九年（1444）二月，明英宗敕谕陕西行都司及甘肃总兵官宁远伯任礼、参赞军务佥都御史曹翼等人："近者，西宁等处番僧剌麻来朝贡者甚众，缘途军民供给烦劳，况道路辽远，彼亦跋涉不易。自今至者，惟远方化外之人如例起送，余留尔处照旧管待，听候所进之马就彼给军骑操，方物俱贮官库，第具数来闻，用价其直……"[①] 此敕明确规定：今后陕西起送"番僧"赴京朝贡，必须依"例"而行，具体办法是：离京特别遥远的"番僧"贡使可以由边地起送至京朝贡，其余贡使不起送，需留在边境处等候朝廷回文，款待如常。这是明朝首次以"敕谕"形式对起送涉藏贡使的明文规定，显然具有法律效力，它的核发内容是分类起送、分类存留，其适用地为邻藏沿线边地的西宁等地。敕谕还对贡使留存、贡马之值等方面也作了具体规定，是一个比较全面的起送例。

同年三月，镇守陕西都督同知郑铭、右都御史陈镒奏称：起送孔提峪、西吴

---

① 《明英宗实录》卷一一三，正统九年二月壬午，第2267页。

等簇来降"番人"管著藏卜等237人到京朝贡。为了绥怀远人，明英宗依旧诏赐管著藏卜等人彩缎表里等物，但同时诏令礼部对郑铭、陈镒全员起送"番人"来京之行为予以严惩。英宗皇帝说：作为陕西地方官，"来降番人既多，边将宜量遣来京"①，但他们却处置无方，"一概送至，缘途军民供给疲困"②，理应惩处。并再次诏令：陕西边臣今后起送"番人""番使"进京，不许全员起送，以免扰民。当时，针对乌思藏等处贡使"数逾旧制"③，一年中有多至三四千人来京朝贡，且四川长河西诸番"皆冒以图利"④等现象，周公洪谟也曾上言建议："宜依海外诸番例，各给与符二十道，入贡，备填贡使物数于上，仍识以旧赐金印，至关验，以防诈伪。"⑤诏从其议。

这充分说明，正统年间四川、陕西邻藏沿线边地大规模无节制起送贡使入京朝贡问题，的确引起了明英宗及有关部门的关注。在皇帝的亲自过问下，四川、陕西邻藏边地将贡使的起送逐渐纳入法制范畴，规定贡使进入内地后，川陕边关必须对通关公文、印信、勘合的严格审验，做好贡使人员起送、存留分置及其贡物上报等工作，必须严格落实贡使起送的相关法律法规，依"例"起送。否则，严惩不贷。

到了明代中期的成化年间（1465—1487），川陕地区"冒贡""滥贡"问题尤为突出，大量川陕沿边寺僧、商人、边民"受利益驱使"诈冒乌思藏、朵甘贡使混入乌思藏、朵甘使行人员中前往明京朝贡，而且占有较大比例。成化三年（1467）五月，陕西按察司副使郑安上奏朝廷报告这一情况时说：进贡"番僧"中真正来自乌思藏的只占到三分之一，其余皆为"洮、岷近境寺僧、番民，诡名希赏（而来）"⑥，以致财政虚费相当严重。冒牌贡使竟多达三分之二人数，这不仅加大了朝廷和地方财政支出虚耗，而且给朝贡管理带来了较大困难。对此，明廷加大了以下三方面的工作：

---

① 《明英宗实录》卷一一四，正统九年三月丁丑，第2310页。
② 《明英宗实录》卷一一四，正统九年三月丁丑，第2311页。
③ ［明］焦竑著：《玉堂丛语》卷二，中华书局，1981年，第57页。
④ ［明］焦竑著：《玉堂丛语》卷二，第57页。
⑤ ［明］焦竑著：《玉堂丛语》卷二，第57—58页。
⑥ 《明宪宗实录》卷四二，成化三年五月丙子，第859页。

（1）礼部奏请严格贯彻"洪武旧例"①

根据成化元年明宪宗对阐化王的敕谕："今后仍照洪武旧例，三年一贡"②句可推知，"洪武旧例"是关于涉藏地区三年一贡的朝贡法规，为洪武年间颁定，具体时间史书无记载。成化时期重提并要求严格贯彻此制，根本目的是从朝贡时间上约束无序朝贡之行为，以便减少西藏寺僧朝贡次数，进而减少四川、陕西邻藏沿线边地寺僧、边民人等"冒贡""滥贡"机会。

（2）礼部加大对原有起送例的修改、补充和完善，力求从法制的渠道堵住"冒贡""滥贡"现象

成化三年（1467），明廷令陕西镇守巡抚、巡按等巡视官员及都布按三司详议"番僧进贡事宜"，酌定新的朝贡法。经过陕西地方巡视官员建议，并报请中央职能部门——礼部酝酿、会商和研讨，新的朝贡条例:《成化三年起送例》最终得以订立。它的主要内容是：自今"番僧"朝贡，"定与年限、人数及存留起送（若干名）"③，即限定贡期、人数、起送人数，以及来朝赏赐一应物品宝钞、食茶、布褐等物件的数量和规格④。成化四年三月，明廷再次重申：今后乌思藏等进贡，必须遵守原定"三年一贡"限期、额数，"审有番王印信文凭，方许存留起送"⑤。否则，一律不许送京。可是，成化五年（1469）七月，乌思藏赞善王遣舍人阿别等人朝贡，还是"无番王正印文书"。⑥

鉴于此，四川都司提出两个建议：一是严格照年例进贡之制，二是令"番僧"各具印信文书会同进贡。⑦四川都司提出的这个朝贡建议虽具有新的思路，但不具有实际操作性。正如礼部认为，"乌思藏地方广远，番王数多。若令各照年例进贡，则往来频繁，驿递不息；若令会同进贡，则地方有远近，难以齐一"⑧。因此，须令各王各具印信文书"于应贡年分，陆续来贡，不许人数过多，

---

① 洪武年间订立，在成化时期被称为"洪武旧例"。笔者注。
② 《明宪宗实录》卷二一，成化元年九月戊辰，第421页。《四夷考》卷四《西番考》："成化元年，礼臣以为言诏谕阐化王，令遵贡期，三岁一至，毋多人，毋杂用国师禅师等印。未几，番僧札巴坚参以秘密法进天子，爱幸之，法王封号，至累数十字，道用用执金吾仗，赐予骈蕃，其徒锦衣玉食至数千人矣。"（《四夷考》卷四《西番考》，第43页）。又见《明史》卷三百三十一《阐化王传》，第8581—8582页。
③ 《明宪宗实录》卷四二，成化三年五月丙子，第860页。
④ 《明宪宗实录》卷四二，成化三年五月丙子，第860页。
⑤ 《明宪宗实录》卷五二，成化四年三月戊辰，第1053页。
⑥ 《明宪宗实录》卷六九，成化五年七月丁酉，第1368页。
⑦ 《明宪宗实录》卷六九，成化五年七月丁酉，第1368页。
⑧ 《明宪宗实录》卷六九，成化五年七月丁酉，第1368页。

仍请敕各番王知会，令其永远遵守"①。这就是说，各地需分批次朝贡，不能一涌而至京城。礼部此议的确克服了一些具体问题："番地广远，番王亦多，若遵例并时入贡，则内郡疲供亿。莫若令诸王于应贡之岁，各具印文，取次而来。"②从理论上讲，"遵例入贡"、分批朝贡应该是比较科学合理的办法。

成化十七年（1481），礼部上疏：鉴于乌思藏与长河西"壤地相接，易于混淆"的问题③，以及"长河西番僧往往诈为诸王文牒，入贡冒赏"现象④，请求明政府加大对诸"番王"入贡文牒、勘合颁制及审检工作，"给乌思藏诸番王及长河西鱼通宁远宣慰司敕书、勘合，令贡时四川、陕西验入"⑤。只有携带了敕书、勘合的贡使才许进入边关，否则一律不准备起送赴京朝贡。这也是从入关源头堵住川陕边民就近就地混入乌思藏朝贡队伍"冒贡""滥贡"的最有效措施。

勘合，是明廷颁发给西藏和其他涉藏地区来京朝贡的官方凭证，目的是防止一些边官边臣无限摊派贡马任务及其河洮岷等地冒贡滥贡弊端，"时近边番簇多诡称乌思藏各番王进贡，赐予不赀，真伪莫办。礼部奏请给番王勘合各二十道，贡时慎为左验，以革其弊。且请委西宁、河州、洮州分遣番僧赍送勘合，归日与升赏。"⑥在勘合制度下，只有持明政府颁发的勘合且有效者，才具有在合法通境及贸易资格。因此，贡使进入四川、陕西边境，边关必须查验公文、勘合等，辨识其真伪、时效，之后才可起送赴京朝贡。

由上可见，成化时期，明朝严查勘合、印信，特别对于朝贡人数屡屡申明：不许超越朝廷规定之限，否则遣还。成化十九年（1483），"西番"灌顶国师遣僧徒1800人来贡，明宪宗下诏"止纳五百人，余悉遣还"⑦。算得上是对成化"例"的维护及对违"例"者的惩罚。

需要说明的是，明代中期审查贡使批文、印信以及限制人数的起送规定，不仅适用于藏族进京使者，还适用于各地"四夷"使者。弘治二年（1489）八月，礼部奏："迤西各处贡使该贸易之物，俱有成例定数。今土鲁番及哈密使臣各违

---

① 《明宪宗实录》卷六九，成化五年七月丁酉，第1368页。
② ［清］张廷玉等撰：《明史》卷三百三十一《赞善王传》，第8583页。
③ ［清］张廷玉等撰：《明史》卷三百三十一《长河西鱼通宁远宣慰司传》，第8592页。
④ ［清］张廷玉等撰：《明史》卷三百三十一《长河西鱼通宁远宣慰司传》，第8592页。
⑤ ［明］徐学聚编撰：《国朝典汇》卷一百七十五《兵部·西番》，第2206页。
⑥ 《明宪宗实录》卷二五四，成化二十年七月乙巳，第4297页。
⑦ ［清］张廷玉等撰：《明史》卷三百三十一《长河西鱼通宁远宣慰司传》，第8593页。

例收买食茶、箭竹等物过多，请准潼关盘检，事例俱没官。仍令大通事晓谕在馆诸夷，各遵守禁例，如违俱照此例行之。其未给赏者即递减其赏。并行各守边官员，凡外夷来贡曾犯法者再不许起送，著为令。"① 朝廷照此颁行实施，这是继成化十七年后，经礼部奏请并颁行的《弘治二年令》，此令的核心内容是：自今起，凡是"外夷"贡使曾在明朝有违法前科，则禁止起送。

（3）嘉隆万时期贡使起送、存留分置与"八人赴京之制"的实施

自《弘治二年令》实施后，明朝对四川、陕西邻藏沿线边地贡使的起送限制越来越严格。凡是乌思藏、朵甘贡使途经四川、陕西地面，边关必须严格审查朝贡批文、印信、勘合等，核实本地寺僧入贡公文、勘合、人数，只有所有手续合法才能进京朝贡，否则一律禁止起送。嘉靖时期，川陕各边基本按这个政策落实贡使的起送。

嘉靖三年（1524）六月，杂谷安抚司等处起送都纲剌麻头目引旦藏等贡贺，"抵京者一百六十七人，其存留境上者一千二百五十六人"②。礼部命行各处镇巡官，"凡起送番僧、番人必会审验实，从与名数，不得过多"③。这是严格执行起送例的结果，也清楚表明贡使入贡必须在边关审验札付、勘合、印信等通行证明和文件，公文手续齐全无误者方可报送中央，由地方派遣军士起送。

嘉靖十年（1531），明朝还将过去"朝贡不许超过六百人"的规定正式订立为法。是年（嘉靖十年）七月，礼部奏称："西蜀番僧来贡人数添增太多，赏赐冒滥，请以所进方物退还。仍行巡抚官查提起送官吏不遵旧制，交通贿赂情弊问拟具奏。"鉴此，"今后贡人数，不许过六百名，著为令。从之。"④ 这就是《嘉靖十年令》。此令规定：今后诸藏朝贡不能超过六百人，否则视为违法，意味着以600人为限是西藏及周边地区朝贡必须遵守的法律法规。其次，该朝贡法由"例"上升为"令"，表明它已成为常法，将终行不改。嘉靖四十三年（1564）十二月，礼部要求各边严行起送之法。明世宗下诏："自今边臣起送番僧入贡，

---

① 黄彰健校勘，中研院历史语言研究所校印：《明孝宗实录》卷二九，弘治二年八月壬子，中华书局，2016年，第661页。
② 黄彰健校勘，中研院历史语言研究所校印：《明世宗实录》卷四〇，嘉靖三年六月己亥，中华书局，2016年，第1008页。
③ 《明世宗实录》卷四〇，嘉靖三年六月己亥，第1008页。
④ 《明世宗实录》卷一二八，嘉靖十年七月壬申亥，第3058页。

悉遵成化、弘治故事，限数入边。如有违例滥送者，罪之。"①此诏明显加大了对边地违法起送贡使的法律制裁。

到了隆庆三年（1569），针对长河西及乌思藏朝贡的起送、存留人数问题，明廷制定了"八人进京"朝贡制度，规定：长河西及乌思藏朝贡"五百人全赏，遣八人赴京之制，如阐教诸王，其贡物则珊瑚、氆氇之属，悉准阐化王传所载。诸番贡皆如之"②。这就是《隆庆三年例》，该"例"明确规定：自今以后只限八人进京朝贡，其余贡使皆留川陕边。为什么要严格进行制度规范，主要是之前涉藏贡使"屡违约多人，且不如期"③。所以，明朝实施"限三年一贡，定名数，赴京毋过十人，余留候命"④的新制度。这样的规定，至少在法律条款上极其严格地规定了起送与存留的具体人数，对于涉藏地区泛滥的朝贡有一定的约束。更重要的是，在"番人"入贡为利，朝廷屡申约束而贡使来者日增的背景下，此"例"已上升为"定例"：

隆庆三年再定令阐化、阐教、辅教三王，俱三岁一贡，贡使各千人，半全赏，半减赏。全赏者遣八人赴京，余留边上。遂为定例。⑤

这意味着其法律地位的明显上升，法律适用范围和内容的更加重要。

那么，此后怎样确定起送、存留的人数？依据明朝《"西番"贡例·起送》的相关规定给予解释：万历四十年（1612）五月，礼部主事高继元言："查'西番'贡例，每千人止起送八人……"⑥根据高继元的说法，万历时期的起送人数也是每千人只送8人，即起送与存留比是0.08%，从明代后期起送、存留的具体比例规定看，明朝对于涉藏贡使入贡的限制相当严格，起送人数比率很低。

是不是明代每个时期都是这个比例？事实上，梳理明代对存留边境人员制度可以发现，早在正统年间时就已有起送、存留人数规定。正统八年（1443）十月，明英宗敕甘肃总兵官宁远伯任礼等："闻也先差头目打剌罕擦剌巴失等十人并戎地使臣十人欲来进贡，如彼所差人不多，起送来京。或人数多则将正副使带

---

① 《明世宗实录》卷五四一，嘉靖四十三年十二月甲申，第8755页。
② ［清］张廷玉等撰：《明史》卷三百三十一《长河西鱼通宁远宣慰司传》，第8593页。
③ ［明］徐学聚编撰：《国朝典汇》卷一百七十五《兵部·西番》，第2208页。
④ ［明］徐学聚编撰：《国朝典汇》卷一百七十五《兵部·西番》，第2208页。
⑤ ［清］张廷玉等撰：《明史》卷三百三十一《阐化王传》，第8582页。
⑥ 《明神宗实录》卷四九五，万历四十年五月壬寅，第9320页。

紧要从人三五人来，其余俱留甘肃照管，俟使臣同回。务令严谨，毋漏事情。"①此敕反映，瓦剌贡使20人，明廷准5人左右来京，其余均留甘肃边境。这个起送、存留比例显然不高。

不过，成化年间冒贡问题凸显，明政府多次要求陕西、四川地方都司对起送贡使人数和存留人数及时报请中央②，还明确规定存留人员也不宜过多：洮岷等处"番簇"二年一贡，"大簇起送为首者四五人，小簇起送一二人。存留听赏者，大簇不过十五人，小簇不过七八人"③。但是，实际的情况是，成化二十一年（1485）十一月，礼部奏道：四川起送乌思藏大宝法王、国师及牛耳寨寨官进贡、谢恩等使者1470人，"除法王、国师及正贡来京者照例给赏，其余在边一千八名，欲量以该赏衣二件共折彩缎一表里与之。食茶令四川茶马司照数给散。从之"④。此次入京朝贡者1470人，而存留边境人员竟达到1008人。这次朝贡完全属于滥贡，入京和存留比例达到了1∶1，看来朝贡超限一直是困扰明朝的一大难题。

2. 对四川、陕西边臣违例起送贡使的问责和处罚

明中叶以来，经过朝廷各方面的努力，针对起送乌思藏、朵甘等地贡使进京朝贡问题，中央已先后颁行了诸多"例"的法律规定，并要求四川、陕西邻藏沿线边地官吏认真贯彻落实。可是，一些州县官员对于起送例的执行并不重视，以致违例起送贡使的情况时有发生。譬如明政府三令五申强调，贡使进京朝贡必须在审验批文合法之后才能起送。但有些边地州县官吏并没有按照朝廷的规定去做，甚至"随意"起送，这从接二连三的斥责敕令中就可以看出端倪：

> 敕四川都布按三司曰：比来朝贡番僧剌麻，其中多有本地俗人及边境逃逸无籍之人诈冒番僧名目投托跟随者，尔三司全不审实，即便起送，以致络绎道途、紊烦官府、劳费军民。⑤

根据文献资料记载，此类无公文起送、不审实起送、超限起送等违例起送的情形在四川、陕西均存在。

---

① 《明英宗实录》卷一〇九，正统八年十月庚子，第2210页。
② ［清］张廷玉等撰：《明史》卷三百三十一《西番诸卫传》，第8543页。
③ ［明］李东阳等撰，申时行等重修：《大明会典》卷一〇八《朝贡四·西戎下》，第1614页。
④ 《明宪宗实录》卷二七二，成化二十一年十一月甲戌，第4595页。
⑤ 《明英宗实录》卷九七，正统七年十月癸巳，第1942页。

（1）违例起送及原因分析

从文献记载来看，成化至嘉靖年间（1465—1566）的百余年时间里，四川、陕西邻藏沿线边地边臣频频违例起送乌思藏、朵甘及本地藏族寺僧、"番族"赴京朝贡。其中，人数最多、规模最大的分别是：

成化十一年（1475）五月，陕西洮州卫违例起送驼笼等簇 217 人、也尔古等簇 208 人、纳郎等簇 258 人进京朝贡。① 成化二十一年（1485）十一月，四川违例起送乌思藏如来大宝法王、国师并牛耳寨寨官共 1470 名"违朝贡人数限制条例"入贡。② 弘治十二年（1499）九月，四川镇巡官违例起送乌思藏并长河西宣慰使司 2800 余人进京朝贡。③ 正德五年三月，河州违例起送乌思藏剌麻绰吉我些儿等 800 人入贡④；正德十六年（1521）四月，四川违例起送威州、金川寺等地新旧招抚"番僧"共 510 人进京朝贡⑤。嘉靖二年（1523）闰四月，四川违例起送董卜韩胡宣慰司"番僧"舍利卜等 1700 余人入贡。⑥ 嘉靖十二年（1533）八月，四川违例起送乌思藏、朵甘思"番僧"七领札失等 1000 余人进京朝贡⑦；嘉靖十五年（1536）十月，四川违例起送杂谷安抚司都纲"番僧"叶儿监藏等共 1264 人进贡⑧。

这些违例起送皆因四川、陕西边官对朝廷起送政策执行不力而致，犯了渎职之罪。具体到人，玩忽职守的边臣有：成化年间的陕西岷州卫指挥使安英、正德年间的陕西河州卫指挥使王锦、河州卫指挥使徐经、松潘副总兵吴坤、四川都指挥佥事廉瑛、四川镇守总兵张杰；嘉靖年间的洮州卫指挥武贤等。他们对中央的起送规定执行不到位，或不经审验而擅放无勘合、公文的朝贡人员通关，或者没有验实贡使人数和贡道贡期法定路线却随意起送贡使赴京朝贡。其实，从政策角度分析，明代中期川陕边官违例起送贡使问题的出现完全是上有政策、下有对策的结果，甚至不排除某些官吏牟取私利、故意放行的情形存在。

---

① 《明宪宗实录》卷一四一，成化十一年五月丁巳，第2625页。
② 《明宪宗实录》卷二七二，成化二十一年十一月甲戌，第4595页。
③ 《明孝宗实录》卷一五四，弘治十二年九月丙子，第2745页。
④ 黄彰健校勘，中研院历史语言研究所印：《明武宗实录》卷六一，正德五年三月癸未，中华书局，2016年，第1347页。
⑤ 《明世宗实录》卷七，正德十六年十月辛丑，第279—280页。
⑥ 《明世宗实录》卷二六，嘉靖二年闰四月甲子，第746页。
⑦ 《明世宗实录》卷一五三，嘉靖十二年八月丙戌，第3471页。
⑧ [明]谈迁著，张宗祥点校：《国榷》卷五十六，世宗嘉靖十五年十二月丁未，第3538页。

（2）对边臣违例起送的严肃问责

为了严肃法纪，制止朝贡无序现象，明朝对违例起送者严肃问责，追究其行政或法律责任。如前文已有叙述，弘治十二年（1499）九月，四川镇巡等官起送乌思藏并长河西宣慰使司贡使，当时至京者竟达2800余人。礼部认为，如此庞大的朝贡人员，全部给予赏赐，所费极多。因此奏请中央，命令四川镇巡官：自今以后起送贡使，"务查先年敕旨及本部勘合事例"[①]，不许滥送。如果边官冒滥起送贡使进京者，由巡按监察御史逮捕查办。[②]

正德四年（1509）九月，陕西河州卫指挥使王锦等违例起送乌思藏贡使，其朝贡人数"多出于例外"，[③]礼部奏请治王锦等人违例起送罪。明武宗下诏，准治王锦等人之罪，"仍令今后违例进贡夷人俱拘留在边，不许滥放，违者治罪。"[④]正德五年（1510）三月，河州卫指挥使徐经不经审验，擅放乌思藏大乘法王使者剌麻绰吉我些儿等八百人从陕西河州卫违例入贡，礼部奏请治河州卫指挥使徐经"不行审验之罪"。明武宗命巡按御史逮捕徐经治罪，"仍令是后宜加审验，不许重冒起送。"[⑤]

正德十年（1515）闰四月，松潘副总兵吴坤违例起送韩胡碉"番僧"纳麻思结等赴京贡方物，并补正德五年至七年贡。礼部议："故事，松潘等处番僧贡，岁不过五十人，补贡又有之禁例。今坤所奏送至二百五十人且干补贡之禁，若概阻之，恐孤向化之心。若与全赏，则无以遏将来之弊。请止给初来贡者七人全赏，其存留二百四十二人杀其赏之半，并治坤违例之罪。"[⑥]明武宗下诏如议实施，但宽宥吴坤之罪。同年五月，礼部尚书刘春奏："乞酌为定例，严其限期，每寺给勘合十道，陕西、四川等处兵备仍给勘合底簿。每当贡期，比号相同，方许其送，其人数不得过多，自后再不得滥自营造"[⑦]，明武宗同意实施比对勘合起送贡使之议。

嘉靖时期，川陕边境官吏违例起送贡使的情况仍然较多，朝廷延续了成化、弘治以来对川陕边官违例起送贡使行为的严厉处罚政策。嘉靖二年（1523）闰四

[①]《明孝宗实录》卷一五四，弘治十二年九月丙子，第2745页。
[②]《明孝宗实录》卷一五四，弘治十二年九月丙子，第2745页。
[③]《明武宗实录》卷五四，正德四年九月己亥，第1217页。
[④]《明武宗实录》卷五四，正德四年九月己亥，第1217页。
[⑤]《明武宗实录》卷六一，正德五年三月癸未，第1347页。
[⑥]《明武宗实录》卷一二四，正德十年闰四月己未，第2481—2482页。
[⑦]《明武宗实录》卷一二五，正德十年五月戊戌，第2503—2504页。

月，四川边地违例起送四川董卜韩胡宣慰司起送"番僧"舍利卜等一千七百余人入贡。礼部奏称："弘治以前入贡番僧多不过千人，今数增至倍，日甚一日。若复照例给赏，恐将来愈不可继，请量裁其赏赐三分之一。仍行抚按官查提起送官吏治罪。"①明世宗诏令实施，"命自今进贡人数，悉如弘治以前例行。"②同年十一月，四川边地违例起送达思蛮长官司差来进贡并庆贺登极，"人员多至四百余名"③。礼部奏请实行以下限制禁约："每贡限百人，多者革去赏赐，并究起送官治罪。"④嘉靖三年六月，洮州卫指挥武贤违例起送进贡"番僧"端竹札失等人，边境分巡守备官督查不力，"命巡抚逮问武贤，并按究分巡等官之不觉察者"⑤。

嘉靖十二年（1549）八月，四川三司等官违例起送四川乌思藏、朵甘思"番僧"七领札夫等千余人赴京朝贡，礼部令巡按御史"逮治验放官罪"⑥，并将贡使七领札失等到京者的赏赐原额，"每名量减茶十斤，存留者每名量减绢二匹、茶十斤"⑦，以示惩戒。

嘉靖十五年（1536），大乘法王偕辅教、阐教诸王至明京朝贡，使者多达四千余人⑧，明世宗以人数逾额减其赏，"并治四川三司官滥送之罪"⑨。同年十二月，四川违例起送四川杂谷安抚司所遣贡使——叶儿监藏等人进贡，贡使人数"多至一千二百六十四人"，礼部以违例，请求仅赏赐"至京十五人及留边百五十人如例"⑩，其余全部减半赏赐，明廷允准实行，并敕所司"以后不许违例起送"⑪。嘉靖三十七年（1558）闰七月，慧济扯巴寺禅师相初坚昝等、杂谷安抚司"番僧"拔出监藏等人至京贡马及方物，"以入边人多，诏所司量赏，并治其滥送边臣罪"⑫。隆庆三年（1569）闰六月，四川三司掌印官署都指挥佥事槐寅等

---

① 《明世宗实录》卷二六，嘉靖二年闰四月甲子，第746页。
② 《明世宗实录》卷二六，嘉靖二年闰四月甲子，第746页。
③ 《明世宗实录》卷三三，嘉靖二年十一月丙申，第860页。
④ 《明世宗实录》卷三三，嘉靖二年十一月丙申，第860页。
⑤ 《明世宗实录》卷四〇，嘉靖三年六月庚戌，第1013页。
⑥ 《明世宗实录》卷一五三，嘉靖十二年八月丙戌，第3471页。
⑦ 《明世宗实录》卷一五三，嘉靖十二年八月丙戌，第3471页。
⑧ ［清］张廷玉等撰：《明史》卷三百三十一《大乘法王传》，第8576页。
⑨ ［清］张廷玉等撰：《明史》卷三百三十一《大乘法王传》，第8576页。
⑩ 《明世宗实录》卷一九四，嘉靖十五年十二月丁未，第4110页。
⑪ 《明世宗实录》卷一九四，嘉靖十五年十二月丁未，第4110页。《国榷》亦载：嘉靖十五年十二月，"杂谷安抚司贡夷至千二百六十四人，裁其赏，仍禁后滥。"（《国榷》卷五十六，世宗嘉靖十五年十二月丁未，第3538页。）
⑫ 《明世宗实录》卷四六二，嘉靖三十七年闰七月丙子，第7797页。

人违例起送"番僧"进贡,"坐起送官罪"①,夺俸各二月。

(3) 对违例贡使的宽宥政策

需要说明的是,为了怀柔远人,表达朝廷对涉藏地区贡使的优待,明朝往往对没有携带公文、印信等违"例"贡使仍免其处罚,给予赏赐。如正统十年(1445)三月,僧人剌麻星吉没有批文,自己却偷偷跟随贡使队伍入京朝贡。这种情况本属于违法,但明英宗却认为应从怀柔政策长远计,"俱宥不问,番僧还与下程"②,免于处罚。又如成化四年(1468)五月,礼部奏报:洮州起送藏撒下大乘法王完卜遣番僧葛竹瓦班绰等来朝贡马及方物,但"查无番王印信文书",且从洮州入境,属于违例进贡。但鉴于贡使葛竹瓦班绰等自陈,他们所居地方比乌思藏还远二十余程,贡使走了五年才到达京师,而且朝贡了很多马匹。礼部令全赏,不予追究。③这也是一起无印信文书却允许起送朝贡的事例。成化五年七月,四川都司奏:"赞善诸王不遵定制,遣使率各寺番僧百三十二种入贡,且无番王印文,今止留十余人守贡物,余已遣还。"④但是礼部认为,"番地广远,番王亦多,若遵例并时入贡,则内郡疲供亿"⑤,今贡使已至,"难拂其情,乞许作明年应贡之数"⑥,即允许他们把此次朝贡算作明年朝贡,以尽怀柔之意。⑦这是又一起。

如此情形举不胜举:成化十一年(1475)五月,陕西洮州卫违例起送驼笼等簇二百一十七人、也尔古等簇二百八人、纳郎等簇二百五十八人各贡马及方物。礼部言:"然既来不可拒,宜依常例给赐。从之。"⑧成化二十二年(1486),阐化王遣使者四百六十人至京朝贡,"守臣遵新例,但纳一百五十人"。但礼部认为,"使臣已入境,难固拒"⑨,故顺其情,全部予以纳贡处置。弘治二年(1489)十二月,乌思藏僧三竹等人不携带勘合,不经边关验送进贡。礼部奏请不接收贡物,

---

① 黄彰健校勘,中研院历史语言研究所校印:《明穆宗实录》卷三四,隆庆三年闰六月辛酉,中华书局,2016年,第882页。
② 《明英宗实录》卷一二七,正统十年三月乙未,第2542页。
③ 《明宪宗实录》卷五四,成化四年五月庚辰,第1104页。
④ [清]张廷玉等撰:《明史》卷三百三十一《赞善王传》,第8583页。
⑤ [清]张廷玉等撰:《明史》卷三百三十一《赞善王传》,第8583页。
⑥ [清]张廷玉等撰:《明史》卷三百三十一《赞善王传》,第8583页。
⑦ 《明宪宗实录》卷六九,成化五年七月丁酉,第1368页。
⑧ 《明宪宗实录》卷一四一,成化十一年五月丁巳,第2626页。
⑨ [清]张廷玉等撰:《明史》卷三百三十一《阐化王传》,第8582页。

治罪边关及沿途之失于盘验者,"诏以番僧既到京,姑纳其贡,遣之"①。正德十六年(1521)十月,四川镇守总兵张杰不能验实,违例起送茂州卫韩胡碉恰列寺僧小和尚等人赴京朝贡,礼部奏述:"其年岁与所赍原降敕谕不合,盖小和尚已故,子撒儿革替名来朝。且来朝者过旧额,俱属违法。"②可是,明武宗却说:"姑宥之,自今令各边皆审实,不得过多,不及贡者亦不必补。"③

有些情况下,对于甘、青、川、滇邻藏沿线边地的违例起送,明朝廷或予以却贡的办法处理。成化十八年(1482),礼官上报:"番王三岁一贡,贡使百五十人,定制也。近赞善王连贡者再,已遣四百十三人。今请封请袭,又遣千五百五十人,违制宜却。乞许其请封袭者,以三百人为后来两贡之数,余悉遣还。"④明廷同意此议。弘治十二年(1499),乌思藏辅教等四王和长河西宣慰司超大规模使者入贡,"礼官以供费不赀,请敕四川守臣遵制遣送,违者却还,从之"⑤。明朝对外国贡使或边疆各地土官头目却贡(即拒贡)的现象比较常见,但对于涉藏地区却贡情况并不是很多,这与明朝的羁縻政策有关。即便违例,也仍然给予赏赐。

概上所述,明朝对于违法边官和违例贡使的处置有所不同。对于违例起送贡使的边地官员,大部分交监察巡视部门勘查惩办,少部分属于当地少数民族首领或归附的故元官员者,明朝也豁免处罚。成化十年十二月,陕西岷州等卫指挥使安英等违例起送大崇教等寺番僧入贡,礼部奏请治安英违例起送之罪,"上曰:安英等姑宥之不问,今后如例行之。"⑥体现出对待边地少数民族首领的恩待,"属地法"特征十分显著。这是其一。

其二,起送例的制定,无疑与明代涉藏朝贡制度及其环境变化密切相关。明代初期,涉藏地区朝贡,或者各地可自由朝贡,"有比年贡者,有三年贡者,从其便,不贡不责也。"⑦或者朝廷虽订立有一定的规范要求,但没有强调严格实施。然而,到了明代中期,朝贡无序的情况越来越严重,大规模的冒贡、滥贡带来诸

---

① 《明孝宗实录》卷三三,弘治二年十二月癸巳,第724页。
② 《明世宗实录》卷七,正德十六年十月辛丑,第279—280页。
③ 《明世宗实录》卷七,正德十六年十月辛丑,第280页。
④ [清]张廷玉等撰:《明史》卷三百三十一《赞善王传》,第8583页。
⑤ [清]张廷玉等撰:《明史》卷三百三十一《辅教王传》,第8585页。
⑥ 《明宪宗实录》卷一三六,成化十年十二月甲申,第2544页。
⑦ [明]何乔远撰,张德信、商传、王熹点校:《名山藏》卷一百九《西戎下》,第3122页。

多社会问题。因此，明廷制定了较为严格的法律法规，加强对朝贡之管理，以便用法制手段制止违"例"朝贡乱象，这就有了一系列依"例"起送藏族贡使的法律规定。可见，诸起送例在实践中应运而生，并在实践中变化和修订。

其三，尽管明朝一再强调，乌思藏、朵甘、河洮岷州及长河西等处朝贡，川陕边关须在审核印信、公文等合法有效后方可起送，不允许边官徇情滥放滥送，否则依"例"严惩。但是，明朝对违例朝贡者并非完全强硬态度处罚，"怀柔远人"的政策因素特别明显。正如正统七年（1442）正月，明英宗在颁给陕西都督同知郑铭、右金都御史王翱等人的"敕"中所说："大抵驭夷之道、以抚绥为本。抚之不从，然后用兵，庶几为当。尔等宜同心协谋，审度事势，使朝廷恩威并行，边境宁谧，以付重任。"[①]正因为如此，明朝在强调川陕边臣依"例"起送贡使的同时，对违"例"朝贡者却强调要"注重"处置的方式方法，"务在抚驭开谕得宜，勿得因而激变生患"[②]，以免引起边患。这似乎是一个矛盾。

唐朝时期也有类似情况，鸿胪卿刘善固曾说："今远方之人朝贡不绝，来数则烦迎送，拒之便绝通和，宜处之以道，令怀而不怨。"[③]这从一个侧面反映了唐朝、明朝统治者在对待边疆民族问题上取谨慎态度，"处之以道"，抚绥得宜，以确保边疆社会安定。可见，滥送的限制令与朝廷优待涉藏地区贡使的政策是并存的，也是矛盾的，可能正是这种原因才使明代中后期冒贡、滥贡的问题难以根治。

与此不同的是，依"例"起送贡使的执行主体是甘、青、川邻藏沿线边地州县及都司卫所，具体执行者是四川、陕西边地官员。从正统到嘉靖时期，虽然朝廷制定了许多起送贡使之"例"，但某些川陕官吏却不能依"例"起送，没有不折不扣地执行中央决策，使得违"例"朝贡现象屡有发生，干扰了正常的朝贡秩序，有待反思。

从本质上说，依"例"起送贡使是明代治边治藏政策的重要内容之一。明朝制定起送例的根本目的是确保正常朝贡活动的顺利进行，因为如果无限制起送涉藏地区贡使进京朝贡，势必造成朝贡规模的无限制扩大和资源浪费，由此带来的冒贡、滥贡现象及其一系列社会问题将直接影响朝廷和地方财政。所以，总体来看，起送例的制定和颁行，对于规范明代涉藏地区朝贡活动具有积极作用，不仅

---

① 《明英宗实录》卷八八，正统七年正月庚午，第1760—1761页。
② 《明宪宗实录》卷五二，成化四年三月戊辰，第1053页。
③ ［明］夏良胜：《中庸衍义》卷15，页16下，四库全书本。

有利于辨识、制止朝贡队伍中的冒贡者，而且一定程度上约束了边臣违法起送贡使的行为，这对于明中央管理西藏及周边涉藏地区朝贡具有重要意义。

（四）贡使在京活动规范

贡使来京后，在会同馆及京城的活动有专门规定。朝廷有禁令，"四夷"使者不得随便离开驿馆外出。除有例开市交易外，不许往来街市交接闲人，违者将该管人员参送问罪。正统六年（1441）五月，北京会同馆大使姬坚等奏："大慈恩等寺分住国师、禅师、剌麻阿木葛等三百四十四人占用馆夫二百一十三人，有放回办纳月钱、牧放马匹及供给马草者及至外国四夷使臣到馆，乏人供应，不得已而雇觅市人代之。乞取回在寺馆夫，议定多寡之数而与之，国师、禅师每员二人，觉义、都纲每员一人，剌麻十人共一人口，务令恒在寺供应，不许疏放。今后朝贡番僧剌麻止蓄本馆安歇听赏，不许私自擅入各寺混杂生事。上曰：大国师班丹札失、阿木葛每员与十人，剌麻十人与二，其著为令。"① 表明朝廷有规定，贡使不得擅出会同馆，也不许私自擅入其他各寺，以免生事端。对于在京城严重违法的出使人员，明政府或给予惩罚。正统十三年（1448）正月，四川长河西贡使与琉球国贡使"相殴会同馆门外，有重伤者。事闻，上命殴至死者抵命。"②

除了不得擅自出入会同馆外，对于使者在京城及其沿途的违法犯罪活动，明朝制定了相关法律并对违法者视其违法轻重予以惩罚。洪武二十年（1387），明朝"禁番使阑出麻铁"③，对贡使携带物品作出明确要求。景泰元年（1450）八月，明代宗朱祁钰敕谕四川董卜韩胡宣慰使司宣慰使克罗俄坚粲："尔等每岁遣人远来进贡，诚意可嘉。但所遣番僧中间多有强悍不循礼法，或起程回还多索船马，辱骂官司，或沿途多买物货，一概诈称钦给之物，逼要有司起倩军夫运送，所过扰害不可胜言。此皆已往不究。今后有进贡来京，务须选差谨厚僧徒，严加戒谕，令其遵守礼法。"④ 如果来京使者放肆虐民，搅扰官府，则朝廷必将严敕查办。景泰四年（1453）八月，巡抚湖广右都御史李实奏："四川董卜韩胡宣慰司番僧、国师、禅师、剌麻等贡使，以货买私茶至万数千斤，易其铜、锡、磁、铁等器

---

① 《明英宗实录》卷七九，正统六年五月甲寅，第1571—1572页。
② 《明英宗实录》卷一六二，正统十三年正月壬子，第3151页。
③ ［明］徐学聚编撰：《国朝典汇》卷一百七十五《兵部·西番》，第2204页。
④ 《明英宗实录》卷一九五，景泰元年八月壬申，第4109—4110页。

用。又于沿途所经驿站重索酒食，百姓军民稍有不从，辄用兵刃伤人，虽有伴送千、百户，难于钤束。"①边民见其进贡得利，混作番僧、通事进贡。故请敕都察院禁约："今后私通番僧贸易茶货、铜、铁、磁、锡器物及将子孙投作番僧、通事者，俱发口外充军，四邻不首，坐以违制之罪。其番僧十名以下不必遣官，止令军伴送，务必钤束严切，不许似前生事扰人，违者治罪。如此则外夷服化而绝放肆之为，良善获安而免凌虐之患。"②此禁令得到明代宗敕批而颁布执行。

天顺四年（1460）闰十一月，安庆府奏：爪哇国使臣及长河西贡使共止同安驿，"酗酒相斗，番僧被杀者六人。礼部言：本驿官吏不时发遣，伴送行人金文等不能约束，请执鞫之。其爪哇使臣在法宜治，但远夷入贡，既已回还，难拘常制，宜敕其国王惩治。从之。"③弘治八年（1495）六月，巡抚都御史李蕙等人报告一例乌思藏阐化王贡使锁南短竹等在扬州广陵驿寻衅滋事的案例：阐化王贡使在扬州广陵驿，遇大乘法王贡使，相与杀牲纵酒，三日不去。知府唐恺呼其舟人来驿中戒之，锁南短竹等持兵仗拥入驿，所伤者甚众。④刑部请治通事奈显、伴送百户杨相等罪，仍请榜示沿途驿递，严加禁约，"别遣通事谕其王，令各治贡使之罪。从之"⑤。弘治十八年（1505）五月，礼部尚书张升等言：近闻真人陈应循、灌顶大国师那卜坚参及班丹罗竹等"各率其徒，假以祓除荐扬，数入乾清宫，几筵前肆无避忌。京师传闻，无不骇愕。请执应循等置于法，革其名号，追夺印、诰及累年所得赏赐，仍照例黜逐发遣。"明孝宗回复称：卿等所言极是，今后各部应加大巡查力度，对所冒职事、封号者俱查革，印、诰并所赐玉带送所司交纳，"俱罪不宥。"⑥于是，礼部会同吏部会商革除应循等十一人，革灌顶大国师、国师，带禅师衔俱闲住僧录司。⑦正德十六年（1521）七月，礼部参奏："剌麻禅师领占札把等二十七人及通事序班金通诺不法事，请逮治以彰国法。上乃命抚按官械送法司严鞫，既而狱，具法当论死。得旨：俱发烟瘴地方充军，遇赦不宥。"⑧以上表明，如果西藏及周边涉藏地区使者来京途中或至京师后存在违法犯

---

① 《明英宗实录》卷二三二，景泰四年八月甲辰，第5080页。
② 《明英宗实录》卷二三二，景泰四年八月甲辰，第5080页。
③ 《明英宗实录》卷三二二，天顺四年闰十一月丙寅，第6683页。
④ [清]张廷玉等撰：《明史》卷三百三十一《阐化王传》，第8582页。
⑤ 《明孝宗实录》卷一〇一，弘治八年六月己巳，第1852页。
⑥ 《明武宗实录》卷一，弘治十八年五月壬子，第32页。
⑦ 《明武宗实录》卷一，弘治十八年五月壬子，第32页。
⑧ 《明世宗实录》卷四，正德十六年七月乙亥，第202页。

罪行为，明政府则会追究其不法行为。

无独有偶，沿途军民的违法犯罪活动也时常出现，且在一定时期内异常猖獗。嘉靖元年（1522）四月，兵部复河南抚按议："凡沿途军民私与'西番'朝贡夷人交易者，比照在京事例，问罪枷号。及奸徒诱引投献王府夷物希图赏赐者，比照拨置害人透漏事情律例，同遣。其伴送通使人等俱照例施行。报可。"①弘治初年，致仕太子少保礼部尚书周洪谟上"安中国定四夷十事"，有曰："乌思藏番僧麦南三竹桑节答儿，冒称辅教王所遣使，来京朝贡。礼部议奏：自河西至京师，毋虑数千里，麦南三竹等不由驿递传送，沿途关隘何以得过？是必有中国人与之交通，乞下法司根究其情。从之。"②说明边官与冒贡者沆瀣一气，违法故放。查禁甘肃地方番、汉族人贸易应禁货物。嘉靖四年（1525）四月，礼部复监督三边军务太监张忠之奏请，明神宗下诏：都察院榜禁甘肃地方番、汉族人贸易应禁货物，并行巡按选委伴送官定限查考，稽查属实者严惩，"踰期者坐罪"③。

需要说明的是，明朝对涉藏地区违法使者的处罚只是少数现象。这一方面是因为违法者毕竟较少，大多数使者尽职尽责，在中央与地方往来中作出了卓越功绩。另一方面，明朝在处置边疆地方首领所遣使者的违法行为时，本着从轻从宽，慰怀远人之原则，这也是明朝治理边疆民族地方的儒法合一、"德"、"法"并用特色。

三、明朝与西藏及周边涉藏地区来往使者个案分析

有明一代，中央与西藏及周边涉藏地区互来互往的使者，人数极多，不能一一还原其事迹，只能在这些使者群体中选取部分代表人物略做叙述。而且，因汉藏各种文献中对西藏及周边涉藏地区来京使者的资料记载十分简略，多数情况是只记载其名（甚至不记姓名），很少对其生平、家庭、使者事迹进行记述。所以，本节仅从明代赴藏使者中选取其贡献大者，略作介绍之。

---

①《明世宗实录》卷一三，嘉靖元年四月乙巳，第469页。
②《明孝宗实录》卷四八，弘治四年二月庚午，第971—972页。
③《明世宗实录》卷五〇，嘉靖四年四月庚戌，第1261页。

（一）许允德

洪武二年五月，明太祖"遣使持诏以登极改元谕西番"[①]，其诏曰："昔我帝王之治中国，以至德要道民用和睦推及四夷，莫不安靖。向者胡人窃据华夏百有余年，冠履倒置，凡百有余年孰不兴愤。比岁以来，胡君失政，四方云扰，群雄分争，生灵涂炭，朕乃命将率师悉平海内，臣民推戴为天下主，国号大明，建元洪武。式我前王之道，用康黎庶。惟尔吐蕃邦居西土，今中国一统，恐尚未闻，故兹诏示使臣至吐蕃。"[②]此诏书向吐蕃宣达了中原元亡明兴的时政变迁，并敕谕西藏地方各政教首领归附明朝，以完成中国"大一统"。对于明朝的这次诏谕，吐蕃酋长采取了观望态度。从文献资料看，这次前往吐蕃的使者不知其名且未获成功，故有了陕西行省员外郎许允德再次诏谕的记载。但《国榷》卷三载：洪武二年五月甲午朔，"遣陕西行省员外郎许允德诏谕吐蕃"[③]。这就表明，洪武二年五月甲午日（1369年6月5日）诏谕吐蕃的使者可能就是许允德。

许允德，长安人，时为陕西行省员外郎，曾多次奉旨赴西藏和甘青川各地。洪武二年五月之后至洪武三年六月间，许允德又往西藏及甘青涉藏地区，促成了各地吐蕃贵族归附明朝的利好局面，故元吐蕃官员何锁南普、卜纳剌等人纷纷上交元朝所授官印，来朝归附。《明太祖实录》载：

> （洪武三年六月）故元陕西行省吐蕃宣慰使何锁南普等，以元所授金银牌印宣敕诣左副副将军邓愈军门降，及镇西武靖王卜纳剌亦以吐蕃诸部来降。先是，命陕西行省员外郎许允德招谕吐蕃十八族、大石门、铁城、洮州、岷州等处，至是何锁南普等来降。[④]

许允德第二次往西藏的时间，没有确切文献记录，但返朝时间是洪武七年三月。《明太祖实录》卷八八载：洪武七年三月，"陕西行省员外郎许允德自'西番'朵甘、乌思藏使还，赐冠带、罗衣及钱"[⑤]。可见，许允德曾到达了河州、洮州、岷州、朵甘、乌思藏等今甘青川藏大部分地区，招抚许多藏族首领归附了明朝。

许允德第三次赴西藏等地，缘于喃加巴藏卜和锁南兀即尔等故元官员遣使来

[①] ［明］徐学聚编撰：《国朝典汇》卷一百七十五《兵部·西番》，第2203页。
[②] 《明太祖实录》卷四二，洪武二年五月甲午，第827页。
[③] ［明］谈迁著，张宗祥点校：《国榷》卷三，第390页。
[④] 《明太祖实录》卷五三，洪武三年六月乙酉，第1056—1057页。
[⑤] 《明太祖实录》卷八八，洪武七年三月癸巳，第1565页。

朝的答谢。洪武七年十二月，"炽盛佛宝国师喃加巴藏卜及朵甘行都指挥同知锁南兀即尔等遣使来朝，奏举土官赏竺监藏等五十六人。诏增置朵甘思宣慰司及招讨等司……遣员外郎许允德赍诏及诰印往赐之。"①此次朱元璋命他为使者，以颁诏书印诰兼赏赐为主要目的，任务圆满完成后许允德也因功升为礼部员外郎。可惜的是，明代初期这样一位功勋卓著的使者却英年早逝，于洪武七年年底不幸去逝于河州，明太祖甚为叹惜，遣人厚慰家属。的确，明臣许允德，自洪武二年被派遣入藏诏谕至此去逝，先后五年三次进藏，为汉藏民族关系作出了巨大贡献。

（二）克新

克新，汉僧。文献资料记载：洪武三年（1370）六月，明太祖朱元璋"命僧克新等三人往西域诏谕吐蕃，仍命图其所过山川形势以归"②。可是，关于克新其人，史籍记载甚少，现存可查者唯清人钱谦益所著《列朝诗集小传》中有关于他生平事迹的简短介绍：

> 克新，字仲铭，番阳人。宋左丞余襄公之九世孙。始业科举，朝廷罢进士，乃更为佛学。即治其学，益博通外典，务为古文。出游庐山，下大江，览金陵六朝遗迹，掌书记于文皇潜邸之寺。七年，兵起，留滞苏杭，主常熟之慧日，迁平江之资庆，洪武庚戌，奉诏往西域招谕吐蕃。③

可以看出，克新出身贵族后裔，儒佛兼通，博览古今中外。洪武庚戌年，即洪武三年，奉诏前往西域招谕吐蕃。然此段"克新小传"，却出现了错误引述和解释，应该予以纠正：

熊文彬、陈楠主编的《西藏通史·明代卷》中引述为："克新，字仲铭，番阳人。宋左丞余襄公之九世孙……揽金陵六朝遗迹，掌书记于文皇潜邸之寺七年。兵起，留滞苏杭，主常熟之慧日，迁平江之资庆，洪武庚戌，奉诏往西域招谕吐蕃。"并解释说："此处所说'文皇潜邸之寺'，即集庆大龙翔寺，也就是明代的大天界寺。克新曾在此寺主文书事达七年之久，直至元末战乱后才离开。"④

---

① 《明太祖实录》卷九五，洪武七年十二月壬辰，第1641页。
② [明] 徐学聚编撰：《国朝典汇》卷一百七十五《兵部·西番》，第2203页。
③ [清] 钱谦益著：《列朝诗集小传·闰集》，上海古籍出版社，1983年（新一版），第673页。
④ 熊文彬、陈楠主编：《西藏通史》（明代卷），第13页。

笔者认为，从原史料看，这种解释仍然说不通。因为，引文中本身就有多处错误。王晓云的《从西游记隐含的藏文化推测作者身份问题》中引述为："克新，字仲铭，番阳人。宋左丞佘襄公之九世孙……揽金陵六朝遗迹，掌书记于文皇潜邸之司其年。兵起，留滞苏杭……"①显然，此文也有几处史料误引。

僧人克新前往西域招谕吐蕃事，在明人文献中也有相同记载。《皇明大政记》卷二（洪武三年六月）"僧克新三人往西域吐蕃，仍图山川地形以归。"②又《国榷》卷四：洪武三年六月，"命僧克新等往西域招谕吐蕃，仍图其所历山川险要。"③这些记载佐证了克新奉诏赴乌思藏、朵甘等地的历史事实。值得注意的是，该史料中"西域"和前引史料"西域"是否均为汉唐时代之西域概念？学者研究认为，此处西域是指西藏及周边地区④。笔者也认为，明代之"西域"并非汉唐之"西域"，它们有一定的区别和联系。从上引文献资料分析，此处克新三人所往之"西域"确系西藏等地，《明史·乌斯藏大宝法王传》《明史·"西番"诸卫传》列于《明史·西域传》也从侧面佐证了这个问题。

（三）巩哥锁南

在汉僧克新等人往西藏不到两月，通事舍人巩哥锁南又奉朱元璋皇帝诏命再次入藏。史载：洪武三年八月，明太祖"遣通事舍人巩哥锁南等往西域招谕吐蕃"⑤。从目的看，此次进藏与克新相同。巩哥锁南进藏大概历时六年多，可惜使命完成返朝途中遇害。

不过，对于巩哥锁南遇害的时间，各文献史料中的记载并不一致。《四夷考》载："（洪武）八年，川藏族杀我使巩哥锁南等，于是命卫国公邓愈为征西将军，沐英副之讨川藏。师分三道，进覆其巢，穷追至昆仑山，俘男女一万口，马五千匹，牛羊十三万而还。"⑥《国朝典汇·兵部》："（洪武）八年，川藏族杀我使巩哥琐南等。于是，命卫国公邓愈为征西将军，沐英副之，讨川藏。"⑦但《明太祖实

---

① 王晓云：《从西游记隐含的藏文化推测作者身份问题》，《民族文学研究》2011年第1期，第111页。
② ［明］朱国祯辑：《皇明大政记》卷二，明崇祯刻皇明史概本，《中国野史集成》第7册第41页。
③ ［明］谈迁著、张宗祥点校：《国榷》卷四，第418页。
④ 熊文彬、陈楠主编：《西藏通史》（明代卷），第14页。
⑤ 《明太祖实录》卷五五，洪武三年八月庚申，第1077页。
⑥ ［明］叶向高著：《四夷考》卷四《西番考》，第41页。
⑦ ［明］徐学聚编撰：《国朝典汇》卷一百七十五《兵部·西番》，第2204页。

录》卷一〇七载：(洪武九年七月)"是月，通事舍人巩哥锁南等招谕吐番还，至川藏朵工之地，皆遇害。"① 而《明太祖实录》卷一一六又载：洪武十年十一月，卫国公邓愈卒，其人功勋卓著，曾于"(洪武)十年，吐蕃所部川藏邀杀乌思藏使臣，招愈为征南将军讨之。愈与副将军沐英分兵为三，捣其巢穴，败川藏之众，追至昆仑山……"② 显然，各文献及明实录的前后记载都不一致。

从邓愈、沐英的活动轨迹分析，邓愈洪武六年时以右副将军身份跟随徐达巡视西北边疆，洪武八年时镇守北平、陕西、河南，明使巩哥锁南遇害事也正是在此期间发生的，所以才有了洪武十年邓愈征讨之事。洪武十年四月，明廷以邓愈为征西将军、沐英为副将军，"率师讨吐番，大破之"③。又，《明史·邓愈传》称："(洪武)十年，吐番川藏为梗，剽贡使，愈以征西将军偕副将军沐英讨之。分兵为三道，穷追至昆仑山，俘斩万计，获马牛羊十余万，留兵戍诸要害乃还。道病，至寿春卒，年四十一。追封宁河王，谥武顺。"④ 而沐英，洪武九年时至关、陕，"明年充征西副将军，从卫国公邓愈讨吐番，西略川、藏，耀兵昆仑。功多，封开国辅运推诚宣力武臣、荣禄大夫、柱国、西平侯，食禄二千五百石，予世券……"⑤ 又有《皇明大事记》卷十三《诸夷朝贡》载：洪武十年四月，"命邓愈为征西将军、沐英副将军，讨吐蕃。先是，吐蕃所部川藏邀杀使臣巩哥锁南等，故命愈等讨之……"⑥

综合分析，明使巩哥锁南返朝及途中遇害时间是在洪武八年或九年，而明朝派兵征讨则是在洪武十年。洪武十年明朝讨伐吐蕃川藏部的军事行动声势浩大，邓愈、沐英率军达10万，斩获甚众，一定程度上打击了缘边部族对明廷派出的使者随意阻拦截杀的不法行为。

（四）宗泐

宗泐是浙江临海人，元末明初江浙一带颇有影响的汉地高僧，周姓，自幼学习梵文，精通梵汉佛典，享年74岁。《金陵梵刹志·释宗泐传略》卷十六："宗

---

① 《明太祖实录》卷一〇七，洪武九年七月丁丑，第1795页。
② 《明太祖实录》卷一一六，洪武十年十一月癸未，第1896页。
③ [清] 张廷玉等撰：《明史》卷二《太祖本纪二》，第32页。
④ [清] 张廷玉等撰：《明史》卷一百二十六《邓愈传》，第3751页。
⑤ [清] 张廷玉等撰：《明史》卷一百二十六《沐英传》，第3757页。
⑥ [明] 朱国祯辑：《皇明大事记》卷十三《诸夷朝贡》，明崇祯刻《皇明史概》本，第1068页。

泐，临海人。始生，坐即跏趺，人异之。八岁，从天竺僧广智学佛，经藏过目辄成诵。……高皇帝诏致天下高僧有学行者，泐首应诏至，主天界寺。凡对，皆称上旨，荣遇为一时冠。寺杂民居，洪武二十一年，家人失火延烬。高皇帝欲另于幽寂处营之，泐启奏今地，上即俞允。凡寺之方向、规制，皆泐所指画也。工告成，复命泐主之。后数载，入寂于寺。"① 可见，明朝建立后，明太祖十分重视佛教僧人在社会上的教化功用，"认为佛教是'阴翊王度'，下诏书征招高僧，宗泐于洪武四年应诏住持天界寺，与明太祖个人关系极为密切。"②

清人钱谦益的《列朝诗集小传》中的"宗泐小传"也有这样的记叙：

> 宗泐，字季潭，临海人。族姓周氏。生始能坐，辄跏趺。八岁，从中天竺笑隐䜣公学师。二十受具，从智开山二龙翔。寓意词章，尤精隶古。虞文靖、黄文献、张潞公，皆推重为方外交。洪武初，高皇帝召西白金公问鬼神事，诏举高行沙门，师成其首。建普度大会于钟山，命制赞佛乐章，复设法超度迷溺。太祖临筵叹美，命住天界，屡为临幸，召对内庭，赐膳无虚日，复赐和平日所作诗一帙，注心经、金刚、楞伽三经行世。十一年，太祖以佛书有遗佚，命领徒三十余人往西域求之。十五年，得庄严、宝王、文殊等经还朝。③

可以看出，洪武时期，太祖皇帝对宗泐礼遇有加，而他本人也深受中国传统文化的影响，注经修书，率徒众前往西域求取佛书。需要注意的是，此次宗泐万里行西域绝非仅仅为求"遗佚佛书"，他应该肩负朱元璋招谕西域之重任。其次，上引史料还表明，宗泐洪武十一年（1378）奉旨使西域、十五年返回，历时五年。但《明太祖实录》中则记载为洪武十年使西域、十四年十二月返回复命，历时四年："（洪武十四年）十二月乙卯，僧宗泐还自西域，俄力思军民元帅府、巴者万户府遣使随宗泐来朝，表贡方物。"④《全室外集·原序》载："佛有遗书，在西域中印土。有旨，命公往取，既衔命而西，出没无人之境，往返数万里，五年而还，艰难险阻备尝之矣。"⑤ 从"往返五年而还"句可知，洪武十五年返朝更加准确一些。

---

① [明] 葛寅亮撰，何孝荣点校：《金陵梵刹志》卷十六《凤山天界寺·释宗泐传略》，南京出版社，2011年，第340—341页。
② 熊文彬、陈楠主编：《西藏通史》（明代卷），第13页。
③ [清] 钱谦益著：《列朝诗集小传·闰集》，第666—667页。
④ 《明太祖实录》卷一四〇，洪武十四年十二月乙卯，第2209页。
⑤ [明] 释宗泐著：《全室外集·原序》，《四库全书》集部六"别集类五"，页2下，四库全书本。

宗泐返朝时，俄力思军民元帅府、巴者万户府遣使者同他一起来京朝贡。史载：洪武十五年二月，"俄力思军民元帅府、巴者万户府遣使奉表贡方物"①。学者研究认为："'俄力思'正是'阿里'一名的不同译音。至于巴者万户府，其藏文对音和地望尚不清楚，但万户应在阿里地区，至少靠近阿里地区。"②俄力思军民元帅府设置于洪武八年③，这次俄力思使者来京朝贡是俄力思军民元帅府设置后的第七年。

（五）智光

智光，明代高僧，其事迹在明代文献中多有记载。《明史·方伎传》载："时有浮屠智光者，亦赐号圆融妙慧净觉弘济辅国光范衍教灌顶广善大国师，赐以金印。智光，武定人。洪武时，奉命两使乌斯藏。"④此言洪武时期，智光大师曾再次奉皇明前往西藏。其实，智光曾三次赴藏，建立了不朽功业。

智光第一次入藏是洪武十七年（1384）。是年二月己未，（明太祖）"遣智光等使西天尼八剌国"⑤。尼八剌为何地？学者研究认为："'尼八剌'或'尼巴辣'即今尼泊尔加德满都河谷一带。智光出使'尼八剌'，实际上是指他西行所达到的最远点。13世纪以后，因中天竺比哈尔一带佛教圣地为伊斯兰教所毁，佛教学者遁入尼八剌，以故藏人多到尼八剌求法深造。"⑥

《智光塔铭》云：

> 甲子春，（智光）与其徒惠便等奉使西域，至尼巴辣梵天竺国，宣传圣化，众皆感慕。已而，谒麻曷菩提上师，传金刚鬘坛场四十二会，礼地涌宝塔。其国起敬，以为非常人，遂并"西番"乌思藏、诸国相随入贡。比还，再往，复率其众来朝。太宗文皇帝嘉念其往返劳勤，便与论三藏之说，领会深奥，大悦之。乙酉，擢僧录司右阐教。⑦

塔铭文本清楚证实了智光两次到达西藏等地的史实。《明史·尼八剌国传》

---

① 《明太祖实录》卷一四二，洪武十五年二月乙丑，第2236页。
② 熊文彬、陈楠主编：《西藏通史》（明代卷），第15页。
③ 俄力思军民元帅府，元代称纳里速古鲁孙，辖地包括今西藏阿里地区以及拉达克地区。见《明史》卷三百三十一《朵甘行都指挥使司传》，第8588页。
④ ［清］张廷玉等撰：《明史》卷二百九十九《方伎传》，第7657页。
⑤ ［清］张廷玉等撰：《明史》卷二百九十九《方伎传》，第7657页。
⑥ 熊文彬、陈楠主编：《西藏通史》（明代卷），第16页。
⑦ 北京图书馆金石组编：《北京图书馆藏中国历代石刻拓本汇编》第51册，第77、78页。

亦载："洪武十七年，太祖命僧智光赍玺书、彩币往（尼八剌国），并使其邻境地涌塔国。智光精释典，负才辨，宣扬天子德意。其王马达纳罗摩遣使随入朝，贡金塔、佛经及名马方物。二十年达京师。"①铭文记载亦可与《明史》记载相互印证。②

智光返回汉地的时间应该是洪武二十年。是年十二月，西天尼八剌国王马达纳啰摩，乌思藏和朵甘二都指挥使司分别派遣了使者阿迦耶等人随同智光"来朝上表，贡方物、马匹，镔铁、剑及金塔、佛经之属，贺明年正旦"③。此次随从智光进京的尼八剌和乌思藏使者规模很大，成员达七八十人，《列朝诗集小传·闰集》称："（洪武二十一年）正月，赐尼八剌国王及乌思藏等都司都指挥诰七道、敕旨一道、符验三道、银印玉图书各二及幡幢、彩缎有差，其使者并慊从七十余人各赐袭衣、钞锭。"④

智光第二次入藏，有学者认为是在洪武二十三年之前。⑤根据有二：一是《智光塔铭》中"比还，再往，复率其众来朝"句铭文；二是《明实录》中的一段史料：

（洪武二十三年十二月）"'西蕃'诸夷，曰西天尼八剌国、曰灌顶国师吉剌思巴监藏巴藏卜、曰乌思藏卫俺不罗行都指挥使司、曰仰思多前司徒公哥巴思、曰乌思藏卫都指挥使司佥事班竹儿藏卜曰分司佥事管卜儿监、曰辇思寨官喃儿加、曰哑力巴辇卜闫、曰札唐千户端竹藏卜、曰宣慰使列思巴端竹、曰乌思藏卫镇抚朵儿只藏卜、曰班竹儿藏卜、曰汝奴藏卜、曰的瓦占寺僧星吉旦遣使札撒巴鲁等表贡方物，贺明年正旦。⑥

据此认为：文中的"吉剌思巴监藏巴藏卜"是明代乌思藏最有影响的地方实力集团，而"俺不罗"也是明代西藏较大的地方政权，这些地方的僧俗首领共同派遣使者一道来朝，很可能是随同智光一起来的"⑦。笔者认为这种观点虽无直接

---

① [清]张廷玉等撰：《明史》卷三百三十一《尼八剌国传》，第8586页。
② 熊文彬、陈楠主编：《西藏通史》（明代卷），第16页。
③ 《明太祖实录》卷一八七，洪武二十年十二月庚午，第2807页。
④ 《明太祖实录》卷一八八，洪武二十一年正月己亥，第2816页。
⑤ "来朝时间缺载，而回朝时间是在洪武二十三年十二月"，参见熊文彬、陈楠主编：《西藏通史》（明代卷），第17页。
⑥ 《明太祖实录》卷二〇六，洪武二十三年十二月庚辰，第3076页。
⑦ 熊文彬、陈楠主编：《西藏通史》（明代卷），第17、18页。

史料佐证，但也基本可信。《西天佛子大国师志略》云：

> 大国师名智光，字无隐，山东武定州庆云人。岁甲寅，奉太祖高皇帝命，于钟山译其师板的达《四众弟子菩萨戒》，词简理明，众所推服。甲子春，与其徒惠便等奉使西域，过独木绳桥至尼巴辣梵天竺国，宣传圣化，众皆感慕。已而，谒麻曷菩提上师，传金刚鬘坛场四十二会，礼地涌宝塔。其国起敬，以为非常人，遂并"西番"乌思藏、诸国相随入贡。比还，再往，复率其众来朝。太宗文皇帝嘉念其往返劳勤，便与论三藏之说，领会深奥，大悦之。乙酉，擢僧录司右阐教。①

《补续高僧传》也有类似的记载：

> （智光）甲子春，与其徒惠变等，奉使西域，过独木绳桥，至尼巴辣梵天竺国，宣传圣化，已而，谒麻曷菩提上师，传金刚鬘坛场四十二会，礼地涌宝塔，西国人敬之，师凡两往西域。太宗文皇帝念其往返劳勤，复与论三藏之说，领会深奥，大悦之，乙酉擢僧录右闻教……"②

从"比还，再往，复复率其众来朝""师凡两往西域"句可以得知智光第二次奉诏使西域的历史事实。而从《明史·方伎传》的记载："智光，武定人。洪武时，奉命两使乌斯藏。永乐时，又使乌斯藏，迎尚师哈立麻。"③此处证实，智光第二次奉使西域必然是在洪武年间。

智光第三次入藏是在洪武三十五年（1402）。此年八月戊午（公历9月4日），明成祖朱棣"遣僧智光赍诏谕馆觉、灵藏、乌思藏、必力工瓦、思达藏、朵思、尼八刺等处，并以白金、彩币颁赐灌顶国师等，凡白银二千二百两，彩币百一十表里"④，即智光作为招谕使前往馆觉、灵藏、乌思藏等处。

关于智光第三次奉诏赴藏事在文献中的记载还有很多，均可佐证之：据《补续高僧传》卷一："智光，字无隐，山东武定州王氏子也。父全，母董氏，幼而聪慧，阅读辄不忘……师凡两往西域，太宗文皇帝，念其往返劳勤，复与论三藏之说，领会深奥，大悦之，乙酉擢僧录右闻教……"⑤《国榷》称："（洪武三十五

---

① [明]葛寅亮撰，何孝荣点校：《金陵梵刹志》卷三十二《西天佛子大国师志略》，第519—520页。
② [梁]慧皎等撰：《高僧传合集·补续高僧传》卷一《明西天国师传附桑渴巴辣》，第612页。
③ [清]张廷玉等撰：《明史》卷二百九十九《方伎传》，第7657页。
④ 《明太宗实录》卷一一，洪武三十五年八月戊午，第177页。
⑤ [梁]慧皎等撰：《高僧传合集·补续高僧传》卷一《明西天国师传附桑渴巴辣》，第612页。

年）八月戊午，遣使诏谕馆觉、灵藏、乌思藏、必力工瓦、思达藏、朵思、尼八速剌等处。"①使者即为智光。《明史·大慈法王传》载："西天佛子者，能仁寺僧智光也，本山东庆云人。洪武、永乐中，数奉使西国。成祖赐号国师，仁宗加号圆融妙慧净觉弘济辅国光范演教灌顶广善大国师，赐金印、冠服、金银器。"②《明史·尼八剌国传》又载：洪武十七年，明太祖朱元璋命智光出使尼八剌国。洪武二十年，尼八剌国王马达纳罗摩遣使随智光来朝贡方物。"终太祖时，数岁一贡。成祖复命智光使其国，永乐七年遣使来贡。"③此处已然清楚地表明了智光第三次奉使西域是明成祖朱棣继位后。

智光奉旨入藏获得了巨大成功，得到了明廷高度称赞："（智光）又使乌斯藏，迎尚师哈立麻，遂通番国诸经，多所译解。历事六朝，宠锡冠群僧，与渊然（刘渊然）辈淡泊自甘，不失戒行。"④到了明英宗天顺四年（1460），智光法师还被追封为"大通法王"，这是见于记载的汉族高僧被封为法王唯一的一例⑤，足见其丰功伟绩。

（六）何锁南普

洪武三年五月，明左副将军邓愈率军自临洮克河州。河州是明代通往西藏的门户，明军攻克这一战略要地，对藏族贵族产生了极大的震慑。在明军的强势攻击和政治上招抚政策的双重压力下，甘青各地藏族首领"望风而降"，纷纷归附明朝。洪武三年六月，"故元陕西行省吐蕃宣慰使何锁南普等，以元所授金银牌印宣敕诣左副将邓愈军门降，及镇西武靖王卜纳剌亦以吐蕃诸部来降"⑥，成为甘青藏族地区最早归附明朝的故元官吏。

值得关注的是，何锁南普是一名藏族归附人员，在上缴元印被授为河州卫指挥同知后还代表明廷往乌思藏招谕。洪武十二年七月，何锁南普和河州卫镇抚刘温携家属至明京时，明太祖大加赞扬："君子贵守信而行义，今何锁南普自归附以来，信义甚坚，前遣使乌思藏宣布朕命，远涉万里，不惮勤劳。及归，所言皆

---

① [明] 谈迁著，张宗祥点校：《国榷》卷十二，第873页。
② [清] 张廷玉等撰：《明史》卷三百三十一《大慈法王传》，第8577页。
③ [清] 张廷玉等撰：《明史》卷三百三十一《尼八剌国传》，第8586页。
④ [清] 张廷玉等撰：《明史》卷二百九十九《方伎传》，第7657页。
⑤ 熊文彬、陈楠主编：《西藏通史》（明代卷），第16页。
⑥ 《明太祖实录》卷五三，洪武三年六月乙酉，第1056—1057页。

称朕意。今与刘温各以家属来朝，宜加礼待，其赐何锁南普米、麦各三十石，刘温米十石，麦如之。"①这段话是朱元璋对中书省的高官们讲的，它充分肯定了何锁南普归附明朝后赴西藏，为明朝边疆事业所作出的贡献。

藏族归附人员担任明朝使者的还有喃加巴藏卜等人，如洪武七年十二月，《明太祖实录》载："乌思藏怕木竹巴辇卜者吉剌思巴、赏竺监藏巴藏卜等遣使进表及方物。先是，命河州南卫镇抚韩加里麻同国师喃加巴藏卜特敕至乌思藏招谕未附番酋，并以文绮赐之，至是，来谢。诏赐文绮、禅衣及织金文绮有差。"②显然，国师喃加巴藏卜奉诏敕前往乌思藏执行了招谕"未附番酋"之任务。可以看出，归附藏族首领何锁南普、喃加巴藏卜等人出任明中央政府之钦差大臣，充分证明了明朝对归附藏族首领给予了莫大的信任、认可和重视，它必然有利于民族认同的发展，有利于铸牢中华民族共同体意识。

（七）侯显

永乐元年（1403）二月，太监侯显奉诏赴西藏，目的是邀请乌思藏高僧哈立麻来京。③此次侯显往乌思藏迎请哈立麻，行程数万里，历时四年有余，直到永乐四年（1406）十二月携尚师返回明京。哈立麻来京事及在京城之活动，前文已述。侯显，太监。据《明史·侯显传》载："侯显者，司礼少监。帝闻乌思藏僧尚师哈立麻有道术，善幻化，欲致一见，因通迤西诸番。乃命显赍书币往迓，选壮士健马护行。元年四月奉使，陆行数万里，至四年十二月始与其僧偕来，诏驸马都尉沐昕迎之……"④这就是说，侯显在西藏长达四年时间。

关于永乐年间侯显往乌思藏迎请哈立麻之事，明代汉文史籍中的记载还有：《四夷考》卷之四："（永乐）四年，迎番僧尚师哈立麻至京，封为大宝法王，厚赐遣归。"⑤《名山藏》卷一百九《西戎下》："成祖即位，欲荐福高皇后。闻其国中高僧有尚师哈立麻，遣中使往迎，五历寒暑乃至，车驾躬视劳。已，建大法坛，请为高皇帝、后荐福，庆云、天花、甘雨、甘露、舍利、祥光、青鸟、青狮、白

---

① 《明太祖实录》卷一二五，洪武十二年七月戊申，第2004—2005页。
② 《明太祖实录》卷九五，洪武七年十二月甲寅，第1645页。
③ ［清］张廷玉等撰：《明史》载：明成祖诏命侯显出使乌思藏、迎接哈立麻是永乐元年（1403）四月。可能是二月奉诏，四月动身。见［清］张廷玉等撰：《明史》卷三百三十一，第8572页。笔者注。
④ ［清］张廷玉等撰：《明史》卷三百四《侯显传》，第7768—7769页。
⑤ ［明］叶向高著：《四夷考》卷四《西番考》，第42页。

象、白鹤,连日毕见。又闻梵呗空乐自天而下,群臣表贺。学士胡广等献《圣孝瑞应歌》。上封尚师为如来大宝法王西天大善自在佛,领天下释教,赐鞍马仪仗、黄金百两、白金千两,宴华盖殿。自后,京师寺,西僧高日瓦领禅伯廻光禅师为上首。"①

又《皇明通纪》卷五:"永乐四年十二月,迎西僧尚师哈立麻至京师。先是,上在藩邸,闻乌思藏有尚师哈立麻者,异僧也。及即位,遣中官侯显赍书币往迎。五历寒暑,乃至。"②

《明通鉴》卷十五:"永乐四年十二月辛卯,赦天下殊死以下。……是月,西番尚师哈里玛勒随侯显至京师。"③

《四友斋丛说》卷二十二《释道二》:"文皇帝在藩,闻乌思藏有尚师哈立麻者,异僧也。永乐初,遣中官侯显赍书币往迎,五历寒暑,丙戌十二月乃至,车驾躬往视之,无跪拜礼合掌而已,上宴之华盖殿,赐金百两银千两,彩币法器不可胜纪。寻赐仪仗舆群王同,封为万行具足十分最胜圆觉妙智慧善普应佐国演教如来大宝法王西天大善自在佛,领天下释教,赐印诰及金银纱彩币织金珠袈裟金银器皿鞍马,其徒封拜有差……"④

侯显一生,曾前后五次出使西域、尼八剌等国,分别是永乐元年、十一年、十三年、十八年和宣德二年,他先后到达乌思藏、必力工瓦、灵藏、思达藏,及尼八剌、地涌塔等地而还。根据《明史·侯显传》记载,五次具体出使情况是:

第一次是永乐元年四月,侯显奉诏往西藏,至永乐四年十二月返回京城。

第二次是永乐十一年春复奉诏,赐尼八剌、地涌塔二国。尼八剌王沙的新葛遣使随显入朝,表贡方物。诏封国王,赐诰印"。

第三次是永乐十三年七月,明成祖欲通榜葛剌诸国,"复命显率舟师以行,其国即东印度之地,去中国绝远。其王赛佛丁遣使贡麒麟及诸方物。帝大悦,锡予有加"。

第四次是永乐十八年九月,明成祖再次诏命侯显往谕沼纳朴儿国,"赐金币,遂罢兵"。

---

① [明]何乔远撰,张德信、商传、王熹点校:《名山藏》卷一百九《西戎下》,第3111—3112页。
② [明]陈建著,钱茂伟点校:《皇明通纪》,第430页。
③ [清]夏燮撰,沈仲九标点:《明通鉴》卷十五,中华书局,1959年,第601页。
④ [明]何良俊著:《四友斋丛说》,中华书局,1997年,第200—201页。

第五次是宣德二年二月，此次侯显"遍历乌思藏、必力工瓦、灵藏、思达藏而还"。"途遇寇劫，督将士力战，多所斩获。还朝，录功升赏者四百六十余人。显有才辨，强力敢任，五使绝域，劳绩与郑和亚。"①在这五次出使中，见于明确记载的赴西藏事仅有两次：即永乐元年和宣德二年。另外，从"侯显劳绩与郑和亚"句，清楚表明他的功劳仅次于郑和，无人能比，足以体现出明人对他的高度评价。事实上，侯显能言善辩，每次都能出色完成明皇交予之使命，功劳颇著。

除了以上使者外，工部主事王伯彦、行人钟顺、尚膳监太监而聂、司礼太监庆童、僧人管著藏卜奉旨到河洮岷等涉藏地区。《明太祖实录》载：（洪武四年八月）"遣工部主事王伯彦往河州，赐山后七驿世袭土官劳哥等文绮、银碗。"②表明王伯彦等人前往甘青涉藏地区进行招抚和赏赐河州土官头目，顺利完成了任务。又如洪武二十五年三月，明太祖遣尚膳监而聂、司礼太监庆童"赍敕往谕陕西河州等卫所属'番族'，令其输马，以茶给之"③，他们也都出色地完成了朝廷交给的任务。

---

① ［清］张廷玉等撰：《明史》卷三百四《侯显传》，第7768—7769页。
② 《明太祖实录》卷六七，洪武四年八月己酉，第1268页。
③ 《明太祖实录》卷二一七，洪武二十五年三月己丑，第3189页。

第五章　使者来往的路线

一、内地到西藏及周边涉藏地区驿道的疏通

由于自然地理环境之限制，古代西藏交通道路状况总体上呈现落后性、区域性特征。到了15世纪，西藏的江河之上架起了几十座大型的铁索桥。工程主持者是香巴噶举派的名僧汤东杰布，"他将演唱藏戏募化的钱财用作造桥的基金，在各地调集采矿、冶炼、运输、设计等方面的工匠，经过连年的施工建造，使'船筏难越'的多处天堑变为通途"[1]，较大地改善了交通条件。在一些地区，还设有简陋的木板桥、藤网桥或溜索桥，无法建造桥梁的地方则修造码头"用木舟或皮船摆渡"[2]。在生产生活实践中创造的牛皮船这种独特的江河交通工具，"外圆裁皮蒙，中虚截竹苟；浅类秅可盛，欹讶筐欲簸"[3]，甚为实用。但它仅在顺流下行时使用，由于船身极其轻捷，到达下游之后撑船人即可径直走上岸去，将船背上走向上游继续载运渡客或货物。但总体上仍然较为落后。

明建立伊始，朝廷在涉藏地区的统治还没有建立起来，加之内地通往西藏的道路极为艰难，极大地制约了使者的出行。不过，随着明朝先后在涉藏地区设立统治机构，加强管理，且在有条件的地方纳马置驿，提供使者商客停住歇息的基本场所，逐渐实现了明朝与涉藏地区之间的使者往来。尤其是洪武中后期，朱元

---

[1] 熊文彬、陈楠主编：《西藏通史》（明代卷），第233页。
[2] 熊文彬、陈楠主编：《西藏通史》（明代卷），第233页。
[3] 熊文彬、陈楠主编：《西藏通史》（明代卷），第233页。

璋下诏进行驿道建设，较大改变了甘青川藏道路交通状况，基本了保障了往来汉藏使者的出行。

（一）洪武时期

明代通往西藏的驿站是在元代基础上修缮疏通的。元代中原到西藏的交通，"从汉藏交界之处起，直到萨迦以下，总计设置了二十七个大驿站。若分别叙述，由朵思麻站户（支应的）七个大站，在朵甘思设立了九了大站，在乌斯藏设置了十一个大站。乌斯藏的大站中，由乌斯地方（前藏）的人支应的大站有：索、夏克、孜巴、夏颇、贡、官萨、甲哇等七个，由藏地方（后藏）之人支应的大驿站有：达、春堆、达尔垅、仲达等四个。并规定了各个万户支应驿站的办法。答失蛮向吐蕃强悍民众宣布了皇帝施主与上师福的诏敕法旨，绕拜了萨迦寺，考察了整个吐蕃地方的风俗民情。答失蛮返回皇帝驾前，将经办的情形奏明。皇帝认可所办之事，并赐宴赐物，并任命他为宣政院衙署的主要负责官员。"①《汉藏史集》载：

> 以吐蕃诸驿站均系新立，请求委派一名能使其安之人管辖。于是派遣名叫额济拉克的大臣，给以管领吐蕃驿站之诏书，任为同知之职，遣往吐蕃。自此以后，他在蒙古施主与萨迦派的联系中，使吐蕃二十七个驿站保持安宁，使得上师、本钦、蒙古和吐蕃的金字使臣们来往路途平安，使吐蕃强悍百姓得享幸福。②

由此可见，元朝时期在西藏及藏汉交界地带建立了大大小小的驿站共计达四十多个，分布于甘青川和西藏的前藏、后藏、阿里地区③，"西藏地方的人户再加纳里速地方的人户，支应四个大驿站，每站有一百人"④。因地理环境之恶劣，

---

① ［明］达仓宗巴·班觉桑布著，陈庆英译：《汉藏史集》，第145页。
② ［明］达仓宗巴·班觉桑布著，陈庆英译：《汉藏史集》，第145页。又称："他是薛禅皇帝派往萨迦的头一个金字使者，对佛教以及萨迦派十分信仰，是一名良善官员，故将其事迹简述如下：同知额济拉克，在受命掌管吐蕃驿站之前，当蒙古皇帝率军前往云南之时，掌管朵思麻两个驿站，配合汉地的驿站，在收复云南的战争中效力，又掌管朵甘思噶热、郭贝两驿站。"（《汉藏史集》第146页）
③ "从汉藏交界处的临洮起，直到萨迦以下，共设置了27个大驿站。驿站的具体分布情况是：垛堆（甘孜、昌都）地区设9个甲姆，朵麦（甘肃、青海）地区设7个甲姆，卫（拉萨）地区设7个甲姆，藏（日喀则）地设4个甲姆，在各个甲姆之间再设若干小甲姆。元代入藏驿站（大小均论）至少在40个以上。"周德仓：《西藏新闻传播史》"第三章西藏元明清时期的信息传播"，中央民族大学出版社，2005年，第79页。
④ ［明］达仓宗巴·班觉桑布著，陈庆英译：《汉藏史集》，第158页。

藏北驿站的设立及其维护尤为不易：

> 在此之前，在藏北的驿站，如索、夏克、孜巴、夏颇、贡、官萨、甲哇等大站，由吐蕃乌斯地方各个万户的站户连续驻站支应，十分艰苦费力，乌斯地方的人又不适应藏北气候条件，故一再逃亡。驿站所在之地奇寒难忍，蒙藏来往使臣、商客，沿途得不到乌拉供应，需得自己照料。按照众人的请求，大臣桑哥命令卫普尔、巴、拉克等军留驻藏北的部队，拨出一部分人负责驿站事务。①

驿站的建立，成为内地与西藏通达边情、使者往来的官方主渠道，意义重大。元朝驿站是体现对涉藏地区的管辖权，元代在藏地设置的甲姆（即驿站），"绝不能仅仅把它看成是交通方面的一些措施，而必须看到它在政治上体现元朝对藏族地区的管辖权"②。遗憾的是，这些驿站在元末均遭到较为严重的破坏。

洪武二年（1369）四月，明将徐达率军攻取陇右巩昌、临洮，次年五月，明将邓愈又攻取了河州（今甘肃临夏）。河州的攻占，使藏族聚居区的洮州、岷州等地故元吐蕃官员十分震惊，他们纷纷上交原元朝官印归附明朝。于是，以河州为中心的故元陕西行省吐蕃宣慰司管辖之下的大部分涉藏地区渐次为明朝控制。这不仅给明廷招抚藏族政教首领提供了政治舆论上的便利③，同时也为明廷修通内地通往西藏的道路提供了行政保障。随着明朝在涉藏地区各级行政机构的逐步建立，迫在眉睫的藏地驿道开通和修复工作已有了一定条件。可是，当时明廷主要着力于解决北方蒙古残余势力问题，尚没有精力进行西藏及周边涉藏地区的驿道重建工作。直到洪武中后期，明政府对内地通往西藏的驿道进行了复修。

洪武十四年（1381）十月和十二月，明政府分别置陕西递运所四④，庄浪和西宁马驿四⑤，每驿配置"驿马十匹，兵士十一，牧之就屯田"⑥。各驿站均设有驿丞若干名，掌驿站车马迎送之事。与递运所、水马驿并行的邮传系统还有急递铺，"凡急递铺，每一十五里设置一所。每铺设铺兵四名，铺司一名，于附近有

---

① ［明］达仓宗巴·班觉桑布著，陈庆英译：《汉藏史集》，第152—153页。
② 王辅仁、陈庆英编著：《蒙藏民族关系史略》，中国社科出版社，1985年，第46页。
③ 《明太祖实录》卷五三，洪武三年六月乙酉，第1056—1057页。
④ 陕西递运所四：巩昌府漳县一：曰三岔；岷州卫三：曰酒店子，曰梅川，曰野狐桥"，《明太祖实录》卷一三九，洪武十四年十月辛巳，第2200页。
⑤ 庄浪、西宁马驿四：庄浪卫二：曰在城，曰大通河；西宁卫二：曰在城，曰老鸦城。《明太祖实录》卷一四〇，洪武十四年十二月乙卯，第2209页。
⑥ 《明太祖实录》卷一四〇，洪武十四年十二月乙卯，第2209页。

丁力粮近一石五斗之上，二石之下者点充，须要少壮正身，与免杂泛差役"①。明政府规定："凡有军情，在外各府军民官司申行省，行移各道按察司。行省一咨中书省，一咨大都督府。各道按察司申御史台。在内直隶都督军民官司，一申中书省，一申大都督府，一申御史台。省、府、台各自闻奏。如都督府、御史台与中书省互相知会，隐匿不速闻奏者，以奸臣论罪，轻者流窜烟瘴，重者处以极刑。"②可以看出，明代驿路法还是相当严格的。洪武二十五年（1392）九月，明政府又在巩昌、凉州到甘肃马驿间增置延来等二十九驿，③较大地改善了道路交通面貌，使甘青涉藏地区的通行条件大有改变。

在四川涉藏地区，川西、雅州、茂州、黎州、天全、松潘等地西通乌思藏、朵甘，北往甘青河洮岷、西宁，南通云南，战略地位尤为重要。然而，明初这些地区的民族情形和交通情况不容乐观，如松潘"南至保县，东至江油，城池关堡三十余处，皆诸种生熟番杂居……"④此地处于各族杂居区，各堡相隔迂远，道路崎岖难行。

洪武初，朝廷在四川设置卫所管理，但交通仍然滞后。到洪武中后期，当地官员将交通问题提到了议事日程上来。洪武十六年（1383）四月，松州卫指挥佥事耿忠上奏："臣所辖松潘等处安抚司、各族长官司，宜以其户口之数量其民力，岁令纳马置驿而藉其民充驿夫，以供徭役。"⑤明太祖采纳了耿忠的建议，诏令碉门、岩州等地官员敦促当地民众修缮道路，配置驿传，对于开通和维护川西交通起到了积极作用，也为川西驿站畅通注入了活力。洪武二十一年二月，明政府置四川建昌府九驿，⑥明太祖还采纳了礼部官员高惟善的建议，令人在碉门至岩州间缮修、开拓道路。高惟善时任礼部主事，上《安边六条》称：长河西、鱼通、宁远、岩州等地，古之州治所在地，宜令调兵戍守、就筑城堡、开垦山田，如此经制的结果会使周边民众归附朝廷，"使近者向化而先附，远者畏威而来归，西域无事则供我徭役，有事则使之先驱，抚之既久则皆为我用矣"⑦。他进一步说，这

---

① 《大明令·兵令》，杨一凡点校：《皇明制书》第一册，第27页。
② 《大明令·兵令》，杨一凡点校：《皇明制书》第一册，第28页。
③ 《明太祖实录》卷二二一，洪武二十五年九月壬午，第3231页。
④ 《明宣宗实录》卷一〇一，宣德八年四月丙申，第2263页。
⑤ 《明太祖实录》卷一五三，洪武十六年四月丁丑，第2395页。
⑥ 《明太祖实录》卷一八八，洪武二十一年二月庚申，第2822页。
⑦ 《明太祖实录》卷一八八，洪武二十一年二月壬戌，第2825页。

样做的好处有六个方面：

> 通乌思藏、朵甘，镇抚长河西，可拓地四百余里，得番民二千余户，非惟黎、雅之保障，蜀亦永无西顾之忧。一也……碉门至岩州道路宜令缮修开拓，以便往来人马，仍量地里远近均立邮传，与黎、雅烽火相应，庶可以防遏乱略、边境无虞。六也。从之。①

自此，明朝开始修缮开拓长河西、鱼通、宁远、岩州等地道路，使川西松潘、碉门、岩州一带道路逐渐得以疏通，极大地方便了政令传达、人员往来、邮传通畅。至洪武三十一年（1398）时，明太祖朱元璋给左军都督府左都督徐增寿的敕谕中称：

> 曩因碉门拒（长）河西口道路险隘，以致往来跋涉艰难，市马数少。今闻有路自碉门出枯木任场径抵长河西口，通杂道长官司，道路平坦，往来径直。尔即檄所司开拓，以便往来。②

敕谕中提到的碉门指今四川天全，长河西口是指今大渡河西岸甘孜州的丹巴。从敕谕中"道路平坦，往来径直"句不难看出，洪武末期时四川西部碉门至长河西口直到杂道长官司间的道路已是通畅的。

后来，在正统年间，四川地方官奏请扩大川西道路建设，全力改善通行落后之状况。正统七年七月，四川董卜韩胡宣慰使克罗俄监粲奏请，"开通杂谷瓦等处道路，求伴送军人、谙晓通事及起站马脚力文书"③。正德元年五月，巡抚四川右副都御史刘洪奏松潘、叠溪御夷八事，其中就有"修（松潘）东路"的建议：

> 松潘天寒地瘠，物产不多，负贩者皆以险远难（致）。其东路，自江油县入山，至彼七百余里，如猪儿嘴、野猪山等处甚险，然俱可开通偏桥，如七里阁、黑漩窝、泥儿湾等处甚危，然有可改河移之彼岸者，有可用石叠为隄者。又，松潘新开一路至水草坪，与旧路接，当立一墩，宜相度修改。非惟粮运便益，而物价亦稍减矣。④

经过各方的努力，加之明政府在川内各地设置机构，加强管理，川藏线四川道路通行条件大为改观，各驿站能够更好地提供使者及商客停住歇息的基本需求。

---

① 《明太祖实录》卷一八八，洪武二十一年二月壬戌，第2825—2826页。
② 《明太宗实录》卷二五六，洪武三十一年二月丙午，第3703页。
③ 《明英宗实录》卷九四，正统七年七月戊寅，第1898页。
④ 《明武宗实录》卷一三，正德元年五月辛卯，第397—398页。

在西藏，为了说明问题方便，以下叙述以今西藏所属各地为考察范围，将朵甘和乌思藏统一纳入西藏考察（明代朵甘都司辖今四川西部、西藏东部广大地区）。洪武六年（1373）十月，明太祖下诏：升故元朵甘司徒锁南兀即尔为朵甘卫指挥同知，给以印信，令"如旧管辖"朵思麻、朵甘思两地，[①]意味着明朝在朵甘初步建立了卫所统治机构。朵甘卫的设置，为实现明朝与西藏之间的通使往来奠定了基础。洪武七年以后的情况，《明实录》中有如下一段记载："陕西行省员外郎许允德自'西番'朵甘、乌思藏使还……"[②]这表明洪武七年时，明中央与西藏地方之间的通使往来条件是完全具备的，不然怎么会有朝臣许允德往西藏的官方行为呢。同样的事实是，洪武七年十二月，炽盛佛宝国师喃加巴藏卜及朵甘行都指挥同知锁南兀即尔等遣使来京朝觐，并奏举土官56人。明太祖诏置朵甘思宣慰司及招讨等司，"遣员外郎许允德赍诏及诰印往赐之……"[③] 这条史料有两个重要信息值得关注：

（1）洪武七年，明朝在四川、西藏地区设立了宣慰司、招讨司等都司管理机构，这对于维护明朝与西藏及周边涉藏地区间的使者互往提供了政治上的保障；

（2）史料进一步佐证了最迟于洪武七年时，西藏地方教俗首领遣使者到达明京，反映出明朝与西藏使者往来的道路基本是畅通的。

然而，洪武朝内地通往涉藏地区的道路修缮，其范围主要在甘、青、川地区进行，基本未延及西藏本地。加之受西藏地区自然地理条件之限制，直至洪武末期，中原与西藏间的道路交通依然崎岖艰险，这给明中央与西藏地方间的人员往来及其经济文化联系带来了诸多不便，这种情况到永乐年间才有了彻底改观。

（二）永乐时期

永乐年间，为了适应朝廷与西藏之间政治经济联系的迫切需要，明政府大力加强涉藏地区驿路建设，使内地通往涉藏地区的道路交通状况得以恢复和改善，为使者赴西藏及甘青川滇涉藏地区提供了极大便利。永乐五年三月十三日（1407年4月24日），明成祖命都指挥同知刘昭、何铭等往朵甘、乌思藏设立驿站，

---

① 《明太祖实录》卷八五，洪武六年十月己卯，第1517页。
② 《明太祖实录》卷八八，洪武七年三月癸巳，第1565页。
③ 《明太祖实录》卷九五，洪武七年十二月壬辰，第1642页。

抚安军民，这是明代最早在今西藏地区进行道路修缮的官方活动。[①]此次刘昭等七十余人的修路团队，几乎耗时两年才功成还朝。

不过，此次明政府在西藏的驿道疏通，并没有把元朝时期西藏境内的驿路全部打通。因为，在永乐七年官方修路活动结束后的第五年（即永乐十二年），明成祖再次派遣中官杨三保赍敕往谕乌思藏、必力工瓦、管觉、灵藏及川卜、川藏、陇答、朵甘诸处大小头目，"令所辖地方驿站有未复旧者，悉如旧设置，以通使命"[②]。此敕中"驿站有未复旧者"句清楚地表明：西藏驿道在永乐十二年之前并未全部恢复。为此，在《永乐十二年驿站修复敕》颁布后，涉藏地区均遵此敕进行了二次道路复旧补修工作。

从时间上推测，由于有了永乐五年至七年的修路基础，这次道路补修应该不会花费两年时间。即使按永乐朝第一次疏通驿路的时间进度计算，至迟不晚于永乐十三年，内地通往西藏的道路交通才全部疏通完成。换句话说，"乌思藏通达内地驿站的恢复和增设得以完成"应是在永乐十二年之后。因此，周德仓所说"永乐七年，乌思藏通达内地驿站的恢复和增设得以完成"[③]，显然是错误的。永乐十三年（1415），明朝设上邛部卫（治今西藏丁青县），确保了康藏驿站的通畅。

由上可见，经过永乐年间大力加强朵甘、乌思藏等地道路疏通工作，使内地通往西藏和其他涉藏地区的道路通行整体状况得到彻底改变。

与此同时，明朝还因地设置了一些驿关堡寨，它们是：永乐三年二月在陕西临洮等处设置的十寨，即镇羌、鹿儿坝、栗林沟、凌兀赤、老鸦山、老鼠川、永宁堡、冷地峪、中寨、野人沟寨。[④]永乐四年七月在四川松潘卫设置的镇夷关[⑤]，永乐六年十二月在四川天全六番招讨司设太平驿[⑥]，永乐八年正月在雅州守御千户所设置的索桥关[⑦]。这些设置于邻近涉藏地区或边关要塞的驿关堡寨，由政府派驻关兵、驿卒及其寨堡乡勇守防巡逻，不仅加强和维护了甘青川滇涉藏地区社会秩序和边境安全，而且为进藏人员的出行、停住、歇息、补给提供了重要的交通生

[①]《明太宗实录》卷六五，永乐五年三月辛未，第919—920页。
[②]《明太宗实录》卷一四七，永乐十二年正月己卯，第1725页。
[③]周德仓：《西藏新闻传播史》"第三章西藏元明清时期的信息传播"，中央民族大学出版社，2005年，第82页。
[④]《明太宗实录》卷三九，永乐三年二月壬辰，第659页。
[⑤]《明太宗实录》卷五六，永乐四年七月庚寅，第821—822页。
[⑥]《明太宗实录》卷八六，永乐六年十二月丁酉，第1144页。
[⑦]《明太宗实录》卷一〇〇，永乐八年正月辛未，第1303页。

活保障。这也是明廷与西藏及周边涉藏地区往来更加频繁、经济文化交流更加广泛的一个重要原因。

总而言之，明代大规模的政府修路活动是在永乐时期。因此，西藏及周边涉藏地区的道路完全开通也是在永乐朝。至此，元末以来被战争破坏的内地通往西藏的诸驿站得以重建通达。这些驿道是在元代原有驿路基础上的疏通，这是学界之共识，"明代入藏道路是'唐蕃古道'和元代入藏道路的继续"[1]。目前，学术界仍然存在争议的是驿道走向问题。大多数学者认为，永乐朝重修的西藏驿道走向，是从四川雅安入藏的。可是，赵毅对此观点提出了不同看法，他撰文考证了与驿道有关的西藏各王及各卫所的地理位置后认为："明初汉藏驿道的走向是青藏道而不是川藏道。"[2] 他进一步指出，明永乐年间修复的驿道并非取道四川雅安的川藏道，应是对元代驿道的修复："驿道所经过的地区是从拉萨附近的乃东向青海方向延伸而不是朝雅安方向。"[3]

笔者认为，从永乐朝对藏朝贡政策看，此期明廷并没有对西藏及周边涉藏地区使者入京的朝贡路线作出具体规定，贡期可以是三年一贡或一年一贡，这就意味着涉藏地区使者入京没有受到特别之限制。同时，朝廷方面派出的进藏使者对入藏线路的选择则显得更为灵活，他们一般以《洪武朝例》"便利出行"为其原则，选择通行条件较好的路线进藏。"明代汉藏交通有多条通路，前期以青藏道为主要入藏通道，中后期变为以川藏道为主"[4]，这是符合当时实情的。

二、甘青道

明代从京师进藏，或从西藏进京，可以选择陆路和水路。弘治六年（1493）九月，礼部议覆："本部察无行取番僧国师例，必须创始而行，事有未便，且四川布政司离京窎远，动经万里之程。使其陆路而来，则经由陕西、河南等布政司及北直隶顺德等府。从水路而来，则经湖广、江西、山东等布政司及南直隶地方所至处转相传报。"[5] 意即大体以陆路从陕西、河南等布政司及北直隶顺德府线行，

---

[1] 庞琳：《明代入藏道路站点考释》，《青海民族学院学报》1994年第4期，第35页。
[2] 赵毅：《明代内地与西藏的交通》，《中国藏学》1992年第2期，第66页。
[3] 赵毅：《明代内地与西藏的交通》，《中国藏学》1992年第2期，第67页。
[4] 李淮东：《明代汉藏交通的兴衰演变——以明朝使臣入藏活动为中心的探讨》，《中国边疆史地研究》，2017年第2期，第100页。
[5] ［明］张萱撰：《西园闻见录》卷一百五，周骏富辑《明代传记丛刊·综录类30》，第124册，第769页。

水路从湖广、江西等布政司及南直隶处转相而行。故进出入藏有两条路线：一是甘青道，一是川藏道。①

（一）甘青道的具体线路

甘青道是经岷州、洮州、河州转道西宁入藏线。明代从京师进藏，分两种情形：一是从京师南京出发进藏，二是从京师北京出发进藏。永乐十九年（1421），明成祖正式迁都北京，故宣德朝之后的从京师出发入藏，或者是入京朝贡的京城一般指北京。第一种情况以明初洪武、永乐时期为主。下面我们讨论一下这条使行路线。从京城到西藏，走甘青道进藏，有三条道路可选择：

一是京城—西宁—西藏线。

（1）从京师至西宁卫。其路有二：一路水马驿82驿，计6225里。一路马驿，73驿，计4555里。从京师会同馆出发，"到庄浪在城驿，六十八驿四千一百四十五里。庄浪在城驿至西宁在城驿，五驿四百一十里"②。马驿是以马为主要交通工具的驿站。明代马驿之设，《御制大诰·马站》曰："马站之设，远在万里，报不逾二旬，安民之道甚矣。洪武初，兵方息，民方生，余资何有？彼时，自京至于西凉、北平、山西、山东、辽东、四川皆设马驿，着定民人自备。其良民奉命，竭家资以备走递。"③水驿则是以船为主要交通工具的驿站。明代马驿一般是60—80里设一所，在关键地段每所配置30—80不等的马匹，一般地方每所备马5—10匹。

（2）从西宁到西藏。西宁西行至罕东、安定，西南到必里卫④、毕力术江（今青海玉树境）⑤、灵藏、朵甘行都司（四川德格），西行至陇答卫、上下邛部、恰拉

---

① 郭凤霞、周元刚和刘永文等人从交通、使者互往等视角探讨了汉藏关系。郭凤霞《明前期对入藏交通的经营与防护》（《青海社会科学》2007年第4期）认为，明政府通过恢复和重建旧有驿站体系、打击道路沿线对往来使者的劫掠活动等，提供了内地与西藏之间交通和汉藏往来关系保障；周元刚的《明代河洮岷地区交通研究》（陕西师范大学，2012年硕士学位论文）认为，明政府在河洮岷地区建立了东连内地、西通藏区、北达甘凉、南至四川的交通网络，加强了对河洮岷地区的控制的汉藏往来关系。刘永文、韩殿栋、李军《明代进藏人员论析》（《西藏大学学报》2010年第1期）认为，明朝派出的进藏人员中包括政府官员、宦官、僧人及藏区首领等，他们或宣布诏谕或设置驿站，充分反映出明朝的主权意识和汉藏频繁往来关系。
② 杨正泰：《明代驿站考》，上海古籍出版社，2006年，第153页。
③ 杨一凡点校：《皇明制书》第一册《御制大诰·马站》第六十一，第79页。
④ 明代藏族地方卫所名，永乐元年（1403），由必里千户所升置，隶属河州卫，治在今青海贵德境，今海南藏族自治州和黄南藏族自治州部分地区。
⑤ 从必里卫至毕力术江，需要过黄河、越巴颜喀拉山。

（今西藏雅岸多附近）、广迭、匝常、答陇（朵陇），最后到达拉萨。

二是京城——河州—西藏线。

（1）从京城到河州。其路有二：一路水马驿，74驿，计5885里。水驿：从龙江驿至开封府大梁驿，31驿2845里；马驿：大梁驿至临洮洮阳驿。42驿2860里；洮阳驿至河州卫，2驿180里。一路马驿，65驿，计4215里。会同馆至临洮洮阳驿，62驿4035里。洮阳驿至河州卫凤林驿，2驿180里[①]。

（2）从河州到西藏。河州至贵德（六番站），过黄河至必里卫，此后沿西宁进藏线至拉萨。即经必里卫、毕力术江（今青海玉树境）、灵藏、朵甘行都司（四川德格），西行至陇答卫、上下邛部、恰拉（今西藏雅岸多附近）、广迭、匝常、答陇（朵陇），最后到达拉萨。

三是京城——洮州—西藏线。

（1）从京城到洮州。其路有二：一路水马驿，70驿，计5890里。水驿：从龙江驿至开封府大梁驿，31驿2845里；马驿：44驿3045里，大梁驿至岷山驿，42驿2910里。岷山驿至洮州驿，2驿135里。一路马驿，66驿，计4220里。会同馆至岷州卫岷山驿，64驿4085里。岷山驿至洮州卫洮州驿，2驿135里[②]。

（2）从洮州至西藏。有二条路线：

其一，从洮州西行，至今青海海南蒙古族自治县、泽库县、川藏（今青海同德县）。至川藏后，可走二路：一路从川藏过黄河，至必里卫南（今青海兴海县南）与西宁入藏线合；另一路从川藏南的克德克沟、石门大山口，南行到今拉家寺、过黄河至果洛西，与西宁入藏线合[③]。

其二，从洮州南行，至岷州，经松潘、茂州、丹巴，与川藏线合[④]，即经德格、昌都至拉萨。

不管是西宁卫还是河州卫、洮州卫、岷州卫，它们均属于陕西布政司辖下卫所。从京城至陕西布政司西安府，其路有二：一路为陆路，即马驿，共45驿、1430里；一路为陆路加水路，即水马驿，共51驿4100里。[⑤]其中，水驿31驿2885里，马驿20驿1215里。而从西安府到西宁卫，计2145里[⑥]，西安府河州卫

---

① 杨正泰：《明代驿站考》，第151页。
② 杨正泰：《明代驿站考》，第152页。
③ 西藏自治区交通厅、西藏社会科学院编：《西藏古近代交通史》，人民交通出版社，2001年，第148页。
④ 西藏自治区交通厅、西藏社会科学院编：《西藏古近代交通史》，第148页。
⑤ 杨正泰："水马驿，一十一驿，四千一百里。"这应该是错误的。杨正泰：《明代驿站考》，第138页。
⑥ 杨正泰：《明代驿站考》，第153页。

1785里，西安府到洮州卫1790里。1421年，明朝迁都北京后，从京城出发前往西藏地方和其他涉藏地区，主要以陆路交通为主。北京会同馆出发，南行经过河南真定府、卫辉府、河南府，西行至灵宝、潼关，到达西安府京兆驿。全程共2415里。[①]

（二）甘青道的使行情况

1. 朝廷使者入藏、返京走甘青道的史实

洪武七年三月，陕西行省员外郎许允德往朵甘、乌思藏等地就是走甘青道。[②]

洪武七年十二月，炽盛佛宝国师喃加巴藏卜及朵甘行都指挥同知锁南兀即尔遣使者进京，奏举土官56人。明太祖下诏：置朵甘思宣慰司及招讨等司，"遣员外郎许允德赉诏及诰印往赐之……"[③] 走甘青道。

洪武九年七月，"是月，通事舍人巩哥锁南等招谕吐蕃还，至川藏朵工之地，皆遇害"[④]。巩哥锁南前往西藏时在今青海境内（青海同德）遇害。

永乐元年，中官侯显等人赴藏就是从河州出发，"陆行数万里"，走青藏道执行使者重任。[⑤]

永乐十七年，中官杨瑛（明史称杨三宝）、袁奇、杜通等120人使藏，"他们是经西宁一路入藏的，到西宁前经过乐都瞿昙寺，殿后有袁琦等人所立的'当今万岁万岁万万岁'牌位。西藏大昭寺大殿西南角、弥勒佛座后有杨瑛、袁琦、杜通等领衔一百二十人题名碑"[⑥]。即杨瑛等人经过陇卜（今西宁玉树境）、西宁至入藏。

永乐二十二年，"中官乔来喜、邓诚使乌斯藏，次毕力术江黄羊川，安定指挥哈三孙散哥及曲先指挥散即思等率众邀劫之，杀朝使，尽夺驼马币物而去"[⑦]。

宣德二年四月，"以遣太监侯显往乌思藏、尼八剌等处抚谕给赐，遣人赍敕驰谕都督佥事刘昭：领指挥后广等原调洮州等六卫官军护送出境，仍敕川卜、川

---

① 杨正泰：《明代驿站考》，第210页。
② 《明太祖实录》卷八八，洪武七年三月癸巳，第1565页。
③ 《明太祖实录》卷九五，洪武七年十二月壬辰，第1642页。
④ 《明太祖实录》卷一〇七，洪武九年七月丁丑，第1795页。
⑤ [清]张廷玉等撰：《明史》卷三百四《侯显传》，第7768页。
⑥ 王尧：《黄河上游两大湖—扎陵、鄂陵位置考》，《黄河源头考察文集》，转引自《西藏古近代交通史》，第150页。
⑦ [清]张廷玉等撰：《明史》卷三百三十《安定卫传》，第8551页。

藏、陇答、罕东、灵藏、上笼卜、下笼卜、管牒、上卬部、下卬部、乌思藏怕木竹巴必力工瓦等处及万户寨官大小头目军民人等，给道里费，且遣人防护"①。

宣德九年，"中官宋成等使乌思藏，命（赵）安帅兵千五百人送之毕力术江"②。

2. 贡使入京、返藏走甘青道的史实

洪武五年，乌思藏元故宫摄帝师喃加巴藏卜先遣使者朝贡。次年二月亲自来京并举荐故元60人为职，明廷改封摄帝师为炽盛佛宝国师……之后，喃加巴藏卜辞还，他就是从西宁转道进京的，"命河州卫遣官赍敕偕行，招谕诸番之未附者"③。即走甘青道返藏。

洪武七年四月，炽盛佛宝国师喃加巴藏卜遣僧辇真藏卜等人来朝贡方物，④走甘青道。

永乐四年，中官侯显迎哈立麻入朝，"哈立麻入京路线是经今拉萨东北的纳雪（今比如）东至昌都再东南经芒康、过金沙江经巴塘、里塘、茂州、松潘至临洮入京"⑤。

宣德九年十二月，"阐化王贡使乩藏等还，以赐物易茶，至临洮没入官，并留藏等。上命释之，赐茶而还"⑥。

正统二年五月，镇守河州都指挥同知刘永奏："乌思藏等处使臣，自宣德间入贡，以道梗（寓）河州。彼既羁留异土，此亦虚费边储，乞为发遣。上敕永令与番使共筹可否。如道途可通，宜以兵卫其出境，毋乖朝廷绥怀远人之意。"⑦史料说明宣德年间西藏使者入京进贡，多以甘青道为朝贡主道。

正统五年，刘永言："乌思藏等处番使已遣人护送至西宁扎木地方……听其暂住。"⑧

正统十二年，镇守西宁都指挥汪清等奏："原留河州居住国师、剌麻、使臣

---

① 《明宣宗实录》卷二七，宣德二年四月甲子，第703—704页。
② ［清］张廷玉等撰：《明史》卷一百五十五《赵安传》，第4262页。
③ ［清］张廷玉等撰：《明史》卷三百三十一《大宝法王传》，第8572页。
④ 《明太祖实录》卷八八，洪武七年四月丁酉，第1566页。
⑤ 西藏自治区交通厅、西藏社会科学研究院编：《西藏古代交通史》，第143页。
⑥ ［明］张瀚著，盛冬铃点校：《松窗梦语》卷三《西番纪》，第61页。
⑦ 《明英宗实录》卷三〇，正统二年五月乙未，第596页。
⑧ 《明英宗实录》卷六五，正统五年三月乙卯，第1245—1246页。

人等二百五十七人，今止余一百六十二人，现在西宁等地。"①说明这些使者人员进出入藏经过了甘青道的西宁。

成化四年五月，礼部奏："洮州起送藏撒下大乘法王完卜遣番僧葛竹瓦班绰等来朝，贡马及方物。查无番王印信文书，且从洮州入境……"②

成化五年四月，乌思藏答藏王南渴坚粲遣"番僧"南伦竹等由陕西洮州入贡，连章乞如"四川入贡例"赏赐。礼部奏："以乌思藏经陕西入者赐例从轻，若从所请，恐乖禁例，失信外夷。合量加到京番僧衣一袭、钞五十锭、茶五十斤；存留番僧有马者，纻丝一匹、茶二十斤。移文彼处镇守等官，省令各夷今后务遵敕书榜例，不得仍前故违。"③从之。

正德五年三月，"（大乘法王）遣其徒绰吉我些儿等，从河州卫入贡。礼官以其非贡道，请减其赏，并治指挥徐经罪，从之"④。

弘治五年五月，"乌思藏阐教王遣番僧来贡，一从洮州路，一从四川路。礼部议谓：乌思藏例该三年二贡。今来自洮州者，是四年该贡之数……"⑤

上引史料史实证明：

第一，从路线看，明初洪武年间，由于朝廷对涉藏地区赴京使者的朝贡路线和明臣赴藏路线没有作出具体规定，故乌思藏等部入京朝贡之路线，从乌思藏，经四川天全或黎州至雅州一线，或至西宁经茂州、松潘至洮岷转道进京。也就是说，乌思藏等部入京朝贡路线选择从京城到四川，之后并不完全经天全或黎州至雅州一线，有许多贡使选择经今西宁或丹巴（宁远府），后东北行经茂州（今茂汉）、松潘至甘肃南部的洮州（临潭）、岷州（岷县）一线转道进京。从京师南京到四川松潘，陆路距离有5560里，沿途设有"马驿九十二"，如果水陆兼行，则为8030里，设"驿一百有四"⑥。洪武五年，乌思藏故元摄帝师喃加巴藏卜来京，次年返回。喃加巴藏卜就是从河洮一线行走的，这是明初乌思藏宗教地位最高也是最早入京朝贡的。

第二，考察使者进出入藏或进出入京城，转道西宁一线的原因主要是甘青道

---

① 《明英宗实录》卷一五八，正统十二年九月癸巳，第3071—3072页。
② 《明宪宗实录》》卷五四，成化四年五月庚辰，第1104页。
③ 《明宪宗实录》卷六六，成化五年四月庚午，第1332页。
④ ［清］张廷玉等撰：《明史》卷三百三十一《大乘法王传》，第8576页。又《明武宗实录》卷六一：使者共800人，"从陕西河州卫入贡"（第1347页）。
⑤ 《明孝宗实录》卷六三，弘治五年五月壬申，第1207页。
⑥ 杨正泰：《明代驿站考》，第135页。

比较易行，且甘青道上之重镇——河州、湟州、洮州、岷州等地皆在明廷控制之下，故途中风险度较小，汉藏使者一般选择出行较好的路线通行。由此一来，甘青道成为明初汉藏使者来往的首选路线，如洪武七年四月僧人辇真藏卜等来明京时就走甘青道。①宣德年间，西藏使者入京进贡仍以甘青道为朝贡主道，这可从正统二年河州都指挥同知刘永给朝廷的奏折中看得十分明白：宣德间来京入贡的乌思藏等处使者，因为道路受阻留居河州。"彼既羁留异土，此亦虚费边储，乞为发遣。"②明宣宗敕令刘永说，可与番使共商，如果道路可通，即以兵卫护他们出境，以达朝廷绥怀远人之深意。

三、川藏道

川藏道是经成都、雅州至西藏的入藏线。从距离看，西藏在四川打箭炉西北三千余里，东自穆鲁乌苏西岸青海部落界，西至噶木巴拉岭界1533里，南自鄂木拉冈冲岭，北至崖鲁藏博江二千二百余里。"……拉萨城，在打箭炉西北三千四百八十里，即唐吐蕃建牙之所，今为达赖喇嘛所居。"③下面讨论一下这条使行路线的走向和通往情况。

（一）川藏道的具体线路

永乐迁都前，从京师（南京）到西藏，或从西藏到京师，以成都为中界分两段。

第一段：京师南京到四川成都。

从京城到四川布政司，地处内地，通行条件良好，通行方式既可选择陆路，也可选择水路，还可以选择水陆交替方式。故驿道有三种：一为马驿，一为水驿，一为水马驿。如果走陆路，全程经过82驿，4795里。④即从京师会同馆出发，西行至商丘驿、大梁驿、潼关驿，至西安府京兆驿，南行至陈仓驿、五城驿，到达成都府锦官驿。如果走水路，则是从京师龙江驿出发，西南行至重庆府朝天驿，西至叙州府真溪驿，西北行至平羌驿，最后到达成都府锦官驿。水路共

---

① 《明太祖实录》卷八八，洪武七年四月丁酉，第1566页。
② 《明英宗实录》卷三〇，正统二年五月乙未，第596页。
③ 《皇朝文献通考》卷二百九十二《舆地考》二十四，四库全书本，第11774页。
④ 杨正泰：《明代驿站考》，第176页。

计94驿,7165里。如果选择陆路与水路交换道路,即水马驿共70驿,5900里。[①]

第二段：四川成都—西藏。

从成都锦官驿,经四驿至雅安驿,共490里。[②]从雅安入藏,路线有三：

（1）从雅安至天全、丹巴（今乾宁）、甘孜、德格、昌都、邛部、索格（今索县）、那曲卡、当雄、拉萨。这是入藏北道。雅州（治雅安）,位居长江上游,东邻成都、西连甘孜、南界凉山、北接阿坝,为"川西咽喉"、西藏之门户。唐时由雅州经天全[③]六番入藏道称为"和川路","其间从雅州到大渡河段,虽较取黎州更为径直,但'道路险阻,以致往来跋涉艰难'"[④]。明洪武初年,朱元璋为从西川购置军马,曾敕令修治由雅州至天全六番一带的道路。自永乐之后,乌思藏僧俗首领来朝人贡大多选择这一路线。

（2）从雅州至黎州、雅江、理塘、巴塘、芒康、西北行到昌都,西行到达拉萨。这是入藏南道。黎州即今汉源清溪镇,"从那里取道安顺场到三渡水的中渡,再转上渡,即可至雅江转理塘、巴塘而达拉萨；或者不经雅江,从上渡赤日过江,翻太阳山口循理塘河至理塘而入藏"[⑤]。

这就是说,从四川成都到雅州后,或西北行天全,或西行黎州,之后均沿昌都—西藏一线进藏。冯汉镛指出："从四川雅州进出西藏,有两条路线可供选择：一是取黎州经飞越岭入藏；二是取天全六番经罗岩州入藏,而尤以黎州一线为主要。"[⑥]罗岩州,即岩州（今四川甘孜州泸定县北）,古为羌番部落放牧地。唐时名为罗岩州,明时名为岩州,初设岩州长官司,后设岩州卫,隶属四川都司。洪武二十一年后,碉门、岩州、长河西一带道路基本开拓通达。永乐明朝迁都北京后,贡使从成都至南京仍同上。从南京到北京,由于两京之间的道路通畅,可走水路,也可走陆路到达,选择性更灵活。按《汉藏史集》记载,大乘法王乘船由南京去北京,又到五台山,于马年（1412）离开朝廷,当年十二月底回到萨迦。

洪武时期,明朝对涉藏地区入京或明臣入藏路线虽已颁布了相关法律规定,

[①] 杨正泰：《明代驿站考》,第139页。
[②] 杨正泰：《明代驿站考》,第179页。
[③] 天全县,民国二年（1913年）,由天全州改名而来。
[④] 熊文彬、陈楠主编：《西藏通史》（明代卷）,第266页。
[⑤] 熊文彬、陈楠主编：《西藏通史》（明代卷）,第266页。
[⑥] 冯汉镛：《明代西藏贡道研究》,《西藏研究》1989年第1期。

如洪武十六年"令朵甘思岁一贡,自雅州入"①,但并不要求严格执行。因此,使者们一般选择路况较好的甘青道,加之明廷对甘青道上河湟洮岷等地的控制力较强,途中各种风险因此较小。所以,甘青道成为洪武时期汉藏使者来往的首选路线,许多乌思藏使者入京朝贡亦转道西宁至京,而明使入藏往往经西宁转道入藏。

永乐年间,使者进藏主通道依然是交通条件较好的青藏道,即从河州、洮州出发,经西宁到达西藏。青藏道的后程段是从西宁出发,经毕力术江,至西藏拉萨。毕力术江(青海玉树境),其地为乌思藏孔道,中原使者入藏"皆由其地"②。据学者研究:"明之毕力术江,即清代的木鲁乌苏江,也就是今青海境内的通天河。"③从毕力术江南行可至灵藏(四川邓柯)赞善王之地,再南则可到达朵甘行都指挥使司(四川德格县)与四川入藏之路合。明朝迁都北京后,从京城出发往西藏和其他涉藏地区主要以陆路交通为主。北京会同馆出发,南行经过河南真定府、卫辉府、河南府,西行至灵宝、潼关,到达西安府京兆驿。西安府南行,至陈仓驿、宁羌驿、汉州广汉驿、成都府锦官驿。京城至成都府锦官驿全线共4310里④,而西安府京兆驿至成都府锦官驿共1960里。

无论是从北线河州、西宁等地至乌思藏,还是从南线四川成都至乌思藏,出行距离均达五千里以上。"自京师至乌思藏二万余里,公私烦费,不可胜言。且自四川雅州出境,过长河西行数月而后至。无有邮驿、村市。一切资费,取办四川……"⑤因此,赴藏使者从京都出发到达目的地,短则数月,长则逾年,此乃行程之远。且沿途盗截使者物资者,甚至劫杀使者现象屡有发生。前已有述,永乐二十二年,乔来喜、邓诚等人前往乌思藏,在毕力术江遭到安定、曲先等地"番人"头目之劫杀,尽毁其物,使行之艰难不言而喻。

(二)川藏道的使行情况

明朝时期,不论是朝廷使者从川藏道进藏,还是贡使从川藏道入京,川藏道

---

① [明]徐学聚编撰:《国朝典汇》卷一百七十五《兵部·西番》,第2204页。
② 《明宣宗实录》卷一一〇,宣德九年四月癸丑,第2463页。
③ 赵毅:《明代内地与西藏的交通》,《中国藏学》1992年第2期,第67页。
④ 杨正泰:《明代驿站考》,第210页。
⑤ [清]张廷玉等撰:《明史》卷一百九十《毛纪传》,第5045页。

都是极其活跃的。

1. 朝廷使者入藏、返京走川藏道的史实

洪武三年，"命僧克新等三人往西域招谕吐蕃，仍命图其所过山川地形以归"①，克新走川藏道。

洪武十一年，"太祖以佛书有遗佚，命（宗泐）领徒三十余人王西域求之……"②宗泐走的是川藏道。

正德十年，明武宗朱厚照派宦官刘允率大队人马入藏迎请活佛，刘允一行从京城出发，一路搜刮至四川成都。在四川成都又呆了一年，之后自四川雅州出境，"西踰两月至其地。"③

永乐十一年，明成祖命僧智光持诏招谕，封其僧南渴烈思巴为辅教王，赐诰印、彩币，数通贡使。另有杨三保、侯显等人皆往赐，他们与诸法王等走川藏道进藏。④

永乐十三年二月，升陕西都指挥同知刘昭等官。"先是，昭等七十七人奉使乌思藏。还至灵藏莽站遇番贼，昭等与战，败之，贼死伤甚众，遂奔北。至是，上嘉其功……"⑤

永乐十六年八月，尼八剌国王沙的新葛遣人贡方物。"上遣中官邓诚赍敕往赐之锦绮纱罗与其贡使偕行，凡所经罕东、灵藏、必力工、乌思藏、野蓝可般卜纳等处，头目皆有赐赉。"⑥

景泰七年，"以灌顶国师葛藏、右觉义桑加巴充正、副使往封（辅教王子喃葛坚粲巴藏卜）代嗣"。葛藏一行"至四川，多雇牛马，任载私物。礼官请治其罪，英宗方复辟，命收其敕书，减供应之半"⑦。显然，册封使者一行人是经四川至西藏的。

弘治十二年，辅教等四王及长河西宣慰司并时入贡。礼部官员"以代费不赀，请敕四川守臣遵制遣送，违者却还"⑧，表明该年西藏四王来京走川藏道。

---

①《明太祖实录》卷五三，洪武三年六月癸亥，第1036页。
②［清］钱谦益著：《列朝诗集小传·闰集》，第667页。
③《明武宗实录》卷一三一，正德十年十一月己酉，第2613页。
④《明太宗实录》卷一四〇，永乐十一年五月丙戌，第1681页。
⑤《明太宗实录》卷一六一，永乐十三年二月丁亥，第1825—1826页。
⑥《明太宗实录》卷二〇三，永乐十六年八月戊寅，第2097页。
⑦［清］张廷玉等撰：《明史》卷三百三十一《辅教王传》，第8585页。
⑧［清］张廷玉等撰：《明史》卷三百三十一《辅教王传》，第8583页。

2. 贡使入京、返藏走川藏道的史实

洪武十四年十二月，僧人宗泐使西域回京，走川藏道。"俄力思军民元帅府，巴者万户府遣使随宗泐来朝，表贡方物"①，即俄力思军民元帅府、巴者万户府使者随宗泐来京朝觐，走川藏道。

洪武十六年，"置长河西等处军民安抚使司，岁一贡，从雅州入境。后升宣慰司"②。

永乐四年，中官侯显迎哈立麻入朝，哈立麻入京路线是经今拉萨东北的纳雪（今比如）东至昌都再东南经芒康、过金沙江经巴塘、里塘、茂州、松潘至临洮入京"。哈立麻返回时是从四川至西藏，走的川藏道。③

弘治五年五月，"乌思藏阐教王遣番僧来贡，一从洮州路，一从四川路。礼部议谓：乌思藏例该三年二贡……其来自四川者，请准作七年贡数，至七年免来。其回赐王彩缎表里及给赐二起番僧纻丝、食茶等物，并请如例。从之。"④

从上可见，明代西藏使者入京或者朝廷使者进藏，走川藏道者亦很多，"贡道自川入"就是最鲜明地表述。《广志绎》曰："乌思藏所重在僧，官亦僧为之。其贡道自川入，俗称喇嘛僧，动辄数百为群，联络道途，骚扰驿递，颇为西土之累。"⑤

宣德、正统以来，入京贡使不断增加，至景泰、成化年间突增，尤其是成化三年以来，甘青河、洮、岷一带"番族"、寺僧冒贡骗回赐的现象很多，为了加强朝贡管理，明政府对入贡线路、贡期、人数等进行规范，订立了具体的法律法规。检索明代中期订立的相关法律规定，可见以下条例：

---

① 《明太祖实录》卷一四〇，洪武十四年十二月乙卯，第2209页。
② ［明］何乔远撰，张德信、商传、王熹点校：《名山藏》卷一百九《西戎下》，第3113页。
③ 西藏自治区交通厅、西藏社会科学研究院编：《西藏古近代交通史》，第143页。
④ 《明孝宗实录》卷六三，弘治五年五月壬申，第1207页。
⑤ ［明］王士性著，吕景琳点校：《广志绎》卷五，第111页。

表22 明成化、隆庆时期的朝贡例

"例"	名称	订立时间	例的主要内容
"例"一	成化三年例	成化三年（1467）	西藏贡使走川藏道入京，不得经洮岷道。
"例"二	成化六年例	成化六年（1470）	乌思藏赞善、阐教、阐化、辅教四王三年一贡，不超过150人，由四川入，国师以下不许贡。长河西、董卜韩胡二长官司或间岁贡，人数不超过100人，茂州番僧岁许三五十人。其近乌思藏者，贡不过五六十人。
"例"三	成化十七年例	成化十七年（1481）	乌思藏及长河西鱼通宁远等处贡使，从四川陕西验入境。
"例"四	隆庆三年例	隆庆三年（1569）	"俱限三年一贡，定名数"，乌思藏三年一贡，长河西等处军民安抚使司、杂道长官司和直管招讨司等地。

兹详细说明。

《明史》记载，成化三年（1467），陕西副使郑安上疏：

> 进贡番僧自乌斯藏来者不过三之一，余皆洮、岷寺僧诡名冒贡。进一羸马辄获厚值，得所赐币、帛制为战袍，以拒官军……会廷臣议，请行陕西文武诸臣，计定贡期、人数及存留、起送之额以闻，报可。已而奏上，诸自乌斯藏来者皆由四川入不得径赴洮、岷，遂著为例。[1]

这就是《成化三年例》，它首次明确规定西藏贡使走川藏道入京，不得经洮岷道。此"贡道例"是对之前贡使入京线路混乱的整治和规范，也是今后贡使朝贡的基本路线。

成化三年"例"订立三年后，即成化六年（1470），礼部议请：乌思藏赞善、阐教、阐化、辅教四王由四川路入贡，大乘、大宝法王随上述诸王贡使皆经四川赴京。于是，"成化六年四月乙丑（5月17日），定乌思藏赞善、阐教、阐化、辅教四王三年一贡。各不过百五十人，由四川入，国师以下不许贡。长河西、董卜韩胡二长官司或间岁贡，人不过百，茂州番僧岁许三五十人。其近乌思藏者，

---

[1] ［清］张廷玉等撰：《明史》卷三百三十一《西番诸卫传》，第8543页。

贡不过五六十人。仍降敕各番王示以期额。"①这就是《成化六年例》，它所规定的"减各夷入贡之数"②和"贡道自川入"成为此后西藏及四川涉藏地区朝贡必须遵守的法律法规。

由此可见，明朝对于边疆民族地区贡使给予厚赐优待，但同时也制定了相应的规章制度约束。然而，"那些熟知明朝朝贡制度的使臣多不遵守这些规定"③。特别是成化年间，贡使违法者颇多，礼部只得请求颁敕晓谕，敕曰：

> 日者海外诸国并西域"番王"等遣使臣朝贡，沿途多索船马，夹带货物，装载私盐，收买人心，酗酒逞凶，骚扰驿递，非违礼法，事非一端。所经官司累章陈奏，欲以国法治之，则念其远人；欲不治之，则中国之人被其虐害。今特降敕开谕，继今以后，王遣使臣，必选晓知大体谨守礼法者，量带兼从，严加戒饬，小心安分，毋作非为，以尽奉使之礼，以申纳款之忱。俾奉使臣得以保全，供应者得免烦扰，岂不彼此两全哉。④

成化十七年（1481），明廷再次强调，乌思藏及长河西鱼通宁远等处贡使从四川、陕西验入境，查验勘合。紧接着，成化十八年十月，明朝定"西僧入贡无过三百"⑤，对朝贡人数作出严格规范。至弘治二年（1489）八月，礼部奏定："迤西各处贡使该贸易之物，俱有成例定数。今土鲁番及哈密使臣各违例收买食茶、箭竹等物过多，请准潼关盘检，事例俱没官。仍令大通事晓谕在馆诸夷，各遵守禁例，如违俱照此例行之。其未给赏者即递减其赏。并行各守边官员，凡外夷来贡曾犯法者再不许起送，著为令。"⑥朝廷照准依此颁行。这是继成化十七年后，经礼部奏请并颁行的又一法律——《弘治二年令》，此令的核心内容是：自今起，凡是外夷贡使曾在明朝有违法前科，则禁止起送。同年十月，礼部再议："迤西进贡例，以一人赍勘合，缘来数既多，到期不一，一人未到，众皆俟之。欲偕行则驿置停冘不便，乞行甘肃巡抚官转行陕西行都司，今后迤西进贡使臣至本处，即比对勘合，并验过马驼等数目，造册先缴，陆续另出半印花栏勘合给付，各使

---

① [明]谈迁著，张宗祥点校：《国榷》卷三十六，宪宗成化六年，第2284页。
② [明]朱国桢辑：《皇明大政记》卷二，明崇祯刻皇明史概本，《中国野史集成》第7册第41页。
③ 张文德：《朝贡与入附——明代西域人来华研究》，第53页。
④ 《明宪宗实录》卷二二〇，成化十七年十月癸卯，第3801页。
⑤ [明]朱国桢辑：《皇明大政记》卷十九，成化十八年十月庚子，《中国野史集成续编》第7册第291页。
⑥ 《明孝宗实录》卷二九，弘治二年八月壬子，第661页。

臣亲赍赴部以凭参对拟赏。"①明孝宗诏准实施，意味着对迤西进贡使者查验勘合、登记造册贡品数目等方面规定常态化。②

隆庆三年（1569），明政府再次订立《隆庆三年例》，规定：乌思藏"三年一贡"③。其原因在以下史料中说的非常清楚："大率吐番在唐世犷顽好战，至元而信佛重僧，我国家亦因俗制夷。自岷北以南至松潘、威、茂各建僧寺，番族叛乱仇杀，遣沙门谕遣之，即顶经说誓而散。诸番来贡，多至千余，亦惟僧人是遣，朝廷赏赐彩缎表里有差。其回，赐土官及妻，皆有彩缎表里，所以抚绥良厚，盖不如是则将备于边邮，有养兵馈运之费矣。"④也就是说，明朝实行"因俗而治"的政策，对西藏及周边涉藏地区僧侣民众等都给予抚绥恩待。在此政策下，西藏及周边涉藏地区来贡，人数往往多至千余，故朝廷有必要进行一定限制，强调"三年一贡"的规制原则。

值得注意的是，《隆庆三年例》不仅适用于乌思藏，它同时适用于其他涉藏地区：

（1）长河西等处军民安抚使司。洪武十六年置，后升为宣慰司。过去是每年一贡，贡道从雅州入境，"隆庆三年，定三年一贡"⑤。

（2）杂道长官司。杂道长官司，长河西之一部落。最初与附长河西等处进贡，每次进贡，僧徒一百人。成化十六年，开始独立来京进贡。"隆庆三年，定三年一贡。"⑥

（3）直管招讨司。朵甘思属一部落，早期附朵甘思进贡，也是成化年间开始独立进贡。"隆庆三年，定三年一贡。"⑦

可见，不仅是乌思藏，还有长河西等处军民安抚使司、杂道长官司和直管招讨司等地区，隆庆三年新"例"所规定的"三年一贡"原则，均适用他们进贡时必须遵守的法规。从此，"至隆庆三年，俱限三年一贡，定名数，每处赴京，毋过十人，余留边候命，赏赐有全有减，着为令"⑧。意味着限制条款上升为国家常

---

① 《明孝宗实录》卷三一，弘治二年十月壬辰，第687—688页。
② 张文德：《朝贡与入附——明代西域人来华研究》，第53页。
③ ［明］何乔远撰，张德信、商传、王熹点校：《名山藏》，第3112页。
④ ［明］何乔远撰，张德信、商传、王熹点校：《名山藏》卷一百九《西戎下》，第3112页。
⑤ ［明］何乔远撰，张德信、商传、王熹点校：《名山藏》卷一百九《西戎下》，第3113页。
⑥ ［明］何乔远撰，张德信、商传、王熹点校：《名山藏》卷一百九《西戎下》，第3113页。
⑦ ［明］何乔远撰，张德信、商传、王熹点校：《名山藏》卷一百九《西戎下》，第3113页。
⑧ ［明］叶向高著：《四夷考》卷四《西番考》，第45页。

法的层面,其约束力遽升,它必定能够改变以前朝贡者贡道由四川陕西任入,以及屡屡违约朝贡、朝贡不遵期限等不法行为。

不过,由于西藏及周边涉藏地区各政教势力所辖领地并不相同,与明京距离远近也不相同,故其朝贡或遣使朝贡并不是一刀切,各视具体情况而定:

(1)阐化王、阐教王和辅教王贡道从四川入境,赞善王贡道从陕西入境。《名山藏·西戎下》载:"其地(乌思藏)缘陕西、四川、云南西鄙皆是,南北袤数千里。阐教、阐化、辅教三王在西宁,黄河北。使来,从四川入。赞善王在岷州,黄河南,使自陕西入。各有勘合、比号、印信、番文。大乘、大宝二法王,游僧也,不管束番民,不给勘合,无进贡年限,有欲来者听。许遣僧徒十人,赍印信、番本,随四王贡使入。"①也就是说,阐教、阐化、辅教三王朝贡从四川川藏贡道入京,赞善王贡使从甘青道入京。又有《国朝典汇》载:(洪武)六年,授"西番"诸首职,其朝贡"阐化、阐教、辅教三王贡使自四川入,赞化(善)王自陕西入。每贡百人,多不过五十人,大乘、大宝二法王贡,无。每贡僧徒十人"②。成化五年,辅教王喃葛坚粲巴藏卜卒,明朝命其子喃葛札失坚参叭藏卜嗣王位。次年,明廷"申旧制,三年一贡,多不过百五十人,由四川雅州入,国师以下不许贡"③。

可是,《殊域周咨录》记载:"缘陕西、四川、云南西鄙皆是(吐蕃),南北袤数千里,制令三年一贡。阐化王、阐教王贡道从陕西;赞善王贡道从四川。三法王不给勘合,朝贡无常。"④显然,这段史料所载贡道与前者恰好相反,是说赞善王贡使从四川入京,阐化王、阐教王贡道从陕西入。考证三法王之辖地及与京城之距离,赞善王辖地以北为玉树、西宁卫,故赞善王贡使从甘青道入京才是正确的。《松窗梦语》卷三亦有证:"贡使咸自四川黎州入,有赞化王者,自陕西洮州入。每贡百人,多不过百五十人。"⑤《四夷考》卷之四曰:"(成化)十七年,给乌思藏诸番王及长河西鱼通宁远等宣慰司敕书勘合,令贡时,四川陕西验入。"⑥

---

① [明]何乔远撰,张德信、商传、王熹点校:《名山藏》卷一百九《西戎下》,第3111页。
② [明]徐学聚编撰:《国朝典汇》卷一百七十五《兵部·西番》,第2203页。
③ [清]张廷玉等撰:《明史》卷三百三十一《辅教王传》,第8585页。
④ [明]严从简:《殊域周咨录》卷十《吐蕃》,第359页。
⑤ [明]张瀚著,盛冬铃点校:《松窗梦语》卷三《西番纪》,第61页。
⑥ [明]叶向高著:《四夷考》卷四《西番考》,第43页。《国朝典汇》亦载:成化十七年,"给乌思藏诸番王及长河西鱼通宁远宣慰司敕书、勘合,令贡时四川、陕西验入。"参见[明]徐学聚编撰:《国朝典汇》卷一百七十五《兵部·西番》,第2206页。

又《"西番"馆译语》来文二："大乘法王南渴扎失坚参巴藏卜奏：蒙朝廷给与我每敕书一道，勘合二十道，每三年一贡。今差头目也舍领占金等一百五十人，照年例进贡铸像、画像、舍利、驼、马、盔甲、氆氇、铁哩麻、酥油等物，望朝廷可怜见，乞与赏赐并食茶、勘合便益。"①

（2）护教王地近四川，由川藏路入贡。即从川西碉门、雅州至成都，渡长江，至扬州换船，经运河北上京城。

（3）"三十六番"贡道皆由雅州入。《明史·土司传》载：雅州，"近天全六番之界，盖其地为南诏咽喉，三十六番朝贡出入之路"。"三十六番"者，皆西南诸部落，"或三年，或五年一朝贡，其道皆由雅州入"②。长河西鱼通宁远军民宣慰司，其地在大渡河外，即打箭炉直黎雅之西。打箭炉，今四川甘孜州康定县。"三十六番"是明代对雅州以西羌藏等民族之泛称。

上述史料表明，四川以西的"三十六番"地包括长河西、鱼通、宁远、杂道长官司等地头目朝贡，都是从川藏线入京，"洪武十六年，置长河西等处军民安抚使司，岁一贡，从雅州入境……"③这就是"贡例"中规定的贡使路线。其朝贡人数，"贡止五六十人，多不过百人，自雅州入"④。地居四川西北的黎州、天全、松潘、茂州、金川、杂谷、达思蛮"诸番僧比三岁一贡，贡百人，多不过百五十人，或岁一贡，贡三十人，多不过五十人"⑤。对于长宁安抚司及韩胡碉怯列寺，"长宁以三岁贡，每贡三百人。韩胡碑怯列以三岁贡，每贡百五十人"⑥。《皇明大事记》卷十三载：洪武十六年四月"定西番贡数"："阐化等王，每贡百人，多不过百五十人。法王贡，僧徒十人。凡嗣封，赐诰、袈裟、僧帽、数珠、铃杵，以大慈恩寺剌麻僧二人充正副使。长河等番僧三岁一贡或岁一贡，贡三十人，多不过五十人，小者四五人至京，余留塞上，取道黎、雅、洮三州。"⑦此贡道、贡期、贡数之规定，大概就是成化时期的朝贡"旧制"。

史料还表明，为了防止各涉藏地区首领冒贡，明朝特制入贡"勘合"，即朝

---

① 《西番馆译语》来文二，见《西藏地方是中国不可分割的一部分》，第164页。
② [清]张廷玉等撰：《明史》卷三百十一《四川土司传》，第8033页。
③ [明]何乔远撰，张德信、商传、王熹点校：《名山藏》卷一百九《西戎下》，第3113页。
④ [明]徐学聚编撰：《国朝典汇》卷一百七十五《兵部·西番》，第2203页。
⑤ [明]徐学聚编撰：《国朝典汇》卷一百七十五《兵部·西番》，第2203页。
⑥ [明]何乔远撰，张德信、商传、王熹点校：《名山藏》卷一百九《西戎下》，第3115页。
⑦ [明]朱国祯辑：《皇明大事记》卷十三《诸夷朝贡》，明崇祯刻《皇明史概》本，第1071页。

贡之凭证，验证方可通关入京朝贡。其时，礼部奏：

> 乌思藏地方，在长河西之西，长河西在松潘越巂之南，三处地界相连，易于混淆，难以辨别。乌思藏大乘法王，阐化、辅教、赞善番王旧例三年差人一朝贡，彼因道险少来，而长河"西番"僧往往伪作印信番书，以冒赏赐，乞立为定制。除大乘法王无地土外，阐教等四王人各赐敕一道，勘合二十道，该贡之年，道经四川、陕西，比号既同，仍有王印奏本方许放入。其长河西鱼通宁远等处朵干及董卜韩胡诸宣慰司亦各给勘合六十道，其入贡道经四川，比号验放一如例。若该贡之年偶值道梗不通，后不许补贡，其四川松茂州土，着"番僧"来朝者，边官亦照例验放，不许过多从之。①

此后，"照例验放"成为贡使通行的首要条件。《广志绎》卷之五亦曰："乌思藏所重在僧，官亦僧为之。其贡道自川入，俗称喇嘛僧，动辄数百为群，联络道途，骚扰驿递，颇为西土之累。"②

朝廷虽然有贡道法规，但违例不遵，从洮、岷一路入贡者依然大有人在，"贡道由四川、陕西，屡违约多人，且不如期"③。如成化四年五月，礼部奏报洮州起送藏撒下大乘法王完卜遣番僧葛竹瓦班绰等从洮州入境来朝……④成化五年四月，乌思藏答藏王南渴坚粲使者南伦竹由陕西洮州入贡。有官员奏请"如四川入贡例赏赐"，礼部会议："以乌思藏经陕西入者赐例从轻，若从所请，恐乖禁例，失信外夷。合量加到京番僧衣一袭、钞五十锭、茶五十斤；存留番僧有马者，纻丝一匹、茶二十斤。移文彼处镇守等官，省令各夷今后务遵敕书榜例，不得仍前故违。从之。"⑤正德五年，大乘法王遣其徒绰吉我些儿从河州卫入贡，礼部官员以其非合法"贡道"入贡，属于违法朝贡，故减其赏。

不仅是西藏及周边涉藏地区使者，其他各地来京使者违法者也很多，比如西域贡使，"围绕明朝规定的贡期、路径、贸易品种、人数、接待等禁令，使臣为追求更大利益，多有违犯"⑥。凡是违例进贡者，明廷均按照起送与存留制度进

---

① 《明宪宗实录》卷二一九，成化十七年九月辛卯，第3792页。
② ［明］王士性著，吕景琳点校：《广志绎》卷五，第111页。
③ ［明］叶向高著：《四夷考》卷四《西番考》，第45页。
④ 《明宪宗实录》卷五四，成化四年五月庚辰，第1104页。
⑤ 《明宪宗实录》卷六六，成化五年四月庚午，第1332页。
⑥ 张文德：《朝贡与入附——明代西域人来华研究》，第106页。

行约束，如成化元年正月，"孛来使臣二千一百余人来贡，敕太监叶达往迎，辨验入境，留十之七在边牧放"①。然而，明朝对违例朝贡者并非采用一刀切的政策处罚。《明史·赞善王传》载，成化五年，四川都司上奏："赞善诸王不遵定制，遣使率各寺番僧百三十二种入贡，且无番王印文，今止留十余人守贡物，余已遣还。"②但礼部认为，"于番地广远，番王亦多，若遵例并时入贡，则内郡疲供亿"③，不如令诸王于应贡之年"各具印文，取次而来"④。最后这次违例朝贡的处置结果是：既然贡使已至，难拂其情，许其算做明年应贡之数接纳之。

无论是乌思藏入京朝贡，还是朝廷遣使者入藏，短则数月，长则逾年。况当时道路运输条件有限，茶、米等物只能用舟车运至河州、雅州等地。此后西行，人靠乘马，物以牛驮，加之途中盗截使者物资甚至劫杀使者者屡有发生，使行异常艰辛。尤其是西藏至京城道路辽远，交通总体状况更差，正如明臣徐文华、毛纪等人所说：监察御史徐文华言："乌思藏远在西域，山川险阻，人迹少通，豁谷丛篁之间多蝮蛇、猛兽，瘴疠山岚之气，触之者无不死亡。"⑤礼部尚书毛纪言："且闻自京师至乌思藏约三万余里，往返动经三五年，供应烦费不可胜言。又闻自四川雅州出境过长河西，迤西至乌思藏，约有数月程，皆黄毛野达子之地，无州县驿递，亦无市镇村落……"⑥从西藏至内地，山川险阻、道路遥远之实际情形大概如此也。明成化中，乌思藏大宝法王来朝辞归时，以半驾卤簿送之道内监护行，内监至四川边境即不能前进。就连大乘法王的使者葛竹瓦班绰等自陈："所居地方（大乘法王辖地）远过乌思藏二十余程，在途五年之上方至京师……"⑦

为了实现西藏及周边涉藏地区与明廷的使者互往，确保内地与西藏之间的道路畅通、政策信息通达，明朝及时维护道路，派兵镇压贡道上的各种不法行为，如宣德五年，曲先卫都指挥使散即思邀劫西域使者，都指挥佥事史昭率参将赵安偕中官王安、王瑾讨之。"长驱至曲先，散即思望风遁，擒其党答答不花等，获男女三百四十人，马驼牛羊三十余万，威震塞外。"⑧不仅是西藏通道的安全，西

---

① [明]朱国祯辑：《皇明大政记》卷十七，明崇祯刻皇明史概本，《中国野史集成续编》第7册第257页。
② [清]张廷玉等撰：《明史》卷三百三十一《赞善王传》，第8583页。
③ [清]张廷玉等撰：《明史》卷三百三十一《赞善王传》，第8583页。
④ [清]张廷玉等撰：《明史》卷三百三十一《赞善王传》，第8583页。
⑤ 《明武宗实录》卷一三二，正德十年十二月丙辰，第2619页。
⑥ 《明武宗实录》卷一三二，正德十年十二月庚申，第2624页。
⑦ 《明宪宗实录》卷五四，成化四年五月庚辰，第1104页。
⑧ [清]张廷玉等撰：《明史》卷一百七十四《史昭传》，第4631—4632页。

域通道也是如此。洪熙元年，亦力把里及撒马儿罕先后入贡，"道经哈密地，并为沙州贼邀劫。宣宗怒，命肃州守将费瓛剿之"①。这些措施为双方使者的通往提供了有力保障。但是，汉藏使者们仍然需要克服因自然地理环境带来的诸多限制，才能完成明政府给予的使命，他们勇敢地穿行于崇山峻岭之间，跨越于大江河流之间，为加强明中央与西藏地方关系作出了不可磨灭的贡献。

---

① ［清］张廷玉等撰：《明史》卷三百三十《沙州卫传》，第8560页。

第六章　使者来往的接待礼仪

礼仪制度是中国传统文化中独特、珍贵的内容之一，涉及政治、文化生活的方方面面，影响巨大。明朝与西藏及周边涉藏地区之间互派使者的前前后后都伴随有各种各样的礼仪。遗憾的是，由于史料匮乏或现有文献记载不详，学界对此问题的研究成果极少。[①]本节拟在全面检索、辑考史料的基础上，就明朝与西藏及周边涉藏地区使者往来中的礼仪问题做一专门探讨。

一、赴京贡使的住支供给

对西藏及周边涉藏地区来京使者的住支、供给，明朝制定了相应规定和规格。赴京使者的供给分两个阶段，一是沿途的供给，一是至达京城后的供给。所有的招待、供给食品、食物均有具体规定和标准，体现这种规定最为常见的是住支、供给"例""令"等，也就是关于供给方面的法律法规。

（一）沿途的住支供给

使者进京及其沿途的供给，包括供给规格、物资、数量种类、多少等都需依相关"例"提供配支。明朝规定，在未到达京师前西藏及其他涉藏地区贡使的沿途食宿供应，由所经地方官府提供。《大明会典》卷一百十五："凡使臣进贡，沿

[①] 关于明朝与西藏及周边涉藏地区使者往来中的礼仪问题研究专文，目前仅见杨洁、周润年《明中央与乌思藏迎接与宴请礼仪考述》(《中国藏学》2021年第1期，第93—99页) 等极少数论著。

途关支廪给口粮，回还亦如之。惟朝鲜、占城、琉球、爪哇、暹罗、满剌加、日本、锡兰山、迄北、哈密、瓦剌、撒马儿罕、土鲁番使臣回还，沿途除廪给口粮外，仍日支下程一处。朝鲜等入国并迄北每人肉半斤、酒半瓶。哈密等每十人羊一只、酒二瓶半。宣德七年令：失剌思等处使者回到甘州，月送羊酒。半年之外止支本等廪给口粮。正统三年令：瓦剌使者停止去处，每十人五日一次、羊二只、酒十五瓶、柴薪厨料。嘉靖二十八年奏准：哈密每五人日支羊一只、酒二瓶半。"①以上是对外国及哈密、瓦剌、土鲁番等处使者沿途支给的规定。又该卷云："凡夷人进贡及回至该布政司，成化十九年令：限二十日内照例茶饭管待起程。如过期及中途无故停止一日之上者，廪给住支……凡投降夷人，正德元年令每名日支常例下程牛肉半斤、酒半瓶、米一升、蔬菜厨料。"②从《成化十九年令》可以看出，明朝对"四夷"来京及返回贡使提供的膳食、津贴、衣食等生活资料并不是无限期的，如果沿途无故停止一天以上即取消供应。

据《大明会典》，西藏及其他涉藏地区尚师、法王来朝"经过府分茶饭管待，回还亦如之"③。即涉藏使者进京时，沿途所经州县地方政府负责接待、提供一应食宿，返回时同样。当然，具体到各地来京贡使也会稍有区别：

（1）哈密：哈密使臣回还"至良乡汤饭，陕西布政司茶饭管待一次"④。

（2）亦力把力：原在正统年间，使臣回还时于真定府、陕西布政司、甘肃等处各茶饭管待，"今例，至良乡汤饭，陕西布政司管待一次"。

（3）撒马儿罕：永乐间使臣回还，到达甘肃管待一次。正统十二年时，使臣数少则由甘肃管待，使臣数多则由陕西布政司管待，甘肃止送下程。"今例，至良乡汤饭，陕西在政司管待一次。"⑤

（4）土鲁番，"使臣回，至良乡汤饭，陕西布政司管待一次"⑥。

（5）沙州卫：正统间使臣回还，至良乡汤饭，甘肃管待一次。⑦

（6）瓦剌：正统间使臣进贡，至大同茶饭管待一次。回还，良乡汤饭，至真

---

① [明]李东阳等撰，申时行等重修：《大明会典》卷一百十五《礼部七十三》，第1684页。
② [明]李东阳等撰，申时行等重修：《大明会典》卷一百十五《礼部七十三》，第1684页。
③ [明]李东阳等撰，申时行等重修：《大明会典》卷一百十四《礼部七十二》，第1676页。
④ [明]李东阳等撰，申时行等重修：《大明会典》卷一百十四《礼部七十二》，第1674页。
⑤ [明]李东阳等撰，申时行等重修：《大明会典》卷一百十四《礼部七十二》，第1674页。
⑥ [明]李东阳等撰，申时行等重修：《大明会典》卷一百十四《礼部七十二》，第1675页。
⑦ [明]李东阳等撰，申时行等重修：《大明会典》卷一百十四《礼部七十二》，第1676页。

定府、陕西布政司、甘肃，各茶饭管待。①

（7）迄北蒙古："弘治元年，使臣进贡，至大同茶饭管待，榆河驿汤饭。回还，至大同茶饭管待。"②

以上说明，"四夷"使者进京或回还途中的食宿供给，经过多个地方州县转接管待。其中，明代良乡县（今北京房山区良乡），乃商客使者云集之地，县直属京师顺天府辖，为使者往返必经之地，接待以汤饭、茶饭为主，接待次数为一次。其他各地如四川、甘肃、陕西、大同各地都有不同接待规定，总体按照"四夷"使者进京或回还的供给"例""令"执行，不得违犯。

具体负责西藏及其他涉藏地区使者沿途停歇食宿供给的机构是各地驿站，而贡使的食宿物资供给究竟有多少，因资料缺乏尚不能准确统计。不过，万历年间宰相张居正说，"一宴之资，动至数百金，省此一事，亦未必非节财之道"③，足见其费用不菲。事实上，由于使者来往于中原与西藏及周边涉藏地区间路途遥远，耗费时间很长，所以沿途的食宿开支花费极大。宣德二年（1427）四月，镇守西宁都督佥事史昭奏称：西宁路通曲先、安定、乌思藏等处，军旅戍守，使者往来，"费用甚多"④。的确，贡使开支已成为朝廷和地方政府很大的一笔支出。邓锐龄也认为："一切旅途上的食宿交通，都由当地人民出劳役供应，一入内地，先听边上高级负责官员验明其所持文件，地方向中央申报后即派军卫护送，离京后中央派出人员陪行并命令经过地方由军卫拨兵士护送，马匹、车辆、船只以及食宿费用全部由政府承担。"⑤宣德三年（1428）二月，守河州卫都指挥佥事刘永上奏："河州官军及使臣往来，月用粮料七千余石，每岁西安等府运粮供给，今皆折钞，本卫缺粮。"⑥此史料佐证，来往于河州一地的使者人数很多。而且，每年来往于河州的使者月粮供给均由西安等府运输，运粮之费劳不言而喻，即便如此，缺粮状况亦然存在。

鉴于此，明朝开始对使者来京朝贡进行限制，此后的使者食宿供给就开始分为两部分：一部分是进京使者的沿途供给，另一部分是留边人员的住支供给。留

---

① ［明］李东阳等撰，申时行等重修：《大明会典》卷一百十四《礼部七十二》，第1674页。
② ［明］李东阳等撰，申时行等重修：《大明会典》卷一百十四《礼部七十二》，第1676页。
③ ［明］张居正撰：《张文忠公全集》奏疏二《辞免筵宴疏》，商务印书馆，1935年，第29页。
④ 《明宣宗实录》卷二七，宣德二年四月辛巳，第719页。
⑤ 邓锐龄：《元明两代中央与西藏地方的关系》，中国藏学出版社，1989年，第61—62页。
⑥ 《明宣宗实录》卷三七，宣德三年二月辛未，第913页。

边人员的食宿由当地政府提供："留在边境上等候朝廷按人数赐予茶叶等等的人又不谋生计，在那里等候一年到两年间，由国家廪给。"①这种情况在成化时期已成为制度不改："随着朝贡人数的增加，朝廷只好准许一部分人员入京，大部分随员则暂时留住西宁、河州、成都等地。而这些人员滞留在周边地方的日常生活费用也例由朝廷供给，这笔开支也费用不低。为此，成化年间朝廷不得不对朝贡的年限、人数和路线作出明文规定，使朝贡作为一种制度固定下来，沿袭不替。"②

随着来往使者人数的剧增，加大了政府给贡使回赐的开支，给明政府的财政带来了巨大压力。成化八年（1470）六月，礼部上报："今年陕西岷洮等卫所奏送各簇番人共四千二百有奇，除给与马直不计，凡赏彩八千五百二十四表里、生绢八千五百二十余匹、钞二十九万八千三百余锭，滥费无已。正统天顺年间，各番进贡岁不过三五百人。成化初年，因岷洮等处滥以'熟番'作'生番'，冒送已立定例：'生番'许二年一贡，每大簇四五人、小簇一二人赴京，余悉令回。成化六年，因按察司副使邓本端妄自招抚来贡，又复冒滥。本部复申例约束，今副使吴王巳等不能严饬武备以守边方，惟通'番人'，以纾近患，宜降敕切责，俾遵前例。若夷情难以阻抑，亦须别白往时何以来少之故奏闻裁处，诏可。"③可见，巨大的财政压力使明政府不得不严敕遵从前例，以防冒贡。

除了边疆地区、西藏及周边涉藏地区派遣来京使者的接待供给，赴藏使者的供给仍然由所经地方州县负责提供。正统五年五月，行在户部上奏："禅师葛藏奉命带剌麻僧徒共二十名赍诰命、敕书往乌思藏封阐化王等官，给与锣锅、帐房等物并马、骡、犏牛驮载食用。自出境日为始给与本色粮料一月，其余以官库之物折充，悉取给于四川布政司及行都司。从之。"④史料表明，此次葛藏所率使行人员的供给都是由陕西、四川地方政府提供的。正德十年十一月，户部上奏："（刘）允奏带太监刘宗等八员、锦衣等卫官舍指挥同知韦禄等一百三十三员，应付廪给口粮、马匹、车辆、马快船只及应用过番物件，令四川镇巡三司听其便宜

---

① 邓锐龄：《元明两代中央与西藏地方的关系》，第65页。
② 熊文彬、陈楠主编：《西藏通史》（明代卷），第272页。
③ 《明宪宗实录》卷一〇五，成化八年六月辛卯，第2062—2063页。
④ 《明英宗实录》卷六七，正统五年五月庚申，第1293页。

措置，及选差骁勇官二员往回护送。"①户部此折，也表明刘允一行所有食宿供应由所经四川地方政府提供。

（二）京城的住支供给

使者在京城的供给，由会同馆负责，"凡蕃国来朝，先遣礼部官劳于会同馆。"②《大明会典·会同馆例》对四夷贡使在京城的食宿供给有明确而细致的规定。根据文献记载，明朝对各国使节及"四夷"使者京城供给的具体规定，最早应是在洪武二十六年（1393）制定的。洪武二十六年，明政府就"四夷"使者的食宿供应进行了规范，形成"供给条例"如下："五日，每正一名，猪肉二斤八两，乾鱼一斤四两，酒一瓶，面二斤，盐酱各二两，茶油各一两，花椒二钱五分。烛，每房五枝。以上下程，若奉旨优待，不拘此例。又每人日支肉半斤，酒半瓶，米一升，蔬菜厨料。"③

明代接待、会见、下榻"四夷"贡使的机构是会同馆，它也是朝廷和"四夷"贡使进行贸易、文化交往、商谈活动之场所。洪武二十六年定："凡四夷归化人员至会同馆，主客司官随即到彼，点视正从，定其高下，房舍铺陈一切处分安妥，仍加抚绥，使知朝廷恩泽。——下程，分豁正，从人数，劄付膳部，五日一次，照例支送酒食茶麫饮食之物。——管待，量其来人重轻，合与茶饭者拟食品桌数，劄付膳部造办。主客司官一员或主席或分左右，随其高下序坐，以礼管待，仍令坊司供应。"④

会同馆最早设于永乐年间，正统六年后分为南、北两馆。《大明会典·会同馆》云："国初改南京公馆为会同馆，永乐初设会同馆于北京。三年，并乌蛮驿入本馆。正统六年，定为南、北二馆。北馆六所，南馆三所。"北会同馆在澄清坊大街东，南会同馆在东江米巷玉河桥西街北，均为正统六年盖造，弘治五年改作。弘治五年（1492），明廷增设会同馆提督及上事一员，协助办理会同馆日常事务。⑤其中，乌思藏、朵甘、洮岷等处，云贵、四川、湖广土官等都安顿在

---

① 《明武宗实录》卷一三一，正德十年十一月辛亥，第2613页。
② [清]张廷玉等撰：《明史》卷五十六《礼志十》，第1423页。
③ [明]李东阳等撰，申时行等重修：《大明会典》卷一百十五《礼部七十三》，第1680页。
④ [明]李东阳等撰，申时行等重修：《大明会典》卷一百九《礼部六十七》，第1627页。
⑤ [明]李东阳等撰，申时行等重修：《大明会典》卷一百九《礼部六十七》，第1627页。

北馆。

会同馆为兵部所属衙门，其职官设置在《诸司职掌·兵部》中说："会同馆，大使一员，副使一员。"①会同馆的功能有二：

（1）接待"四夷"朝贡使者。会同馆中主要居住有"四夷"朝贡使者，其所需粮米及喂养进贡马匹、象只的物料，均由户部支给，礼部具体备办。"四夷"贡使在会同馆内，遇有正旦、圣节、冬至或吉庆，还会受到明廷的筵宴款待。贡使们朝觐完毕后，会同馆内还会举行赐宴活动。

（2）开市贸易。会同馆是明廷与"四夷"贡使进行经济贸易的场所。明廷允许各地贡使在政府监督下，在会同馆内开展贸易活动，但不许潜入百姓家私自进行贸易。②

会同馆配备有四百名馆夫，南馆一百名、北馆三百名，主要负责接待、款待番夷使者等日常工作。由于来京贡使的日益增加，四百多名馆夫的接待已显捉襟见肘。正统六年五月，北京会同馆大使姬坚等奏："大慈恩等寺分住国师、禅师、剌麻阿木葛等三百四十四人占用馆夫二百一十三人，有放回办纳月钱、牧放马匹及供给马草者及至外国四夷使臣到馆，乏人供应，不得已而雇觅市人代之。乞取回在寺馆夫，议定多寡之数而与之。国师、禅师每员二人，觉义、都纲每员一人，剌麻十人共一人口，务令恒在寺供应，不许疏放。今后朝贡番僧剌麻止蓍本馆安歇听赏，不许私自擅入各寺混杂生事。上曰：大国师班丹札失、阿木葛每员与十人；剌麻十人与二、其著为令。"③说明朝廷开始对负责贡使款待事宜的人员作了具体规定，禁止无限占用馆内接待、杂勤等工作人员。

京城供给使者的物品，朝廷制定有专门的法律法规，即《下程住支常例》，其内容详见《大明会典·使臣则例》条：

> 凡诸番国及四夷、土官、使臣人等进贡等项到会同馆俱有常例，并钦赐下程。礼部奏准，通行光禄寺支送。其钦赐下程一次者仍支常例下程，或五日十日一次者，常例下程住支。若已经给赏，两月之外不行回还者，住支下程。凡送夷人下程，光禄寺差属官一员，管押至会同馆主

---

① 杨一凡点校：《皇明制书》第二册《诸司职掌·吏部》，第357页。但《明史·职官志一》有不同记载："会同馆大使一人，正九品，副使二人，从九品。"
② 熊文彬、陈楠主编：《西藏通史》（明代卷），第287页。
③ 《明英宗实录》卷七九，正统六年五月甲寅，第1571—1572页。

事处验给。隆庆元年题准，凡四夷贡使，领赏五日后迟留不行者，光禄寺住支下程。本部将伴送人员悉置常例下程。①

这是明朝对于"四夷"使者饮食供应和停发的基本法例。其中，常例下程是会同馆提供给贡使人员的日常饮食，而钦赐下程则是以皇帝名义给使者的特别饮食供应。从以上住支条例可以看出，钦赐下程的次数不一样，有三天一次的，有五天一次的，有十日一次的；停发使者的供应也有不同的法律规定。

（曲先卫）宣德间，使臣七人，五日下程一次，羊鹅各一只、鸡三只、米三斗、酒二十瓶、面十五斤、果子四色、蔬菜厨料。正统间，使臣二人，十日下程一次，羊一只、酒十瓶、面五斤、米二斗、果子四色、烧饼糖饼各八个、蔬菜厨料。②

（沙州卫）正统间，使臣四人，五日下程一次，羊鹅各一只、鸡二只、酒十瓶、米二斗、面五斤、果子四色、蔬菜厨料。③

（赤斤蒙古卫）天顺间，使臣四人，五日下程一次，鹅二只、鸡四只、酒八瓶、米八斗、面八斤、果子四色、蔬菜厨料。④

兀良哈、乌思藏等处剌麻番僧、苏禄王、尚师、法王、婆罗门、可脱乩、讨来思、乩加思兰各止支常例下程。（土官番僧人等无关文者不支）⑤

以上所有的食宿供给物品，具有两个特点：

其一，根据"四夷"政治地位、与明朝关系、居地远近等方面之不同，明中央提供给边疆地区使者不同的食宿用品。通常情况下，朝廷主管部门还会按照生活习俗、饮食习惯等安排各地来京贡使的住支供给。

其二，所有使者供应物品、规格、数量都要登记造册，严格备案。嘉靖

---

① [明] 李东阳等撰，申时行等重修：《大明会典》卷一百十五《礼部七十三》，第1680页。
② [明] 李东阳等撰，申时行等重修：《大明会典》卷一百十五《礼部七十三》，第1683页。
③ [明] 李东阳等撰，申时行等重修：《大明会典》卷一百十五《礼部七十三》，第1683页。
④ [明] 李东阳等撰，申时行等重修：《大明会典》卷一百十五《礼部七十三》，第1684页。
⑤ [明] 李东阳等撰，申时行等重修：《大明会典》卷一百十五《礼部七十三》，第1684页。

二十六年（1547）令："经该巡抚衙门给与印信文簿，事毕回还者，礼部给与印信文簿，令所过驿递将夷使名数，并应付马驴车辆、廪给口粮各数目，初到及起身各日时逐一登记，就用本驿递条记钤，盖仍付伴送人员赍往前路驿递一体填写，事完之日，伴送人员将前簿在内送本部，在边送巡抚衙门稽考礼部，仍咨各该巡抚。凡伴送番人，务选平昔畏法谙熟番情者差遣，不得滥委扰害地方。"①从内容分析，《嘉靖二十六年令》对边地登记、造册、送交程序的规定十分详细，就其中反映的供给物品来看，规定了备查、备案的法律法规，是会同馆的规范法律文本。

总之，明朝对来京的西藏及周边涉藏地区使者，给予最大的优待，反映在使者的日常用品、食宿规格等方面，无不处处体现着朝廷的优厚和宽待。"太监侯显等归自乌思藏，以乌思藏所遣朝贡剌麻僧人入见，命行在礼部供给如例。其留止河州者，敕都督同知刘昭如例给之。"②这些待遇都是源于明政府对西藏及周边涉藏地区教俗领袖的优待政策之所致。《菽园杂记》卷四中这样说："胡僧有名法王若国师者，朝廷优礼供给甚盛。言官每及之。盖'西番'之俗，一有叛乱仇杀，一时未能遥制，彼以其法戒谕之，则磨金餂剑，顶经说誓，守信惟谨。盖以驭夷之机在此，故供给虽云过侈，然不烦兵甲刍粮之费，而阴屈群丑，所得多矣。新进多不知此，而朝廷又不欲明言其事，故言辄不报。此盖先朝制驭远夷之术耳，非果神之也。"③

其次，值得称赞的是，明朝对于西藏及周边涉藏地区使者的优待还体现在使行途中之关照。如遇出使人及伴送人等有疾病，即与医药，"年终具用药若干活人若干，开送提督主事处，核实呈部"。换句话说，如果出使人员途遇疾病时给与医药治疗，沿途或来京后死亡则由政府划拨丧葬费，赐给棺木，使其体面下葬。陪臣未到京者，题请翰林院撰祭文，所在布政司备祭品，遗本司堂上官致祭，仍置地营葬立石封识。到京病故使者，行顺天府给棺，祠祭司谕祭兵部应付车辆人夫，各该赏衣彩缎俱付同来使者，领回颁给。一应善后事宜颇显人文关怀且俱有章程。甚至政府还考虑到细节问题，对在馆而没有领到赏赐的病故使者，也交由会同馆负责给予棺木、银钱，听其自行葬埋。

---

① [明]李东阳等撰，申时行等重修：《大明会典》卷一百八《礼部六十六》，第1623页。
②《明宣宗实录》卷五三，宣德四年四月丙戌，第1275页。
③ [明]陆容撰：《菽园杂记》卷四，第42页。

嘉靖八年（1529）时有了更细致的规范：在馆未经领赏病故者，行顺天府转行宛大二县，预解无碍官银三十两，发馆每名给与棺木、银五钱，支尽之日造册缴部，再行取用领赏，以后病故，听其自行葬埋。事后，有专业人员对因病故而赐棺木、银钱数量进行造册统计上交。所有这些，都无疑极大地体现了明中央对于西藏地方及其他涉藏地区使者无微不至的关怀和优待。

第三，使者供给和往来产生了较大的费用。频繁的使者往来，无数的供应，必然增加了朝廷和沿途地方官府及百姓负担，"军旅戍守，使臣往来，费用甚多"[①]，就是其鲜明的写照。因此，朝廷探索对贡使等人员的限制措施。相关问题已有讨论，此处不再赘述。

二、来京贡使的接待礼制

京城接待西藏及周边涉藏地区使者，有着严格复杂的各种各样仪式、仪礼、规定。接待次序上，使者先于会同馆受到接待，之后朝觐，接受皇帝的最高接待，并举行宴请。

（一）会同馆接待

西藏及周边涉藏地区来京使者，需先将贡品交验。对于各类贡品，朝廷设有专门的管理机构，有具体的交接仪礼和制度。洪武二十六年（1393），定《贡品交接条例》，规定：

> 凡诸番国及四夷土官人等或三年一朝、或每年朝贡者，所贡之物会同馆呈报到部，主客部官赴馆点检见数。遇有表笺，移付仪部。其方物分豁进贡，上位若干、殿下若干。开写奏本发落人夫管领。先具手本关领，内府勘合，依数填写及开报门单，于次日早朝照进内府。或于奉天门，或奉天殿丹陛，或华盖殿及文华殿前陈设。本部正官奏启进纳，若遇庆贺圣节、正旦，贡献之物初到，即以数目具本奏闻，物候至日通进。内府陈设交收。[②]

此《贡品交接条例》对于贡品的接收、检验、开单、呈报等环节做了详细

[①]《明宣宗实录》卷二七，宣德二年四月辛巳，第719页。
[②] 杨一凡点校：《皇明制书》第二册《诸司职掌·吏部》，第550—551页。

规定，适用于外国及"四夷"首领、土官朝贡者。因此西藏和其他涉藏地区所贡之物，仍然按照以下程序办理：（会同馆）呈报礼部、（主客部）赴馆点检、移付礼部、开写报单、（馆夫）领贡品储存的顺序进行。需要说明的是，参照洪武二十六年三月编成的《诸司职掌》中的"主客部"对"蕃国"的记述，只列及高丽、暹罗、琉球、占城等17国，而西天尼八剌、撒马儿罕等归类为"西域"，这说明了"蕃国"与"西域"是有所区别，不能混为一谈。[①]

明朝虽然对藏传佛教十分优待，"但建立封授关系是建立一种特别的中央与地方的隶属关系，顺序不能改变，即先是朝廷差派使臣携皇帝诏书、礼物前往礼请，随后是地方首领或宗教领袖奉诏来朝入贡，表示纳悃供诚，而后朝廷再现其身份地位给予封号赏赐等"[②]。贡品交验后，在京城具体负责接待的是会同馆，西藏及周边涉藏地区使者由会同馆专业人员接待入驿下榻。但职掌礼仪的最高职能部门并不是会同馆，而是礼部。礼部主要掌礼仪事宜，凡各处朝贡使者至京者当随即具奏，接待如宜，不使远人有缺望之心。

按照明朝的制度，会同馆接待边疆少数民族使者有一套完整的礼仪程序，其仪式极其复杂、详细，大到觐见皇帝，小到座次安排、食物种类，一应俱全，无所不备。若就"蕃王朝贡"与"蕃使朝贡"而言，主要循"迎劳""朝见""宴""辞仪"及"劳送出境"等围绕"入朝"而组成，这一点是延续唐、宋时期的礼仪。[③]"四夷"少数民族首领及其使者朝贡的礼仪也类似，分为迎送、接待、朝见、宴请、辞送等环节和程序。

1. 贡使"朝贡仪"

最早的朝贡礼制，订立于洪武二年。是年九月，"定蕃王蕃使朝贡礼"[④]。洪武十八年（1385），明政府颁布了新的"朝贡仪"，对朝贡相关事宜做了极其细致的规定，如规定贡使朝贡，需先在会同馆接待，然后再择日上朝觐见皇帝。洪武十八年的贡使"朝贡仪"的详细内容是：

> 洪武十八年定："蕃国初附，遣使奉表，进贡方物，先于会同馆安歇。礼部以表副本奏知，仪礼司引蕃使习仪，择日朝见。其日，锦衣卫

[①] 郭嘉辉：《明洪武时期"朝贡制度"之研究（1368—1398）》，香港浸会大学博士学位论文，2015年，第30页。
[②] 陈楠：《藏史新考》，中央民族大学出版社，2009年，第227页。
[③] 郭嘉辉：《明洪武时期"朝贡制度"之研究（1368—1398）》，香港浸会大学博士学位论文，2015年，第111页。
[④] [明]朱国祯辑：《皇明大政记》卷二，明崇祯刻皇明史概本，《中国野史集成》第7册第38页。

陈设仪仗,和声郎设大乐于丹陛,如常仪,仪礼司设表案于奉天殿东门外丹陛上,方物案于丹陛中道之左右,设文武百官侍立位于文武楼南,东西相向。蕃使服其服,捧表及方物状,至丹墀跪授,礼部官受之,诣丹墀,置于案,执事者各陈方物于案,毕。典仪、内赞、外赞、宣表、展表官、宣方物状官各具朝服,其余文武官常服就位。仪礼司官奏请升殿,皇帝常服出,乐作,升座,乐止。鸣鞭讫,文武官入班叩头礼毕,分东西侍立。引礼引蕃使就丹墀拜位,赞四拜。典仪唱"进表",序班举表案由东门入,至于殿中。内赞赞宣表,外赞令蕃使跪,宣表,宣方物状,讫,蕃使俯伏,兴,四拜,礼毕。驾兴,乐作,还宫,乐止。百官及蕃使以次出。其蕃国常朝及为国事、谢恩、遣使进表、贡方物皆如前仪,唯不宣表。"①

显然,此"仪"对包括接待礼仪、朝觐、宣表等礼仪方面都有详细的规定,是明代第一部系统全面的朝贡礼仪法。

洪武二十七年(1394),有朝贡实践的基础上,明朝再次修订了洪武十八年的"朝贡仪",《明史》载:"洪武二十七年四月庚辰(公历5月11日),更定蕃国朝贡仪。"②此次修改朝贡礼仪的原因是,朱元璋认为以前的朝贡条例太过繁琐,应该酌减条议,"上以旧仪颇烦,故复命更定之"③。修改后的"朝贡仪"规定:

凡蕃国王来朝,先遣礼部官劳于会同馆,明日各服其国服,如尝赐朝服者,则服朝服,于奉天殿朝见,行八拜礼毕,即诣文华殿朝皇太子,行四拜礼。见亲王亦如之,亲王立受后答二拜。其从官随蕃王班后行礼。凡遇宴会,蕃王班次居侯伯之下。其蕃国使臣及土官朝贡,皆如常朝仪。

此为洪武二十七年的"朝贡仪",规定了外国贡使来朝礼仪:仍然先由礼部派员于会同馆接待,次日穿自己国家服饰于奉天殿朝见皇帝,行八拜礼节。除此之外的其他细则有所减化。④从"其蕃国使臣及土官朝贡皆如常朝"句可知,"四夷"少数民族首领的朝见礼仪与此相同。

---

① [明]李东阳等撰,申时行等重修:《大明会典》卷五十八《礼部十六》,第1005—1006页。
② [清]张廷玉等撰:《明史》卷五十六《礼志十》,第1423页。
③ [清]张廷玉等撰:《明史》卷五十六《礼志十》,第1423页。
④ [清]张廷玉等撰:《明史》卷五十六《礼志十》,第1423页。

京城接待贡使，也会出现贡使至京不奏报或官员故意延迟不赏的情况。永乐十七年十二月，监察御史邓真上奏十事，其三言："今使臣到者饮食供帐之具，一概委之会同馆，应赏赐者故意迟留，又有各处军民来贡者往往不即奏达，只令于会同馆听候，或十日半月不引奏，或已进贡才即遣发，有伺候一两月或至三四月者，此礼官之弊也。"①明成祖准其奏，命诸司改正，否则严惩不贷，治以重罪。这就说明，对执行朝贡不力或不作为甚至违法的官员，明朝将给予严惩。

2. 会同馆赐宴

历代中央政府对外国或边疆民族地区首领接待的礼仪都很重视，其程序和礼仪内容颇为复杂，反映在朝廷接待使者的时间、地点、座次、仪仗及朝见皇帝的繁琐仪式和礼节上。北宋时期，"青唐使节有时安置在同文馆内，有时又在都亭驿"②。明代西藏及其他涉藏地区使者来京，由礼部（一般是礼部主客清吏司官员，或郎中、或员外郎、或主事）全权负责在会同馆的接待事宜，安排食宿、奉旨赐宴。"臣巴藏卜奏：为谢恩事，臣于本年九月内，例进贡到京，已蒙收受，见在馆驿住候。"③永乐五年十二月，赐净修三藏国师所遣朝贡使者思思南土官田仁凯等"宴于会同馆"④。赐宴成为明朝接待涉藏地区贡使最常规的礼仪活动之一，并形成制度——"例"：

如弘治五年十二月，乌思藏来贡"番僧"阿旺札思叭袭职为崇化禅师，"赐宴如例"；万历五年十二月，灵藏赞善王端岳坚昝遣使者著巴答等各赴京进贡，"赐宴如例"。万历六年十一月，乌思藏法王遣锁喃元旦一十六员进贡，"宴如例"。万历十五年正月，陕西鲁班等七寺剌麻"番僧"札石尖卒等二十五名赴京进贡，"赐筵宴如例"。万历十九年正月，陕西崇隆等六寺剌麻"番僧"共卜尖等三十名赴京进贡，"筵宴如例"。万历二十五年七月，陕西鲁班等七寺剌麻"番僧"令治速南等三十五名赴京进贡，"赐宴如例"。

会同馆赐宴的礼仪、规格、程式极其复杂繁琐。《明史》称：

其宴蕃使，礼部奉旨锡宴于会同馆。馆人设坐次及御酒案，教坊司

---

① 《明太宗实录》卷二一九，永乐十七年十二月己丑，第2177页。
② 王静：《中国古代中央客馆制度研究》，黑龙江教育出版社，2013年，第122页。
③ 任小波：《明代西番馆与西番馆来文——兼论"四夷馆考·西番"在清代的变异》，中央民族大学硕士学位论文，2007年，第37页。
④ 《明太宗实录》卷七四，永乐五年十二月己丑，第1024页。

设乐舞,礼部官陈龙亭于午门外。光禄寺官请旨取御酒,置龙亭,仪仗鼓乐前导。至馆,蕃使出迎于门外。执事者捧酒由中道入,置酒于案。奉旨官立于案东,称有制,使臣望阙跪。听宣毕,赞再拜。奉旨官酌酒授使臣,北面跪饮毕,又再拜。各就坐,酒七行,汤五品,作乐陈戏如仪。宴毕,奉旨官出,使臣送至门外。皇太子锡宴,则遣官官礼待之。省府台亦置酒宴会,酒五行,食五品,作乐,不陈戏。①

汇总这段史料,对礼部在会同馆接待贡使的礼仪基本可以列出其轮廓:(1)会同馆官员的准备工作。会同馆官员事先设立蕃使坐次、置乐舞、陈龙亭、仪仗鼓乐队。(2)使者出迎与听宣圣旨。礼部奉旨锡宴,至会同馆时,贡使于馆门外出迎,使者望阙跪;听宣毕,赞,再拜。(3)赐酒和宴会开始。奉旨官酌酒授使者,北面跪饮毕,又再拜。之后各自就坐,宴会开始,期间奏乐如故。(4)宴会的结束礼仪。宴会完毕,使者送至门外。

由此可见,会同馆宴请贡使时,包括宴会准备、使者坐次、赐酒仪式、乐舞规格等方面的内容,极其细致而复杂。在宴请过程中,被宴请贡使的座次、方位、职品甚至被宴请贡使的衣着、鞋帽、冠带等都有具体的规定,其反映出来的礼仪礼节十分之繁杂,不能僭越,否则视为违礼。

除了会同馆的赐宴,有时赐宴还会在贡使进京处随即进行,如洪武三十一年(1398)正月,"四川长河西安抚等司土官僧吉藏卜等来朝,"赐宴于东角门"。②但这种情况不常见。

(二)皇帝接待

明朝皇帝亲自接待来京的西藏及周边涉藏地区政教首领或使者,属于最高规格的特别接待。一般情况下,只有著名的高德大僧来京才能受到如此礼遇。《皇明通纪》卷五载:

永乐四年十二月,迎西僧尚师哈立麻至京师。先是,上在藩邸,闻乌思藏有尚师哈立麻者,异僧也。及即位,遣中官侯显赍书币往迎。五历寒暑,乃至。车驾躬往视之,无跪拜礼,合掌而已。③

---

① [清]张廷玉等撰:《明史》卷五十六《礼志十》,第1424页。
② 《明太祖实录》卷二五六,洪武三十一年正月癸酉,第3697页。
③ [明]陈建著,钱茂伟点校:《皇明通纪》,第430页。

此处所示明成祖亲迎西藏高僧哈立麻（即得银协巴）的礼仪规格之高，史所罕见，不仅明皇亲自迎视，而且哈立麻也不跪拜皇帝，仅"合掌"答礼而已，反映了明朝最高统治者对西藏高僧的尊崇。《四友斋丛说》卷二十二亦曰："文皇帝在藩，闻乌思藏有尚师哈立麻者，异僧也。永乐初，遣中官侯显赍书币往迎，五历寒暑，丙戌十二月乃至，车驾躬往视之，无跪拜礼合掌而已，上宴之华盖殿，赐金百两银千两，彩币法器不可胜纪。"①

关于1406年底哈立麻（即得银协巴）抵京后，明成祖朱棣率皇室及文武百官隆重接待他的盛大场面，《贤者喜宴·噶玛岗仓史》中有极为详细的记载，其中有关礼仪的描述有以下几个细节：

（1）明成祖皇帝亲自为法王敬茶。藏历火狗年（1406年）七月三日，二十三岁的得银协巴驾临拉登寺，八日抵达噶玛寺，并于十八日出发前往明京。"藏历阴火猪年（1407年）元月二十一日，皇帝出宫至城外法王驻地，将一具金色的千辐轮供奉给法王，皇帝亲自为法王敬茶，并为所有师徒赐予新鲜的茶叶。"②

（2）明成祖赐住宫和衣帽座位。"因新建有觐见的宫殿，法王于此日晚即驻锡于此宫殿。翌日寅时，（皇帝）赐予所有仆人每人四套衣服，一双鞋子；赐予贵人们每人一顶金色的盘帽。皇帝从遥远的地方前来住于此处，按照汉地之习俗坐左为上，法王依左侧安座，其余的人在前方左右两侧坐定，共同恭侍法王。此后，皇帝返回王宫，众师徒驻锡于觐见之宫殿。"③

（3）声势浩大的大象仪仗队迎接得银协巴。"二十二日，（宫殿）内外的人们一大早就来到皇宫，为欢迎法王，无数身着盛装之人们敬献有手工制作的绸缎精舍与黄金、绿松石精舍以及华盖、宝幢、经幡、香囊等贡品，种类之多，不可思议。此外，欢迎队伍中还有一头白象，三头挂着金银饰品的大象以及三百头披红挂绿的大象仪仗队。身着僧服的五万余僧人分别手执鲜花和各种不同的乐器，以及九位皇太子和三千余名大臣为首的十万显贵，一百二十位万军士围成一圈，有些人披甲戴胄，有些人携带盾牌，大部分人都手持长矛。人人手持金锤、金钺、金杖等，每百人为一组，手持金、银、绸缎装饰的日月形状者有四千余人。随后大皇帝为迎接（法王）亲临皇宫大门，外面如何安排迎驾，里面也如何安排迎

---

① [明]何良俊著：《四友斋丛说》，中华书局，1997年，第200—201页。
② [明]巴卧·祖拉陈瓦著，周润年译：《贤者喜宴·噶玛岗仓史》，第203页。
③ [明]巴卧·祖拉陈瓦著，周润年译：《贤者喜宴·噶玛岗仓史》，第204页。

驾,尤其是仅穿戴金甲者就有二百余人。在觐见会聚的宫殿南门,有座五层(楼房),里面有纯金制作的金顶、金柱以及藏式三十二根柱子的寝宫,寝宫四方有三个门,每门有一佩剑侍卫。皇帝与法王之座次惯例一如往昔。法王之身边有三位净妙上师,左侧安置有僧众,四门中各有穿金甲者五十人。皇帝左右两侧有持盾、挽弓、佩剑者四十余人。午宴赐予无数种食品。此后,在皇帝面前表演各种喜剧。临行时,皇帝曰:'朕已吩咐请法王等走中门,吾等走左侧之门。'皇帝送法王至皇宫中门,前去迎接者们送法王至寺院中。"①

哈立麻来京后,由京城住游五台山,其仪仗规格极高:"上眷注殷勤,留之不已,乃赐銮舆旌幢伞盖之仪,遣使卫送于五台大显通寺。更敕太监杨升,重修其寺。兼修育王所置佛舍利塔,以饰法王之居。"②

(4)明成祖敬献法王礼品。"次日太阳初升,皇帝驾临寺院中。法王从寝宫之内门,所有上师从中门迎接(皇帝)。敬献的礼品有备好鞍的三匹白马,其余白马一十八匹。对此,汉人以白色马匹尤为致胜,然而昔日的老者不以白色(为致胜),今以白色为致胜之始。尚敬献有金七锭、银三十七锭、绸缎百余(匹),茶三十包、金铃杵十五个、金瓶两个、银瓶五个、金银曼遮一对、五瓣莲花金银盘供一个,其他还有宗教供器、金银碗盘等无数礼品。皇帝称此等礼品为"胜境欢喜天之供奉。"③

(5)宫殿觐见,特传旨法王不用"每个僧人为皇帝行礼"。"二十四日,皇帝下诏,请以三位上师为首的所有随从前往皇宫,并安排于宫殿之廊厅相见。皇帝尚传旨:不需要每个僧人为皇帝行礼。"④

(6)表演节目。"二十五日,所有师徒等人被迎请至皇宫,首先从东门到达金銮殿,此后即到达了以前觐见的地方,二人会晤。皇帝赐予法王用一千两银子制成的五锭银等许多礼品,表演的节目大部分与以前相同,特别是皇宫的西门前还表演有黑猴走钢丝、白猴骑马等精彩节目。"⑤

四月八日,(法王)翻译经卷后敬献给(皇帝)。次月,(皇帝赐封法王)"如

---

① [明]巴卧·祖拉陈瓦著,周润年译:《贤者喜宴·噶玛岗仓史》,第204页。
② [明]释镇澄著:《清凉山志》卷三《大宝法王传》,中国书店,1989年,第82页。
③ [明]巴卧·祖拉陈瓦著,周润年译:《贤者喜宴·噶玛岗仓史》,第204—205页。
④ [明]巴卧·祖拉陈瓦著,周润年译:《贤者喜宴·噶玛岗仓史》,第205页。
⑤ [明]巴卧·祖拉陈瓦著,周润年译:《贤者喜宴·噶玛岗仓史》,第206页。

来大宝法王西天大善自在佛"之名号，还赐予用一百两黄金制成的诏书和如意宝贝水晶印，并赐予三位上师大国师之职以及金印和水晶印盒。① 至四月中旬，法王前往五台山时，明成祖及太子又护送（法王）至海岸（登船）。②

以上明成祖接待大宝法王的礼仪规格之高、仪式之庄重、场面之宏大，为史所罕有。当然，这种高规格的接待礼节，只用于接待地位特殊的高僧。永乐十二年冬十一月，释迦也失应诏至京师入大内，"预敕免拜，赐座大善殿，应对称旨，上大嘉叹，敕安能仁方丈"③。特敕免拜，表明了明朝皇帝对乌思藏高僧的特殊礼待。从《明史·大乘法王传》中的一段话："（昆泽思巴）十一年二月至京，帝即延见，赐藏经、银钞、彩币、鞍马、茶果诸物，封为万行圆融妙法最胜真如慧智弘慈广济护国演教正觉大乘法王西天上善金刚普应大光明佛，领天下释教，赐印诰、袈裟、幡幢、鞍马、伞器诸物，礼之亚于大宝法王。明年辞归，赐加于前，命中官护行。后数入贡，帝亦先后命中官乔来喜、杨三保赍赐佛像、法器、袈裟、禅衣、绒锦、彩币诸物。"④反映出明成祖接待大乘法王的礼节也是规格特别高的，只可惜《贤者喜宴》等文献中并没有像记录大宝法王时的详细记载。

明朝皇帝赐予藏传佛教高僧金印仪仗之礼者还有大善国师，《续补高僧传·大善国师传》载：大善国师永乐年间来明京，明成祖于奉天殿、武英殿接见了他，命居能仁寺。"岁甲辰，仁宗昭皇帝，举荐扬大典，师掌行，特授师号圆觉妙应慈慧普济辅国光范弘教灌顶大善大国师，赐金印宝冠供具仪仗。"⑤《贤者喜宴·噶玛岗仓史》中还记载有明成化时期，宪宗皇帝接待西藏高僧的礼仪细节："是时，明成化皇帝赐予敕谕、殊胜黑帽、珍珠服饰、帐幕、华盖等无数礼品，还有大金锭以数万匹绸缎。大灌顶国师索南嘉措、图康扎西桑波、侍茶者悦色嘉错、尼玛悦色等人还礼，并祝祷皇帝万寿无疆。"⑥种种高规格的接待之礼仪，反映了明廷对藏传佛教高僧的重视。

---

① ［明］巴卧·祖拉陈瓦著，周润年译：《贤者喜宴·噶玛岗仓史》，第207页。
② ［明］巴卧·祖拉陈瓦著，周润年译：《贤者喜宴·噶玛岗仓史》，第207—208页。
③ ［明］释镇澄著：《清凉山志》卷八《释迦也失传》，第136页。
④ ［清］张廷玉等撰：《明史》卷三百三十一《大乘法王传》，第8575—8576页。
⑤ ［梁］慧皎等撰：《高僧传合集·补续高僧传》卷二十五，第760页。
⑥ ［明］巴卧·祖拉陈瓦著，周润年译：《贤者喜宴·噶玛岗仓史》，第307页。

三、来京贡使宴请礼仪

（一）贡使的宴请

宴请，即宴会，也叫筵宴。明代宴会有多种，属于官宴形式的宴会主要有驾幸太学筵宴、进士恩荣宴、纂修宴、武举宴等。本文所述宴请，非上述几种形式，而是指对西藏及其他涉藏地区贡使进行的宴请。当然，不论是宴请文武百官还是宴请"四夷"土官贡使，明政府均制定有专门的宴请礼仪。

宴礼，其实是古代王室以酒肉款待宾客，因招待对象不同而用不同等级的礼仪。"天子款待诸侯用飨（享）礼，款待诸侯之卿用宴礼。杀牲以载于俎，称为蒸；祭天用整个牲体，称全蒸。天子招待诸侯的飨礼，用半个牲体，称体荐，亦称房烝。全蒸、体荐都不煮熟，不能食用，因而飨礼之上主宾不饮不食，设酒肴仅为表示隆重。宴礼则以切开之肉，带骨而置于俎上，称为折俎，也称殽（肴）烝。"[①]后世皇家虽不尽遵先秦古礼，但饮食制度上"飨"与"宴"这两种不同等级的礼，却长期存在。同样，明朝接待"四夷"酋长及来京贡使人等，必然也有不同等级之宴礼存在。因为宴请一事看似简单，实则事关国家治边之大计，成化十二年十二月，明宪宗对兵部侍郎马文升说："宴待诸夷本柔远之道，所以尊隆国体，起其瞻仰，非但饮食之而已，必器具整齐，品物丰洁。始称今后筵宴并酒饭处，令光禄寺堂上官视之，仍以礼部官一员督察，敢有不遵者，并治以罪"[②]，充分反映出明朝皇帝对宴待"四夷"朝贡使者之重视。

由礼部尚书李原名等会同六部、都察院、通政司、翰林院、大理寺等官奉敕详定，颁行于洪武二十年（1387）十一月的《礼仪定式》，其中就有关于筵宴礼仪、出使礼仪等方面的具体规定。[③]

《礼仪定式》之"筵宴禮儀"，凡二条：

[①] 钱玉林，黄丽丽主编：《中华传统文化辞典》，第583页。
[②] 黄彰健校勘，中研院历史语言研究所校印：《明宪宗宝训》卷三《优远人》，中华书局，2016年，第245页。
[③]《礼仪定式》颁行于洪武二十年（1387）十一月，系礼部尚书李原名等同六部、都察院、通政司、翰林院、大理寺等官奉敕详定，内容是关于百官朝参、筵宴礼仪、出使礼仪、官员拜礼、官员公坐、司属见上司官、公聚序座、官员相遇回避等第、在京官员常行仪从以及官员伞盖、冠带、服色、房舍等的规定。正德二年（1507）二月，明武宗朱厚熙敕礼部将包括《礼仪定式》在内的累朝榜例申明晓谕，令臣民一体遵守。由此可见，此法律曾在明代被奉为定法长期实行。《弘治七年例》："出使礼仪，遵依洪武礼制。"官员冠带（依品级服用，不许僭越，乱品级），官员房舍，悉依原定旧制遵守。笔者注。

（1）"凡文武百官每遇筵宴，四品以上文东武西，各照品级次第，上殿侍坐。五品以下于殿外丹墀内，文东武西，各照品级序坐。其奉特旨赐殿内坐者，不在此限。如在奉天门，则公侯坐于门内，四品以上官坐于门外，五品以下官坐于丹墀内，各照品级，文东武西，务要容止恭肃，不许搀越、喧哗、简慢。"①

（2）"凡百官于奉天、华盖、谨身、武英等殿筵宴奏事，须穿礼鞋，方许上殿。违者从礼部官、监察御史、仪礼司纠举，送法司如律。"②

明代对西藏及周边涉藏地区贡使的宴请，可分为有两种：一是会同馆奉旨宴请，二是皇帝临殿宴请番夷贡使。现有文献资料中就有大量"赐宴""宴赉如例"的史料记载，由此佐证了明廷宴请西藏及其他涉藏地区贡使的史实。如永乐三年（1405）正月，赐乌思藏头目阿奴等宴于会同馆③。永乐五年十二月，赐净修三藏国师所遣朝贡使者思思南土官田仁凯等宴于会同馆④。这两则史料说明，明朝于会同馆宴请了西藏及其他涉藏地区贡使。

除了会同馆，贡使的宴请地点可以在华盖殿，永乐四年（1407）十二月，"宴尚师哈立麻于华盖殿……"⑤另外，由于藏族僧人来京后，也有居于寺中者，故明廷对中贡使的宴请地点和场所，有时就近安排于寺中进行。天顺六年（1462）十二月，"召净觉慈济大国师锁南领占至京师，馆之大隆善寺。"⑥永乐元年二月，"赐乌思藏必力工瓦等国师所遣人，宴于天禧寺。"⑦可以看出，大隆善寺、天禧寺中都曾举行了宴请贡使之事。

宴请西藏及周边涉藏地区使者的时间，或为贡使至京当时，或为延后三四天甚至更多天，"若使臣数多，分二日宴，如遇禁屠斋戒，移后三四日举行。"⑧宴请也不一定就在一天之内结束，使者太多时可能多至两三天。

（二）"洪武二十六年例"及宴请规定

对涉藏地区贡使及其他"四夷"使者的宴请，明政府制定有专门的礼仪规

---

① 杨一凡点校：《皇明制书》第二册《礼仪定式》，第709页。
② 杨一凡点校：《皇明制书》第二册《礼仪定式》，第709页。
③《明太宗实录》卷三八，永乐三年正月癸亥，第647页。
④《明太宗实录》卷七四，永乐五年十二月己丑，第1024页。
⑤《明太宗实录》卷六二，永乐四年十二月庚戌，第896页。
⑥《明英宗实录》卷三四七，天顺六年十二月戊寅，第6998页。
⑦《明太宗实录》卷一六，永乐元年二月壬子，第303页。
⑧［明］李东阳等撰，申时行等重修：《大明会典》卷一百十四《礼部七十二》，第1674页。

制。洪武二十六年定"例",规定了两个主要内容:一是宴请"四夷"土官贡使人等的程序和机构分工,一是宴待贡使的物料规格。

第一,宴请程序和分工。

明代主管酒食的官员有郎中、员外郎、主事,他们掌宴享牲豆酒膳之事,会其品数,程其出纳。"旧制,凡大筵宴,膳司提调光禄寺官供办。其待诸番茶饭及下程,膳司自行办送。后革主事厅一应皆属光禄寺,礼部止行文照会。"①

明朝官方对于"番国及四夷"使者接待、辞行等宴请有着极为严格的规定,内容涉及诸多方面。其中,仅是接待、辞行宴会的酒食规格、种类、数量品名等及其变化,包括宴会的座位和陈设,就有各种"例"。其"钦赐筵宴例"规定:

> 管待夷土官筵宴,凡诸番国及四夷使臣土官人等进贡,例有钦赐筵宴一次、二次。礼部预开筵宴日期,奏请大臣一员待宴及行光禄寺备办,于会同馆管待。教坊司用乐,鸿胪寺令通事及鸣赞供事,仪制司领宴花,人一枝。若使臣数多,分二日宴。如遇禁屠斋戒,移后三四日举行。回还之日,差官伴送,沿途备办饭食。经过去处茶饭管待,各有次数,许镇守总兵或三司,或府卫正官二三员陪席。②

此"例"规定,光禄寺于宴请日前负责供办齐全物料。宴待当天,由礼部和会同馆具体负责管待,同时教坊司负责庆典事宜,这就是宴待涉藏地区使者和"四夷"使者礼仪程序。

第二,宴待贡使的物料规格。

管待物料,即接待贡使时在酒宴上陈设的酒茶饭料等物。洪武二十六年(1393)规定:"凡遇正旦、圣节、冬至或吉庆筵宴所用诸品膳羞酒醴,并须提调光禄寺供办。若管待诸番国朝贡等使客并外国来降土官人等茶饭物料,礼部自行备办。其宴之日,赴会同馆管待,令教坊司供应。若奉旨管待之人俱于本部筵宴,正官主席。土官使客至会同馆,除柴米铺陈本馆应付外。本部照依正从名数、每五日一次支送下程管待物料。"③从接待程序看,《洪武二十六年例》规定了从光禄寺供办食物到礼部与会同馆具体管待,再到教坊司供办庆典诸事宜的具体过程。宴待贡使的卓面物料为:"每正一卓,果子五色,按酒五色、汤三品、

---

① [明]李东阳等撰,申时行等重修:《大明会典》卷一百十四《礼部七十二》,第1669页。
② [明]李东阳等撰,申时行等重修:《大明会典》卷一百十四《礼部七十二》,第1674页。
③ [明]李东阳等撰,申时行等重修:《大明会典》卷一百十四《礼部七十二》,第1669页。

小割正饭用羊。永乐元年，上卓：按酒五般、果子五般、烧煠五般、茶食、汤三品、双下大馒头、羊肉饭、酒七钟。中卓：按酒果子各四般、汤二品、双下馒头、牛马羊肉饭、酒五钟。"①

天顺元年（1457），对此进行了修改，修改后的筵宴朝贡人员的饮食清单为："上卓：高顶茶食、云子麻叶、大银锭油酥八个、棒子骨二块、凤鹅一只、小银锭笑靥二楪、茶食果子按酒各五般、米糕二楪、小馒头三楪、菜四色、花头二个、汤三品、大馒头一分、羊背皮一个、添换小馒头一楪、按酒一般、茶食一楪、酒七钟。中卓：宝粧茶食、云子麻叶二楪、甘露饼四个、鲊鱼二块、大银锭油酥八个、小银锭笑靥二楪、果子按酒各五般、菜四色、花头二个、汤三品、马肉饭一块、大馒头一分、添换小馒头一楪、羊肉一楪、茶食一楪、酒七钟。下卓：宝粧茶食、大银锭油酥八个、煠鱼二尾、果子按酒各四般、菜四色、汤三品、马肉饭二块、大馒头二分、酒七钟。"②

弘治十年（1497）时，明廷强调宴待"夷人"，务要卓面丰腴，酒味真正，以体现朝廷优待之意。"令会同馆宴待夷人，礼部属官一员、光禄寺正官一员巡看，务要卓面丰腴，酒味真正。宴毕，待宴大臣宣布朝廷优待至意。回还之后，各守恭顺、管束部落，毋得生事扰边，自取灭亡。"③

西藏及周边涉藏地区贡使来京，如果刚好赶上内地节日，则按节日筵宴仪礼款待使者。洪熙元年十二月，四川松潘祈命族番僧勺失结林证及乌思藏大乘法王昆泽思巴遣使者桑结巴等贡马及方物，明仁宗谕礼部曰："正旦朝会，远夷俱集。凡宴赐皆宜丰厚，毋简于礼。"④表明洪熙年间对西藏及周边涉藏地区贡使在正旦节当日筵宴礼仪的重视。

依据节日筵宴的规格和仪礼，节日不同则物料供给各有不同，如正旦节筵宴的饮食清单："永乐间，上卓：茶食像生小花、果子五般、烧煠五般、凤鸡、双棒子骨、大银锭、大油饼、按酒五般、菜四色、汤三品、簇二大馒头、马牛羊胙肉饭、酒五钟。上中卓：茶食像生小花、果子五般、按酒五般、菜四色、汤三品、簇二大馒头、马牛羊胙肉饭、酒五钟。中卓：果子五般、按酒四般、菜四色、汤

---

① [明]李东阳等撰，申时行等重修：《大明会典》卷一百十四《礼部七十二》，第1676页。
② [明]李东阳等撰，申时行等重修：《大明会典》卷一百十四《礼部七十二》，第1676页。
③ [明]李东阳等撰，申时行等重修：《大明会典》卷一百十四《礼部七十二》，第1677页。
④《明仁宗实录》卷一二，洪熙元年十二月甲午，第341页。

二品、簇二馒头、马猪牛羊胙肉饭、酒三钟。随驾将军：按酒、细粉汤、椒醋肉并头蹄、簇二馒头、猪肉饭、酒一钟。金枪甲士象奴校尉，双下馒头。教坊司乐人：按酒，爊牛肉、双下馒头、细粉汤、酒一钟。"①

元宵节筵宴的饮食清单："永乐间，上卓：按酒四般、果子、茶食、小馒头、菜四色、粉汤、圆子一碗、酒三钟。中合卓：按酒四般果子、茶食、小馒头、菜四色、粉汤、圆子二碗、酒六钟。"②

端午节筵宴的饮食清单："永乐间，上卓：按酒五般、果子、小馒头、汤三品、糕一楪、粽子一楪、菜四色、酒五钟。中卓：按酒四般、果子、小馒头、汤三品、糕一楪、粽子一楪、菜四色、酒五钟。教坊司乐人：按酒一般、汤饭、酒一钟。"③

对于西藏及周边涉藏地区使者，在遇到节日时宴请的酒食物料及规格为：上桌，按酒用牛羊等肉共五碟，每碟生肉一斤八两，茶食五碟每碟一斤，果五碟，核桃红枣榛子每碟一斤，胶枣柿饼每碟一斤八两；中桌，按酒用羊牛肉四碟，每碟生肉一斤，茶食四碟，每碟十两，果四碟，核桃榛子红枣每碟十两，胶枣十二两，酒三种，汤饭各一碗。④

综上可见，各种节日举办的筵宴，其规格和仪礼各不相同且特别复杂，大到官员座次，小到筵宴酒食配备等极其详细。筵宴的次数，明政府也有规定：土鲁番使者，筵宴二次。女直、朵颜三卫、云南土官、乌思藏等处剌麻、罕东卫、安定王、阿端地面、长河西、朵甘思、董卜韩胡、金川寺、杂谷安抚司、打喇儿寨、达思蛮长官司、松潘茂州洮岷等处"番僧""各筵宴一次"⑤……曲先卫等，正统间筵宴一次；赤斤蒙古卫，天顺间筵宴一次。⑥沙州卫，正统间筵宴一次。⑦

不过，在特殊情况下，朝廷对贡使可能不予宴待。弘治十七年，"女直都指挥四员赴京，以人少难请待宴官员，奏准领宴"⑧。领宴是指没有会同馆官员实际宴请，由使者领取宴请之物品，相当于已宴请。嘉靖二十八年，建州左等卫女直

---

① [明]李东阳等撰，申时行等重修：《大明会典》卷一百十四《礼部七十二》，第1670页。
② [明]李东阳等撰，申时行等重修：《大明会典》卷一百十四《礼部七十二》，第1671页。
③ [明]李东阳等撰，申时行等重修：《大明会典》卷一百十四《礼部七十二》，第1671页。
④ [明]李东阳等撰，申时行等重修：《大明会典》卷一百十四《礼部七十二》，第1677页。
⑤ [明]李东阳等撰，申时行等重修：《大明会典》卷一百十四《礼部七十二》，第1675页。
⑥ [明]李东阳等撰，申时行等重修：《大明会典》卷一百十四《礼部七十二》，第1675页。
⑦ [明]李东阳等撰，申时行等重修：《大明会典》卷一百十四《礼部七十二》，第1676页。
⑧ [明]李东阳等撰，申时行等重修：《大明会典》卷一百十四《礼部七十二》，第1677页。

都指挥佥事并乌思藏朵甘思宣慰使司国师进贡,"值皇太子丧,题准领宴"。隆庆元年,朝鲜国差陪臣谢恩,加渴瓦寺达思蛮长官司法藏等六寺"番僧"各进贡到京,"值世宗皇帝丧,俱免宴"。礼部行辽东都司并各该布政司,"候其回还,各照宴例管待,令总兵等官待宴"①。

贡使辞行时,宴如朝见时规格。依据"朝贡见辞酒饭"之规定:"上卓(桌),茶食五般按酒五般、果子五般、汤饭一分、酒三钟。中卓,茶食,按酒果子各四般、汤饭一分、酒三钟。"② 从辞行食物标准中可以看到,明朝对于西藏及其他涉藏地区使者的辞别饮食,仍以茶叶、酒饭为主。官方送别贡使时,还馈赠盘缠、礼物等路途必需品,也就是官场馈赠。

关于辞行时贡使携带物件和交通工具配送,《大明会典》明文规定:"四川、云贵、乌思藏、董卜韩胡土官、通把事、番僧;洮、泯、西宁番僧人等,俱支廪给,应付驴头、江船。内赍有敕者,应付下马一匹,水给站船。其赏赐物件,验包拨车。"③

概述之,西藏及周边涉藏地区贡使来京后,政府日给薪米养赡,居住于会同馆。对于会同馆接待这些使者的礼仪,明朝订立了一系列复杂的规制,具体反映在接待地点、形式、赐宴及宴会的座次、赐酒、乐舞等方面,极其细致而繁琐。

四、明臣赴藏与涉藏地区接待的礼仪

明代赴藏使者"出使"的礼仪,文献资料记载缺乏,无法具体阐述。但历代对使者出使礼仪有很多记录,如唐宋时期使者出使,俱有规范的出使礼仪制度可供遵循。到了明代,使者礼仪制度比唐、宋、元时期更加全面、规范和严苛。颁行于洪武二十年十一月的《礼仪定式》就对包括出使礼仪在内的筵宴礼仪、官员拜礼、官员公座等作出了具体规定。其中,《礼仪定式·出使礼仪》凡三条:

(1)凡使者钦赍诏书至总兵官处,近营十里,先令人报知。总兵官设香案于营内,南向,列金旗仗,率领诸将出营迎接,见使者下马,立于道旁,俟诏书过,总兵官并众官上马后从。至营门各下马,使者前行,总兵官并众官后从。至营内,使者捧诏书置于案,使者立于案东,西向,总兵官并众官行四拜礼(拜

---

① [明]李东阳等撰,申时行等重修:《大明会典》卷一百十四《礼部七十二》,第1677页。
② [明]李东阳等撰,申时行等重修:《大明会典》卷一百十四《礼部七十二》,第1674页。
③ 熊文彬、陈楠主编:《西藏通史》(明代卷),第272页。

兴，拜兴，拜兴，拜兴，平身）。使者取诏书以授宣读官，众官皆跪。宣读毕以授使者，復置于案，众官皆俯伏、兴、平身。行四拜礼（拜兴，拜兴，拜兴，拜兴，平身）。礼毕，使者东立西向，总兵官西立东向，行两拜相见礼毕，使者居东，总兵官居西，相向序坐。①

（2）凡使者钦赍制谕、敕符、手詔至总兵官处，干系机密军务，经过去处，不许报知本处官司，亦不许迎接。径至总兵官营外，先密遣人报知总兵官，设香案于兵幕、南向，总兵官亲出营迎接，使者下马，捧制谕、敕符前行，总兵官后从。至兵幕，使者取制谕、敕符置于案。使者立于案东，西向，总兵官行五拜礼（拜兴，拜兴，拜兴，拜兴，平身）礼毕，悉令屏去左右，使者取制谕、敕符，亲授总兵官开看毕，即收卷，復置于案。使者东立西向，总兵官西立东向，行两拜相见礼毕。使者居东，总兵官居西，相向序坐。②

（3）总兵将军奉命征讨，凡遇使者赍到制谕、敕符、手詔，依仪行礼，开看毕即便依旨奉行。如有应合覆奏事理，随时具奏请旨，不许迟延方命，违则如律。③

《礼仪定式·礼仪定式之官员拜礼》还规定了朝见礼仪："凡朝见，稽首顿首五拜，乃臣下见君上之礼。先稽首顿首四拜，后一拜叩头成礼。稽首四拜者，百官见东宫、亲王之礼。其见父母，亦行四拜礼。其余官长及亲戚朋友相见，止许行两拜礼。"④ 另外，《洪武礼制·出使礼仪》也对出使礼仪、宣表、筵宴仪式等方面做了具体规定："凡使臣钦赍诏书至各处开读，预期一日，报知本处官司，照依已降仪式迎接行礼。"⑤ 并规定，凡遇诏赦经过道路，官员、军民人等即"于道傍俯伏，候诏赦过毕方起。"⑥ 不难发现，明代使者出使仪式极为严格。

《大明令·礼令》中的"公服令"规定："凡文武官员公服，各依品从，不得僭用。"⑦ "官帽令"规定："内使官帽，已有定制。服色比同七品。"⑧ "便服礼"规

---

① 杨一凡点校：《皇明制书》第二册《礼仪定式》，第709—710页。
② 杨一凡点校：《皇明制书》第二册《礼仪定式》，第710页。
③ 杨一凡点校：《皇明制书》第二册《礼仪定式》，第710页。
④ 杨一凡点校：《皇明制书》第二册《礼仪定式》，第710页。
⑤ 杨一凡点校：《皇明制书》第一册《洪武礼制》，第289页。
⑥ 杨一凡点校：《皇明制书》第一册《洪武礼制》，第289页。
⑦ 杨一凡点校：《皇明制书》第一册《大明令·礼令》，第10页。
⑧ 杨一凡点校：《皇明制书》第一册《大明令·礼令》，第24页。

定:"凡朝贺、听诏、进表、入班之际,偶值雨雪,许便服行礼。"①上述这些礼仪,反映出明代使者出使礼仪制度的系统性、具体性和全面性,故使者赴藏,必有捧诏、拜辞、送行等方面的礼仪,可惜汉文文献资料很少记载。

其次,关于西藏及周边涉藏地区接待明中央派来的使者礼仪,也很少有直接史料。见之于《萨迦世系史续编》的一段史料佐证了西藏地方接待高僧时的盛大场面:"在其当时,兄长仁波切衮喀桑珠,突然从孜东寺而来……此时全体僧俗之仪仗队伍已十分隆重地在此恭候,尤其是精干的嫡嗣江贝央索朗旺波师徒,极其殷勤周到地接待,并亲自前往特拉山前进行迎接,同孜东达钦本人会见后。次日清晨,从柏汗达宫迎请叔侄三人时,各种乐器、螺号、唢呐齐鸣,僧众持香开道,在其乐器的伴奏下,护法大师亲自跳神助兴,将客人毕恭毕敬地迎入座席。"②此为桑耶寺僧俗部众迎接达钦衮喀桑珠叔侄三人时盛大的欢迎礼仪,接风洗尘,丰盛款待,极其壮观。各种乐器、螺号、唢呐齐鸣,藏族音乐十分丰富。《四世达赖喇嘛传》中有这样一段记载:

> "火龙年(公元1616年)三月,明朝万历皇帝派来了以喇嘛索南罗追为首的许多汉人,赐予达赖喇嘛'普持金刚佛'的封号、印信和僧官制服。他们将达赖喇嘛迎请到哲蚌寺的甲吉康(汉人公所)里,向达赖喇嘛奉献了礼物,演出了很多奇特精彩的娱乐节目,转达了明朝皇帝邀请他去汉地的旨意。"③

这表明寺院里有专门接待使者的地方,这个接待处就是甲吉康(汉人公所)。乌思藏寺院中是否都有接待内地使者的这种甲吉康,尚无明确史料记载。

藏文文献记载,明朝使者即将到达西藏时,法王专程前往工布迎接。《贤者喜宴·噶玛岗仓史》载:因汉地之金字使者近日到达,故法王又前往工布地方,琼托地方的杂辛堆瓦和绛堆瓦喇嘛札杰将上中部寺院等所属的土地、领空等全部敬献于法王,并将仓库管理者和煮茶者献于法王。(法王)为明代已逝世的皇帝(明宪宗)诵经祈愿,为当今皇帝祈福。此后,皇帝的金字使者大国师西桑波仁钦和灌顶国师洛追桑波等人奉旨前来,为法王送来皇帝赐的一百五十块茶、一百

---

① 杨一凡点校:《皇明制书》第一册《大明令·礼令》,第24页。
② 贡嘎·罗追《萨迦世系史续编》,西藏人民出版社,2002年,第4页。
③ 五世达赖喇嘛阿旺洛桑嘉措著,陈庆英、马连龙等译:《一世——四世达赖喇嘛传》,中国藏学出版社,2006年,第316页。

匹彩缎表里、三十余根旃檀木、两个大银饰器具等;皇太后赐予的六个金柱幡以及诸多特制佛器;顿法王、杨法王、色拉法王等宫廷中的法王以及王太监等宫廷中的所有大人们各自都奉献有无数礼品。(为谢皇恩)法王组织僧人诵经祈祷,祝赞皇帝长寿。①《安多政教史》载:"班丹扎释三十七岁时(永乐十一年),奉圣旨前赴卫地,朝礼喇嘛们都很欢喜。以阐化王为首的地方官员们感激说'您使我们的地方像乳酪那样凝结,平安无事,恩德无量。'"② 显然,西藏寺院僧侣对于明廷派来的使者十分欢迎,高度重视。

---

① [明]巴卧·祖拉陈瓦著,周润年译:《贤者喜宴·噶玛岗仓史》,第326页。
② 智观巴·贡却乎丹巴绕吉著,吴均、毛继祖、马世林译:《安多政教史》,甘肃民族出版社,1989年,第641页。

第七章　使者往来在明代边疆治理中的作用和意义

使者往来是明廷加强与西藏及周边涉藏地区联系的重要手段，对明朝治理涉藏地区起着至关重要的作用。正是大批汉藏使者来往于内地和西藏及周边涉藏地区之间，才使中央政府与西藏及周边涉藏地区之间的政治、经济、文化联系大大加强。概而言之，明中央与西藏和其他涉藏地区之间的使者往来是极其有效和成功的。使者往来互动，既加强和巩固了明朝在西藏和其他涉藏地区的统治，又在客观上增加了中华民族认同和中华民族共同体意识，促进了西藏地方与祖国亲密关系的发展，促进了西藏以外其他涉藏地区与明中央政府的凝聚力。

一、加强中央与地方关系，不断铸牢中华民族共同体意识

在明朝对西藏及周边涉藏地区的治理中，使者互往互通起着多方面的历史作用。一方面，使者是明朝藏族政策的有力执行者，同时也是治藏政策的调整者；另一方面，使者是西藏及周边涉藏地区政情民情上通下达的传送者。不仅对于明朝中央政府在管理、调整与西藏地方及其涉藏地区关系中起着不可替代的作用，而且也是不断铸牢中华民族共同体意识的坚定实践者。

（一）从赴藏使者看

明朝建国后实行和平治藏的基本方略，积极与西藏和其他涉藏地区政教上层联系，加强交往，妥善解决涉藏地区事务，并将治理西藏及周边涉藏地区视为明

朝边政之要务。

为了实现这一治国方略，明朝屡派使者入藏招抚当地政教首领，"多封众建"、"广行招谕"，以实现对西藏及周边涉藏地区的统治。于是，广大赴藏使者就成了明朝治藏政策的具体落实者。洪武三年六月，明太祖命僧克新等三人往西域招抚吐蕃；十二月藏族首领开始入明朝贡，"吐蕃宣慰使何锁南普等一十三人来朝，进马及方物。"[①]之后，明太祖命再令陕西行省员外郎许允德前往西藏及周边涉藏地区招抚。洪武五年十二月，"乌思藏摄帝师喃加巴藏卜等遣使来贡方物"[②]，这样的事例在洪武、永乐、宣德以至明末各个时期举不胜举。不难看出，通过招谕使者的派出，各地藏族首领陆续归附明朝，统一纳入政府管辖之下，逐渐确立了明朝对西藏及周边涉藏地区的统治。

其次，明朝对西藏和其他涉藏地区的统治和管理，主要依托设于各地的军卫管理机构以及各级僧官来完成。承认或认可藏族首领在所属地的统治权力，不断敕封各种官职，委任他们治理藏族地方，实现明代元后该地区的平衡过渡，进而实现"以夷制夷"，较好地控制涉藏地区的社会安定和政治稳定，应该是基于西藏及周边涉藏地区特殊的政治民情现实而作出的明智选择。明朝对涉藏地区首领的册封，一是对藏族宗教首领的册封，二是对藏族寺院僧人的册授，三是对藏内各宗本的册封。[③]通过册封，明中央与西藏及周边涉藏地区之间的统属关系进一步明确，统辖范围进一步扩大，这些成绩的取得首功为赴藏使者。

事实证明，明朝册封西藏及周边涉藏地区政教首领取得了实效。一些藏族政教首领归附明朝后效力朝廷，为明朝的边疆稳定作出了杰出贡献，得到了政府及人民群众的肯定和拥护。如西宁卫镇抚李英，"远处西徼，独能识察天命，率所部来归，特授西宁卫管军土官所镇抚。其后，西宁建卫置官府，公屡效劳力，招徕西纳诸族，先后来朝者不可胜计。……公虽耆龄，其心拳拳，不忘朝廷。"[④]因其功劳卓著，被特升荣禄大夫柱国会宁伯。与此同时，西藏及其他涉藏地区各地方势力也得到了明朝的承认和认可，并通过在政治上与新朝廷的政治靠拢及其军

---

① 《明太祖实录》卷五十九，洪武三年十二月辛巳，第1163页。
② 《明太祖实录》卷七十七，洪武五年十二月庚子，第1416页。
③ 帕竹政权在藏内创立"宗本"制度，明代史籍中称"宗"为"寨"。永乐时期，藏内各宗已经为各大家族所把持，因此明朝就势对各宗本予以分封。如1413年二月置乌思藏卫牛儿宗寨，即为帕竹政权的乃东宗。1416年五月置领思奔寨，即仁蚌宗，所封官员喃葛加尔卜即为宗本南喀杰波。
④ 马小琴、马忠、桑杰加整理：《青海世居少数民族金石录》，第439—440页。

事上的辅助为契机，换得他们在明朝建立后的这个新政治体系中更加合法、稳固的地方统治权，以及更多的政治经济利益。

另外，册封时经常伴随着朝廷的赏赐，这是明廷恩惠藏族教俗首领的政治手段。赏赐有专门性赏赐，即遣赏赐使者前往涉藏地区对当地教俗首领及大小僧官予以厚赏。还有附带赏赐，即赴藏使者入藏执行招谕、册封使命的同时，附带对藏族宗教首领及地方势力头目予以赏赐，以彰显朝廷之恩惠。以永乐朝为例：永乐元年八月，使者智光奉诏赐馆觉、灵藏、乌思藏等处灌顶国师白金、彩币等物，"计白金二千二百两，彩币百一十表里。"[1]永乐十五年二月，使者乔来喜奉敕赐于乌思藏大乘法王昆泽思巴佛象佛经、金银法器、彩币等物；[2]永乐十七年十月，中官杨三保等往赐乌思藏大乘法王、阐化王、阐教王、辅教王、赞善王及西天佛子大国师释迦也失等佛象、法器、袭装、禅衣及绒锦、彩币表里。[3]

所有这些颇为大度的赏赐，其根本目的是要"结其欢心"、笼络人心，维护和巩固朝廷在西藏及周边涉藏地区的统治。所以，赏赐的数量和价值有时是十分惊人的，如永乐四年三月，明成祖遣使赍诏封乌思藏怕木竹巴吉剌思巴监藏巴里藏卜为灌顶国师阐化王时，"赐白金五百两、绮衣三袭、锦绮五十匹、彩绢百匹，茶二百斤。"[4]这些举措，极大地促进了明廷与西藏及周边涉藏地区之间的关系。

一方面，通过赏赐，藏族首领得到了许多生活必需品还有大量奢侈品，满足了他们的心理需求和愿望，促进了对明朝中央的认同感，"上位前：乌斯藏阐化王差来使者远丹坚参奏：臣等三百人赴京进贡，蒙天皇帝给与赏赐，臣等感戴不尽，今望朝廷可怜见，乞准臣等买茶带回熬广茶祝延圣寿盛寿便益"[5]。一定程度上拉近了明朝与涉藏地区之间的关系。另一方面，大量的赏赐物刺激了当地经济文化事业的发展，促进了西藏及周边涉藏地区发展，扩大了内地与涉藏地区的经济文化交流，产生了深远的影响。

综上，明朝对涉藏地区的册封、赏赐、招谕有许多是由朝廷派出的赴藏使者

---

[1]《明太宗实录》卷一一，洪武三十五年八月戊午，第177页。
[2]《明太宗实录》卷一八五，永乐十五年二月戊午，第1981页。
[3]《明太宗实录》卷二一七，永乐十七年十月癸未，第2162页。
[4]《明太宗实录》卷五二，永乐四年三月壬辰，第775页。
[5]《西番馆译语》来文六，见《西藏地方是中国不可分割的一部分》，第165页。

执行和完成的。册封完成了明朝在西藏的各级政权建构，构建起明朝与西藏及周边涉藏地区的中央和地方关系。加之以种种招谕、赏赐体现出的明朝对涉藏地区之优待、抚怀，所有这一切，成为维护西藏及周边涉藏地区与中央政府关系的有力保障。这是其一。

其二，在明蒙北部对峙的客观形势下，建立与西藏及周边涉藏地区之间使者往来制度，无论从明代边疆治理安全还是汉藏民族关系和谐的角度，都是值肯定的。"历代阐教王自1413年受明代中央政府册封之后，受权管理一方，遵从中央政府的号令，开通道路，修筑驿站，入贡朝觐，对于明代中央政府对管理西藏地方起到了积极作用。"[①] 所有这些成就的取得，无疑得益于赴藏使者的功绩，因此他们的作用是值得肯定的。史实证明，在明朝对西藏和其他涉藏地区治理中，使者的作用十分明显。

其三，当出现边疆冲突或不稳定因素时，除非冥顽不悛者派军队予以殄灭外，一般情况下明中央政府实行派使者招谕、使其顺服的方略。赴藏使者至其地，及时处涉藏地区事务、解决涉藏地区纠纷，为明代西藏及周边涉藏地区安宁作出了重要贡献。如永乐初，朵甘、乌思藏、河湟洮岷等地藏族部落中之大部已相继归附明朝统治，但仍有一些藏族部落并未纳入朝廷管辖之下，甚至在新附的藏族部落中也有时附时叛者，这给明朝在涉藏地区的统治带来了诸多不利。于是，朝廷派遣使者前往西藏和其他涉藏地区逐次招抚和调停，以制止边地民族矛盾和边疆冲突，"永息边患"，稳定边疆。赴藏使者到达西藏和其他涉藏地区时，晓以朝廷恩威，劝谕藏族民众遵守朝廷法度，各安守分。严令"番族"头领"严束部落，毋作非为"[②]，不与朝廷为敌。

从这个角度看，招谕使者是明朝及时化解、制止涉藏地区矛盾、寇扰等问题的一把利剑。许多边地矛盾在招谕使者安抚、戒约下得以及时妥善解决。据史料记载，明宣德年间，萨迦派与帕竹派矛盾激化，双方发生战争，宣德帝拟派兵征讨，出身洮岷地区望族释迦巴藏卜"从中斡旋，始未讨伐，战祸消弭。"[③] 由于释迦巴藏卜尽心效力，并不断率领洮岷地区僧俗朝贡献马，明廷以他为洮岷地区的表率，先封其为国师，正统十年（1445）加封为灌顶净觉佑善大国师。景泰四年

---

① 熊文彬、陈楠主编：《西藏通史》（明代卷），第154页。
② 《明英宗实录》卷一一二，正统九年正月丁丑，第2261—2262页。
③ 贾竟阳：《明初对甘青藏传佛教的管理——以碑刻资料为中心》，兰州大学硕士学位论文，2017年，第22页。

（1453）又加封为西天佛子、大国师，使其成为洮岷地区具有代表性的藏传佛教僧人[1]。正统六年，罕东、安定二卫洎申藏族相仇杀，总兵官宁远侯任礼立即派陕西都指挥佥事哈刺卜花和指挥祁贤前往调停制约，使事件得以安宁。弘治四年七月，甘肃镇守等官奏报罕东等卫头目刺麻朵儿只等劫唖呵族部落，掠其头畜。兵部请敕镇巡等官，遣人往谕遍告诸族，"自今更不得构怨启衅。"[2]由此看来，一旦出现风吹草动，明朝立即派出使者前往处置，抚安各地头目和民众，必然有利于边地和平安宁。

这就表明，赴藏使者及时处理藏族地方事务、解决藏族地方纠纷、矛盾，扩大明朝和平治藏政策的成果。由于他们的不懈努力，明朝在涉藏地区的各项工作得以顺利开展，许多藏族同胞归附明朝，成为明朝国家统治下的一员，如宣德初年，安定卫就有716人因受到朝使招抚而归顺了明朝，他们受到了明廷的赏赐。[3]赴藏使者还动员四处逃散的"番族"回归家园，组成生产生活，对于少数民族地区社会稳定产生了积极作用。如宣德二年，陈通招抚曲先卫"番族"4.2万帐复业，人口计有20万，"西宁卫都指挥同知陈通等招抚曲先卫指挥散即思等四万二千余帐，皆复业。以其指挥佥事失剌罕等入朝贡驼、马谢恩。"又从宣德二年行在锦衣卫指挥何敏的奏章："松潘所属生熟番一十簇，计户万余，已从招抚"[4]句得知，招得松潘"番族"达万户、计4万余人，这是多么大的成就。另据文献载，宣德六年六月，在都指挥同知印铎等人的招抚下，阿吉簇逃跑的七百余帐百姓返回原居地野马川。正统四年闰二月，在松潘千户鲁明等人的招抚下，四川有829寨归附明朝。成化五年闰二月，在岷州卫指挥后泰和弟后通的劝谕下，洮岷忍藏、占藏、札工等30余簇，栗林等14簇头目，共计250多人归附明朝。

由此可见，使者担负着政治使命，不仅在明朝解决边疆民族地区争端中起着十分重要的作用，而且值得称赞的是，使者互往客观上也对藏族社会中下层产生了较大影响。他们在使行过程中帮助那些无家可归的藏族民众回到故土，从而结束颠沛流离的生活，过上稳定美好的生活，而藏族中下层民众生产生活秩序的恢复和稳定更有利于边疆的稳固。

---

[1] 贾竟阳：《明初对甘青藏传佛教的管理——以碑刻资料为中心》，兰州大学硕士学位论文，2017年，第22、23页。
[2] 《明孝宗实录》卷五三，弘治四年七月壬寅，第1048页。
[3] 《明宣宗实录》卷二六，宣德二年三月癸巳，第675页。
[4] 《明宣宗实录》卷三一，宣德二年九月乙巳，第809—810页。

其次，西藏及周边涉藏地区的一些重大事件大多是通过来京使者的禀告陈请，朝廷才得以知晓。同时，赴藏使者把在使行过程中的所见所闻上报朝廷，成为政府处置涉藏事务的重要依据。"公元1424年，明宣宗派遣班丹扎释为专使前往西藏验视第五世噶玛巴的转世灵童。班丹扎释奉命经长途跋涉抵达西藏东部的咱日山，亲自验视第六世大宝法王通瓦顿丹（1416—1453）方离藏返京。至京后，明宣宗于武英殿听取了班丹扎释的奏禀。这是中央政府首次对转世灵童的验视，从此开创了中央政府验视藏传佛教活佛转世灵童的先河。"①可见，使者在中央政府与西藏及周边涉藏地区关系中起着何等重要之作用，此类事迹史书记载还有很多。

不难看出，赴藏使者是明朝的和平使者，他们将和平治藏政策传达至西藏和其他涉藏地区，为明代西藏及其他藏族地方社会安宁作出了贡献，对于不断铸牢中华民族共同体具有重要历史意义。正因如此功绩，他们受到了明廷嘉奖或升迁。因功受到明廷嘉奖的，如宣德四年三月，赐行在锦衣卫指挥佥事何敏及将蒋贵、吴玮等人钞；宣德五年二月，都督佥事赵安等7人、指挥同知丁戬等75人因招谕乌思藏功，赐于钞、彩币表里、金织岩丝等物。②正统五年八月，行在鸿胪寺通事序班祁全因招谕董卜韩胡及杂谷等番功，赐钞500贯；③正统十年四月，"以入番招谕功"，赐行在鸿胪寺通事序班祁全、千户李荣等一百五十五人彩币、绢布等物。④景泰四年二月，赐四川松潘卫指挥佥事周刚并千、百户等人彩币、布、钞。因功升职的使者还有：宣德元年十二月，陈通因入藏之功从西宁卫指挥使升为都指挥同知。与陈通一起升职的还有祁贤，从西宁卫指挥同知升为指挥使。正统十五年，番僧温卜监参于容因招谕之功被授于都纲。成化五年闰二月，沈琮因招谕之功从四川按察司佥事晋升为副使。

（二）从赴京使者看

明代涉藏地区的遣京使者中，数量最多的就是贡使，在大批的朝贡使当中，既包括了西藏各实力人物派出的贡使代表，也有众多亲自前往中原朝贡的国师、

---

① 智观巴·贡却乎丹巴绕吉著，吴均、毛继祖、马世林译：《安多政教史》，第646页。
② 《明宣宗实录》卷六三，宣德五年二月丁亥，第1484页。
③ 《明英宗实录》卷七〇，正统五年八月己卯，第1354页。
④ 《明英宗实录》卷一二八，正统十年四月丁未，第2554页。

禅师、都纲、喇嘛、都指挥使、指挥等，他们在西藏和其他涉藏地区具有相当的社会地位及权力。这些贡使来京朝贡后，带回了大量的明政府"不计成本"的厚赐物品入藏，这些物资为发展藏地经济具有一定的推动作用。因此，涉藏地区与明廷之间的朝贡关系既是一种经济关系，也是一种政治关系。通过朝贡，这些地方得到了其所需物资，明朝则实现了对这些地方的有效管辖，这对于明朝是至关重要的。

事实上，朝贡制度是明朝管理西藏及周边涉藏地区的重要政策之一，是明朝加强对西藏及其他涉藏地区统治的重要途径。明朝把与西藏及其他涉藏地区间的朝贡贸易看作是"恩怀远人"的一种政治手段，充分发挥它的制度优势，尽力满足对涉藏使者人员的"回赐"。于是，贡使规模越来越大，大部分贡使乐其政府所赐，欢喜其朝廷所赏，对明朝的认可度显著提高。且有不少来京朝贡的官员，长期逗留内地，请求"居京自效"。对于一部分贡使留居内地的请求，朝廷出于边疆稳定角度考虑，准其所请，甚至授予官职，适当安置。如永乐二年（1404），班丹扎释等人在南台觐见明成祖，之后遂留居京师。

留居明朝内地的使者，不仅有涉藏使者，还有西域使者，迤北使者等。宣德至天顺年间，西域进贡使者申请留居明朝较多，主要是土鲁番进贡使者。"累次进贡的土鲁番使者，熟悉明朝情况，与明朝建立了密切关系，而后申请定居明朝境内。"[①]根据礼节，"使臣来访，接受来访的国家有义务将使臣送回，不得随意扣留。"[②]不仅是日本、朝鲜等外国使臣如此，边疆民族地区使者也如此。但使者延住的情况是允许的，延住可能因客观原因，也有主观因素延住者，或许有些使者对明朝内地的生活有了好感，产生了浓厚的兴趣、认可、认同，不愿返藏。甚至少数使者在留居期间，竟成家立业，有了家庭羁绊，更不想返藏了，这种情况在宣德年间的河州就已出现了。

正统十二年（1447）正月，乌思藏答隆地面剌麻赏初坚剉巴藏卜等遣番僧奏称：宣德年间，遣来使者国师哈力麻、指挥必力工等三百余人分住于丹的寺等处，被达贼阻杀，至今未回，"乞遣军马，开通道路护送。上从之"。仍谕礼部：宣德年间，乌思藏来朝使者"亦有在河州居住年久，家业已成，不愿回者。今若

[①] 张文德：《朝贡与入附——明代西域人来华研究》，第133页。
[②] 张文德：《朝贡与入附——明代西域人来华研究》，第132页。

一概逼迫出境，恐致失所。其领（令）镇守西宁都指挥佥事汪清同该卫官体勘现在人数并各人实情。其愿回者量拨人马护送出境，听其自回。仍严戒饬护送人在途不许生事扰害，有失远人之心。"①这说明宣德年间，部分藏族贡使在中原娶妻成家，甚至多年居住了下来，都不愿返回原居住地。

这种情形，早在正统五年（1440）三月时，明英宗在给河州卫都指挥同知刘永的敕书中就已提及："得奏言，乌思藏等处番使已遣人护送回还，至西宁札木地方散于丹的寺等簇寄住。内灵藏指挥软奴巴先居河州时尝娶妻本卫，因怀眷恋，窥黄河冰冻，复潜逃来。又诱温速里民王搔儿言，往陕西都司告给俸粮，虑其纠合诸番，将为边患。敕至，尔等即用心体覆。若番使仍在彼处安分守己，听其暂住，俟道通即遣之回，并审软奴巴。若止因恋妻逃来，亦可就彼安插。彼处不可，即同其妻差人送京。如有窒碍，亦量度事情计议停当，具奏处置。"②仅仅一封皇帝敕书，虽已过去五六百年，但今天读来仍然颇感激动，它包含了多少人世间悲欢温情之情状！我们暂且抛开敕书中所述之主人公软奴巴是否违法、是否"纠合诸番"，单就敕书中所述事实即可得知：灵藏使者来京朝贡时，曾于河州娶妻，朝贡结束后返回灵藏。可是，"因怀眷恋"之情，在黄河冰冻之时又偷偷"逃来"河州与其妻团聚。在当时那个时代环境中，此为何等之勇敢之举，又是何等之温情！其二，需要称赞的是英宗皇帝的处置态度，敕书明确指示：如果软奴巴确属恋妻而来中原，则允其居住，甚至当地政府"亦可就彼安插"③。

以上这个事例，分明反映了藏族贡使对于中原和明朝的认同、认可甚至喜欢，也反映了他们对中华文化的认同，这对于不断夯实中华民族共同体意识具有深远的历史意义。

除了留居河州，一些涉藏贡使请求留京生活，为明廷效力。宣德五年（1430）四月，"乌思藏阐教王头目朵令遣来锁扎失思奏居京自效，命为所镇抚，赐冠带、金织袭衣、彩币、钞、布，仍命有司给房屋、器皿等物如例"④。同年六月，乌思藏阐化王所部养卜鲁都指挥佥事工哥尔监藏遣来番人三扎思皆奏：愿居京自效。"命卫所镇抚赐冠带、金织袭衣、彩币、银钞、鞍马，仍命有司给房屋

---

① 《明英宗实录》卷一四九，正统十二年正月己卯，第2925—2926页。
② 《明英宗实录》卷六五，正统五年三月乙卯，第1245—1246页。
③ 《明英宗实录》卷六五，正统五年三月乙卯，第1245—1246页。
④ 《明宣宗实录》卷六五，宣德五年四月壬午，第1527页。

等物如例。"①宣德五年九月，乌思藏阐化王使者孙竹奏愿居京自效，"命为所镇抚，赐金织袭衣、彩币、钞、布，仍命有司给房屋，器皿等物如例。"②宣德八年（1433）八月，"灵藏赞善王遣番人札失监藏来朝及……皆奏：愿居京自效。命为副千户（所）镇抚等官，赐金织袭衣、彩币、银、钞、绵布、鞍马。仍命有司给房屋、器物如例"③。

必须承认，留居明朝内地及京城的藏族使者，他们和中原汉族及其他各民族杂居相处，生产生活，交往交流，时间久了必定产生对国家、民族的认可、认同，这在客观上增加了中华民族认同和中华民族共同体意识，促进了西藏及周边涉藏地区与明中央关系的发展。

明代留京涉藏贡使究竟有多少人，因资料所限无法一一统计。但留京藏僧可从相关史料中知其一二。根据宣德十年（1435）二月礼部尚书胡濙奏议："在京各寺法王、国师、剌麻六百九十余名，减数存留，余者令回原寺住，上悉从所议。"④从礼部这个裁减在京贡使人数的议案可知，当时留京藏僧691人。《万历野获编》载："宣宗末年，入居京师各寺者最盛。至正统初，遣回本处者至六百九十一人。"⑤经正统元年的再次裁减，至正统六年五月时京城慈恩、隆善寺庙留京番僧只有344人：正统六年（1441）五月，北京会同馆大使姬坚等奏：大慈恩等寺分住国师、禅师、剌麻阿木葛等三百四十四人，占用馆夫二百一十三人，有放回办纳月钱、牧放马匹及供给马草者及至外国四夷使者到馆，乏人供应，不得已而雇觅市人代之。

明中期的成化二十三年（1487）十月，礼部上疏："上传升大慈恩等寺法王、佛子、国师等职四百三十七人，及剌麻人等共七百八十九人，光禄寺日供应下程并月米，及随从、馆夫、军校动以千计，多诱中国军民子弟收以为徒。请一切禁革，命法王、佛子降国师，国师降禅师，禅师降都纲，自讲经以下革职为僧，各遣回本土、本寺或边境居住。仍追夺诰敕、印信、仪仗，并应还官物件。内降职留为大慈恩等寺住持者五人，革职留随住者十人。其汉人习学番教者，不拘有

---

① 《明宣宗实录》卷六七，宣德五年六月丁酉，第1589页。
② 《明宣宗实录》卷七〇，宣德五年九月癸亥，第1651页。
③ 《明宣宗实录》卷一〇四，宣德八年八月己酉，第2338页。
④ 《明宣宗实录》卷二，宣德十年二月戊辰，第59页。
⑤ ［明］沈德符著：《万历野获编》卷二十七，第684—685页。

无官职度牒，俱发回原卫有司当差。如隐冒乡贯自首改正者，许换与度牒。"①弘治四年（1491）二月："初，番僧既逐去，止留乳奴班丹等十五人。后多潜住京师，转相招引，斋醮复兴，糜费渐广。六科十三道再劾，下礼部会议，请如前旨逐之。得旨斋醮，此后俱减省番僧，留一百八十二人，余悉遣之。"②此处182人，《西藏通史·明代卷》误写为128人："番僧留一百二十八人，余悉遣之。"③史料引用错误。因此，得出的结论"最终除128人继续留住外，其余均被发遣出京"④也是错误的。应该予以纠正。

弘治六年（1493）九月，礼部议奏：如果不把"番僧"遣回本土，则不利于政治之清明、法制之威严，"况当时大慈恩等寺奉旨并陆续留国师、番僧人等不下百十余人，未必自今遽乏领占竹一人之用而同时遣回。四川、陕西等处国师番僧人等多至二百余人，倘或夤缘效尤，乘机干进，幸门复开，殆难杜塞，则于皇上初政之清明，制命之严正无不少损。"⑤因此，遣返"番僧"势在必行。此后，不少僧职人员被遣返。需要说明的是，遣返"番僧"只是明朝治理涉藏地区中的一个插曲，它决不会影响明朝和平治藏总体方针之改变。

众所周知，朝贡制度是明朝构建的东亚国际秩序中最为核心的内容，向大明王朝进行朝贡的不仅有四夷少数民族，还有朝鲜、日本、琉球、安南等周边诸国。至于朝贡之结果，各有所异。成化元年（1465）正月，迤北房酋奏欲朝廷遣使。明宪宗皇帝复书谕之曰："今尔欲中国遣使往来，洪武间旧无事例，正统中虽尝遣使，反失和好。天顺初非不遣使扰边，如故英宗皇帝深自悔悟，遂不复遣。朕遵祖宗之意，不敢有违，盖欲两处和好久远，不失非有他。故尔宜顺天道，敬朝廷，每年差人朝贡朝廷，如例优赏，不肯亏薄，与尔共享太平之福，彼此垂声永久，特书以荅其亮之。"⑥明宪宗此敕谕中，处处表达了对明蒙之间时断时续的使者往来的不满意。

相较而言，西藏及周边涉藏地区朝贡是明代朝贡体系中最为活跃而且成功的事例。朝贡制度成为明朝对西藏怀柔安抚最重要的手段。通过朝贡，明廷与西藏

---

① 《明孝宗实录》卷四，成化二十三年十月丁卯，第56—57页。
② 《明孝宗实录》卷四八，弘治四年二月丁巳，第964页。
③ 熊文彬、陈楠主编：《西藏通史》（明代卷），第514页。
④ 熊文彬、陈楠主编：《西藏通史》（明代卷），第514页。
⑤ ［明］张萱撰：《西园闻见录》卷一百五，周骏富辑《明代传记丛刊·综录类30》，第124册，第769页。
⑥ 《明宪宗宝训》卷三《驭夷狄》，第247—248页。

及周边涉藏地区的关系更加密切，藏族民众的明朝认同感明显得到提升。另外，来自西藏及周边涉藏地区的使者，他们是涉藏地区各政教势力的遣京代表，其在京城的活动和受到的款待共同构成了西藏及周边涉藏地区与明朝之间联系的内容，由此构筑起中央和地方关系的纽带和桥梁，并且由于汉藏使者对西藏及周边涉藏地区政俗势力状况、民情等诸信息的了解和发现，为明政府提供了最有价值的政策参考，一定程度上成为了明朝中央政策的决策依据。

需要指出的是，在明代西藏及周边涉藏地区来京使者中，有一些贡使留居朝贡沿途州县，甚至娶妻成家，明廷默许之。前文已述，正统五年（1440）三月时，明英宗敕谕河州卫都指挥同知刘永时讲到，允许贡使软奴巴居住河州地。而正统十二年（1447）时英宗皇帝仍然与七年前对待相同事件的态度一致，即对于宣德年间滞留在河州的300多名藏族贡使，敕谕地方州县决不能逼迫他们出境，以致他们流离失所。这则史料同时还说明了另一个史实，即滞留河州的藏族贡使已在河州居住多年。虽然还不能证明这些使者所娶妻子的身份，但根据史料描述及使者本人的身份也可以大致判断，他们所娶妻子应属于藏族中下层家庭。这些藏族贡使在中原的家庭生活至少对他们的婚姻对象带来了较大的人生之改变。

不论是受到鞑靼人阻碍或道路因素，还是因成家立业的家庭羁绊，留在河州已成家业而不想返藏的藏族贡使，他们对明朝内地的生活必定有了好感，产生了浓厚的兴趣、认可、认同，乐享其中。这充分反映了明代藏族对于中原和明朝的认同、认可，反映了他们对中华文化的认同，这对于不断夯实中华民族共同体意识具有深远的历史意义。

明代后期，西藏内部各教派和地方势力之间的力量对比发生变化。在宗教方面，从藏传佛教后弘期开始到宗喀巴时代，西藏出现了众多的教派。各个教派以寺院为据点，依靠僧众和信徒的拥护树立旗帜。有些教派得到政治权势的支持或直接与地方实力集团合流，组成政教合一的特殊体制，如萨迦派、噶举派中的帕竹和噶玛等，他们不仅成为把持一方的地方显贵，而且先后受到元、明皇帝的分封赏赐，煊赫一时，致使戒律废弛，僧人腐化堕落。一旦涉及权利分配时，他们往往彼此倾轧争斗，给人民造成苦难，各教派实力也互有消长。而另外一些教派则以宗教活动为主，不过问世俗政治，仅仅依靠本派信徒的布施来维持，如宁玛派、噶当派等，由于在政治和经济上不能自立，他们日渐式微，有的派系如夏鲁派、觉囊派等则如昙花一现，逐渐被其他派系合并或自身黯然消失新兴的格鲁派在这种混乱中创立并逐步壮大起来。

格鲁派的产生和发展是明代西藏历史中的另一件大事。格鲁派的创始人宗喀巴（1357—1419），7岁出家，16岁到西藏地区学佛，学通佛法，著书立说，招收弟子，宣传自己的佛教主张，并进行宗教改革。永乐七年（1409），宗喀巴在阐化王扎巴坚赞等人的大力支持下，在拉萨大昭寺主持了一个规模巨大的祈愿法会，俗称"传大昭"或"传昭法会"。这是一次空前盛大、影响深远的藏传佛教宗教活动。拉萨传昭法会后，宗喀巴兴建甘丹寺，因为格鲁派僧人都戴黄色僧帽，故旧时俗称为黄帽派，简称黄教。宗喀巴的宗教改革以维护佛教的社会影响和僧人的名誉地位为目的，其本身寺院组织严密，僧人遵循修习次第，强调严守戒律，得到广大群众的尊敬和拥护，因此，改革得到广泛认可，得到圆满结果，之后格鲁派势力迅速发展。宗喀巴的弟子扎西贝丹于1416年在拉萨西郊创建了哲蚌寺，弟子释迦也失于1419年在拉萨北郊创建了色拉寺，而甘丹寺、色拉寺、哲蚌寺就是拉萨三大寺。宗喀巴的另一个弟子根敦主巴于1447年在后藏日喀则创建了扎什伦布寺，意味着格鲁派向后藏发展。至此，格鲁派在西藏的四大中心，即甘丹寺、哲蚌寺、色拉寺、扎什伦布寺正式形成。

宗喀巴的宗教改革和格鲁派的兴起，从一开始就受到明朝中央的重视。1408年（永乐六年）和1413年（永乐十一年）明朝两次派专使延请新兴的格鲁派创始人宗喀巴大师进京。1414年，宗喀巴派遣其大弟子释迦也失为代表前往南京觐见。1415年2月2日，释迦也失到达南京，受到明朝的盛大欢迎。永乐皇帝封释迦也失为"妙觉圆通慧慈普应辅国显教灌顶弘善西天佛子大国师"，地位高于一般的灌顶国师、大国师。永乐皇帝仿照蒙古汗王的方式，赐予他一顶金边黑色僧帽。1416年，释迦也失辞归时，明朝赐予他金银、绸缎、佛像等大量财物，他用这些财物修建了色拉寺，帮助宗喀巴维修甘丹寺，从而大大增强了处于初创时期的格鲁派的势力。

宣德元年（1426），明宣宗朱瞻基继位，即派礼部尚书胡濙等进藏招请释迦也失进京。释迦也失虽然已是年逾古稀，但是，仍于1429年再次离藏进京，觐见皇帝。1434年7月，宣宗封释迦也失为"大慈法王"，之后"帝留之京师"，使格鲁派受到的荣宠一时超过了其他教派。1435年11月释迦也失在返藏途中病故，终年84岁。明朝中央特令在其圆寂的地方青海卓摩喀（今青海省民和县）修建寺庙，赐名"弘化寺"，以资纪念。释迦也失是在西藏地方和中央政府关系史上又一位作出卓越贡献的人物。他一生两次到内地，留居十年之久，并到五台山传法，使藏传佛教在内地兴盛起来，为建立和发展格鲁派与明朝中央的关系，加强西藏与内地的文化交流作出了巨大贡献。

总之，明朝后期，格鲁派竭力争取朝廷的支持，巩固与扩大自己的势力，明朝则扶持格鲁派，推进达赖活佛系统的形成，这是明代西藏及周边涉藏地区与中央密切关系的重要内容。

二、密切经济交往，推动边疆社会发展

使者往来对明朝与西藏及周边涉藏地区之间经济交流的作用，主要体现在朝贡贸易和茶马贸易两个方面。

（一）朝贡贸易

"朝贡"是国家之间或国家内部不同政治体系之间表达的隶属关系，明代西藏和其他涉藏地区向明廷的朝贡属于地方向中央的进贡。又如明、清时期土司向中央政府的朝贡，土司虽具有自治权，很少向国家交税或不向国家交税，明清中央政府就采用朝贡对其规制，也是这种情形。不论是明代西藏和其他涉藏地区向明中央政府的朝贡，还是明、清时期土司土官向中央政府的朝贡，本质上都属于明、清王朝一级地方政府或地方官吏向中央的朝贡，是地方向中央表忠心的象征。洪武七年（1374）三月，明太祖朱元璋在给礼部的诏书中明确表达了这一观念："古者中国诸侯于天子比年一小聘，三年一大聘，九州之外番邦远国则每世一朝，其所贡不过表诚敬。"[①] 显而易见，明朝统治者把朝贡更多看作是一种上下礼制。所谓天下一统，"四夷"皆以时朝贡，体现出的是明朝与"四夷"之间的一种政治关系，称臣必需朝贡。"自有天地以来，即有君臣上下之分，且有中国四夷之礼，从古皆然。"[②] 否则，视为"不臣"。不管是海外诸藩属国，还是边疆民族地区政权皆如此。对不来朝贡者，明廷会择机派兵讨伐其"不忠""不臣"。洪武三十一年（1398）三月，朱元璋对礼部大臣谈到打煎炉、长河西不来朝贡时，深表生气，表达了这种原则和态度。[③] 当然，在这个朝贡过程中，形成了一

---

① [明]朱国祯辑：《皇明大事记》卷十三《诸夷朝贡》，明崇祯刻《皇明史概》本，第1066页。
② [明]朱国祯辑：《皇明大事记》卷十三《诸夷朝贡》，明崇祯刻《皇明史概》本，第1074页。
③ [明]朱国祯辑：《皇明大事记》卷十三《诸夷朝贡》，明崇祯刻《皇明史概》本，第1076页。

定的贸易规模，这就是朝贡贸易。

中国历史上朝贡贸易的类型很多，其渊源甚久，为中原与周边少数民族和海外诸国之间经济联系的主要形式之一。明初诸帝及政府中掌权的儒臣们均认为，中国是悠久历史和文明的东方大国，是世界秩序的中心，边疆少数民族及周边诸国不论大小都是明朝的附庸，应该通过朝贡形式表达对大明王朝认可、臣服，"以小事大"。一般情况下，不管各少数民族政权或地方政府、豪酋所派使者贡方物多少，中央政府本着"羁縻远人"之原则，均给予优厚回赐，其值远远高于贡物本身之价值，历史上的汉、唐、宋时期就是如此。

明代朝贡理念和"厚往薄来"的原则与汉唐时期相同。因此，西藏及周边涉藏地区与明廷的朝贡贸易首先是政治行为，其次才是经济行为。朝贡中的话语权属于明中央政府，朝贡规则为明政府职能部门所制定，各种"例""仪"等形式的法律法规体现着政府的主导性作用和地位。在这种情况下，贡品是一种特殊的"商品"，对于海外各国和周边民族的朝贡物，明廷以"赏赐"的名义，给以相当价值的回报，赐贡体系的内涵与外延虽然复杂，"但其依赖的媒介和最终承载明确而具体，那便是各种物品。"[①]赏赐的价值往往高于"贡品"的价值，明朝给予超过其价值三至五倍，甚至有时高达十倍的回赠物，两者的差额实际上是保持朝贡关系和名义的代价。之所以明代西藏朝贡始终络绎不绝，入贡频繁、规模大，经济利益是重要因素。向明朝中央入贡，西藏和其他涉藏地区可从朝廷获得丰厚的回赐，既在经济上得到实惠，又在经济上与内地互通有无，促进了西藏及周边涉藏地区与中央关系的发展。

其次，明朝规定，朝贡使者的贡物中除一部分献贡皇帝外，其余部分可在边地进行贸易，藏族使者在内地也可以从官吏或商人处进行半公开买卖。洪武时就有不少西藏贡使贡毕返还之时，大量购买茶叶等物带回。有一次使行人员竟带走茶叶一万几千斤之多，朝廷知道后并不追究。许多西藏贡者还将朝廷赐物易换所需之物带回。宣德九年，"阐化王贡使乩藏等还，以赐物易茶，至临洮没入茶，并留乩藏等以闻。上命释之，还其茶"[②]。正统九年，安定卫国师摄剌藏族卜等朝贡时，每人市茶竟达2000斤。成化十五年，辅教王使者沙加里吉乞准以赐物在

[①] 李帅：《以文治边：文物考古视瞰下明朝对西藏的经略》，社会科学出版社，2021年，第120页。
[②] [明]徐学聚编撰：《国朝典汇》卷一百七十五《兵部·西番》，第2205页。

湖广荆州市茶。

由此看来，明代这些规模庞大、络绎不绝的西藏朝贡队伍事实上也是物资采购团。他们的每一次朝贡，不但能从明朝获得丰厚的赏赐财物，而且也直接从内地购得大量物资带回。明朝要求边疆州县对朝贡事务及时奏请，"陕西镇抚三司详议番僧进贡事宜"[①]，以便制订合适政策。在政策上，明政府一贯严格控制茶叶流向，因为"闻番人恃茶以为命，须严土人通番之禁，使私茶不得出，则我得制其久命"[②]。也就是通过对朝贡和茶马互市的控制，即笼络与控制了这些地方，又稳定了西北边境的统治，《皇明大事记》载："'西番'之民归附已久，而未尝责其贡赋。闻其地多马，宜计其地之多寡以出赋，如三千户则三户共出马一匹，四千户则四户共之，定为土赋，庶使其知尊君亲上，奉事朝廷之礼。"[③]但在这个过程中，大多数人于边界地带进行不同程度的贸易交往，一些使者还往往用自己携入的金、银在归途上同官员、军人和民间商人交易，以得到更多的茶叶、药材、铜铁器和瓷器。僧人使者为了修寺，则购买金箔、颜料、木料、供器、乐器等。[④]因此，客观上推动了涉藏地区与中原之间的经济交流。

明代汉藏使者往来于内地与西藏及周边涉藏地区，贡使携带的物品之丰富，为史所罕见。通过物品交流，不仅仅是西藏及周边涉藏地区得到了来自中原的生产生活用品，而且西藏等地的战马、铠甲、刀箭之类物品也进入内地，极大地丰富了内地的物质文化生活。比如，日常生活所用的金银器皿等，即金银质碗、盒、杯、盘之类生活用品是使者往来中进贡或赏赐的重要物品之一。如洪武四年（1371）八月，明太祖遣工部主事王伯彦往河州赏赐当地土官，就曾赐予头目劳哥银碗等物。在《汉藏史集》中记载，明成祖曾赐给大宝法王的物品中有极其珍贵的碗：

> 向遍知一切的文殊菩萨顶礼！洁白晶莹毫无尘垢的吉祥之物，形状可爱，内盛各种营养食品，人人喜悦，成为大众必备用品，珍贵茶碗，鉴别之法如下所述。[⑤]……这些都是碗中佳品的特征。此后，又有

---

① [明]朱国祯辑：《皇明大政记》卷十七，成化三年五月乙丑，第263页。
② [明]张居正：《答三边总制论番情书》，《明代基本史料丛刊·边疆卷》第53册《张江陵集》，线装书局，2005年，第147页。
③ [明]朱国祯辑：《皇明大事记》卷十三《诸夷朝贡》，明崇祯刻《皇明史概》本，第1071页。
④ 吴均《〈西番馆来文〉看明朝对藏族地方的管理》，《藏族学术讨论会论文集》，西藏人民出版社，1984年版。
⑤ [明]达仓宗巴·班觉桑布著，陈庆英译：《汉藏史集》，第128页。

两只由朝廷颁赐的碗,被称为格尔,由化身的大明皇帝献给得协银巴①和众生依怙大乘法王②。这两只碗中大的一只是献给大乘法王的,此碗为青花碗,上面有白昼吉祥(夜晚吉祥)③等文字,绘有六种图案及吉祥八宝等,由于有这些珍贵的图案更显得贵重。这两只碗的形式在现在十分盛行。以上是对以龙碗为首的各种碗的介绍,愿众生因此善业而消除贫困!吉祥。④

与此同时,西藏及周边涉藏地区贡使进贡马匹,或一同进贡金银器皿等物,这种情形比较多:

宣德元年十月,陕西洮州等卫"番僧"剌麻沙则落等人来朝,贡马及金银器。宣德二年正月,陕西洮州等卫土官百户剌麻失宁卜肖进贡金银、器皿、羊马等。宣德三年十二月,陕西西宁卫贡使绰受等人来朝贡马及银器方物。宣德四年五月,四川长河西、鱼通、宁远贡使问卜雪能藏来朝贡马及金银器皿。宣德五年正月,陕西洮州卫七占簇贡使藏卜领占来朝贡马及金银器皿方物。宣德八年闰八月,陕西洮州卫奄藏簇贡使亦什藏卜等人来朝,贡金银器皿、象马方物。正统五年十二月,陕西文县罗葛族寨首番道石革等遣人贡金银器皿及方物。正统十年五月,乌思藏贡使锁南吾节、宁夏卫贡使僧纲司剌麻勺思吉领占等人来朝,贡象马银器等物。正统十一年九月,乌思藏剌麻表殊言千等来朝贡马及金银器皿等物。景泰元年四月,乌思藏剌麻官著姜察贡金银器皿、象马等物。天顺三年十月,乌思藏剌麻"番僧"锁南坚参来朝,贡马象及金银器皿等物。天顺五年二月,长河西、鱼通、宁远宣慰司千户札思巴等、乌思藏贡使札思巴坚粲等人来朝,贡马及金银器皿方物。天顺六年十二月,四川天全六番招讨司等地遣使贡金银器皿及马

---

① 此处的得银协巴当指噶玛噶举派黑帽系的第五辈转世活佛,生于公元1383年,原名却贝桑布,明成祖继位后,派宦官侯显和和尚智光专程去西藏召他到南京,1406年冬明成祖在华盖殿宴请他,1407年春明成祖命他在灵谷寺为明太祖朱元夫妇荐福超度,赐给他"如来"的名号,得银协巴在藏文书中意为如来,故以后他以得银协巴之名传世。同年三月,明成祖封他为"万行具足十方最胜圆觉妙智慧菩萨应佑国演教如来大宝法王西天大善自在佛"。他于1408年返回西藏,1415年去世。笔者注。
② 大乘法王名贡噶扎西坚赞贝桑布(汉文史籍称昆·泽思巴),属萨迦昆氏家族,生于1349年,应明成祖之召于1413年二月至京,受封为"万行圆融妙法最胜真如惠智弘慈广济护国演教正觉大乘法王西天上善金刚普应大光明佛"。笔者注。
③ 西藏自治区文物管理委员会编《萨迦寺》(文物出版社,1985年版)中"收有两幅明宣德年间烧制的青花五彩碗,碗口内壁有一圈藏文祝词,开头即:'白昼吉祥夜晚吉祥……',与《汉藏史集》此处的记载完全符合,清代内库所制'镇日吉祥哈达'上也织有'白昼吉祥夜晚吉祥,日照中天也吉祥,日日夜夜吉祥满,愿得三宝赐吉祥'的祝词"(《汉藏史集》,第177页)。
④ [明]达仓宗巴·班觉桑布著,陈庆英译:《汉藏史集》,第132—133页。

等物。成化五年正月，天全六番招讨使司遣使高玉明等人来朝，贡象马并金银器皿。正德九年九月，董卜韩胡宣慰司护印舍人容中切旺加立卜巴藏卜等来朝，贡马匹、银器等物。

再者，使者往来中战马、铠甲、刀箭之类军用品传入内地。洪武四年六月，吐蕃来降院使马梅偕同字罗罕等人来朝贡马及铁甲刀箭等物。洪武二十七年正月，乌思藏灌顶国师吉剌思巴监藏巴藏卜等各遣使来朝，献盔甲等物。洪武二十九年十二月，乌思藏都指挥答里巴等遣僧琐南里监藏、卫镇抚班竹儿藏卜等贡剑及甲胄等物。正统十一年九月，乌思藏剌麻表殊言千等来朝，贡马及金银器皿、氆氇、刀甲等物。正统十二年正月，四川杂谷安抚司加撒等寨向化"番僧"加藏等来朝，贡马及铁甲等物。六月，乌思藏里歪甘霖寺僧剌麻沙加思那等人来朝贡马及铁甲等物。正统十三年十二月，乌思藏剌麻喃结藏卜、四川思南柯等寨班撒儿等人来朝，贡马、驼、黄鹰、铁甲、刀剑、貂鹿皮、佛像、舍利等物。正统十四年七月，朵甘思宣慰司剌麻武些、灵藏赞善王总菩凮地方加儿等四寺剌麻偏竹朵几只等人来朝，贡盔甲及其他方物。天顺三年六月，四川茂州卫剌儿卜等寨寨首只多儿等来朝，贡明甲、腰刀、氆氇等。天顺六年九月，董卜韩胡宣慰使司那卜林等寺剌麻"番僧"足都伯等来朝，贡马及盔甲、佩刀等方物。

成化二年四月，岷州卫朝定寺剌麻"番僧"烟丹领占、大崇教寺石多等簇剌麻来朝，各贡马及盔甲等物。成化三年正月，乌思藏灵藏赞善王遣使"番僧"桑节藏卜等人来朝贡马并铁甲等物。成化七年三月，陕西岷州卫西固城军民千户所靖卜簇"番僧"七答等人来朝，贡马及盔甲等物。成化十二年十一月，西宁瞿昙寺禅师桑尔加端竹等、乌思藏"番僧"撒节藏卜等人来朝，贡驼马及盔甲等物。成化十六年正月，陕西凉州卫菩提寺"番僧"都纲南葛藏卜等人来朝，贡马、驼、甲胄等物。成化二十年五月，陕西岷州大崇教寺"番僧"失劳尖卒等人来朝，贡马、驼、盔甲等物。弘治元年十一月，陕西洮州卫青石山等族"番人"南都来朝，贡盔甲、马匹等物。弘治四年二月，四川杂谷安抚司遣剌麻"番僧"头目郎哈僧吉等并陕西外夷车陆、哈古、哈笼等族"番人"火竹等贡氆氇、盔甲、马匹等物。弘治十八年七月，答牙等族"番人"剌麻肖等贡盔甲等刀；十一月，敖儿大等族"番人"木肖等贡刀等物。正德元年十一月，利族等大三族"番人"头目仓卜肖等来朝贡盔、刀。正德二年五月，车禄等族"番人"头目坚墩陆竹遣使贡马匹、盔、刀。正德四年正月，曾卜庄大族"番人"革秀等人贡腰刀。六月，啥多、他笼大小等族"番人"巴吉朵日怕等、博峪等族"番人"阿鹅等人贡马及盔甲、刀等物。正德六年正月，陕西氇哈等族"番人"圭哈等、永宁寺"番僧"札石烟丹等各来朝，贡马、盔甲、刀等物。正德八年六月，崔工等族"番人"千卜六等各贡马及盔甲、腰刀。正德十一年三月，四川杂谷安抚司"番僧"锁郎巴等贡氆氇、腰刀等物。十二年七月，陕西上笆篱等族"番人"豁牙等来朝，贡马匹、盔甲、刀等物。

嘉靖元年五月，陕西敖儿等大陆族的石落肃等人来朝，进贡腰刀。嘉靖六年五月，阿木等族的安巴等人贡刀。嘉靖七年十一月，陕西上笆篱等簇的潭班来朝，贡马及盔甲、腰刀等物。嘉靖十五年三月，苎咂等族的焦吉等280余人来朝，贡马并盔甲、腰刀。嘉靖三十四年三月，陕西好地平、笊咂等族的章乩、焦吉等人贡马及盔甲、腰刀等物。万历四年九月，陕西敖儿等族的札石禄等、四川加渴瓦寺都纲头目领占藏等人，各备腰刀、珊瑚等物入贡。万历七年七月，陕西好地平等族243名赴京进贡马、刀、盔甲等物。万历十年三月，陕西七巴、冉家蛮等进贡马匹、盔甲、腰刀。万历十五年十月，柏林、七占等族进贡马匹、盔甲、腰刀等物。万历二十八年三月，奔古、阿著等族的竹节等人献马匹、盔甲等物。万历二十九年四月，陕西青石山、亦辖等族的木竹等人进贡盔甲、马匹。万历三十六年七月，陕西驼笼、纳郎等族的永肖等156名进献盔甲、马匹。万历四十五年五月，陕西山峒峪、答利等族的纳麻节等143人各贡腰刀。天启三年九月，陕西好地平等族的郝卜等人贡马匹、盔甲、腰刀。由于前文中对朝贡问题已详细介绍，故以下不再赘述了。

补充一下，以上多次提到的大崇教寺、瞿昙寺、法华寺等寺院，是河湟洮岷地区很有影响的寺院，如大崇教寺，其"御制大崇教寺碑"碑文曰：

> 朕君主天下，一本仁义道德，以兴治化。至于内典，亦有契于心；故致礼觉王，未始或怠。特命有司于岷州，因其故刹，撤而新之，拓而广之，殿堂崇邃，廊庑周回，金相端严，天龙俨恪，供养有资，苾刍有处，足以祗奉觉圣，足以导迎景贶，特名曰大崇教寺。盖如来有阴翊皇度之功，有普济万有之德，一念之恳，有所祈焉，无远而弗届，无幽而弗达，寂然不动，感而遂通矣。朕之所祈，上以为宗社，下以为生民，心之所存，坚若金石。如来至仁，明同日月，感应之机，捷于影响，将国家承庆，永安于泰山，民物蒙庥，常臻于康阜，固如来之助也。寺

成，因纪其绩于碑而系以铭曰：明明世尊大知慧，以大法力觉群类，如慧日照甘雨，施兴于九天洽九地，覆载显幽善沾被，自西徂东施逾大，信受归乡如川至，犍陀俱胝力争致，矧兹支提国西裔，密迩佛域为邻族，弘作雄刹徇民志，巍巍妙相森拥卫，流恩布泽浩无际，华夷八达均益利，皇图巩固万万世。

大明宣德四年二月初九日

右春坊庶子沈粲（奉敕）书、中书舍人卜恺（奉敕）篆额①

此碑刻于大明宣德四年，宣宗御制文。今存岷县梅川乡原崇教寺。大崇教寺始建于永乐十二年，后于宣德二至四年扩建，扩建后的大崇教寺法事兴旺，与其众多属寺形成了一个完整的区域性藏传佛教寺院体系，声名远扬。

又有现藏于今青海省民和回族土族自治县转导乡弘化寺的"弘化寺碑"，碑文如下：

礼部奏乌□□□□□贡，番僧数多，中间多有长河西等处番僧假托姓名□□□（后面所缺字数不详）执照。日后遇该贡之年，将勘合填写人名、物数来贡。固尔管下番僧□□□（后面所缺字数不详）令沿路谨密，勿令长河西等处人知觉，只口往藏里游方及回还□□□（后面所缺字数不详）检印信，番字奏本回报。所差之人，已命陕西汉中府，给与食茶一千（后面所缺字数不详）。

嘉靖柒年拾贰月初肆日（之宝）
大明嘉靖叁拾伍年岁次丙辰柒月□日

钦差掌管弘化显庆二寺事妙善广济灌顶大国师藏卜洛竹建立②

河湟洮岷地区大崇教寺和弘化寺等寺院的兴旺是明朝崇信藏传佛教的直接体现，其碑文所反映的内容是明朝利用佛教"以兴治化"，巩固边疆地区治理的鲜明写照。这类寺碑在明代相当之多，一定程度上推动了当地佛教文化的发展和兴盛。

---

① [民国] 张维纂：《陇右金石录》卷六，第16193页。
② 马小琴，马忠，桑杰加整理：《青海世居少数民族金石录》，第145页。

（二）茶马贸易

从渊源看，历史上的茶马互市始于唐代而发展于宋。明朝建立后，承唐宋之制"行以茶易马法，用制羌戎"①，即在河州、洮州、岷州等藏汉边境地带设置茶马贸易市场，"听吐蕃纳马易茶"②，以解决藏族嗜茶而又极缺茶叶的现实困难，并以此达到政治上"以茶驭边"、制约藏族地方势力的目的。明太祖在给蜀王椿的诏谕中说："夫物有至薄而用之则重者，茶是也。始于唐而盛于宋，至宋而其利薄矣。前代非以此专利，盖制戎狄之道，当贱其所有而贵其所无耳……"，③另一方面，马政乃明朝"国之所重"④，用茶叶换取藏族良质马匹，对于国防战备具有重要意义。因此，洪武初，朝廷即特别重视马政，凡产马之地，悉遣使市之。由此看来，茶马互市其实也是藏汉实现经济互补、增进双方联系的一种重要渠道和方式。

何谓茶马、茶马互市？"茶马"并不是指茶马贸易。何谓茶马？明人陆容的《菽园杂记》卷四载："国初官马养于各苑马寺、各监苑而已。永乐中始以官茶易和林等处马，养之民间，谓之'茶马'。正统十四年，京师有警，乃选取以备军资，养于顺天府近京属县，谓之'寄养骑操马'。及京师无事，寄养之马不复散去，至今遂为故事。"⑤看来世人对"茶马"一词的理解有一定偏颇，茶马并不是指茶马贸易，而是指用茶交易得来的马。同理，盐马、点马则为用以盐交换而得马。《皇明经世文编》卷二百六十三载："纵马之不可缺，则茶马盐马点马牧马之制，何尽隳弛而顾纷纷于买马。"

明代的茶马贸易，准确地讲，应该是文献中的"茶马互市""茶马之市"。明人谢肇淛的《五杂组》载："西戎茶马之市，自宋已然。盖土蕃潼酪腥膻，非茶不解其毒，而中国借之可以得马。"明王士性：《广志绎》卷三《江北四省》："互市始于宣、大，故王少保自议宣、大费最多。惟陕西年例不足用，宣、大既每年积羡多，难以花销，则奏报为省节。"⑥明永乐三年，由于福余卫部内属，明廷设

---

① [清]张廷玉等撰：《明史》卷八十《食货四》，第1947页。
② [明]严从简，余思黎点校：《殊域周咨录》卷十《吐蕃》，第362页。
③ 《明太祖实录》卷二五一，洪武三十年三月癸亥，第3630页。
④ [清]夏燮撰，沈仲九标点：《明通鉴》卷五《纪五》，太祖洪武八年二月癸丑，第295页。
⑤ [明]陆容撰：《菽园杂记》卷四，第46页。
⑥ [明]王士性著，吕景琳点校：《广志绎》卷三《江北四省》，第65页。

辽东开原（一在其南，一在其东）、广宁马市。但在正统提间已罢其二，只有开原之南关马市尚存。至成化十四年，因巡抚陈钺上奏，复立马市三处：一设开原城南，一设抚顺，一设广宁古城堡（嘉靖间改庆云堡）。辽东所开马市，许海西并朵颜等三卫夷人买卖，但不许通事交易人等将各夷欺侮愚弄，亏少马价及偷买货物。亦不许拨置夷人；指以失物为由，同诈骗财物分用。敢有擅放夷人入城及纵容官军人等无货者罪之。

为什么要用茶叶易马？原因有二：

第一，茶叶对于藏族具有特殊重要意义。首先，藏族久居青藏高原，由于茶叶具有助消化、解油腻的特殊功能，"蕃戎性嗜名山茶，日不可阙"[①]，甚至藏族"不得茶，则困以病"[②]。然而，藏族所居住之地及其生产方式决定了其本身产茶量极少，绝大部分茶叶要易自川、陕等地，秦、蜀之茶"自碉门、黎、雅抵朵甘、乌思藏境，五千余里不可无"[③]。另一方面，既然藏族日不能缺茶，则茶叶控制在政府手中，可以起到使其归化之用。

为了实现朝廷用茶制边的政治目标，明太祖下诏河洮岷、西宁等地互市，令"番人纳马易茶"[④]。一方面，明廷于洪武五年首先开通了官办茶马古道。为了加强中原与长河西（康定）、朵甘各部的关系，明太祖命四川官府开山劈道，开辟了一条从碉门（天全）经昂州（岩州，今泸定岚安镇），越大渡河至长河西的茶道——"碉门路"茶道，以缩短运程，方便政府运茶，这就是明代川藏"南路"茶道。除了"南路"茶道，从灌县沿岷江上行，经过茂县、松潘、若尔盖、甘南，至河州、岷州，转输茶入青海，这就是明代川藏"西路"茶道，也称为甘青道。在甘青道中，河州位于从雅安、经松潘、甘南到青海茶马线的枢纽，是不可或缺的重要中转站。

（1）茶叶征购和运输

茶法马政，"内充军实，外驭番夷"[⑤]，事关明朝国防安全之大事。而"以茶易

---

① [清]徐松辑：《宋会要辑稿》第八十四册《职官》四十三，中华书局，1957年，第3311页。
② [清]张廷玉等撰：《明史》卷八十《食货四》，第1947页。
③ [明]谈迁著，张宗祥校点：《国榷》卷十，太祖洪武三十年三月癸亥，第772页。《明太祖实录》记述稍有不同："秦蜀之茶，自碉门、黎、雅抵朵甘、乌思藏五千余里皆用之，其地之人不可一日无此。"《明太祖实录》卷二五一，太祖洪武三十年三月癸亥，第3630页。
④ [清]夏燮撰，沈仲九标点：《明通鉴》卷十一《纪十一》，太祖洪武三十年六月己酉，第485页。
⑤ [明]陈子龙等辑：《明经世文编》卷三百八十六，褚鈇《褚司农文集》卷一《条议茶马事宜疏》，中华书局，1962年影印本，第4180页。

马"的先决条件,是要有足够的茶叶种植和茶叶生产量,"大抵茶是本,马是利,无本则利将焉出"①。

第一,茶叶的征购。

明代茶叶的生产有两个区域,一是东南茶区,一是川陕茶区。易马茶主要是汉茶,来自川陕茶区。由于人口增加、生产技术进步等因素,陕西、四川等地茶叶的种植、焙制在明朝时期有了很大发展,产量增加。洪武四年(1371)十二月,户部奏报:陕西汉中府金州、石泉、汉阴、平利、西乡县诸处茶园共有四十五顷七十二亩,产茶八十六万四千五十八株。②洪武五年(1372)二月,户部奏报:四川产巴茶凡四百七十七处,茶二百三十八万六千九百四十三株。③巴茶属于上等茶,洪武初每年产量为19280斤,专贮以易马。④这些产量还仅仅是洪武初的数额,到了明代中期全国的茶叶产量迅速增加。杨一清曾在主政陕甘时说:成化年间(1465—1487)以来,各省州、县户口日繁,"茶园加增不知几处"⑤,新开茶园,"日新月盛,漫无稽考"⑥。茶园的充足、生产量的提高,加之巴茶等优质茶叶专用于易马,这些举措有力地吸引了西北少数民族用马换茶的积极性。

除了川陕茶区,明代茶叶的另一主要生产地是湖南。"湖茶味苦","其直(值)贱",而"汉茶味甘而薄"⑦,于酥酪为宜,所以特别受周边少数民族喜爱。万历二十三年(1595),户部折中御史李楠和徐侨提出的不同建议,定今后"以汉茶为主,湖茶佐之。各商中引,先给汉、川,毕乃给湖南。如汉引不足,则补以湖引"⑧。表明明代中后期,湖茶已补充到了茶马互市的行列⑨,形成川陕茶为

---

① [明]陈子龙等辑:《明经世文编》卷一百一十八,杨一清《与内阁吏兵诸先生第四书》,第1121页。
② 《明太祖实录》卷七〇,洪武四年十二月庚寅,第1300页。
③ 《明太祖实录》卷七二,洪武五年二月乙巳,第1332页。
④ [清]嵇璜等奉敕撰:《钦定续文献通考》卷二十二,"征榷考",文渊阁四库全书本,第626册,台北:台湾商务印书馆,1986年,第527页;《钦定续文献通考》卷一百三十三,"兵考",文渊阁四库全书本,第629册,(台北)台湾商务印书馆,1986年,第671页。
⑤ [明]杨一清撰,唐景绅、谢玉杰点校:《杨一清集·关中奏议》卷三《为修复茶马旧制以抚御番夷安靖地方事》(第二疏),中华书局,2001年,第85页。
⑥ [明]杨一清撰,唐景绅、谢玉杰点校:《杨一清集·关中奏议》卷三《为修复茶马旧制以抚御番夷安靖地方事》(第二疏),第85页。
⑦ [清]张廷玉等撰:《明史》卷八十《食货志四》,第1954页。
⑧ [清]张廷玉等撰:《明史》卷八十《食货志四》,第1954页。
⑨ 明代还有其他产茶之地,产量也较多,主要有:南直隶常、庐、池、徽,浙江湖、严、衢、绍,江西南昌、饶州、南康、九江、吉安,湖广武昌、荆州、长沙、宝庆,四川成都、重庆、嘉定、夔、泸等地。《明史》卷八十《食

主、湖茶为辅的官营茶马贸易机制。

明朝规定，所有茶农在茶熟季采摘茶叶后，一部分茶叶作为茶户课税上缴政府，其目的是"贮茶易马"。①上缴茶叶的数量，依《川陕茶征课则例》的规定执行："洪武五年，令四川产茶地方照例：每十株官取一分，征茶二两，其无主者令人薅种，以十分为率，官取八分，有司收贮。"②"例"是因时因地因事订立的单行法规，是"律"在具体适用上的主要依据。明朝时期，"例"被广泛运用于行政、经济、军事、民事等领域。传世文献中就有不少明代茶马贸易的"例""事例""条例""法例"记载，"诸番市马用茶，已著为例"③，"凡中茶有引由，出茶地方有税，贮放有茶仓，巡茶有御史，分理有茶马司、茶课司，验茶有批验所，其例具后……"④说明明代重要的法律形式——例，被广泛地运用于茶马贸易立法实践中。这些茶马例主要针对茶马贸易管理、价格及禁止走私等问题而制定，由皇帝以圣旨、诏敕等形式或以兵部、户部"榜例""公告"等形式颁行，适用于茶易马的全过程，并成为川陕边境等地茶马互市的主要法律依据。⑤

《川陕茶征课则例》规定：茶园户主不同，上缴比例不同，此规定对于四川产上品巴茶依然适用。征课之外的剩余茶叶，亦由政府收购，"本地茶园人家，除约量本家岁用外，其余尽数官为收买"⑥，不得私存茶叶于家中。"洪武初例，民间蓄茶，不得过一月之用"⑦，如果茶户私藏茶叶或将茶叶卖于他人者，其园入官。这是《洪武初例》对茶户蓄茶时限的法律规定。

货志四》，第1954页。
① [明]朱国祯辑：《皇明大政记》卷三，明崇祯刻皇明史概本，《中国野史集成》第7册第48页。
② [明]李东阳等撰，申时行等重修：《大明会典》卷三十七《茶课·禁约》，第685页。
③ [清]张廷玉等撰：《明史》卷三百三十《西番诸卫传》，第8551页。
④ [明]李东阳等撰，申时行等重修：《大明会典》卷三十七《课程·茶课》，第683页。
⑤ 关于这一问题，学界目前关注较多的是茶禁政策的内容和作用，但这只揭示了明代茶马贸易运行中管理和防治不法的一些片段。郭孟良《试论明代茶法的特点》(《中国社会经济史研究》1992年第3期)认为，明洪武初定川陕征课则例，并通过贡例、课例、互市等条例来实行茶业统制，但仅仅是提到这些条例，并没有进行内容和性质上的阐述与分析。他的另一篇论文《试论明代的茶禁政策》(《青海社会科学》2002年第4期)同此情况。武沐、郭翔《明朝茶马贸易的几个问题》(《中国边疆史地研究》2019年第2期)、邓前程《明代"限制边茶以制之"立法及其治藏主旨——以边关将吏和茶商严厉禁约为例》(《四川师范大学学报》2006年第2期)、王晓燕的《官营茶马贸易体制的衰落及原因》(《民族研究》2001年第5期)、刘淼《明代茶户的户役与茶课》(《中国农史》1997年第2期)、杜常顺《论明代西北地区的私茶》(《青海师范大学学报》1995年第3期)、贾大泉《汉藏茶马贸易》(《中国藏学》1988年第4期)等论文，对明代茶马法、茶禁政策等问题都有所涉及，但很少关注茶马例。
⑥ [明]杨一清撰，唐景绅、谢玉杰点校：《杨一清集·关中奏议》卷三《为修复茶马旧制以抚御番夷安靖地方事》(第二疏)，第87页。
⑦ [清]张廷玉等撰：《明史》卷八十《食货志四》，第1951页。

茶叶征购事宜的办理，由设在川陕产茶区的茶课司专门负责。洪武五年（1372）十二月，明政府于四川设永宁界首镇茶局、雅州碉门茶局及成都灌州、安州、筠连州五茶局，负责收茶。《国榷》卷五载：洪武五年十二月乙未，"设四川永宁茶局于界首镇，雅州茶局于碉门（今四川天全），成都茶局于灌州（都江堰）安州（安县）筠连州"①。洪武三十年（1397）七月，再令四川成都、重庆、保宁三府及播州宣慰使司置茶仓四所贮茶，"以待客商纳米中买及与'西番'商人市马"②。同时，四川布政使司移文天全六番招讨司，"将岁输茶课仍输碉门茶课司，其余地方就近悉送新建茶仓"③，以用于易马。

《川陕茶征课则例》和《洪武初例》，不仅规定了各产茶地收茶纳茶的比例、时间、地点，而且规定茶户不得私存或转卖茶叶，保证了茶叶生产、征收环节的政府垄断，为官营茶马贸易的实施奠定了基础。据文献记载，明初从各地征收来的官茶存量是非常充足的，如四川五茶局每年收茶91.6万斤：界首镇18.8万斤，碉门41.1万斤，成都三局：灌州7430斤，安州13170斤，筠连州29.6万斤。④就连上等巴茶，洪武五年时，"岁计得茶万九千二百八十斤"⑤，这些茶叶由茶马司贮藏后，"候西蕃易马"⑥。

为了确保茶马贸易的顺利进行，明政府设置茶马司，建立了包括茶叶的征收、加工和储运、茶马比价、金牌信符等一系列茶马交易的组织和管理措施。茶马司是明代茶马贸易管理机构，明初于陕西、四川的洮（治今甘肃临潭）、秦（治今甘肃天水）、河（治今甘肃临夏）、雅（四川雅安）等州置茶马司，主要负责川陕边茶与马的交易管理及征税工作。

从文献记录看，明朝最早建立的茶马司是秦州茶马司（治今甘肃天水）。此外，明政府还于河州、洮州等地置茶马司，"洪武初，洮州、河州、西宁各设茶马司，收贮官茶"⑦。各茶马司都建有茶仓，用于贮存从产茶地运来的易马茶。另

---

① [明]谈迁著，张宗祥点校：《国榷》卷五，第476页。具体设置日期，《皇明大政记》记载有所不同。《皇明大政记》卷三：洪武五年十二月丙戌，增设四川永宁茶局。（《皇明大政记》卷三，明崇祯刻皇明史概本，《中国野史集成续编》第7册第51页）。
② 《明太宗实录》卷二五四，洪武三十年七月己未，第3662页。
③ 《明太宗实录》卷二五四，洪武三十年七月己未，第3662页。
④ 《明太祖实录》卷七七，洪武五年十二月乙未，第1414页。
⑤ 《明太祖实录》卷七二，洪武五年二月乙巳，第1332页。
⑥ [明]严从简，余思黎点校：《殊域周咨录》卷十《吐蕃》，中华书局，1993年，第360页。
⑦ [明]魏焕编：《皇明九边考》卷九《甘肃镇·边夷考》，中华文史丛书影印明嘉靖刻本，（台北）华文书局，

外，茶马司设有茶马大使、副使等官，专门管理茶马事宜。

明代西北地区茶马司的具体设置时间为秦州茶马司设于洪武五年，《皇明大政记》卷三："（洪武五年二月）己卯，置四川都转运盐司、秦州茶马司。"①表明洪武五年明朝设置了秦州茶马司。由于秦州远离甘肃南部及青海东部的"番族"聚居区，不便与之互市，也不便政府加强管理。洪武二十九年，长兴侯耿炳文上奏朝廷请求迁往西宁。明朝批准了耿炳文的这一建议，并于次年月正式撤销秦州茶马司，改设西宁茶马司于西宁卫治，茶马司设在西宁城内北，但茶马贸易却并不在城中进行，而是在城西的镇海堡。秦州茶马司之官属，初设司令（正六品）、司丞（正七品），但到洪武十六年时改为大使、副使，职级也由六品、七品降为九品。《明史》卷七十五《职官志》曰："茶马司，大使一人，正九品，副使一人，从九品，掌市马之事。洪武中，置洮州、秦州、河州三茶马司，设司令、司丞。十五年改设大使、副使各一人……"②此处洪武十五年有误，应为洪武十六年。《诸司职掌·吏部职掌》云：各布政使司所属衙门，"陕西、四川茶马司：大使各一员，副使各一员；广西裕民司、云南滇池鱼课司：大使各一员，副使各一员"③。

关于洮州茶马司和河州茶马司的设置时间，上述《明史》卷七十五记载"洪武中置洮州、秦州、河州三茶马司"，又《明史》卷九十二《兵志》也载："茶马司，洪武中立于川、陕，听'西番'纳马易茶，赐金牌信符，以防诈伪。每三岁，遣廷臣召诸番合符交易，上马茶百二十斤，中马七十斤，下马五十斤。以私茶出者罪死，虽勋戚无贷。"④除此之外，其他明清文献中大都没有具体设置时间信息，如《松窗梦语》卷三："洪武中置洮州卫军民指挥使司，复置洮州茶马司，令岁纳马三千五十匹。又置河州卫军民指挥使司，更置西宁茶马司令岁纳马三千五百匹。市法：上马茶百二十斤，中马七十斤，下马五十斤。"⑤不过，《西番事迹》载："本朝洪武四年置洮州卫军民指挥使司，永乐九年置洮州茶马

1969年，第375页。
① [明] 朱国祯辑：《皇明大政记》卷三，明崇祯刻皇明史概本，《中国野史集成》第7册第49页。
② [清] 张廷玉等撰：《明史》卷七十五《职官志四》，第1848—1849页。
③ 杨一凡点校：《皇明制书》第二册《诸司职掌·吏部》，第368页。
④ [清] 张廷玉等撰：《明史》卷九十二《兵志》，第2276页。
⑤ [明] 张瀚著，盛冬铃点校：《松窗梦语》卷三《西番纪》，第61—62页。

司,火把藏、思曩日等族岁纳马三千五十匹。"①又载:"洪武初置河州卫,后改河州军民指挥使司,七年置河州茶马司,必里卫,二州七站西番二十九族岁纳马七千七百五匹。"②

显然,《西番事迹》中清晰记载洮州茶马司是永乐九年设置的,而河州茶马司是洪武七年设置的,这与"洪武中置洮州、秦州、河州三茶马司"的记述并不相同。而且,《皇朝马政记》卷十二也记载:"洮州茶马司,在洮州卫治西。永乐九年建,大使、副使各一。马额:火把藏、思曩日等族牌六面,纳马三千五匹。"③由此可见,洮州茶马司应正式设于永乐九年。笔者根据《明太祖实录》卷一二八:"(洪武十二年十二月)壬辰,兵部奏市马之数:秦、河二州茶马司以茶市马一千六百九十一匹,庆远、裕民司以银、盐市马一百九十二匹"④可以推知,河州茶马司至迟应该设立于洪武十二年十二月之前。而从《皇朝马政记》卷十二记载可知河州茶马司应设于洪武七年:"河州茶马司,在河州卫治东南。洪武七年建,大使、副使各一。马额:必里卫二州七站'西番'二十九族牌二十一面,纳马七千七百五匹。"⑤

其次,《明史》卷七十五《职官志四》载:"茶马司,大使一人,正九品,副使一人,从九品,掌市马之事。洪武中,置洮州、秦州、河州三茶马司,设司令、司丞。十五年改设大使、副使各一人,寻罢洮州茶马司,以河州茶马司兼领之。三十年,改秦州茶马司为西宁茶马司。"⑥这说明洮州茶马司设立后不久又废罢,而秦州茶马司在洪武末期改为西宁茶马司,具体变化情况是:

洪武十年五月,明廷"减秦州茶马司令、丞各一人"⑦。洪武十六年五月:"改洮州、秦州、河州三茶马司、白渡、纳溪二盐马司皆为正九品,设大使、副使各一人。"⑧同年七月,"罢洮州茶马司,以河州茶马司总之。"⑨洪武二十九年四月,长兴侯耿炳文奏:秦州茶马司不便互市,请迁于西宁。明廷采纳耿炳文之奏请,

---

① [明]王琼撰:《西番事迹》,《西北史地文献》第二十七卷,第35页。
② [明]王琼撰:《西番事迹》,《西北史地文献》第二十七卷,第35页。
③ [明]杨时乔撰:《皇朝马政记》卷十二,玄览堂丛书初辑第15册,(台北)正中书局,1989年,第465页。
④ 《明太祖实录》卷一二八,洪武十二年十二月壬辰,第2042页
⑤ [明]杨时乔撰:《皇朝马政记》卷十二,玄览堂丛书初辑第15册,第465页。
⑥ [清]张廷玉等撰:《明史》卷七十五《职官志四》,第1848—1849页。
⑦ 《明太祖实录》卷一一二,洪武十年五月壬辰,第1857页。
⑧ 《明太祖实录》卷一五四,洪武十六年五月乙卯,第2402页。
⑨ 《明太祖实录》卷一五五,洪武十六年七月辛亥,第2417页。

于洪武三十年四月将秦州茶马司改为西宁茶马司,"迁其治于西宁"①。这说明洮州茶马司设立后不久又废罢,而秦州茶马司在洪武末期改为西宁茶马司,具体时间是洪武三十年。据《皇朝马政记》卷十二载:"西宁茶马司,在行都司西宁卫西。洪武三十年自秦州改建,大使、副使各一。"②此后,陕西行都司三大茶马司正常运营。但正统七年正月,明廷"革陕西甘肃各茶马司,布政官领之"③,权属又发生了新的变化。由此可以看出,明代西北边疆地区河州、洮州、秦州三大茶马司的设立处于不断变化中。但不管怎样变化,西北茶马司的设置都为确保洮州、河州和西宁等甘青涉藏地区汉藏茶马贸易的顺利开展,为保证明朝各项茶马贸易政策的顺利贯彻提供了制度保障。

除了西北地区茶马司,明代四川、广西茶马司的设置时间,在《明史》卷七十五中记载:"洪武中,置四川永宁茶马司,后革,复置雅州碉门茶马司。又于广西置庆远裕民司,市八番溪洞之马。"④永宁茶马司的具体设置时间也未知详情,但根据《明太祖实录》卷一百五十六的记载:"洪武十六年八月壬午,兵部奏定永宁茶马司以茶易马之价"⑤分析,永宁茶马司的设立确为洪武中期,至迟在洪武十六年之前已设。

第二,茶叶的运输。

从地方上征收统购的大量茶叶,须全部运送至沿边地带的茶马司才能实现茶和马的交易。产茶地往西北各茶马司运输茶叶,明初采用征派屯军或民夫的官运模式,并由专职官员押送,"各收贮候运之时,俱差有职人员押解"⑥。其交接流程是:产茶区军民把茶叶运输到陕西交界处,然后再由陕西军民转运到各茶马司,"四川、陕西都、布二司各委堂上官管运。四川军民运赴陕西接界去处,交予陕西军夫,转运各茶马司交收"⑦。对此,杨一清说:"查得洪武、永乐年间旧例,三年一次,番人该纳差发马一万四千五十一匹,价茶先期于四川保宁等府约

---

① 《明太祖实录》卷二五二,洪武三十年四月己丑,第3641页。
② [明]杨时乔撰:《皇朝马政记》卷十二,玄览堂丛书初辑第15册,第465页。
③ [明]朱国祯辑:《皇明大政记》卷十四,明崇祯刻皇明史概本,《中国野史集成续编》第7册第208页。
④ [清]张廷玉等撰:《明史》卷七十五《职官志四》,第1849页。庆远裕民司,洪武七年置,设大使一人,从八品,副使一人,正九品。后亦革。
⑤ 《明太祖实录》卷一百五十六,洪武十六年八月壬午,第2425页。
⑥ [明]陈子龙等辑:《明经世文编》卷一百六,梁材《梁端肃公奏议》卷五《议处茶运疏》,第962页。
⑦ [明]杨一清撰,唐景绅、谢玉杰点校:《杨一清集·关中奏议》卷三《为修复茶马旧制以抚御番夷安靖地方事》(第二疏),第86页。

运一百万斤，赴西宁等茶马司收贮。内西宁茶马司收三十一万六千九百七十斤，河州茶马司收四十五万四千三十斤，洮州茶马司收二十二万九千斤……"①《洪武永乐间例》中对茶叶贮运的规定，是明朝初期关于茶叶收贮运输的基本条例（明中后期被称为"旧例"），它不仅规定了从产茶区保宁府等处运茶至西北茶马司的数额、线路，还规定了"番人"每三年需纳马14051匹的数额，保障了西北三茶马司贮存的茶叶平均每年保持在约33万斤左右的数量，起到了"量积边境之茶，以防私通"②的作用。

然而，宣德、正统以来，战争、灾异等造成民夫大量流失，运力严重不足，而官兵又以运粮为重。正如正统二年（1437）户部所奏：甘肃等处军民转运粮饷艰苦，暂时停止运茶收马，待来年视"边储"情况再定。③一方面是运输艰难，运力不足。另一方面是高额的转运费用，"转输数千里，所费不赀"④，最终导致官营茶马贸易难以维系。杨一清说："因边方多事，陕西军民转运军饷，无暇运茶，腹里卫分官军又各调去甘、凉、宁夏等处征操，别无官军可调，茶马因是停止。"⑤《皇朝马政记》如是云：正统十四年，明朝全国仅剩下朵颜三卫互市，其他地方的互市场已全部关闭，"自是互市不行"⑥。官营茶马贸易停止后，私茶泛滥成灾，而官茶充溢陈积于茶仓中，变质腐烂。成化三年（1467）八月，户部奏："金州、西乡、石泉、汉阴四处，自宣德十年至今，岁办茶课积有六十余万斤，岁久浥烂者过半……"⑦按明朝的规定，茶户是不能卖剩余茶叶的。所以，许多茶户无奈之下只能把茶叶扔掉，引起对朝廷的强烈不满。

为了解决这一困境，弘治年间（1488—1505），明朝引进商人参与茶叶运输，重启洪武朝以来时行时断的招商中茶政策。弘治三年（1490），御史李鸾奏请于西宁、河西、洮州三茶马司复"招商中茶"，并对明初茶引政策和官商收益比例进行一定的改革，扩大商人参与茶马事务的积极性，规定"每引不过百斤，

---

① ［明］杨一清撰，唐景绅、谢玉杰点校：《杨一清集·关中奏议》卷三《为修复茶马旧制以抚御番夷安靖地方事》（第二疏），第83页。
② ［明］陈子龙等辑：《明经世文编》卷一百六，梁材《梁端肃公奏议》卷五《议处茶运疏》，第958页。
③ ［明］陈讲：《马政志》卷一《茶马·差发》，《四库全书存目丛书·史部》第276册，齐鲁书社，1996年，第413页。
④ ［明］陈子龙等辑：《明经世文编》卷一百十五，杨一清《为摅奏修理马政疏》，第1079页。
⑤ ［明］杨一清撰，唐景绅、谢玉杰点校：《杨一清集·关中奏议》卷三《为修复茶马旧制以抚御番夷安靖地方事》，第77页。
⑥ ［明］杨时乔撰：《皇朝马政记》卷五《互市夷马》，玄览堂丛书初辑第15册，第227页。
⑦ 《明宪宗实录》卷四五，成化三年八月己亥，第927页。

每商不过三十引，官收其十之四，余者始令货卖"①，如此"可得茶四十万斤，易马四千匹，数足而止"②。此建议得到明孝宗采纳，招商中茶政策正式恢复。弘治十五年（1502），杨一清督理陕西马政时改革茶马，进一步倡导商人参与茶马贸易，提出官督商运、官商合销模式，"招商中茶"得以全面发展。此后在嘉靖年间（1522—1566），御史、地方巡抚褚鈌、潘一柱、喻时等人先后建议朝廷放松茶禁，实行招商中茶政策，如《条议茶马事宜疏》中说，"比照三茶司（洮河西宁三茶司）事例"，在甘州茶司亦实行中茶法。具体细则是：每年六月，招番中马，由廉洁能干官吏负责交易，"时有定期，马有定额"③，具体以每年大约800匹为止，限两月以内完成。所有招商买运过程中，不许私相贸易，"违者查照律例，从重问遣"④。于是，继河州、洮州、西宁三茶马司之后，嘉靖四十一年（1562）始，甘州茶马司也开始实行招商中茶法。

在招商中茶制下，茶商纳钱，政府给"茶引"——茶叶专卖凭证，"每引照茶一百斤，茶不及引者谓之畸零，别置由帖"⑤，即购运不足一引茶叶者，政府给"茶由"（亦称"由帖"）。明代《茶引由条例》规定："凡茶引一道，纳铜钱一千文，照茶一百斤；茶由一道，纳铜钱六百文，照茶六十斤。"同时规定，如果将"已批验截角退引入由，影射照茶者，同私茶论"⑥。如果将出园卖买与无引由贩者，"初犯笞三十，仍追原价没官。再犯笞五十，三犯杖八十，倍追原价没官"⑦。

茶叶的运输，则依据《商人运茶则例》实施。嘉靖朝巡茶御史刘良卿提出："为今之计，莫若酌量道路远近，照依商人运茶则例，依程定价，委官部运。"⑧此处《商人运茶则例》对明初官营茶叶运输的规制做了修改。依据《商人运茶则例》的原则"依程定价，委官部运"，新的茶叶运输是按照运程远近确定运费的，如从产茶地汉中府运茶至陕西所属河、洮、岷等茶马司附近的巩昌府，具体运输路线是：从汉中府至徽州（属关南道地方），再从徽州至秦州，最后从秦州至巩昌（属陇右道地方）。全程1078里，除120里的水路外其余俱走陆路，总运费大

---

① [清]张廷玉等撰：《明史》卷八十《食货志四》，第1950页。
② [清]张廷玉等撰：《明史》卷八十《食货志四》，第1950页。
③ [明]陈子龙等辑：《明经世文编》卷三百八十六，褚鈌《褚司农文集》卷一《条议茶马事宜疏》，第4180页。
④ [明]陈子龙等辑：《明经世文编》卷三百八十六，褚鈌《褚司农文集》卷一《条议茶马事宜疏》，第4181页。
⑤ [明]陈讲：《马政志》卷一《茶马·商茶》，《四库全书存目丛书·史部》第276册，第423页。
⑥ [明]陈讲：《马政志》卷一《茶马·商茶》，《四库全书存目丛书·史部》第276册，第423页。
⑦ [明]陈讲：《马政志》卷一《茶马·商茶》，《四库全书存目丛书·史部》第276册，第423页。
⑧ [明]陈子龙等辑：《明经世文编》卷一百六，梁材《梁端肃公奏议》卷五《议处茶运疏》，第961页。

约是389两银。①新运茶流程中，从收茶到运茶交割有一系列更加细致的规定："各收贮候运之时，俱差有职人员押解，先繇汉中府领价，分巡关南道验过，督发至徽州交割。次繇徽州领价，分巡陇右道验过，督发巩昌府交割，巩昌府照文验发递运所，转运至三茶司交收，听候易马。"②这是一种新型茶叶运输模式——官督商运模式。这种官督商运、官商合作的模式，解决了茶运问题以及资金问题。但同时又带来了诸多新问题：在官督商运模式下，商人例外夹带私茶在所难免，"商人正引之外，多给赏由票，使得私行"③。而且，茶商贿赂边境官员，无茶引前往涉藏地区贩茶，边境官兵不仅督查不力，甚至经不起诱惑，沦为走私贩者的保护伞，放纵走私，从中分成，给明朝"以茶驭番"的治边政策带来了不利影响。随着民间力量参与茶马运输，商人在茶马贸易中的地位提高，意味着官营茶马贸易日益衰落和私营贸易市场的日益兴盛。

（2）茶马比价

茶马比价是以茶易马或以马换茶的价格。洪武二十六年（1393），明太祖朱元璋诏定"金牌纳马例"，意味着纳马成为涉藏地区民众承担国家赋税的形式，此后的茶马比价便是纳马酬茶的价格。明代初期，政府先后颁行"河州茶马司例""永州茶马司例"等马价则例，具体规定了河、洮、岷、西宁、永宁等地区的茶马比价。

洪武十六年（1383）八月，兵部奏请："定永宁茶马司以茶易马之价，宜如河州茶马司例，凡上马每匹给茶四十斤，中马三十斤，下马二十斤。从之。"④永宁（今四川叙永县）茶马司，设于洪武十六年，洪武十九年正月废罢。这条史料表明：洪武十六年，兵部奏准颁行《永宁茶马司例》，规定了永宁地区茶马交换的价格：（1）永宁地区易马茶价，依照马的优劣分三等定价；（2）永宁地区茶马交易价为：上等马每匹给茶40斤，中等马30斤，下等马20斤。

从兵部的奏文"如河州茶马司例"句及下列价格详单，还可清楚地推断出：永宁地区的茶马比价是根据"河州茶马司例"制定的。稍加分析，便可得知《河州茶马司例》与《永宁茶马司例》相同，都是关于茶马比价方面的法律

---

① [明] 陈子龙等辑：《明经世文编》卷一百六，梁材《梁端肃公奏议》卷五《议处茶运疏》，第961、962页。
② [明] 陈子龙等辑：《明经世文编》卷一百六，梁材《梁端肃公奏议》卷五《议处茶运疏》，第962页。
③ [清] 张廷玉等撰：《明史》卷八十《食货志四》，第1954页。
④ 《明太祖实录》卷一五六，洪武十六年八月壬午，第2425页。

法规，只不过是前者规定了河州（今甘肃临夏）地区的茶马交换价格，后者规定了永宁地区茶马交换的价格，具体价格都是上马每匹给茶40斤，中马30斤，下马20斤。

洪武二十二年（1389）六月，四川岩州卫（今四川甘孜州泸定县）奏报：每年长河西（今四川甘孜州东部）等地番商以马入雅州（今四川雅安）易茶，由岩州卫进入黎州（今四川汉源县北）始达。明代岩州，为唐时罗岩州，川边重镇。洪武六年（1373），明设岩州长官司，后改设岩州军卫，隶属四川都司。洪武二十年（1387），明政府在岩州设茶市易马。据洪武二十二年六月四川岩州卫上奏朝廷的奏文得知：岩州设置茶马互市市场后，每年有长河西等处番商由岩州经黎州，至雅州茶马司以马易茶，其价格由茶马司定价，"每堪中马一匹，给茶一千八百斤，令于碉门茶课司支给"①。但这个价格，刨除番商往复路远、交通不便的这个客观事实，实在是给茶太多。因此，岩州卫奏请自本年（洪武二十二年）后实行新的茶马交易价格，"今宜量减马价，移置茶马司于岩州，将碉门茶课司所贮茶运至于此。马至则验马之高下，以茶给之……上马一匹与茶一百二十斤，中马七十斤，驹马五十斤，番商有不愿者听。"②朱元璋对此奏议深表赞同，诏定新的《岩州茶马司例》。此"例"以"量减马价"为立法原则，对之前四川雅州一带特高的易马茶价做了调整，调整后的马价变为上马每匹茶120斤，中马70斤，下马50斤。新"例"颁布一年后，明廷再次"定茶易马例"（洪武二十三年）③，重申茶马比价："上等马每匹一百二十斤，中等马每匹七十斤，下等马每匹五十斤。"④可见，洪武二十三年"茶易马例"规定的甘青川地区茶马比价，与上一年度明朝在四川岩州地区颁行的茶马比价相同。

洪武二十六年（1393），明中央政府"制金牌信符，遣使颁给诸番禁私

---

① 对于史料中的"每堪中马一匹，给茶一千八百斤"，史籍中有不同的记载。明人王世贞《弇山堂别集》卷89："茶马司定价，每堪中马十匹给茶一千八百斤，令于碉门茶课司支给……"（《弇山堂别集》卷89《市马考》，中华书局，1985年，第1710页）；《钦定续文献通考》卷133："（价格）若最重者无如四川雅州，向以路远，每匹给茶一千八百斤……"（[清]嵇璜等奉敕撰：《钦定续文献通考》卷133，"兵考"，文渊阁四库全书本，第629册，（台北）台湾商务印书馆，1986年，第671页）等等。学界研究也有不同的看法，喜富裕《明洪武二十二年四川岩州茶马比价问题辨析》（《长江师范学院学报》2013年第4期，第94页）中认为，"一"是"十"的误写，即中马10匹，茶价1800斤。中马每匹茶180斤，看起来似乎更加合理，但这种看法仍有许多疑点，值得商榷。笔者注。
② 《明太祖实录》卷一九六，洪武二十二年六月丙寅，第2950页。
③ [明]陈讲：《马政志》卷一《茶马·招易》，《四库全书存目丛书·史部》第276册，第433页。
④ [明]陈讲：《马政志》卷一《茶马·招易》，《四库全书存目丛书·史部》第276册，第433页。

茶。"①明太祖朱元璋派遣的使者是曹国公李景隆,他奉诏前往甘青藏族地区发放金牌,标志着明朝开始在涉藏地区全面推行金牌信符制。②在金牌信符制度下,纳马已成为河洮岷、西宁等地藏族承担国家赋税的一种形式和义务,纳马又称"差发""差发马"。明人史籍对"差发"的解释大致相同:(1)"国初立金牌之制,名曰'差发马'"③;(2)"至我朝,纳马谓之差发,如田之有赋,身之有庸,必不可少"④;(3)"(洪武)十五年,敕松州卫指挥耿忠,令番人计户出马立赋,名为差发"⑤。

明朝之所以实施金牌信符制,目的是加强对茶马贸易的管理,防范茶马贸易中边吏欺诈"番族"的各种不法行为对茶易马工作带来阻碍:"念边吏纵放私茶,以致茶贱马贵。又或有假朝旨横索蕃马,致蕃夷侮慢朝廷者,乃制金牌、信符。"⑥因此,差发制下"番族"纳马,首先必须由专门官员持信符核对验符,之后才能交易。明政府签发的"金牌信符"正面刻"信符"二字,背面刻十二个篆字,其文曰:"皇帝圣旨差发纳马,不信者斩"⑦,金牌又分上下两半,"下号金牌降诸番,上号藏内府以为契。"⑧

据统计,明政府向甘青藏族地区各部族发放的金牌数目为:河州、必里卫二州七站,"西番"二十九族21面,西宁、曲先、阿端、罕东、安定四卫,巴哇、申冲、申藏等族16面,洮州火把哈藏、思曩日等族4面,共41面。⑨永乐三年(1405)十二月,明成祖敕谕兵部曰:"来年其遣金牌信符给"西番"为验,使比

---

① [明]徐学聚编撰:《国朝典汇》卷一百七十五《兵部·西番》,第2205页。
② 关于"差发马赋"制度实施的时间,不仅明代文献中有不同的记录,而且学术界的研究观点也是众说纷纭。左书谔、解秀芬认为,金牌制推行的时间是洪武五年(左书谔、解秀芬《"金牌制"考略》,《民族研究》1987年第4期);刘淼认为,金牌制推行的时间是洪武二十年(刘淼《明代金牌制下的"差发马"易茶形态》,《中国社会经济史研究》1997年第2期);陈一石认为,金牌制推行的时间是洪武二十六年(陈一石《有关金牌制的几个问题——兼与左书谔解秀芬同志商榷》,《民族研究》1990年第1期);与此观点相同的还有杜常顺、贾大泉等学者(杜常顺《略论明代甘青少数民族的"差发马赋"问题》,《民族研究》1990年第5期;贾大泉《汉藏茶马贸易》,《中国藏学》1988年第4期)。
③ [明]乔世宁:《丘隅意见及其他四种》(丛书集成初编),商务印书馆,1936年,第7页。
④ [明]杨一清撰,唐景绅、谢玉杰点校:《杨一清集·关中奏议》卷三《为修复茶马旧制以抚御番夷安靖地方事》,第74页。
⑤ [明]徐学聚编撰:《国朝典汇》卷一百七十五《兵部·西番》,第2204页。
⑥ [明]何乔远撰,张德信、商传、王熹点校:《名山藏》卷五十四《茶马记》,第1423页。
⑦ [明]严从简,余思黎点校:《殊域周咨录》卷十《吐蕃》,中华书局,1993年,第362页。
⑧ [清]张廷玉等撰:《明史》卷八十《食货志四》,第1949页。
⑨ [明]杨一清撰,唐景绅、谢玉杰点校:《杨一清集·关中奏议》卷3《为修复茶马旧制以抚御番夷安靖地方事》,第77页。但金牌数目史籍所载也有不同,如《殊域周咨录》卷10载:金牌共73面[明]严从简《殊域周咨录》卷十《吐蕃》,第363页)等等。今学界研究观点,金牌数目41面基本是大多数学者之共识。

对相同即纳马，如洪武中例，不可后期。"①此谕表明，永乐初的茶马交易仍旧依照《洪武中例》的相关条款执行，即以金牌为证、"合符交易"，②如果无信符交易，"械至京，罪之"③。永乐三年的敕谕中还强调：（1）"番人"纳马后，各茶马司必须立即付茶，决不可拖延赊欠。（2）边镇官吏不可假借朝廷之名横征名马，否则严惩。可见，诸番与明朝约符交易，使茶马交易程序更加规范，有效防止了边吏诈索蕃人马匹的弊端。同时"番人"纳马，政府酬茶，"则我体既尊，彼欲亦遂"④，两全其美。

此外，藏族民众纳马，政府酬之以茶，"差发"制下的这种纳马酬茶，客观上仍然形成茶马比价关系。因此，价格"例"仍然是金牌制中不可或缺的重要内容之一。明人姚士麟《见只编》卷下："定例，番族纳马，以马眼光照人见全身者，其齿最少；照半身者十岁。又取毛附掌中相粘者，为无病上马，给茶一百二十斤，中马七十斤，下马五十斤。"⑤又《西番事迹》载："西宁在黄河北，洮岷河在黄河南。唐末俱陷于吐蕃，宋为夏元昊所据。本朝通番易马，定例：上马给茶一百二十斤，中马七十斤，下马五十斤。"⑥可以看出，此"纳马例"对马的成色和价格有着较为细致和严格的规定。永乐八年（1410）十一月，镇守河州卫陕西都指挥同知刘昭奏报：陆续收到河州卫各番簇马七千七百一十四匹，上马每匹茶六十斤，中马四十斤，下马递减之，共给茶二十七万八千四百六十斤。"⑦从刘昭的奏文看，当年河州卫的茶马比价是：上马每匹茶60斤，中马40斤，下马20斤。永乐八年的这个茶马比价，比之洪武十六年河州地区的茶马交换价格（上马40斤，中马30斤，下马20斤），下马完全相同，上马和中马略有提高，但整体易马茶价特别低。

马价虽低，"番族"纳马数额却并不少，并且必须完成政府指定的纳马数。杨一清《为摠奏修理马政疏》说："查得洪武永乐年间金牌旧例，三年一次，番人该纳差发马一万四千五十一匹……"⑧据此《洪武、永乐金牌例》，甘青河、洮、

---

① 《明太宗实录》卷四九，永乐三年十二月乙酉，第742页。
② [清]嵇璜等奉敕撰：《钦定续文献通考》卷一百三十三，"兵考"，文渊阁四库全书本，第629册，第671页。
③ [清]张廷玉等撰：《明史》卷三百三十《西番诸卫传》，第8541页。
④ [明]严从简，余思黎点校：《殊域周咨录》卷十《吐蕃》，中华书局，1993年，第369页。
⑤ [明]姚士麟：《见只编》卷下《丛书集成初编·见只编》影印，商务印书馆1936年，第182页。
⑥ [明]王琼撰：《西番事迹》，《西北史地文献》第二十七卷第35页。
⑦ 《明太宗实录》卷一一〇，永乐八年十一月己丑，第1413页。
⑧ [明]陈子龙等辑：《明经世文编》卷一百十五，杨一清《为摠奏修理马政疏》，第1079页。

岷、西宁等地"番族"三年应纳马14051匹，平均每年约4684匹，这是对甘青这些地方"番人"纳马额的规定。而据《皇朝马政记》载：洪武九年（1376）时，秦州、河州茶马司市马只有170匹。① 显然，明政府确定的河洮岷、西宁藏族民众需纳马的数额不低，甚至可以说是很高的。如果他们当年不能完成纳马任务，必须要于下一年度补纳。当然，由于情况比较复杂，各地纳马数并不能同一而定，特殊情况下也是可以延期甚至减免的。如洪熙元年十一月，罕东卫土官指挥那那奏："所属番民桑思塔儿等一千五百人，例纳差发马二百五十匹……"② 按照这个奏疏推断，洪熙元年"例"规定，罕东卫辖下这支较大部族应纳马250匹，平均每6人纳1匹。只因该部适逢战乱，生无居处，朝廷免其当年输马赋。

对于金牌"差发"制下番族以茶易马及输纳马匹的具体数量，《明实录》中有如下记载：

洪武三十一年　13518匹（河州、洮州、西宁等地以茶易马额）③

永乐八年　7714匹（河州卫番簇以茶易马额）

宣德七年　6500匹（河州卫纳马额）

2300匹（西宁卫纳马额）④

宣德十年　13000匹（西宁、河州、洮州三卫纳马额）

正统十二年　2946匹（西宁、罕东、安定、阿端、曲先五卫纳马额）⑤

金牌信符制度实质上就是一种国家赋税制度。⑥ 金牌制下诸纳马"例"，使

---

① [明]杨时乔撰：《皇朝马政记》卷五《互市夷马》，玄览堂丛书初辑第15册，第224页。
② 《明宣宗实录》卷一一，洪熙元年十一月己未，第310页。
③ 洪武末，各族纳马额，在《西番事迹》中载："火把藏、思曩日等族岁纳马三千五十匹"，"河州茶马司、必里卫二州七站西番二十九族，岁纳马七千七百五匹。"（[明]王琼撰：《西番事迹》，《西北史地文献》第二十七卷第35页）；又《皇朝马政记》卷十二载："（洪武三十年）马额：曲先、阿端、罕东、安定四卫巴哇、申冲、申藏等族牌一十六面，纳马三千五十匹。以上共三卫，番族金牌四十一面，该纳差发马一万四千五十二匹。"（《皇朝马政记》卷十二，第465页）。
④ 《明宣宗实录》卷九七，宣德七年十二月丁亥，第2185页。
⑤ 从洪武三十一年13518匹到正统十二年2946匹，纳马数分别见：《明太祖实录》卷256，洪武三十一年二月戊寅条，第3698页；《明太宗实录》卷一一〇，永乐八年十一月己丑条，第1412—1413页；《明宣宗实录》卷九七，宣德七年十二月丁亥条，第2185页；《明英宗实录》卷一，宣德十年正月甲午条，第28页；《明英宗实录》卷一五二，正统十二年四月丙午条，第2982页。其他时段纳马数缺乏文献具体之记载。
⑥ 关于金牌制的性质，学界研究观点也不相同。左书谔、解秀芬认为，金牌制的性质是"带有强制性的茶马贸易制度"（左书谔、解秀芬《"金牌制"考略》，《民族研究》1987年第4期，第80页）。陈一石认为，金牌制是"用差发代替自由贸易"，性质是中央政府在少数民族地区推行的赋税制度。"（陈一石《有关金牌制的几个问题——兼与左书谔解秀芬同志商榷》，《民族研究》1990年第1期，第76页）。杜常顺认为，"差发马赋"是一种赋税征

"番族"纳马有了法律依据和保障,对于规范汉藏茶马贸易具有积极意义,达到了"互市茶马,羁縻得法,彼各向顺"①的效果。但金牌制实施的前提是政府的茶叶垄断,随着私茶盛行,金牌制不得不于正统十四年(1449)停废。自金牌制废,私贩更加泛滥,②继而带来连锁反应,"后茶马不行,('西番')时入侵扰"③,茶马驭边政策受到极大挑战。显然,茶马贸易的顺利与否直接关系到明朝国家的边疆治理成效。如果互市得法,"番人"自然"向顺";反之,茶马不行,则"番人"时有"侵扰",边疆不宁。针对这种情况,景泰五年四月,明朝中央"定私茶禁如盐法事例"④,加强对茶叶走私的管禁。弘治十六年,督理茶马御史杨一清"请复金牌信符旧制"⑤;正德二年四月,杨一清奏请"陕西巡茶御史兼理马政"⑥,实行一体化统一管理措施,提高效率。嘉靖十八年,刘崙上奏言,"时'西番'金牌为海房所掠,尽散失"。兵部议:"北房抄掠无已,脱给而再失,失而又给而又失之,如国体何?夫番人纳马欲得茶耳。诚严阑出之禁,虽无金牌,马将自禁。不然,终无益也。宜给勘合如成化故事。从之。"⑦反映出弘治、嘉靖年间,御史杨一清、刘崙等人多次奏请恢复金牌旧制,后明政府改金牌信符制为食茶勘合制。

除了以茶易马,明代川、陕等地也用钞、盐、布、纸等物易马。如洪武十四年(1381)十月,四川威、松、茂州三卫"以茶、姜、布、纸易马送京师";⑧洪武十九年(1386)十二月,虎贲左卫指挥佥事姜观、右卫千户沈成、行人任俊奉旨"以钞三十九万三千六百九十锭,往陕西河州等处市马。"⑨但以绢、布、钞、盐等物易马,辽东地区最为代表。永乐三年(1405)三月,明廷设辽东开原马市2处、广宁马市1处,⑩从蒙古、女真等族市马,有一部分用于收养,但大多

收(杜常顺《略论明代甘青少数民族的"差发马赋"问题》,《民族研究》1990年第5期,第90页)等。

① [明]魏焕编:《皇明九边考》卷九《甘肃镇·边夷考》,中华文史丛书影印明嘉靖刻本,(台北)华文书局,1969年,第376页。
② [明]严从简,余思黎点校:《殊域周咨录》卷十《吐蕃》,第369页。
③ [明]魏焕编:《皇明九边考》卷九《甘肃镇·边夷考》,中华文史丛书影印明嘉靖刻本,第376页。
④ [明]朱国祯辑:《皇明大政记》卷十五,景泰五年四月壬午,明崇祯刻皇明史概本,《中国野史集成续编》第7册第235页。
⑤ [明]徐学聚编撰:《国朝典汇》卷一百七十五《兵部·西番》,第2206页。
⑥ [明]朱国祯辑:《皇明大政记》卷二十二,正德二年四月甲戌,《中国野史集成续编》第7册第344页。
⑦ [明]徐学聚编撰:《国朝典汇》卷一百七十五《兵部·西番》,第2207页。
⑧ 《明太祖实录》卷一三九,洪武十四年十月甲子,第2196页。
⑨ 《明太祖实录》卷一七九,洪武十九年十二月,第2714页。
⑩ 明代辽东马市在永乐三年设立后,时废时置。正统间,因泄漏军情边事,罢开原、广宁马市二处,只留下

用于边军战需。为了规范以绢、布、钞、盐易马价格，兵部制定了较为完善的辽东三马市《马价则例》，由皇帝圣旨颁行。《马价则例》的定价原则是分等计价，"定直四等"①，具体为："上上马每匹绢八匹、布十二匹；上马绢四匹，中马绢三匹、布五匹；下马绢二匹、布四匹；驹绢一匹、布三匹。"②此"例"还附有补充条款：马价将视朝廷财力及战马需求之缓急进行调整和修订。事实上，从永乐元年（1403）到永乐十五年（1417）的辽东地区，易马价一直处于不断变化中。③

成化、弘治时期（1465—1505），白银的市场需求大增，已上升为本位货币。在茶马贸易中，白银已作为收买马匹的主要手段，但杨一清主张恢复茶马贸易旧制，用茶叶易马，减少白银的使用量，这应该是比较明智的。绢布、钱钞之类并非藏族所爱，早在洪武初已成为明朝君臣的共识。"帝以'西番'产马，与之互市，马至渐多。而其所用之货与中国异，自更钞法后，马至者少，患之……"④只有用藏族喜爱的茶叶，尤其是上等茶叶才能激发藏族到边地买马，顺利落实当时中央政府的治边策略。因为，茶叶可以去腥、帮助消化，是藏民族不可或缺的物品，"蕃人以茶为命"，⑤日不能缺，"不得茶，则困以病。"⑥而明朝缺战马，"彼以我茶生，我以彼马用"，⑦故以茶易马，双方互惠互利。

总体来看，明代茶马比价"例"主要是在洪武、永乐时期制定和完成的。诸茶马比价"例"是由兵部会同户部等部门制定，之后"将定酌马价"⑧呈报皇帝，由皇帝以"圣旨"或诏敕等形式颁行边地或内地实施的。因此，它是茶马贸易价格的最高法，是边疆民族与明朝以马换茶必须遵守的法则，一定程度上规范了茶马交易价格，对于促进以茶易马工作的正常开展起到了积极作用。"番人岁以马

南关马市。成化十四年三月，辽东巡抚陈钺复开辽东马市。（[清]嵇璜等奉敕撰：《钦定续文献通考》卷一百三十三，"兵考"，文渊阁四库全书本，第629册，第677页。）
① [清]张廷玉等撰：《明史》卷八十一《食货志五》，第1982页。
② [明]杨时乔撰：《皇朝马政记》卷五《互市夷马》，玄览堂丛书初辑第15册，第225页。
③ 如《永乐元年例》规定的钞易马价格为："上马：每匹钞五十锭，中马：（每匹）四十锭，下马：（每匹）三十锭。（每匹仍与彩币表里一）"（《明太宗实录》卷二五，永乐元年十一月丙子，第450页）；《永乐十五年例》兵部重定的辽东互市马价是："上上马：一匹米五石、绢布各五匹；上马：（一匹）米四石、绢布各四匹；中马：（一匹）米三石、绢布各三匹；下马：（一匹）米二石、绢布各二匹；驹：米一石，布二匹。"（《弇山堂别集》卷八十九《市马考》，第1713页）。
④《明太祖实录》卷一○○，洪武八年五月戊辰，第1694页。
⑤ [明]乔世宁：《丘隅意见及其他四种》（丛书集成初编），商务印书馆，1936年，第7页。
⑥ [清]张廷玉等撰：《明史》卷八十《食货四》，第1947页。
⑦ [明]何乔远撰，张德信、商传、王熹点校：《名山藏》卷五十四《茶马记》，第1423页。
⑧ [明]杨时乔撰：《皇朝马政记》卷五《互市夷马》，玄览堂丛书初辑第15册，第224页。

易茶，马日蕃息"①、"（诸番族）争出马以献"②就是对当时明朝开展茶马互市取得成效的最好诠释。以洪武年间为例：

洪武八年五月，明太祖遣中官赵成赍罗绮、凌绢并巴茶往河州市马。③洪武十九年九月，"行人冀忠往陕西市马还，得马二千八百七匹。"④洪武二十三年九月，"陕西都指挥使聂纬以西安左右等卫所市马七千六十匹送京师，以尝命户部运钞六十万锭往西宁、岷州、河州市易故也。"⑤洪武二十五年三月，明太祖遣尚膳太监而聂、司礼太监庆童赍敕前往陕西河州等卫所传达明廷以茶易马政策，令"番人"输马，朝廷则"以茶给之"⑥。五月，而聂等到达河州，"诏谕河州诸番族以茶易马"，⑦诸族皆感朝恩，争相纳马以献。于是，内地之马渐渐充盈。列表如下：

表23 洪武朝兵部奏报河州等地茶马贸易额

时间	买马数	买马地区	支付物	资料来源
洪武九年十二月	171匹	秦州、河州茶马司	以茶易马	《明太祖实录》卷一一〇，洪武九年十二月己卯（下同）
洪武十一年十二月	686匹	秦、河二州及庆远、顺龙茶盐马司	以茶易马	卷一二一，洪武十一年十二月戊午
洪武十二年十二月	1691匹	秦、河二州茶马司	以茶易马	卷一二八，洪武十二年十二月壬辰
洪武十三年九月	2050匹	河州茶马司	以茶易马	卷一三三，洪武十三年九月戊戌
洪武十四年十二月	181匹	秦、河二州	以茶易马	卷一四〇，洪武十四年十二月庚辰

① ［清］张廷玉等撰：《明史》卷三百三十《西番诸卫传》，第8541页。
② ［清］张廷玉等撰：《明史》卷三百三十《西番诸卫传》，第8541页。
③ ［清］夏燮撰，沈仲九标点：《明通鉴》卷五《纪五》，太祖洪武八年五月己巳，第299页。
④ 《明太祖实录》卷一七九，洪武十九年九月癸亥，第2710页。
⑤ 《明太祖实录》卷二百四，洪武二十三年九月甲寅，第3058页。
⑥ 《明太祖实录》卷二一七，洪武二十五年三月己丑，第3189页。
⑦ ［明］谈迁著，张宗祥校点：《国榷》卷九，太祖洪武二十五年五月辛巳，第729页。

续表

时间	买马数	买马地区	支付物	资料来源
洪武十五年十二月	585匹	秦、河、洮三州茶马司及庆远裕民司	以茶易马	卷一五〇，洪武十五年十二月辛丑
洪武十八年十二月	6729匹	秦州、河州茶马司及叙南、贵州乌撒、宁川等卫	以茶易马	卷一七六，洪武十八年十二月丁巳
洪武二十五年五月	10340	河州等卫	以茶易马	卷二一七，洪武二十五年五月甲辰
洪武二十七年十二月	240匹	雅州碉门及秦、河二州茶马司	以茶易马	卷二三五，洪武二十七年十二月癸巳

上表说明，在明政府的重视下，洪武时期以河州为中心的甘青藏族地方茶马贸易取得了较为显著的成就。仅以洪武二十五年为例，明廷通过河州等卫，用三十余万斤茶叶换得10340余匹马。[①] 到了洪武三十一年，明廷以茶五十余万斤，"得马一万三千五百一十八匹"，[②] 达到了所谓"戎人得茶不能为我之害，中国得马实为我利之大"[③]的一举两得效果。嘉靖年间，延绥、宁夏二镇的易马额也达到一个较高水平，达5000匹，"(嘉靖三十年)仇鸾开马市于大同，命延绥、宁夏开马市。其冬，二镇市马五千匹。"[④] 四川边茶贸易也较为繁荣，雅州碉门、黎州名山是最重要的藏汉茶马贸易地点，康巴、西藏商人频繁在这些地方出入，进行茶马交易，使明代雅安边茶经营具有相当规模和水平。[⑤]

"番人"乐于纳马得其茶，明中央政府诚心付茶得其马，汉藏民族关系更加密切，边疆社会更加稳定，无疑体现出明代"用茶易马"治理边疆取得了成功。其次，茶马比价的制定，经历了洪武初中期的自愿纳马和洪武二十六年以后的强制纳马两个阶段。不论是"番族"自由纳马"换茶"还是后来的纳马为赋"酬茶"，茶马交换价格基本上呈贱马贵茶的价格走向。

---

① [明] 王世贞撰，魏连科点校：《弇山堂别集》卷八十九《市马考》，第1711页。
② [明] 王世贞撰，魏连科点校：《弇山堂别集》卷八十九《市马考》，第1711页。
③ [明] 严从简，余思黎点校：《殊域周咨录》卷十《吐蕃》，第365页。
④ [清] 万斯同编著：(天一阁藏)《明史稿》第十册《王以旂传》，第22页。
⑤ 杨绍淮：《雅安边茶与川藏茶马古道》，《中华文化论坛》2005年2期。

根据前述各时期颁定的茶马比价"例"定价，结合《明实录》、《钦定续文献通考》等文献记载可以得知，明代甘青川滇边地的茶马比价（以每匹马折茶数计）为：

洪武十六年，永宁、河州：上马40斤、中马30斤、下马20斤，平均每匹马30斤茶。

洪武十七年，乌撒、乌蒙、东川、芒部：上马100斤、中马100斤、下马100斤[①]，平均每匹马100斤茶。

洪武二十二年，雅州、岩州：上马120斤、中马70斤、驹马50斤、下马25斤[②]，平均每匹马66斤茶。

洪武二十三年，河洮岷州、西宁等地：上马120斤、中马70斤、下马50斤，平均每匹马80斤茶。[③]

洪武三十年，汉中：每匹马与茶100斤。

永乐八年，河州：上马每匹茶60斤、中马40斤、下马20斤，平均每匹马40斤茶。

宣德十年，西宁、河州、洮州：马13000余匹，用茶1097000斤，平均每匹马84斤茶。

正统十二年，西宁、罕东、安定、阿端、曲先：马2946匹，茶125430斤，平均每匹马42斤茶。[④]

可见，地区不同则价格不同，而且同一地区不同时期的茶马交易价格也是有差别的。以中马为例，从洪武十六年到正统十二年，西部各地马价茶为30斤、100斤、70斤、70斤、100斤、40斤、84斤（约估）、42斤（约估），最高与最

[①] "（洪武）十七年五月，定乌撒岁易马六千五百匹，乌蒙、东川、芒部皆四千匹，每马一匹俱给布三十匹或茶百斤，盐如之。此则无上中下之别矣。若最重者无如四川雅州，向以路远，每匹给茶一千八百斤。后于（洪武）二十二年六月裁定：上马一匹茶一百二十斤，中马七十斤，驹马五十斤。此又价值最重而有上中下之不一者也。"（[清]嵇璜等奉敕撰：《钦定续文献通考》卷一百三十三，"兵考"，文渊阁四库全书本，第629册，第671页）。

[②] [明]何乔远撰，张德信、商传、王熹点校：《名山藏》卷五十四《茶马记》，第1424页。

[③] [明]杨时乔撰：《皇朝马政记》卷十二："洪武二十三年，定茶马例：上等马每匹一百二十斤，中等马每匹七十斤，下等马每匹五十斤。"（玄览堂丛书初辑第15册，第466页）。

[④] 从洪武二十三年到正统十二年当地平均马价茶数，详见：陈讲《马政志》卷一《茶马·招易》，《四库全书存目丛书》史部第276册，第433页；《明太祖实录》卷二五四，洪武三十年七月辛未条，第3666页；《明太宗实录》卷一一〇，永乐八年十一月己丑条，第1413页；《明宣宗实录》卷一，宣德十年正月甲午条，第28页；《明英宗实录》卷一五二，正统十二年四月丙午条，第2982页。

低价格差为70斤（茶），折银3.5两。[①]还可以看出，在洪武二十二年新定的《岩州茶马司例》颁行之前，各地茶马交换价格中最贵地区是川西雅州地区，最贱地区是永宁、河州地区。另外，上述马价的平均值计算只是理论上的估算价格，实际马价比它可能还低。如永乐八年河州地区理论上平均每匹马40斤茶，但从输马7714匹用茶278460斤的文献记载看[②]，实际易马价茶平均才36斤。

那么，这样的马价是否合理呢？左书谔、解秀芬在《"金牌制"考略》一文中认为，明代合理的交换价格应该是每匹马换茶240斤。[③]如果按杨一清《为修复茶马旧制第二疏》中所说：每1000斤官茶给银50两计算，[④]每匹马应值银12两。但是，在川陕地区，除了洪武二十二年之前的雅州以及宣德十年的西宁、河、洮地区出现过一个短期的较高马价外，其余各地马价最高为每匹马120斤茶（值银6两），真正被压低了一半。但是，除了川西雅州地区出现过一个短暂高马价外，川陕其他各地大部分时间马价最高为每匹马120斤茶（值银6两），真正被压低了一半。尤其是辽东地区的马价比川、陕地区更低。如《明实录》载：洪武三十年（1397）四月，镇抚刘正受右军都督府调遣，在沪州市征收绵布前往辽东易马，"凡用布九万九千余匹，得马一千五百六十匹，"[⑤]此易马价是每马平均63匹布。可是，永乐三年（1405），辽东三马市的上等马每匹只有绢四匹、布十二，[⑥]价格相差很大，说明这个马价被压得更低。之所以产生这样一种价格特征，这是由明代茶马贸易的"政治属性"所决定的。明人乔世宁说，"蕃人以茶为命，中国以茶易马，非徒资战用，且以制其死命也。"[⑦]因此，价格的制定和调整是明朝官营垄断贸易政策决定的，不是由市场因素决定的，这是不合理的。明朝推行茶马贸易本是治藏驭边的政策需要，但不合理的茶马交换价格一定程度上制约了茶马互市在治理边疆中作用的发挥。到了明代中期，官营茶马贸易受到私茶市场的巨大冲击。

---

① 杨一清《为修复茶马旧制以抚御番夷安靖地方事》（第二疏）：官茶原定价，"每一千斤给银五十两之数"，（[明]杨一清撰，唐景绅、谢玉杰点校：《杨一清集·关中奏议》卷三，中华书局，2001年，第88页）。
②《明太宗实录》卷一一〇，永乐八年十一月己丑，第1413页。
③ 左书谔、解秀芬：《"金牌制"考略》，《民族研究》1987年第4期，第80页。
④ 杨一清《为修复茶马旧制以抚御番夷安靖地方事》（第二疏），[明]杨一清撰，唐景绅、谢玉杰点校：《杨一清集·关中奏议》卷三，第88页。
⑤《明太祖实录》卷二五二，洪武三十年四月戊子，第3641页。
⑥《明太宗实录》卷四〇，永乐三年三月甲寅，第667页。
⑦ [明]乔世宁：《丘隅意见及其他四种》（丛书集成初编），商务印书馆1936年，第7页。

(3) 私茶条例与"通番"禁例

茶马互市是明朝制驭涉藏地区，防控蒙古的边政要策。此项政策能否顺利落实，关键在于严禁私茶。"祖宗处置番夷之道，非特资彼战马，兼以固我藩篱，其机括则全在严禁私茶。"①然而，洪武末期时茶叶走私情况已经甚为突出。洪武三十年二月，明太祖敕右军都督府说："今朵甘、乌思藏、长河西一带'西番'，自昔以马入中国易茶，所谓憨迁有无者也。迩因私茶出境，马之入互市者少，于是彼马日贵，中国之茶日贱，而彼玩侮之心渐生矣。"②为了打击日益严重的私茶违法犯罪活动，明政府运用国家权力制定和实施了一系列严禁茶叶走私、越境贩卖的政策及相应法令，违者一律依据《私茶条例》《"通番"禁例》等茶禁律例治罪，轻者充军，重者处死。

其一，《私茶条例》。《私茶条例》是针对茶叶走私、贩运、销售等一系列违法行为制定的法律法规，一般由兵部牵头会同户部等部门商议，报请皇帝批准颁布实施。弘治十三年（1500），明政府将前朝所有事例、则例、法例整理修订而成《问刑条例》共279条颁行天下，③其《问刑条例·私茶条例》曰："私茶有兴贩夹带五百斤的，照见行私盐例，押发充军"④，标志着私茶条例成为"常法"，更加完备和系统化。

从私茶条例订立和修改过程看，洪武初"凡犯私茶者，与私盐同罪。私茶出境，与关隘不稽者，立论死"⑤。表明明初已开始酌定私茶法，对私茶实行了严格的禁贩政策，原则上将私茶犯罪等同于私盐犯罪，一旦私茶出境者处死，而边关失于缉拿私茶犯者则同罪论死。明人梁材《议茶马事宜疏》中说："前件大明律，内一款：凡犯私茶者，同私盐法论罪。及查盐法内一款：凡犯私盐者，杖一百徒三年，拒捕者斩。非应捕人告获者，就将所获私盐，给付告人充赏。有能自首者

---

① [明]杨一清撰，唐景绅、谢玉杰点校：《杨一清集·关中奏议》卷三《为修复茶马旧制以抚御番夷安靖地方事》，第76页。
② 《明太祖实录》卷二五〇，洪武三十年二月丁酉，第3619页。
③ 《问刑条例》是《大明律》的子法律。明律颁行后，具有不可更改性。但实行过程中难免会存在着法律与现实脱节的情况。为适应社会的需要，修正律条弊端，明代中期，条例逐渐成为一种被广泛运用的法律形式，且数量越来越多，地位日越来越重要。弘治五年（1492），刑部尚书彭韶请制定问刑条例。至弘治十三年（1500），经八年修订，共整理出279条可行条例颁行天下，"永为常法"，这就是《问刑条例》。此后，明嘉靖、万历年间也对其进行过增减。自《问刑条例》颁行后，律、例并行开始盛行，尤其是万历十三年（1585）把条例附于《大明律》之后，律例合编的新体例诞生，清代时被继承。
④ 怀效锋点校：《大明律》附录，《五刑条例·私茶条例》，法律出版社，1999年，第383页。
⑤ [清]张廷玉等撰：《明史》卷八十《食货志四》，北京：中华书局，1974年，第1947页。

免罪，一体给赏。"① 即私盐犯罪，判处三年牢刑，拒捕则处死。显然，私茶犯亦同此。《名山藏》载："凡犯私茶者，与私盐同罪。有以私茶出境者与关隘不稽者，并论死刑。"② 洪武初《私茶条例》的基本特点是严酷苛刻，但却有效地打击了私茶违法犯罪行为，连朱元璋女婿欧阳伦，因私茶贩买而东窗事发，"高皇帝爱婿欧阳伦，至以私茶事发赐死"，③ 这是法律严酷最好的例证。

永乐初，"帝怀柔远人"④，茶禁之法有所放宽。但现实是"市马者多，而茶不足。茶禁亦稍驰，多私出境。碉门茶马司至用茶八万余斤，仅易马七十匹，又多瘦损。"⑤ 于是，朝廷乃重申茶禁，加强私茶管制，重设洮州茶马司，永乐十三年（1415）还特遣三御史巡督陕西茶马，以图通过严格管理和巡查，保证茶叶有效控制在官方手中。可是，宣德、正统时期，私茶越来越多，冲击着茶马贸易市场，官营茶马贸易受到严峻的挑战。

到了明代中期，私茶泛滥成灾。造成这一时期私茶泛滥的原因有很多，主要是茶叶运输的难以维系，以及吏治的腐败，形成"官茶无积，私贩盛行"⑥ 的局面。以至于马至茶马司，或者"既要厚赏，复索高价"，⑦ 当然也有抗令不纳马者，结果朝廷每年易马数急剧下降，某些地方州县为了完成任务竟糊弄朝廷，用民间马造假充数，茶法、马政乃至边防俱坏。除此之外，茶禁日疏也是一个不可忽视的现象，朝廷惩治私茶犯者仅仅限于充军，助长了违法犯罪者的气焰，这可从成化十八年的《私茶条例》和弘治十八年的《私茶条例》中看出端倪。

成化十八年（1482）九月，户部召开会议，就私茶事宜奏请宪宗皇帝："陕西军民人等兴贩私茶，或运买官茶夹带至五百斤以上者，照见行私盐例充军。"⑧ 明宪宗批复如议颁行，这就是成化十八年的《私茶条例》。《大明律·问刑条例》云："成化十八年闰八月二十九日，节该钦奉宪宗皇帝圣旨：'私茶有兴贩夹带五百斤的，照见行私盐例，押发充军。'钦此。"⑨《明会典·茶课》亦载：成化

---

① [明]陈子龙等辑：《明经世文编》卷一百六，梁材《梁端肃公奏议》卷5《议茶马事宜疏》，第959页。
② [明]何乔远撰，张德信、商传、王熹点校：《名山藏》卷五十四《茶马记》，第1424页。
③ [明]姚士麟：《见只编》卷下《丛书集成初编·见只编》影印，商务印书馆，1936年，第182页。
④ [清]张廷玉等撰：《明史》卷八十《食货志四》，第1949页。
⑤ [清]张廷玉等撰：《明史》卷八十《食货志四》，第1949页。
⑥ [清]嵇璜等奉敕撰：《钦定续文献通考》卷一百三十三，"兵考"，文渊阁四库全书本，第629册，第679页。
⑦ [明]陈子龙等辑：《明经世文编》卷一百六，梁材《梁端肃公奏议》卷五《议茶马事宜疏》，第955页。
⑧《明宪宗实录》卷二三二，成化十八年九月己亥，第3957页。
⑨ 怀效锋点校：《大明律》附录《五刑条例·私茶条例》，第383页。

十八年，"令私茶有兴贩夹带五百斤者，照见行私盐例，押发充军。"①上述两文献所载条例内容相同，即对于私茶犯者仅仅以发配充军治罪，重罪轻罚必然助长了私茶违法犯罪分子的气焰。

弘治十八年（1505），杨一清改革茶法，将私贩与通番、内地与边地、私茶多与少区分量刑。改革后的茶法规定："各处行茶地方，但有将私茶潜往边境兴贩交易，及在腹里贩卖与进贡回还夷人者，不拘斤数，事发，并知情歇家牙保，俱问发南方烟瘴地面卫所，永远充军。其在西宁、甘肃、河州、洮州贩卖者，一百片以上，问发附近卫分充军；三百斤以上，发边卫永远充军。若在腹里兴贩者，照例五百斤以上，押发附近卫分充军，止终本身。不及前数者，俱依律拟断。腹里仍枷号一个月，在边方，枷号两个月。"②此次新订之茶法，《大明会典》中明确界定为《弘治十八年事例》，见《大明会典》卷三十七："事发审实，悉照弘治十八年题准事例发问。"③此乃嘉靖二十六年皇帝诏令。

从内容看，《弘治十八年事例》就是一部关于私茶方面的法律法规，主要包括以下三个方面的条款：第一，有将私茶潜往边境兴贩交易，及在内地贩卖与进贡回还夷人者，不论贩卖茶叶多少斤，犯者及知情不报者都发配南方烟瘴地面卫所永远充军。第二，在西宁、甘肃、河州、洮州边境地区贩卖者，100斤以上发配附近卫所充军，300斤以上者，发配边远地方永远充军，反映出明代茶禁政策在西北地区更严格，之所以川陕茶禁颇严者，"盖为市马故也"。④第三，若在内在贩卖茶叶，500斤以上押发附近卫所充军。不足500斤，内地则囚禁一个月，边境地区囚禁两个月，表明边疆地带贩卖茶叶处罚更严厉。从处罚范围、处罚对象及量刑标准看，《弘治十八年事例》较前例有很大进步，条例之条款更加周密、更加合理。此后，私茶之禁范围更大更广，嘉靖二年三月，明廷在陕西、四川、湖广全面严"私茶之禁"⑤。

要从源头上减少茶叶走私犯罪活动，必须惩防假茶伪茶违法行为。为此，嘉靖二十六年（1547），巡抚御史张涣奏请朝廷颁行《伪茶例》，对茶商、茶户弄虚作假等行为予以制裁，主要内容有：第一，对茶商、茶户弄虚作假的规定。如

---

① ［明］李东阳等撰，申时行等重修：《大明会典》卷三十七《茶课·禁约》，第690页。
② ［明］李东阳等撰，申时行等重修：《大明会典》卷三十七《茶课·禁约》，第690页。
③ ［明］李东阳等撰，申时行等重修：《大明会典》卷三十七《茶课·禁约》，第691页。
④ ［明］邱濬著，林冠群、周济夫校点：《大学衍义补》（上中下册），京华出版社1999年，第270页。
⑤ ［明］朱国祯辑：《皇明大政记》卷二十五，嘉靖二年三月，《中国野史集成续编》第7册第398页。

果茶商、茶户将真茶贩卖，劣茶上交政府，500斤以上则以配边地充军，窝藏犯从重处罚；1000斤以上者，终生发配极边地充军，店主不论知情与否，均一体治罪。第二，组织十人以上贩卖私茶者，照《弘治十八年例》处罚，即犯法者及隐藏首恶者，不管茶斤多少，均发配烟瘴地面永远充军。第三，伪茶犯者，有赃从重论。① 从这个《伪茶例》可以看出，明廷对制造伪茶引或买卖假茶的不法行为深恶痛绝，特别对10人以上组团贩卖者严惩不贷，定罪量刑的标准是造假或者贩卖私茶量之多少。

其二，《"通番"禁例》。除了严格的私茶法，要真正遏制川陕边境茶叶走私违法犯罪活动，还必须堵住边境地带的违法通往，包括两种情形：一是将茶叶越境贩卖，二是把马越境贩卖。《大明律》中有一条款"申明事例"——《禁约越境贩卖私茶通番事》，② 即为禁止越境通番的基本法。梁材的《议茶马事宜疏》说："至于通番禁例，在太祖高皇帝曰：私茶出境者斩，关隘不觉察者处以极刑。"③ 可见，洪武时期的《"通番"禁例》是：凡私茶出境及边官失察都属于朝廷界定的违法犯罪行为，犯者处以死刑。永乐时期颁行的《通番禁例》，内容基本与洪武朝相同，其条款为："透漏私茶出境者，犯人与把关头目俱各凌迟处死，家口迁化外。"④

事实上，从建国初开始，政府不断发布"禁约私茶出境"的诏令、文告，如洪武四年（1371），明太祖令：从三月至九月，每月遣行人一员前往陕西河州、临洮，四川碉门黎雅等处省谕把隘关口头目，"禁约私茶出境"。⑤ 洪武三十年（1397），户部钦奉太祖皇帝圣旨，发布公告：近年以来，茶贱马贵，致使戎羌放肆。从今往后，"守把人员若不严守，纵放私茶出境，处以极刑，家迁化外，说事人同罪，贩茶人处斩，妻小入官。"⑥ 户部颁布此公告，是告诫川、陕边地关隘处官军严谨把守，如果擅放私茶出境者，不论何处、不论何人，一律缉拿治罪。"令朵甘、乌斯藏、长河西一带'西番'依旧将马出来换茶，仍出榜禁约通

---

① [明]李东阳等撰，申时行等重修：《大明会典》卷三十七《茶课·禁约》，第691页。
② [明]陈子龙等辑：《明经世文编》卷一百六，梁材《梁端肃公奏议》卷五《议茶马事宜疏》，第955页。
③ [明]陈子龙等辑：《明经世文编》卷一百六，梁材《梁端肃公奏议》卷五《议茶马事宜疏》，第955页。
④ [明]陈子龙等辑：《明经世文编》卷一百六，梁材《梁端肃公奏议》卷五《议茶马事宜疏》，第955页。
⑤ [明]陈讲：《马政志》卷一《茶马·禁谕》，《四库全书存目丛书·史部》第276册，第416页。
⑥ [明]杨一清撰，唐景绅、谢玉杰点校：《杨一清集·关中奏议》卷三《为修复茶马旧制以抚御番夷安靖地方事》，第81页。

接'西番'经行关隘、偏僻小路着都司差拨官军三四层，严谨把守巡视，但有将茶私出外境，就便拏解赴官治罪，不许受财放过。必须穷究何处官军地方放过，治以重罪。"①永乐六年（1408），明成祖朱棣诏令各边关把关头目、军士务要设法巡捕私茶贩，不许私茶出境，否则缉拿到官，"将犯人与把关头目各凌迟处死，家迁化外，货物入官。"②条例同时申明自首免罪，鼓励民众告发。

明代中期，政府仍然"申明条例"，严禁"通番"。景泰二年（1451），明代宗令陕西、四川二布政司各委官巡视关隘，"禁约私茶出境"。③成化三年（1467），明宪宗敕谕陕西洮州、河州、西宁三茶马司说：旧时收贮官茶易换番马，甚为有益。但近年以来，"例久不行"，④多被官兵军民等兴贩，私下交易，致官茶阻滞。鉴此，兹任命都御史项忠前往陕西巡察茶马事宜，凡钦使所到之处，"申明节次条例"⑤，提督各地布按三司，严行"通番禁例"，"不许官豪势要及军民之家私自兴贩茶货，潜入番境通同交易。"⑥如有，则立行缉拿，"治以重罪"，并且追究何处何地官军擅放私贩之罪。⑦

弘治十八年（1505）和嘉靖十五年（1536），朝廷又两次颁行"通番例"，强调对边境私贩的处罚。弘治十八年《通番例》的内容是："若守备把关巡捕官，自出资本，兴贩私茶，但通番者，问发边卫充军。"⑧也就是说，如果守备把关巡捕官亲自出资组织人员贩卖，以"通番罪"论，发配边远地方充军。⑨嘉靖十五年的"通番例"为："今后凡遇行茶道路，如有兴贩蕃马入境者，拏获马匹入官，犯人以通蕃例论罪。"⑩为了禁止越境贩卖私茶，明朝还加大了对"番僧"出境的盘查。督理陕甘马政杨一清还提出"重刑严防"的主张："今后但有将私茶潜往边境兴贩交易，及在腹里贩卖与进贡回还夷人者，不拘斤数，事发，并知情歇家牙保，俱问发南方烟瘴地方卫分，永远充军。"⑪嘉靖朝御史刘良卿也主张"重刑

---

① [明]杨时乔撰:《皇朝马政记》卷十二，玄览堂丛书初辑第15册，第466页。
② [明]李东阳等撰，申时行等重修:《大明会典》卷三十七《茶课·禁约》，第689页。
③ [明]陈讲:《马政志》卷一《茶马·禁谕》,《四库全书存目丛书·史部》第276册，第417页。
④ [明]陈讲:《马政志》卷一《茶马·禁谕》,《四库全书存目丛书·史部》第276册，第417页。
⑤ [明]陈讲:《马政志》卷一《茶马·禁谕》,《四库全书存目丛书·史部》第276册，第417页。
⑥ [明]陈讲:《马政志》卷一《茶马·禁谕》,《四库全书存目丛书·史部》第276册，第417页。
⑦ [明]陈讲:《马政志》卷一《茶马·禁谕》,《四库全书存目丛书·史部》第276册，第417页。
⑧ [明]李东阳等撰，申时行等重修:《大明会典》卷三十七《茶课·禁约》，第690页。
⑨ [明]李东阳等撰，申时行等重修:《大明会典》卷三十七《茶课·禁约》，第690页。
⑩ [明]李东阳等撰，申时行等重修:《大明会典》卷三十七《茶课·禁约》，第690页。
⑪ [明]杨一清撰，唐景绅、谢玉杰点校:《杨一清集·关中奏议》卷三《为修复茶马旧制以抚御番夷安靖地方事》，

严防"的措施，根本目的是通过加重对私出境的惩治，以达到杜绝边民随意贩茶的违法现象。然而，在高额利益的驱使和诱惑下，边关将吏疏于把守、失职渎职以致出境贩卖者屡见不鲜。

总之，不管是明代初期，还是明代中后期，朝廷都颁行了诸多《私茶条例》和《"通番"禁例》，严禁茶叶贩卖。由于明初私茶法严厉，"（国初）若陕之汉中，川之夔保，私茶之禁甚严"，[①]因而防控效果比较明显。在朝廷的严打政策下，洪武、永乐年间茶叶私贩的人数、规模和数量都比较有限。可是，明代中后期，"减通番之罪，而止于充军"[②]之类条款的重罪轻罚，极大地助长了私贩之徒的嚣张气焰。这些私贩之人，"明知例犯该充军，乃互相嘻谓：无故亦要投军，有甚打紧。"于是，兴贩者越境贩茶如同儿戏，"横行恣肆，略不知惮，沿边镇店，积聚如丘，外境夷方，载行如蚁。"[③]"通番罪"的处罚越来越轻，意味着犯罪成本越来越低，茶禁法令大打折扣，甚至形同虚设。于是，随着私茶介入和挤占茶马贸易市场，国家垄断权受到冲击，严重扰乱了官方控制的茶马贸易市场。成化、弘治之后，明政府不得不对茶马贸易法进行局部改革，茶法逐渐放宽，允许民间买卖，茶商取得合法运茶权和开中抽分权，商人成为茶叶流通领域的重要力量。此时，国家已无法直接干预茶叶流通，茶禁法律流于形式而无法贯彻，茶马边政已失，"番地多马而无所市，吾茶有禁而不得通"[④]就是对这种情况的真实描述。特别是明代后期，国力日衰，法制日益废弛，茶叶走私泛滥，茶马法遂束之高阁。可见，在朝廷、商人、边官、私贩围绕着"茶马例"的制约与反制约、限制与反限制的频繁互动中，国家的禁茶治边政策得到不同程度的反应和"贯彻"，体现出明代边疆治理制度化过程中的错综复杂性及其利益各方的博弈。

尽管如此，私茶、"通番"诸例，无疑为明朝国家的茶马贸易工作提供了法律依据，成为打击犯罪、震慑犯罪最有力的法律武器，对于制约惩戒川陕边境边关将吏私放茶贩，堵防茶叶通过边关流入境外，起到了积极作用。

明朝时期，用茶叶交换边疆少数民族的马匹是通过茶马贸易立法来维系和实

第82页。
① [明] 申时行等重修：《大明会典》卷三十七《课程·茶课》，第683页。
② [明] 陈子龙等辑：《明经世文编》卷一百六，梁材《梁端肃公奏议》卷5《议茶马事宜疏》，第955页。
③ [明] 杨一清撰，唐景绅、谢玉杰点校：《杨一清集·关中奏议》卷3《为修复茶马旧制以抚御番夷安靖地方事》，第81页。
④ [清] 张廷玉等撰：《明史》卷八十《食货志四》，第1952页。

施的。从《洪武初例》颁行到弘治十三年"私茶条例"被《问刑条例》收入，①再到列入《大明会典》的茶马司"例"，②茶马例逐渐成为国家"大法"，其法律效力和稳定性不断提升，成为明朝与西北边疆"番族"之间茶马互市的"常法"条例。

此外，从洪武、永乐至明中期，尤其是成化、弘治朝各部院题准议定茶马"条例"，茶马例的内容不断丰富、条款不断增补、适用范围不断延伸。诸茶马例的主要内容集中于茶叶的征收贮运、茶马比价、私茶、"通番"等四个方面，它们随茶马交易过程产生，同时又在茶马交易过程中变化，体现出明代茶马例起草、修订、演变的动态特征。

从经济学的角度讲，用茶叶交换马匹，本质还是一种以物易物的古老商品交换方式。既然是交换，它就需要用一定的规则来规范和实施。所不同的是，明朝实施茶马贸易的主要目的是政治目的，即羁縻"西番"。因此，相关"例"的内容、条款又具有较为明显的"政治"特征，这与唐宋时期茶马贸易的"政治"属性大致相似。③在这种背景下，茶马例中存在某些不符合市场经济规律的"不合理"的因素在所难免。加之明中叶以降，受私茶冲击、边官腐败等因素影响，茶马贸易虽有"例"可依，但并非违"例"必究，一定程度上影响了茶马互市的顺利进行。尽管政府控制的官营茶马贸易出现了诸多弊端，但终明之世"茶马例"并没有被废除。而且值得肯定的是，明代茶马贸易制度是朝廷治理边疆的重要方略。诸茶马例又是茶马贸易制度中最具效力和权威的部分，它们因时而立，因事而补，适时规范制约着茶马贸易中各方行为，以确保茶马边政的有效落实。

在内容和体例上，明代茶马例也是明朝法制体系及其财政体系的一个重要组成部分。明政府严格马匹的进出境管理、细化交易互市细则，制定茶易马"例"统筹管理茶马贸易过程，使其逐渐完善和成熟。尽管茶马例在有明一代并未形成独立的经济法体系，但它已在明代法律中占有了一席之地。这对于茶马互市的立法适用和司法实践至关重要，不仅调整着茶马贸易的运营、流通，规范和制约着贸易中的各方行为，而且对于边疆社会稳定产生了积极影响。

---

① 怀效锋点校：《大明律》附录《五刑条例·私茶条例》，第383页。
② [明]李东阳等撰，申时行等重修：《大明会典》卷三十七《课程·茶课》，第683页。
③ 宋代时期，虽然已提出了"随市定价"的市场性原则，可在实际运行中并非完全按照市场经济规律运作。元丰元年（1078）四月，提举成都府、利州、秦凤、熙河等路茶场公事李稷奏请："诸出卖官茶，令提举茶场司立定中价，仍随市色增减……"（清徐松辑：《宋会要辑稿·职官》四十三之51，中华书局，1957年，第3299页）。

三、促进文化交流，增强中华文化认同

明朝与西藏及周边涉藏地区之间的政治、经济往来，特别是使者互往在客观上促进了涉藏地区文化事业的发展，扩大了汉藏等各民族文化的交流交往，不仅对涉藏地区文化事业繁荣产生了深远影响，促进了各民族文化共同繁荣和发展；而且客观上增强了藏族同胞对于中华文化的认同，成为中国历史上文化自信的一个重要时期。

西藏布达拉宫保存有"一幅明成祖朱棣的御容像，画像高3.6米，宽1.87米"①，汉藏文化的互融互往达到了空前的高度。据文献资料记载，明朝派出的使者入藏携带的赏赐物十分丰富，经常是大量的丝绸、茶叶、纺织品等，西藏及周边涉藏地区入京使者的贡物也十分丰盛，常有佛像、铜塔、刀剑、甲胄等物。这些物品不仅仅是交换物，它在某种程度上是富含"文化元素"的精神食粮。显然，使者交往为明中央与西藏和其他涉藏地区间文化的交流传播注入了强大的活力，"汉藏文化的交流与融合在明朝内地和西藏同时进行，但内地与西藏之间的相互影响在内容和结果方面有所不同，其中明朝内地对西藏的影响以物质文化为主，而西藏对内地的影响则主要通过宗教来实现。"②

（一）茶叶丝绸的交流

茶叶是藏族民众最为喜爱的物品。不论是明臣往西藏及周边涉藏地区时携带的赏赐物，还是西藏和其他涉藏地区贡使来京得到的回赐物，茶叶都是其中最重要的物品之一。

其一，茶叶是朝廷使者往西藏及周边涉藏地区时携带的赏赐物。永乐四年三月，明成祖遣使册封乌思藏阐化王时，赐茶二百斤。弘治十年十二月，参曼答实哩和锁南窝资尔等18人赍诰敕、食茶等往封乌思藏阐化王。正德十三年五月，阐化王使者端竹札失火儿奏请"例"外茶斤，"遂□□正额外赐茶，有诏书凡万九千斤"③，总计赐予来京使者及存留番僧茶叶达8.99万斤，人均60斤。这就说明，通常情况下，明臣进藏时均携带茶叶。

---

① 李帅：《以文治边：文物考古视瞰下明朝对西藏的经略》，社会科学出版社，2021年，第169页。
② 李帅：《以文治边：文物考古视瞰下明朝对西藏的经略》，第296、297页。
③ [清]万斯同编著：(天一阁藏)《明史稿》第四册《毛澄传》，第46页。

其二，茶叶是明廷回赐西藏及周边涉藏地区贡使的主要物品之一。洪武十五年二月，明太祖赐乌思藏贡使汝奴藏卜等人乌茶二百斤及他物。永乐五年三月，明成祖赐贡使札思木都指挥使撒力加监藏等人印诰、茶叶等。永乐六年四月，明成祖赐护教王使者端竹巴等人茶叶30斤，并赐其从钞币及茶有差。景泰二年六月，明代宗赐朵甘思、答思麻等处贡使食茶若干斤。涉藏贡使来京，赐茶乃明廷最主要的赏赐内容，又如景泰三年正月，赐予闸化王使者完卜锁南领占等人茶叶等物。景泰四年五月，赐贡使乌思藏尊胜寺观音朵鲁只等人茶叶等物。景泰六年正月，赐乌思藏果加寺贡使班麻坚等人食茶。天顺八年十月，赐乌思藏使者番僧长逐等人及洮州、岷州贡使茶叶等物。成化三年四月，赐陕西岷州卫贡使节陆地食茶等物。成化六年七月，赐朵甘贡使卓嵬等人茶叶等物。成化十二年八月，赐乌思藏赞善王使者族成等人茶叶等物。成化十四年二月，赐陕西河州卫理仁寺贡使速札思巴坚藏等人食茶等物。弘治十年六月，赐四川威州保县金川寺贡使贾思叭、茂州加渴瓦寺贡使三蓝等人茶绢等物。万历六年六月，赐赏杂谷安抚司贡使仰羊坚藏等8人茶叶等。万历三十三年五月，如例给赏长宁安抚司贡使被只等300人茶叶等物。万历四十一年十一月，倍赏四川打喇儿寨头目雨木六等250人茶叶等物。

除了明廷赐茶，贡使返藏时所经过的地方州县也会补赏一定的茶叶。嘉靖四十四年九月，灵藏赞善王派遣的朝贡使者来京，除如例给赏到京及留边贡使135人外，令所经茶马司给食茶。

其三，西藏及周边涉藏地区贡使在来京及其返回过程中，往往于京城会同馆或沿途州县市茶，这也是明代西藏及周边涉藏地区使者得到茶叶的另一种重要渠道。正统九年二月，安定卫国师摄剌藏卜一行人员来明京朝贡，使者在京城均市茶甚多，甚至安定王市茶达3000斤，并请求明朝廷赐予车辆运回："正统时，安定卫国师摄剌藏卜等以朝贡至京，各市茶二千斤，又奏安定王令市茶三千斤回用，乞赐车辆粮粮。英宗以茶数过多，诏允安定王五百斤，官为运去，其国师二百斤、徒众人一百斤，俱令自募人运。仍命礼部著为令。"[1]此后，运茶有了具体茶叶数量的规定。成化十五年正月，辅教王遣使沙加星吉等363人来朝贡方物，明廷依例厚赐。但沙加星吉等人却请求朝廷准许他们把赐赉物品"于湖广荆

---

[1] ［明］余继登撰：《典故纪闻》卷十一，第202页。

州境内市茶，人六十斤，许之"①，即将赐物于沿途换买成茶叶，朝廷准许。

除了茶叶，丝绸、纺织品是汉藏使者往来交流的第二大类物品。一方面，朝臣赴西藏及周边涉藏地区时往往携带大量文绮、丝绸等纺织品类物品，用以赏赐涉藏地区政教领袖、土官头目等。洪武四年七月，明太祖派遣工部主事王伯彦前往河州，赐山后七驿世袭土官劳哥等文绮、银碗②；此后明廷派遣使者前往西藏及周边涉藏地区时，对乌思藏阐化王、阐教王等五大政教王、法王及其他地方势力头目必将赐予大量绒绵、纻丝等物品。

永乐年间，明成祖朱棣两次厚赏大宝法王，从赏赐清单中能够非常清楚地看出各色绸缎等物品。一次是永乐五年八月，明成祖赏赐大宝法王的物品清单中，有"纻丝三十六匹③：暗花一十四匹，骨朵云八匹，细花六匹，素二十二匹，彩绢三十六匹"④。一次是永乐六年五月，明成祖再次遣使赏赐大宝法王，其赐物清单中有"纻丝九匹（暗细花四匹，素五匹）；彩绢九匹（大红三匹，蓝青二匹，深桃红二匹，白二匹）"⑤。另外，藏文文献《贤者喜宴——噶玛岗仓史》中还记载了永乐皇帝对仲普国师、规范师噶西瓦仁钦贝和大堪布贡伦巴三人的赏赐，其中也有许多丝绸、绸缎，"（皇帝赐给）仲普国师、规范师噶西瓦仁钦贝、大堪布贡伦巴等三人每人"内用外用绸缎十二匹"⑥，（皇帝）赐给全部僧人中的上等僧侣每人"绸缎六匹、丝织品六匹"⑦，中等僧侣每人"六匹绸缎"⑧，下等僧侣每人"绸缎四匹"⑨。

成化年间，明宪宗给大宝法王的赏赐清单中也能很清楚地看出各色绸缎等物。成化七年（1471），明宪宗赏赐大宝法王的礼品清单，其中有"青色缎一匹，红色缎一匹，深绿缎两匹，诸色绸缎四匹"⑩。藏文文献《贤者喜宴——噶玛岗仓史》还记载：明朝皇帝遣使赏赐第七世大宝法王却扎嘉措时，一次赏赐一百

---

① 《明宪宗实录》卷一八六，成化十五年正月甲戌，第3335页。
② [明]朱国祯辑：《皇明大事记》卷十三《诸夷朝贡》，明崇祯刻本《皇明史概》，第1063页。
③ 据暗花、骨朵云、细花、素等四项数字，三十六匹似误，应为五十四。作者注。
④ 中国藏学研究中心、中国第一历史档案馆等编：《元以来西藏地方与中央政府关系档案史料汇编》，第102页。
⑤ 中国藏学研究中心、中国第一历史档案馆等编：《元以来西藏地方与中央政府关系档案史料汇编》，第105页。
⑥ 巴卧·祖拉陈瓦著，周润年译注：《贤者喜宴·噶玛岗仓史》，青海人民出版社，2017年，第205页。
⑦ 巴卧·祖拉陈瓦著，周润年译注：《贤者喜宴·噶玛岗仓史》，第205页。
⑧ 巴卧·祖拉陈瓦著，周润年译注：《贤者喜宴·噶玛岗仓史》，第205页。
⑨ 巴卧·祖拉陈瓦著，周润年译注：《贤者喜宴·噶玛岗仓史》，第205页。
⑩ 陈庆英、高淑芬主编：《西藏通史》，中州古籍出版社，2003年，第316页。又见熊文彬、陈楠主编：《西藏通史》（明代卷），第270页。

匹彩锻表里其他物①。可见，明朝赏赐西藏法王的物品，其数量惊人。

另一方面，明朝回赐西藏及周边涉藏地区贡使时，其丝绸、纺织品类物品必不可少，如上述成化七年，明宪宗基于大宝法王遣使者来京朝贡，厚以回赐，其回赐物品中有"青色缎十匹，大绿缎五匹，深绿缎十匹"②，回赐国师班觉顿珠（班着端竹）礼品为"青色缎一匹，大绿缎一匹，诸色缎两匹"③。明宪宗敕谕乌斯藏大宝法王葛哩麻巴的原文是：

> "皇帝敕谕乌思藏大宝法王葛哩麻巴等：尔等世居西域，能敬顺天道，尊事朝廷，恪修职贡，愈久愈虔。兹复遣使，以方物来进，诚意可嘉。今使回，特赐尔等彩币表里等物，以示褒答。至可领之，故谕。大宝法王葛哩麻巴给赐纻丝青一匹、红一匹、黑绿一匹，彩绢蓝四匹，回赐纻丝青十匹、绿五匹、黑绿十匹，钞九千锭。国师班着端竹给赐纻丝青一匹、绿一匹、彩绢蓝二匹。成化七年正月二十九日。"④

而就在成化七年前后，明朝多次赏赐来京朝贡的西藏及周边涉藏地区人员，如成化六年四月至十二月，朝廷先后赏赐贡使：四川松潘杂谷安抚司的僧人朵儿监藏、灵藏僧人结节、乌思藏僧吉笼乐竹巴、岷州卫憨班簇"番人"坚的肖、朵甘思宣慰使司卓嵬四川长河西、鱼通、宁远军民宣慰使司坚葛节寺寨都纲头目人等衣服、彩缎等物。成化九年，朝廷先后赏赐安定王贡使汪尔加，四川长河西、鱼通、宁远等处贡使班兰藏等人袭衣、彩缎表里等物。此类回赐终明一世未断，《明实录》中随处可见明政府赏赐西藏及周边涉藏地区贡使织锦、丝绸等物之记载：

---

① 巴卧·祖拉陈瓦著，周润年译注：《贤者喜宴·噶玛岗仓史》，第326页。
② 陈庆英、高淑芬主编：《西藏通史》，第316页。又见熊文彬、陈楠主编：《西藏通史》（明代卷），第270页。
③ 陈庆英、高淑芬主编：《西藏通史》，第316页。又见熊文彬、陈楠主编：《西藏通史》（明代卷），第270页。
④ 此敕谕保存在中国国家博物馆。此敕谕为黄棉纸地，长115.3厘米，宽44.5厘米；敕谕边框四周绘黑色云龙纹图案；墨笔楷书，汉藏两体款，上钤珠印"广运之宝"。见《贤者喜宴·噶玛岗仓史》，第362页。宿白指出：明成化七年敕谕黄麻纸，四周边框刷印走龙，汉文敕谕之后横列藏文，俱墨书。此次贡物与回赐事，不见《明史》。（宿白《藏传佛教寺院考古》，第216页）

表24 明中央政府赏赐藏族贡使的丝织类物品

明廷赏赐时间	明廷赏赐的贡使	明廷赏赐物
洪武五年二月	赐十八族贡使千户包完卜札等人	文绮、衣服、靴袜等物
洪武六年	正月，赐乌思藏怕木竹巴灌顶国师章阳沙加监藏使者锁南藏卜	文绮、袭衣等物
	十二月，赐贡使僧吉加督	织金、罗绮、衣服、帽靴等物
洪武七年十二月	赐乌思藏怕木竹巴贡使	织金、文绮、禅衣
洪武十一年十二月	赐朵甘、乌思藏灌顶国师答力麻巴剌所遣使者	文绮缯帛
洪武十五年二月	赐贡使松潘安抚司酋长占藏先结等人	文绮等物
洪武十九年五月	赐贡使长河西军民安抚司土官油笼思卜等人	文绮六匹、衣一袭
洪武二十三年五月	赐天全六番招讨使杨藏卜使者	文绮三十匹及其他丝织品
洪武三十年正月	乌思藏都指挥司灌顶国师遣使贡方物，诏回赐灌顶国师	"文、绮、帛各十"
景泰七年	八月，赐乌思藏贡使剌麻沙甲等人	纻丝、袭衣等
	九月，赐四川长河西、鱼通、宁远等处贡使	彩缎表里等物
成化五年	十月，赐陕西洮州卫札失官寺贡使桑节藏卜	衣服、彩缎等物
	十一月，赐陕西显庆寺、弘化寺、舍藏寺贡使汪束藏卜，乌思藏大乘法王使者剌瓦藏卜等人	彩缎等物
成化六年三月	赐陕西洮州等卫奔古等簇番人笼卜节	衣服、彩缎等物有差
成化十年正月	安定王贡使汪尔加、四川长河西、鱼通、宁远等处贡使班兰藏等人	袭衣、彩缎表里等物
成化十一年二月	赐贡使西宁圆觉等寺"番僧"攀的藏卜、"番人"板的官等	彩缎、绢布等物
成化十三年	正月，赐静宁寺贡使领南你麻等人	衣服、彩缎等物
	三月，赐大宝法王使者及阐化王使者温卜卧些言剑等人	衣服、彩缎等物[①]
成化十六年五月	赐贡使乌思藏札失伦卜寺"番僧"端药藏卜等人	衣服、彩缎等物
成化十七年七月	赐乌思藏大乘法王使者独蜗儿坚灿等人	衣服、彩缎等物
成化二十一年三月	赐朵甘宣慰使司贡使三呆札叭及其新招抚的五蜡寨头目三竹等人	衣服、彩缎等物

[①] "仍令赍敕并彩缎等物回赐其王"，参见《明宪宗实录》卷一六四，成化十三年三月丙申，第2980页。

续表

明廷赏赐时间	明廷赏赐的贡使	明廷赏赐物
成化二十三年三月	赐陕西岷州弘济寺贡使端竹尖眷、河州普纲寺贡使汪束班丹、洮州哈尔占等簇贡使陆节秀等人	彩缎、绢布等物
弘治元年	正月，赐乌思藏大乘法王使者蛇纳藏、灵藏赞善王使者远丹陆竹等人	衣服、彩缎等物
	六月，赐阐化王使者绰旺等人	彩缎等物
弘治五年八月	赐贡使陕西罗家族人豁捏	"彩缎等物如例"
弘治六年五月	赐朵甘思宣慰使司头目答儿坚粲等人	彩缎表里、衣服有差
弘治八年十二月	赐陕西崔工族、驼笼族"番人"节肌尖札等	彩缎、衣服等物如例
弘治九年	二月，赐陕西招慈寺、西多寺贡使端竹领占	彩缎、衣服等物
	闰三月，赐陕西大崇教寺、朝定寺及三竹寺贡使禄竹班丹、星吉尖眷等人	彩缎等物如例
弘治十四年三月	赐贡使陕西鲁班寺、讲堂寺、永宁寺剌麻札石藏卜、殷巴尖眷、藏卜尖眷等人	各彩缎、衣服等物
弘治十六年十一月	赐乌思藏大乘法王并护教王、辅教王、阐教王使者	彩缎、衣服等物
正德元年十一月	赏乌思藏大宝法王使者畜吉叭藏卜等人	衣服、彩缎等物①
正德三年正月	赐贡使四川这多等族"番人"班的等人	彩缎等物
正德四年	二月，赏乌思藏阐化王使者札失坚参等人	彩缎、绢物；
	九月，赐弘化寺贡使锁南藏卜等人	彩缎等物
正德九年八月	赐乌思藏阐教王使者昆各札失、辅教王使者锁南班丹等人	"彩缎如例"
正德十五年七月	赐乌思藏大乘法王使者失劳陆竹、弘化寺贡使著巴藏卜等人	文绮、靴袜等物
嘉靖二年二月	给赏寨平等九族"番人"贡使纳节等人	彩缎、绢布
嘉靖五年四月	四川加渴瓦寺贡使头目等764人	段绢、银钞等
嘉靖四十四年十一月	赏四川加渴瓦寺贡使头目等764人	段绢、银钞等
万历元年四月	赐四川金川寺贡使	彩缎表里、绢如例。
万历六年五月	赐杂谷安抚司贡使藏伽、法藏寺贡使相竹领占等人	彩缎、绢匹等物

---

① "仍令赍敕并彩缎表里等物回赐大宝法王及留边诸僧"，参见《明武宗实录》卷一九，正德元年十一月戊戌，第570页。

续表

明廷赏赐时间	明廷赏赐的贡使	明廷赏赐物
万历二十六年正月	赐陕西林家山、赤辖、苟家坪等族贡使	彩缎、绢匹等物
万历四十一年二月	赐乌思藏护教王、董卜韩胡宣慰司、别思寨安抚司、朵甘思宣慰司贡使阿折孟等30人	织金、文绮等物

说明：此表根据《明实录》制作。

由于史料限制，明朝对西藏及周边涉藏地区贡使赏赐的彩缎、绢匹类物品的具体数量尚无法统计。然而，成化六年五月，礼部议称："乌思藏等处番僧进贡至者数多，赏赐彩缎动数千计，官库所贮不敷关用"[①]，故请求朝廷对乌思藏等处赏赐进行一定限制。显然，明中央赏赐涉藏地区贡使的丝织品数量少者几匹，多则达百匹千匹，甚至万匹，以至于国库不足。"番僧及女直夷人例应一岁及三岁入贡者，不下五千四百人，赏赐彩币不下五千五百余匹。诸番既以近例愿给币直，而江西、湖广、河南三省不善织造……"[②] 不管怎么说，通过明朝的赏赐渠道，中原的纺织品、丝绸、彩缎源源不断进入西藏及周边涉藏地区，客观上促进了藏族纺织业和经济的发展。

（二）金融产品的交流

钞币是金融用品，它不仅具有商业意义，还具有金融文化学的意义。明廷赐予藏族贡使、头目钞币的例子非常之多：洪武十四年正月，黎州安抚使苟德遣使贡马，诏赐苟德钞54锭及他物。洪武十五年七月，故元四川分省左丞瓦剌蒙遣理问高惟善等来朝，上故元所授银印，诏赐钞20锭及他物。洪武十九年五月，长河西军民安抚司土官油笼思卜来朝贡马，诏赐钞15锭及他物。洪武二十四年正月，乌思藏必力公尚师辇卜阁搠思吉结卜遣使坚敦真等献所获故元云南行省银印，诏赐使者钞25锭。永乐三年三月，叠州刺儿冈簇头目南哈倚实遣人来朝贡马，赐之钞币。永乐五年二月，馆觉灌顶国师宗巴斡即南哥巴藏卜遣使札思巴儿监藏等61人贡马，赐札思巴儿监藏等钞1200锭、白金500两及他物众多。永

[①]《明宪宗实录》卷七九，成化六年五月乙未，第1542—1543页。
[②]《明世宗实录》卷八一，嘉靖六年十月丙辰，第1799—1800页。

乐六年四月，馆觉灌顶国师护教王使者端竹巴贡方物，赐端竹巴白金 30 两、钞 80 锭及他物不等，并赐其从人钞币及茶等物。永乐二十二年三月，乌思藏僧加必什络、陕西文县千户所番僧尹巴等贡马，赐加必什络钞 50 锭、尹巴等 10 人各钞 40 锭。正统四年五月，叠州"番簇"烟丹监藏来朝贡马及方物，赐钞锭等物。正统十三年五月，乌思藏等处剌麻锁南巴绰尔甲贡马、驼、玉石等物，赐宴并钞锭等。

景泰三年正月，乌思藏阐化王使者完卜锁南领占来朝贡马及貂鼠皮，赐宴并钞锭等物。景泰七年正月，四川威州旧州里土官巡检董敏姪董伯山来朝贡马，赐钞锭有差。天顺四年四月，陕西洮州卫匾都簇贡使坚昝星吉、西宁弘觉寺贡使舍麻幹即尔等人来朝贡马及方物，赐钞锭、彩币。成化五年三月，乌思藏辅教王下萨藏等寺"番僧"锁南伦竹来朝贡马，赐钞锭等物。成化二十年五月，陕西岷州大崇教寺"番僧"失劳尖卒、多杓等簇簇头番人卜肖、河州弘化寺"番僧"喃葛札失等人来朝贡马驼，赐绢钞等物。弘治三年三月，陕西外夷术沙、骆驼巷、七笼等族"番人"吉多肖来朝贡马匹等物，赐钞锭等物。弘治八年七月，乌思藏大乘法王、阐化王各遣国师"番僧"锁南著六竹等来贡，赐钞锭等物如例。弘治十年五月，讲堂寺、永宁寺等五寺剌麻贡使剌瓦札巴等人来贡，赐宴并钞锭等物。弘治十八年四月，天全六番招讨司遣人来贡，赐绢钞等物有差。陕西栗子庄大族尖仲等人来贡，赐钞锭等物。正德二年闰正月，故灵藏赞善王弟端竹坚昝遣使者剌麻星吉等来朝，贡方物马匹，赐钞锭等物有差。正德三年正月，四川这多等族"番人"班的贡马，赐宴并钞锭有差。正德六年十二月，大亦辖族"番人"容中郭等人来朝贡马，赐钞锭等物。

嘉靖元年四月，静宁等寺番僧完卜锁南端竹、葛偏等大小拾族"番人"来朝贡方物，赐宴并钞锭有差。万历元年十月，赏四川长宁安抚司进贡夷人段、绢、银、钞如例。万历二年十一月，四川韩胡碉恰列寺贡使板地卜等人进贡方物，给赏绢钞如例。万历二十一年十二月，赏陕西他笼、哈古等族贡使恼秀等 136 人绢银钞币如例。万历二十四年正月，陕西嘉石、草坡等族"番人"戎肖进献马匹等物，赏给段绢、钞锭如例。万历三十九年五月，颁给乌思藏阐化王贡使坚剉朵尔等 15 人各段绢、银钞。万历四十五年四月，乌思藏阐化王使者锁南坚参率 1000 人来朝进献珊瑚、氆氇等物，给赴京并在边番僧各赏绢钞等物。值得一提的是，成化七年明宪宗对大宝法王进行赏赐时，除了金银绸缎外，赏赐钞币四万五千锭之多。通过这些数据可知，明廷赐予涉藏地区政教首领、寺僧和贡使钞币，少则四五锭，多达四五万锭，必定对涉藏地区经济开发具有一定促进作用。

（三）寺院文化用品的交流

宗教文化事务在明代治藏政策中占有重要地位。为了加强对宗教文化事业的管理，明代设有僧录司和道纪司等宗教文化管理机构，前者管理佛教事务，后者管理道教事务。从京城到各府州县僧录司、僧纲司、僧正司和僧会司均设各级僧官管理佛教事务。① 各级僧官的职责是："僧录司掌天下僧道。在外府州县有僧纲等司，分掌其事。"即依法戒律、监督、约束僧人僧众行仪。

僧录司，掌僧侣等相关事务。唐代时立左右街僧录，宋代鸿胪寺所属左、右街僧录司掌僧官补授及僧侣事务。明代京城僧录司和各府僧纲司及州县僧正司、僧会司设于洪武时期。洪武元年（1368），设善世院。洪武五年，改为僧度牒。洪武十五年（1382），始置僧录司，隶属礼部。僧录司诸僧官由礼部任命，僧录司设左右善世二人、正六品，左右阐教二人、从六品，左右讲经二人、正八品，左右觉义二人、从八品。

各省置僧纲司，僧纲司为明代管理佛教事务的地方（省级、府）机构，设都纲一人，职责是监督僧众行仪等。永乐年间，明政府在甘青藏族地方设置了宗教事务管理机构。永乐五年三月，设陕西甘州左卫及庄浪卫僧纲司。② 永乐十一年五月，设陕西贾穆龙僧纲司，以番僧锁南监藏为都纲。③ 永乐十二年二月，设陕西藏吉地面盼圁朗堂、当笼、加麻三僧纲司。④ 永乐十五年七月，设四川天全六番招讨使司医（学）及僧纲司。⑤ 州置僧正司，县置僧会员，其僧官分别为僧正、僧会，僧正的主要任务是"自正正人，克敷政令"，以各项法度、戒律约束僧人。各级僧官有明确的品阶、俸禄规定，僧官的铨选任免成制，考课有常，迁转有序，衣饰伞盖有别，体现了专制主义中央集权极端强化的时代特点。

---

① 僧录司设左、右善世二人，正六品，左、右阐教二人，从六品，左、右讲经二人，正八品，左、右觉义二人，从八品。府僧纲司，设都纲一人，从九品，副都纲一人。州僧正司，设僧正一人。县僧会司，设僧会一人。由此可见，明代中央僧官有善世、阐教、讲经、觉义，府、州、县僧官分别为都纲、僧正、僧会。笔者注。
②《明太宗实录》卷六五，永乐五年三月乙丑，第917页。
③《明太宗实录》卷一四〇，永乐十一年五月庚辰，第1679页。
④《明太宗实录》卷一四八，永乐十二年二月丙午，第1731页。
⑤《明太宗实录》卷一九一，永乐十五年七月乙卯，第2017页。

由于藏族重佛，因此在明朝与西藏及周边涉藏地区使者往来中，各种各样的佛像、法器成为双方交流的重要物品。佛像，是指菩萨像、罗汉像、明王像等，经雕塑而成。法器，也称为佛器、佛具或法具，主要用于在宗教活动，如宗教法会、祈请、供养等。这种来往交流有甚多事例：

永乐十五年二月，乌思藏大国师释迦也失遣人贡马，明朝赐予贡使佛像、法器等物①，这是中央政府赐予西藏地方使者佛像、法器的史实。同月，明廷遣内官乔来喜等人赴乌思藏。赏赐正觉大乘法王昆泽思巴，使者携带物品中就有佛像、佛经、金银、法器、彩币等物。这是中央政府派出的使者以佛像、法器赐西藏宗教领袖之史实。又如永乐十七年十月，明朝遣中官杨三保等赍敕往赐乌思藏大乘法王、阐化王、瓦阐教、辅教王、赞善王及灌顶弘善西天佛子大国师释迦也失等佛像、法器、袭装、禅衣等物。②正统五年四月，明廷遣禅师葛藏、昆令为正副使封怕木竹巴灌顶国师吉剌思巴永耐监藏巴藏卜嗣其世父为阐化王，赐之诰命、梵器等物。正统十年五月，朝廷命正使禅师锁南藏卜、副使剌麻札什班丹等同指挥斡些儿藏卜赍捧敕谕、诰命，往封班丹监锉为灵藏灌顶国师赞善王，并颁赐其袈裟，法器等物件。景泰七年六月，明廷封答苍地面王子喃噶坚粲巴藏卜袭为辅教王，赐诰敕、金印、袈裟、法器等物。除了佛像、法器等物，西藏还保存有不少"由明廷赏赐的唐卡及绢、纸类佛画。"③

宗教用品的交流以西藏及周边涉藏地区贡使进贡法器、佛像、舍利等为主，因此这些宗教用器传入内地者最多。如洪武六年正月，乌思藏怕木竹巴灌顶国师章阳沙加监藏遣酋长锁南藏卜以佛像、金字书、舍利来贡，诏置佛寺，赐使者文绮、袭衣有差④。舍利，梵语，指骨身或遗骨。佛教认为，舍利是由修行功德炼就的，后来泛指佛、高僧的遗骨。舍利可分为骨舍利、发舍利和肉舍利，通常所说是都属于骨舍利。又如：

永乐五年十月，灌顶圆通善慧大国师哈剌思巴啰葛萝思遣其徒失夹等来朝，献舍利、佛像及马。⑤永乐十年十二月，乌思藏尚师昆泽思巴来朝，先遣人进舍

---

① 《明太宗实录》卷一八五，永乐十五年二月戊午，第1981页。
② 《明太宗实录》卷二一七，永乐十七年十月癸未，第2162页。
③ 李帅：《以文治边：文物考古视畴下明朝对西藏的经略》，第182页。
④ [明]朱国祯辑：《皇明大事记》卷十三《诸夷朝贡》，明崇祯刻本《皇明史概》，第1065页。
⑤ 《明太宗实录》卷七二，永乐五年十月乙巳，第1010页。

利、佛像。永乐十五年十二月，乌思藏阐化王、阐教王及大乘法王昆泽思巴等遣使贡佛像、舍利并方物。正统二年二月，临洮卫"番僧"完卜札巴坚藏贡马及佛像、舍利。正统五年五月，西宁卫净宁寺漕领占乩、河州卫自塔寺剌麻结列领占、乌思藏铁禅寺剌麻远丹坚错等人来朝，贡马驼、佛像、铜塔、舍利等物。正统六年闰十一月，陕西临洮府僧纲司宝塔等寺都纲剌麻已什三丹贡马及佛像、舍利等物。正统七年十一月，陕西岷州大崇教寺国师沙加贡镀金佛像、古铜塔、舍利及马。正统八年二月，陕西大慈恩等寺剌麻也央锁南来朝，贡佛像、舍利及马。正统九年十月，乌思藏大宝法王"遣剌麻锁南杰等献马及佛像、舍利等物。"[1] 正统十一年四月，四川长河西、鱼通、宁远宣慰司贡使彻剌藏等人来朝，进献马及佛像、舍利等物。正统十二年二月，西岷州卫石崖寺剌麻桑札贡马及佛像、舍利子。正统十三年五月，乌思藏等处剌麻锁南巴绰尔甲贡马、驼、玉石、佛像、舍利等物。同年十二月，西宁卫隆卜等簇禅师喃哈儿监督、宁夏卫报恩等寺都纲耳布、河州卫报恩寺"番僧"札巴坚藏等人来朝，贡马及降香、佛像、舍利等物。正统十四年六月，乌思藏领绰寺"番僧"剌麻颜千、长河西、鱼通、宁远等处甘藏寺都纲剌麻桑剌结藏卜等人贡渗金铜佛、舍利、珊瑚等物。

景泰元年二月，乌思藏贡堂川阔宁寺"番僧"都纲阿立押革等人贡氆氇、佛像、舍利子等物。景泰三年，乌思藏"尊胜清修翊善大国师获印，遣人贡舍利"[2]；次年，尊胜寺剌麻观音朵鲁只等人来朝，贡佛像、舍利、方物。天顺元年十二月，陕西西宁卫剌麻扎思巴藏卜、乌思藏"番僧"坚昝绰竹贡马并方物、铜塔、佛像。天顺三年二月，陕西河州卫普纲寺禅师札失巴、西宁慈利寺剌麻锁南、西宁弘觉寺剌麻领真藏卜来朝，贡马及佛像、舍利等物。天顺七年十一月，洮州卫"番僧"三竹亦失贡马及佛像等物。十二月，乌思藏剌麻闰内伯、陕西大崇教寺"番僧"监的札失来朝，贡马及佛像、貂鼠皮、香等物。成化四年三月，乌思藏阐教王使者楚芹坚剉、阐化王使者领占把藏等人来朝，贡马及佛像、舍利等物。成化十八年二月，陕西撒藏寺"番僧"撒节、法藏寺"番僧"速南、弘教寺"番僧"领占乩、永安寺"番僧"领占尖昝等人来朝，贡马及佛塔、舍利等物。成化二十三年四月，陕西岷州大隆善护国寺国师"番僧"绰肖藏卜等人来朝，贡

---

[1]《明英宗实录》卷一二二，正统九年十月戊申，第2445页。
[2] [明] 徐学聚编撰：《国朝典汇》卷一百七十五《兵部·西番》，第2205页。

马及佛像、舍利等物。正德十一年三月，陕西岷州法藏等寺"番僧"班刺著秀、阶州阿木等族"番人"安巴等人"来贡画佛、舍利等物"[①]。万历四年正月，弘化寺"番僧"锁南星吉贡马、驼、番犬、铜佛、舍利、酥酒等方物。万历二十五年十二月，陕西弘化寺"番僧"统诸坚错等六人进铜佛、舍利等物。由此可见，佛像、法器和舍利等宗教文化用品既是明廷赏赐涉藏地区政教首领的赏赐物品，同时也是涉藏贡使来京朝贡的进献物品。随着宗教类文化用品的交流交往，对中原和涉藏地区的佛像造像风格、金铜铸造艺术及绘画艺术风格等产生较大影响。

（四）学校教育与语言文化、音乐器具的交流

明代汉藏文化交流交往活跃和频繁，得益于明廷与西藏及周边涉藏地区之间的使者往来交流，也离不开明政府对民族文化事业的大力支持。在朝廷大力发展边疆文化政策的环境下，汉藏文化交流交往在人员往来互动中得以推动和发展。明朝支持发展藏族地方文化教育的政策，主要体现在以下三个方面：一是开办"番学"、医学等学校教育事业，培养藏族文化人才；二是创办语言翻译学校，培养翻译人才；三是音乐器具的交流和影响。

第一，学校教育。

明朝在涉藏地区开办学校教育，分"番学"和医学。"番学"，是明朝在少数民族地区创办的学校。用以培养少数民族各方面的人才，在边疆卫所地区设置的也叫"卫学"。成化二年四月，巡抚甘肃右佥都御史徐廷章奏边事说："国家抚有'西番'，因其习俗分其族属，官其渠魁，给以金牌，而又选土官才能者，授以重职，以镇抚之。是以数十年间，番夷效顺，西陲晏然。近年以来，革去西宁镇守之官，不与通货茶马，夷民无所拘束，往往越境抢掠……"[②]建议设学校，培养人才：

> 设学校以训边岷。肃州卫所俗杂，羌夷人性悍梗，往往动触宪纲，盖由未设学校以教之故也。请如山丹等卫例，开设儒学，除授教官就于军中选其俊秀余丁以充生员及各官弟男子姪俱令送学读书。果有成效，许令科贡出身。其余纵不能一一成才，然亦足以变其性习。不数年间礼

[①]《明武宗实录》卷一三五，正德十一年三月丙申，第2676页。
[②]《明宪宗实录》卷二九，成化二年四月戊辰，第580页。

让兴行,风俗淳美矣。①

《明实录》载:(成化二年四月时)陕西行都司及山丹、凉州、庄浪、西宁各卫"俱有儒学,选官军俊秀子弟以充生员"②。说明学校在甘青地区扩展很快,规模也相当不错。鉴于此,巡抚甘肃右佥都御史徐廷章提议边境诸卫学样的教学纳入正规,执行《府州县学例》规范办学和教学程序。"卫学之设,止许科举不得食廪充贡。乞如府州县学例,定拟廪膳生员月给廪米五斗,科举外挨次岁贡出身,则人才不遗于边方矣。奏下部院大臣会议,请行各该衙门查行。上命决功赏、任智勇二事所司亟行之。"③

在西南边疆丽江府统治辖区,明朝注重当地的文化教育。永乐十六年,经检校庞文郁建议,明朝在丽江和宝山、巨津、通安、兰州等州建立学校,为西南边疆培养人才。④随着明朝与丽江土司的往来关系深入和发展,今迪庆涉藏地区的经济文化得到一定发展,当时木氏土知府以其知诗书、好守礼义而著称于西南,且影响了后世。《云南土司传》称:"云南诸土官,知诗书好礼守义,以丽江木氏为首云。"⑤来源于文化教育事业之推动,加之木氏地方土知府与明中央之间的政治往来,特别是他们对明朝的捐助、拥戴、忠勤,无疑体现了丽江等涉藏地区对明朝的认同、认可甚至热爱,是建立和不断铸牢中华民族共同体意识的典范。

医学,是明朝的医学教育机构,边境地区与内地名称略同。永乐十五年七月,明朝在四川天全六番招讨使司设医(学)及僧纲司⑥。培养医学人才,这是一个壮举,但松潘等处并未立医学。至宣德九年十月,四川总兵官都督佥事方政奏陈边事说:"松潘等处军民指挥使司未立医学,军民有疾,则往茂州医学请药,相去五百余里,乞开设医学,以本卫通医余丁夏宏任职。上皆从之。"⑦方政开办医学、培养人才的建议得到朝廷批准,松潘从此开设了医学,解决了当地人的就医问题。

第二,汉藏语言文化的交流和传播。

---

① 《明宪宗实录》卷二九,成化二年四月戊辰,第580页。
② 《明宪宗实录》卷二九,成化二年四月戊辰,第580页。
③ 《明宪宗实录》卷二九,成化二年四月戊辰,第581页。
④ [清]张廷玉撰:《明史》卷三百十四《云南土司传二·丽江》,第8099页。
⑤ [清]张廷玉撰:《明史》卷三百十四《云南土司传二·丽江》,第8100页。
⑥ 《明太宗实录》卷一九一,永乐十五年七月乙卯,第2017页。
⑦ 《明宣宗实录》卷一一三,宣德九年十月己未,第2551—2552页。

中国自古以来就与周边民族和国家保持着密切的联系和交流，设立了涉外机构，专门负责接待和送别外国使节及边疆民族地区使者。唐代以降，涉外机构和人员在我国对外交往过程中发挥了不可磨灭的作用。明朝建立后，蒙古势力（北元）在北部边疆继续活动，时时骚扰明北部边境，这个不稳定的因素一直困扰着明朝的统治。为了得到更多有价值的情报，了解蒙古人的去向和活动轨迹、政策动向等，建立一个能够快速翻译蒙古等民族语言文字工作的组织迫在眉睫。同时，这也是明朝扩大对外交流，提高国家威信的客观需要。于是，四夷馆应运而生。四夷馆的设立，反过来促进了汉族与蒙古族、藏族等民族之间语言文化的交流交往和民族语言的传播。

明代四夷馆，是中国历史上最早的专门翻译机构，设于永乐五年（1407），隶属翰林院。"初设四夷馆隶翰林院，选国子监生习译。宣德元年兼选官民子弟，委官教肄，学士稽考课程。弘治七年始增设太常寺卿、少卿各一员为提督，遂改隶太常。嘉靖中，裁卿，止少卿一人。"[①]四夷馆的职能是翻译四夷文字、教授译字生译语，辨查、转译各地来文，或者是朝廷颁下抚谕"四夷"的诰敕等。要进入四夷馆做一名翻译人员，需经过一套较为严格的招考程序才行。"永乐年间，俱于监生、举人内选取译字。以此凡遇开科不妨入试，许写番字于（试）《明宪宗实录》卷后以别。提调官将三场《明宪宗实录》卷封进内阁，委官考试。中否，仍送科场，照依批语去取。"[②]四夷馆初设八馆，即鞑靼、女真、"西番"、西天、回回、百夷、高昌、缅甸八馆，后在正德六年（1511）时增设八百馆，万历七年（1579）时增设了暹罗馆，共十馆。"提督四夷馆。少卿一人（正四品），掌译书之事。自永乐五年，外国朝贡，特设蒙古、女直、'西番'、西天、回回、百夷、高昌、缅甸八馆，置译字生、通事，通译语言文字。正德中，增设八百馆。万历中，又增设暹罗馆。"[③]显然，通贡之需要，朝廷设八百馆。

四夷馆人员的设置根据当地中央政府与边疆民族地区交往频繁程度、来京使者的多少而定。而且，除了外交、"四夷"民族事务之外，四夷馆之设置必有战争之考虑。四夷馆的人员组成，主要有教授译字官生："教习翻译，全凭教师。先时，每馆有三、四员或五、六员，即今事故数多，惟回回馆现有教师四员，其

[①] [清] 张廷玉等撰：《明史》卷七十二《职官志》，第1797页。
[②] 《明宪宗实录》卷五六，成化四年七月丙戌，第1155页。
[③] [清] 张廷玉等撰：《明史》卷七十二《职官志》，第1797页。

余多缺。今宜于达达、女直、'西番'三馆文书繁冗，各设教师三员，百夷等三馆各设教师二员，（西天馆教师一员），令提督本馆郎中等官推访，不容滥举。"①译字官的升迁俱有常例："自景泰年来，因序班王琼等善楷书，取入内阁写诰敕、揭帖，九年考满皆得越次升授。其同类不由此升者，反怨淹滞，（而）怠于翻译。今后不许取入内阁贴写。设或用人贴写，至考满升授，止循常例。庶使人无舍此慕彼之心，本业可精矣。"②

　　四夷馆中的"西番馆"，主要承担的是朝廷涉藏事务的文字翻译和口译等任务。在"西番馆"设立之前，乌思藏及其他涉藏地区与明朝中央的文书往来，在京城主要由会同馆负责译审。"西番馆"设立之后，来自涉藏地区的文书，由"西番馆"负责。成化四年七月，太子少保兵部尚书兼文渊阁大学士彭时等言："翰林院所属四夷馆，教习译写番字。事体虽轻而干系重，凡朝廷颁下抚谕四夷诰敕，及各处番文，若译写不精，或名物不对，非惟于夷情有失，且于国体有损。今在馆人固多，新者志不专一，年深者业或荒疏，若不预为作兴，岂不临期误事。今将合行事宜，条具以闻。"③据学者研究，译字生中比较有名的人是唐尚忠、唐尚信、胡永泰等人。④译字官生在翻译民族文字，甚至在实录涉藏事务的译名、史实翻译等工作中发挥了特殊的作用。"如《明穆宗实录》的编定即有'西番馆'译字生田畯、孙承爵二人的参与。"⑤

　　遗憾的是，明代"西番馆"翻译藏汉文字之事无很多资料保存下来，今只存《西番译语》（包括《西番馆杂字》和《西番馆来文》）。《西番馆杂字》"是汉藏对译的分类语汇，每个语词均标有藏文原文、汉文释义和汉字译音，为研究古藏语的语音特点、方言差异或历史音变，以及明人传习、译写藏文的学术习惯，提供了异常珍贵的语料"；⑥《西番馆来文》"则是汉藏对译的文书选集，汉文部分所载的乞请诰命、勘合以及袭职、升职等史实，鲜明地体现出经由授封、朝贡建立起来的中央与西藏和其他藏族地方政教领袖的隶属关系"。译语中人名、地名的译例大多与《明实录》吻合，推测二者所用的某些资料可能具有共同的史源，这

---

① 《明宪宗实录》卷五六，成化四年七月丙戌，第1155页。
② 《明宪宗实录》卷五六，成化四年七月丙戌，第1154—1155页。
③ 《明宪宗实录》卷五六，成化四年七月丙戌，第1154页。
④ 熊文彬、陈楠主编：《西藏通史》（明代卷），第100页。
⑤ 熊文彬、陈楠主编：《西藏通史》（明代卷），100页。
⑥ 熊文彬、陈楠主编：《西藏通史》（明代卷），第101页。

正是其出处的信实性所在。①"西番馆"的设立，极大地便利了明朝与西藏及周边涉藏地区之间的文书往来，提高了译字水平和译文的正确性，这在明廷与涉藏地区的联系中起到了积极作用。

在汉藏语言文化的交流和传播中，另一重大事件就是《大藏经》的刊印、颁行和流传。如正统十年二月十五日，明英宗两次颁赐刊印大藏经典：第一次，（灵谷寺）"藏经护敕敕书"，其内容是："朕体天地保民之心，恭成皇曾祖考之志，刊印大藏经典，颁敕天下，用广流传。兹以一藏安置南京灵谷寺，永充供养。听所在僧官、僧徒看诵赞扬，上为国家祝釐，下与生民祈福。务须敬奉守护，不许纵容闲杂之人私借观玩，轻慢亵渎，致有损坏遗失。敢有违者，必究治之。故谕。"②第二次，（大报恩寺）"藏经护敕敕书"，其内容是："皇帝圣旨朕体天地保民之心，恭成皇曾祖考之志，刊印大藏经典，颁赐天下，用广流传。兹以一藏安置南京大报恩寺，永充供养，听所在僧官、僧徒看诵赞扬，上为国家祝釐，下与生民祈福。务须敬奉守护，不许纵容闲杂之人私借观玩，轻慢亵渎，致有损坏遗失。敢有违者，必究治之。谕。"③除此之外，明朝皇帝多次颁赐刊印大藏经典并颁行天下，使其广为流传，为佛教文化的传播起到了十分积极的作用。

第三，音乐器具的交流交往。

唐朝时期，中原地区的乐器已在吐蕃各种礼仪或娱乐活动中广泛应用。传入吐蕃的乐器主要有螺、鼓、板等吹打乐器等。《新唐书·吐蕃传》记载，"（吐蕃）其戏，棋、六博。其乐，吹螺、击鼓。"④长庆年间，唐朝和吐蕃会盟。长庆三年（823）唐使者始至，"给事中论悉答热来议盟，大享于牙右，饭举酒行，与华制略等，乐奏《秦王破阵曲》，又奏《凉州》、《胡渭》、《录要》、杂曲，百伎皆中国人"⑤。此处"与华制略等"，非常清晰地反映出吐蕃与唐朝会盟时采用了中原音乐曲目作为这个盛大仪式的典乐，演奏的曲目《秦王破阵曲》，《凉州》等均为内地宫廷乐曲，演奏者和助舞者也为内地艺人。《西藏王臣记》记载："王（松赞干布）遣之率领仆从，前往天竺。赐金沙一升，和金小鼓等物，并谕之曰：此物

---

① 熊文彬、陈楠主编：《西藏通史》（明代卷），第101页。
② [明] 葛寅亮撰，何孝荣点校：《金陵梵刹志》卷三《钟山灵谷寺·藏经护敕》，第104页。
③ [明] 葛寅亮撰，何孝荣点校：《金陵梵刹志》卷三十一《聚宝山报恩寺》，第489页。
④ 六博：六博，又作陆博，是中国古代一种掷采行棋的博戏类游戏，因使用六根博箸所以称为六博，以吃子为胜。
⑤ [宋] 欧阳修、宋祁撰：《新唐书》卷二百一十六下《吐蕃传下》，中华书局，1975年，第6103页。

能令五明大师发生欢喜,应当善学文字。"①

元代时期,西藏寺院里有敲檀板的情形:班智达有十位夫人,所以僧人们对他并不信服,有一天,当寺院里敲响檀板,召集僧众举行……檀板,简称板,一种乐器,因常用檀木制作故名。唐代宫廷音乐中就有善奏此类乐器的乐工,这种乐器在满族、蒙古、纳西、畲、汉、藏等民族也普遍。

明代时期,《一世至四世达赖喇嘛传》记载说:正统十二年(藏历阴火兔年,1447年),"住夏开始时,在桑珠孜的扎玛拉章动工建造佛像。但是在开始铸造时,铸出的部件不直。于是根敦朱巴让年堆(年楚河上游江孜一带)的一位噶希巴求梦辨察原因。他在梦中见到三个穿着华丽服装的妇女吹奏人腿骨做的笛子,并且说道:'我们来根除大德你心中的疑惑。'"②虽为梦,但从一个侧面说明笛子在西藏的流行。天启三年(藏历水猪年,1623年)记载:"我(五世达赖喇嘛)在卓波昂巴格隆的教导下学习'玉仲玛'和'杰仲玛'的祷祀法以及大乘菩萨十地五道的法行,将他所教授的都记在心中,还学习了'三敲九击'等法器演奏法。"③不仅中原乐器传到了西藏,而且乐器的演奏技术也传播到了西藏。崇祯四年(藏历铁羊年,1631年),"布松仲错瓦将汉地产的一把精致的伞献给协敖,并说:前辈达赖喇嘛在祈愿会上说法时,要打伞盖、吹唢呐等,现今这样随便是不大适宜的"④。

随着使者往来中汉藏等各民族文化的交往交流,西藏及周边涉藏地区文化事业得到繁荣发展,包括西藏地方文化及其他涉藏地区文化在内的中华文化得到了前所未有的交往交流和繁荣发展,统一完整的中华文化正是在此基础上得以形成和发展的。与此同时,明朝与西藏及周边涉藏地区,即中央与地方关系日益密切,中华民族认同和国家认同更加增强,这是不断铸牢中华民族共同体意识的最好史证。

---

① 五世达赖喇嘛著,刘立千译:《西藏王臣记》,第15页。
② 五世达赖喇嘛阿旺洛桑嘉措著,陈庆英、马连龙等译:《一世——四世达赖喇嘛传》,中国藏学出版社,2006年,第32页。根敦朱巴(1391—1474),最初依止慧狮子,其后归依宗喀巴门下,后随愁狮子到后藏弘法,在那里创建札什伦布寺,住持38年。这是后藏第一大寺,历代班禅在该寺主持。
③ 五世达赖喇嘛阿旺洛桑嘉措著,陈庆英、马连龙等译:《五世达赖喇嘛传》上册,中国藏学出版社,2006年,第50页。
④ 五世达赖喇嘛阿旺洛桑嘉措著,陈庆英、马连龙等译:《五世达赖喇嘛传》上册,第77页。

总　结

有明一代，中央政府与西藏及周边涉藏地区之间的使者往来极其频繁。为了加强朝廷与涉藏地区政教上层的及时沟通，确保治藏、抚藏一系列政策在西藏及周边涉藏地区的贯彻落实，许多朝臣、中官、卫所军职人员及僧侣先后充任了明朝的使者奉诏赴朵甘、乌思藏等地。与此同时，明代近三百年的历史中，西藏及周边涉藏地区积极遣使者进京，先后有大批政教首领、法王、国师、僧人及其归附明廷的官员作为使者赴京朝贡或肩负其他使命。

不论是"往"还是"来"，使者都担负着政治使命，且通过使者往来，带动着中原与涉藏地区间的政治、经济、文化交流，从而使明中央与西藏及周边涉藏地区之间的关系更加密切，这对于铸牢中华民族共同体意识具有重要历史意义。

梳理明朝与西藏及周边涉藏地区间使者往来的发展过程，还可以清楚地得知，中华民族共同体与中华民族共同体意识并不是一朝一夕完成的，是通过历史上各民族共同交往交流交融完成的。综观明朝与西藏及周边涉藏地区使者往来，其交往频繁，内涵丰富，特色鲜明。

（1）汉藏使者的来往是伴随着中央政府在西藏及周边涉藏地区统治秩序恢复、确立和不断深入的基础上建立和发展起来的，特别是明朝在西藏和甘青涉藏地区、四川涉藏地区统治的确立过程中，使者派遣作为一项极其紧要和迫切的政治工作逐渐启动和开展。

明初，为了将西藏及周边涉藏地区纳入中央政府统辖之下，明廷确立了和平统一的基本政策，频繁派出使者诏谕涉藏地区首领，劝谕他们归附明朝统治。洪武三年五月，明将邓愈攻取涉藏地区重要门户河州后，随即遣人招谕吐蕃诸酋；六月，明太祖命僧克新等三人往西域招谕吐蕃，"故元陕西行省吐蕃宣慰使何锁南普等，以元所授金银牌印宣敕诣左副将邓愈军门降，及镇西武靖王卜纳剌亦以吐蕃诸部来降"①。十二月，吐蕃宣慰使何锁南普等一十三人前往明都南京朝贡马及方物，此乃涉藏地区首领第一次入京朝贡。何锁南普等人归附明朝，是陕西行省员外郎许允德之前前往吐蕃十八族、大石门、铁城、洮州、岷州等地诏谕的直接成果，意义重大。受其影响，当时藏族首领归附明朝出现了第一个小高潮。洪武三年冬，马梅（原吐蕃院使）遣官不失结等贡马及方物；洪武五年，出现了三批次藏族贡使来京朝贡的场面：第一批次是二月，河州卫指挥使司佥事朵儿只、汪家奴来朝贡名马、蕃犬，第二批次还是二月，洮州十八族千户包完卜札等人来朝贡马；第三批次是十二月，乌思藏帝师喃加巴藏卜等人入贡。这些朝贡影响较大，因为随着各地首领陆续归附明朝，明朝在甘青川滇、西藏等地区陆续确立起了统治机制。

永乐年间，明朝与西藏及周边涉藏地区的往来交流比洪武时期更加频繁。一方面，朝廷大力加强朵甘、乌思藏等地道路疏通工作，使内地通往西藏和其他涉藏地区的道路通行整体状况得到很大改善。与此同时，政府还因地设置一些驿关堡寨，这些设置于涉藏地区边关要塞的驿关堡寨，由政府派驻关兵、驿卒及其寨堡乡勇守防巡逻，不仅加强和维护了甘青川藏地区社会秩序和边境安全，而且为进藏使者的出行、停住、歇息、补给提供了重要的交通生活保障。有力地维护和安抚了此后进藏使者奉诏出行和西藏及周边涉藏地区使者来京。换句话说，伴随着明朝对涉藏地区统治的逐渐深入，明朝与西藏及周边涉藏地区之间的使者来往日益频繁。

在明朝"绝蒙藏关系"及"厚往薄来"的朝贡体制下，西藏及周边涉藏地区使者享有极高的政治地位，故他们不断朝贡，其次数、规模人数一路猛增，以致在西藏及周边涉藏地区前往京城的驿路上，时常会看到异常活跃的朝贡使者身影。后因"冒贡""滥贡"问题，明朝颁行了严格的限贡规定，这种情形才有所减缓。

---

① 《明太祖实录》卷五三，洪武三年六月乙酉，第1056页。

（2）使者来源广泛，身份显要。从民族看，既有汉族，也有藏族；从身份看，既有汉番僧侣，又有中央和地方官员；从使职性质看，既有文职大臣，也有边卫武将。在明代中官使者中，侯显、郑和、景弘、李达、海童是其佼佼者，他们曾多次奉命前往西藏及周边涉藏地区。中官作为明朝皇帝的耳目和心腹赴西域、西藏等地，反映了明朝皇帝对与西藏地方和其他涉藏地区之间关系的高度重视。

其次，在明朝和西藏的使者互往中，僧人扮演着极为重要的角色。这是因为，在全民基本信教的西藏和其他涉藏地区，各宗教首领和僧人地位极其崇高。明太祖朱元璋对此有着清醒的认识，洪武六年十月，"敕曰：佛教始于西域，流传至于中华，今千余年矣，盖为时有智僧出世，谈天人妙果，智慧者闻之益加崇信，愚痴者闻之莫不豁然警悟。呜呼！佛之愿力有若是乎。"[①]为此，派遣僧人作为使者则更有利于加强双方联络。

与此相同，为了取得与明中央的支持和承认，西藏及周边涉藏地区政教首领不断遣使者进京，以达成与明朝廷的各方共识，特别是藏传佛教寺院寺僧、各级僧官不辞辛劳，跋山涉水，不断赴京朝贡。由于他们在西藏及周边涉藏地区的崇高威望和影响，明政府给予他们极高的待遇，这对于明朝建立后迅速完成中央对西藏地方及其他涉藏地区统治具有非常重大的意义。

除了僧侣使者，一些归附明朝的故元涉藏地区官员、国师等，他们原本是元朝在这些地方的政教领袖，其中有不少人归附后代表明廷招抚西藏及周边涉藏地区首领"向化"朝廷统治。正是由于他们在这些地方的崇高威望和影响，使其招谕取得了事半功倍的效果。这也是明朝建立后，在实现对西藏及周边涉藏地区的统一接管中最值得称道的措施之一。另一方面，西藏及周边涉藏地区入京使者，以当地颇受尊崇的各级僧职人员为主体，又有卫所职官、地方头目等。他们既是明朝管理西藏及周边涉藏地区之基柱，又作为西藏等地方不同势力的政治代表，充任了西藏地方及其他涉藏地区赴京使者，其身份之高、范围之广，史所罕见。

（3）受时代发展之限制，尤其是交通、通讯、科技信息、经济物质诸方面条件之限制，汉藏使者的出行异常艰辛。首先是交通道路之艰辛，尤其以四川松、茂、碉、黎、长河西、朵甘等地地理交通状况最艰。赴藏使者不得不跋涉于高寒

[①]《明太祖实录》卷八五，洪武六年十月己卯，第1517页。

的草原之路，或穿行在崇山峻岭之间，或跨越于大江河流之间。

其次，由于明代西藏及周边涉藏地区地域广袤，尽管不断有涉藏地区官员百姓归顺明朝，但仍然有不少部族流离于汉藏边界地带攻击明使。洪武三十年四月，"制谕征西将军长兴侯耿炳文、武定侯郭英曰：四川、陕西两界相接之地，自定天下以来，番汉顽民多潜遁山谷间，不供征徭，不惧法度。近者，高福兴等从山贼作乱，阻官道，杀人民，故命尔等讨之……"① 显然，不论是赴藏还是来京，都会不同程度遭到沿途袭击。因此，从明京到达西藏等地途中盗截物资、劫杀使者现象此起彼伏："中官乔来喜、邓诚使乌斯藏，次毕力术江黄羊川，安定指挥哈三孙散哥及曲先指挥散即思等率众邀劫之杀朝使，尽夺驼马币物而去。"② 进藏之艰难不言而喻。有些人甚至献出了自己的生命，如使者巩哥锁南于洪武九年七月从西藏返京途中，"至川藏朵工之地（即今四川地界）皆遇害"，③ 为明中央与西藏地方关系献出了生命。此次袭击事件让明廷大为震怒，明太祖朱元璋立即派大军讨伐。《殊域周咨录》卷十一亦载：（洪武九年）"吐蕃所部川藏夷人邀杀乌思藏贡使巩哥琐南等，掠其贡物。命卫国公邓愈充征西将军，都督沐英副之往讨。分兵为三道以进，覆其巢穴，穷追至昆仑山，俘男女一万口，马五千、牛羊十三万而还。"④

尽管如此，一个又一个进藏使者不畏艰险，不辱使命，成功完成了赴藏使命，在明中央与西藏及周边涉藏地区的来往联系中起着不可替代的重要作用。他们奉敕深入涉藏地区，传达明廷旨意，抚慰僧侣上层及普通民众，既维护了明朝在西藏及周边涉藏地区的统治，又加强了中央与地方间往来交流和信息互通，确保了中央政府治藏政策及其涉藏地区政教情势的下传上达。

使者们的出色表现和成绩，赢得了汉藏人民的肯定和赞誉。正如明太祖朱元璋在洪武十二年给中书省臣的敕书中称赞河州卫指挥同知何锁南普时所说："君子贵守信而行义，今何锁南普自归附以来，信义甚坚，前遣使乌思藏宣布朕命，远涉万里，不惮勤劳。及归，所言皆称朕意。今与刘温各以家属来朝，宜加礼

---

① 《明太祖实录》卷二五二，洪武三十年四月辛卯，第3641—3642页。
② [清]张廷玉等撰：《明史》卷三百三十《安定卫传》，第8551页。
③ 《明太祖实录》卷一〇七，洪武九年七月丁丑，第1795页。
④ [明]严从简，余思黎点校：《殊域周咨录》卷十《西戎·吐蕃》，第361页。

待，其赐何锁南普米、麦各三十石，刘温米十石，麦如之。"[1]值得肯定的是，明代277年的历史长河中，汉藏使者络绎于道。一大批明朝中央派出的赴藏使者和西藏及周边涉藏地区派出的赴京使者不辞劳苦，沿着"唐蕃古道"和元代汉藏通道[2]，成功完成了使命。这种使者互往互通，对于加强明朝在西藏及周边涉藏地区管理起了不可替代的重要作用。正是由于使者的来往和艰辛付出，一条条使者驿道便在中原与西藏及周边涉藏地区蔓延伸展，将遥远的边疆民族地区与内地连接起来，将明朝的治藏方略和"一家亲"的和平友好情谊以最直接、最有效的方式传达至涉藏地区，这对于实现中央政令与西藏和其他涉藏地区的面对面衔接以及有效管辖，起到了极为重要而积极的作用。

事实已证明，明朝与西藏及周边涉藏地区之间的使者往来是极其有效和成功的。使者往来互动，既加强和巩固了明朝在西藏及周边涉藏地区的统治，又在客观上增加了汉藏等各民族的交往交流交融，促进了西藏及周边涉藏地区与明廷之间，即中央与地方关系的发展，对于深化中华民族共同体研究、铸牢中华民族共同体意识具有重大的现实意义。

---

[1]《明太祖实录》卷一二五，洪武十二年七月戊申，第2005页。
[2] 庞琳：《明代入藏道路站点考释》，《青海民族学院学报》1994年第4期，第35页。

参考资料

一、古籍

（一）汉文古籍

[汉]班固:《汉书》，中华书局，1975年。

[明]陈建著，钱茂伟点校:《皇明通纪》，中华书局，2008年。

[明]陈洪谟:《治世余闻》，商务印书馆，1937年。

[明]陈子龙等辑:《明经世文编》，中华书局，1962年影印本。

[明]陈讲:《马政志》，《四库全书存目丛书·史部》，齐鲁书社，1996年。

[清]陈梦雷等:《古今图书集成》，中华书局，1934年影印本。

[明]方孔炤:《全边略记》，明崇祯刻本。

[明]高岱:《鸿猷录》，上海古籍出版社，1992年。

[明]高拱:《伏戎纪事》，中华书局，1991年。

[明]葛寅亮撰，何孝荣点校:《金陵梵刹志》，南京出版社，2011年。

[战国]公羊高撰，顾馨、徐明校点:《春秋公羊传》，辽宁教育出版社，1997年。

[清]谷应泰:《明史纪事本末》，中华书局，1977年。

[明]顾应祥撰，四库全书存目丛书编纂委员会编:《人代纪要》，明嘉靖三十七年黄炭刻本，齐鲁书社，1996年。

［清］顾祖禹：《读史方舆纪要》，中华书局，1962年。

［明］何乔远辑：《名山藏》，福建人民出版社，2009年。

［明］何良俊著：《四友斋丛说》，中华书局，1997年。

怀效锋点校：《大明律》，法律出版社，1999年。

［明］黄瑜：《双槐岁钞》，中华书局，1999年。

［明］黄佐：《殿阁词林记》，影印四库全书本。

黄选平、马志勇：《河州志校刊》，甘肃文化出版社，2004年。

［清］嵇璜等撰：《钦定续文献通考》，文渊阁四库全书本，（台北）台湾商务印书馆，1986年。

［明］李东阳等撰，（明）申时行等重修：《大明会典》，广陵书社，2007年。

［宋］李焘：《续资治通鉴长编》，中华书局，1979年。

［梁］慧皎等撰：《高僧传合集·补续高僧传》，上海古籍出版社，1991年。

［明］陆容：《菽园杂记》，中华书局，1985年。

［明］陆深：《陆文裕公文集》，线装书局，2005年。

［清］龙文彬：《明会要》，中华书局，1956年。

［明］蒋一葵：《长安客话》，北京古籍出版社，1980年。

［战国］孟轲撰：《孟子》，上海古籍出版社，1987年。

［宋］欧阳修、宋祁：《新唐书》，中华书局，1975年。

［明］乔世宁：《丘隅意见及其他四种》（丛书集成初编），商务印书馆，1936年。

［明］瞿九思：《万历武功录》，（台北）广文书局，1961年。

［清］钱谦益著：《列朝诗集小传》，上海古籍出版社，1983年。

［清］钱谦益撰，张德信、韩志远点校：《国初群雄事略》，中华书局，1982年。

［明］沈德符著：《万历野获编》，中华书局，1997年。

［明］沈德符著：《万历野获编补遗》，中华书局，1959年。

［明］释宗泐著：《全室外集》，文渊阁四库全书影印本。

［汉］司马迁：《史记》，中华书局，1972年。

［明］宋濂：《元史》，中华书局，1976年。

［明］释镇澄：《清凉山志》，中国书店，1989年。

［明］申时行等：《明会典》（排印本），中华书局，1989年。

［明］谈迁著，张宗祥校点：《国榷》，中华书局，1958年。

［元］脱脱:《金史》,中华书局,1975年。

［元］脱脱等撰:《辽史》,中华书局,1974年。

［元］脱脱等:《宋史》,中华书局,1985年。

［元］陶宗仪:《南村辍耕录》,上海古籍出版社,2012年。

［明］魏焕编:《皇明九边考》,中华文史丛书影印明嘉靖刻本,(台北)华文书局,1969年。

［宋］魏泰:《东轩笔录》,中华书局,1983年。

［明］王锜:《寓圃杂记》,中华书局,1984年。

［宋］王溥撰:《唐会要》,中华书局,1955年。

［明］王琼撰:《西番事迹》,中国西北文献丛书编委会《西北史地文献》第二十七卷,1990年。

［明］王世贞撰,魏连科点校:《弇山堂别集》,中华书局,1985年。

［明］王廷和:《王氏家藏文集》,线装书局,2005年。

［清］万斯同编著:(天一阁藏)《明史稿》,宁波出版社,2008年。

［清］夏燮撰,沈仲九标点:《明通鉴》,中华书局,1959年。

［汉］荀悦撰:《前汉纪》,吉林出版集团,2007年。

［明］姚士麟:《见只编》,丛书集成初编影印本,商务印书馆,1936年。

［明］徐学聚编撰:《国朝典汇》,书目文献出版社,1996年。

［明］徐彦登:《历朝茶马奏议》,南京大学图书馆油印本,1984年。

［明］严从简,余思黎点校:《殊域周咨录》,中华书局,1993年。

［清］严可均辑、何宛屏等审订:《全晋文》,商务印书馆,1999年。

［明］杨一清撰,唐景绅、谢玉杰点校:《杨一清集》,中华书局,2001年。

杨一凡点校:《皇明制书》,社会科学文献出版社,2013年。

［明］杨时乔撰:《皇朝马政记》,玄览堂丛书初辑第15册,(台北)中央图书馆,1981年。

［明］杨荣:《北征记》,明嘉靖十二年刻本。

杨正泰:《明代驿站考》,上海古籍出版社,2006年。

［明］叶向高:《四夷考》,中华书局,1991年。

［明］解缙:《永乐大典》,线装书局,2016年。

［明］余继登:《典故纪闻》,中华书局,1981年。

［明］于慎行撰，吕景琳点校:《榖山笔尘》，中华书局，1984年。

［清］赵翼:《廿二史劄记》，清嘉庆五年湛贻堂刻本。

［清］张廷玉:《明史》，中华书局，1974年。

［明］张雨撰:《边政考》，续修四库全书影印本，上海古籍出版社，。

［明］张居正著:《张文忠公全集》（上下），商务印书馆，1935年。

［明］张萱撰:《西园闻见录》，台湾明文书局，1940年。

［明］张瀚著，盛冬铃点校:《松窗梦语》，上海古籍出版社，1986年。

［明］郑晓:《今言》，中华书局，1984年。

张德信、毛佩琦主编:《洪武御制全书·御制文集》，黄山书社，1995年。

［明］朱元璋:《明太祖宝训》，全国图书馆缩微中心，2010年。

［明］朱元璋撰、胡士萼点校:《明太祖集》，黄山书社，1991年。

［明］朱长祚撰，仇正伟点校:《玉镜新谭》，中华书局，1989年。

［春秋］左丘明著，刘利等译注:《左传》，中华书局，2007年。

［明］朱国祯辑:《皇明大政记》，明崇祯刻皇明史概本，《中国野史集成续编》第7册，巴蜀书社，2000年。

［明］朱国祯辑:《皇明大事记》，明崇祯刻皇明史概本。

中研院历史语言研究所校印，黄彰健校勘:《明实录》，中华书局，2016年。

（二）藏文古籍

阿旺·贡噶索南著，陈庆英、高禾福、周润年译:《萨迦世系史》，西藏人民出版社，1989年。

班钦·索南扎巴著，黄颢译注:《新红史》，西藏人民出版社，1987年。

［明］巴卧·祖拉陈瓦著，黄颢、周润年译注:《贤者喜宴·吐蕃史》，青海人民出版社，2017年。

［明］巴卧·祖拉陈瓦著，周润年译:《贤者喜宴·噶玛岗仓史》，青海人民出版社，2017年。

达仓宗巴·班觉桑布著，陈庆英译:《汉藏史集》，西藏人民出版社，1986年。

索南坚赞著，刘立千译:《西藏王统记》，西藏人民出版社，1987年。

智观巴贡却呼丹巴绕吉著，吴均等译:《安多政教史》，甘肃民族出版社，

1989年。

五世达赖喇嘛著,郭和卿译:《西藏王臣记》,中国国际广播出版社,2016年。

五世达赖喇嘛著,陈庆英、马连龙译:《四世达赖喇嘛传》,全国图书馆图书馆缩微复制中心,1992年。

二、研究专著

陈光国:《青海藏族史》,青海民族出版社,1997年。

陈楠著:《藏史新考》,中央民族学大学出版社,2009年。

陈燮章、索文清、陈乃文辑:《藏族史料集》,四川民族出版社,1987年。

邓锐龄:《元明两代中央与西藏地方关系》,中国藏学出版社,1989年。

道润梯步译校:《蒙古源流》,内蒙古人民出版社,2006年。

额尔登泰,乌云达赉校勘:《蒙古秘史校勘本》,内蒙古人民出版社,2007年。

顾祖成:《明实录藏族史料》,西藏人民出版社,1982年。

郭红、靳润成:《中国行政区划通史·明代卷》,复旦大学出版社,2017年。

黄玉生、顾祖成、祝启源等著:《西藏及周边地区与中央政府关系史》,西藏人民出版社,1995年。

黄选平、马志勇:《河州志校刊》,甘肃文化出版社,2004年。

黄玉生等:《西藏地方与中央关系史》,西藏人民出版社,1995年。

贾霄锋:《藏区土司制度研究》,青海人民出版社,2010年。

克珠群佩:《西藏佛教史》,宗教文化出版社,2009年。

[美]拉铁摩尔著,唐晓峰译:《中国的亚洲内陆边疆》,凤凰出版传媒集团、江苏人民出版社,2008年。

罗广武、何宗英著:《西藏地方史通述》,西藏人民出版社,2007年。

李峰、张焯主编:《明实录大同史料汇编》,燕山出版社,2008年。

黎宗华、李延恺著:《安多藏族史略》,青海民族出版社,1992年。

宿白:《藏传佛教寺院考古》,文物出版社,1996年。

谭其骧主编:《中国历史地图集》(第七册),地图出版社,1887年。

田卫疆编:《明实录新疆资料辑录》,新疆人民出版社,2002年。

王继光:《明代藏族部落》,民族出版社,2001年。

[清]王全臣纂修,永靖县地方史志办公室编,刘电能、沈文学校注:《河州

志校注》(清康熙四十六年),甘肃文化出版社,2017年。

王雄:《明代蒙古汉籍史料汇编》(第三辑),内蒙古大学出版社,2006年。

西藏社会科学院等编:《西藏地方是中国不可分割的一部分》,西藏人民出版社,1986年。

西藏自治区档案馆编:《西藏历史档案荟萃》,北京文物出版社,1995年。

西藏自治区文物管理委员会编:《拉萨文物志》,陕西咸阳印刷厂,1985年。

西藏自治区地方志编纂委员会:《西藏自治区文物志》,中国藏学出版社,2012年。

西藏自治区交通厅、西藏社会科学院编:《西藏古近代交通史》,人民交通出版社,2001年。

线装书局编:《明代基本史料丛刊·边疆卷》,线装书局,2005年。

熊文彬、陈楠主编:《西藏通史》(明代卷),中国藏学出版社,2015年。

谢重光、白固文:《中国僧官制度史》,青海人民出版社,1990年。

尹伟先:《明代藏族史研究》,民族出版社,2000年。

杨绍猷、莫俊卿:《明代民族史》,四川民族出版社1996年。

杨正泰:《明代驿站考》,上海古籍出版社,2006年。

[清]张穆:《蒙古游牧记》,(台)南天书局有限公司,民国70年影印本。

张怡荪:《藏汉大词典》,民族出版社,1993年。

张羽新:《中国西藏及甘青川滇藏区方志汇编》,学苑出版社,2003年。

朱凤,贾敬颜译:《汉译蒙古黄金史纲》,内蒙古人民出版社,2007年。

洲塔、乔高才让:《甘肃藏族通史》,民族出版社,2009年。

[明]周骏富辑:《明代传记丛刊》,台湾明文书局,1940年。

中国西北文献丛书编委会:《西北史地文献》,中国西北文献丛书编委会,1990年。

中国藏学研究中心等:《元以来西藏地方与中央关系档案史料汇编》,中国藏学出版社,1994年。

三、研究论文

（一）期刊论文及文集

陈楠：《关于明成祖遣使召宗喀巴史事补证》，《中国藏学》2005年第1期。

陈楠：《明初"广行招谕"治藏方策探究》，《中央民族大学学报》2006年第4期。

陈楠：《明代西藏地方政教体制及职官制度考述》，《中央民族大学学报》2009年第6期。

陈庆英：《明代甘青川藏族地区的政治述略》，《西藏研究》1999年第2期。

陈庆英：《论明朝对藏传佛教的管理》，《中国藏学》2000年第3期。

陈汎舟、刘俊才：《明代川陕与藏族地区的茶马贸易》，《西南民族大学学报》1981年第3期。

陈金凤：《明太祖藏区茶马之政述论》，《贵州民族研究》2011年第2期。

陈波：《贡马明代汉藏关系的一种历史人类学阐释》，《中国农业大学学报》2009年第2期。

陈改玲：《侯显使藏简论》，《青海师专学报》2007年第6期。

陈柏萍：《明洪武、永乐年间治藏政策述略》，《青海民族学院学报》2006年第1期。

陈武强：《明洪武朝对蒙战争的时空分布》，《北方论丛》2014年6期。

陈武强：《论永乐时期的明蒙贡市关系》，《内蒙古民族大学学报》2015年1期。

陈武强：《近三十年来明代治藏政策研究综述》，《西藏研究》2016年6期。

陈武强、杨洁：《明实录》所见洪武时期中央与藏族地方交往中的使者派遣》，《西藏民族大学学报》2018年第1期。

陈武强：《洪武至正统年间蒙古诸部侵扰九边的时空分布》，《长江师范学院学报》2018年第6期。

陈武强：《明实录所见永乐时期中央政府与藏地人员往来论析——以出使人员为中心的历史考察》，《西藏研究》2019年第5期。

程利英：《明代关西七卫与西番诸卫》，《西藏研究》2005年第3期。

才让：《明宣宗与藏传佛教关系考述》，《中国藏学》2007年第3期。

杜长风:《明代乌思藏朝贡述略》,《西藏研究》1990年第3期。

杜常顺:《从"西番诸卫"看明朝对甘青藏区的统治措施》,《青海师范大学学报》1989年第4期。

杜常顺:《略论明代甘青少数民族的"差发马赋"问题》,《民族研究》,1990年第5期。

邓前程:《论明代"以茶驭番"的立法与实践》,《社会科学战线》2008年第1期。

邓前程:《务宜远人明朝藏地僧俗贡使违规私茶处罚的立法与实践》,《西藏研究》2006年第3期。

邓前程:《藏族地方僧俗首领朝贡与明朝对藏主权问题辨析》,《四川师范大学学报》2008年第5期。

冯汉镛:《明代西藏"贡道"研究》,《西藏研究》1989年第1期。

格桑卓玛、陈改玲:《明代甘南藏族地方贡赐贸易述论》,《西北第二民族学院学报》2007年第5期。

郭弘:《略论明代汉藏民族间的茶马贸易》,《开发研究》2001年第4期。

郭凤霞:《明武宗与藏传佛教》,《西安文理学院学报》2010年第3期。

郭凤霞:《明前期对入藏交通的经营与防护》,《青海社会科学》2007年第4期。

何孝荣:《元末明初名僧宗泐事迹考》,《江西社会科学》2012年第12期。

何威:《明代西北边防卫所探究——以河州卫为例》,《青海民族大学学报》2012年第3期。

何文华:《论明代治藏之"以茶驭蕃"政策》,《贵州民族研究》2013年第6期。

何秀萍:《20世纪80年代以来明代私茶研究综述》,《内蒙古农业科技》2007年第2期。

黄兆宏、王平平:《明代官营茶马互市分期及表现》,《宝鸡文理学院学报》2015年第6期。

胡启银:《明永乐时期藏传佛教在汉地的传播和影响》,《山西大同大学学报》2010年第4期。

韩殿栋、刘永文:《明代笔记中的西藏》,《西北民族大学学报》2011年第2期。

郝相松:《明代河、湟、岷、洮地区的藏族分布》,《西北师大学报》2011年第4期。

贾大泉:《浅谈茶马贸易古道》,《中华文化论坛》2008年第12期。

金燕红、武沐:《明代岷州后氏家族补阙》,《青海民族大学学报》2012年第4期。

廖旸:《瞿昙寺瞿昙殿图像程序溯源》,《故宫博物院院刊》2012年第6期。

李亚娟:《20世纪80年代后期以来明代藏族史研究综述》,《西藏民族学院学报》2006年第4期。

李淮东:《明代汉藏交通的兴衰演变——以明朝使臣入藏活动为中心的探讨》,《中国边疆史地研究》2017年第2期。

刘永文、韩殿栋、李军:《明代进藏人员论析》《西藏大学学报》2010年第1期。

刘淼《明代金牌制下的"差发马"易茶形态》,《中国社会经济史研究》1997年第2期。

刘忠:《论明朝西藏归属与领主制的演变》,《历史研究》1994年第5期。

刘祥学:《明嘉靖年间的政局变动对民族政策的影响》,《内蒙古社会科学》2002年第1期。

刘凤强:《从敦煌文献看礼在吐蕃文化中的地位》,《西藏民族学院学报》2015年第2期。

马顺平:《明代陕西行都司及其卫所建置考实》,《中国历史地理论丛》2008年第4期。

敏政:《从明代汉藏间的茶马互市看明代的治藏政策》,《青海民族研究》2011年第4期。

彭建英:《略论金牌制的两重性》,《中央民族大学学报》1999年第4期。

彭陟焱、周毓华:《明代朝贡对藏族地方经济发展的影响》,《中国藏学》1998年第4期。

蒲文成:《东科尔活佛系统与藏传佛教格鲁派北渐蒙古地区》,《青海民族大学学报》2011年第1期。

权平:《明代对西北地区实行的僧官制度》,《青海民族研究》2004年第3期。

沈卫荣:《元明两代朵甘思灵藏王族历史考证》,《中国藏学》2006年第2期。

沈卫荣:《评美国藏学家魏里的"明朝的喇嘛进贡——兼论元明时期的西藏政策"》,《西北民族研究》1988年第2期。

索文清:《明初哈立麻晋京朝觐与"荐福图"的诞生》,《西藏民族学院学报》

2009年第1期。

沙勇:《明代河洮岷地区藏族国家认同的建构机制及其特点》,《天府新论》2015年第2期

苏航:《大智法王班丹扎释的家族与世系——以西天佛子源流录·佛子本生姓族品"为中心》,《民族研究》2011年第2期。

苏发祥:《明代的"中马番族"》,《中央民族学院学报》1992年第2期.

桑扎、琼措:《从宗喀巴弟子释迦益西两次应召进京受封看明代治藏政策和汉藏关系》,《西南民族大学学报》2009年第2期。

武沐:《论明代与藏区的朝贡贸易》,《青海民族研究》2013年第4期。

武沐、王素英《明代藏族僧官不属于土官考》,《中南民族大学学报》2014年第1期。

武沐:《岷州卫:明代西北边防卫所的缩影》,《中国边疆史地研究》2009年第2期。

王继光:《明代安多藏区部族志》,《西北民族研究》1997年第1、2期,2002年第4期,2003年第2期。

王继光:《明代中央赴藏地使臣事辑(上)》,《西藏研究》1986年第1期。

王继光:《明代中央赴藏地使臣事辑(下)》,《西藏研究》1986年第2期。

王晓燕:《历史上官营茶马贸易对汉藏关系的影响》,《青海民族研究》2010年第1期。

王晓燕:《明代官营茶马贸易体制的衰落及原因》,《民族研究》2001年第5期。

吴明娣:《明代丝绸对藏区的输入及其影响》,《中国藏学》2007年第1期。

吴景山、李虹瑶:《论洪武年间明政府对甘青藏区的平定与军事管辖》,《青海民族研究》2015年第4期。

西藏自治区文管会:《明朝封授两藏地方官员的印章》,《文物》1981年第11期。

喜富裕:《试论明成祖时期宦官出使乌思藏的活动》,《西藏研究》2015年第6期。

喜富裕:《论宦官在明初参与西北茶马贸易活动中的作用》,《西昌学院学报》2014年第3期。

喜富裕:《关于明朝成化年间"洮岷寺僧诡名冒贡"问题探讨》,《西藏研究》

2011年第4期。

夏邦:《明代佛教信仰的变迁述略》,《史林》2007年第2期。

肖文清、武沐:《明代河州、岷州、洮州茶马贸易研究》,《青海民族研究》2009年第4期。

萧国亮:《明代藏汉茶马贸易的历史考察》,《中国社会科学院研究生院学报》1990年第6期。

谢玉杰:《"金牌信符制"考辨》,《西北民族研究》1988年第2期。

徐世栋、徐世梁:《瞿昙寺衰落原因分析》,《青海民族研究》2010年第2期。

杨士钰:《明初加强洮州卫建设的原因探析》,《中央民族大学学报》2010年第5期。

杨士钰:《试述明代汉藏人民友好往来的信使侯显的历史功绩》,《甘肃高师学报》2009年第4期。

杨建新、王东春:《明代蒙古部落大批入据青海考论》,《中国边疆史地研究》2007年第2期.

杨维军:《明代汉藏民族间的茶马互市》,《社科纵横》2000年第1期。

尹伟先:《明朝治理乌思藏政策的阶段性特征》,《西北民族研究》1999年第1期。

叶玉梅:《明代茶马互市中的金牌信符制度》,《青海民族大学学报》1993年第4期。

姚继荣:《明代茶马互市中的"勘合制"问题》,《青海民族大学学报》1994年第3期。

于道泉:《译注明成祖遣使召宗喀巴纪事"宗喀巴复明成祖书"》,蔡元培先生祝寿文集,1935年。

邹立波:《从土司封号看嘉绒藏族土司与宗教的关系》,《西南民族大学学报》2010年第2期。

张权武:《明代内地同藏区的茶马贸易》,《西藏研究》1985年第4期。

张向耀:《明代关于藏族地区朝贡定例的原因与过程》,《四川民族学院学报》2011年第6期。

张羽新、张双志:《明朝封赠大崇教寺下寺和西纳寺大喇嘛袭职圣旨释读》,《中国历史文物》2007年第2期。

赵毅:《明代茶马金牌停止时间考》,《西南师范大学学报》1993年第2期。

赵轶峰:《明朝宗教政策合论》,《古代文明》2007年第2期。

洲塔、贾霄锋:《试析明代藏族地方土司的朝贡制度》,《西藏大学学报》2006年第3期。

周拉:《试析汉、藏两地佛教的互动关系》,《西北民族大学学报》2007年第5期。

周智生:《明代纳西族移民与滇藏川毗连区的经济开发——兼析纳藏民族间的包容共生发展机理》,《思想战线》2011年第6期。

左书谔、解秀芬:《"金牌制"考略》,《民族研究》1987年第4期。

朱连增:《自性与无自性之间——宗喀巴宗教哲学思想透视》,《西藏研究》2010年第4期。

赵毅:《明代的汉藏茶马互市》,《中国藏学》1989年第3期。

佐藤长,邓锐龄:《明代西藏八大教王考（上）》,《西藏民族学院学报》1987年第3期。

佐藤长:《明廷对喇嘛教的尊崇》,《鹰陵史学》1982年第8期。

（日）佐藤长著:邓锐龄译元末明初西藏的形势》,《民族史译文集》1981年第9期。

（二）硕博学位论文

蔡金宏:《明代安多藏区边事研究——以《明实录》藏族史料为主》,暨南大学,2008年（硕士）。

曹树兰:《明清时期河湟流域寺族的形成与演变》,陕西师范大学,2007年（硕士）。

杜常顺:《明朝宫廷与佛教关系研究》,暨南大学,2005年（博士）。

邓前程:《明代藏地施政的特殊性古代中央王朝治理藏族地方的一种范式研究》,四川大学,2003年（博士）。

何秀萍:《明代西番地区私茶兴盛原因探微》,西北师范大学,2008年（硕士）。

李东曲才让:《瞿昙寺历史文化研究》,西藏大学,2014年（硕士）。

李淮东:《明代使藏使臣研究》,西北民族大学,2012年（硕士）。

梁若愚：《明代蒙古人的入边与郑洛的经略——以西番诸卫为中心》，暨南大学，2009年（硕士）。

敏政：《明代茶马互市若干问题研究》，西北师范大学，2010年（硕士）。

卢亮华：《明代赴藏地使臣辑考》，中央民族大学，2010年（硕士）。

任小波：《明代西番馆与西番馆来文》，中央民族大学，2007年（硕士）。

杨聪聪：《〈河州志〉所见明代藏事辑考》，中央民族大学，2007年。

王开队：《康区藏传佛教历史地理研究》，暨南大学，2009年（博士）。

王睿：《明代川陕边境私茶贸易研究》，广州大学，2009年（硕士）。

周元刚：《明代河洮岷地区交通研究》，陕西师范大学，2012年（硕士）。

四、碑刻文献

北京图书馆金石组编：《北京图书馆藏中国历代石刻拓本汇编》，中州古籍出版社，1989年。

马小琴、马忠、桑杰加整理：《青海世居少数民族金石录》，青海人民出版社，2018年。

吴景山：《安多藏族地区金石录》，甘肃文化出版社，2014年。

谢佐、格桑本、袁复堂：《青海金石录》，青海人民出版社，1993年。

［民国］张维纂：《陇右金石录》，甘肃省文献征集委员会，1943年。

附录　明朝与西藏及周边涉藏地区使者往来大事年表

洪武二年

五月，遣使持诏谕吐蕃。吐蕃未即归命，寻复遣陕西行省员外郎许允德往诏谕之。

洪武三年

五月，左副将军邓愈自临洮进克河州，遣人招谕吐蕃诸酋。

六月，命僧克新等三人往西域招谕吐蕃，仍命图其所过山川地形以归。

命陕西行省员外郎许允德招谕吐蕃十八族、大石门、铁城、洮州、岷州等处，至是何锁南普等来降。

八月，遣通事舍人巩哥锁南等往西域招谕吐蕃。

十二月，吐蕃宣慰使何锁南普等一十三人来朝，进马及方物。

洪武四年

八月，遣工部主事王伯彦往河州赐山后七驿世袭土官劳哥等文绮、银碗。

洪武五年

十二月，乌思藏摄帝师喃加巴藏卜等遣使来贡方物。诏赐红绮禅衣及靴帽、钱物有差。

吐蕃诸部川藏邀阻乌思藏使臣，掠其辎重，命邓愈为征西将军率兵讨之。

洪武六年

正月，乌思藏怕木竹巴灌顶国师章阳沙加监藏，遣酋长锁南藏卜以佛象、佛书、舍利来贡。诏置佛寺，赐使臣文绮、袭衣有差。

洪武七年

三月，陕西行省员外郎许允德自朵甘、乌思藏使还，赐冠带、罗衣及钱。

七月，朵甘、乌思藏僧答力麻八剌及故元帝师八思巴之后公哥坚藏卜遣使来朝，请师号。

十二月，炽盛佛宝国师喃加巴藏卜及朵甘行都指挥同知锁南兀即尔等遣使来朝，奏举土官赏竺监藏等五十六人。

洪武九年

五月，朵甘、乌思藏灌顶国师答力麻巴剌遣僧藏卜巴及朵甘都指挥司同知赏竺监藏等遣其子掤兀儿监藏等各进表，贡方物谢颁印及赏赐恩也。

七月，是月，通事舍人巩哥锁南等招谕吐蕃还，至川藏朵工之地，皆遇害。

洪武十一年

十二月，朵甘、乌思藏灌顶国师答力麻巴剌遣使进表，贡方物。诏赐文绮，缯帛。

洪武十二年

正月，朵甘都指挥同知赏竺监藏、灌顶国师答力麻巴剌，遣使奏举"西番"故官十六人为宣慰、招讨等官。从之。

二月，朵甘、乌思藏灌顶国师答力麻巴剌及怕木竹巴万户府等官遣使贡方物。

七月，河州卫指挥同知何锁南普、镇抚刘温各携其家属来朝。

洪武十四年

十一月，朵甘、乌思藏灌顶国师答力麻巴剌及都指挥使班竹儿藏卜等，遣使表贡方物。

十二月，僧宗泐还自西域，俄力思军民元帅府，巴者万户府遣使随宗泐来朝表贡方物。

洪武十五年

二月，俄力思军民元帅府、巴者万户府遣使奉表贡方物。

洪武十七年

四月，长河西军民安抚使剌瓦蒙等来朝贡方物。诏赐冠带、袭衣及钞锭、绮帛有差。

六月，遣使赐长河西千户若剌等九十七人绵布各二匹。

洪武二十年

十二月，西天尼八剌国王马达纳啰摩、乌思藏、朵甘二都指挥使司都指挥搠干尔坚藏等，各遣使阿迦耶等来朝，上表，贡方物、马匹镔铁剑及金塔、佛经之属，贺明年正旦。

洪武二十一年

十二月，朵甘都指挥搠斡尔监藏遣酋长监藏卜等来贡马。诏赐衣服、钞锭有差。

洪武二十三年

十二月，四川松潘军民指挥司所属十长官司各遣子贡马。

洪武二十五年

三月，遣尚膳太监而聂、司礼太监庆童赍敕往谕陕西河州等卫所属"番族"，令其输马，以茶给之。

洪武二十六年

二月，西宁"番僧"三剌贡马。

遣使往西凉、永昌、甘肃山丹、西宁、临洮、河州、洮州、岷州、巩昌缘边"诸番"颁给金铜信符。

洪武二十七年

正月，乌思藏灌顶国师吉剌思巴监藏巴藏卜等各遣使来朝，献甲胄、厨缨等物。

十二月，朵甘都指挥搠斡尔坚藏等遣其娃班丹藏卜等来朝贡马。

洪武三十年

正月，乌思藏都指挥司灌顶国师及尼八剌国各遣使贡方物。

三月，兵部遣人赍谕川陕守边卫所茶马事，仍遣僧管著藏卜等往"西番"申谕之。

洪武三十五年

八月，遣僧智光赍诏谕馆觉、灵藏、乌思藏必力工瓦、思达藏、朵思、尼八剌等处，并以白金、彩币颁赐灌顶国师等，凡白银二千二百两，彩币百一十表里。

永乐元年（1403）

二月，遣司礼监少监侯显赍书、币往乌思藏，征尚师哈立麻。盖上在藩邸时，素闻其道行卓异，至是遣人征之。

五月，遣河州卫千户康寿赍敕抚谕撒里畏吾儿及安定卫诸部落。

永乐二年

八月，遣"番僧"丹竹领占、格敦增吉等赍敕谕八郎、马儿顺、懒藏等族。

永乐三年

十二月，马儿藏等簇，四川、贵州诸土官各遣人贡方物，贺明年正旦。

永乐四年

二月，乌思藏怕木竹巴灌顶国师吉刺思巴监藏巴里藏卜并必力工瓦国师端竹监藏等各遣使贡方物。赐赉有差。

三月，遣使赍诏封等乌思藏巴里藏卜为灌顶国师阐化王赐□纽王印、诰命，遣使命灵藏著思巴儿监藏为灵藏灌顶国师。授札思木头目撒力加监藏为朵甘卫行都司都指挥使，切禄奔、薛儿加俱为都指挥同知，各赐诰命、袭衣、锦绮。命馆觉宗巴斡即南哥巴藏卜为馆觉灌顶国师，陇答头目结失古加之子巴鲁为陇答卫指挥使，赐诰命、银、币。

四月，遣永宁府土官知府各吉八合等赍敕往"西番"，抚谕其土酋人等。

十二月，尚师哈立麻至京入见上御奉天殿。

永乐五年

二月，馆觉灌顶国师宗巴斡即南哥巴藏卜及札思木都指挥使撒力加监藏等遣札思巴儿监藏等六十一人贡马。

敕都指挥同知刘昭、何铭等往朵甘、乌思藏等处设立站赤，抚安军民。

永乐六年

四月，馆觉灌顶国师护教王宗巴斡即南哥藏卜遣其徒端竹巴等贡方物。赐端竹巴白金三十两、钞八十锭、彩币三表里、茶三十斤，赐其从人钞币及茶有差。

永乐七年

二月，陕西都指挥同知何铭等六十人往乌思藏等处分置驿站，还奏。赐钞币、衣服有差。

十二月，乌思藏必力工瓦国师端竹监藏及尼八剌国遣使锁南监藏等贡马。赐钞币有差。

永乐八年

正月，二四如来大宝法王哈立麻、赞善王吉剌思巴监藏巴里藏卜等各遣使来朝。赐钞币、衣服等物。

九月，遣内官关僧赍书及白金、彩币，往西土征尚师昆泽思巴。

永乐十年

正月，遣指挥康寿赍敕往谕罕东。

十二月，乌思藏尚师昆泽思巴来朝，先遣人进舍利、佛像。

永乐十一年

正月，遣中官杨三保赍敕往谕乌思藏怕木竹巴灌顶国师阐化王吉剌思巴监藏巴里藏卜、必力工瓦阐教王领真巴儿吉监藏、管觉灌顶国师护教王宗巴斡即南哥巴藏卜、灵藏灌顶国师赞善王著思巴儿监藏巴藏卜及川卜、川藏、陇答、朵甘、答笼、匝常、剌恰、广迭、上下邛部，陇卜诸处大小头目，令所辖地方驿站有未复旧者，悉如旧设置，以通使命。

二月，中官杨三保等使乌思藏等处还。乌思藏怕木竹巴灌顶国师阐化王吉剌思巴监藏巴里藏卜遣侄札结等与三保偕来朝贡。

永乐十二年

五月，四川天全六番招讨司招讨高敬让遣子高虎贡马。

永乐十三年

正月，正觉大乘法王昆泽思巴遣使贡马。赐之彩币等物。

永乐十五年

二月，乌思藏大国师释迦也失遣人贡马。赐佛象、法器、彩币等物。

遣内官乔来喜等赍佛象、佛经、金银法器、彩币等物往乌思藏，赐正觉大乘法王昆泽思巴。

永乐十六年

正月，如来大宝法王哈立麻遣使贡马。赐之钞币。

三月，必力工瓦阐教王领真巴儿吉监藏，遣使汪速他贡方物。命汪速他为千户，赐之诰命。

九月，董卜韩胡宣慰使喃葛遣头目禳儿结等贡方物，谢恩，且请佛像、藏经。悉以赐之，仍赐锦绮彩帛。

永乐十七年

十月，遣中官杨三保等赍敕往赐乌思藏正觉大乘法王昆泽思巴、怕木竹巴灌顶国师阐化王吉剌思巴监藏巴里藏卜、必力工瓦阐教王领真巴儿吉藏、思达藏辅教王喃渴烈思巴、灵藏灌顶国师赞善王著思巴儿监藏、灌顶弘善西天佛子大国师释迦也失等佛象、法器、袭装、禅衣及绒锦、彩币表里有差。盖答其遣使朝贡之诚也。

永乐十八年

三月，遣鸿胪寺丞李本、凌友谅等往谕勒白等百余寨寨首目儿等。勒白在西南最远，朝贡未通，故遣使抚谕焉。

永乐二十一年

二月，乌思藏怕木竹巴灌顶国师阐化王吉剌思巴监藏巴里藏卜遣指挥端岳竹巴、必力工瓦阐教王领真巴儿吉监藏遣使汪束监集、思达藏辅教王喃渴烈思巴遣使结摄端竹监藏、灵藏赞善王吉剌思巴监藏巴藏卜遣使汝奴星吉等及灌顶弘善大国师释迦也失并各部大小头目皆遣人贡方物。

四月，遣中官戴兴等赍敕与（乌思藏Ａ端岳竹巴）俱往赐吉剌思巴监藏巴里藏卜等锦绮等物。

洪熙元年

正月，遣使以即位诏谕罕东卫都指挥同知绰儿加、国师札思巴监藏并赐白金、衣绮表里有差。

十二月，乌思藏大乘法王昆泽思巴遣桑结巴等人贡马及方物。

宣德元年

正月，乌思藏大乘法王昆泽思巴遣国师班丹札思巴、净觉慈济大国师班丹扎失、四川直龙等簇"番僧"出思吉监藏、天全六番招讨司招讨杨钦等贡马及方物，贺万寿圣节。

九月，乌思藏大乘法王昆泽思巴遣国师阿木葛等来朝、贡马及方物。

十一月，国师锁南监藏、西宁卫"番僧"都纲可惠等来朝贡马。

陕西洮州卫剌麻吒巴藏卜、乌思藏"番僧"剌麻绰力加等来朝贡马。

陕西岷州卫"番僧"剌麻三丹乩、乌思藏"番僧"剌麻监藏来朝贡马。

宣德二年

三月，遣人招谕麻儿匝安抚司安抚著八让卜，赐文绮表里。

陈通等都指挥同知往赐安定等卫，归顺指挥使给三等及招抚回还官军等七百一十六人。

四月，侯显太监赍敕往谕乌思藏阐化王、阐教王、赞善王、辅教王等，各赐之绒绵、纻丝等。

五月，刘昭奉命往乌思藏

九月，四川长河西、鱼通、宁远等处宣慰使喃哩哥遣"番僧"阿松界等来朝贡马。

十二月，陕西河州卫国师端竹领占遣其徒锁南领占，乌思藏禅师罗兀剌遣剌麻远丹等贡马及方物。

宣德三年

十月，乌思藏等处高僧朵儿只藏卜来朝贡马。

十二月，陕西岷州卫头卜等簇"番僧"领占星吉、河州卫故土官千户宗思义子敢等来朝贡马。

宣德四年

四月，四川茂州汝奉川寨"番僧"燕旦儿监藏、威州鲁思蛮等寨"番僧"鲁客，乌思藏管觉护教王斡些儿剌思巴藏卜遣僧人什占千等来朝贡马。

十二月，四川长河西、鱼通、宁远等处宣慰使喃哩遣把事短竹伯并大宝法王之徒剌麻锁南札等来朝贡马及方物。乌思藏哈立麻尚师等来朝贡马及方物。

宣德五年

四月，乌思藏阐教王头目朵令遣来锁扎失思奏居京自效。

八月，罕东卫指挥佥事那南遣僧滚藏、乌思藏大国师释迎也失之徒养答儿等贡马。

宣德六年

二月，乌思藏大国师释迎也失之徒剌麻罗卓促密等来朝贡方物。

十一月，乌思藏怕木竹巴阐化王使臣剌麻藏卜伯、僧人星吉领占等来朝贡马及方物。

宣德七年

三月，陕西乌思藏"番僧"容奴儿坚等来朝贡马。

四川长河西、鱼通、宁远等处剌麻"番僧"出知星吉等来朝贡马及方物。

宣德八年

三月，遣人招抚黑水"西番"及阿容等族。

八月，灵藏赞善王遣"番人"札失监藏来朝及奏：愿居京自效。

十二月，刘祥率金吾等卫官军五十一人公干。

宣德九年

三月，中官宋成赍敕往乌思藏等处给赐。

六月，成国公朱勇、礼部尚书胡濙持节封释迦也失为大慈法王。

十月，四川长河西、鱼通、宁远等处"番僧"剌麻班丹葛剌等来朝、贡方物。

十一月，乌思藏剌麻锁竹皀、陕西岷州卫高僧班官藏卜等来朝贡马。

正统元年

二月，遣使敕谕沙州卫都督佥事困即来、罕东卫指挥佥事可儿即等还所掠贡物。

五月，乌思藏大宝法王遣剌麻锁南札等来朝贡马及方物。赐彩缎、绢纱、僧衣及鞋袜有差。

七月，遣中官阮至等赍敕往净觉慈济大国师绰竹藏卜，弘慈广善国师锁南巴藏卜赍敕往赐净觉慈济大国师绰竹藏卜金印、诰命，弘慈广善国师锁南巴藏卜银印、诰命及袈裟等物。

正统二年

十月，乌思藏大慈法王释迦也失徒弟禅师领占等各来朝贡驼马及方物。赐彩币等物有差。

正统三年

正月，遣使敕赐董卜韩胡宣慰使司致仕宣慰使哺葛等文锦、彩币表里，及其子宣慰精一克罗俄坚粲诰命、冠带。

正统四年

正月，遣指挥祁贤赍敕并衣服、彩缎等件赐安定王亦攀丹、安定卫都指挥桑哥阿廷拜子剌阿剌乞巴、指挥把麻、罕东卫大国师吒思巴坚藏、都指挥绰儿加、头目葛剌失盼等俱赏赐有差。安定国师赏竹领真化导部属人等来朝，使还。

闰二月，四川随渠等八百二十九寨寨首曲吾巴等各遣"番僧"雍仲等来朝贡马。赐币有差。

正统五年

四月，遣禅师葛藏、昆令为正副使封怕木竹巴灌顶国师吉刺思巴永耐监藏巴藏卜嗣其世父为阐化王，赐之诰命、锦绮、梵器、僧服等物，并赐葛藏等道里费。

五月，乌思藏铁禅等寺剌麻远丹坚错等俱来朝贡马、驼、佛像、铜塔、舍利。赐彩币等物有差。

正统六年

二月，陕西朵甘、灵藏管缠南恰儿监藏遣使者永禄儿监藏俱来朝贡马及方物。赐宴，并赐彩币等物有差。

四月，灵藏灌顶国师赞善王喃葛监藏遣永隆监藏、锁南端竹前来朝贡，并奏现今年老，欲令长子班丹监判嗣封赞善王，次子巴思恭藏卜为都指挥。

正统七年

正月，陕西河州卫普应禅师领占遣剌麻亦失干等来朝、贡马。赐彩币等物有差。

八月，乌思藏大宝法王哈立麻等遣剌麻锁南札等贡马及方物。赐彩币表里有差，仍命锁南札赍敕并金织纻丝表里等物，归赐哈立麻。

十月，陕西西宁瞿昙寺大国师喃葛藏卜贡马、驼。

十一月，陕西岷州大崇教等寺国师沙加等献镀金佛像、古铜塔、舍利及马。赐之彩币。

正统九年

正月，特命序班祁全赍敕往谕四川松潘地方黑虎等寨头目"尔等自今宜安分守法，严束部落，毋作非为"

十月，乌思藏大宝法王遣剌麻锁南杰等献马及佛像、舍利等物。赐之彩币。

正统十年

四月，乌思藏大宝法王遣剌麻锁南屯祝等贡舍利、氆氇等物。赐彩币等物有差。

六月，命正使禅师锁南藏卜、副使剌麻札什班丹等同指挥斡些儿藏卜赍捧敕谕、诰命，封班丹监锉为灵藏灌顶国师赞善王。

四川伽木隆等处地面多补等寨"番僧"温卜贬出、朵儿来朝，贡马及明铁甲。赐钞币等物。

九月，岷州卫僧纲司剌麻哺节札石等贡马。赐绿币等物有差。

正统十一年

六月，阐化王来使绰思恭巴等请袭职，命礼部遣官赍敕及彩币等物同来使绰思恭巴等，往给赐之。

正统十二年

二月，遣官封故安定王亦班丹子领占斡些儿为安定王，谕祭（安定王亦班丹）。

正统十三年

五月，礼部奏：乌思藏灌顶国师赞善王遣人奏保"番僧"绰吉坚粲为灌顶弘慈妙觉大国师，及求大藏经并护持敕。上从之。

十一月，陕西弘觉等五寺国师札思巴锁南等遣剌麻领占藏卜等、弘庆等六寺、申冲等二簇剌麻锁南札西巴等来朝贡佛像、舍利、铜塔，驼马。赐以钞币。

正统十四年

六月，遣通政司右通政汤鼎、光禄寺寺丞张如宗往陕西、四川运茶买马。

景泰元年

闰正月，召通政使司右通政汤鼎、光禄寺寺丞张如宗等奉敕往四川收茶于西宁市马。

二月，四川天全六番招讨司土官招讨使高凤遣人贡马。赐钞。

景泰二年

七月，乌思藏等处灌顶国师阐化王并都指挥佥事冏加里坚粲巴藏卜遣"番僧"剌麻札实新吉等贡马及方物。赐钞、衣服、彩缎等物有差。

景泰三年

正月，乌思藏阐化王遣"番僧"完卜锁南领占等来朝贡马及貂鼠皮。赐宴并彩币表里、钞锭、食茶等物。

景泰四年

正月，四川天全六番招讨使司署招讨事高崧遣舍人高升等来朝贡马。赐彩缎表里等物有差。

景泰五年

三月，陕西岷州大崇教寺国师锁南藏卜等各遣人来朝贡马及方物。赐彩币等物有差。

四月，陕西岷州大崇教寺国师锁南藏卜遣"番僧"领占班丹等来朝贡马。赐彩币、钞锭有差。

天顺元年

三月，乌思藏怕木竹巴灌顶国师阐化王桑尔结坚昝巴藏卜等来朝贡马及方物。赐宴并赐彩币表里等物有差。

七月，四川董卜韩胡宣慰使司遣"番僧"沙加阿些儿等来朝贡方物。赐钞、彩币表里、袭衣有差。

九月，遣正使灌顶国师葛藏、副使右觉义桑加巴等赍敕诰并彩币、僧俗衣帽、铃杵等物，封答苍喃葛坚粲巴藏卜袭为辅教王。

天顺三年

五月，乌思藏等处"番僧"桑加藏卜等陕西岷州卫大崇教寺大国师锁南领占遣剌麻著乩领占等贡马及方物。赐宴并彩缎等物有差。

天顺五年

二月，长河西、鱼通、宁远宣慰司千户札思巴等、乌思藏遣剌麻札思巴坚粲等俱来朝贡马及金银器皿、方物。赐宴及彩币等物有差。

天顺八年

七月，乌思藏阐化王公加列巴宗念坚粲八藏卜等遣"番僧"常竹领占等、陕西洮州卫札龙簇"番僧"札失端竹等各来朝贡马及方物。赐衣服、彩缎有差。

十二月，乌思藏辅教王喃葛坚参巴藏卜遣"番僧"领占禄竹等来朝贡氆氇等物。赐衣服、彩缎等物如例。

成化三年

正月，乌思藏灵藏赞善王遣"番僧"桑节藏卜等、陕西洮州等卫大崇教等寺板藏等簇"番僧"领占汪等、岷州等卫瓦隆等寺古尔占等簇"番僧"领占干则等、洮州著落等簇"番僧"三竹、秦州等卫簇头"番人"札石威阿崖等各来朝贡马。并佛像、铁甲等物。赐衣服、彩缎等物有差。

成化四年

三月，长河西、鱼通、宁远等处头目剌麻"番僧"南合并乌思藏阐教王遣剌麻领卜车等违例朝贡礼部奏：以后乌思藏"番僧"等进贡，务遵原定三年一次限期、额数，审有番王印。信文凭，方许存留起送。

乌思藏阐教王遣"番僧"楚芹坚到等，阐化等王遣"番僧"领占把藏等各来朝贡马及氆氇、佛像、舍利等物。赐衣服、彩缎等物有差。

五月，藏撒下大乘法王完卜遣"番僧"葛竹瓦班绰等来朝贡马及方物。

成化五年

四月，乌思藏答藏王南渴坚粲遣"番僧"南伦竹等由陕西洮州入贡。奏下礼部，以乌思藏经陕西入者赐例从轻。从之。

成化六年

四月，国师都纲剌麻著尔藏卜等使灵藏封赞善王还，各贡马。赐宴，并赐袭衣、彩缎等物有差。

成化七年

十二月，陕西岷州卫大崇教寺"番僧"瓦秀札石等、西宁卫普法等寺"番僧"锁南儿坚剉等、瞿昙等寺"番僧"领占藏卜等各来朝贡马及佛像等物。赐宴，并赐彩缎、绢、钞有差。

成化九年

正月，安定王领真俄即尔遣镇抚汪尔加等俱来朝贡马。赐宴并袭衣、彩缎表里等物有差。

十一月，陕西显庆、弘化、舍藏等寺"番僧"汪束藏卜等、四川乌思藏大乘法王遣"番僧"都纲剌瓦藏卜等各来朝贡马及佛像等物。赐宴并彩缎等物有差。

成化十二年

三月，四川朵甘思宣慰使司遣都指挥阿叱等、董卜韩胡宣慰使司遣"番僧"桑儿结星吉等、陕西洮州卫札来等簇"番人"札答等、岷州卫节藏等簇"番人"板宗等、念班等簇"番人"朵只肖等、多吉等簇"番人"迁卜等、寨中等簇"番人"柴竹尖等各来朝贡马及氆氇、盔甲等物。赐衣服、彩缎等物有差。

八月，乌思藏赞善王班丹坚千赴藏日等寺寨都纲剌麻"番僧"头目族成等来朝贡氆氇等物。赐衣服、彩缎、食茶等物有差。

成化十三年

三月，乌思藏如来大宝法王葛哩麻巴及阐化王昆葛列各遣国师温卜卧些言剉等来朝贡方物。赐宴并衣服、彩缎等物有差，仍令赍敕并彩缎等物回赐其王。

十一月，乌思藏阐教王遣剌麻"番僧"领占朵儿只等、洮州卫他笼等簇簇头"番人"喃剌节等各来朝贡马及方物。赐衣服、彩缎等物有差。

成化十四年

六月，安定王锁南俄些儿遣"番僧"朵尔只领真等、乌思藏都纲剌麻"番僧"也失藏卜等、董卜韩胡宣慰使司弥陀寺"番僧"剌瓦札思巴等各来朝贡马、驼、方物。赐宴并袭衣、彩缎等物有差。

成化十五年

正月，四川乌思藏辅教王南渴坚粲巴藏卜遣都纲沙加星吉等三百六十三人来朝贡氆氇、方物。宴赍如例。

闰十月，僧录司觉义绰吉坚参往赐乌思藏辅教王、阐化王并牛儿寨行都司指挥佥事班卓儿坚参等。

十二月，乌思藏阐化王遣剌麻锁南领占，乞升国师。命升为禅师，不为例。

成化十六年

三月，陕西西宁弘觉等寺灌顶真修妙应国师领真喃尔加遣"番僧"班丹坚剉、安定王领真斡即儿遣国师所镇抚朵儿只领真等、岷州卫大崇教寺"番僧"着藏领占等、洮州卫潘多等簇"番人"板的肖等、也尔古等簇"番人"札牟肖等，驼笼等簇番人喃奔等各来朝贡驼、马，甲胄等物。赐宴并衣服、彩缎等物有差。

成化十七年

三月，乌思藏阐化王、辅教王各遣"番僧"失劳乱等来朝贡马。赐彩缎等物有差，仍令赍彩缎表里回赐其王。

五月，四川乌思藏阐教王遣剌麻温卜班丹舍剌等、陕西岷州车剌等簇簇头"番人"列古等各来朝贡马及盔甲等物。赐彩缎、绢、钞有差。

七月，四川乌思藏如来大乘法王遣都纲头目独蜗儿坚灿等来朝贡方物。赐衣服、彩缎等物有差，仍命赍敕并彩缎表里回赐其王。

成化十八年

正月，四川乌思藏阐化王遣使者星吉等、长河西、鱼通、宁远宣慰司岩州长官司寨官郎葛汪聘等、董卜韩胡宣慰使司大兴教寺"番僧"温卜容中言千巴藏卜等、德霱等寺寨"番僧"札思巴等各来朝贡氆氇等物。赐宴并衣服、彩缎等物有差。

成化十九年

八月，长河西灌顶国师札思八坚粲遣"番僧"奴日领真等一千八百人进贡。四川巡抚守臣劾其违例。事下礼部，议：宜俯顺夷情，止许五百人入贡。仍令所司谕札思八坚粲既为国师，岁宜与各寺寨轮贡，数止百人。从之。

成化二十一年

正月，四川长河西灌顶国师札思叭坚粲遣"番僧"剌麻奴日领真等、金川寺演化禅师班丹藏卜遣"番僧"增客藏卜等各来朝贡氆氇等物。赐宴并衣服、彩缎等物有差。

三月，陕西洮州灵藏赞善王遣"番僧"展洋札巴等、尖占等簇簇头"番人"喃剌盼等各来朝贡马及铜佛像、盔甲等物。赐宴并彩缎、绢、钞有差。

四月，乌思藏阐化王遣"番僧"远丹等来朝贡氆氇等方物。宴赉如例。

弘治元年

正月，乌思藏西天桑加瓦如来大乘法王遣禅师蛇纳藏并各寺寨"番僧"、瞿云昙寺西天佛子大国师班卓儿藏卜遣禅师桑尔加端竹等、灵藏赞善王遣番僭远丹陆竹等来朝谢恩，并贡佛像、马、驼、方物。赐衣服、彩缎、钞锭有差，仍命领赐法王、佛子彩缎归给之。

六月，乌思藏阐化王遣"番僧"绰旺等来朝贡佛像、马匹等物。赐宴并彩缎、钞锭等物有差。其留住洮州该赏者，亦付给之。

十月，乌思藏阐化王遣"番僧"丹叭坚参等、朵甘思宣慰使司遣禅师剌麻头目阿达等来朝贡氆氇、足力麻等物。赐宴并衣服、彩缎、钞锭有差。其回赐阐化王表里令丹叭坚参领回给与。

弘治三年

四月，迤西安定卫安定王领真斡即儿之子千奔，遣国师朵尔只领真等贡马、驼，乞袭封父爵。许之。赐敕书、诰命、金织袭衣、彩缎及马驼之直。并赐其贡使彩缎等物有差。

十一月，灵藏赞善王遣"番僧"领占等、金川等寺演化禅师班丹藏卜差剌麻"番僧"锁郎监藏等贡佛像、方物。赐宴并彩缎、衣服等物有差。

弘治七年

二月，灵藏赞善王喃葛坚参巴藏卜、赞善王下都指挥公哈坚参巴藏卜各遣"番僧"远丹等、加渴瓦寺国师容中罗落思等及达思蛮长官司剌麻僧册肯等各来朝谢恩，进贡方物。赐宴并衣服、彩缎等物有差，仍回赐赞善王及都指挥彩缎如例。

四月，四川长河西古墩地面尊胜等寺寨清修翊善大国师怕思巴领占巴藏卜遣禅师领占星吉等、大崇教等寺"番僧"剌麻失劳等来朝贡方物。赐宴并衣服、彩缎等物有差。

弘治八年

七月，四川乌思藏大乘法王、阐化王各遣国师"番僧"锁南著六竹等来贡。赐彩缎，钞锭等物有差。

十月，乌思藏大乘法王陆竹坚参巴藏卜遣"番僧"札乩藏卜等来贡，及灌顶国师藏卜领占遣"番僧"绰哲教等谢恩袭职。赐宴并彩缎、衣服有差。

弘治八年

十二月，乌思藏大宝法王葛哩麻巴遣国师札失藏卜领占等来贡，因为"番僧"桑儿结俄些儿等六人请袭其师原职。许之。回赐法王及宴赐札失藏卜领占等各如例。

弘治十年

正月，乌思藏阐教王遣"番僧"著吾等并瞿昙等寺禅师"番僧"桑尔加端竹、班著尔坚参等来贡。赐宴并彩缎、衣服等物如例。

四月，四川朵甘思宣慰使司遣寨官头目银橙汪聘等来贡赐彩缎等物有差。

六月，四川威州保县金川等寺演化禅师郎哈监藏遣剌麻"番僧"贾思叭等、茂州加渴瓦寺"番僧"剌麻三蓝等来贡。赐宴并彩缎、茶、绢等物有差。

十二月，上命"番僧"剌麻叁曼答实哩为正使，锁南窝资尔副之，同剌麻札失坚参等十八人共赍诰敕并赏赐彩缎、衣服、食茶等物往封乌思藏班阿吉汪束札巴为阐化王。

弘治十二年

十二月，乌思藏遣禅师桑儿结吒巴等来贡，并为日莫等寺"番僧"喃哈星吉藏卜等五人请各袭其师禅师、都纲等职。从之。

弘治十三年

三月，乌思藏大宝法王遣"番僧"锁南坚参等及瞿昙、三竹等寺禅师"番僧"桑尔加端竹等各来贡。赐宴并彩币、钞、绢等物。礼部以乌思藏一岁两贡，非旧例，请减节其赏。从之。

四月，乌思藏朵甘思宣慰使司并杂谷安抚司及直管招讨司各遣使来贡。赐宴并彩缎、衣服等物如例。

弘治十六年

七月，安定王千奔遣使臣绰尔加等来贡。赐宴并衣服、彩缎等物有差。

十一月，乌思藏大乘法王并护教、辅教、阐教等王各遣人来贡。赐宴并彩缎、衣服等物有差。

四川长河西、鱼通、宁远等处宣慰使司遣"番僧"剌麻吒失藏等来贡赐宴并彩缎、衣服等物有差。

弘治十八年

四月，四川天全六番招讨司各遣人来贡赐绢、钞等物有差。

正德元年

九月，乌思藏阐教王差禅师族秤伯等贡方物。赐宴并彩币、钞锭等物有差。

正德二年

八月，遣大慈恩寺都纲札巴也失充正使，大能仁寺都纲锁南短竹充副使赍诰敕、赏物，往封灵藏赞善王端竹坚昝，以其徒剌麻十人与俱。

正德三年

七月，乌思藏阐教王遣"番僧"头目坚昝札掛等并王子遣"番僧"你麻藏卜等各贡马及佛像等物。赏彩缎、衣服有差。

九月，乌思藏辅教王遣"番僧"札失藏卜，大乘法王遣"番僧"锁南以失、阐化王遣"番僧"札失坚参并剌思刚、撒结瓦、长河西等处护国师印拔思巴藏卜遣都纲剌瓦藏卜等各进贡朝贺。赐彩缎等物有差。

正德四年

二月，乌思藏阐化王遣"番僧"札失坚参来朝贡。赏彩缎、绢、钞有差。

正德五年

三月，灵藏赞善王端竹坚昝差使者贡马及方物。赐彩缎、衣物有差。乌思藏大乘法王差剌麻绰吉我些儿等八百人从陕西河州卫入贡。

正德六年

三月，四川董卜韩胡宣慰使司遣国师崑各儿藏来朝贡方物。赐宴，并赏彩缎、绢、钞有差。

六月，大慈恩等寺都纲札巴也失等遣往灵藏封授赞善王回京，贡方物、驼、马。赐彩缎、钞锭等物有差。

正德九年

八月，乌思藏阐教王遣禅师昆各札失等、辅教王遣禅师镇南班丹等各来朝贡氆氇、盔、刀等物。赐彩缎、钞锭如例。

正德十年

二月，"番僧"完卜锁南坚参巴尔藏卜遣人朝贡，乞袭封大乘法王。许之。

十一月，命司设监太监刘允往乌思藏赍送番供等物。

正德十二年

闰十二月，乌思藏辅教王遣"番僧"领占吒失巴藏等、阐化王遣"番僧"端竹札失等、韩胡碉列寺"番僧"寨首小和尚等各贡方物、马匹。赐宴，并赏彩缎等物有差。

正德十三年

正月，乌思藏大乘法王差使者锁南札失等来朝贡方物。赐宴，赏如例。

五月，西域阐化王遣使者端竹札失火儿奏请例外茶斤赐西域来朝剌麻及存留"番僧"食茶八万九千九百斤。每人许带六十斤为下番利，不为例。

正德十五年

三月，金川寺演化禅师遣"番僧"剌麻曾称藏卜等来朝贡。赐宴，并赏彩币、金织衣等有差。

五月，陕西"番僧"撒节远丹等各备马匹、方物来朝。赐宴，给赏彩缎等物有差。

正德十六年

二月，陕西河州弘化寺"番僧"著巴藏卜、文县氇哈、罗家、答石等族族头圭哈及"番僧""番人"札藏等以渗金铜佛、铜塔、佛象、马、犬、盔、刀来贡。……

七月，乌思藏大乘法王差"番僧"失劳陆竹等、弘化寺"番僧"著巴藏卜等俱入贡方物。诏赐文绮、靴袜有差。

嘉靖四年

八月，乌思藏阐教王遣国师舍剌班丹等、长河西、鱼通、宁远等宣慰使司遣禅师都纲札失星吉等、长宁安抚司遣头目"番僧"方保等各贡方物。

嘉靖五年

七月，达思蛮长官司遣都纲"番僧"沙加藏等四百三十八人来贡。礼部以其贡使视额数过多，请减半给赏。从之。

嘉靖七年

十一月，董卜韩胡宣慰司宣慰使容中短竹等差国师摄次藏卜等进贡方物。给赏如例。

嘉靖十四年

九月，乌思藏辅教等王并长河西、鱼通、宁远宣慰使司各遣国师、寨官人等来朝贡方物。赏赉有差。

嘉靖十五年

正月，乌思藏辅教、阐教、大乘各王差国师短竹札失等、长河西、鱼通、宁远等处军民宣慰使司差寨官桑呆短竹等各进贡，凡四千一百七十余人，"诏以人数踰额，如例减赏，并下四川巡按御史逮治都布按三司官违例验进之罪。"

十月，四川杂谷安抚司遣都纲"番僧"叶儿监藏等进贡，多至一千二百六十四人。

嘉靖十六年

正月，灵藏赞善王端竹坚昝遣"番僧"札失藏等各贡马及方物。宴赉如例。

八月，长宁安抚司及韩胡碉恰列寺遣"番僧"头目波纳等、越巂卫邛部长官司署印土妇安氏遣通把李芳等来贡方物及马。赐宴赏如例。

嘉靖十八年

六月，乌思藏阐教等王差国师短竹札失等贡方物，袭职。宴赏如例。

嘉靖二十一年

七月，董卜韩胡宣慰使司加渴瓦等寺差都纲"番僧"懒革儿坚灿等来朝贡方物。宴赉如例。

嘉靖二十二年

五月，四川董卜韩胡、长河西、鱼通、宁远宣慰等司差国师领直藏卜等来朝贡马及方物。赐宴，给赏如例。

六月，乌思藏护教王、朵甘思宣慰、招讨等司各遣使朝贡。赐宴有差。

八月，陕西敖儿等六大族"番人"石落肖等、利族等三大族"番人"著肖等各来朝贡。赐宴，给赏如例。

嘉靖二十四年

二月，乌思藏辅教王差使臣国师"番僧"坚剉等入贡。宴赏如例。

五月，乌思藏辅教、大宝法王、阐教、大乘法王各差国师坚剉等入贡。宴赏如例。

嘉靖二十六年

六月，灵藏赞善王端岳坚昝差"番僧"锁南窝些儿等来贡马及方物。宴赉如例。

嘉靖三十三年

五月，乌思藏辅教王、阐化王、阐教王、大乘法王、大宝法王各差国师"番僧"札吧坚参等来朝贡方物。宴赉如例。

七月，金川寺演化禅师差都纲头目"番僧"阿藏等来朝贡方物。宴赉如例。

嘉靖三十七年

五月，好地平等族"番人"禄谷等、豁卜等各贡马及方物，来朝贺。宴赉如例。

嘉靖四十年

四月，四川威州保县金川寺演化禅师遣都纲"番僧"郎哈等仍五百五十人来贡。

十一月，乌思藏阐化王差刺麻锁南板著等、护教王差国师班丹监参等、朵甘思直管招讨司差国师舍蜡藏卜等各来朝贡方物。宴赉有差。

嘉靖四十一年

八月，四川茂州岳希蓬长官司、马湖府沐川长官司土舍悦承宗各遣人贡马及方物。给赏有差。

九月，大崇教等七寺剌麻"番僧"札巴南节等各入贡。宴赉如例。

嘉靖四十二年

十月，乌思藏阐化等王请封。"上以故事，遣'番僧'远丹班麻等二十二人为正、副使，以通事序班朱廷对监之。比至中途，班麻等肆为骚扰，不受廷对约束。廷对还白其状。"礼部因请自后诸藏请封，即以诰敕付来人赍还，罢"番僧"勿遣。无已，则下附近藩司，选近边僧人赍赐之。上以为然，令著为例。封诸藏之不遣京寺'番僧'，自此始也。"

隆庆元年

正月，洮、岷等处番族、法藏等寺剌麻"番僧"及加渴瓦寺都纲领占罗洛思等各进贡方物。给赏如例，俱免宴。

隆庆二年

正月，四川越巂等卫长官司遣土目李春等来朝贡马。宴赏如例。

隆庆五年

正月，陕西鲁班等寺、四川韩胡碉恰列寺"番僧"星吉札等七十七人贡方物。宴赏如例。

四月，四川天全六番招讨司、邛部长官司各遣官族赵忠信、通把高登等来朝贡马。给赏如例。

隆庆六年

九月，四川达思蛮长官司差都纲头目及"番僧"等，凡到京及留边共四百三十四人贡珊瑚等物。给赏段、绢、银、钞有差。

陕西外夷灵藏赞善王端岳坚昝差使者并"番僧"等，凡到京及留边兵共一百三十五人贡马。匹、舍利、盔甲、刀剑、氆氇、氎鼠等物。如例给赏段、绢、钞锭，行茶马司关给食茶，仍赐番王彩缎表里。

万历元年

二月，四川金川寺演化禅师差都纲头目二百七十五人进贡珊瑚等物。宴赏如例。

四月，四川金川寺演化禅师差都纲头目进贡珊瑚等物。赏彩缎表里、绢、纱、银两如例。

万历三年

十月，陕西柏林、七占等族"番人"剌卜等、他笼、哈古等族番人脑秀等各遣人入贡。赏给如例。

万历四年

三月，乌思藏大宝法王差国师喃哈镇南等贡铜佛等物。赏赉如例。

五月，四川乌思藏阐化王差国师短行藏卜等、"番僧"藏卜等、大宝法王差国师喃哈锁南等、"番僧"喃哈等、长河西、鱼通、宁远等处军民宣慰使司差国师罗撒坚剉等、"番僧"恭卜等各备铜佛、珊瑚、方物赴京进贡。赏银、币如例。

万历六年

十一月，陕西苟家平"番人"七巴等共一百八十二名各备马匹赴京进贡赏银如例。

四川乌思藏法王遣锁喃元旦一十六员进贡。宴如例。

万历八年

五月，四川金川寺演化禅师差都纲等赴京进贡。宴赏如例。

万历十年

六月，乌思藏辅教王、大乘法王差国师札失班旺修、藏卜坚参各以铜佛、珊瑚等物入贡。赏段、钞有差。

万历十一年

四月，弘化寺"番僧"僧札实藏等来贡方物。给赏如例。

万历十三年

二月，好地坪"番族"郝卜羊家保等贡马及方物。给赏如例。

万历十五年

十二月，乌思藏阐化王差"番僧"领真等六百名进方物。给赏如例。

万历十六年

正月，乌思藏阐化王遣使真朵尔只等千人贡方物。

十一月，四川乌思藏及安抚、宣慰使各遣国师阿喃坚参等十四人；朵甘思招讨司并宣慰使司各遣国师喃哈孟等十六人进贡方物。

万历十七年

七月，乌思藏、长河西、鱼通、宁远等处宣慰司各遣人贡方物。赏赉如例。

万历十九年

闰三月，陕西法藏等六寺剌麻"番僧"等各入贡。

万历二十二年

三月，乌思藏阐教等王遣国师番徒畜竹坚参等四十员名进贡。宴赏如例。

四月，灵藏赞善王差"番僧"锁南瓦秀等二十名进贡。各赏给之。

万历二十六年

七月，陕西博峪、答石、氇哈等族"番人"阿鹅等进贡方物。各赏给如例。

万历三十六年

正月，陕西奔古、他笼等族"番人"竹节恼秀等四百二十五名贡马。匹、方物。各给币、钞如例。

万历三十八年

五月，金川寺演化禅师坚藏利差都纲头目用凤坚藏等贡方物。赐宴及赉段、绢、银、钱有差。

十二月，四川乌思藏阐教、辅教、大乘、大宝、长河西等处遣番徒畜竹坚参等及年久未贡杂道长官司遣番徒叱吧坚剉等各备珊瑚、方物来贡赐宴赉如例。

万历三十九年

二月，四川杂谷长官司差禅师叱吧坚剉等五名赴京进盔甲、氆氇等物。给赏靴袜、绢、钞。

万历四十三年

九月，陕西大崇教等七寺"番僧"班竹速南等三十五名赴京进献方物、马匹。准进收，宴赏如例。

万历四十四年

二月，灵藏赞善王遣使者坚参藏卜等二十名进贡。……

万历四十五年

四月，乌思藏阐化王差国师锁南坚参等一千名进献珊瑚、氆氇等物。给赴京并在边"番僧"各贡者赏绢、钞。

十一月，金川寺、加渴瓦寺"番僧"容中出等十名进献珊瑚、氆氇等物。

万历四十六年

五月，乌思藏阐化王差"番僧"三旦朵儿只等一十五名进献珊瑚、犀角、氆氇等物。……

天启元年

二月，灵藏赞善王端岳坚昝遣使臣"番僧"进马匹、方物。赏赉如例。

天启五年

二月，遣兵部郎中董象恒赍敕命、图书，颁给西僧喇嘛王桑吉叭藏等。……

天启六年

七月，陕西外夷灵藏赞善王端岳坚昝遣使进贡方物。赏赉如例。

专用名词汉藏对照

A

阿里 མངའ་རིས།

B

八思巴 འགྲོ་མགོན་ཆོས་རྒྱལ་འཕགས་པ
必力工瓦 འབྲི་གུང་པ
班竹儿藏卜 དཔལ་འབྱོར་བཟང་པོ
班丹扎释 དཔལ་ལྡན་བཀྲ་ཤིས།

C

墀松德赞 ཁྲི་སྲོང་ལྡེ་བཙན།
禅师 སློབ་དཔོན།
绰吉我些儿 ཆོས་ཀྱི་འོད་ཟེར།
楚布寺 མཚུར་ཕུ་དགོན།

D

朵甘思 མདོ་ཁམས།
朵思麻 མདོ་སྨད།

E

俄力思 མངའ་རིས་སྐོར་གསུམ།

F

法王 ཆོས་རྗེ།

G

公哥坚藏巴藏卜 ཀུན་དགའ་རྒྱལ་མཚན་དཔལ་བཟང་པོ
公哥列思监藏巴藏卜 ཀུན་དགའ་རྒྱལ་མཚན་དཔལ་བཟང་པོ
巩哥锁南 ཀུན་དགའ་བསོད་ནམས།
馆觉 གུན་མཚོ།
噶玛噶举派 ཀརྨ་བཀའ་བརྒྱུད་པ
葛哩麻巴 ཀརྨ་པ
格鲁派 དགེ་ལུགས་པ

H

何锁南普 ཧོར་སོག་ནན་བུ།
哈立麻（却贝桑波）ཆོས་དཔལ་བཟང་པོ

375

答力麻八剌 རྣམ་པ་ལ།
大国师 ཏའི་གུའི་ཤྲཱི།
大昭寺 གཙུག་ལག་ཁང་།
大庆法王领占班丹 ཏ་ཆིང་ཆོས་རྒྱལ་རིན་ཆེན་དཔལ་ལྡན།
大崇教寺 ཏའི་ཁྲུང་ཆོས་དགོན།
得银协巴 དེ་བཞིན་བཤེགས་པ།
端竹监藏 དོན་གྲུབ་རྒྱལ་མཚན།
都纲 མདོ་ཁམས།

L
拉萨 ལྷ་ས།
灵藏 གླིང་ཚང་།
领真巴儿吉监藏 རིན་ཆེན་དཔལ་གྱི་རྒྱལ་མཚན།
洛追桑波 བློ་གྲོས་བཟང་པོ།

M
墨竹工卡 མལ་གྲོ་གུང་དཀར།

N
喃加巴藏卜 ནམ་མཁའ་བཟང་པོ།
南渴烈思巴 ནམ་མཁའ་ལེགས་པ།
南哥坚参巴藏卜 ནམ་མཁའ་རྒྱལ་མཚན་དཔལ་བཟང་པོ།
乃东 སྣེ་གདོང་།

P
帕木竹巴 ཕག་མོ་གྲུ་པ།

Q
瞿昙寺 ཆོས་སྡེ་དགོན།

慧善禅师 ཤེས་བཟང་སློབ་དཔོན།

J
绛曲坚赞 བྱང་ཆུབ་རྒྱལ་མཚན།
吉剌思巴监藏巴里藏卜 གྲགས་པ་རྒྱལ་མཚན་དཔལ་བཟང་པོ།

K
昆泽思巴（贡噶扎西）ཀུན་དགའ་བཀྲ་ཤིས།

释迦也失 ཤཱཀྱ་ཡེ་ཤེས།
锁南坚参 བསོད་ནམས་རྒྱལ་མཚན།
桑渴巴辣 བཟང་ཁ་དཔལ་ལེགས།

T
吐蕃 སྟོད་རྒྱལ།

W
乌思藏 དབུས་གཙང་།
万户长 ཁྲི་དཔོན།

X
西番 རྒྱ་བོད།
西域 རྒྱ་ཁྱབ།
西天佛子 རྒྱ་ཕྱོགས་ཆོས་རྒྱལ།
星吉儿监藏 ཤེད་གེ་རྒྱལ་མཚན།

Y
俺不罗 ཡར་འབྲོག
驿站 ས་ཚིགས།

R

汝奴藏卜 གཞོན་ནུ་བཟང་པོ།

乳必多吉 རོལ་དཔལ་རྡོ་རྗེ།

S

萨迦寺 ས་སྐྱ་དགོན་པ།

思达藏 སྙེད་དར་བཟང་།

Z

章阳沙加 འཇམ་དབྱངས་སྐྱ།

著思巴儿监藏 བཀྲ་ཤིས་དཔལ་རྒྱལ་མཚན།

宗巴斡即南哥巴藏卜 གཙང་པ་ཞལ་ངོ་རྣམ་མཁའ་བཟང་པོ།

宗喀巴 ཙོང་ཁ་པ།

释迦也失 ཤཱཀྱ་ཡེ་ཤེས།

扎西桑波仁钦 བཀྲ་ཤིས་བཟང་པོ་རིན་ཆེན།

附表1 洪武—天启年间赴藏使者统计表

（一）明代前期的赴藏使者表

表1.1 洪武时期的赴藏使者表（附建文朝）

使者姓名	使者身份	赴藏时间	赴藏目的	史料出处
——（不详）	——（不详）	洪武二年五月甲午	遣使持诏谕吐蕃	《明太祖实录》卷四二，《皇明大政记》卷2，《国朝汇典》卷175《兵部·西番》
——	——	洪武三年五月辛亥	（左副将军邓愈）遣人招谕吐蕃诸酋	《明太祖实录》卷五二，《明史》卷126《邓愈传》
克新（等三人）	僧人	洪武三年六月癸亥	往西域招谕吐蕃	《明太祖实录》卷五三，《国榷》卷4
许允德	陕西行省员外郎	洪武三年六月乙酉	招谕吐蕃十八族、大石门、铁城、洮州、岷州等处	《明太祖实录》卷五三，《明史》卷330，《皇明大政记》卷2，《皇明大事记》卷13
巩哥锁南	通事舍人	洪武三年八月庚申	往西域招谕吐蕃	《明太祖实录》卷五五，《明史》卷330
王伯彦	工部主事	洪武四年八月己酉	往河州赐山后七驿世袭土官劳哥等文绮、银碗	《明太祖实录》卷六七，《皇明大事记》卷13《诸夷朝贡》

续表

使者姓名	使者身份	赴藏时间	赴藏目的	史料出处
许允德	员外郎	洪武七年十二月壬辰	赍诏及诰印往赐朵甘思宣慰司及招讨等司新授职官员赏竺监藏等人	《明太祖实录》卷九五，《松窗梦语》卷3《西番纪》
韩加里麻、喃加巴藏卜	河南卫镇抚、国师	洪武七年十二月甲寅	至乌思藏招谕未附番酋	《明太祖实录》卷九五
钟顺	行人	洪武十五年七月辛酉	送故元来朝理问高惟善还西番	《明太祖实录》卷一四六
——	——	洪武十七年六月戊子	赐长河西千户若剌等九十七人绵布各二匹	《明太祖实录》卷一六二
而聂、庆童	尚膳太监、司礼太监	洪武二十五年三月己丑	赍敕往谕陕西河州等卫所属番族，"令其输马，以茶给之。"	《明太祖实录》卷二一七
——	——	洪武二十六年二月癸未	往西凉、永昌、甘肃山丹、西宁、临洮、河州、洮州、岷州、巩昌缘边诸番颁给金铜信符	《明太祖实录》卷二二五，《国朝汇典》卷175《兵部·西番》
——（不详）	——（不详）	洪武三十年三月壬午	（兵部遣人）敕谕川陕守边卫所茶马事	《明太祖实录》卷二五一
智光	僧侣	洪武三十五年八月戊午	赍诏谕馆觉、灵藏、乌思藏必力工瓦、思达藏、朵思、尼八剌等处，并以白金、彩币颁赐灌顶国师等	《明太宗实录》卷一一，《明史》卷331，《补续高僧传》卷1

表1.2　永乐时期的赴藏使者表（附洪熙朝）

使者姓名	使者身份	赴藏时间	赴藏目的	史料出处
侯显	司礼监少监	永乐元年二月乙丑	赍书币往乌思藏征尚师哈立麻	《明太宗实录》卷一七，《明史》卷6，《国榷》卷13，《补续高僧传》卷19

续表

使者姓名	使者身份	赴藏时间	赴藏目的	史料出处
康寿	河州卫千户	永乐元年五月戊子	赍敕抚谕撒里畏吾儿及安定卫诸部落	《明太宗实录》卷二〇上
丹竹领占、格敦增吉等	番僧	永乐二年八月癸巳	赍敕谕西番八郎、马儿顺、懒藏等族	《明太宗实录》卷三三
——（不详）	——（不详）	永乐四年三月壬辰	遣使赍诏封乌思藏巴里藏卜为灌顶国师阐化王。赐螭纽王印、诰命，并赐白金五百两及绮衣、锦绮、彩绢、茶等物	《明太宗实录》卷五二
——	——	永乐四年三月壬寅	赐灵藏着思巴儿监藏为灵藏灌顶国师，馆觉宗巴干即南哥巴藏卜为馆觉灌顶国师，授札思木头目撒力加监藏为朵甘卫行都司都指挥使，切禄奔、薛儿加俱为都指挥同知。授陇答头目结失古加之子巴鲁为陇答卫指挥使，各赐诰命、袭衣、锦绮等	《明太宗实录》卷五二，《明史》卷331《阐化王传》
各吉八合等人	永宁府土官知府	永乐四年四月戊子	赍敕往大西番抚谕其土人等	《明太宗实录》卷五三
端竹领占、赵诚	鸡鸣寺番僧、桃州卫千户	永乐四年九月壬戌	奉命往八郎等簇招谕眼即多匜簇、马儿匜簇、思曩日簇、潘官等簇	《明太宗实录》卷五九
刘昭、何铭	都指挥同知	永乐五年三月辛未	往西番、朵甘、乌思藏等处设立站赤，抚安军民	《明太宗实录》卷六五，《明史》卷174《刘昭传》，《四夷考》卷4《西番考》，《国榷》卷14
关僧	内官	永乐八年九月壬辰	赍书及白金、彩币，往西土征尚师昆泽思巴	《明太宗实录》卷一〇八
康寿	指挥	永乐十年正月甲辰	赍敕往谕罕东	卷一二四

续表

使者姓名	使者身份	赴藏时间	赴藏目的	史料出处
杨三保	中官	永乐十二年正月己卯	赍敕往谕乌思藏怕木竹巴灌顶国师阐化王吉剌思巴监藏巴里藏卜、必力工瓦阐教王领真巴儿监藏及川卜、川藏、陇答、朵甘诸处大小头目,令所辖地方修复驿站	《明太宗实录》卷一四七,《国榷》卷16
乔来喜等	内官	永乐十五年二月戊午	赍佛象、佛经、金银法器、彩币等物往乌思藏,赐正觉大乘法王昆泽思巴	《明太宗实录》卷一八五
杨三保等	中官	永乐十七年十月癸未	赍敕往赐乌思藏正觉大乘法王昆泽思巴、怕木竹巴灌顶国师阐化王吉剌思巴监藏巴里藏卜、必力工瓦阐教王领真巴儿吉藏、思达藏辅教王喃渴烈思巴、灵藏灌顶国师赞善王着思巴儿监藏、灌顶弘善西天佛子大国师释迦也失等佛象、法器、袈裟、禅衣及绒锦、彩币表里等物	《明太宗实录》卷二一七
李本、凌友谅等	鸿胪寺丞	永乐十八年三月癸未	抚谕勒白等百余寨寨首目儿等	《明太宗实录》卷二二三,《明史》卷331《朵甘传》
戴兴等	中官	永乐二十一年四月己巳	往赐吉剌思巴监藏巴里藏卜等锦绮等物	《明太宗实录》卷二五八

附:洪熙时期(1次)

使者姓名	使者身份	赴藏时间	赴藏目的	史料出处
——(不详)	——(不详)	洪熙元年正月乙未	以即位遣使诏谕罕东卫都指挥同知绰儿加、国师札思巴监藏,并赐白金、衣绮表里	《明仁宗实录》卷六下,《明史》卷330《罕东卫传》

表1.3 宣德时期的赴藏使者表

使者姓名	使者身份	赴藏时间	赴藏目的	史料出处
刘昭	都督	宣德元年六月丁亥	招谕陕西洮州思曩日簇番人	《明宣宗实录》卷一八
陈通、祈贤	西宁卫指挥使、卫指挥同知	宣德元年十月戊辰	招抚罕东、安定番民	《明宣宗实录》卷二三，《明史》卷330《罕东卫传》
遣人（不详）	遣人（不详）	宣德二年三月庚寅	招谕麻儿匝安抚司安抚着八让卜，赐文绮表里	《明宣宗实录》卷二六
陈通等	都指挥同知	宣德二年三月癸巳	往赐安定等卫归顺指挥使哈三等人及新抚官军七百一十六人	《明宣宗实录》卷二六
侯显	太监	宣德二年四月辛酉	赍敕往谕乌思藏阐化王、阐教王、赞善王、辅教王等，并赐绒绵、纻丝等物	《明宣宗实录》卷二七，《明史》卷331《赞善王传》
刘昭	河州都督金事	宣德二年五月辛丑	奉命往乌思藏（具体使命不详）	《明宣宗实录》卷二八
何敏、蒋贵、吴玮	行在锦衣卫指挥金事、都指挥金事、松潘卫指挥	宣德二年五月丙午	抚谕松潘等处番寇	《明宣宗实录》卷二八，《明史》卷155《蒋贵传》
失剌藏卜等	番僧	宣德二年七月（具体哪天不详）	招谕陕西洮州诸簇寨番蛮	《明宣宗实录》卷三一
结弟	麦匝寨番人	宣德二年九月乙巳	招谕黑水生番二处	《明宣宗实录》卷三一
陈通等	西宁卫都指挥同知	宣德二年十一月辛丑	招抚曲先卫指挥散即思等人	《明宣宗实录》卷三三
刘瑛	指挥	宣德三年二月乙丑	抚谕马儿、潘关等簇生番	《明宣宗实录》卷三六

附表1 洪武—天启年间赴藏使者统计表

续表

使者姓名	使者身份	赴藏时间	赴藏目的	史料出处
陈通等	都指挥	宣德三年二月丁丑	敕赐西番弘妙广济大国师咤思巴儿监藏,安定王亦攀丹等人金织袈裟、禅衣、白金等	《明宣宗实录》卷三七,《明史》卷330《安定卫传》
沈羽等	镇抚	宣德五年十月己巳	赏赐四川董卜韩胡宣慰使喃葛,并授其长子班丹也失为剌麻,次子克罗俄监粲代为宣慰使	《明宣宗实录》卷七一
印铎、李文等	都指挥同知、西宁卫土官都指挥佥事	宣德六年六月己亥	招抚西番阿吉簇逃徙番民七百余帐还居野马川	《明宣宗实录》卷八〇、卷八七
那那罕、白帖木儿等	曲先卫指挥、指挥佥事	宣德七年八月壬寅	招抚那那罕被俘掠的亲属和曲先卫千户米剌苦术等回归曲先卫	《明宣宗实录》卷九四
—	—	宣德八年三月癸酉	招抚黑水西番及阿容等族	《明宣宗实录》卷一〇〇
周寿等	西安前卫指挥使	宣德八年闰八月癸丑	按察阶州西固城番簇及秦月作簇仇杀事	《明宣宗实录》卷一〇五
刘祥(等官军五十一人)	金吾等卫百户	宣德八年十二月癸亥	往乌思藏公干	《明宣宗实录》卷一〇七
韦文	肃州卫指挥同知	宣德九年二月乙卯	赐曲先卫指挥使那那罕等彩币表里	《明宣宗实录》卷一〇八
宋成	中官	宣德九年三月戊寅	赍敕往乌思藏等处给赐	《明宣宗实录》卷一〇九,《明史》卷331《朵甘传》
刘浩	西宁卫百户	宣德九年三月庚子	封罕东卫剌麻葛剌卓儿为禅师,头目赏思巴的思阿失加等为千、百户等官	《明宣宗实录》卷一〇九

续表

使者姓名	使者身份	赴藏时间	赴藏目的	史料出处
吉祥等	西宁卫千户	宣德九年四月癸丑	赍敕往赐毕力术江指挥金事管着儿监藏等彩币表里	《明宣宗实录》卷一一〇
朱勇、胡濙	成国公、礼部尚书	宣德九年六月庚申	持节封大慈法王（封释迦也失为大慈法王）	《明宣宗实录》卷一一一,《万历野获编补遗》卷4《番僧封爵》
——	——	宣德九年十月己未	招抚杂谷安抚司	《明宣宗实录》卷一一三

表1.4 正统时期的赴藏使者表

使者姓名	使者身份	赴藏时间	赴藏目的	史料出处
——（不详）	——（不详）	正统元年二月戊戌	遣使敕谕沙州卫都督金事困即来、罕东卫指挥金事可儿即等	《明英宗实录》卷一四
也失班丹	剌麻僧人	正统元年六月丁未	赍敕往谕九簇内宗塔儿、锁南肖等	《明英宗实录》卷一八
阮至等	中官	正统元年七月甲寅	赍敕往净觉慈济大国师绰竹藏卜,弘慈广善国师镇南巴藏卜	《明英宗实录》卷二〇
——	——	正统元年十月壬申	（河州指挥金事刘震遣人）赍敕抚治河州卫属双奔簇	《明英宗实录》卷二三
——	——	正统三年正月丙申	敕赐董卜韩胡宣慰使司致仕宣慰使哺葛等	《明英宗实录》卷三八
祁贤	指挥	正统四年正月乙巳	赍敕并衣服、彩缎等件赏赐赐安定王亦攀丹、及安定卫官员剌阿剌乙巴、把麻,罕东卫大国师咤思巴坚藏及都指挥绰儿加等人	《明英宗实录》卷五〇

续表

使者姓名	使者身份	赴藏时间	赴藏目的	史料出处
—	—	正统四年闰二月丁酉	（西宁卫都指挥佥事金玉遣人）赍敕往谕罕东、安定、阿端三卫"谨守法度"	《明英宗实录》卷五二
鲁明等	松潘千户	正统四年闰二月戊戌	往抚谕四川生番随渠等八百二十九寨	《明英宗实录》卷五二,《四夷考》卷4《西番考》,《国朝汇典》卷175《兵部·西番》,《明史》卷330《罕东卫传》
—	—	正统五年三月戊申	遣敕封黎牙等簇剌麻匝利仓南卦尖藏为岷州卫僧纲司都纲,番僧落竹为副都纲,头目嗟咱为文县守御千户所百户	《明英宗实录》卷六五
葛藏、昆令	禅师	正统五年四月壬午	命为正副使,封怕木竹巴灌顶国师吉剌思巴永耐监藏巴藏卜嗣其世父为阐化王,并赐诰命、锦绮、梵器、僧服等物	《明英宗实录》卷六六,《明史》卷331《阐化王传》
哈剌卜花、祁贤	陕西都指挥佥事、指挥	正统六年七月乙巳	赍敕抚谕罕东、安定二卫洎申藏簇仇杀事	《明英宗实录》卷八一
—	—	正统七年十二月乙卯	（甘肃总兵官宁远伯任礼遣人）往谕西番、赤斤蒙古、罕东等卫	《明英宗实录》卷九九
祁全	序班	正统九年正月丁丑	赍敕往谕四川松潘地方黑虎等寨头目番簇人等	《明英宗实录》卷一一二
徐贵、商巴等	指挥使、国师	正统九年五月癸亥	往各寨谕之	《明英宗实录》卷一一六
祁全	鸿胪寺序班	正统十年三月戊子	往谕诸寨（四川黑虎寨）	《明英宗实录》卷一二七

续表

使者姓名	使者身份	赴藏时间	赴藏目的	史料出处
温卜监参于容	番僧	正统十年四月壬子	入若巴、赊归诸寨招谕生番	《明英宗实录》卷一二八
赵敬	御史	正统十年四月辛未	（偕三司官）亲往四川威州土官巡检董敏处敕戒董敏	《明英宗实录》卷一二八
锁南藏卜、札什班丹、斡些儿藏卜	禅师、剌麻、指挥	正统十年六月庚申	赍捧敕谕、诰命，封班丹监到为灵藏灌顶国师赞善王，"代尔叔掌管印章，抚治番人。"	《明英宗实录》卷一三〇
—	—	正统十年八月壬寅	（遣人）赍敕晓谕董卜韩胡宣慰使司都指挥同知克罗俄监粲	《明英宗实录》卷一三二
寇深、祁全	山西副使、鸿胪寺署丞	正统十一年五月己丑	抚谕歪地等寨番人	《明英宗实录》卷一四一
—	—	正统十一年六月庚子	（遣官）赍敕及彩币等物，同来使绰思恭巴等往阐化王给赐	《明英宗实录》卷一四二
—	—	正统十二年二月壬子	（遣官）封故安定王亦班丹子领占斡些儿为安定王，并谕祭安定王亦班丹亡殁	《明英宗实录》卷一五〇
—	—	正统十二年六月甲子	遣使敕谕安定王领占斡些儿、安定卫都指挥那南奔板麻阿延拜子剌朵儿只巴、指挥土墨秃卜鲁等	《明英宗实录》卷一五五
汤鼎、张如宗	通政司右通政、光禄寺寺丞	正统十四年六月庚戌	往陕西、四川运茶买马	《明英宗实录》卷一七九

（二）明代中后期的赴藏使者表

表1.5　景泰时期的赴藏使者表

使者姓名	使者身份	赴藏时间	赴藏目的	史料出处
汤鼎、张如宗等	通政使司右通政、光禄寺寺丞	景泰元年闰正月壬申	奉敕往四川收茶，于西宁市马	《明英宗实录》卷一八八，《国榷》卷29
葛藏	净修禅师	具体时间不详（景泰三年十月丙申回还）	奉使往乌思藏公干	《明英宗实录》卷二二二
—	—	景泰三年十月壬子	封西天佛子大国师班丹札释为大智法王，赐以诰命	《明英宗实录》卷二二二
周刚（并千百户人等）	四川松潘卫指挥佥事	景泰四年二月庚子	招抚阿思贡番人	《明英宗实录》卷二二六
—	—	景泰六年正月乙丑	（提督松潘兵备左侍郎罗绮、镇守都指挥周贵遣人）晓谕商巴家与黎巴家"释怨通和，遵守法度。"	《明英宗实录》卷二四九
—	—	景泰六年闰六月甲寅	体察董卜韩胡宣慰使司都指挥使克罗俄监粲是否亡故	《明英宗实录》卷二五五，《四夷考》卷4《西番考》

表1.6　天顺时期的赴藏使者表

使者姓名	使者身份	赴藏时间	赴藏目的	史料出处
葛藏、桑加巴等	灌顶国师、右觉义	天顺元年九月辛巳	赍敕诰并彩币、僧俗衣帽、铃杵等物封答苍喃葛坚黎巴藏卜袭为辅教王	《明英宗实录》卷二八二
贺玉、苦儿鲁海牙等	都指挥、哈密地面使者	天顺八年五月丁丑	（同往）安定选取哈密国王	《明宪宗实录》卷五

表1.7　成化时期的赴藏使者表

使者姓名	使者身份	赴藏时间	赴藏目的	史料出处
——（三人，姓名不详）	游僧	成化三年二月己亥	赍敕往谕灵藏赞善王禁约诈冒	《明宪宗实录》卷三九
着旦领占等	大慈恩寺剌麻	具体时间不详（成化三年二月壬子回还）	往乌思藏公干	《明宪宗实录》卷三九
板尖恭尼麻、绰失吉藏卜等	西宁游僧	成化四年三月乙亥	赍敕往乌思藏阐教王等处开谕	《明宪宗实录》卷五二
李玘	副使	成化五年闰二月壬戌	招谕赏劳岷州番寇	《明宪宗实录》卷六四
着尔藏卜等	西番国师都纲剌麻	具体时间不详（成化六年四月乙丑回还）	使灵藏封赞善王（不详）	《明宪宗实录》卷七八
舍剌藏卜、镇南坚参等	大能仁寺都纲、静修弘善大国师	成化十三年十二月癸卯	奉命往临洮等处（不详）	《明宪宗实录》卷一七三
绰吉坚参	僧录司觉义	成化十五年闰十月庚午	往赐乌思藏辅教王、阐化王并牛儿寨行都司指挥金事班卓儿坚参等	《明宪宗实录》卷一九六
锁南奔等	西宁靖宁寺僧	具体时间不详（成化二十年六月庚辰回）	赍敕往谕灵藏赞善王，并送赞善王勘合	《明宪宗实录》卷二五三

表1.8　弘治至天启时期的赴藏使者表

使者姓名	使者身份	赴藏时间	赴藏目的	史料出处
——	——	弘治四年七月壬寅	（遣人）往谕罕东等卫头目剌麻朵儿只等人，并遍告西番诸族今后不得构怨启衅	《明孝宗实录》卷五三

续表

使者姓名	使者身份	赴藏时间	赴藏目的	史料出处
参曼答实哩、锁南窝资尔、札失坚参（等十八人）	番僧剌麻、番僧剌麻、剌麻	弘治十年十二月壬午	共赍诰敕并赏赐彩缎、衣服、食茶等物，往封乌思藏班阿吉汪束札巴为阐化王	《明孝宗实录》卷一三二，《万历野获编》卷1，《万历野获编补遗》卷4
札巴也失、锁南短竹	大慈恩寺都纲、大能仁寺都纲	正德二年八月乙亥	命充正副使（并带剌麻徒10人同往），赍诰敕、赏物往封灵藏赞善王端竹坚昝	《明武宗实录》卷二九
刘允	司设监太监	正德十年十一月己酉	往乌思藏赍送番供等物	《明武宗实录》卷一三一，《明史》卷304《宦官传一》，《西园闻见录》卷105，《皇明大政记》卷24
远丹班麻（等二十二人）、朱廷对	番僧、通事序班	嘉靖四十二年十月癸丑	赍敕往封乌思藏阐化等王（中途停罢。后封诸藏不再遣京寺番僧）	《明世宗实录》卷五二六，《国朝汇典》卷175，《皇明大政记》卷34，《典故纪闻》卷17
董象恒	兵部郎中	天启五年二月丁未	赍敕命、图书，颁给西僧喇嘛王桑吉叭藏等	《明熹宗实录》卷五六

附表2　洪武—崇祯年间西藏及周边地区朝贡使者统计表

（一）明代前期西藏及周边地区赴京贡使表

表2.1　洪武时期西藏及周边地区赴京贡使表（附建文朝）

贡使名	贡使身份	来朝时间	贡物	史料出处
何锁南普（等一十三人）	故元陕西行省吐蕃宣慰使	洪武三年十二月辛巳	来朝进马及方物	《明太祖实录》卷五九，《明史》卷330《西番诸卫传》
不失结	吐蕃院使官员	洪武三年冬	贡马及方物	《明太祖实录》卷六六，《皇明大事记》卷13
马梅孛罗罕	吐蕃来降院使、官员	洪武四年六月戊子	贡马及铁甲、刀、箭…	《明太祖实录》卷六六，《皇明大事记》卷13
朵儿只、汪家奴	河州卫指挥使司佥事	洪武五年二月壬辰	来朝，贡名马、蕃犬	《明太祖实录》（下同）[①]卷七二

[①] 注："附表2"中对洪武—崇祯年间西藏及周边地区来京朝贡使者的统计，因除了《明实录》之外，其他文献资料中很少有详细记载、记录，故鉴此文献资料匮乏之实际，"附表2"（表2.1——表2.14）的"史料出处"中除标明具体史料来源名之外的其他各史料，均来自《明实录》，并不再单独说明。笔者注。

续表

贡使名	贡使身份	来朝时间	贡物	史料出处
包完卜札	西番十八族千户	洪武五年二月壬寅	来朝贡马	卷七二
——（姓名不详，下同）	——（乌思藏摄帝师喃加巴藏卜等遣）	洪武五年十二月庚子	来贡方物	《明太祖实录》卷七七，《明史》卷331，《国榷》卷5
锁南藏卜	乌思藏怕木竹巴地方酋长	洪武六年正月己巳	以佛象、佛书、舍利来贡	《明太祖实录》卷七八，《皇明大事记》卷13
卒力加瓦、朵只巴	番僧	洪武六年十月己卯	来朝	卷八五
僧吉加督、管着	西番知院、左丞	洪武六年十二月丙寅	来朝贡方物，并以故元詹事院印来上	卷八六
辇真藏卜	僧人（炽盛佛宝国师喃加巴藏卜遣）	洪武七年四月丁酉	来朝贡方物	卷八八
曲节山角、阿节男者力	西番归附番人	洪武七年四月戊戌	来朝贡方物	卷八八
杨者七（等6人）	茂州权知州	洪武七年五月壬午	入朝，贡马	卷八九
捌南巴尔加瓦（等七人）	乌思藏僧	洪武七年十一月乙丑	来朝贡方物	卷九四
——	（乌思藏怕木竹巴辇卜者吉剌思巴、赏竺监藏巴藏卜等遣）	洪武七年十二月甲寅	进表及方物	卷九五
藏卜巴、捌兀儿监藏	乌思藏僧、朵甘都指挥司同知赏竺监藏儿子	洪武九年五月己卯	各进表，贡方物	卷一〇六
——	（朵甘、乌思藏灌顶国师答力麻巴剌遣）	洪武十一年十二月丁巳	进表，贡方物	卷一二一
汝奴藏卜	乌思藏酋长	洪武十二年正月丙申	表贡方物	卷二一二

续表

贡使名	贡使身份	来朝时间	贡物	史料出处
——	（朵甘、乌思藏灌顶国师答力麻巴剌及怕木竹巴万户府等官遣）	洪武十二年二月丁巳	贡方物	卷一二二
亦卜藏卜	西番红堤峪族酋长	洪武十三年四月乙酉	来朝	《明太祖实录》卷一三一,《皇明大事记》卷13
薛文胜（等六十四人）	龙州知州	洪武十四年正月己丑	来朝	卷一三五
——	（黎州安抚使芍德遣）	洪武十四年正月丙申	贡马	卷一三五
——	（朵甘、乌思藏灌顶国师答力麻巴剌及都指挥使班珠尔儿藏卜等遣）	洪武十四年十一月丁未	表贡方物	《明太祖实录》卷一四〇,《明史》卷2
——	（俄力思军民元帅府、巴者万户府等遣）	洪武十四年十二月乙卯	表贡方物	卷一四〇
占藏先结	松潘安抚司酋长	洪武十五年二月戊午	来朝贡马一百三匹	卷一四二
——	（俄力思军民元帅府、巴者万户府遣）	洪武十五年二月乙丑	奉表贡方物	卷一四二
汝奴藏卜、僧哈麻剌	镇抚、僧人（乌思藏指挥同知监藏巴藏卜、仰思多万户公哥怕等遣）	洪武十五年二月丙寅	来朝贡兜、罗帽、铁骊、绵等物	卷一四二
高惟普、若剌	西番打煎炉长河西理问、土官故元右丞剌瓦蒙侄	洪武十六年三月乙卯	来朝贡马及方物	卷一五三

续表

贡使名	贡使身份	来朝时间	贡物	史料出处
答儿八坚千	西番打煎炉长河西僧	洪武十六年三月壬戌	来朝	卷一五三
油笼思卜	长河西安抚司土官	洪武十六年四月己卯	来朝	卷一五三
剌瓦蒙	长河西军民安抚使	洪武十七年四月乙酉	来朝贡方物	卷一六一
油笼思卜	长河西军民安抚司土官	洪武十九年五月甲申	来朝贡马	卷一七八
薛继贤	四川松潘安抚司土官	洪武十九年十二月戊申	贡马二十二匹	卷一七九
班珠尔儿藏卜	乌思藏卫镇抚	洪武十九年十二月己酉	贡方物	卷一七九
阿迦耶	——（尼八剌国、乌思藏、朵甘都司都指挥搠干尔坚藏等遣）	洪武二十年十二月庚午	来朝上表，贡方物马匹、镔铁剑及金塔、佛经之属	《明太祖实录》卷一八七，《明史》卷3
杨藏卜	四川天全六番招讨司副招讨	洪武二十一年二月己未	来朝进马	卷一八八
监藏卜	朵甘酋长	洪武二十一年十二月庚午	来贡马	卷一九四
——	（天全六番招讨使杨藏卜遣）	洪武二十三年五月甲辰	贡马	卷二○二
——	（四川松潘军民指挥司所属十长官各遣子）	洪武二十三年十二月己巳	贡马	卷二○六
札撒巴鲁	（乌思藏卫、俺不罗行都指挥使司等遣）	洪武二十三年十二月庚辰	表贡方物，贺明年正旦	卷二○六
坚敦真、喃哥	乌思藏僧、黑胜寺僧	洪武二十四年正月己丑	来贡马及方物	卷二○七
高敬严	天全六番招讨使	洪武二十四年二月庚申	来朝贡马及方物	卷二○七

续表

贡使名	贡使身份	来朝时间	贡物	史料出处
木初	丽江府知府	洪武二十五年二月甲寅	来朝贡马	《明太祖实录》卷二一六，《明史》卷314《云南土司传二》
锁南监藏卜	朵甘都指挥使司指挥	洪武二十五年十二月甲寅	奉表笺来贡马	卷二二三
三剌	西宁番僧	洪武二十六年二月壬寅	贡马	卷二二五
李昭、牟力结、擎占班	龙州土官同知、松潘军民指挥使司指挥、陕西河州卫番僧	洪武二十六年十二月己亥	各贡马	卷三二〇
——	（乌思藏灌顶国师吉剌思巴监藏巴藏卜等遣）	洪武二十七年正月甲子	来朝献甲青、厨缨等物。	卷二三一
——	（四川天全六番招讨使高敬严遣）	洪武二十七年二月癸未	贡马	卷二三一
——	（朵甘、乌思藏皆遣使）	洪武二十七年二月己亥	入贡	卷三一一
班丹藏卜	（朵甘都指挥搠干尔监藏等遣）	洪武二十七年十二月乙亥	来朝贡马	卷二三五
琐南里监藏、班珠尔儿藏卜	乌思藏僧、乌思藏卫镇抚	洪武二十九年十二月己酉	贡剑及甲宵等物	《明太祖实录》卷二四八，《明史》卷3
——	（乌思藏都指挥司灌顶国师等遣）	洪武三十年正月辛未	贡方物	《明太祖实录》卷二四九，《弇山堂别集》卷77
三剌	西番瞿昙寺僧	洪武三十年二月甲辰	来朝贡马	卷二五〇
僧吉藏卜	四川长河西安抚等司土官	洪武三十一年正月癸酉	来朝	卷二五六

表2.2 永乐时期西藏及周边地区赴京贡使表（附洪熙朝）

贡使名	贡使身份	来朝时间	贡物	史料出处
——	（朵甘、乌思藏必力工瓦等国师并土官遣）	永乐元年正月庚辰	（遣人）来朝贡马及方物	《明太宗实录》（下同）卷一六
撒力加藏卜（等三十九人）	安定卫头目	永乐三年二月丙戌	来朝进马	卷三九
——	（叠州剌儿冈簇头目南哈倚实遣）	永乐三年三月戊申	来朝贡马	卷四○
——	（西番马儿藏等簇、四川、贵州诸土官遣）	永乐三年十二月戊子	贡方物，贺明年正旦	卷四九
——	（乌思藏怕木竹巴灌顶国师、必力工瓦国师等遣）	永乐四年二月丙寅	贡方物	卷五一
着失夹	灌顶圆通善慧大国师哈剌思巴啰葛萝司徒弟	永乐五年十月乙巳	来朝，献舍利、佛象及马	卷七二
——	（净修三藏国师耳亦赤、净戒三藏国师八儿思遣）	永乐五年十二月辛巳	贡马	卷七四
端竹巴	馆觉灌顶国师护教王徒弟	永乐六年四月丁未	贡方物	卷七八
阿奴弟	西番剌和庄摩些土酋	永乐四年十月丙申	来朝贡马	卷六○
札思巴儿监藏（等六十一人）	（馆觉灌顶国师宗巴干即南哥巴藏卜及札思木都指挥使撒力加监藏等遣）	永乐五年二月壬子	贡马	卷六四
——	（尚师哈立麻遣）	永乐四年二月丁卯	献佛象等物	卷五一
剌伯、各塔	大西番陀安土官速康部头目、剌古瓦如寨头目	永乐五年四月壬辰	来朝贡马	卷六六

续表

贡使名	贡使身份	来朝时间	贡物	史料出处
——	（乌思藏阐化王、牛儿宗寨官喃哥藏卜、擦力巴都指挥葛谛藏卜等遣）	永乐六年十二月辛丑	来朝贡马及方物	卷八六
——	（必力工瓦国师端竹监藏、朵陇都指挥佥事锁南领占，着由万户搠巴星吉冲、阿儿的占等遣）	永乐七年二月甲戌	贡马及方物	卷八八
革失令真札	陕西必里等卫剌麻失剌查徒弟	永乐七年二月戊寅	贡马	卷八八
辍藏	如来大宝法王哈立麻徒弟	永乐七年二月庚辰	来朝	卷八八
——	（曲先卫指挥使三即等遣）	永乐七年闰四月甲寅	贡马	卷九一
端竹监藏、朵儿只、完旦加思	西番陇答卫镇抚、必里卫千户、川卜千户	永乐七年十二月癸卯	贡马	卷九九
锁南监藏	（乌思藏必力工瓦国师端竹监藏等遣）	永乐七年十二月辛亥	贡马	卷九九
——	（如来大宝法王哈立麻、赞善王等遣）	永乐八年正月甲午二四	来朝	卷一〇〇
——	（如来大宝法王哈立麻及馆觉护教王等遣）	永乐九年四月乙未	（各遣）使进马	卷一一五
木初等	云南丽江军民府及镇道安抚司土官知府	永乐九年九月庚午	遣人贡马	《明太宗实录》卷一一九，《明史》卷314
杨班丹	如来大宝法王哈立麻徒弟	永乐十年五月丙戌	贡方物	卷一二八

续表

贡使名	贡使身份	来朝时间	贡物	史料出处
昆泽思巴	乌思藏尚师	永乐十年十二月丙寅	（来朝，先遣）进舍利、佛像	《明太宗实录》卷一三五，《明史》卷331
耳亦奴	净修三藏国师耳亦赤之子	永乐十一年正月癸卯	贡马	卷一三六
札结	乌思藏怕木竹巴灌顶国师阐化王吉剌思巴监藏巴里藏卜侄子	永乐十一年二月己未	来朝贡	《明太宗实录》卷一三七，《殿阁词林记》卷1
高敬虎	四川天全六番招讨司招讨高敬让儿子	永乐十二年五月癸巳	贡马	卷一五一
——	（西番占藏先结簇、山洞簇、麦匝等簇十五长官司遣）	永乐十二年十二月丙子	来朝贡马	卷一五九
——	（正觉大乘法王昆泽思巴遣）	永乐十三年正月丙午	贡马	卷一六〇
——	（乌思藏大国师渴尊巴、完卜汪束监藏等遣）	永乐十三年十二月丁亥	贡马	卷一七一
——	（乌思藏怕木竹巴灌顶国师阐化王、馆觉灌顶国师护教王、必力工瓦阐教王等遣）	永乐十四年五月辛丑	贡马及方物	卷一七六
——	（乌思藏大国师释迦也失遣）	永乐十五年二月戊午	贡马	卷一八五
公哥乩	（乌思藏阐化王、必力工瓦阐教王、大乘法王昆泽思巴等遣）	永乐十五年十二月甲辰	贡佛象、舍利并方物。	卷一九五
——	（如来大宝法王哈立麻等遣）	永乐十六年正月戊午	贡马	卷一九六

续表

贡使名	贡使身份	来朝时间	贡物	史料出处
汪速他	—（必力工瓦阐教王领真巴儿吉监藏遣）	永乐十六年三月丁巳	贡方物	卷一九八
襄儿结	董卜韩胡宣慰使头目	永乐十六年九月己巳	贡方物，谢恩，且请佛像、藏经。	卷二〇四
汝奴星吉	—（灵藏赞善王吉剌思巴监藏巴藏卜遣）	永乐二十年三月辛酉	贡马	卷二四七
班丹札（等三百十四人）	正觉大乘法王属下国师	永乐二十年闰十二月癸酉	朝贡	卷二五四下
端岳竹巴、汪束监集、结摄端竹监藏、汝奴星吉	乌思藏卫指挥、必力工瓦阐教王使者、思达藏辅教王使者、灵藏赞善王使者	永乐二十一年二月乙卯	贡方物	卷二五六
着失藏卜	洮州番僧	永乐二十一年七月戊子	贡马	卷二六一
—	（灌顶净觉弘济大国师班丹藏卜等遣）	永乐二十一年十一月己亥	贡马	卷二六五
哈牟少	陕西岷州卫东岔弯等簇簇首	永乐二十二年正月辛卯	贡马	卷二六七
加必什络、尹巴	乌思藏僧、陕西文县千户所番僧	永乐二十二年三月戊戌	贡马	卷二六九
罗卓星吉、失加	陕西必里卫禅师、黑章哑簇剌麻	永乐二十二年十一月乙未	贡马	《明仁宗实录》卷四下
福景	西宁卫土僧剌麻	永乐二十二年十二月丁卯	来朝贡马	《明仁宗实录》卷五下
三竹朵尔只、三竹藏、沙加端竹	乌思藏葛里麻寺剌麻、陇答卫镇抚、馆觉剌笼番僧	永乐二十二年十二月庚午	贡马	《明仁宗实录》卷五下

附：洪熙年间西藏及周边地区赴京贡使表

贡使名	贡使身份	来朝时间	贡物	史料出处
——	（必里卫、馆觉、灵藏等处护教王巴里藏卜等遣）	洪熙元年正月甲午	贡马	《明仁宗实录》卷六下
葛竹瓦沙加藏卜（等五十九人）	乌思藏哈里麻寺剌麻	洪熙元年二月壬寅	来朝贡马	《明仁宗实录》卷七上
班丹星吉（等二十二人）	洮州等卫火把等簇国师	洪熙元年二月乙卯	贡马	《明仁宗实录》卷七上
朵耳只星吉	陕西朵哑簇剌麻	洪熙元年二月癸亥	贡马及方物	《明仁宗实录》卷七下
——	（四川伽木隆之地妙智通悟国师、达思蛮长官司遣）	洪熙元年三月辛卯	贡马	《明仁宗实录》卷八下
木初等	云南丽江军民府等处土官	洪熙元年四月壬戌	遣人贡马	《明仁宗实录》卷九下，《明史》卷314
绰失吉罗罗	陕西西宁卫剌麻	洪熙元年十二月丁丑	贡马	《明宣宗实录》卷一二
勺失结林证、桑结巴	四川松潘祈命族番僧、乌思藏大乘法王昆泽思巴使者	洪熙元年十二月甲午	贡马及方物	《明宣宗实录》卷一二

表2.3 宣德时期西藏及周边地区赴京贡使表

贡使名	贡使身份	来朝时间	贡物	史料出处
高凤	四川天全六番招讨司土官高敬让儿子	宣德元年正月壬寅	来朝贡马	《明宣宗实录》（下同）卷一三
舍加札思巴	乌思藏番僧	宣德元年正月辛亥	贡马	卷一三

续表

贡使名	贡使身份	来朝时间	贡物	史料出处
班丹札思巴、班丹扎失、出思吉监藏、杨钦	乌思藏国师、净觉慈济大国师、四川直龙等簇番僧、天全六番招讨司招讨	宣德元年正月癸亥	贡马及方物，贺万寿圣节。	卷十三
班丹坚昝	陕西洮州卫剌麻番僧	宣德元年二月戊寅	来朝贡马	卷一四
昝秀乱	陕西洮州卫着藏簇故土官正千户些的儿子	宣德元年三月戊戌	贡马	卷一五
锁南监藏、公哥坚藏、三丹、沙加、锁南坚藏、领占扎思巴	哈立麻番人、管觉番僧、束藏番僧、灵藏番僧、灵藏赞善王儿子、剌麻	宣德元年三月己亥	贡马	卷一五
着竹、兀鲁思	乌思藏番僧、河州卫头目	宣德元年三月庚子	来朝贡马	卷十五
后广、着由、绰巴藏札乩星吉	陕西洮州卫指挥、乌思藏葛里麻番僧、灵藏番僧	宣德元年四月甲子	贡马	卷十六
圆旦儿	松潘等处番僧剌麻	宣德元年四月戊辰	贡马	卷一六
汪藏	乌思藏番人	宣德元年四月丁丑	贡马及方物	卷一六
端竹领占	陕西临洮卫国师	宣德元年四月己卯	来朝贡马	卷一六
监藏领占	陕西河州卫番	宣德元年四月壬辰	贡马	卷一六
桑者朵儿只	四川长河西、鱼通、宁远等处番僧禅师	宣德元年五月戊戌	来朝贡马	卷一七
昆泽思巴阿木葛	乌思藏大乘法王国师	宣德元年九月壬寅	等来朝、贡马及方物	卷二一
札失坚昝、盏宗	陕西洮州僧人乌思藏僧	宣德元年九月丁未	等来朝贡马	卷二一
绰思吉领占	西宁番僧剌麻	宣德元年九月癸丑	来朝贡马	卷二一

续表

贡使名	贡使身份	来朝时间	贡物	史料出处
沙则落	陕西洮州等卫番僧剌麻	宣德元年十月丁卯	来朝贡马及金银器	卷二二
阿延拜子剌、绰失加	安定卫指挥、罕东卫密罗簇头目	宣德元年十月戊辰	来朝贡马	《明宣宗实录》卷二二，《明史》卷330
马尔藏、已失坚藏、亦失藏卜、勺思吉巴、僧会张耳力	西宁卫国师、临洮卫都纲、河州卫都纲剌麻、宁夏卫番僧	宣德元年十月丁丑	来朝贡马	卷二二
失罗竹	洮州卫剌麻	宣德元年十月乙酉	来朝贡马及方物	卷二二
加瓦藏卜	陕西河州卫番僧剌麻	宣德元年十月戊子	来朝贡马	卷二二
锁南监藏、可惠	西番国师、西宁卫番僧都纲	宣德元年十一月辛卯	来朝贡马	卷二二
咤巴藏卜、绰力加	陕西洮州卫剌麻乌思藏番僧剌麻	宣德元年十一月丁酉	来朝贡马	卷二二
三丹乩、监藏	陕西岷州卫番僧剌麻、乌思藏番僧剌麻	宣德元年十一月丁巳	来朝贡马	卷二二
端岳监藏	陕西岷州卫国师	宣德元年十二月癸亥	贡马	卷三二
札章	乌思藏番僧	宣德元年十二月乙丑	来朝贡马	卷二三
吉帖木	陕西河州卫千户长	宣德元年十二月乙亥	来朝贡马	卷二三
章结	乌思藏番僧	宣德元年十二月丁丑	来朝贡马	卷二三
监藏锁南儿	陕西巴哇等簇指挥	宣德元年十二月己卯	来朝贡马	卷二三
班丹领占	陕西岷州卫等处剌麻	宣德元年十二月辛巳	来朝贡马	卷二三
汝奴星吉	乌思藏番僧	宣德元年十二月丙戌	贡驼马及羊	卷二三
亦什星吉	陕西洮州卫思曩日等簇番僧	宣德二年正月乙未	来朝贡马及银方物	卷二四

续表

贡使名	贡使身份	来朝时间	贡物	史料出处
完卜	四川麻儿咂簇、顺化剌麻头目通事	宣德二年正月辛亥	来朝贡马	卷二四
失宁卜肖	陕西洮州等卫土官百户剌麻	宣德二年正月戊午	贡金银器皿、羊、马	卷二四
领占藏、散节星吉	陕西岷州卫番僧、乌思藏剌麻番僧	宣德二年二月庚申	贡马及方物	卷二五
杨钦、永鲁札、朵儿只星吉	四川天全六番招讨司土官、陕西洮州卫着藏、火把等簇土官百户、陕西洮州卫着藏、火把等簇剌麻	宣德二年二月壬戌	来朝贡马	卷二五
喃哈亦失、哈里	岷州卫叠州花言城等簇剌麻、秦州卫番僧	宣德二年二月庚午	等贡马及方物	卷二五
班丹坚昝	陕西临洮等处剌麻僧	宣德二年三月戊戌	来朝贡马	卷二六
完卜耳禄	陕西凉州卫僧	宣德二年四月乙亥	来朝贡马	卷二七
释夏监藏	伽木隆番僧	宣德二年五月丙午	来朝贡马	卷二八
福景	陕西洮州卫僧	宣德二年六月丁卯	来朝贡马及方物	卷二八
扳丹札	陕西洮州卫剌麻	宣德二年六月丙子	来朝贡马	卷二八
锁南相竹	乌思藏剌麻	宣德二年八月己巳	来朝贡马	卷三〇
印中	天全六番招讨司土僧	宣德二年八月戊寅	来朝贡方物	卷三〇
阿松界	四川长河西、鱼通、宁远等处番僧（宣慰使喃哩哥遣）	宣德二年九月乙未	来朝贡马	卷三一
亦升藏卜	陕西洮州番僧	宣德二年九月乙巳	来朝贡马	卷三一
完卜捕黑般	陕西西宁卫净觉弘济（大国师遣）剌麻	宣德二年十月丁丑	进马，谢恩。	卷三二

续表

贡使名	贡使身份	来朝时间	贡物	史料出处
喃哈监藏	陕西岷州卫番僧	宣德二年十一月戊戌	来朝贡马	卷三三
失剌罕	曲先卫指挥佥事	宣德二年十一月辛丑	入朝贡驼马,谢恩	卷三三
管着藏卜	陕西洮州卫僧纲司都纲	宣德二年十一月乙巳	来朝贡马	卷三三
失劳星吉	陕西岷州卫叠州出麻等簇番僧头目	宣德二年十一月壬子	来朝贡马	卷三三
札石监藏	陕西临洮府普觉寺僧人	宣德二年十二月癸亥	贡马	卷三四
失劳乩、失剌监藏、恰卜子板的肖、本卜节	陕西岷州等卫剌麻、西宁卫大国师三丹藏卜徒弟、叠州升朵簇故千户、昝吾等簇番僧簇头	宣德二年十二月丁卯	贡马	卷三四
锁南领占、远丹	陕西河州卫国师端竹领占徒弟、乌思藏剌麻	宣德二年十二月丙子	贡马及方物	卷三四
却儿失加	罕东卫密落簇僧人(国师端岳监藏遣)	宣德三年二月壬戌	来朝贡马	卷三六
——	(曲先卫故指挥同知失剌罕子阿脱力遣)	宣德三年二月戊辰	来朝贡马。俞阿脱力袭其父职,赐诰命、冠带	卷三六
康寿、孙济	陕西河州卫故土官都指挥佥事	宣德三年四月癸亥	来朝贡马	卷四一
李侍乔	四川长河西、鱼通、宁远军民宣慰司把事	宣德三年六月戊子	贡马及方物	卷四四
勺失结林证	四川松潘等处军民指挥司祈命等簇剌麻	宣德三年八月乙巳	来朝贡马	卷四六
勒卦、若儿节、观着召、合儿者、巴少、霍则、川操、那儿卜	麦匝等簇故官子、蛤匝簇故官子、牟力劫簇故土官孙、阿昔洞簇故官子、祈命簇故官弟、白马路簇故官子、勒都簇故土官子、北定簇故土官侄。(以上均为四川松潘等处军民指挥司长官司故官儿子、孙子、侄子等)	宣德三年九月丁丑	贡马	卷四七

续表

贡使名	贡使身份	来朝时间	贡物	史料出处
纳立巴	西番僧	宣德三年十月甲申	来朝、贡方物	卷四七
答哩麻星古	乌思藏剌麻高僧	宣德三年十月乙酉	来朝贡马	卷四七
巴节	乌思藏番僧剌麻	宣德三年十月戊子	来朝贡马及方物	卷四七
鲁失加、禄禄	（陕西行都司土官都指挥佥事遣）头目	宣德三年十月己丑	进马，且奏即尔加簇二百三十七帐、男妇一千一百六十五人今皆招抚复业	卷四七
朵儿只藏卜	乌思藏等处高僧	宣德三年十月丙申	来朝贡马	卷四七
札宗	乌思藏及剌卜等簇番僧	宣德三年十月乙巳	来朝贡马	卷四七
纳麻坚昝	陕西阶州阿目等簇剌麻	宣德三年十一月壬子	来朝贡马	卷四八
南哈亦什、札巴星吉、宗竹札	乌思藏花言城等簇剌麻簇头、土官百户、马巴簇番僧	宣德三年十一月乙卯	来朝贡马	卷四八
官着肖、结禄	陕西岷州卫剌答等簇生番头目、洮州卫哈伦簇土官百户	宣德三年十一月丙辰	来朝贡马	卷四八
札巴星吉	陕西洮州卫朵哑簇番僧	宣德三年十一月丁巳	来朝贡马	卷四八
烟丹乩	陕西岷州卫班藏等簇剌麻	宣德三年十一月庚申	来朝贡马	卷四八
容中	陕西岷州卫好地平等簇番僧	宣德三年十一月戊辰	贡马	卷四八
阿竹	陕西阶州利簇剌麻番僧	宣德三年十一月乙亥	来朝贡马	卷四八
切帖儿加、工葛坚赞、南哈谷中	陕西西宁卫章哑簇土官指挥佥事、巩昌府僧纲司剌麻、岷州卫刀札等簇番僧头目	宣德三年十一月丙子	来朝贡马	卷四八

续表

贡使名	贡使身份	来朝时间	贡物	史料出处
领占星吉、宗敬	陕西岷州卫头卜等簇番僧河州卫故土官千户宗思义儿子	宣德三年十二月辛巳	来朝贡马	卷四九
失列门、禄禄	曲先等卫镇抚、陕西西宁卫即尔加簇头目	宣德三年十二月己丑	来朝贡马	卷四九
扎卦速南落丹	陕西岷州卫剌麻、乌思藏剌麻	宣德三年十二月乙未	来朝贡马	卷四九
丹卜监藏、着即坚藏	陕西岷州卫这多等簇番僧头目、乌思藏番僧	宣德三年十二月丁酉	来朝	卷四九
思曼兰监参	陕西河州卫番僧	宣德三年十二月己亥	来朝贡马	卷四九
绰受	陕西西宁卫等处剌麻	宣德三年十二月辛丑	来朝、贡马及银器、方物	卷四九
管着札白、喃哥畏则	陕西秦州卫番僧、西固城东岔弯等簇生番僧头目	宣德四年正月庚申	来朝贡马	卷五〇
初刻令伯	四川长河西、鱼通、宁远等处剌麻	宣德四年二月辛巳	来朝贡马及方物	卷五一
也失藏卜、纳儿载	陕西临洮剌麻、西域番僧	宣德四年二月甲申	贡马及方物	卷五一
鲁失加、禧旼	陕西行都司土官都指挥佥事、四川天全六番招讨司僧	宣德四年二月甲午	贡驼、马及方物	卷五一
罗如藏	四川威州兀惹寨番僧剌麻	宣德四年三月庚午	来朝贡马	卷五一
燕旦儿监藏鲁客、什占千	四川茂州汝奉川寨番僧、威州鲁思蛮等寨番僧、乌思藏僧人（管觉护教王干些儿吉剌思巴八藏卜遣）	宣德四年四月戊寅	来朝贡马	卷五三
——	乌思藏剌麻僧人	宣德四年四月丙戌	朝贡	卷五三
也失领占	陕西秦安县番僧	宣德四年四月癸卯	贡马	卷五三

续表

贡使名	贡使身份	来朝时间	贡物	史料出处
问卜雪能藏	四川长河西、鱼通、宁远等处剌麻	宣德四年五月癸丑	来朝贡马及金银器皿	卷五四
舍那藏卜	陕西洮州卫古尔占等簇剌麻高僧	宣德四年五月辛酉	来朝贡马	卷五四
温卜释麻监藏	四川伽木隆等处剌麻	宣德四年六月己卯	贡马及方物	卷五五
引占	四川威州番僧剌麻	宣德四年六月庚辰	来朝贡马	卷五五
失剌江藏、严藏	四川杂谷安抚司番僧、剌麻	宣德四年六月庚子	来朝、贡方物	卷五五
孙阿惹	四川杂谷安抚司故土官安抚	宣德四年六月甲辰	贡马	卷五五
阿昔并工谷、各坐	四川盐井卫故土官副千户阿抄儿子、西番头目	宣德四年七月辛亥	贡	卷五六
领占巴藏卜	四川长河西、鱼通、宁远等处灌顶弘慈妙济国师徒（弟）	宣德四年九月己未	来朝贡马	卷五八
列藏	陕西西宁卫灌顶弘教翊善国师	宣德四年九月己巳	贡马	卷五八
赏木藏卜	陕西河州卫舍藏等簇剌麻	宣德四年十一月乙巳	来朝贡马	卷五九
仓奔完卜失儿、星斤奔	西番把沙等簇大国师、申冲等簇指挥佥事	宣德四年十一月辛未	来朝贡马	卷五九
沙加	陕西岷州卫禅师剌麻高僧	宣德四年十二月戊寅	来朝贡马	卷六〇
阿南答	陕西岷州等处剌麻	宣德四年十二月丁亥	来朝贡马	卷六〇
短竹伯、锁南札	（四川长河西、鱼通、宁远等处宣慰使喃哩遣）把事、大宝法王之徒、剌麻	宣德四年十二月戊子	来朝贡马及方物	卷六〇
杨钦、领占星吉、文瑜	四川天全六番招讨司土官招讨使、陕西西宁卫禅师、岷州卫高僧	宣德四年十二月甲午	来朝贡马	卷六〇

续表

贡使名	贡使身份	来朝时间	贡物	史料出处
领占端竹和阿木葛、释迦也失、锁南领占（等五百四十二人）	乌思藏国师、乌思藏大国师、大乘法王、阐化王使者	宣德四年十二月乙未	贡马及方物	卷六〇
哈立麻	乌思藏尚师等	宣德四年十二月己亥	来朝贡马及方物	卷六〇
札思巴失捻	陕西河州卫剌麻	宣德五年正月丙辰	来朝贡马	卷六一
藏卜领占	陕西洮州卫七占等簇剌麻番僧	宣德五年正月戊午	来朝贡马及金银器皿、方物	卷六一
南哥监藏、桑尔结监藏、耳力	乌思藏必力工瓦等处剌麻高僧、灵藏都指挥、陕西宁夏剌麻僧人	宣德五年正月甲子	来朝贡马	卷六二
着失工藏	乌思藏剌麻	宣德五年正月己巳	来朝贡马	卷六二
新吉汪秀多只尖尖	陕西文县黎平簇番僧、上丹堡等簇番僧	宣德五年二月癸酉	来朝贡马	卷六三
宗札、捌牙子禄牙	陕西洮州卫故土官百户永鲁札儿子、必尔即簇故土官百户捌牙儿子	宣德五年二月丙子	来朝贡马	卷六三
板丹星吉、札失监藏	陕西洮州卫火把等簇国师、岷州卫剌麻	宣德五年二月丁丑	来朝贡马	卷六三
阿儿结、乐觉先结	四川八郎安抚司土官安抚阿性儿子、阿儿结、牟力劫等簇剌麻徒（土官长官观仲少等遣）	宣德五年三月庚戌	来朝贡马及方物	卷六四
舍剌藏卜、管卜儿加	灵藏僧人（赞善王喃葛监藏巴藏卜遣）、乌思藏牙儿加寨头目	宣德五年三月丙辰	贡马及方物	卷六四
各各乩、恭各藏	陕西岷州卫苟家平等簇番僧、簇头	宣德五年三月壬戌	贡马	卷六四
伽瓦藏卜	四川威州剌麻	宣德五年三月己巳	来朝贡马	卷六四

续表

贡使名	贡使身份	来朝时间	贡物	史料出处
出儿轮	四川松潘祈命簇禅师	宣德五年五月癸丑	来朝贡马	卷六六
亦剌失	罕东卫僧（指挥佥事那栾遣）	宣德五年六月丙子	来朝贡马	卷六七
滚藏、养答儿	罕东卫僧、乌思藏大国师释迦也失之徒	宣德五年八月乙亥	贡马	卷六九
若奴八、汝奴星吉	朵甘卫故指挥使阿奴子、（灵藏赞善王遣）副千户	宣德五年八月辛巳	贡马及方物	卷六九
奔卜、贾思叭僧结	四川董卜韩胡宣慰使之子、剌麻	宣德五年九月壬子	来朝贡马及方物	卷七〇
桑竹阿些儿	乌思藏必力工瓦番僧剌麻	宣德五年十二月壬申	来朝贡马	卷七三
坚束扎	岷州卫剌麻	宣德五年十二月辛卯	来朝贡马	卷七三
朵儿只失加、赏竹领真	——（安定王亦攀丹遣）、安定卫国师	宣德五年十二月丙午	来朝贡马	卷七四
工葛坚赞	陕西巩昌府剌麻高僧	宣德六年二月己亥	进马及方物，贺万寿圣节	卷七六
罗卓促密	乌思藏大国师释迦也失的徒弟、剌麻	宣德六年二月辛亥	来朝贡方物	卷七六
赏束班丹	陕西西宁禅师	宣德六年三月庚午	来朝贡马	卷七七
金得伯	四川长河西、鱼通、宁远等处剌麻	宣德六年三月丙子	来朝贡马	卷七七
坚都四人	曲先等卫指挥同知散即思弟弟、副千户	宣德六年四月甲寅	进马赎罪	卷七八
朵儿只监粲温卜卓思吉	四川长河西、鱼通、宁远等处国师剌麻	宣德六年七月丙戌	来朝贡马	卷八一
伊儿吉、坚都昝卜	陕西西宁卫妙善通慧国师剌麻	宣德六年十一月癸亥	贡马及方物，贺皇太子千秋节	卷八四

续表

贡使名	贡使身份	来朝时间	贡物	史料出处
也失监刬	西宁卫剌麻	宣德六年十一月辛未	来朝贡马	卷八四
怕竹巴、卜伯、星吉领占	乌思藏阐化王使者喇嘛僧人	宣德六年十一月癸未	来朝贡马及方物	卷八四
钻古鲁领占、完卜舍剌藏卜	陕西西宁卫禅师	宣德六年十二月乙未	来朝贡马	卷八五
官着星吉、沙节舍严	陕西岷州卫剌麻、乌思藏剌麻	宣德六年十二月庚戌	来朝贡马	卷八五
锁南钻竹	陕西岷州卫剌麻高僧	宣德六年十二月壬子	来朝贡马	卷八五
锁南藏卜	乌思藏束藏剌麻	宣德七年正月己卯	来朝贡马	卷八六
令占伯、药中尖尖	陕西文县阳汤、速南等簇番僧	宣德七年正月癸未	来朝贡马	卷八六
果脱不花、真只罕	安定卫指挥、阿端等卫指挥同知	宣德七年正月丙戌	来朝贡马	卷八六
真只罕	阿端卫指挥佥事	宣德七年正月己丑	来朝贡马，乞移置本土为便。"从其徒，仍给卫印、赐玺书抚谕之。"	卷八六
绰甲子阿白	四川盐井卫土官副千户	宣德七年三月甲子	来朝贡马	卷八八
薛帖失加、苏霖	陕西行都司百户、洮州卫土官指挥同知	宣德七年三月戊辰	来朝贡驼马	卷八八
容奴儿坚	陕西乌思藏番僧	宣德七年三月戊寅	来朝贡马	卷八八
查朵、精客引占和僧计纳藏汝、温不容但监藏	四川长河西、鱼通、宁远等处剌麻和番僧、奉州番僧	宣德七年四月壬寅	贡马及方物	卷八八
卜禄台	四川盐井卫（土官）把事	宣德七年四月乙巳	来朝贡马	卷八九
出知星吉	四川长河西、鱼通、宁远等处剌麻番僧	宣德七年四月戊申	来朝贡马及方物	卷八九

续表

贡使名	贡使身份	来朝时间	贡物	史料出处
桑者朵儿只	四川长河西、鱼通、宁远等处禅师	宣德七年五月癸未	来朝贡马	卷九〇
阿答	曲先卫百户	宣德七年七月壬申	来朝贡驼马	卷九三
裸古藏卜	陕西西宁卫禅师（大国师锁南儿监参等遣）	宣德七年十月己亥	来朝贡马	卷九六
汪寿	陕西巩昌卫土官都指挥佥事	宣德七年十月戊申	贡马	卷九六
札思巴监参	陕西西宁卫灌顶真修妙应国师	宣德七年十二月庚寅	来朝贡马及方物	卷九七
坚东钻竹、锁南藏卜	陕西洮州卫剌麻	宣德七年十二月癸巳	来朝贡马	卷九七
扎思巴拾剌	陕西必里卫故国师裸罗星吉侄子	宣德七年十二月丙申	来朝贡马	卷九七
姚小、杨城	（四川叠溪等长官司长官舍人遣）通事、天全六番招讨使司土官百夫长	宣德七年十二月庚戌	来朝贡马	卷九七
仓阿儿	西番贾藏番人	宣德七年十二月辛亥	来朝贡马	卷九七
锁南朵儿只	陕西阶州千户所番僧	宣德八年正月癸亥	来朝贡马	卷九八
多只札	陕西文县东峰、四头平等簇番僧	宣德八年正月庚午	来朝贡马	卷九八
乌巴剌宗失	陕西阶州恶顷等簇番僧剌麻	宣德八年二月辛卯	贡马及方物	卷九九
阿别、昝卜、且汪、锁南领占	四川盐井卫马剌长官司等衙门土官副长官、舍人、着藏簇（土官百户朵儿只秀遣）舍人、灵藏赞善王番使、灵藏头目（都元帅汝奴监藏、都指挥阿尔结等遣）	宣德八年三月癸未	来朝贡马	卷一〇〇
娑南令正	四川汶川县番僧	宣德八年四月己酉	来朝贡马	卷一〇一

续表

贡使名	贡使身份	来朝时间	贡物	史料出处
温卜加瓦藏	四川威州妙智通悟国师之徒剌麻	宣德八年五月丙辰	来朝贡马及方物	卷一〇二
安白侄甲失伯偏那朵儿	四川杂道长官司长官番僧剌麻	宣德八年六月壬辰	来朝、贡物及方物	卷一〇三
那噜补藏卜	陕西临洮府剌麻	宣德八年六月甲辰	来朝贡马	卷一〇三
亦什藏卜	陕西洮州卫奄藏等簇剌麻高僧	宣德八年闰八月丙子	来朝贡金银器皿、象、马、方物	卷一〇五
乃尔丹答、你麻结的	乌思藏国师	宣德八年十月丁丑	来朝贡马	卷一〇六
领真星吉、着儿监藏	西宁卫剌麻、乌思藏必力工瓦完卜管	宣德八年十二月甲寅	来朝贡马	卷一〇七
札挂坚藏	陕西岷州卫剌麻	宣德八年十二月乙丑	来朝贡马	卷一〇七
却失加黑巴、把都卜花、坚着儿、川班儿加、领占黑巴	安定王的弟弟、阿端卫指挥卜答虎的弟弟、的里木地剌麻、罕东卫故指挥绰儿吉子、革巴簇使者	宣德八年十二月戊辰	来朝贡马	卷一〇七
完卜革剌藏卜	萝卜山国师之徒	宣德八年十二月甲戌	来朝、贡马及方物	卷一〇七
木森、杨实等	云南丽江军民府故土官知府木土儿子、丽江军民府把事	宣德九年正月庚子	来朝贡马	卷一〇八，《明史》卷314《云南土司传二》
三丹领占	陕西西宁卫剌麻（西宁卫禅师锁南藏卜遣）其徒）	宣德九年正月庚寅	来朝贡马	卷一〇八
班卒星吉、朵只监藏	陕西岷州卫剌麻、乌思藏剌麻	宣德九年正月丙申	来朝贡马	卷一〇八
道口、沙加令、辛巴星吉、朵只锁竹和锁南瓦丹	陕西岷州卫都纲、（陕西岷州卫）国师、（陕西岷州卫）剌麻	宣德九年正月乙巳	来朝贡马	卷一〇八

续表

贡使名	贡使身份	来朝时间	贡物	史料出处
净智、领占星吉、领占坚迁、着藏初刻、令伯罗藏和朵罗迁班别儿、咤思巴藏卜和温都儿坚藏、速南坚藏和陆儿藏卜、锁南领占	四川长河西、鱼通、宁远等处军民宣慰司禅师、（四川长河西、鱼通、宁远等处军民宣慰司）剌麻、（四川长河西、鱼通、宁远等处军民宣慰司）都纲陕西洮州卫剌麻、甘州卫高僧	宣德九年二月壬子	来朝贡马	卷一〇八
札藏、牟乐干	陕西岷州卫剌麻高僧	宣德九年三月丁亥	来朝贡马	卷一〇九
速南藏卜、札藏	陕西洮州卫临藏江剌麻、岷州卫剌麻	宣德九年三月癸卯	来朝贡马	卷一〇九
八的抄子八如非、速纳藏	四川盐井卫土官千户、西番仆士得剌麻	宣德九年六月辛酉	来朝贡金银器皿、象、马等方物	卷一一一
温卜燕旦监藏	四川汶川县番僧	宣德九年九月戊寅	来朝贡马	卷一二一
温卜索南外息	四川伽木隆番僧（四川伽木隆国师释夏监藏遣）	宣德九年九月庚辰	来朝贡马	卷一一二
班丹葛剌	四川长河西、鱼通、宁远等处番僧剌麻	宣德九年十月乙卯	来朝、贡方物	卷一一三
俺班	罕东等卫念到簇头目薛帖儿加弟	宣德九年十月丁巳	来朝贡马	卷一一三
湛藏、锁南札思	陕西西宁卫剌麻、乌思藏剌麻	宣德九年十月甲子	来朝贡马	卷一一三
板的失绰	陕西叠州升朵簇土官千户	宣德九年十一月丙子	贡马	卷一一四
锁竹乩、班官藏卜	乌思藏剌麻、陕西岷州卫高僧	宣德九年十一月戊寅	来朝贡马	卷一一四
公哥藏卜	陕西洮州卫国师领占藏卜的徒弟	宣德九年十一月丁亥	来朝贡马	卷一一四

附表2 洪武—崇祯年间西藏及周边地区朝贡使者统计表

413

续表

贡使名	贡使身份	来朝时间	贡物	史料出处
锁南领真、完卜刽真坚藏	陕西西宁卫禅师（陕西西宁卫国师锁南儿坚参遣）	宣德九年十一月甲午	来朝贡马	卷一一四
锁南星吉、完卜舍刺竹	陕西西宁卫刺麻、巴哇簇头目	宣德九年十二月乙巳	来朝贡马	卷一一五
完卜札思巴监藏、金刚保	陕西西宁卫巴沙等簇西纳等簇头目、土鞑	宣德九年十二月乙丑	来朝贡马	卷一一五
男只把肖者、领占乩	火把等簇土官千户、番僧	宣德十年正月丙戌	来朝贡马及方物赐彩币等物有差	《明英宗实录》卷一
官卓台敢	卓禄簇番僧	宣德十年二月癸卯	来朝贡马	《明英宗实录》卷二
远丹藏卜	隆觉寺刺麻高僧	宣德十年二月丙寅	来朝贡马	《明英宗实录》卷二
——	四川别思、阿容等寨寨首多儿者等遣）	宣德十年四月癸亥	来朝贡马	《明英宗实录》卷四
高凤	天全六番故招讨使	宣德十年七月丁酉	来朝贡马	《明英宗实录》卷七
——	四川乾藏寺灌顶弘慈妙济国师遣）	宣德十年十月乙丑	贡马	《明英宗实录》卷一〇
——	四川天全六番招讨司副招讨杨显昭等遣）	宣德十年十二月甲子	各来朝贡马及方物赐彩币等物有差	《明英宗实录》卷一二

表4.4 正统时期西藏及周边地区赴京贡使表

贡使名	贡使身份	来朝时间	贡物	史料出处
结失坚敦巴	四川长河西、鱼通、宁远等处军民宣慰使司番僧	正统元年正月甲申	来朝贡马及方物	《明英宗实录》（下同）卷一三
令正窝谢、贾索	四川山后寨番僧、西番巴沙等簇大国师	正统元年三月丙申	俱遣）贡马及方物	卷一五
锁南札	乌思藏剌麻	正统元年四月丁巳	遣）贡马及方物	卷一六

续表

贡使名	贡使身份	来朝时间	贡物	史料出处
锁南札	（乌思藏大宝法王遣）剌麻	正统元年五月癸酉	来朝贡马及方物	卷一七
罗葛啰藏卜	四川长河西高剌麻番僧	正统元年六月丙申	赴京朝贡	卷一八
绰竹藏卜、恩你、贾索	陕西岷州卫大崇教寺大国师、宁夏卫僧会司剌麻、西番把沙等簇、瞿县寺国师	正统元年十一月辛丑	（俱遣）贡马	卷二四
查朵	长河军民宣慰使司剌麻	正统二年正月戊申	来朝贡马及方物	卷二六
——	四川长河西、鱼遁、宁远等宣慰使司	正统二年二月壬戌	（俱遣）贡马	卷二七
失劳藏卜	陕西洮州卫番僧剌麻	正统二年二月丁丑	贡珍珠及马	卷二七
完卜札巴坚藏	临洮卫番僧	正统二年二月戊寅	贡马及佛像、舍利	卷二七
男剌马佐、摆都塔他	四川盐井卫土官、西番头目	正统二年四月丙戌	来朝贡马及方物	卷二九
释迦也失的徒弟禅师领占	乌思藏大慈法王释迦也失徒弟禅师领占	正统二年十月辛酉	来朝贡驼马及方物	卷三五
撒力瓦也失	董卜韩胡宣慰使喃葛、松潘番道商捌等令的剌麻	正统二年十一月辛亥	来朝贡马及方物	卷三六
完卜舍剌藏卜	陕西安定等卫国师	正统二年十二月乙亥	来朝贡马及方物	卷三七
镌竹落木	陕西岷州卫剌麻番僧	正统二年十二月乙丑	来朝、贡马驼及方物	卷三七
札巴坚昝、锁南坚参	陕西凉州卫番僧、国师	正统二年十二月己卯	贡马、驼	卷三七
多尔只辇占	陕西秦州卫黎牙簇番僧	正统三年正月壬寅	俱来朝贡马	卷三八
绰领、高凤弟常	松潘卫祈命等簇禅师、四川署天全六番招讨使司事	正统三年三月乙巳	来朝贡马	卷四〇

续表

贡使名	贡使身份	来朝时间	贡物	史料出处
他等	四川盐井卫通事剌麻	正统三年五月甲辰	来朝贡马	卷四二
安白、(等七人)远旦坚钱、(等四人)三结冷(等十七人)	四川长河西、鱼通、宁远宣慰司杂道、岩州二长官司土官、剌麻国师簇克林巴徒弟、番僧	正统三年六月戊辰	来朝贡马	卷四三
烟丹监藏、(等五十二人)除节	叠州生番相的等一十七簇羌民、叠州剌彰等十四簇头目	正统四年正月癸巳	等俱来朝贡马	卷五〇
雍仲	(四川生番随渠等八百二十九寨寨首曲吾巴等遣)番僧	正统四年闰二月戊戌	来朝贡马	《明英宗实录》卷五二,《四夷考》卷4,《国朝汇典》卷175《兵部·西番》
葛失监藏	陕西叠州卫番僧剌麻	正统四年三月壬申	俱来朝贡马及方物	卷五三
——	(伽木隆地面已故国师朵儿只监藏徒弟温卜什夏坚藏遣)	正统四年四月乙酉	来朝贡马及方物	卷五四
烟丹监藏	叠州番簇	正统四年五月庚戌	俱来朝贡马及方物	卷五五
也失朵儿只	(四川长河西、鱼通、宁远等处尊胜寺国师簇克林遣)剌麻	正统四年六月甲辰	俱来朝、贡马及方物	卷五六
田敬、阿敬、端岳竹巴	湖广忠峒安抚司土官舍人、四川马剌长官司土官舍人、乌思藏遣)指挥	正统四年十月庚辰	俱来朝贡马及方物	卷六〇
桑尔加亦舍、坚都巴、阿赤卜、丹班咤	陕西西宁卫番僧、四川长河西、鱼通、宁远等处番僧、沙州卫都指挥、沙州卫番僧	正统四年十一月辛酉	俱来朝贡,进马	卷六一
失剌省吉、沙加拾念、锁南监参、真巴拾念	陕西凉州卫庄严寺番僧、甘州左卫僧纲司任都纲、(甘州左卫)剌麻、僧人	正统四年十二月乙酉	来朝贡马	卷六二

续表

贡使名	贡使身份	来朝时间	贡物	史料出处
着吉藏卜、林占王玊、曷萨室哩、班麻坚参	陕西临洮府番僧刺麻、四川番僧寨首、凉州番僧、临洮府剌麻	正统四年十二月己亥	来朝贡马及铜佛像、舍利子	卷六二
领占端竹、温卜加思八藏卜	陕西岷州卫刺麻、（四川杂谷安抚司安抚阿漂孙朵儿思加遣）把事	正统五年二月癸未	俱来朝贡马及佛像等物	卷六四
绰吉朵儿只	陕西临洮府宝塔寺刺麻	正统五年三月癸丑	来朝贡马、驼、青鼠皮等物	卷六五
阿儿结	（四川董卜韩胡宣慰使司遣）头目	正统五年三月丙辰	来朝贡马	卷六五
漕领占乩、结列领占、绰思恭	西宁卫净宁寺、河州卫军民指挥使司白塔寺剌麻、四川长河西、鱼通、宁远等处军民宣慰使司高日寺番僧	正统五年五月己酉	来朝、贡马及佛象、舍利	卷六七
远丹坚错	乌思藏铁禅寺剌麻	正统五年五月丙寅	来朝贡马、驼、佛像、铜塔、舍利	卷六七
温卜三竺监参、远丹监错和工加祝六	（四川长河西、鱼通、宁远宣慰司剌麻绰吉坚参遣）喇嘛、乌思藏剌麻	正统五年六月乙未	来朝贡马并佛象、舍利、硼砂等物	卷六八
锁南官着林木	四川长河西、鱼通、宁远等处剌麻	正统五年七月丙午	来朝贡象、马及金银、方物	卷六九
锁南兀	乌思藏剌麻	正统五年七月辛酉	来朝贡驼、马及方物	卷六九
锁南兀些儿	乌思藏剌麻	正统五年八月辛巳	来朝贡马及方物	《明英宗实录》卷七〇，《明史》卷10
木森	云南丽江军民府土官知府	正统五年十二月甲申	来朝贡马	《明英宗实录》卷七四，《明史》卷314《云南土司传二》

续表

贡使名	贡使身份	来朝时间	贡物	史料出处
宜言千、摄剌藏卜	四川长河西、鱼通、宁远军民宣慰使司本卜鲁奈国寺剌麻僧、陕西洮州卫管下着落簇永福寺番僧	正统六年正月乙卯	来朝贡马及方物	卷七五
锁南屋即	陕西岷州卫番僧纲司广福寺剌麻	正统六年正月壬戌	来朝贡马	卷七五
巴肖	陕西阶州孔提峪、阿木等簇生番头目	正统六年二月己巳	来朝贡马	卷七六
徧出、八当僧结	四川杂谷安抚司剌麻、角木脚等四寨生番剌麻	正统六年二月壬午	来朝贡马	卷七六
永禄儿监藏	（陕西朵甘、灵藏管缠南恰儿监藏遣）	正统六年二月甲申	来朝贡马及方物	卷七六
绰领	松潘等处番僧	正统六年三月壬戌	来朝贡马及方物	卷七七一
完卜剌麻三丹领占、绰领	陕西临洮府正觉寺番僧完卜剌麻、四川松潘等处番僧禅师	正统六年四月癸酉	来朝贡铜塔及马	卷七八
商巴罗只儿监藏、盼波彦	净戒弘慈国师、番僧	正统六年五月甲辰	来朝贡马	卷七九
陈渊	四川都司百户	正统六年五月己酉	赴京贡马	卷七九
白要、锁南加	（四川盐井卫土官千户剌苴白遣）把事、（申藏簇禅师永隆攀等遣）剌麻	正统六年八月壬申	来朝贡马	卷八二
男八	盐井卫土官舍人	正统六年十一月己未	贡马及方物	卷八五
已什三丹	陕西临洮府僧纲司宝塔寺都纲剌麻	正统六年闰十一月乙丑	贡马及佛像、舍利	卷八六
绰失加黑巴、班丹领占	（安定王亦班丹遣）、陕西甘州剌麻	正统六年十二月丁未	来朝贡马及方物	卷八七

续表

贡使名	贡使身份	来朝时间	贡物	史料出处
阿性伲	松潘催八郎等十八簇土官	正统七年正月己巳	赴京朝贡	卷八八
亦失干	（陕西河州卫普应禅师领占遣）剌麻	正统七年正月丁丑	来朝贡马	卷八八
火把交舍、拾剌监参、宗识识宜、烟丹准中藏者乩	四川八郎安抚司等二十一簇土官阿性伲、陕西岷州卫西番都纲、秦州卫土官百户、秦州卫古当、答牙等簇来降番人	正统七年正月辛卯	贡马及方物	卷八八
克的、阿弥佛觉、心吉伯	四川盐井卫把事、马剌长官司把事、隔立麻寺剌麻番僧	正统七年二月壬辰	贡马及方物	卷八九
奴肉思、贾思巴藏卜	四川伽木隆地面番僧、长河西、鱼通、宁远宣慰司番僧剌麻	正统七年四月丁巳	来朝贡马及佛像、璎珞	卷九一
贾思巴	四川长河西、鱼通、宁远等处宣慰使司剌麻	正统七年六月辛卯	贡马	卷九三
高恺	（四川天全六番招讨司招讨高凤遣）土官	正统七年七月癸亥	各贡象、马，及方物	卷九四
——	（四川董卜韩胡宣慰使克罗俄监粲遣）	正统七年八月己丑	乞封王爵	卷九五
锁南札	（乌思藏大宝法王哈立麻等遣）剌麻	正统七年八月乙卯	贡马及方物	《明英宗实录》卷九五，《明史》卷10
绰思恭、星吉藏	四川长河西、鱼通、宁远等处剌麻、乌思藏剌麻	正统七年八月丁巳	贡马及方物	卷九五
喃葛藏卜	陕西西宁瞿昙寺大国师	正统七年十月丙辰	贡马、驼	卷九七
沙加	陕西岷州大崇教寺国师	正统七年十一月戊午	献镀金佛像、古铜塔、舍利及马	卷九八
领占巴、锁南藏卜、绰吉汪速	临洮府安积寺剌麻、河州卫白塔寺剌麻、景云寺剌麻	正统七年十二月癸巳	来朝贡马及方物	卷九九

续表

贡使名	贡使身份	来朝时间	贡物	史料出处
擢吉藏卜、锁南巴着思吉坚衽	四川长河西、鱼通、宁远等宣慰司麻赛寺番僧剌麻、陕西凉州卫庄严寺剌麻	正统七年十二月丁未，	来朝贡马及方物	卷九九
也央锁南	陕西大慈恩寺剌麻	正统八年二月己丑	来朝贡佛象、舍利及马	卷一〇一
速南落竹	陕西岷州外夷窄底等十三簇番僧簇头	正统八年二月壬辰	来朝贡马及方物	卷一〇一
烟丹坚昝	陕西岷州卫剌麻	正统八年三月丙辰	贡马及方物	卷一〇二
加思八僧宜、促及藏卜、答儿麻细	四川长河西、鱼通、宁远宣慰使司宣慰使、能骨寺番僧、松潘番僧剌麻	正统八年六月癸丑	来朝贡马	卷一〇五
札失坚刬、剌马非	陕西岷州卫东撒簇剌麻、四川盐井卫土官	正统八年七月丁卯	贡马及方物	卷一〇六
绰丹剌卓儿巴藏卜	长河西、鱼通、宁远宣慰司国师	正统八年八月甲午	来朝贡（马及）方物	卷一〇七
别思寨安抚司、簇克林巴	四川董卜韩胡宣慰司、尊胜寺国师	正统八年十月癸未	遣）贡马	卷一〇九
吉耳剌麻	四川长河西、鱼通、宁远宣慰司高日寺剌麻	正统八年十月壬辰	来朝贡马	卷一〇九
绰给札	陕西岷州卫卧龙寺等番僧	正统八年十二月己丑	贡马及佛像、舍利子	卷一一一
三竹藏卜、札巴舍剌	陕西临洮府宝塔正觉寺剌麻、圆觉寺剌麻	正统八年十二月辛卯	贡马及貂鼠皮、佛像、舍利子	卷一一一
耳卜	陕西宁夏等卫报恩寺剌麻	正统八年十二月乙未	各贡马	卷一一一
札失巴、舍剌星吉	陕西河州卫普冈寺禅师、宁夏卫报恩寺剌麻	正统八年十二月丁酉	贡佛像、舍利子	卷一一一
余撒	四川盐井卫通事	正统八年十二月戊申	贡马	卷一一一

续表

贡使名	贡使身份	来朝时间	贡物	史料出处
锁南尔监藏	陕西河州等卫普冈寺剌麻	正统八年十二月庚戌	各贡马、驼、玉石及貂鼠皮、佛像、舍利子	卷一一一
舍剌藏卜	（安定王亦班丹遣）国师	正统九年正月癸亥	来朝贡马	卷一一二
摄剌藏卜	安定卫国师	正统九年二月乙酉	以朝贡至京，各市茶二千斤	《明英宗实录》卷一一三，《典故纪闻》卷11
管着藏卜（等二百三十七名）	陕西孔提峪、西吴等簇招抚各簇来降番人	正统九年三月丁丑	诣京朝贡	卷一一四
写令、麻尼	赤斤蒙古卫指挥、番僧剌麻	正统九年四月丙戌	来朝贡马	卷一一四
加八僧宜	乌思藏剌麻	正统九年五月乙卯	来朝贡马	卷一一六
锁合者	（赤斤蒙古卫剌麻喃哥坚昝遣）指挥	正统九年七月丙寅	贡马驼	卷一一八
也失朵儿只叭藏卜	四川董卜韩出止乌地生番土官剌麻番僧	正统九年闰七月庚子	贡方物	卷一一九
也失朵儿只叭藏卜	董卜韩胡宣慰使司剌麻头目	正统九年八月甲寅	来朝贡马	卷一二〇
锁南杰	（乌思藏大宝法王遣）剌麻	正统九年十月戊申	献马及佛像、舍利等物	卷一二二
着即尖昝	岷州番僧	正统九年十月丁巳	来朝贡马、羊及佛像、舍利	卷一二二
哈成	西宁卫千户	正统九年十一月辛巳	来朝贡马、驼、鹰犬等物	卷一二三
哈萨室哩	陕西凉州卫庄严寺剌麻	正统九年十二月庚戌	来朝贡马及佛像、舍利	卷一二四
绰失吉坚参	陕西凉州卫广善寺剌麻	正统九年十二月戊辰	来朝贡马、驼及方物	卷一二四
番道石革	（陕西文县罗葛等族寨首、汤汤等族剌麻寨首塔儿麻坚藏等遣）	正统九年十二月壬申	贡金银器皿及方物	卷一二四

续表

贡使名	贡使身份	来朝时间	贡物	史料出处
工哈藏、撒丹监昝	陕西土番毛工添夕等簇寨首、岷州卫弘教寺剌麻	正统十年正月癸卯	等俱贡马及方物	卷一二五
修忠	陕西岷州卫报恩寺剌麻	正统十年二月丁未	来朝贡马及方物	卷一二六
札思巴领占、温卜坚参于容	陕西甘州左卫弘仁寺剌麻、原抚番僧	正统十年正月辛酉	来朝、贡驼、马	卷一二六
阿失、革各达儿	思曩日地面金牌头目阿思观的侄、黑水生番首目答儿的侄	正统十年正月丙寅	来贡，回还	卷一二六
锁南屯祝	（乌思藏大宝法王遣）剌麻	正统十年四月辛亥	贡舍利、氆氇等物	卷一二八
马喃安、阿宠、加思八僧宜、加阿松	四川石柱宣抚司土官舍人、顺州土官、长河西、鱼通、宁远等处宣慰使、（乌思藏大善国师加八言千等遣）头目	正统十年五月壬辰	贡马	卷一二九
锁南泥麻、干些儿、札实星吉、锁南监粲、锁南班珠尔儿	（西番尚师哈立麻巴遣）番僧、灵藏番僧、（乌思藏灌顶国师阐化王遣）番僧、（崇教弘善国师班卓儿端竹遣）番僧、番僧	正统十年六月乙巳	来朝贡马及方物	卷一三〇
贾都甲、札巴	四川天全六番、长河西、鱼通、宁远等处剌麻、乌思藏剌麻	正统十年六月辛亥	来朝贡马、驼等物	卷一三〇
——	四川长河西、鱼通、宁远等处军民宣慰使司	正统十年六月庚申	来朝贡象、马及方物	卷一三〇
锁南吾节、锁兹甲、勺思吉领占、恭立	乌思藏番僧甘不瓦等僧徒、云南永宁府（土官南八遣）把事、陕西宁夏卫僧纲司剌麻、云南陇川宣抚司宣抚恭项儿子	正统十年六月壬戌	来朝贡象、马、银器等物	卷一三〇

续表

贡使名	贡使身份	来朝时间	贡物	史料出处
昌云、端竹	四川天全六番招讨使司土僧昌云、陕西岷州卫剌麻	正统十年七月癸酉	来朝贡马及方物	卷一三一
剌麻非	四川盐井卫土官千户	正统十年七月癸未	来朝贡马	卷一三一
温卜贬出、朵儿	四川伽木隆等处地面多补等寨生番僧	正统十年八月戊午	来朝、贡马及明铁甲	卷一三二
喃节札石	岷州卫僧纲司剌麻	正统十年九月庚辰	贡马	卷一三三
李阿得、迷羊卜、卓吉舍念	四川行都司越寯卫印布长官司把事、盐井卫番僧、陕西甘州剌麻	正统十年九月丁酉	来朝贡马及方物	卷一三三
也失端竹	陕西临洮府正觉寺番僧剌麻	正统十年十月丙午	贡马	卷一三四
领占扎巴、锁南藏卜、结瓦端竹星吉、啰纳室俚	陕西巩昌府天竺寺番僧、临洮府僧纲司番僧、河州等卫罗汉寺禅师剌麻、庄浪卫僧纲司番僧	正统十年十二月庚戌	来朝贡马	卷一三六
那儿卜	陕西岷州卫剌麻	正统十一年二月甲辰	来朝贡马及方物	卷一三八
也失藏卜、桑迦班丹、河赏术班丹、端岳肖、坚参亦失、络绎	陕西凉州卫剌麻、靖虏卫剌麻、河州卫剌麻、临洮府剌麻、西宁卫剌麻僧徒	正统十一年二月丙辰	来朝贡马及方物	卷一三八
俺班男朵只他儿、四锁南札、班丹领占、领占朵儿只	罕东卫羌匝簇故千户、四川松浠卫剌麻、陕西西宁卫剌麻、洮州卫剌麻	正统十一年三月己巳	来朝贡马及方物	卷一三九
却儿甲、奴答儿、札思巴监督、失剌加	赤斤蒙古卫头目、罕东卫百户、罕东卫剌麻、罕东卫僧人	正统十一年三月乙酉	来朝贡驼、马	卷一三九
札失领占、本松	陕西石佛寺剌麻、四川万福寺土僧	正统十一年四月丁巳	来朝贡马,驼方物	卷一四〇

续表

贡使名	贡使身份	来朝时间	贡物	史料出处
彻剌藏、班丹星吉	四川长河西、鱼通、宁远地面通寺院剌麻、陕西西宁洮州二卫僧纲司番僧剌麻	正统十一年四月丁卯	来朝贡马及佛像、舍利	卷一四〇
葛藏和札实端竹、领占	乌思藏禅师、剌麻、普应禅师	正统十一年五月壬申	贡马、驼及方物	卷一四一
桑儿结领占	陕西西宁卫剌麻	正统十一年五月乙酉	贡马	卷一四一
亦失藏、锁南监赞	乌思藏等处不来朴寺番僧剌麻、乌思藏回剌麻	正统十一年六月癸丑	各贡佛像及方物	卷一四二
亦失领占	陕西河州卫番僧剌麻领占徒	正统十一年七月壬申	贡马、驼及方物	卷一四三
呆竺瓿简参藏卜、锁南峨瑟、锁南藏卜、腊缚札思巴	乌思藏大慈法王徒弟、宁番卫剌麻、轴定寺剌麻、长河西、鱼通、宁远等处剌麻	正统十一年七月乙酉	贡马及方物	卷一四三
表殊言千	乌思藏剌麻	正统十一年九月甲戌	来朝贡马及金银器皿、士锦、氆氇、刀甲等物	卷一四五
舍剌藏卜、三旦令占	安定王国师、乌思藏番僧剌麻	正统十一年十一月甲申	来朝贡马及方物	卷一四七
纳蒙伯、桑你加札失思	四川长河西目牙地方土官舍人、乌思藏剌麻	正统十一年十二月丁未	来朝贡马、驼方物	卷一四八
泥麻札失	乌思藏答隆地面剌麻	正统十一年十二月戊午	贡马、驼方物	卷一四八
加藏	四川杂谷安抚司加撒等寨向化番僧	正统十二年正月丁丑	来朝贡马及明铁甲	卷一四九
吉笑	四川松潘卫白马路长官司头目	正统十二年二月辛丑	贡马	卷一五〇
桑札	西岷州卫石崖寺剌麻	正统十二年二月癸卯	贡马及佛像、舍利子	卷一五〇
初坚刓巴藏卜	番僧	正统十二年二月乙卯	"以其贡马及玉石数多也。"	卷一五〇

续表

贡使名	贡使身份	来朝时间	贡物	史料出处
桑结札	陕西岷州卫刺麻	正统十二年三月丁亥	来朝贡方物	卷一五一
也失端竹、咤什钻竹	陕西巩昌府安定县崇福寺刺麻、岷州卫广福寺刺麻	正统十二年四月庚申	来朝贡马及方物	卷一五二
绰你麻	乌思藏高僧	正统十二年闰四月己巳	来朝贡驼、马、玉石诸物	卷一五三
剌马非、剌马白、勺思吉领占	四川盐井卫故土官千户、舍人、陕西宁夏卫僧官司弥陀寺刺麻	正统十二年闰四月辛巳	来朝贡马及方物	卷一五三
南哥藏、勺思吉领占	四川杂谷安抚司番僧、陕西宁夏卫番僧纲司弥陀寺刺麻	正统十二年五月癸卯	来朝贡马及方物	卷一五四
三伽其	四川杂谷安抚司木西儿等寨番僧刺麻	正统十二年五月戊午	来朝贡马及方物	卷一五四
沙加思那、日思吉、完卜赏初、罗孤纳思	乌思藏里歪甘霖寺番僧刺麻、四川杂谷安抚司土官、垛布等簇长、董卜韩胡宣慰司刺麻	正统十二年六月己丑	来朝贡马及铁甲等物	卷一五五
罗孤纳思	（董卜韩胡宣慰使司都指挥同知克罗俄监粲遣）温卜刺麻	正统十二年八月辛未	贡马及方物	卷一五七
锁南儿加、着实加	陕西西宁等卫弘通寺刺麻、乌思藏刺麻	正统十二年九月丙辰	贡马	卷一五八
着失加	乌思藏番僧	正统十二年十月甲子	贡马	卷一五九
戈八折、领占乩、锁南儿加	四川叠溪等寨番首、陕西洮州卫番僧、西宁卫刺麻	正统十二年十月辛巳	贡马及方物	卷一五九
斡些儿	定王领占	正统十二年十一月乙未	来朝贡马及方物	卷一六〇
覃玘	乌思藏刺麻	正统十二年十二月己未	贡马及方物	卷一六一

续表

贡使名	贡使身份	来朝时间	贡物	史料出处
游竹	四川长宁安抚司土官安抚剌麻儿其子	正统十二年十二月乙丑	来朝贡蛮口、铠甲及马	卷一六一
喃葛藏卜、札巴领占、桑丹星吉、舍劳先结	陕西瞿昙寺大国师、巩昌府妙华寺剌麻、洮州卫圆成寺番僧，四川松潘卫卜地等寨番僧	正统十三年正月庚子	来朝贡舍利、马、驼及方物	卷一六二
神庆、镇南札失	陕西华林寺剌麻、洮州番僧	正统十三年二月丁丑	贡马及铜塔，世利	卷一六三
远丹巴、先结藏、桑向加星吉	西岷州卫胜安寺番僧、四川芒儿者安抚司土官、嘉定州大邑县开化寺番僧	正统十三年三月甲辰	来朝贡马	卷一六四
锁南管着、弟爵纳、藏卜领占	四川长河西、鱼通、宁远宣慰司、乌思藏番僧剌麻、陕西阶州阿木簇簇头、洮州卫答谷沟簇番僧	正统十三年三月己酉	来朝贡马	卷一六四
瑞岳钻竹、领占藏卜、神庆	陕西岷州卫剌麻、洮州卫剌麻、临洮府剌麻、四川芒儿者安抚司土官弟	正统十三年四月辛酉	来朝贡马及方物	卷一六五
领占巴、桑儿结领占、竹札失	陕西岷州卫剌麻、秦州卫番僧、乌思藏普应禅师领占的僧孙	正统十三年四月辛未	贡马、驼及方物	卷一六五
锁南巴绰尔甲	乌思藏等处剌麻	正统十三年五月戊子	贡马，驼、玉石、氆氇、佛像、舍利等物	卷一六六
什纳监藏、朵儿思加、舍劳藏卜	金川番僧、格梵寺向化番僧、岷州卫法藏寺剌麻	正统十三年五月癸巳	贡铁甲并马，氆氇，佛像等物	卷一六六
札失班丹、桑儿结巴	妙胜禅师锁南藏卜及剌麻、灵藏南嘉寺剌麻	正统十三年五月丁未	朝见，贡马及氆氇、佛像等物	卷一六六
昆各卧则绰儿甲、也失	四川乌思藏剌麻、陕西山丹卫剌麻	正统十三年六月丁卯	来朝贡马，驼及方物	卷一六七

续表

贡使名	贡使身份	来朝时间	贡物	史料出处
札巴藏卜	乌思藏番僧	正统十三年六月丁丑	贡马	卷一六七
锁南坚刬、班珠尔儿星吉	陕西岷州刺麻、乌思藏番僧	正统十三年八月乙卯	来朝贡马及氆氇等物	卷一六九
耳昔、星吉巴、朵儿只藏卜	陕西宁夏卫石空寺刺麻高僧、肃州卫吉祥寺刺、河州卫显清寺刺麻	正统十三年九月壬辰	来朝贡马及佛像、舍利	卷一七〇
南哥藏、温卜让伯	四川杂谷安抚司番僧、乌思藏	正统十三年十月丁丑	来朝贡马	卷一七一
领占藏卜、锁南札西巴	陕西弘觉等五寺刺麻、弘庆等六寺、申冲等二簇刺麻	正统十三年十一月辛卯	来朝贡佛像、舍利、铜塔，驼马	卷一七二
也失札巴	陕西岷州卫大崇教寺番僧	正统十三年十一月己亥	来朝贡马	卷一七二
南哥藏	四川杂谷安抚司番僧	正统十三年十一月丙午	来朝贡刀剑、铁甲	卷一七二
完卜舍剌星吉、完卜锁南藏卜	陕西香德寺喇嘛、革咂簇番人	正统十三年十一月辛亥	来朝贡马	卷一七二
桑儿加黑、舍念藏卜、完卜锁南藏卜、坚藏领占	陕西西宁卫瞿昙寺禅师、净觉等十一寺刺麻、革咂簇人、临洮府宝塔寺番僧	正统十三年十二月甲寅	来朝贡马、驼	卷一七三
喃哈儿监咎、耳布、札巴坚藏、竹麻巴、明朗、谨敦藏卜、公葛坚参、速南藏卜和忍巴星吉、绰吉罗竹	西宁卫隆卜等簇禅师、宁夏卫报恩寺都纲、河州卫报恩寺番僧、临洮府圆通寺番僧、巩昌府寿圣寺番僧、平凉府开城县圆光寺番僧、岷州等府卫大崇教寺番僧、喇嘛、平凉府景云寺番僧	正统十三年十二月戊辰	来朝贡马及降香、佛像、舍利等物	卷一七三
监奔福余、喃结藏卜、班撒儿	安定王领占斡些儿使者、乌思藏刺麻、四川思南柯等寨向化生番	正统十三年十二月庚辰	来朝贡马、驼、黄鹰、铁甲、刀剑、貂鹿皮、佛像、舍利等物	卷一七三

续表

贡使名	贡使身份	来朝时间	贡物	史料出处
桑儿迦朵儿只、藏卜也失	陕西西宁等府卫弘觉寺番僧、寿圣寺番僧	正统十四年正月己丑	来朝贡马及貂鼠皮、佛像、舍利	卷一七四
锁南班丹、先吉奔、领占藏卜、领占斡些儿、他儿巴	陕西河州卫剌嘛、乩藏簇头目、班藏等簇番僧、安定王、罕东卫故指挥绰班儿加儿子	正统十四年二月庚申	来朝贡马及方物	卷一七五
领占坚昝	陕西洮州剌嘛	正统十四年二月丙寅	来朝贡马及方物	卷一七五
伍林卜塔儿、札巴坚藏、丹堡、入奴先结、失剌先吉	四川麻儿匝安抚司土官、陕西岷州卫剌嘛、答牙等簇番僧、双奔簇剌嘛	正统十四年二月壬申	来朝贡马及方物	卷一七五
足都伯、先吉奔	四川乌思藏剌嘛、陕西乩藏簇头目	正统十四年二月己卯	来朝贡马及方物	卷一七五
锁南亦失	陕西临洮府宝塔寺番僧	正统十四年三月丙戌	来朝贡马及方物	卷一七六
舍剌星吉、乍叭剌监参、思漫剌藏	四川甘藏寺番僧喇嘛、乌思藏番僧、尊胜寺番僧	正统十四年五月甲午	来朝贡马及佛像等物	卷一七八
思漫剌藏、锁南伯、杂黑、札巴斡些儿	长河西尊胜寺番僧、乌思藏星吉官寺剌嘛、碉门天全六番诏讨使司、清凉寺番僧剌嘛	正统十四年六月辛酉	来朝贡马及方物	卷一七九
颜千、桑剌结藏卜	乌思藏领绰寺番僧剌嘛、长河西、鱼通、宁远等处甘藏寺都纲剌麻	正统十四年六月丙子	贡渗金铜佛、舍利、珊瑚、氍氇、铁甲等物	卷一七九
武些、偏竹朵儿只、春孟	朵甘思宣慰司剌嘛、灵藏剌嘛、护教王地方蒙儿等二寺番僧	正统十四年七月丁亥	来朝贡佛像、舍利、盔甲及方物	卷一八〇
朵儿只坚参、铁纳星曷	乌思藏那南寺都纲、长河西鱼开化寺番僧剌嘛	正统十四年八月甲戌	来朝贡马及方物	卷一八一
达答	四川长河西、鱼通、宁远等处军民宣慰使司剌麻	正统十四年九月丙申	来朝贡马及方物	卷一八三

（二）明代中期西藏及周边地区赴京贡使表

表2.5 景泰时期西藏及周边地区赴京贡使表

贡使名	贡使身份	来朝时间	贡物	史料出处
——	（四川天全六番招讨司土官招讨使高凤遣）	景泰元年二月丙戌	贡马	《明英宗实录》（下同）卷一八九
官着姜察	乌思藏剌麻	景泰元年四月丙子	各贡金银器皿、象、马、氆氇等方物	卷一九一
阿立押革、桑亚的古罗古罗	乌思藏贡堂川阔宁寺都纲剌麻、番僧	景泰元年四月戊戌	贡氆氇、（铁）甲、佛像、舍利子	卷一九一
——	乌思藏僧	景泰元年五月丁未	进贡	卷一九二
阿立押革、喃哈领占	四川乌思藏剌麻、长河西、鱼通、宁远等处番僧	景泰元年五月辛亥	来朝贡马及方物	卷一九二
混各星卜卓叱、星吉藏卜	四川乌思藏等处番僧、都纲	景泰元年五月辛未	来朝贡马及方物	卷一九二
朵肉藏	达思蛮长官司（故土官番僧达思剌男乃儿只监粲遣）番僧	景泰二年二月壬辰	来朝贡马及方物	卷二〇一
——	（四川威州土官舍人王永遣）	景泰二年三月丙寅	来朝贡马	卷二〇二
哭儿撒、端竹监藏	四川盐井卫（土官）把事、陕西岷州卫朝定寺剌麻	景泰二年五月辛酉	来朝贡马及舍利、佛像	卷二〇四
——	（四川朵甘思宣慰司宣慰使绰思吉咤思吧、答思麻地面指挥佥事绰思吉监粲、乌思藏些蜡寺绰吉监粲各遣）	景泰二年六月辛未	来朝贡马	卷二〇五

续表

贡使名	贡使身份	来朝时间	贡物	史料出处
——	（四川长河西、鱼通、宁远等处甘藏寺清修翊善大国师初克林巴等遣）	景泰二年六月庚辰	贡铜佛，马匹及方物	卷二〇五
札实新吉	（乌思藏等处灌顶国师阐化王并都指挥佥事囚加里坚粲巴藏卜遣）番僧剌麻	景泰二年七月甲辰	贡马及方物	卷二〇六
绰思吉坚参	（四川长河西、鱼通、宁远等处护教赞善王遣）番僧	景泰二年九月甲子	来朝贡马及方物	卷二〇八
奢纳坚粲	（董卜韩胡宣慰使司遣）都纲	景泰二年十二月乙酉	来朝贡马及方物	卷二一一
王荣、公加言千吧藏卜	四川天全六番招讨司土官舍人把事、董卜韩胡西天普日藏寺剌麻	景泰三年正月辛亥	来朝贡马及方物	卷二一二
完卜锁南领占	（乌思藏阐化王遣）番僧	景泰三年正月辛酉	来朝贡马及貂鼠皮	卷二一二
公葛卒陆	乌思藏等处番僧	景泰三年三月辛丑	来朝贡马及方物等	卷二一四
公加思念卜	（四川董卜韩胡宣慰使司遣）番僧剌麻	景泰三年三月庚戌	来朝贡马及方物	卷二一四
朵儿只星吉	四川盐井卫番僧	五月丁巳	来朝贡马	卷二一六
勺思吉坚参	陕西宁夏卫番僧纲司副都纲	景泰三年六月癸酉	来朝贡马	卷二一七
南葛领占	董卜韩胡宣慰司及长河西、鱼通、宁远等处札木领占寺都纲剌麻番僧	景泰三年八月甲戌	来朝贡象、马及方物	卷二一九
锁南藏卜	乌思藏剌麻番僧	景泰三年闰九月庚申	来朝贡马、骡、方物	卷二二一
辨觉冷真朵鲁只、畜吉坚粲、锁南藏卜、领占德正	乌思藏妙印禅师、尔能司都司指挥佥事、剌麻董卜韩胡宣慰司生番头目	景泰三年闰九月丁卯	来朝贡马、驼方物	卷二二一

续表

贡使名	贡使身份	来朝时间	贡物	史料出处
列巴禄竹	净修禅师葛藏徒剌麻	景泰三年十月丙申	各贡方物	卷二二二
簇克也失	乌思藏等处番僧剌麻	景泰三年十月丁未	来朝贡马及方物	卷二二二
高升	四川天全六番招讨使司署（招讨事高崧遣）舍人	景泰四年正月己卯	来朝贡马	卷二二五
温卜、锁南川着尔、完卜锁南领占、失劳亦什	董卜韩胡宣慰使司剌麻、乌思藏节塘寺剌麻番僧大崇教寺剌麻	景泰四年二月庚子	来朝贡马	卷二二六
漂儿刚、班丹领占	四川长河西、鱼通、宁远军民宣慰司（宣慰使叭坚千遣）把事、乌思藏南林咤寺剌麻番僧	景泰四年三月丁卯	来朝贡马	卷二二七
完卜锁南领占	陕西岷州卫大崇教寺剌麻	景泰四年三月己巳	来朝贡马及方物	卷二二七
领占言千	董卜韩胡宣慰司并乌思藏地方剌麻番僧	景泰四年四月丙午	来朝贡马及方物	卷二二八
观音朵鲁只	乌思藏尊胜寺剌麻	景泰四年五月己巳	来朝贡佛像、舍利、方物	卷二二九
与撒	四川行都司盐井卫（土官剌速伯遣）把事	景泰四年六月壬辰	贡马	卷二三〇
矣失言千	乌思藏剌麻番僧	景泰四年六月丙申	贡方物	卷二三〇
绰札	乌思藏剌麻番僧	景泰四年七月甲申	来朝贡马	卷二三一
阿儿夜咤	董卜韩胡宣慰司都纲剌麻	景泰四年九月己未	贡马及氆氇、舍利等物	卷二三三
列巴坚昝	乌思藏及董卜韩胡番僧	景泰四年十二月乙未	来朝贡马及方物	卷二三六
高崧	四川天全六番招讨使司署招讨使事	景泰四年十二月壬寅	来朝贡马	卷二三六

续表

贡使名	贡使身份	来朝时间	贡物	史料出处
——	（陕西岷州大崇教寺国师锁南藏卜等遣）	景泰五年三月丙寅	来朝贡马及方物	卷二三九
领占班丹	陕西岷州大崇教寺番僧	景泰五年四月甲辰	来朝贡马	卷二四〇
贾河、乐竹星佶	四川行都司盐井卫中千户所舍人、乌思藏番僧	景泰五年八月庚寅	来朝贡马及方物	卷二四四
领占瓒竹	四川董卜韩胡剌麻	景泰五年八月乙来	贡方物	卷二四四
桑儿结星吉	四川长河西、乌思藏番僧	景泰五年八月戊申	贡方物	卷二四四
班麻坚	乌思藏地面果加寺剌麻番僧	景泰六年正月乙丑	来朝贡甲、氆氇等物	卷二四九
克矣失	乌思藏南林叱寺剌麻	景泰六年闰六月丙辰	贡舍利	卷二五五
达南领占	岷州卫番僧纲司剌麻	景泰六年八月庚申	贡马	卷二五七
董伯山	四川威州旧州里王官巡检董敏侄	景泰七年正月丁酉	来朝贡马	卷二六二
官着坚藏	陕西岷州卫卧龙寺番僧端竹招出生番簇头	景泰七年三月壬申	来朝贡马	卷二六四
——	陕西岷州卫大崇教寺弘慈广善国师锁南藏卜各遣）	景泰七年三月甲戌	来朝贡马	卷二六四
容农坚迁	四川董卜韩胡宣慰司并乌思藏等地方番僧	景泰七年三月壬午	来朝贡马及方物	卷二六四
——	四川乌思藏（达沧辅教等王遣）剌麻	景泰七年四月庚戌	来朝贡马	卷二六五
坚千星吉	乌思藏剌麻	景泰七年七月壬申	来朝贡方物	卷二六八
沙甲	乌思藏剌麻	景泰七年八月癸卯	来朝贡马	卷二六九
绰思加	四川、乌思藏土官番僧	景泰七年八月丁巳	贡马	卷二六九

续表

贡使名	贡使身份	来朝时间	贡物	史料出处
朱真、查思把	乌思藏嗟堂寺番僧土官金事、董卜韩胡等处土官	景泰七年九月甲戌	来朝贡马及方物	卷二七〇
尼麻星吉	乌思藏桑仆寺剌麻番僧	景泰七年九月癸巳	来朝贡马及方物	卷二七〇

表2.6 天顺时期西藏及周边地区赴京贡使表

贡使名	贡使身份	来朝时间	贡物	史料出处
班珠尔儿藏卜、着儿者	陕西西宁卫净宁寺剌麻僧人、四川松潘卫思曩儿等族土官番人	天顺元年正月辛未	来朝贡马及方物	《明英宗实录》（下同）卷二七三
班珠尔领占	乌思藏白当寺禅师喇麻	天顺元年二月甲寅	来朝贡马、驼、方物	卷二七五
桑尔结坚昝巴藏卜	乌思藏怕木竹巴灌顶国师阐化王	天顺元年三月癸未	来朝贡马及方物	卷二七六
庵配	乌思藏南连查寺剌麻番僧	天顺元年六月甲午	来朝贡氆氇等物	卷二七九
木牙、温卜言粲	四川剌麻乌思藏剌麻	天顺元年七月戊辰	来朝贡马及方物	卷二八〇
沙加阿些儿	（四川董卜韩胡宣慰使司遣）番僧	天顺元年七月癸未	来朝贡方物	卷二八〇
也失罗	四川董卜韩胡宣慰使司剌麻	天顺元年八月癸卯	来朝贡马及方物	卷二八一
也律	四川乌思藏剌麻	天顺元年八月乙巳	来朝贡驼、马及方物	卷二八一
温卜圆全	乌思藏等处剌麻番僧	天顺元年九月丁丑	来朝贡马及方物	卷二八二
拾纳坚迁、罗落旺平	董卜韩胡宣慰使司业镇寺剌麻番僧、乌思藏剌麻番僧	天顺元年十月丙申	来朝贡马及方物	卷二八三
杨恺	（四川天全六番招讨使高崧遣）副招讨	天顺元年十月己未	来朝贡马及方物	卷二八三

续表

贡使名	贡使身份	来朝时间	贡物	史料出处
扎思巴藏卜、坚昝绰竹	陕西西宁卫剌麻、乌思藏番僧	天顺元年十二月戊戌	贡马并方物、铜塔、佛像	卷二八五
藏完、札思巴镇南、白儿非	乌思藏等处剌麻番僧、西宁弘觉寺国师、四川盐井卫土官舍人	天顺二年正月癸未	来朝贡铜佛、方物	卷二八六
三禄	乌思藏剌嘛	天顺二年三月壬子	来朝贡马及方物	卷二八九
达思蛮、章乱札	四川长宁安抚司侄男同卓列等十三寨寨首、乌思藏剌麻番僧	天顺二年四月乙丑	来朝贡马及佛像、舍利	卷二九〇
戴铭、烟丹禄竹	四川天全六番招讨司官舍人、岷州卫番僧剌麻	天顺二年四月癸未	来朝贡马	卷二九〇
锁南领占	乌思藏地面番僧都纲	天顺二年八月己巳	来朝	卷二九四
南剌师	乌思藏番僧	天顺二年十二月乙丑	献佛像等物	卷二九八
观畜	朵甘簇卜寺剌麻头目舍人	天顺三年正月戊戌	来朝贡马及珊瑚、氆氇等物	卷二九九
札失巴、锁南、领真藏卜	陕西河州卫普纲寺禅师、西宁慈利寺剌麻、西宁弘觉寺剌麻	天顺三年二月丁丑	来朝贡马及佛像、舍利	卷三〇〇
绰思恭己	安定卫都指挥	天顺三年二月辛巳	来朝贡马及方物	卷三〇〇
绰思恭己、约鲁些、札失巴	安定卫都指挥、四川盐井卫舍人、陕西河州卫普纲寺禅师	天顺三年三月庚寅	来朝贡马及方物	卷三〇一
监藏领占	陕西岷州卫大崇教寺番僧	天顺三年四月癸亥	来朝贡马	卷三〇二
桑加藏卜、着乱领占	乌思藏等处番僧、陕西岷州卫大崇教寺剌麻	天顺三年五月庚寅	贡马及方物	卷三〇三
只多儿	四川茂州卫剌儿卜等寨寨首	天顺三年六月丙辰	来朝贡明甲、腰刀、氆氇	卷三〇四
尔桑儿结朵儿只	四川乌思藏禅师	天顺三年七月辛卯	来朝贡马及方物	卷三〇五

续表

贡使名	贡使身份	来朝时间	贡物	史料出处
锁南坚参	乌思藏剌麻番僧	天顺三年十月丙子	来朝贡马、象及金银器皿等物	卷三〇八
指密舍捏	岷州番僧	天顺三年十二月辛酉	来朝贡马及方物	卷三一〇
朵儿只罗古罗、领占班珠尔儿、锁南领占、川科	陕西甘州隆教寺剌麻、西宁西域寺番僧、岷州法藏寺番僧、四川松潘等处番人	天顺四年正月丁未	贡马及方物	卷三一一
苍蒲儿	四川双马寨番人	天顺四年三月丁酉	来朝贡马	卷三一三
洛般	乌思藏等地方里仁寺番僧	天顺四年三月辛丑	来朝贡铜物及方物	卷三一三
坚昝星吉、舍麻干即尔	陕西洮州卫匾都等簇番僧、西宁弘觉寺完卜剌麻	天顺四年四月丙寅	来朝、贡马及方物	卷三一四
张雄、聂加	天全六番招讨司土官舍人、松潘等处双马等寨番人	天顺四年四月辛未	来朝贡马及方物	卷三一四
苍者他	陕西岷州高地平等簇番僧头目	天顺四年五月甲申	贡犀牛、象、马、方物	卷三一五
姑儿迦斡	乌思藏并董卜韩胡地方番僧头目	天顺四年五月乙未	贡马及方物	卷三一五
尖昝端竹	陕西岷州卫大崇教寺剌麻番僧	天顺四年六月癸丑	贡马及方物	卷三一六
锁南言千	乌思藏地方萨加寺都纲剌麻番僧	天顺四年六月癸亥	贡马及方物	卷三一六
官绰蒙	四川长河西并乌思藏剌麻	天顺四年八月乙巳	来朝贡方物	卷三一八
着札巴	陕西岷州卫番僧	天顺四年八月癸亥	来朝贡马及方物	卷三一八
坚千伯	乌思藏剌麻番僧	天顺四年九月癸巳	来朝贡马及方物	卷三一九
卓结言千	乌思藏剌麻	天顺四年十月壬子	来朝贡马、驼及方物	卷三二〇
啰纳室哩	陕西西宁番僧剌麻	天顺四年十一月庚辰	贡舍利、青盐	卷三二一

续表

贡使名	贡使身份	来朝时间	贡物	史料出处
何伯春	四川天全六番招讨使司把事	天顺五年正月戊申	来朝贡马及方物	卷三二四
札思巴、札思巴坚粲	长河西、鱼通、宁远宣慰司千户、乌思藏剌麻	天顺五年二月甲午	来朝贡马及金银器皿、方物	卷三二五
丹班端竹、颁占竹	陕西岷州卫石崖寺番僧、西宁卫丹的寺剌麻	天顺五年二月丁酉	来朝贡马、驼及方物	卷三二五
锁南乱	陕西岷州卫高崖寺番僧	天顺五年三月丙辰	来朝贡马及方物	卷三二六
新吉藏卜	乌思藏地方番僧剌麻	天顺五年三月甲子	来朝贡马及方物	卷三二六
也失言千	乌思藏麦朋寺都纲剌麻番僧	天顺五年四月己丑	来朝贡氆氇、方物	卷三二七
官卓朵鲁只	四川乌思藏地方剌麻头目	天顺五年六月乙未	来朝贡方物	卷三二九
温卜阿蒙葛	乌思藏剌麻	天顺五年八月庚午	来朝贡方物	卷三三一
野失坚粲	乌思藏等处剌麻番僧	天顺五年九月癸丑	来朝贡马及方物	卷三三二
锁南坚粲、绰失是坚粲	安定卫剌麻、西宁番僧	天顺五年十二月壬申	贡马及方物	卷三三五
剌马贤、远丹言千、锁南领占	四川盐井卫土官、董卜韩胡宣慰司等处竹龙寺剌麻、陕西岷州卫大崇教寺国师剌麻	天顺六年正月丁巳	贡马及氆氇、佛象等物	卷三三六
锁南桑尔加、千丹藏卜、敬男阿胜	乌思藏剌麻僧人、陕西西宁卫弘觉寺完卜剌麻、四川盐井卫马剌长官司土官副长官	二天顺六年月庚寅	来朝贡马、驼、海青、兔、鹘、土豹方物	卷三三七
温卜余纳朵日、尖昝端万	乌思藏番僧、陕西岷州等卫弘教寺番僧	天顺六年四月癸未	来朝贡马及方物	卷三三九
聘星吉	四川乌思藏地面剌麻	天顺六年五月丙申	来朝贡马及方物	卷三四〇
札挂禄竹、沙甲	陕西岷州卫番僧、四川乌思藏剌麻	天顺六年五月乙卯	来朝贡马及方物	卷三四〇

续表

贡使名	贡使身份	来朝时间	贡物	史料出处
卓吉言千	四川乌思藏番僧	天顺六年七月丁巳	来朝贡马及方物	卷三四二
以失藏卜	乌思藏地方都纲剌麻番僧	天顺六年八月辛巳	奉表贡马及方物	卷三四三
朵日言千	乌思藏地方都纲剌麻番僧	天顺六年八月庚寅	贡马及方物	卷三四三
足都伯	董卜韩胡宣慰使司那卜林寺剌麻番僧	天顺六年九月丁巳	来朝贡马及盔甲、佩刀等方物	卷三四四
桑儿结星吉	开花菖朋寺剌麻番僧	天顺六年十月壬午	来朝贡马及方物	卷三四五
官绰领占藏卜、朵儿只领占	乌思藏剌麻、临洮府番僧	天顺六年十一月戊申	贡马	卷三四六
——	（四川天全六番招讨司、阿角寨安抚司、芒儿者安抚司、阿昔洞长官司、祈命簇长官司、最溪长官司）	天顺六年十二月乙酉	贡金银器皿及马	卷三四七
速南官	陕西岷州等卫拱卜寺番僧	天顺七年正月壬寅	来朝贡马、驼及方物	卷三四八
速南	陕西岷州等卫拱卜寺剌麻番僧	天顺七年二月己巳	来朝贡马、驼、方物	卷三四九
三竹乩	陕西河州弘化寺番僧	天顺七年三月辛亥	来朝贡佛像、马匹	卷三五〇
星吉藏卜	乌思藏朵甘卫番官星	天顺七年四月辛未	贡马及方物	卷三五一
吾思领占	陕西岷州卫番僧	天顺七年五月丁巳	来朝贡马及方物	卷三五二
绰令	四川乌思藏地方番僧	天顺七年六月癸亥	来朝贡方物	卷三五三
锁南坚参、加巴	四川乌思藏剌麻、陕西岷州卫番僧	天顺七年六月己卯	来朝贡方物	卷三五三
阿撒子朵儿只奔	西番大渡河关寨故镇抚	天顺七年七月丙午	来朝贡马	卷三五四
朵只言千	四川乌思藏剌麻番僧	天顺七年七月戊申	来朝贡马及方物	卷三五四

附表2 洪武—崇祯年间西藏及周边地区朝贡使者统计表

437

续表

贡使名	贡使身份	来朝时间	贡物	史料出处
叱舍言千	四川乌思藏剌麻	天顺七年七月壬子	来朝贡方物	卷三五四
锁南坚参	乌思藏剌麻番僧	天顺七年闰七月癸亥	来朝,各贡马、驼、方物	卷三五五
朵儿只省迦	阿吉簇（国师贾思巴斡节儿等遣）番僧	天顺七年八月壬辰	贡马	卷三五六
沙加星吉	乌思藏地方剌麻	天顺七年八月戊申	贡方物	《明英宗实录》卷三五六,《西番馆译语》来文19
罗旦藏卜	乌思藏剌麻番僧	天顺七年九月辛酉	来朝贡马及物	卷三五七
簇生领占	乌思藏街舟寺剌麻番僧	天顺七年十月庚寅	来朝贡马及物	卷三五八
三竹亦失	洮州卫番僧	天顺七年十一月丙寅	贡马及佛像等物	卷三五九
闰内伯、监的札失	乌思藏剌麻、陕西大崇教寺番僧	天顺七年十二月己酉	来朝贡马及佛像、貂鼠皮、氆氇、香	卷三六〇
禄竹札石、陆竹巴母	陕西岷州卫番僧、四川乌思藏剌麻	天顺八年正月丁卯	来朝贡马及方物	卷三六一
桑儿结巴	乌思藏剌麻番僧	天顺八年六月乙酉	来朝贡氆氇、铁力麻等物	《明宪宗实录》卷六
常竹领占、札失端竹	乌思藏阐化王番僧、陕西洮州卫札龙簇番僧	天顺八年七月辛巳	来朝贡马及方物	《明宪宗实录》卷七
长逐、领占坚作、坚东	乌思藏眦剌寺番僧、洮州陆圆等处番僧、岷州剌答等簇簇头	天顺八年十月壬午	各贡方物	《明宪宗实录》卷一〇
沙加领占	陕西洮州卫立落等簇番僧	天顺八年十一月甲戌	贡马	《明宪宗实录》卷一一
领占禄竹	乌思藏（辅教王喃葛坚参巴藏卜遣）番僧	天顺八年十二月戊戌	来朝贡氆氇等物	《明宪宗实录》卷一二

表2.7 成化时期西藏及周边地区赴京贡使表

贡使名	贡使身份	来朝时间	贡物	史料出处
锁南斡即儿、班丹着藏、纳瓦札巴坚粲、坚参星吉、藏卜短竹、板丹札失	乌思藏哩斡革你丹寺剌麻番僧、朵公寺番僧、董卜韩胡宣慰使司隆显寺番僧、陕西岷州卫法藏寺番僧、洮州卫大崇教寺番僧、西宁如来寺番僧	成化元年正月戊辰	来朝贡马及方物	《明宪宗实录》（下同）卷一三
足都伯、星吉藏卜、畜藏	乌思藏乌宗寺寨番僧、着丹、高日寺寨禅师、川各林寺寨番僧	成化元年三月丙寅	来朝贡氆氇等物	卷一五
阿旺札思巴、官竹藏、根绰藏、永竹官	乌思藏瓦西、撒加寺寨番僧、表撒寺寨番僧、董卜韩胡宣慰使司极乐寺寨番僧、岷州卫剌答族番人	成化元年五月丁巳	来朝贡方物	卷一七
参竹藏卜、领占藏卜、乱丹端竹	陕西洮州卫大崇教寺番僧、岷州卫剌答簇番僧、赏哈簇番僧	成化元年七月丁未	各贡马及方物	卷一九
——	四川六番招讨司头目	成化元年八月癸未	来朝贡马及方物	卷二〇
札巴伯、领占宗明、领占班足尔、札顺	乌思藏表善寺寨番僧、乌塔寺寨番僧、陕西洮州卫落藏簇番僧、岷州卫赏哈簇番人	成化元年九月戊申	来朝贡马及方物	卷二一
蜡叭言千	乌思藏剌麻	成化元年九月戊辰	来朝贡方物	卷二一
赏初领占、捏剌节	乌思藏白当寺寨番僧、岷州卫巴离旌番	成化元年十一月辛未	来朝贡马及方物	卷二三
着木温、舍剌省吉、千卜、这答	乌思藏令仓寺寨番僧、陕西西宁卫静宁寺番僧、岷州卫占藏簇番人、好地平簇番人	成化元年十二月乙未	来朝贡马及方物	卷二四
温卜着白、春班、官卓、舍剌省吉	乌思藏桑思加寺番僧、陕西岷州卫青石山族番人、伍平族番人、西宁卫静宁寺并占藏族剌麻	成化二年正月庚午	来朝贡马及方物	卷二五

续表

贡使名	贡使身份	来朝时间	贡物	史料出处
巴什端竹、锁南藏卜、相竹、官卓汪秀	陕西临洮卫正觉寺番僧、岷州卫朝定寺番僧、剌答簇番人、葛偏簇番僧簇头	成化二年二月庚寅	来朝贡马并佛像等物	卷二六
温卜舍剌言千、坚的	乌思藏川轲林寺寨番僧人、陕西岷州卫郭秀簇簇头番人	成化二年三月己酉	来朝贡马及方物	卷二七
工哥端竹、工哥、札石端竹	陕西河州卫番僧、临洮卫龙喜寺番僧、剌即簇剌麻番僧簇头	成化二年三月壬戌	来朝贡马及方物	卷二七
伦竹领占	洮州卫陆圆簇番僧	成化二年闰三月乙未	来朝贡方物马并方物	卷二八
烟丹领占、亦什乩、禄竹藏卜	岷州卫朝定寺剌麻番僧、大崇教寺石多簇剌麻番僧人、昭慈寺、西卜簇番僧人	成化二年四月丁巳	来朝，各贡马及盔甲等物	卷二九
桑结藏卜、沙加领占、板丹坚昝	乌思藏敢匠寺寨番僧、乌塔寺寨番僧、洮州大崇教寺番僧	成化二年五月庚寅	来朝贡马及氆氇等物	卷三〇
陆节办、米牙肖	陕西岷州卫烟剌西鹊簇番人、节藏簇番人	成化二年五月戊戌	来朝贡马及明铁甲	卷三〇
落落丝、节木、节中	四川茂州卫梭板寨寨首、陕西岷州卫板藏簇番人、卜麻簇番人	成化二年六月丙辰	来朝贡马及盔甲	卷三一
昆各伯、汪匹巴	乌思藏桑卜番剌麻番僧、南林咤寺剌麻番僧头目	成化二年八月己未	各贡氆氇方物。	卷三三
锁南藏卜	四川威州保县金川寺剌麻番僧	成化二年十月辛酉	来朝贡马并氆氇等物	卷三五
边爵撒节、朵只乩	陕西岷州卫大崇教寺剌麻番僧、栗中簇簇头番人	成化二年十一月辛卯	来朝贡马及佛像等物	卷三六
汪修尖昝	陕西秦州卫阶州抚引来降番僧人	成化二年十二月辛亥	来朝贡马	卷三七

续表

贡使名	贡使身份	来朝时间	贡物	史料出处
三竹赤什、班卓坚参、柒古	陕西洮州卫上院大崇教寺番僧、岷州卫大崇教寺番僧、多纳簇簇头番人	成化二年十二月丙辰	来朝贡马并佛像等物	卷三七
桑节藏卜、领占汪、领占干则、三竹、札石威阿崖	乌思藏灵藏番僧、陕西洮州卫大崇教寺板藏簇番僧、岷州卫瓦隆寺古尔占簇番僧、洮州着落簇番僧、秦州卫簇头番人	成化三年正月辛未	来朝贡马并佛像、铁甲等物	卷三八
三丹坚昝	乌思藏木目寺番僧	成化三年二月壬子	来朝贡佛像、马匹等物	卷三九
马麟	陕西文县守御军民千户所土番百户头目	成化三年二月庚申	来朝贡马	卷三九
星吉乩、乐瓦藏卜、江粲	陕西岷州卫西宁沟簇头番人、灵藏地方番僧、四川松潘、叠溪守御所番僧	成化三年二月壬戌	来朝贡马并佛像等物	卷三九
阿儿结	陕西文州军民千户所土番头目	成化三年三月庚午	来朝贡马	卷四〇
工哥端竹、三竹乩藏、勇胖、谷竹官	陕西河州卫弘化寺番僧、岷州卫弘觉寺番僧、博谷、刺抄簇番人、刺答簇簇头番	成化三年三月甲午	来朝贡物及佛像等物	卷四〇
节陆地、马哈孟	陕西岷州卫土番下节藏簇簇头番人、四川朵甘宣慰使司观龙寨头目	成化三年四月癸卯	来朝，各贡马及明甲、氆氇等物	卷四一
豁节、错安、东竹坚昝	陕西岷州卫外夷上答刺簇簇头番人、阿秀簇簇头番人、秦州卫阶州番人	成化三年四月甲子	来朝贡马及明甲等物	卷四一
杨朝	天全六番招讨司舍人	成化三年七月癸巳	来朝贡马	卷四四
畜吉星宜、札思巴、绰思吉言千、班丹札石、坚东肖、捏捏	四川长河西穿云寺番僧、董卜韩胡宣慰使司领占令寺番僧、感藏寺寨番僧、陕西岷州卫圆觉寺番僧、着哑簇簇头番人、巴藏簇簇头番	成化三年八月庚申	来朝贡马及佛像、氆氇、铁甲等物	卷四五

续表

贡使名	贡使身份	来朝时间	贡物	史料出处
欢竹、札答	陕西岷州卫落藏簇簇头番人、出牙簇簇头番	成化三年十一月庚午	来朝贡马及明甲等物	卷四八
畜吉星吉、失落肖	乌思藏剌观寺寨番僧头目、陕西岷州卫憨班簇头番	成化三年十二月庚申	来朝贡马及氆氇、盔甲等物	卷四九
南合、领卜车	长河西、鱼通、宁远处头目剌麻番僧、乌思藏阐教王遣）剌麻	成化四年三月戊辰	违例朝贡	卷五二
楚芹坚刿、领占把藏	（乌思藏阐教王遣）番僧、（阐化王遣）番僧	成化四年三月乙亥	来朝贡马及氆氇、佛像、舍利等物	卷五二
三竹藏卜、工哥端竹、板着、撒剌	乌思藏番僧、陕西河州弘化寺番僧、洮州藏撒寺下番僧、岷州添郭簇簇头番人	成化四年四月乙未	来朝贡马及氆氇、佛像、明甲等物	卷五三
南各、领下车、乱丹端竹、朵友	四川长河西康牙寨头目、乌思藏眉公寺番僧、陕西岷州卫商哈簇番僧、官郭簇番人	成化四年五月丙子	来朝贡马及氆氇、明甲等物	卷五四
葛竹瓦班绰	（大乘法王完卜遣）番僧	成化四年五月庚辰	来朝贡马及方物	卷五四
千卜、捏剌节	陕西岷州卫占藏簇簇头番人、笆篱簇簇头番人	成化四年六月壬寅	来朝贡马及明甲	卷五五
——	（魏野龙加麻剌麻都纲着思吉坚参三十九族遣）	成化四年十月壬寅	来朝贡方物	卷五九
相中、烟班、豁陆、尖班	陕西岷州卫剌答簇番人、铁立簇番人、恶由簇番人、西卜簇番人	成化四年十月甲辰	来朝贡马及明甲	卷五九
柳智	四川天全六番诏讨使头目舍人	成化四年十月丁未	来朝贡马	卷五九
高玉明	天全六番招讨使司（招诏使高文林遣）舍人	成化五年正月癸未	来朝贡象、马并金银器皿	卷六二
坚的札藏卜、剌丹	陕西岷州卫拱卜寺剌麻番僧	成化五年闰二月辛酉	来朝贡马并佛像等物	卷六四

续表

贡使名	贡使身份	来朝时间	贡物	史料出处
锁南伦竹	乌思藏辅教王下萨藏寺番僧	成化五年三月乙未	来朝贡马及佛像等物	卷六五
南伦竹	乌思藏（答藏王南渴坚粲遣）番僧	成化五年四月庚午	入贡	卷六六
朵儿监藏	杂谷番僧	成化五年七月丙戌	来贡马、甲等物	卷六九
阿别	乌思藏（赞善王遣）舍人	成化五年七月丁酉	率各寺寨番僧一百三十二起不依年例入贡	卷六九
汪束	四川长河西、杂道长官司卧剌寨寺土官番僧	成化五年十二月壬申	贡氆氇等物	卷七四
锁南监卒、锁南札、柒答节	乌思藏把尔丹撒失地面番僧、洮州卫牙杓簇番僧、岷州卫剌节簇头目番人	成化六年二月甲戌	来朝贡马并佛像、氆氇、盔甲等物	卷七六
笼卜节、永额、阿安	陕西洮州卫奔古簇番人、苦牙簇番人、他藏簇番人	成化六年三月丁未	来朝贡马及盔甲等物	卷七七
着尔藏卜	西番国师都纲剌麻	成化六年四月乙丑	使灵藏封赞善王还，各贡马	卷七八
朵儿监藏、结节、吉笼乐竹巴	四川松潘杂谷安抚司番僧、陕西灵藏地面番僧、乌思藏地面番僧	成化六年四月甲戌	来朝贡马及氆氇、刀甲等物	卷七八
坚的肖、勇竹官、领占三竹	陕西岷州卫憨班簇番人、龙都卜簇番人、洮州卫禄光簇番僧	成化六年五月乙未	来朝贡马及盔甲、佛像等物	卷七九
卓嵬	四川朵甘思宣慰使司都指挥金事、镇抚、都纲、番僧人	成化六年七月壬寅	来朝贡方物	卷八一
坚葛节、巴旦言千、坤卜、温葛坚参、札巴汪秀	四川长河西都纲头目、长宁安抚司并韩胡桥寺寨安抚、乌思藏葛丹寺寨番僧头目、陕西文县守御千户所、外皮簇簇头番人	成化六年十一月辛丑	来朝贡马及方物	卷八五
领占竹、虬丹、怕剌肖	陕西西宁卫丹德寺番僧、岷州卫朝定寺番僧、西固城千户所栗中簇簇头番人	成化七年正月庚子	来朝贡马并佛像等物	卷八七

续表

贡使名	贡使身份	来朝时间	贡物	史料出处
仓者尖尖、官卓、肖等	陕西西固城长陵山簇番僧人、各卜簇番僧番人、文县土番簇头剌麻	成化七年二月戊申	来朝贡马及明甲等物	卷八八
巴旦言千	四川长河西、鱼通、宁远处军民宣慰使司坚葛节寨都纲头目	成化七年二月丙寅	来朝贡氆氇等物	卷八八
七答、七竹吉	陕西岷州卫西固城军民千户所靖卜簇番僧、庙儿垭簇番僧	成化七年三月壬寅	来朝贡马及盔甲等物	卷八九
革革、阿由、汪吉节	陕西你被、麻谷簇番人、熬儿簇番人、上笆篱簇番僧番人	成化七年四月戊辰	来朝，各贡马及铜佛等物	卷九〇
桑儿吉领占、札石吉	陕西阶州处燕子簇番人、折石簇番人	成化七年五月辛卯	来朝贡马	卷九一
瓦秀札石、锁南儿坚刨、领占藏卜	陕西岷州卫大崇教寺番僧、西宁卫普法寺番僧、瞿昙寺番僧	成化七年十二月庚寅	来朝贡马及佛像等物	卷九九
班兰藏	四川长河西、鱼通、宁远处军民宣慰使司功加寨头目	成化九年四月庚寅	来朝贡氆氇等物	卷一一五
汪尔加	西番（安定王领真俄即尔遣）镇抚	成化十年正月甲辰	来朝贡马	卷一二四
桑节藏卜	陕西洮州卫札失官寺禅师	成化十年十月戊申	来朝贡马及佛像等物	卷一三四
汪束藏卜、剌瓦藏卜	陕西显庆、弘化、舍藏寺番僧、四川乌思藏（大乘法王遣）番僧、都纲	成化十年十一月壬申	来朝贡马及佛像等物	卷一三五
完卜朵尔只领占、也失藏卜、班丹创失	安定卫安定王使者、西宁寺番僧、洮州番僧	成化十一年正月丙子	来朝贡驼、马及方物	卷一三七
攀的藏卜、板的官	西宁处圆觉寺番僧、番人	成化十一年二月壬午	来朝贡马、驼并佛像等物	卷一三八
柴竹窝邪、六安、鲁谷思宁卜	陕西岷州外夷苴咂簇番人、赏哈簇番人、隆教寺番僧	成化十一年三月戊寅	来朝贡马	卷一三九

续表

贡使名	贡使身份	来朝时间	贡物	史料出处
——	陕西洮州卫番人	成化十一年五月丁巳	各贡马及方物	卷一四一
戒巴僧革（等一百三十七名）	番僧	成化十一年五月丁丑	贡马及方物	卷一四一
卜都、官巴、戎巴僧革、喃着、郭由、阿结藏卜	岷州卫柴笼簇簇头番人、憨班簇簇头番人、罗家簇簇头番人、洮州卫哈谷簇簇头番人、鹊中簇簇头番人、四川威州金川寺剌麻番僧	成化十一年七月甲寅	来朝贡马及氆氇、佛像等物	卷一四三
失劳端竹、阿儿结、谷奴札、川官	乌思藏结当寺番僧、董卜韩胡宣慰使司抹坡寨番僧、岷州卫占藏簇番人、札着簇番人	成化十二年正月辛未	来朝贡马及氆氇、盔甲等物	卷一四九
阿吐、桑儿结星吉、札答、板宗、朵只肖、迁卜、柴竹尖	四川朵甘思（宣慰使司遣）都指挥、董卜韩胡番僧、陕西洮州卫札来簇番人、岷州卫节藏簇番人、念班簇番人、多吉簇番人、寨中簇番人	成化十二年三月丙午	来朝贡马及氆氇、盔甲等物	卷一五一
温卜官竹星吉、让达、七乩、乩受	四川朵甘宣慰使司番僧、长河西、鱼通、宁远处军民宣慰使司番僧、陕西岷州卫好平簇番人、青石山簇番人	成化十二年四月癸巳	来朝贡氆氇、盔甲等物	卷一五二
米纳秀、哥哥、取古	陕西洮州卫奔古簇番人、岷州卫铁占簇番人、笆篱簇番人	成化十二年六月庚寅	来朝贡马及盔甲等物	卷一五四
族成	乌思藏赞善王班丹坚（遣）藏日寺寨都纲剌麻番僧头目	成化十二年八月戊寅	来朝贡氆氇等物	卷一五六
答剌少、均藏少、七少、憨少	陕西岷州卫折石簇番人、铁城簇番人、鲁卜庄簇番人、熬儿簇番人	成化十二年九月戊午	来朝贡马及盔甲等物	卷一五七
札肖、柴肖、喃刺节	陕西秦州孔提谷、瀍平簇番人、燕子簇簇头、北林簇番人	成化十二年十月戊戌	来朝贡盔甲等物	卷一五八

续表

贡使名	贡使身份	来朝时间	贡物	史料出处
桑尔加端竹、撒节藏卜、七肖、米牙肖	西宁瞿昙寺禅师、乌思藏番僧、尖占簇番人、边卜簇番人	成化十二年十一月辛酉	来朝贡驼、马及盔甲等物	卷一五九
领南你麻	西番静宁寺番僧	成化十三年正月壬戌	来朝贡马	卷一六一
斡即尔、相着	陕西西宁延寿寺番僧、札当寺番僧	成化十三年二月乙未	来朝贡马、驼	卷一六二
温卜卧些言剁	乌思藏国师（如来大宝法王葛哩麻巴及阐化王昆葛列遣）	成化十三年三月丙申	来朝贡方物	卷一六四
领占朵儿只、喃剌节	乌思藏阐教王番僧、洮州卫他笼簇簇头番	成化十三年十一月辛卯	来朝贡马及方物	卷一七二
舍剌藏卜、镇南坚参	大能仁寺都纲、静修弘善大国师	成化十三年十二月癸卯	奉命往临洮等处回，各献马、驼等物	卷一七三
速札思巴坚藏	陕西河州卫舒藏仰思多处理仁寺番僧	成化十四年二月辛丑	来朝贡马及氆氇等物	卷一七五
迷东	岷州土番柒笼簇簇头	成化十四年三月乙酉	来朝贡马及盔甲	卷一七六
朵儿只领真、也失藏卜、剌瓦札思巴	西番（安定王锁南俄些儿遣）番僧、乌思藏都纲剌麻番僧、董卜韩胡宣慰使司弥陀寺番僧	成化十四年六月戊戌	来朝贡马、驼、方物	卷一七九
沙加星吉（等三百六十三人）	四川乌思藏（辅教王南渴坚粲巴藏卜遣）都纲	成化十五年正月甲戌	来朝贡氆氇、方物	卷一八六
伦班牙、把多纳、陆节秀	陕西岷州上答剌簇生番簇头、郭秀簇生番簇头、车藏簇生番簇头	成化十五年正月丁丑	来朝贡马及盔甲等物	卷一八六
喃奔、呵古安	陕西洮州卫哈尔占簇生番簇头、岷州卫汤哈簇生番簇头	成化十五年五月己卯	来朝贡马及盔甲等物	卷一九〇
坤卜	四川长宁安抚司番族	成化十五年五月壬午	来朝贡马及盔甲等物	卷一九〇
端竹己	四川长河西、鱼通本部儿思刚处哈思牒寨头目	成化十五年七月壬午	来朝贡方物	卷一九二

续表

贡使名	贡使身份	来朝时间	贡物	史料出处
远丹坚参、舍剌星吉	乌思藏（阐化王遣）禅师、都纲、朵甘（宣慰使司遣）番僧	成化十五年八月甲午	来朝贡方物	《明宪宗实录》卷一九三，《西番馆译语》来文6
班卓儿坚参	乌思藏辅教王、阐化王并牛儿寨行都司指挥金事	成化十五年闰十月庚午	遣）剌麻掌结等附绰吉坚参入贡	卷一九六
官巴、板的节、柒古陆	陕西岷州卫憨班簇番人、官郭簇番人、多藏簇番人	成化十五年十一月辛卯	来朝贡马及盔甲等物	卷一九七
桑尔加端竹、着的	瞿昙寺禅师剌麻、商州簇番	成化十五年十二月辛酉	来朝贡马及盔甲	卷一九八
南葛藏卜、米牙忽	陕西凉州卫菩提寺番僧都纲、洮州卫答剌簇生番簇头	成化十六年正月辛丑	来朝贡马、驼、甲胄等物	卷一九九
班丹坚刬、朵尔只领真、着藏领占、板的肖、札牟肖、喃奔	陕西西宁弘觉寺番僧、西番安定镇抚、岷州卫大崇教寺番僧、洮州卫潘多簇番人、也尔古簇番人、驼笼簇番人	成化十六年三月癸卯	来朝贡驼、马、甲胄等物	卷二○一
札思巴先吉、端药藏卜	陕西山外克栾卜簇火儿仓殊胜寺番僧、乌思藏札失伦卜寺番僧	成化十六年五月丙申	来朝贡马	卷二○三
领占藏	四川保县金川寺（演化禅师班丹藏卜遣）番僧	成化十六年五月丁未	入贡	卷二○三
多惹、舍剌星吉	四川松潘恰列寺剌麻、长河西、鱼通、宁远处杂道长官司甘藏寺寨净条禅师头目	成化十六年十月戊辰	来朝贡佛像、氆氇等物	卷二○八
孔提谷、初王乩、铁陆	秦州卫外夷、答牙簇簇头番人、恶力簇簇头番人	成化十六年十一月戊戌	来朝贡马及盔甲等物	卷二○九
星吉札失、岳古	陕西河州弘化寺番僧、岷州湫日簇及青石山簇簇头番人	成化十七年二月乙丑	来朝贡马及盔甲等物	卷二一二

续表

贡使名	贡使身份	来朝时间	贡物	史料出处
失劳乩	乌思藏阐化王、辅教王各自遣）番僧	成化十七年三月戊子	来朝贡马	卷二一三
眼节端哑、章牙札巴、札思巴坚剉也失尔坚藏	陕西洮州灵藏灌顶国师赞善王、札纲寺剌麻番僧、河州山外隆卜簇土尔干沟正宗寺番僧、舍藏族清修戒定国师	成化十七年四月丁巳	来朝贡马及方物	卷二一四
温卜班丹舍剌、列古	四川乌思藏（阐教王遣）剌麻、陕西岷州车剌簇簇头番人	成化十七年五月丁丑	来朝贡马及盔甲等物	卷二一五
绰丹剌卓儿巴藏卜、汪束	四川长河西、鱼通本部儿思刚处灌顶弘慈妙济大国师、哈思牒寺寨千户番僧	成化十七年五月己亥	来朝贡方物	卷二一五
独蜗儿坚灿	四川乌思藏（如来大乘法王遣）都纲头目	成化十七年七月庚子	来朝贡方物	卷二一七
亦希藏、失捏乃丹	陕西岷州各卜簇番人、赏哈簇番人	成化十七年八月甲寅	来朝贡马并盔甲等物	卷二一八
星吉、郎葛汪聘、温卜容中言、千巴藏卜、札思巴	四川乌思藏（阐化王遣）使者、长河西、鱼通、宁远宣慰司岩州长官司寨官、董卜韩胡宣慰使司大兴教寺番僧、德沾寺寨番僧	成化十八年正月丁酉	来朝贡氆氇等物	卷二二三
撒节、速南、领占乩、领占尖沓	陕西撒藏寺番僧、法藏寺番僧、弘教寺番僧、永安寺番僧	成化十八年二月戊午	来朝贡马及佛塔、舍利等物	卷二二四
端竹藏卜、领卜端竹	陕西朝定寺番僧、石崖寺番僧	成化十八年三月甲申	来朝贡马及佛塔、舍利等物	卷二二五
舍剌藏、沙剌肖	四川董卜韩胡（宣慰使司遣）宣作寨番僧、陕西洮州他笼族番人	成化十八年四月己未	来朝贡氆氇、盔甲等方物	卷二二六
朵儿只星吉	四川乌思藏禅师锁南坚参徒弟	成化十八年五月乙未	来朝贡方物	卷二二七
公葛坚粲巴藏卜	朵干卫都指挥使蓝葛监藏儿子	成化十八年七月己巳	其入贡，求袭职	卷二二九

续表

贡使名	贡使身份	来朝时间	贡物	史料出处
陆秀、札石革、昝卜	陕西岷州外夷剌章簇番人、答石簇番人、哈古簇番人	成化十八年闰八月戊辰	来朝贡马及盔甲等物	卷二三一
锁南领占、锁南巴藏、捏古、札卜节	陕西西宁静宁寺妙胜慧济灌顶大国师、完卜剌麻番僧、岷州卫边爵簇番人、洮州卫阿着簇番人	成化十九年正月壬戌	来朝贡马、驼及佛像、盔甲等物	卷二三六
圭哈	陕西文县膻哈大五簇生番簇头	成化十九年三月庚子	来朝贡马并盔甲等物	卷二三八
贾舍藏、柒禄年肖、柒乩肖	四川杂谷安抚司的唐寺寨番僧、陕西洮州奔古尔着簇簇头番人、榆树簇簇头番人	成化十九年六月戊寅	来朝贡马及氆氇、盔甲等物	卷二四一
奴日领真（等一千八百人）	长河西（灌顶国师札思八坚粲遣）番僧	成化十九年八月癸未	进贡	卷二四三
令孟、朵尔只领真	四川木瓦寨头目、西番安定国师	成化十九年九月壬寅	来朝贡马、驼及珊瑚、氆氇等物	卷二四四
郭些儿、湾班、作巴藏	洮州外夷札来簇番头目、卜立簇番人、凉州卫莊严寺番僧	成化十九年十二月己卯	来朝贡马及盔甲等物	卷二四七
失劳尖卒、卜肖、喃葛札失，你卜秀	陕西岷州大崇教寺番僧、多扮簇簇头番人、河州洪化寺番僧、洮州札纳簇番人	成化二十年五月丙午	来朝贡佛像、马、驼、盔甲等物	卷二五二
锁南奔	西宁靖宁寺妙胜慧济灌顶大国师锁南领占徒弟	成化二十年六月庚辰	赍敕往谕灵藏赞善王	卷二五三
剌节牙、肉剌肖、焦禄般剌	陕西柏林、柒古簇簇头、的卜哈簇簇头、巴沙峪垆簇生番簇头	成化二十一年正月辛卯	来朝贡马及盔甲等物	卷二六〇
奴日领真、增客藏卜	四川长河西（灌顶国师札思叭坚粲遣）番僧、金川寺（演化禅师班丹藏卜遣）番僧	成化二十一年正月己亥	来朝贡氆氇等物	卷二六一
亦麻窝斜、札古肖、札挂速南、瓦剌藏卜	陕西岷州外夷憨班簇簇头番人、千官簇簇头、撒藏寺番僧、拱卜寺番僧	成化二十一年二月甲寅	来朝贡马并佛像、盔甲等物	卷二六二

续表

贡使名	贡使身份	来朝时间	贡物	史料出处
三竹	四川朵甘宣慰使司三呆札叭并新招抚五蜡寨生番头目	成化二十一年三月甲申	来朝贡珊瑚、氆氇等方物	卷二六三
展洋札巴、喃剌盼	陕西洮州灵藏（赞善王遣）番僧、尖占簇簇头番人	成化二十一年三月甲午	来朝贡马及铜佛像、盔甲等物	卷二六三
远丹	乌思藏（阐化王遣）番僧	成化二十一年四月癸亥	来朝贡氆氇等方物	卷二六四
锁南班丹、星吉札失	陕西岷州撒藏寺番僧、河州弘化寺番僧	成化二十一年闰四月壬寅	来朝贡马及氆氇、佛像等物	卷二六五
——	灵藏（赞善王遣）番僧	成化二十一年六月壬寅	入贡	卷二六七
更竹他、板的肖	四川汶川县上草坡、白儿寨番人、陕西洮州卫车禄簇番人	成化二十一年十二月己卯	来朝贡氆氇、盔甲等物	卷二七三
柒驴、锁南藏	西番迭力簇簇头、木沙簇番人	成化二十二年三月甲子	来朝贡马及盔甲等物	卷二七六
朵只尖藏、玉巴、温目	陕西土番麦鹅簇番僧、哈者簇生番人、四川长河西宣杂寨寨官头目	成化二十二年四月癸卯	来朝贡马及佛象、氆氇等物	卷二七七
圭哈、阿鹅	陕西外夷生番膻哈簇簇头、博谷簇簇头	成化二十二年六月丁酉	来朝贡马及盔刀等物	卷二七九
札答、朵只怕	陕西岷州外夷昔藏簇簇头番人、洮州外夷他笼簇番人	成化二十二年十月甲戌	来朝贡马及盔甲等物	卷二八三
端竹尖嵾、汪束班丹、陆节秀	陕西岷州弘济寺番僧、河州普纲寺番僧、洮州哈尔占簇番人	成化二十三年三月癸卯	来朝贡马及佛像、盔甲等物	卷二八八
绰肖藏卜、乱六	陕西岷州大隆善护国寺国师番僧、陕西拱卜寺番僧	成化二十三年四月壬午	来朝贡马及佛像、舍利等物	卷二八九
多日藏	四川茂州卫（长宁安抚司遣）番人	成化二十三年八月庚午	来朝贡马及牌甲、氆氇等物	卷二九三
刺麻肖、哈只	陕西洮州外夷吉古族番人、奔古尔着簇番人	成化二十三年八月己卯	来朝贡马及盔甲等物	卷二九三

表2.8　弘治时期西藏及周边地区赴京贡使表

贡使名	贡使身份	来朝时间	贡物	史料出处
蛇纳藏、桑尔加端竹、远丹陆竹	乌思藏禅师、瞿云寺禅师、灵藏番僧	弘治元年正月癸卯	来朝谢恩，并贡佛像、马、驼、方物	《明孝宗实录》（下同）卷九
札巴言千、松思吉、仓汪肖	四川长河西征塞等寨都纲头目、杂谷安抚司伽克寺寨番僧头目、西番桑人等族生番族头	弘治元年正月壬子	来朝贡氆氇等物	卷九
绰旺	乌思藏阐化王的番僧	弘治元年六月辛亥	来朝贡佛像、马匹等物	卷一五
丹叭坚参、阿达	乌思藏番僧（阐化王遣）、朵甘思剌麻头目	弘治元年十月辛丑	来朝贡氆氇、足力麻等物	卷一九
剌瓦札	陕西西番讲堂、永宁、鲁班、羊圈、广善等五寺剌麻僧	弘治元年十月庚戌	来贡	卷一九
南都、札吉、陆节	陕西洮州卫青石山等族番人、清沙坡等族人、札纳柏林、七占等族人	弘治元年十一月癸未	来朝贡盔甲、马匹等物	卷二〇
亦希藏、百麻坚藏、扳麻节	陕西外夷各卜等族番人、草坡等族番僧、驼笼、也尔古的、卜哈等族番人	弘治二年正月辛巳	来朝，各贡佛像、盔甲、马匹等物	卷二二
绰思吉领占把藏卜（等七百人）	长河西宣慰司番僧	弘治二年二月辛亥	冒称乌思藏遣）朝贡到京	卷二三
审中果、板节、札古	陕西大亦辖等族番人、阿着等族番人、车剌等族番人	弘治二年三月己巳	来朝贡马及盔甲等物	卷二四
奴日蒙、要别各	四川杂道长官司都纲番僧、达司蛮长官司番僧	弘治二年十月戊申	来朝，（贡）氆氇、铁刀等物	卷三一
容中锅、初王乩、你卜秀	陕西外夷苬哑等族番人、答牙等族番人、失占等族番人	弘治二年十一月乙卯	来朝贡盔甲、马匹	卷三二
吉多肖、沙卜	陕西外夷术沙、骆驼巷、七笼等族番人	弘治三年三月壬戌	来朝贡马匹、盔甲等物	卷三六

续表

贡使名	贡使身份	来朝时间	贡物	史料出处
千奔、朵尔只领真	迤西安定卫安定王领真斡即儿之子，国师	弘治三年四月丁亥	贡马、驼，乞袭封父爵	卷三七
领占斡些儿卒	安定王	弘治三年五月丙辰	赐之祭葬	卷三八
——	四川松潘卫（白马路长官司遣）通使	弘治三年九月癸丑	来贡	卷四二
领占、锁郎监藏	灵藏（赞善工遣）番僧、金川寺（演化禅师班丹藏卜遣）剌麻、番僧	弘治三年十一月甲辰	贡佛像、方物	卷四五
郎哈僧吉、火竹	四川杂谷安抚司剌麻番僧头目、陕西外夷车陆、哈古、哈笼等族番人	弘治四年二月庚戌	各贡氆氇、盔甲、马匹等物	卷四八
锁南朵儿只、着雄坚参	陕西岷州卫大崇教寺下院天竺寺番僧都纲、四川乌思藏番僧	弘治四年七月丁亥	来朝贡佛像、马匹	卷五三
完卜锁南巴藏、南哥容中	西宁卫静宁寺番僧、外夷好地平等族番人	弘治五年四月癸卯	来朝贡佛像、方物	卷六二
人豁捏	陕西罗家族	弘治五年八月甲辰	来贡	卷六六
阿旺札思叭	乌思藏番僧	弘治五年十二月甲子	来贡，袭崇化禅师	卷七〇
阿答儿	四川朵甘思直管招讨司袭职番舍	弘治六年正月辛卯	来贡	卷七一
旺札思叭、朵儿只、剌麻桑节远丹	四川乌思藏崇化禅师、日高寺番僧、陕西卧龙寺番僧	弘治六年正月甲午	来朝贡佛像、马匹	卷七一
答儿坚粲	四川朵甘思宣慰使司寨官头目	弘治六年五月丁亥	来贡马匹、方物	卷七五
答儿坚粲	四川朵甘思宣慰使司寨官头目	弘治六年六月壬午	来朝贡方物	卷七七
沙剌言千 ——	四川长河西、鱼通、宁远等处军民宣慰使司暖巴等寨都纲、四川威州保县金川寺剌麻番僧	弘治六年九月丁未	来朝贡佛像、马匹	卷八〇

续表

贡使名	贡使身份	来朝时间	贡物	史料出处
札节玉巴	陕西外夷榆树、札纳、纳郎、膻哈哈者四族番人	弘治六年十月辛巳	来朝贡方物	卷八一
领占星吉、剌麻失劳	四川长河西古墩地面尊胜寺寨禅师、西番大崇教寺番僧	弘治七年四月戊寅	来朝贡方物	卷八七
镇南札叭、罗儿星吉	四川董卜韩胡（宣慰使司遣）番僧、国师、松潘商巴寺番僧	弘治七年六月甲戌	来朝贡方物	卷八九
俺奔	陕西外夷札来、多杓、答石等族番人	弘治七年八月乙酉	来朝贡方物	卷九一
叁丹令占、剌麻鲁班、禄竹坚剉	陕西庄浪卫红城子堡番僧、西番僧纲司都纲、法藏寺番僧	弘治八年二月丙寅	来贡	卷九七
班剌亦失、领占札失、丹令占	陕西岷州法藏寺剌麻番僧、洮州着落等族番僧、红城子堡番僧	弘治八年三月庚戌	来贡	卷九八
领占札石	西番着落族番僧	弘治八年五月己酉	来贡，奏乞如诸番番人例给赏	卷一〇〇
桑节巴丹、剌麻撒节札、豁木秀节陆	乌思藏番僧、岷州卫红觉寺番僧、千官阿着等族番人	弘治八年六月戊午	（各）来贡	卷一〇一
锁南着六竹	四川乌思藏（大乘法王、阐化王遣）国师、番僧	弘治八年七月丙午	来贡	《明孝宗实录》卷一〇二，《明史》卷331《阐化王传》
剌达、柴乩官	四川（杂道长官司遣）寨主头目、陕西木沙等族番人头目	弘治八年八月丙寅	来贡	卷一〇三
节乩尖札	陕西崔工、驼笼等族番人	弘治八年十二月壬子	来朝贡	卷一〇七
端竹领占	陕西招慈、西多寺番僧剌麻	弘治九年二月庚戌	来贡	卷一〇九
禄竹班丹和星吉尖昝	陕西大崇教、朝定及三竹寺剌麻番僧	弘治九年闰三月辛亥	（各）来贡	卷一一一

附表2 洪武—崇祯年间西藏及周边地区朝贡使者统计表

453

续表

贡使名	贡使身份	来朝时间	贡物	史料出处
卜纳招臧	陕西迭力、青石山、这多等族番人	弘治九年四月辛巳	来贡	卷一一二
札挂星吉、端竹	西番（赞善王遣）番僧、灵藏（赞善王遣）番僧	弘治九年六月甲申	来贡	卷一一四
扳的肖、亦希臧札答	陕西车禄、东路、各卜、苂哑、西藏等族番人	弘治九年六月甲辰	（各）来贡	卷一一四
王泰儿	四川长宁安抚司头目舍人番僧	弘治九年九月癸酉	来贡	卷一一七
岳仲肖节安	陕西罗家、尖占、哈古等族番寺头目	弘治九年十二月辛卯	来贡	卷一二〇
着吾、桑尔加端竹和班着尔坚参	乌思藏（阐教王遣）番僧、瞿昙寺禅师番僧	弘治十年正月己巳	来贡	卷一二一
银橙汪聘	四川朵甘思（宣慰使司遣）寨官头目	弘治十年四月丁丑	来贡	卷一二四
南剌他剌麻肖	陕西奔古、桑人等族番人头目	弘治十年五月癸卯	来贡	卷一二五
剌瓦札巴	陕西西番讲堂、永宁、鲁班、羊圈、广善等五寺剌麻番僧	弘治十年五月庚戌	来贡	卷一二五
贾思叭、剌麻三蓝	四川威州保县金川寺剌麻番僧、茂州加渴瓦寺番僧	弘治十年六月壬午	来贡	卷一二六
初王乩朵只怕	西外夷答牙、他笼等族番人	弘治十年七月壬戌	来贡	卷一二七
阿答儿、朵思札叭、容中答	四川朵甘思直管招讨司土官番僧、新招抚朵日、龙角等寨头目、杂道长官司番僧	弘治十年九月乙卯	（各）来贡	卷一二九
索剌汪秀	陕西上丹堡、草坡等族番人	弘治十年十二月辛未	来贡	卷一三二
绰尔加	——（安定王千奔遣）	弘治十年十二月辛巳	来贡	卷一三二

续表

贡使名	贡使身份	来朝时间	贡物	史料出处
阿鹅	陕西博峪等族生番族	弘治十一年七月甲辰	来贡	卷一三九
札石革、乩丹札	陕西答石等族生番族头、东峰等族番僧	弘治十一年九月丙申	（各）来贡	卷一四一
三竹札失	乌思藏番僧	弘治十一年十二月丙午	来贡	卷一四五
三竹札失、远旦伯、班着尔坚参、锁郎监藏、捏自	乌思藏番僧、长河西杂道长官司及静宁寺番僧、金川寺番僧、竹林等族番僧、番人	弘治十二年二月己酉	（各）来贡	卷一四七
昆各藏卜、野舍藏卜、李细普	董卜韩胡宣慰使司及四川达思蛮长官司、越嶲卫(卬部长官司各遣）头目、把事	弘治十二年二月戊午	（各）来贡	卷一四七
锁南坚参、桑尔加端竹	乌思藏（大宝法王遣）番僧、瞿昙、三竹寺禅师番僧	弘治十三年三月庚申	（各）来贡	卷一六〇
石落肖、曾巴、陆节、多由、板的他、远丹坚剉、班剌相竹、锁郎坚藏	陕西王家山等族番人、札郎等族番人头目、札纳等族管巴、答肉等族人；车剌等族人；显教寺番僧、三竹、瞿昙寺番僧、金川寺番僧	弘治十三年三月丁卯	（各）来贡	卷一六〇
端竹	番僧	弘治十三年三月丁丑	违例进贡，即给赏如例	卷一六〇
——	（乌思藏朵甘思宣慰使司、杂谷安抚司及直管招讨司遣）	弘治十三年四月己酉	来贡	卷一六一
——	四川韩胡碉等寨番僧寨首	弘治十三年五月丁卯	来贡	卷一六二
札石藏卜、殷巴尖昝和藏卜尖昝	陕西鲁班、讲堂、永宁寺并宝净、赞令寺剌麻番僧	弘治十四年三月庚戌	（各）来贡	卷一七二
端乩	陕西阿木等族番人	弘治十四年七月己未	（各）来贡	卷一七六

续表

贡使名	贡使身份	来朝时间	贡物	史料出处
朵鲁只	长河西剌思岗地方番僧	弘治十四年七月戊辰	（各）来贡	卷一七七
柴乩管、些多尔藏	陕西木舍等大小九族番人头目、车禄、札来等族头目	弘治十四年闰七月戊寅	（各）来贡	卷一七七
——	（四川龙州宣抚司土官宣抚薛绍勋遣）	弘治十五年二月壬子	来朝违限，绍勋自请罪	卷一八四
尼麻藏卜、失剌藏卜和卓牙圭哈	陕西瞿云寺、庄浪大通寺并哈者、七笼、膻哈等族、郭由、哈石等族番僧、番人	弘治十五年三月戊子	（各）来贡	卷一八五
那洛思、阿太、锁南竹	四川董卜韩胡宣慰使司加渴瓦寺番僧、达思蛮长官司番僧、乌思藏番僧	弘治十五年十一月丙戌	（各）来贡	卷一九三
官卓禄竹坚刴、居居中卜、拨拨均藏、少秋秋	陕西大亦辖及林家山、青石山、苰咓、撒里、鹞子平等族并撒藏寺番人番僧	弘治十六年六月丁未	（各）来贡	卷二〇〇
绰尔（加）	（安定王千奔遣）	弘治十六年七月丙子	来贡	卷二〇一
——	四川（朵甘思宣慰司、长宁安抚司及杂谷安抚司遣）番僧	弘治十七年九月庚寅	来贡	卷二一六
那尔卜	陕西大通寺番僧	弘治十七年十一月壬辰	来贡	卷二一八
——	乌思藏(大乘法王并护教、辅教、阐教等王遣)	弘治十七年十一月戊戌	遣）来贡	卷二一八
剌麻咤失藏	四川（长河西、鱼通、宁远等处宣慰使司遣）番僧	弘治十七年十一月乙巳	来贡	卷二一八
——	四川天全六番招讨司的人	弘治十八年四月庚申	各遣）来贡	卷二二三
尖仲	陕西栗子庄大族番人	弘治十八年四月甲子	来贡	卷二二三

续表

贡使名	贡使身份	来朝时间	贡物	史料出处
剌麻肖	答牙等族番人	弘治十八年七月丁未	贡盔、刀	《明武宗实录》卷三
木肖	敖儿大等族番人	弘治十八年十一月辛丑	贡刀、铠方物	《明武宗实录》卷七

表2.9 正德时期西藏及周边地区赴京贡使表

贡使名	贡使身份	来朝时间	贡物	史料出处
贾舍、僧吉	达思蛮长官司头目番僧	正德元年二月乙卯	各贡氆氇等物	《明武宗实录》（下同）卷一〇
失劳乩	剌章等族番人	正德元年四月丙子	贡马匹、盔甲等物	卷一二
族秤伯	乌思藏（阐教王遣）禅师	正德元年九月戊戌	贡方物	卷一七
挽古	边爵等族番人	正德元年十月丙午	贡马匹、盔甲等物	卷一八
畜吉叭藏卜	乌思藏大宝法王道僧徒	正德元年十一月戊戌	来朝贡氆氇方物	卷一九
仓卜肖	利族等大三族番人族头	正德元年十一月辛丑	来朝，各贡盔、刀	卷一九
剌麻星吉	（故灵藏赞善王弟端竹坚昝遣）使者番僧	正德二年闰正月壬子	来朝贡方物、马匹	卷二二
陆尔节	札纳等族番人头目	正德二年二月甲午	贡马及盔甲等物	卷二三
坚墩陆竹	车禄等族番人头目	正德二年五月癸卯	入贡	卷二六
领阿福	四川越巂邛部长官司长官	五月癸丑	入贡马匹	卷二六
小和尚	韩胡碉等寨寺番僧寨首	正德二年七月壬寅	来朝贡方物	卷二八
舍把、高文壁	（四川天全六番招讨使司土官招讨使高勋遣）	正德二年八月丁亥	贡马，谢受职恩。	卷二九

续表

贡使名	贡使身份	来朝时间	贡物	史料出处
居藏少、札节	南哈及阿着等族番人	正德二年八月己亥	各贡马及盔甲等物	卷二九
小和尚	韩胡碉寨恰列寺番僧领占朵儿只弟	正德二年九月丙午	来朝，因请令袭其职事	卷三〇
亦希藏	各卜等族番人	正德二年十月乙亥	贡马及盔甲	卷三一
那尔卜	大通寺番僧	正德二年十二月乙未	来朝贡佛象、驼、马等物	卷三三
班的	四川这多等族番人	正德三年正月甲子	贡马及盔甲	卷三四
族岑星吉、南仲肖	静宁寺番僧族、加石等族番人	正德三年二月戊子	来朝贡佛像、驼、马	卷三五
容中锅	大亦辖等族番人	正德三年三月戊戌	来朝贡马及盔甲等物	卷三六
坚昝札挂、你麻藏卜	乌思藏番僧（阐教王及其王子遣）	正德三年七月辛亥	各贡马及佛像等物	卷四〇
禄竹班丹	陕西番僧	正德三年八月庚寅	入贡方物、马匹	卷四一
札失藏卜、锁南以失、札失坚参、刺瓦藏卜	乌思藏（辅教王遣）番僧、（大乘法王遣）番僧、（阐化王遣）番僧、（剌思刚、撒结瓦、长河西等处护国师印拔思巴藏卜遣）都纲	正德三年九月壬寅	各进贡朝贺	《明武宗实录》卷四二，《明史》卷331
——	四川杂谷安抚司、抚回上草坡寺部等寨番僧头目	正德三年十月壬午	进贡方物	卷四三
奔卜沙	寨平等族番人	正德三年十月庚寅	贡马及方物	卷四三
革秀	曾卜庄大旌番人	正德四年正月甲寅	来贡	卷四六
札失坚参	乌思藏（阐化王遣）番僧	正德四年二月辛未	来朝贡	卷四七
却尔加失加	陕西罕东卫（舍人板丹等遣）番人	正德四年三月癸卯	来朝贡马、驼、甲、刀等物	卷四八

续表

贡使名	贡使身份	来朝时间	贡物	史料出处
那尔卜、镇朗藏卜	大通寺番僧、四川番僧（达司蛮长官司遣）	正德四年四月甲子	（各）来贡	卷四九
端乩	阿木等族番人	正德四年五月癸巳	来朝贡马及方物	卷五〇
巴吉朵日怕、阿鹅	啥多、他笼大小等族番人、博峪等族番人	正德四年六月己卯	各贡马及盔、刀、方物	卷五一
——	（乌思藏袭封阐化王及袭职完渴都指挥暖精藏卜遣）	正德四年九月己亥	进贡方物	《明武宗实录》卷五四，《西番馆译语》来文4
锁南藏卜	弘化寺番僧都纲	正德四年九月庚子	来朝贡佛像、马、驼等方物	卷五四
——	灵藏赞善王端竹坚昝差使者	正德五年三月辛未	贡马及方物	卷六一
绰吉我些儿（等八百人）	乌思藏刺麻（大乘法王遣）	正德五年三月癸未	从陕西河州卫入贡	《明武宗实录》卷六一，《明史》卷331
喃剌他、恶巴	奔古等族番人、骆驼巷等族番人	正德五年五月甲申	各贡马及方物	卷六三
哽滕领占	董卜韩胡宣慰使司加渴瓦寺都纲番僧	正德五年六月丙申	来朝贡（方物）	卷六四
居藏少、七古	苁咂、多构等族番人	正德五年十一月丙子	贡马及方物	卷六九
札石烟丹	永宁寺剌麻番僧	正德五年十二月戊戌	来朝贡马并佛像、方物	卷七〇
圭哈札石烟丹	陕西膻哈等族番人永宁寺番僧	正德六年正月庚申	来朝贡马、盔、刀方物	卷七一
仓卜肖	陕西利族等族番人	正德六年正月辛巳	来朝贡腰刀	卷七一
药仲肖	罗家族番人	正德六年三月壬子	来朝贡方物	卷七三
昆各儿藏	四川董卜韩胡（宣慰使司遣）国师	正德六年三月丁巳	来朝贡方物	卷七三

续表

贡使名	贡使身份	来朝时间	贡物	史料出处
官卜尖昝	大崇教寺剌麻番僧	正德六年四月丙申	来朝贡马方物	
禄竹坚刬、札挂尖昝	撒藏寺都纲番僧、法藏寺剌麻番僧	正德六年五月辛未	各贡马匹、方物	卷七五
札巴也失	大慈恩寺都纲	正德六年六月庚寅	往灵藏封授赞善王回京贡方物、驼、马	卷七六
札巴也失	大慈恩寺都纲	正德六年六月庚寅	回京贡方物、驼、马	卷七六
容中郭	大亦辖等族番人	正德七年十二月壬寅	来朝贡马及刀、铠	卷九五
锁郎藏卜、宋思结、郎锁巴、页僧结、贾思巴领占、领占罗络思	四川杂谷安抚司番僧都纲、旧招抚克州等寨寨首、上草坡寺十三寨寨首、新招抚大八棱碉、锁么等五十五寨寨首、董卜韩胡宣慰使司加渴瓦寺番僧、新招抚管下陆寺番僧	正德八年三月乙未	各贡氆氇、珊瑚等物	卷九八
贾舍僧古、三伽思	达思蛮长官司并剌麻僧、蓬勺沙哈等寨头目	正德八年四月丙午	来朝贡方物	卷九九
弄班受	陕西好地平等族番人	正德八年五月癸酉	来朝贡马及盔、刀等物	卷一〇〇
千卜六	崔工等族番人	正德八年六月己未	各贡马及盔甲、腰刀	卷一〇一
七秤	四川金川寺（演化禅师耿哈监藏等遣）剌麻、番僧	正德八年七月庚午	贡氆氇等物	卷一〇二
札吉牙	陕西南哈等族番人	正德八年八月庚戌	贡马及刀、铠	卷一〇三
禄禄、阿鹅	陕西堡等族番人、博峪等族番人	正德八年十一月乙亥	来朝贡马	卷一〇六
速南坚藏、着受	大通寺番僧、寨平族番人	正德九年正月己丑	来朝贡方物	卷一〇八
失劳禄竹、札石领占、速南坚藏	西多四寺剌麻番僧、石埵寺剌麻番僧、大通寺番僧	正德九年正月癸巳	（各）来贡	卷一〇八

续表

贡使名	贡使身份	来朝时间	贡物	史料出处
木肖	陕西敖儿大族番人	正德九年五月壬申	——	卷一一二
昆各札失、镇南班丹	乌思藏禅师（阐教王遣）、禅师（辅教王遣）	正德九年八月己亥	来朝贡氆氇、盔、刀等物	卷一一五
容中切旺加立卜巴藏卜	董卜韩胡宣慰司护印舍人	正德九年九月丁亥	来朝贡马匹、银器	卷一一六
宗竹坚咎和端岳藏、坚墩陆竹	乌思藏番僧（阐化王遣）、车陆族番人头目	正德九年九月丁亥	来朝贡方物、马匹	卷一一六
完卜锁南坚参巴尔藏卜	番僧	正德十年二月甲午	遣人朝贡	《明武宗实录》卷一二一，《国榷》卷49，《明史》卷331
纳麻思结	韩胡碉番僧	正德十年闰四月己未	赴京贡方物，并（补）五年至七年贡	卷一二四
远丹领占、官着肖	松潘大悲寺僧徒、岷州大崇教寺剌麻	正德十年五月乙未	贡方物	卷一二五
居藏少	芷哑等族番人	正德十年五月乙未	贡方物	卷一二五
玉巴	孔提峪、哈者等族番人族头	正德十年五月乙卯	贡方物	卷一二五
杨世仁	天全六番招讨使应袭舍人	正德十年七月壬辰	贡马	卷一二七
七庆	董卜韩胡（宣慰使司加渴瓦寺等遣）都纲	正德十一年二月辛未	入贡	卷一三四
锁郎巴	四川杂谷安抚司番僧	正德十一年三月丁亥	各贡氆氇、腰刀等物	卷一三五
班剌着秀、安巴	陕西岷州法藏寺番僧、阶州阿木等族番人	正德十一年三月丙申	来贡画佛、舍利、腰刀等物	卷一三五
伦班	迭力等族番人	正德十一年七月丁亥	来朝贡	卷一三九
额古	林家山等族族头番人	正德十二年四月戊午	（各）来贡	卷一四八

续表

贡使名	贡使身份	来朝时间	贡物	史料出处
阿鹅、木列	陕西博峪等族番人、各卜等旋番人	正德十二年五月庚子	来朝贡方物	卷一四九
豁牙	陕西上笆篱等族番人	正德十二年七月乙酉	来朝贡马匹、盔、刀等物	卷一五一
完卜坚赞列巴、管着藏	重兴寺国师都纲、番僧	正德十二年八月乙丑	贡方物	卷一五二
领占咤失巴藏、端竹札失、小和尚	乌思藏（辅教王遣）番僧、（阐化王遣）番僧、韩胡碉列寺番僧寨首	正德十二年闰十二月戊戌	各贡方物、马匹	卷一五七
锁南札失	——（乌思藏大乘法王遣）	正德十三年正月壬子	来朝贡方物	卷一五八
戎占少、方保	陕西好地平并石峪族番人、四川长宁安抚司番僧	正德十三年正月癸亥	来朝贡马匹、方物	卷一五八
咂吉	阿堡等族番人	正德十四年八月壬申	来朝贡马及方物	卷一七七
米牙乩	昔藏等族番人	正德十四年十一月丁未	贡马及方物	卷一八〇
耿勺监藏	达思蛮长官司剌麻番僧	正德十四年十一月丁巳	贡方物	卷一八〇
则坑藏卜	杂谷安抚司都纲、番僧	正德十五年二月癸亥	（各）来贡	卷一八三
剌麻曾称藏卜	金川寺（演化禅师遣）番僧	正德十五年三月辛丑	来朝贡	卷一八四
南哈尖藏	陕西竹林及巴咂等旋番人	正德十五年四月甲戌	贡马及佛象等物	卷一八五
撒节远丹	陕西番僧	正德十五年五月甲寅	各备马匹、方物来朝	卷一八六
及答牙及阿木族番人	陕西昭慈寺番僧、阿木等族番人	正德十五年七月壬寅	来朝贡马及方物	卷一八八
方保	长宁安抚司番僧寨首	正德十五年闰八月壬子	贡方物	卷一九〇
伽革儿藏卜	打喇儿寨（冠带头目用中蓬遣）番僧	正德十五年十二月己丑	贡方物	卷一九四

续表

贡使名	贡使身份	来朝时间	贡物	史料出处
着巴藏卜、圭哈、札藏	陕西河州弘化寺番僧、文县膻哈、罗家、答石等族生番族头、番僧番人	正德十六年二月甲申	以渗金铜佛、铜塔、佛象、马、犬、盔、刀来贡	卷一九六
曾称藏卜（等五百一十名）	四川威州、保县、金川寺剌麻番僧及新旧招抚番僧	正德十六年四月辛亥	各具方物来贡	《明世宗实录》卷一
失劳陆竹、着巴藏卜	乌思藏番僧（大乘法王遣）、弘化寺番僧	正德十六年七月乙丑	俱入贡方物	《明世宗实录》卷四
小和尚	四川茂州卫韩胡碉恰列寺番僧寨首	正德十六年十月辛丑	来朝贡方物	《明世宗实录》卷七

表2.10 嘉靖时期西藏及周边地区赴京贡使表

贡使名	贡使身份	来朝时间	贡物	史料出处
完卜锁南端竹——	静宁寺番僧葛偏等大小拾族番人	嘉靖元年四月壬午	来朝，各贡方物	《明世宗实录》（下同）卷一三
斜窝	苁咂等族番人	嘉靖元年四月乙未	来贡马及方物	卷一三
石落肃	陕西敖儿等大陆族番人	嘉靖元年五月丁巳	来朝，进贡腰刀	卷一四
石落肃	陕西阶州敖儿等大陆族番人	嘉靖元年五月甲子	进贡腰刀	卷一四
中中	锋铁城等族番人	嘉靖元年六月庚寅	进铜佛塔等物	卷一五
板的肖、恶巴	桑人等大小一十三族番人大亦辖大小一十四族番人	嘉靖元年七月辛酉	来贡物及方物	卷一六
头阿鹅	西夷博峪等族及生番族	嘉靖元年十二月癸未	来朝贡	卷二一
居居、月斜	林家山大小六十九族番人、好地平大五十五族番人	嘉靖二年正月戊午	各贡方物、马匹	卷二二

续表

贡使名	贡使身份	来朝时间	贡物	史料出处
纳节	寨平等九族番人	嘉靖二年二月壬午	来朝贡马并方物。给	卷二三
那洛思坚粲	四川董卜韩胡宣慰使司加渴瓦寺都纲所派	嘉靖二年三月壬戌	入贡方物	卷二四
舍利卜（等一千七百余人）	四川董卜韩胡番僧	嘉靖二年闰四月甲子	入贡	卷二六
——	达思蛮长官司差来	嘉靖二年十一月丙申	进贡并庆贺登极，人员多至四百余名	卷三三
贾舍监藏（等三百一十二人）	达思蛮长官司都纲番僧	嘉靖二年十二月壬戌	——	卷三四
完卜锁南列思巴、喃吟失宁卜、乩吉	严教寺番僧、普纲寺番僧、苟家平大一十四族夷人	嘉靖三年四月癸丑	来贡马及方物	卷三八
引旦藏	杂谷安抚司等处都纲剌麻头目番僧	嘉靖三年六月己亥	贡贺，抵京者一百六十七人；其存留境上者一千二百五十六人	卷四〇
端竹札失	番僧	嘉靖三年六月庚戌	进贡	卷四〇
咱各	陕西答石、膛哈、答牙诸番族番人	嘉靖三年七月乙亥	进贡	卷四一
完卜锁南藏卜	觉革寺番僧	嘉靖四年二月己亥	来贡	卷四八
哈班（等一百九十七人）；阿鹅（等一百三十人）	陕西外夷博峪等十七族番人、上巴篱等族番人	嘉靖四年八月己丑	来贡马及方物	卷五四
——	（四川越巂卫邛部长官司署印妻宅氏革哨遣）	嘉靖四年八月庚子	贡马各	卷五四
舍剌班丹、札失星吉、方保	乌思藏阐教国师长河西、鱼通、宁远等宣慰使司禅师都纲、长宁安抚司头目番僧	嘉靖四年八月戊申	各贡方物	卷五四

续表

贡使名	贡使身份	来朝时间	贡物	史料出处
——	——（乌思藏、长河西、长宁安抚司遣）	嘉靖四年十月己酉	番僧过例，额者九百四十三人并应减赏	卷五六
伽革儿藏卜	四川打喇儿寨（头目用中蓬遣）番僧	嘉靖四年十二月辛卯	来贺即位，贡方物	卷五八
柒揩坚刿、何达儿	四川摩多等六寺、只朴等六寨都纲番僧	嘉靖五年二月癸酉	入贡方物	卷六一
七揩	董卜韩胡（宣慰使司加渴瓦寺遣）都纲、番僧	嘉靖五年四月癸丑	入贡	卷六三
七揩	四川董卜韩胡宣慰使司加渴瓦寺番僧都纲	嘉靖五年四月壬申	乞将应赏衣段折给银两	卷六三
七儿少	锋铁城番人	嘉靖五年五月甲申	贡方物	卷六四
班丹尖参	陕西岷州大崇教寺刺麻	嘉靖五年六月乙卯	来朝贡马	卷六五
禄竹速南（等十五人）、石落肖（等二百六十人）	撒藏寺刺麻番人、敖儿等族番人	嘉靖五年七月己亥	来贡宴赉如例	
沙加藏（等四百三十八人）	达思蛮长官司都纲番僧	嘉靖五年七月甲辰	来贡	卷六六
嗏班（等二百八十六人）	上笆篱、笮哑等二十二族番人	嘉靖五年七月甲辰	各以方物来贡	卷六六
焦吉	笮哑等族番人	嘉靖五年八月己巳	各贡方物，马匹	卷六七
密竹	寨平等族番人	嘉靖五年十二月己巳	来朝贡马	卷七一
安巴	西番阿木等族人	嘉靖六年五月壬辰	各贡刀	卷七六
纳麻肖（等二十六人）	西夷答牙答族番人	嘉靖七年正月丁酉	来朝贡方物、马匹	卷八四
板肖	车刺等族番人	嘉靖七年三月戊子	来朝贡马	卷八六

续表

贡使名	贡使身份	来朝时间	贡物	史料出处
高继业	天全六番招讨司土官招讨使高继先遣）土舍	嘉靖七年七月庚寅	来朝贡马	卷九〇
渀班	陕西上笆篱等族番人	嘉靖七年十一月己酉	来朝贡马及盔甲、腰刀等物	卷九五
摄次藏卜	董卜韩胡宣慰司国师	嘉靖七年十一月癸丑	进贡方物	卷九五
不知名	董卜韩胡宣慰司番僧	嘉靖七年十二月丙子	入贡	卷九六
窝斜	陕西笕哑等族番人	嘉靖八年十二月庚午	来贡马及方物	卷一〇八
哑额	陕西寨平等族番人	嘉靖九年四月己卯	来朝贡方物	卷一一二
安巴	阿术等族番人	嘉靖九年九月壬辰	来贡方物	卷一一七
豁刺削	陕西七龙等族番人	嘉靖九年十一月戊戌	来贡方物	卷一一九
野舍僧吉	四川达思蛮长官司番僧	嘉靖九年十一月戊申	备方物来贡	卷一一九
不知名	林家山等十四族番人及讲堂寺番僧	嘉靖十一年四月丙午	皆来贡方物	卷一三七
绿竹札石、班丹尖咎、绿竹尖制	陕西讲堂寺剌麻番僧、大崇教寺剌麻番僧、法藏寺剌麻番僧	嘉靖十一年五月癸亥	各来朝贡马及土物	卷一三八
锁南板丹、方保	陕西如来寺番僧、四川长宁安抚司番僧寨官	嘉靖十二年三月辛酉	贡马	卷一四八
七领札夫（等千余人）	乌思藏朵甘思番僧	嘉靖十二年八月丙戌	来贡	卷一五三
不知名	董卜韩胡宣慰使司加可瓦寺都纲番僧	嘉靖十二年十二月壬申	来朝贡方物	卷一五七
郭乩（等一百五十一人）	陕西榆树等族番人	嘉靖十三年六月丙申	来朝贡马	卷一六四

续表

贡使名	贡使身份	来朝时间	贡物	史料出处
仍占	陕西夷大亦辖等族番人	嘉靖十四年七月丙子	各来朝贡马	卷一七七
—	乌思藏（辅教等王并长河西、鱼通、宁远宣慰使司遣）国师、寨官人等	嘉靖十四年九月甲申	来朝贡方物	卷一七九
短竹札失、桑呆短竹	乌思藏国师、长河西、鱼通、宁远等处寨官	嘉靖十五年正月庚午	各进贡，凡四千一百七十余人	卷一八三
焦吉（等二百八十余人）	苂哑等族番人	嘉靖十五年三月癸酉	来朝贡马并盔甲、腰刀	卷一八五
叶儿监藏	四川杂谷安抚司都纲番僧	嘉靖十五年十二月丁未	进贡，多至一千二百六十四人	《明世宗实录》卷一九四，《国榷》卷56
札失藏	灵藏番僧（赞善王端竹坚昝遣）	嘉靖十六年正月丙午	各贡马及方物	卷一九六
波纳、李芳	长宁安抚司及韩胡碉恰列寺番僧头目、越嶲卫邛部长官司通把	嘉靖十六年八月丁卯	来贡方物及马	卷二〇三
领占朵日、阿鹅、安己	乌思藏、朵甘思直管招讨司寨官、陕西博峪等族番人、阿水等族番人	嘉靖十七年三月甲申	各朝贡	卷二一〇
短竹札失	乌思藏阐教国师	嘉靖十八年六月辛丑	贡方物，袭职	卷二二五
焦吉	苂哑等族番人	嘉靖十八年六月戊申	入贡	卷二二五
定日藏	杂谷安抚司都纲刺麻头目、番僧	嘉靖十九年三月壬子	来朝贡方物	卷二三五
音巴盐藏	四川剌麻寨首番僧	嘉靖十九年五月乙未	贡方物	卷二三七
巴店林成、安章	陕西巴哑等族番人、各卜等族番人	嘉靖十九年七月壬辰	来朝贡马及方物	卷二三九

续表

贡使名	贡使身份	来朝时间	贡物	史料出处
纳空、波纳	四川韩胡碉恰列寺番僧头目、长宁安抚司差番僧头目	嘉靖十九年十二月壬戌	各进贡方物	卷二四四
甲禄、濟班	大青石山等族及上笆篱等族番人	嘉靖二十年七月戊子	来贡马及方物	卷二五一
禄吉着颠	林家山等族并大亦辖等族番人	嘉靖二十年十二月己未	来贡马及方物	卷二五六
安巴、咂捱	阿木等族番人、寨平等族番人	嘉靖二十一年三月辛巳	来贡方物	卷二五九
圭哈	膻哈、答石等族番人	嘉靖二十一年六月癸未	来朝贡马及方物	卷二六三
懒革儿坚灿	董卜韩胡宣慰使司加渴瓦寺都纲番僧	嘉靖二十一年七月丁巳	来朝贡方物	卷二六四
——	陕西答牙等二族番人	嘉靖二十二年正月己巳	各来朝贡马及方物	卷二七〇
领直藏卜	四川董卜韩胡、长河西国师	嘉靖二十二年五月己酉	来朝贡马及方物	卷二七四
——	（乌思藏护教王、朵甘思宣慰、招讨等司遣）	嘉靖二十二年六月辛卯	（各遣）使朝贡	卷二七五
札节、约子、马你完卜、恶行	陕西车禄等族头目、哈尔占族番人、慧济扯巴寺番僧、招慈等六寺番僧	嘉靖二十二年六月庚子	各贡马及方物	卷二七五
多巴、巴颠林成	陕西好地平等族番人、巴咂等族番人	嘉靖二十二年七月丙辰	来朝贡马及方物	卷二七六
石落肖、着肖	陕西敖儿等六大族番人、利族等三大族番人	嘉靖二十二年八月丁酉	来朝贡	卷二七七
官着他	陕西迭力等族番人	嘉靖二十二年九月丁巳	贡马及方物	卷二七八
——	天全六番招讨等司及陕西苟家平等族番人	嘉靖二十三年二月癸未	各贡方物	卷二八三

续表

贡使名	贡使身份	来朝时间	贡物	史料出处
章巴宁卜、波纳、纳㞢	法藏寺番僧、长宁安抚司头目番僧、韩胡碉恰列寺头目番僧	嘉靖二十三年五月辛亥	来朝贡方物	卷二八六
柴儿肖、班卜、甲禄	陕西锋铁城等族番人、骆驼巷等族番人、青石山等族番人	嘉靖二十三年六月癸酉	各入贡	卷二八七
甲禄	陕西青石山等族番人	嘉靖二十三年七月癸丑	入贡	卷二八八
坚剉	乌思藏国师番僧（辅教王遣）	嘉靖二十四年二月丁酉	入贡	卷二九六
耿勺定日	杂谷安抚司差都纲剌麻头目	嘉靖二十四年五月庚午	入贡	卷二九九
坚剉	乌思藏国师（辅教、大宝法王、阐教、大乘法王遣）	嘉靖二十四年五月己卯	入贡	卷二九九
淯班、札禄、七儿少	上笆篱、青石山、锋铁城等族番人	嘉靖二十六年正月丁丑	（各）来贡马及方物	卷三一九
尹石短竹、纳㞢	四川长宁安抚司番僧头目、韩胡碉恰列寺番僧头目	嘉靖二十七年二月辛亥	（各）来贡方物	卷三三七
锁南窝些儿	灵藏番僧（赞善王端岳坚昝遣）	嘉靖二十七年六月辛未	来贡马及方物	卷三三七
节木肖	陕西桑人等族番人	嘉靖二十八年九月辛巳	贡马及方物	卷三五二
七巴	陕西苟家平、锋铁城等族番人	嘉靖二十八年十二月辛酉	进马及方物	卷三五五
七巴（等三百余人）	陕西苟家平、锋铁城等族番人	嘉靖二十九年正月丙戌	入贡	卷三五六
札禄	陕西大青石山等族番人	嘉靖二十九年三月壬辰	入贡	卷三五八
郎哈监藏	四川达思蛮长官司都纲头目番僧	嘉靖二十九年四月甲寅	贡方物	卷三五九
七名（古）、戎萧	亦辖、寨平等族番人、落嘉石等族番人	嘉靖三十年正月庚寅	各贡马及方物	卷三六九

续表

贡使名	贡使身份	来朝时间	贡物	史料出处
容中五些儿	董卜韩胡宣慰使司加渴瓦寺都纲头目	嘉靖三十年七月丙申	入贡	卷三七五
焦吉	陕西笊哑等族人	嘉靖三十一年三月辛亥	贡马及方物	卷三八三
章哈节结初、安巴	陕西驼笼等族番人头目等、阿木等族番人头目	嘉靖三十一年八月丙子	各贡马及方物	卷三八八
咱爱亦竹秀、阿剌	陕西平林家山等族番人、柏林、七占等族番人	嘉靖三十三年四月甲戌	各来朝贡马及方物	卷四〇九
札吧坚参	乌思藏国师番僧（辅教王、阐化王、阐教王、大乘法王、大宝法王遣）	嘉靖三十三年五月丁未	来朝贡方物	卷四一〇
阿藏	金川寺（演化禅师遣）都纲头目、番僧	嘉靖三十三年七月己亥	来朝贡方物	卷四一二
章乱、焦吉	陕西好地平、笊哑等族番人	嘉靖三十四年三月癸丑	贡马及盔甲、腰刀等物	卷四二〇
节禄	陕西车冈等族番人	嘉靖三十四年闰十一月丙子	来朝贡方物	卷四二九
曾巴竹吉少	陕西卜大青石山等族番人	嘉靖三十五年二月乙巳	入贡	卷四三二
周顶	四川叠溪长官等司头目	嘉靖三十五年五月戊寅	来朝贡	卷四三五
领占札什、吊瓦容中、札失卧紫、咀叭坚刬、锁南冷直	四川董卜韩胡宣慰使司国师、别思寨安抚司禅师、乌思藏朵甘思宣慰使司寨官、直管招讨司国师、乌思藏国师	嘉靖三十五年九月戊寅	各贡方物	卷四三九
桄谷	陕西苟家平等族番人	嘉靖三十五年十二月戊戌	贡马	卷四四二
麻儿列	（长宁安抚司并韩胡碉恰列等遣）都纲头目	嘉靖三十六年九月壬子	入贡	卷四五一

续表

贡使名	贡使身份	来朝时间	贡物	史料出处
禄谷、豁卜	好地平等族番人	嘉靖三十七年五月乙卯	各贡马及方物,来朝贺	卷四五九
盔列、巴店林成、官卓札石	陕西阶文鹞子坪、哈西等族番人、已咂等族番人、草坡等族番人	嘉靖三十七年六月壬午	来朝贡马及方物	卷四六〇
相初坚昝、拔出监藏	慧济扯已寺禅师、杂谷安抚司番僧	嘉靖三十七年闰七月丙子	各来朝贡马及方物	卷四六二
——	四川越旧卫(邛部长官司土官领柏遣)	嘉靖三十七年十二月辛亥	贡马	卷四六七
罗谷领真	甘州弘仁寺法缘清净剌麻番僧	嘉靖三十七年十二月庚申	进贡方物	卷四六七
——	陕西杂谷安抚司护印土舍格兜恩巴差都纲头目	嘉靖四十年二月壬子	来朝贡方物	卷四九三
郎哈仍(等五百五十人)	四川威州保县金川寺(演化禅师遣)都纲番僧	嘉靖四十年四月丙午	来贡	卷四九五
札什坚参、舍蜡藏卜、那儿藏	四川董卜韩胡宣慰司国师、别思寨安抚司禅师、乌思藏朵甘思宣慰司禅师	嘉靖四十年四月戊申	来朝贡方物	卷四九五
锁南板着、班丹监参、舍蜡藏卜	乌思藏阐化王剌麻、护教王国师、朵甘思直管招讨司国师	嘉靖四十年十一月癸丑	各来朝贡方物	卷五〇三
——	(四川茂州岳希蓬长官司、马湖府沐川长官司土舍悦承宗遣)	嘉靖四十一年八月己卯	贡马及方物	卷五一二
札巴南节	大崇教等七寺剌麻番僧	嘉靖四十一年九月癸未	各入贡	卷五一三
巴店林成	巴咂等族夷人	嘉靖四十二年四月甲寅	入贡	卷五二〇
纳子	哈尔占吉、车禄、博峪等族番人	嘉靖四十二年九月癸卯	朝贡方物	卷五二五

续表

贡使名	贡使身份	来朝时间	贡物	史料出处
黑木少	好地平寨等族番人	嘉靖四十三年八月辛未	来朝贡马	卷五三七
蛇牙藏（等一千一百余人）	番僧	嘉靖四十三年十二月甲申	入贡	卷五四一
速南尖咨、省等	崇隆、鲁班寺剌麻番僧、哈多等族番人剌麻	嘉靖四十四年六月丁丑	来贡马及方物	卷五四七
剌卜失	笼纳郎等族番人	嘉靖四十四年九月戊申	来朝贡，贺圣节	卷五五○

（三）明代后期西藏及周边地区赴京贡使表

表2.11　隆庆时期西藏及周边地区赴京贡使表

贡使名	贡使身份	来朝时间	贡物	史料出处
领占罗洛思	加渴瓦寺都纲	隆庆元年正月己卯	各进贡方物	《明穆宗实录》（下同）卷三
姚革	陕西博峪等族番人	隆庆元年三月丙辰	进贡方物	卷六
剌卜	陕西柏林、七占、他宠、哈古等族番人	隆庆元年六月辛亥	进贡方物、马匹	卷九
李春	四川越巂等卫（长官司遣）头目	隆庆二年正月丙寅	来朝贡马	卷一六
札石领占（等三十余人）	西番鲁班等七寺剌麻番僧	隆庆二年正月丁丑	贡马及方物	卷一六
共卜尖咨（等三十余人）	陕西崇隆等六寺剌麻番僧	隆庆二年三月己巳	进马及方物	卷一八
——	四川（叠溪、郁即二长官司遣）官员	隆庆二年五月丙辰	贡马	卷二○
盔列（等二百余人）	陕西鹞子坪等族番人	隆庆二年七月己酉	来朝贡马及方物	卷二二
戎肖	陕西嘉石、草坡等族番	隆庆二年十月壬午	来朝，进贡马及方物	卷二五

续表

贡使名	贡使身份	来朝时间	贡物	史料出处
安朋	四川威州都纲头目	隆庆二年十月乙酉	来朝贡方物	卷二五
领真锁南	陕西弘仁寺剌麻番僧	隆庆二年十月辛卯	来朝,进马及方物	卷二五
舍纳也舍舍（等十人）札巴领真（等八人）	四川董卜韩胡宣慰司国师别思寨安抚司番僧	隆庆二年十月甲午	各进方物称贡	卷二五
曾巴	升西各卜等族番人	隆庆二年十一月己未	来朝,进马及方物	卷二六
阿鹅	博峪等族番人	隆庆四年四月甲辰	入贡	卷四四
郝卜	好地平等族番人	隆庆四年四月癸丑	入贡	卷四四
纳麻郎	答牙等族番人	隆庆四年十月癸亥	入贡	卷五〇
纳乞	茂州卫韩朝碉恰列寺都纲头目	隆庆四年十二月癸丑	入贡	卷五二
锁南沓坚相竹领占、星吉札、札节	慧济扯巴寺禅师剌麻番僧、法藏寺番僧、鲁班寺番僧、车禄等族番人	隆庆四年十二月甲寅	各入贡方物	卷五二
星吉札（等七十七人）	四川韩胡碉恰列寺番僧	隆庆五年正月乙亥	贡方物	卷五三
锁南坚沓	洮、岷等处番僧番人	隆庆五年二月壬子	进贡方物、马匹	卷五四
赵忠信高登	四川天全六番招讨司官族、邛部长官司通把	隆庆五年四月戊戌	来朝贡马	卷五六
共卜尖沓（等三十人）	陕西崇隆等六寺剌麻番僧	隆庆五年五月丙子	进贡方物、马匹	卷五七
板官（等三百三十七人）	陕西多扚等二十七族番人	隆庆五年八月戊午	进贡方物马匹	卷六〇
木竹（等一百八十二人）	陕西亦辖等族番人	隆庆六年三月辛亥	各来朝贡马及方物	卷六八
曾巴（等一百七十七人）	陕西各卜等族番人	隆庆六年四月戊辰	贡马及方物	卷六九

续表

贡使名	贡使身份	来朝时间	贡物	史料出处
剌麻温	朵甘思宣慰使司番僧	隆庆六年四月癸未	入贡方物	卷六九
剌麻温（等一十六人）	朵甘思宣慰司番僧	隆庆六年六月丁丑	进贡	《明神宗实录》卷二
——	陕西骆驼巷等族番人	隆庆六年六月戊寅	进贡	《明神宗实录》卷二
——（到京及留边共四百三十四人）	四川达思蛮长官司差都纲头目及番僧	隆庆六年九月壬辰	贡珊瑚等物	《明神宗实录》卷五
——（凡到京及留边兵共一百三十五人）	陕西外夷灵藏赞善王端岳坚昝差使者并番僧	隆庆六年九月癸巳	贡马匹、舍利、盔甲、刀剑、氆氇、甋鼠等物	《明神宗实录》卷五
你麻坚昝（等一百三十五名）	——（灵藏赞善王遣）	隆庆六年十月戊午	贡方物、马匹	《明神宗实录》卷六
——（共五十四名）	四川达思蛮长官司、陕西灵藏赞善等七寺都纲头目番僧	隆庆六年十月丁卯	赴京进贡方物	《明神宗实录》卷六
——	陕西答石、膻哈等族番人	隆庆六年十月庚辰	贡马匹、腰刀	《明神宗实录》卷六

表2.12 万历时期西藏及周边地区赴京贡使表

贡使名	贡使身份	来朝时间	贡物	史料出处
——（等二百七十五人）	四川金川寺都纲头目	万历元年二月壬戌	进贡珊瑚等物	《明神宗实录》（下同）卷一〇
——	四川金川寺都纲头目	万历元年四月乙卯	进贡珊瑚等物	卷一二
被只（等三百人）	四川长宁安抚司番僧	万历元年九月戊子	贡珊瑚等方物	卷一七
共卜尖更哈监藏	陕西崇隆等六寺剌麻番僧、四川杂谷安抚司都纲头目番僧	万历二年八月乙丑	进贡	卷二八

续表

贡使名	贡使身份	来朝时间	贡物	史料出处
板地卜	四川韩胡碉恰列寺差番僧头目	万历二年十一月甲午	进贡方物	卷三一
板地卜	四川韩胡碉恰列寺头目番僧	万历二年十二月乙卯	朝贡	卷三二
——（等八名）	陕西慧济扯巴寺番僧	万历三年八月丁卯	俱赴京进贡	卷四一
——	陕西崔工、迷力二族番人、四川金川寺演化禅师	万历三年十月辛巳	俱差人入贡	卷四三
剌卜、脑秀	陕西柏林、七占等族番人、他笼、哈古等族番人	万历三年十月戊子	（各遣）入贡	卷四三
——	四川归化番僧	万历三年十二月辛巳	进贡	卷四五
锁南星吉	弘化寺番僧	万历三年十二月己丑	（各）入贡	卷四五
锁南星吉	弘化寺番僧	万历四年正月壬寅	贡马、驼、番犬、铜佛、舍利、酥酒等方物	卷四六
锁南星吉（等五名）	河州卫弘化寺番僧	万历四年正月己酉	来贡马、驼、犬只方物	卷四六
札挂那节	大崇教等七寺剌麻番僧	万历四年正月己酉	贡马匹、画佛、酥油、杵立麻	卷四六
札挂那节（等三十五名）	陕西大崇教等七寺剌麻番僧	万历四年正月乙卯	以马匹、方物进贡	卷四六
阿纳的约（等一十二员名）、札挂那节（等三十五名）	陕西肃州卫寄住正副使、大崇教等七寺剌麻番僧	万历四年正月丁巳	进贡	卷四六
安儿加、焦吉	四川威州打喇儿寨都纲头目、陕西苤呀等族番人	万历四年正月甲子	贡马匹、盔甲、腰刀	卷四六
占羊管着（等五名）、札挂那节（等三十五名）	陕西河州卫弘化寺番僧、岷州卫大崇教等七寺剌麻番僧	万历四年二月甲戌	各备方物进贡	卷四七

续表

贡使名	贡使身份	来朝时间	贡物	史料出处
短竹藏卜、罗撒坚剉	四川乌思藏阐化王国师、长河西、鱼通、宁远等处国师	万历四年三月庚戌	贡物	卷四八
喃哈镇南	乌思藏大宝法王差遣）国师	万历四年三月壬戌	贡铜佛等物	卷四八
喃哈星吉、剉吉	乌思藏护教王国师、番僧	万历四年五月丙申	各贡珊瑚方物	卷五〇
喃哈孟、剌麻温锁南领占、喃呆扣恩叭、着乌坚参、领占咃什	四川朵甘思宣慰使司国师、四川朵甘番僧、董卜韩胡宣慰使国师、番僧	万历四年五月甲辰	各备珊瑚、方物进贡	卷五〇
短竹藏卜和藏卜、喃哈锁南和喃哈、罗撒坚剉、恭卜	乌思国师番僧、大宝法王国师、番僧、长河西、鱼通、宁远等处国师、番僧	万历四年五月乙巳	各备铜佛、珊瑚、方物赴京进贡	卷五〇
喃哈孟、剌麻温锁南领占、喃呆扣恩叭、着乌坚参、领占咃什	四川朵甘思宣慰使司国师、四川朵甘思番僧、董卜韩胡宣慰使国师、董卜韩胡宣慰使番僧	万历四年五月甲辰	各备珊瑚、方物进贡	卷五〇
领占藏	四川董卜韩胡宣慰司加渴瓦寺都纲番僧	万历四年七月丁巳	进贡	卷五二
扎石禄领占藏	陕西敖儿等族番人四川加渴瓦寺都纲头目	万历四年九月壬辰	入贡	卷五四
相竹令占	陕西法藏寺剌麻僧	万历五年二月癸未	进献方物	卷五九
上笆篱、锋铁城	陕西番族	万历五年四月戊寅	进贡马匹	卷六一
章哈尔节	陕西木沙、扎未等族番人	万历五年九月庚申	赴京进贡	卷六七
着巴答	——（灵藏赞善王端岳坚昝遣）	万历五年十二月甲午	各赴京进贡	卷七〇
七巴（等一百八十二名）	陕西苟家平番人	万历六年十一月庚午	各备马匹赴京进贡	卷八一
锁喃元旦（等一十六员）	——（四川乌思藏法王遣）	万历六年十一月乙亥	进贡	卷八一

续表

贡使名	贡使身份	来朝时间	贡物	史料出处
——	陕西剌麻番僧	万历七年正月丙寅	进贡	卷八三
——	董卜韩胡宣慰使司加渴瓦寺	万历七年六月乙亥	进贡	卷八八
——（共二百四十三名）	陕西好地平等族番人	万历七年七月戊申	备马刀、盔甲等物，赴京进贡	卷八九
——（二百四十二名）	陕西苤啞等族番人	万历七年八月丙子	进贡	卷九〇
更哈监藏	四川杂谷安抚司都纲头目	万历七年十一月甲子	赴京进贡	卷九三
——（一千二百七十四名）	四川杂谷安抚司差都纲头目	万历七年十一月丁卯	各备珊瑚等物进贡	卷九三
——	四川（长宁安抚司并韩胡碉恰列等差遣）头目	万历八年三月甲子	赴京进贡	卷九七
札石尖卒（等三十五人）	番僧	万历八年四月乙未	贡马并方物	卷九八
——（等三十名）	陕西法藏等六寺剌麻僧	万历八年闰四月己亥	进贡	卷九七
——	四川金川寺（演化禅师差遣）都纲	万历八年五月癸未	进贡	卷一〇〇
——	陕西他笼、哈古等族番人	万历八年十月辛亥	进贡	卷一〇五
——	陕西柏林、七占等族番人	万历八年十月戊戌	进献马匹、方物	卷一〇七
——	陕西慧济寺番僧+哈尔占、吉古、车禄等族	万历八年十二月辛酉	进贡马匹、方物	卷一〇七
喃哈孟、剌麻温	乌思藏、朵甘思宣慰等司国师	万历九年四月癸丑	进贡方物	卷一一一
仓列（等七十七名）	陕西阿木等族番人	万历九年九月丁酉	赴京进贡	卷一一五
木竹镇纳的楚乐堆	陕西番人	万历十年二月壬子	进贡方物	卷一二一

续表

贡使名	贡使身份	来朝时间	贡物	史料出处
七巴、冉家蛮	陕西番人	万历十年三月庚午	进贡马匹、盔甲、腰刀	卷一二二
章哈尔节	陕西木沙等族番人	万历十年四月庚子	进贡方物	卷一二三
札失班旺修、藏卜坚参	国师（乌思藏辅教王、大乘法王遣）	万历十年六月乙巳	各以铜佛、珊瑚等物入贡	卷一二五
枪卜肖	陕西利族等族番人	万历十年十月癸卯	入贡	卷一二九
纳麻节	陕西番答牙、骆驼巷族	万历十年	入贡	卷一三〇
领真俄竹	陕西弘化寺、灵藏族番僧	万历十年十二月甲午	进贡	卷一三一
僧札实藏	弘化寺番僧	万历十一年四月辛未	来贡方物	卷一三六
强灿	董卜韩胡宣慰使司加渴瓦寺都纲头目、喇嘛	万历十一年四月戊寅	贡珊瑚等物	卷一三六
曾把淹中	各卜、上笆篱等族番人	万历十一年六月庚午	贡马及盔甲、腰刀	卷一三八
阿鹅	陕西博峪等族到京番人	万历十一年十月丁巳	进贡腰刀	卷一四二
戌肖	嘉石、草坡等族番人	万历十二年七月丙戌	贡马、银塔、铜佛	卷一五一
竹木、立足	亦辖等族番人、留边番人	万历十二年七月庚子	贡方物	卷一五一
——	鹞子坪、巴啞等族番人	万历十二年八月甲辰	来朝贡方物	卷一五二
喃哈坚参	乌思藏护教王徒	万历十二年八月丙午	进贡	卷一五二
共卜尖咎	剌麻番僧（不知何地）	万历十二年十月壬子	入贡	卷一五四
郝卜羊家保	好地坪番族	万历十三年二月甲辰	贡马及方物	卷一五八
千不少	苉啞等番族	万历十三年三月庚寅	贡马并方物	卷一五九

续表

贡使名	贡使身份	来朝时间	贡物	史料出处
藏伽、相竹领占	杂谷安抚司头目、法藏等六寺番僧	万历十三年五月辛巳	进贡珊瑚、氆氇、盔甲、画轴诸方物	卷一六一
吧蜡领真	（乌思藏大乘法王及长河宣慰使司）番僧	万历十三年十二月辛巳	入贡	卷一六九
木旺	云南丽江军民府知府	万历十三年十二月辛巳	贡马，求旌额。	《明神宗实录》卷一六九，《明史》卷314
马你完卜（等八名）	陕西慧济扯把寺番僧	万历十四年正月庚戌	进贡	卷一七○
马你完卜（共九百一名）	陕西慧济扯把寺番僧	万历十四年正月丁巳	进贡马并铜佛、铜塔等物到京	卷一七○
——（四名）	四川达思蛮长官司都纲头目	万历十四年八月戊子	进贡	卷一七七
札石尖卒（等二十五名）	陕西鲁班等七寺剌麻番僧	万历十五年正月巳酉	进贡	卷一八二
板伽监藏	四川杂谷安抚司都纲番僧	万历十五年十月癸酉	贡方物	卷一九一
觉义、答赖	剌麻番僧	万历十五年十月壬戌	各贡马	卷一九一
——	柏林、七占等族番人	万历十五年十月丁丑	进贡马匹、盔甲、腰刀等物	卷一九一
领真（等六百名）	乌思藏阐化王差番僧	万历十五年十二月戊寅	进方物	卷一九三
真朵尔只（等千人）	——（乌思藏阐化王遣）	万历十六年正月癸巳	贡方物	卷一九四
相竹领占（等三十人）、郝百（等二百四十七人）、羊加保（等一百二十七人）	陕西起送法藏等六寺番僧、好地坪等族番人、寨坪等族番人	万历十六年三月丁酉	各贡方物如例	卷一九六
多惹（至京及存留在边共四百三十八人）	四川韩胡碉哈列寺僧目	万历十六年闰六月癸巳	进方物	卷二○○

续表

贡使名	贡使身份	来朝时间	贡物	史料出处
阿南坚参	四川乌思藏国师番徒	万历十六年十一月己未	各致方物贡贺	卷二〇五
阿喃坚参、（等十四人）喃哈孟（等十六人）	四川乌思藏国师、朵甘思招讨司国师	万历十六年十一月癸酉	进贡方物	卷二〇五
—	（乌思藏、长河西、鱼通、宁远等处宣慰司遣）	万历十七年七月庚申	贡方物	卷二一三
领占瓦丹（等三十四名）	陕西鲁班等七寺剌麻番僧	万历十八年四月戊寅	进贡	卷二二二
马尔完卜（等八名）	陕西慧济扯把寺番僧	万历十八年五月辛酉	进贡	卷二二三
加兰藏（等四名）	四川达思蛮长官司都纲头目番僧	万历十八年八月甲午	进贡	卷二二六
共卜尖（等三十名）	陕西崇隆等六寺剌麻番僧	万历十九年正月壬子	进贡	卷二三一
—	陕西法藏等六寺剌麻番僧	万历十九年闰三月甲申	各入贡	卷二三四
—	—	万历二十年三月甲子	宴四川杂谷安抚司进贡都纲头目番僧申思坚藏等八员	卷二四六
—	（乌思藏护教王、董卜韩胡宣慰使司、别思寨安抚司、朵甘思直管招讨司）国师	万历二十一年五月丙辰	进贡方物	卷二六〇
札世禄（等八十七名）	陕西敖儿等族番人	万历二十一年八月乙巳	入贡	卷二六三
板地儿歪	四川长宁安抚司都纲番僧	万历二十一年十一月戊辰	来贡方物	卷二六六
喇嘛藏（等三十二名）	（乌思藏辅教等王及长河等司）国师	万历二十二年二月辛未	进贡	卷二七〇
畜竹坚参（等四十员名）	乌思藏（阐教等王遣）国师番徒	万历二十二年三月甲午	进贡	卷二七一

续表

贡使名	贡使身份	来朝时间	贡物	史料出处
锁南瓦秀（等二十名）	灵藏赞善王差番僧	万历二十二年四月庚午	进贡	卷二七二
——	乌思藏护教王并董卜韩胡宣慰使	万历二十二年四月辛未	进贡	卷二七二
窝熟监藏、共卜尖昝（等二十九名）	四川金川寺都纲头目、陕西崇隆等六寺剌麻番僧	万历二十二年六月乙卯	进贡	卷二七四
多惹（等四名）	四川韩胡磵哈列寺都纲僧目	万历二十三年三月庚子	来贡	卷二八三
戎肖	陕西嘉石、草坡等族番人	万历二十四年正月戊子	进献马匹、铜塔等物	卷二九三
尼竹札石（等三十名）	陕西法藏等六寺剌麻番僧	万历二十四年六月庚申	进贡方物、马匹	卷二九八
彻吉丹班藏	命内府收杂谷安抚司各寺都纲头目	万历二十四年七月己巳	补贡方物	卷二九九
札世禄	陕西敖儿等族番人	万历二十五年正月壬寅	进献方物	卷三〇六
必儿卜（等四名）	四川打喇儿寨进贡番僧	万历二十五年二月辛巳		卷三〇七
安巴（等十四名）	阿木等族番人	万历二十五年二月己丑	进献马匹、方物	卷三〇七
章合尔节（等二十六名）	陕西木沙、札来等族番人	万历二十五年六月丙子	进献方物、马匹	卷三一一
令治速南（等三十五名）	陕西鲁班等七寺番僧	万历二十五年六月庚辰	进贡	卷三一一
令治速南（等三十五名）	陕西鲁班等七寺剌麻番僧	万历二十五年七月戊戌	赴京进贡	卷三一二
朵尔（等一十五名）	乌思藏阐化王番僧	万历二十五年八月甲子	——	卷三一三
查麻领占（等六名）	四川加渴瓦寺都纲番僧	万历二十五年九月丁未	进珊瑚等物	卷三一四
统诸坚错（等六名）	陕西弘化寺番僧	万历二十五年十二月辛酉	进铜佛、舍利等物	卷三一七

续表

贡使名	贡使身份	来朝时间	贡物	史料出处
——	陕西林家山、赤辖、苟家坪等族进贡番人	万历二十六年正月丙申		卷三一八
阿鹅	陕西博峪、答石、膻哈等族番人	万历二十六年七月丁酉	进贡方物	卷三二四
郝卜	好地坪、锋铁城等族番人	万历二十六年八月癸亥	朝贡	卷三二五
畜竹简参	（四川乌思藏四王并长河西宣慰司）遣国师	万历二十六年九月丙申	——	卷三二六
滑竹	陕西上笆篱、寨坪、苾哑等族番人	万历二十六年十一月丙午	进贡方物、马匹	卷三二八
竹节	奔古、阿着等族番人	万历二十八年三月癸酉	献马匹、盔甲等物	卷三四五
安巴	阿木等大七族番人	万历二十八年五月癸卯	贡方物	卷三四七
马作完卜	陕西慧济扯把寺追贡番僧	万历二十八年五月辛未	——	卷三四七
桑藏（等八名）	四川加渴瓦等番僧	万历二十八年九月己巳	赴京进贡	卷三五一
木竹	陕西青石山、亦辖等族番人	万历二十九年四月戊子	进贡盔甲、马匹	卷三五八
蓄竹坚参（等四十名）	四川阐教等王进贡番僧	万历三十年六月癸巳	——	卷三七三
仰羊坚藏(等八名)	四川新谷安抚司差都纲番僧	万历三十一年六月丙戌	贡珊瑚、左髻等方物	《明神宗实录》卷三八五，《国榷》卷79
竹节永肖（等四百三十一名）	驼笼、奔古、阿着等族番人	万历三十二年二月丙午	各贡马匹、方物	《明神宗实录》卷三九三，《国榷》卷79
锁南瓦秀（等十九名）	——（灵藏赞善王遣）	万历三十二年四月壬寅	——	卷三九五
呵喃坚参（等三十名）	乌思藏进贡番僧	万历三十二年七月辛酉	——	卷三九八

续表

贡使名	贡使身份	来朝时间	贡物	史料出处
多惹(等四十七名)	韩胡碉恰列寺进贡番僧	万历三十三年四月甲寅	——	卷四〇八
——（七十名）	陕西青石山、苟家碑、亦辖等族进贡番人	万历三十三年四月丁卯	——	卷四〇八
被只（等三百名）	长宁安抚司进贡番僧	万历三十三年五月辛丑	——	卷四〇九
戎肖(等二十六名)	陕西嘉石、草坡等族番人	万历三十三年六月庚午	进贡马匹、铜塔等物	卷四一〇
共卜尖昝（等三十名）	崇隆等六寺剌麻番僧	万历三十三年八月己巳	贡献方物、马匹	卷四一二
盔列(等三十一名)	陕西鹞子坪等族进贡番人	万历三十三年九月癸酉	——	卷四一三
竹节恼秀（等四百二十五名）	陕西奔古、他笼等族番人	万历三十六年正月乙卯	贡马匹、方物	卷四四二
滓中（等二百四十四名）	上笆篱、寨平等族番人	万历三十六年二月庚申	贡马匹、方物	卷四四三
工卜三竹（等三十名）	大崇教等七寺进贡番僧	万历三十六年四月辛酉	——	卷四四五
剌卜板的肖（等二百三名）	陕西柏林、七占等族番人	万历三十六年五月乙巳	进贡方物、马匹	卷四四六
永肖（等一百五十六名）	陕西驼笼、纳郎等族番人	万历三十六年七月庚子	进献盔、甲、马匹	卷四四八
山查坚藏	达思蛮长官司都纲头目	万历三十七年正月庚子	备方物进贡	卷四五四
勺阿太	韩胡碉哈利寺差番僧	万历三十七年四月乙亥	备方物进贡	卷四五七
札石革	答石、膻哈等族番人	万历三十七年九月己丑	贡方物	卷四六二
板第坚藏	四川杂谷安抚司都纲头目	万历三十八年二月戊申	贡方物	卷四六七
一舍思	四川长宁安抚司都纲头目	万历三十八年三月壬午	以方物进贡	卷四六八
用风坚藏	金川寺都纲	万历三十八年五月癸亥	贡方物	卷四七一

续表

贡使名	贡使身份	来朝时间	贡物	史料出处
边爵尖卒、那麻思结	鲁班等七寺剌麻番僧、董卜韩胡宣慰使司加渴瓦寺都纲头目	万历三十八年十一月丙辰	各备方物、马匹入贡	卷四七七
蓄竹坚参叱吧坚刬	乌思藏阐教、辅教、大乘、大宝、长河西等处番徒、杂道长官司番徒	万历三十八年十二月己亥	各备珊瑚、方物来贡	卷四七八
叱吧坚刬（等五名）	四川杂谷长官司禅师	万历三十九年二月丁丑	赴京进盔甲、氆氇等物	卷四八〇
蓄竹坚参（等四十五名）	乌思藏阐教、辅教等国师番徒	万历三十九年三月壬寅	——	卷四八一
郝卜	陕西好地坪等番	万历三十九年四月乙亥	进献方物、马匹	卷四八二
藏卜坚咎（等十七员）	——（灵藏赞善王遣）	万历三十九年五月癸丑	——	卷四八三
坚刬朵尔（等十五名）	——（乌思藏阐化王遣）	万历三十九年五月己未	——	卷四八三
板的肖（等二百三名）	陕西柏林、七占等族番人	万历三十九年六月癸酉	进献盔甲、腰刀	卷四八四
阿六肖（等十五名）	驼龙、纳郎等族番人	万历三十九年七月戊午	——	卷四八五
甲杀坚藏（等四百三十八名）	四川达思蛮番僧	万历四十年正月癸丑	贡献方物	卷四九一
占时坚藏（等四人）	金川寺进贡番僧	万历四十一年四月乙卯		卷五〇七
雨木六（等二百五十名）	四川打喇儿寨番僧头目	万历四十一年十一月丙子	各献珊瑚、氆氇，补进三十七年、四十年分贡	卷五一四
札挂星吉（等三十五名）	鲁班等七寺番僧	万历四十二年三月辛未	进献马匹、方物	卷五一八
恼秀（等一百五十名）	他笼、哈古等族番人	万历四十二年八月乙酉	进献方物、马匹	卷五二三
六竹烟丹（等三十三名）	崇隆等进贡番僧	万历四十二年十月辛巳	——	卷五二五

续表

贡使名	贡使身份	来朝时间	贡物	史料出处
阿豆坚藏（等四百三十八名）	达思蛮长官司番僧	万历四十二年十一月己巳	——	卷五二六
工哈冬竹（等三十名）	陕西法藏寺六寺番僧	万历四十三年四月壬寅	——	卷五三一
班珠尔速南（等三十五名）	陕西大崇教等七寺番僧	万历四十三年九月庚辰	赴京进献方物、马匹	卷五三七
坚参藏卜（等二十名）	——（灵藏赞善王遣）	万历四十四年二月庚午	进贡	卷五四二
班着儿领真一名、元旦刺思巴（等四名）	演教寺番僧	万历四十四年五月壬申	进贡	卷五四二
革什思	四川杂谷安抚司番僧都纲	万历四十四年五月乙未	进贡	卷五四五
千卜少、焦吉巴	苾哑、锋铁等族人	万历四十四年七月丙戌	进贡	卷五四七
——	上笆篱、好地坪、寨平诸番族	万历四十四年七月戊戌	进贡	卷五四七
曾巴（等二十八名）	各卜等族番人	万历四十四年十月丁卯	进贡	卷五五〇
锁南坚参（等一千名）	乌思藏阐化王国师	万历四十五年四月戊戌	进献珊瑚、氆氇等物	卷五五六
纳麻节（等一百四十三名）	陕西山峒峪、答利等族番人	万历四十五年五月甲申	各贡腰刀	卷五五七
札挂星吉（等三十二名）	鲁班等七寺番僧	万历四十五年九月乙亥	——	卷五六一
速南车札（等三十名）	崇隆等六寺番僧	万历四十五年十月癸巳	进贡方物、马匹	卷五六二
容中出（等十名）	金川寺、加渴瓦寺番僧	万历四十五年十一月乙丑	进献珊瑚、氆氇等物	卷五六三
阿折结（等三十名）	乌思藏护教王国师番徒	万历四十六年四月丙辰	——	卷五六八
三旦朵儿只（等一十五名）	乌思藏阐化王番僧	万历四十六年五月戊申	进献珊瑚，犀角、氆氇等物	卷五七〇

续表

贡使名	贡使身份	来朝时间	贡物	史料出处
哈行	番人	万历四十六年六月己未	进贡方物	卷五七一
哈行、孔的阿木、三旦朵尔	番人、国师（乌思藏阐化王等遣）	万历四十六年六月辛未	——	卷五七一
永肖	陕西驼笼、纳郎等族番人	万历四十六年六月丁丑	——	卷五七一
马你完卜（等八人）	番僧	万历四十六年九月乙未	进贡	卷五七四
哈咱札石（等三十五名）	陕西大崇教七寺番僧	万历四十七年七月戊戌	表贡方物	卷五八四
七巴（等五十六名）	陕西亦辖族番人木竹等、苟坪等族番人	万历四十七年七月丁未	来朝，表贡方物	卷五八四
楚乱（等二十四名）	西番人	万历四十七年十月戊辰	来朝	卷五八七
阿鹅（等二十三名）	西番人	万历四十七年十二月戊午	来朝，表贡方物	卷五八九
多尺肖（等一百七十四人）	博峪等族番人	万历四十八年三月丁酉	来朝贡方物	卷五九二
更八	长宁安抚司的头目、番僧	万历四十八年六月庚午	来朝贡方物	卷五九五

表2.13 天启时期西藏及周边地区赴京贡使表

贡使名	贡使身份	来朝时间	贡物	史料出处
——	番僧（灵藏赞善王端岳坚昝遣）	天启元年二月丁未	进马匹、方物	《明熹宗实录》（下同）卷六
——	乌思藏阐教王长河西宣慰使司等	天启元年五月癸卯	各贡方物如例	卷一〇
——	四川达思蛮长官司	天启二年十二月甲子	进贡方物	卷二九
安把札世禄	番人	天启三年二月壬午	各备方物进贡	卷三一

续表

贡使名	贡使身份	来朝时间	贡物	史料出处
郝卜	陕西好地平等族番人	天启三年九月辛亥	贡马匹、盔甲、腰刀	卷三八
羊加保	陕西寨平等族番人	天启三年十一月甲戌	贡马	卷四一
林镇桑卜	陕西鲁班等七寺剌麻番僧	天启三年十二月己亥	进贡方物	《明熹宗实录》卷四二，《国榷》卷85
焦吉巴	陕西上巴篱等族及锋铁城等族番人	天启三年十二月癸卯	进贡马匹、盔甲、腰刀	卷四二
潸中	上笆篱等族番人	天启四年正月癸酉	贡马及方物	卷三八
竹木	亦辖等族番人	天启四年二月戊子	贡方物	《明熹宗实录》卷三九，《国榷》卷86
马你完卜郎札巴	慧济扯包寺等族	天启四年三月己卯	贡方物	《明熹宗实录》卷四〇，《国榷》卷86
速南路丹（等十九名）	陕西法藏等六寺喇麻番僧	天启五年十月壬辰	各备马匹、方物赴京进贡	卷六四
怕挂札石	大崇教等七寺剌麻番僧	天启五年十二月戊戌	备马匹、方物赴京进贡	卷六六
着木剌的、存的豁剌	郭由等族番人、剌章等族番人	天启六年正月辛未	各来朝贡马匹、盔甲	卷六七
——	灵藏赞善王端岳坚咎使者	天启六年七月丁酉	进贡方物	卷七四
——	乌思藏护教王、董卜韩胡宣慰使司等	天启六年八月丙辰	进贡方物	卷七五

附表2 洪武—崇祯年间西藏及周边地区朝贡使者统计表

487

表4.14 崇祯时期西藏及周边地区赴京贡使表

贡使名	贡使身份	来朝时间	贡物	史料出处
——	乌思藏僧	崇祯三年四月壬戌	来贡	《崇祯实录》卷三
三旦多只（等十五人）	乌思藏僧	崇祯三年四月庚午	入朝进贡	《崇祯长编》卷三三

后　记

这是我的第五部学术专著,是近五六年来从事国家社科基金项目《明朝时期中央政府与西藏地方使臣往来文献资料整理和研究》最终成果的展示。由于出版的要求,故将名称改为《明朝对西藏及周边地区经略研究》,另有《明朝对西藏及周边地区经略史料辑录》(编著)一部,作为共同成果一并出版。

明朝对西藏和周边涉藏地区的治理及其经验,在中国政治史、边疆史和民族史研究中占有十分重要的地位。明朝建立后,中央政府与西藏及周边涉藏地区不断互派使者,使者往来成为连接西藏及周边涉藏地方与明中央政府的纽带。穿越横亘邈远的时空界限,仿佛打破了古今隔阂,给我们无尽的启示。明代历太祖、太宗直至嘉靖、万历诸帝,使者活动从《明实录》《明史》等文献中完全可以互证、互补。毫不夸张地说,明朝汉藏使者的交往交流为中央政府制定切实有效的边疆民族地区管理制度作出了巨大贡献。

我很早就对历史研究有兴趣,后来考入西北师范大学,承蒙刘建丽师之不弃,得其亲传,学习宋史;又遇明史专家田澍,得其赏识,随其学习明史,才有了今之明史课题。我在西北师范大学先后师从这两位恩师学习、探讨历史,实乃今生之大幸!回顾我的学业和科研历程,感触良多。

1983年,我初中毕业,学习成绩优秀。经过预选、正式两次考试,我以优异的成绩考入甘肃省陇西师范学校,成为一名中师生。三年后的1986年夏天,中师毕业,我被分配到通渭县一所乡村八年制学校,从事中小学教学工作。一直到2004年,我考取了西北师范大学中国古代史方向的硕士研究生,开启了一段新的人生之路。在从教和考研的 18 年里，我自学英语和专业课，历经磨难坎坷，无数次跌倒爬起，甚至被人看作"异类"，但我坚持了下来。学历从中师成为大专，从大专成为本科，工作单位也随之调动。

付出必有回报。重新进入校园，来到西北师范大学读研，我遇见了生活别样的美！说起西北师范大学，我总是带着一份浓浓的感情，不仅是因为硕士、博士学位都是从那里获得的，更重要的是它给予了我新生，实现了我拼搏多年的理想，给我艰难的考研之路画上了一个完满的句号！我还清楚地记得西北师范大学的校园，开阔的操场，绿绿的草坪，高高的图书馆，处处充盈着学术研究的气质。读研期间，我在《内蒙古社会科学》（与刘建丽导师合作）、《贵州民族研究》等刊物上发表了有关宋代西北边疆法制史的学术论文。

2007 年硕士毕业后，我来到甘肃民族师范学院工作。在教学之余，我继续从事宋代西北边疆史的研究，在《北方民族大学学报》《西藏大学学报》《青海民族研究》等刊物发表了十多篇论文，对这个方向的研究有了初步的探索。2016 年，我的专著《宋代民族法制相关问题研究》（中国社会科学出版社）得以出版，正是对该阶段宋史研究的一个总结。

我在甘肃民族师范学院工作四年后，于 2011 年再次考入西北师范大学读博，师从著名明史专家田澍教授，徒承师业，我的研究方向从宋史改为明史，从此走上了明史研究的道路。2014 年，博士毕业后我来到西藏民族大学民族研究院工作。西藏民族大学位于陕西省（现有二校区，即咸阳的渭城校区和西安的秦汉校区），是一所建校历史很长的高校，其前身可以追溯到 1958 年的"西藏公学"，目前拥有本科、硕士、博士三级学位授予权。在西藏民族大学工作期间，我把读博士时的科研选题"明代蒙古史"调整为"明代藏族史"，仍然是围绕明代边疆史领域进行研究。

连我自己都没有想到，我对明史相关课题的研究如此执着，甚至到了痴迷的程度。经过十多年的探索，我对明代边疆史研究有了一定的认识和思考。2017 年，我申报的国家社科基金项目《明朝时期中央政府与西藏地方使臣往来文献资料整理与研究》获批立项，这也是对我明史研究所做工作的一种认可吧。自从开始做项目，我常常感慨学无止境，也深深体会到秉烛夜读的可贵，经过无数个不眠之夜，在故纸堆中做文章，终于完成了这个项目。这部著作凝聚着我无数的心血，也是项目研究的最终成果。其间，我还撰写了《明代茶马例》（发表于《中国社会经济史研究》2022 年第 2 期）等四五篇专业论文。为了完成著作，我甚至在吃饭、睡觉时都会跳起来把想到的想法立刻记录下来，有时在看电视时忽得一新思路，马上查阅、思考或与同事探讨。在研究者队伍日益壮大的今天，要想突破，哪怕一点点都甚为困难。好在经过不懈努力，现下呈现的《明朝对西藏及周边地区经略研究》有一定的创新，提出了一些新观点、新见解，这又是令我欣慰的地方。

一直以来，自己不涉世事，淡泊名利，过着"一间书屋一片天"的生活。然而，平常教学任务繁重，又肩负带研究生的任务，加之杂事纷扰，时不时就打扰了科研节奏。但我排除一切障碍，克服困难，用上课之余的几乎所有时间，埋头扎入图书馆、工作室，查阅史料，整理档案、文集、方志、实录、奏疏以及汉藏文书、著述，整理的史料堆积如山，研究的文稿修改了一百多次，最大限度地保障了项目的顺利完成及著作出版。

在本书付梓之际，感谢国家社科基金项目为本书的撰写与研究提供支持，感谢西藏民族大学将此书列入"中国史博士建设文库"给予资助，感谢民族研究院的丹曲副院长；特别感谢课题组田澍恩师多次指导，还在百忙中为本书作序！在本书的撰写过程中，得到课题组成员高君智、马宁、张屹等同志的帮助，尤其是甘肃民族师范学院的高君智教授执笔撰写了第一章、第四章及部分史料辑录共约 15 万字的内容，张屹、普赤同志翻译了藏族人名、地名等专有名词，研究生卢晶、吴岩甫、何明华、高丽坤、史庆玲、王晴、李晶莹、陈丽萍、管满菊、尹舒逸、李诗睿等同学帮助校订了部分史料，在此一并致以诚挚的谢意！

最后，感谢甘肃人民出版社副社长李青立和各位编辑，以及兰州大学王力教授，著作的出版与各位的鼎力支持是分不开的；感谢妻儿的理解和帮助，家人的支持是著作得以完成的最大动力。

由于作者水平所限，疏漏错愕之处在所难免，恳请同仁批评指正。

我把生命的种子，倾注在对科研的追求里，付出的回报也从来不曾缺席。随着本书的出版，自己的过往必将跨越山海，撑起生命与精神永久的金石，拥抱明天。

陈武强

2023 年 1 月 12 日于古都咸阳